ZHEJIANG TONGZHI

浙江通志

第 四十七 卷

盐 业 志

《浙江通志》编纂委员会　编

浙江出版联合集团
浙江人民出版社

图书在版编目（CIP）数据

浙江通志．盐业志 / 《浙江通志》编纂委员会编．
—杭州 ：浙江人民出版社，2017.4
ISBN 978-7-213-07857-6

Ⅰ．①浙… Ⅱ．①浙… Ⅲ．①浙江-地方志②制盐工业-概况-浙江 Ⅳ．①K295.5②F426.82

中国版本图书馆CIP数据核字(2016)第325162号

浙江通志·盐业志

《浙江通志》编纂委员会　编

出版发行　浙江人民出版社（杭州市体育场路347号　邮编　310006）
　　　　　市场部电话:(0571)85061682　85176516
集团网址　浙江出版联合集团　http://www.zjcb.com
责任编辑　王福群
责任校对　戴文英　杨　帆
封面设计　厉　琳
电脑制版　杭州天一图文制作有限公司
印　　刷　浙江新华数码印务有限公司
开　　本　889毫米×1194毫米　1/16
印　　张　33.5
字　　数　730千字
插　　页　13
版　　次　2017年4月第1版
印　　次　2017年4月第1次印刷
书　　号　ISBN 978-7-213-07857-6
定　　价　150.00元

图版 47-002-1　1989 年 4 月，中共浙江省委书记李泽民（右四）视察岱山盐区（《浙江省盐业志》，中华书局 1996 年版，图版第 1 页）

图版 47-002-2　1991 年 4 月，中国盐业总公司总经理张铁诚（左二）在定海马岙盐场检查工作（《浙江省盐业志》，中华书局 1996 年版，图版第 1 页）

图版 47-003-1　三门县三门盐场全景(《浙江省盐业志》,中华书局 1996 年版,图版第 2—3 页)

图版 47-003-2　岱山县岱西盐场全景(《浙江省盐业志》,中华书局 1996 年版,图版第 2—3 页)

图版 47-003-3　宁波市梅山盐场全景(《宁波盐志》,宁波出版社 2009 年版,图版第 6—7 页)

图版 47-004-1 20 世纪 50 年代前灰晒制卤
(《浙江省盐业志》,中华书局 1996 年版,图版第 5 页)

图版 47-004-2 20 世纪 50 年代前泥晒制卤
(《浙江省盐业志》,中华书局 1996 年版,图版第 5 页)

图版 47-004-3 20 世纪 60 年代前板晒制盐
(《浙江省盐业志》,中华书局 1996 年版,图版第 7 页)

图版 47-004-4 20 世纪 60 年代盐场风车带螺旋泵扬水(《宁波盐志》,宁波出版社 2009 年版,图版第 13 页)

图版 47-004-5 21 世纪初步滩晒制卤(提卤)
(《宁波盐志》,宁波出版社 2009 年版,图版第 21 页)

图版 47-005-1　黑膜垫底结晶（2010 年李永在摄）

图版 47-005-2　铲盐入筐(2010 年梁敏慧摄）

图版 47-005-3　挑盐入坨(《宁波盐志》,宁波出版社 2009 年版,图版第 22 页）

图版 47-005-5　2008 年,“象山海盐晒制技艺”参加浙江省非物质文化遗产展览（张利民编著:《象山海盐晒制技艺》,浙江摄影出版社 2014 年版,第 5 页）

图版 47-005-4　机械化盐坨挖掘(2010 年李永在摄）

图版 47-006-1　2000 年 6 月，浙江省顺利通过消除碘缺乏病阶段目标国家评估（浙江省盐务管理局档案室提供）

图版 47-006-2　卫生部门入校检查小学生碘缺乏状况（《宁波盐志》，宁波出版社 2009 年版，图版第 10 页）

图版 47-006-3　2009 年 5 月，浙江省第十六届"防治碘缺乏病日"宣传活动现场（浙江省盐务管理局档案室提供）

图版 47-007-1　2003 年 12 月，浙江省公安厅驻省盐务管理局联络室成立（浙江省盐务管理局档案室提供）

图版 47-007-4　盐业执法人员开展盐业市场检查（《慈溪盐政通志》，浙江人民出版社 2004 年版，图版第 9 页）

图版 47-007-2　2005 年 5 月，浙皖边界盐业市场监管协调会在杭州召开（浙江省盐务管理局档案室提供）

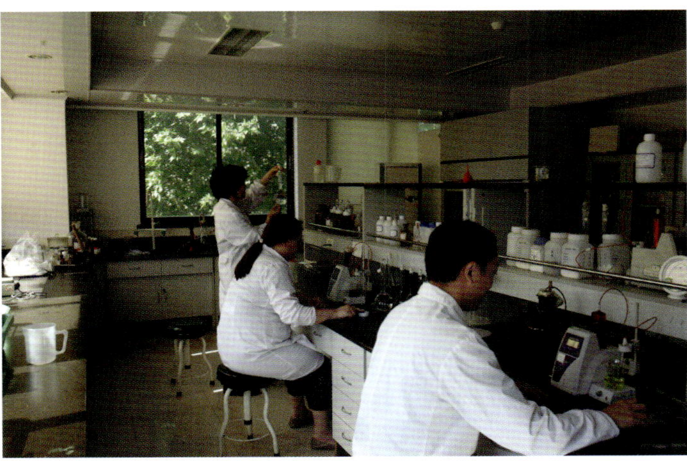

图版 47-007-3　盐业质检人员检测盐产品质量（2010 年柳洁摄）

图版 47-008-1　民国时期木帆船运盐（《宁波盐志》，宁波出版社 2009 年版，图版第 23 页）

图版 47-008-2　21 世纪初宁波盐业铁路专用线（浙江省盐务管理局档案室提供）

图版 47-008-3　21 世纪初宁波盐业专用码头（浙江省盐务管理局档案室提供）

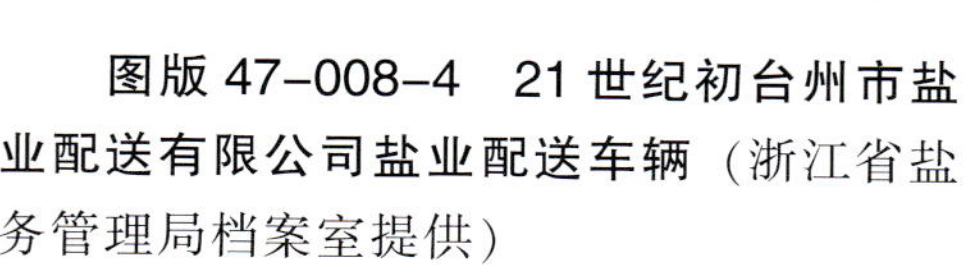

图版 47-008-4　21 世纪初台州市盐业配送有限公司盐业配送车辆（浙江省盐务管理局档案室提供）

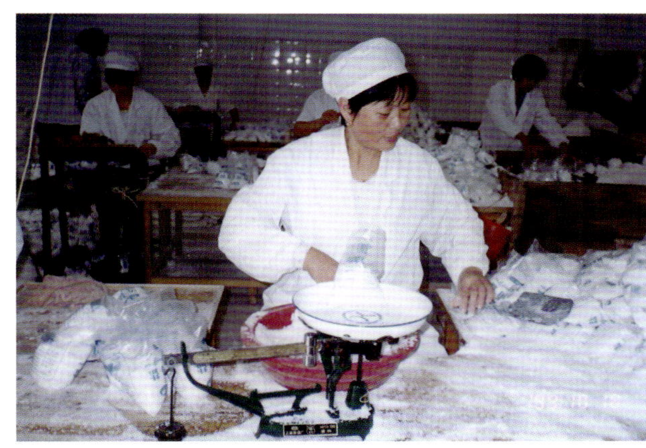

图版 47-009-1 20 世纪 90 年代手工包装碘盐(《宁波盐志》,宁波出版社 2009 年版,图版第 25 页)

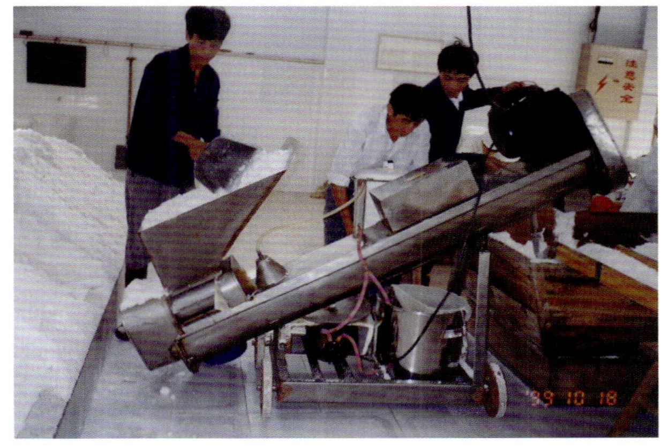

图版 47-009-2 20 世纪 90 年代人工加碘(《宁波盐志》,宁波出版社 2009 年版,图版第 25 页)

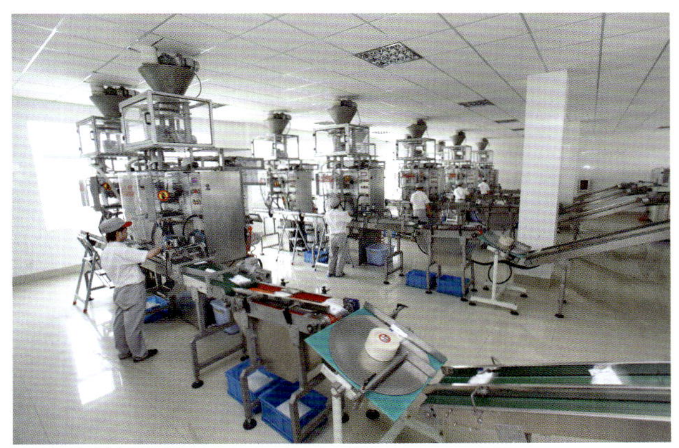

图版 47-009-3 21 世纪初现代化全自动小包装碘盐生产流水线(浙江省盐务管理局档案室提供)

图版 47-009-4 21 世纪初现代化机器人堆垛(浙江省盐务管理局档案室提供)

图版 47-010-1　20 世纪 80 年代小包装食盐（《浙江省盐业志》，中华书局 1996 年版，图版第 10页）

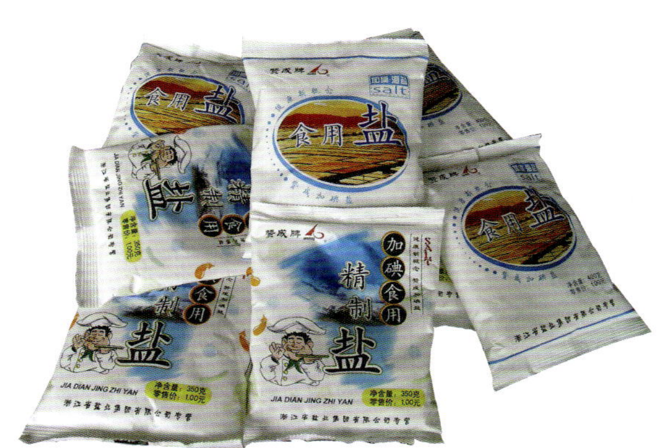

图版 47-010-2　21 世纪初小包装食盐（2008 年周洪福摄）

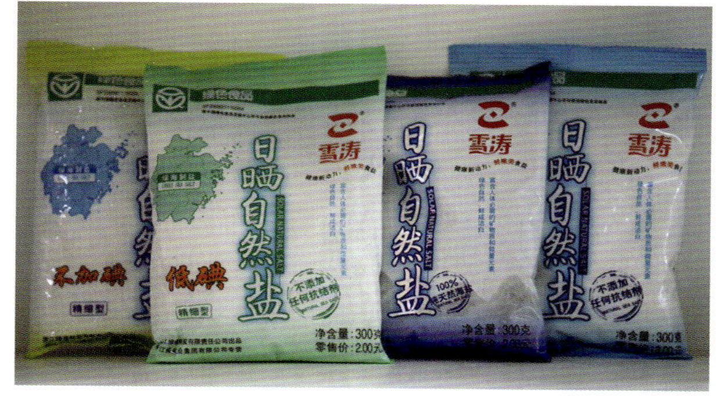

图版 47-010-3　2007 年后的小包装食盐（2014 年李永在摄）

图版 47-010-4　成立于 2005 年的浙江绿海制盐有限公司开发的多品种盐（2015 年，浙江绿海制盐有限公司提供）

图版 47-010-5　成立于 1995 年的浙江蓝海星盐制品有限公司开发的多品种盐（2015 年，浙江蓝海星盐制品有限公司提供）

图版 47-011-1　2005 年 9 月，浙江省盐业集团有限公司举行成立庆典(虞峰摄)

图版 47-011-2　成立于 1996 年的浙江省宁波晶泰盐业发展有限公司办公楼(2014 年李永在摄)

图版 47-011-3　成立于 2005 年的浙江绿海制盐有限责任公司办公楼(2014 年李永在摄)

图版 47-011-4　成立于 1995 年的浙江蓝海星盐制品有限公司办公楼(浙江省盐务管理局档案室提供)

图版 47-011-5　成立于 2006 年的浙江省盐业集团台州市盐业配送有限公司办公楼（2014 年李永在摄）

图版 47-012-1　中国盐业博物馆(2010 年李永在摄)

图版 47-012-2　鄞州滨海博物馆还原制盐场景(鄞州滨海博物馆提供)

图版 47-012-3　苍南盐民革命纪念馆(《温州市盐业志》,中华书局 2007 年版,图版第 7 页)

图版 47-012-4　慈溪市庵东"七二三"盐工革命斗争史陈列室(《宁波盐志》,宁波出版社 2009 年版,图版第 30 页)

图版 47-012-5　象山县昌国大庙(2007 年象山县申报国家级非物质文化遗产名录项目申报书)

浙江省地方志办公室

主　　任：潘捷军
副 主 任：陈　野（2007.6—2011.3）　章其祥
主任助理：韩　锴（2011.9—2016.4）
成　　员：汤敏华　董郁奎　颜越虎　周祝伟　张　勤　吴玉权
吕克军　赵海良　段　愿　袁新国　汤　敏　李迎春
林琼华　邴　波　王兆保　赵鹏团　徐　鹏　杨云婷
王　林　汪　珏　阎乐民　葛立朝　葛旭鹏　周修宇
徐由由　应秀敏　章　丽　虞　祥　俞　晨

《浙江通志》总纂、副总纂

总　　纂：李志廷（兼）
副 总 纂：廖曰文　章其祥　董郁奎　颜越虎　周祝伟　王　林

《浙江通志》总编室（《浙江通志》编辑部）

主　　任：董郁奎（2011.9—2012.7）
副 主 任：颜越虎　王　林
责任编辑：王　林　王兆保　吕克军　汤　敏　邴　波　李迎春
汪　珏　林琼华　周修宇　段　愿　赵鹏团　赵海良
徐　鹏　袁新国　阎乐民　葛立朝　葛旭鹏
白效咏（2011.9—2015.9）　刘志勇（2011.9—2012.7）
李恒悦（2011.9—2012.1）　曹爱光（2011.9—2014.9）
戴智勇（2012.7—2014.9）

《浙江通志·盐业志》编纂委员会

顾　　问：陈正兴　赵大贤　冯传松
主　　任：陈存法　蒋移祥
副 主 任：俞滨局　朱妙顺　徐东起　陈　栋　高建定　刘宏斌
丁庆明
委　　员：杨武君　鲁向明　丁妙松　陈卫红　虞　峰　吴凌雁
楼雨芝　娄　栋　胡家定　王俊华　毛梓权　王力博

《浙江通志·盐业志》编辑部

主　　编：俞滨局
副 主 编：娄　栋
编 写 组：周洪福　郑方友　陈卫红　应仲陆　冯永土　徐碧波

序

浙江是一片风光优美、令人神往的大地，是一个历史悠久、文化璀璨的家园，是一块创业创新、活力迸发的热土……在浙江人民波澜壮阔、跌宕起伏的奋斗历程中，浙江大地上涌现出无数勇立潮头的先进人物、可歌可泣的历史事件。这一切都真实准确、全面系统地记录在皇皇巨构《浙江通志》之中。《浙江通志》编纂工作自2011年9月启动以来，历届省委、省政府高度重视，各有关单位尽职尽责。《浙江通志》的出版，是全体编纂人员呕心沥血、辛勤耕耘的珍贵结晶，也是浙江文化强省建设的丰硕成果。

编纂地方志是我国源远流长的文化传统。地方志不仅能记述、反映历史的发展与社会的变化，还具有独到的“存史、资政、育人”等功能，在传承文明、开创未来的宏伟大业中具有不可替代的作用。浙江有着悠久的修志传统。早在东汉初年，被称为“方志之祖”的《越绝书》诞生在浙江；宋代，“临安三志”作为中国古代方志的定型之作，登上历史舞台；清代，浙江学者章学诚则以创立方志学闻名于世。千百年来，浙江佳志迭现，名家辈出。这些名志大家既是浙江作为“方志之乡”的最好见证，也是浙江成为“文化之邦”的重要支撑。

从上山文化、跨湖桥文化、河姆渡文化、良渚文化等史前文明，到越王勾践卧薪尝胆、雪耻复国的春秋霸业，从唐宋钱塘的富庶繁华，到明清两浙的文化昌盛，浙江先人展示的画卷光辉灿烂，令人赞叹不已。“一部民国史，半部在浙江。”民国时期，政治、经济、文化、教育、科技等领域的代表性人物成就卓著、各领风骚，推动了时代的发展和社会的进步。中华人民共和国成立后，浙江发生了翻天覆地的变化。特别是改革开放以来，经济社会全面发展，城乡各业蒸蒸日上，之江大地日新月异，人民群众安居乐业。在中国特色社会主义理论体系的指引下，浙江人民勇做时代弄潮儿，深入实施“八八战略”，努力践行“绿水青山就是金山银山”的发展理念，探索出了一条符合浙江实际、富有浙江特色的发展路子，形成了与时俱进的浙江精神，为今后可持续发展提供了强大的精神力量与广阔的提升空间。“盛世修志,志载盛世。”《浙江通志》把浙江人民所创造的辉煌业绩和奋斗精神记载下来,既可以激发当代浙江人励精图治、团结奋斗,更能够广泛宣传浙江,让全国乃至世界更加充分地了解浙江、认识浙江,作用巨大,意义深远。

“修志问道,以启未来。”今天,浙江全省上下在以习近平同志为核心的党中央领导下,按照统筹推进“五位一体”总体布局和协调推进“四个全面”战略布局的要求,正挺立在中国特色社会主义伟大事业的潮头上,正奔跑在“干在实处、走在前列”的跑道上,正站在高水平全面建成小康社会的关键节点上。《浙江通志》的编纂出版,既为我们提供了丰富宝贵的往昔经验,也为我们提供了可资借鉴的历史启示。我们要充分重视用志工作,加强宣传力度,拓宽用志途径,采用各种形式,不断扩大地方志的服务功能,不仅要让方志成为决策者的案头书,更要让志书成为广大群众喜闻乐见的精神产品,使地方志在推进全省各项事业的建设与发展,在“秉持浙江精神,干在实处、走在前列、勇立潮头”的征程中发挥越来越大的作用。

是为序。

浙江省人民政府省长 车俊

2017 年 4 月 10 日

凡 例

一、宗旨

以马克思列宁主义、毛泽东思想、中国特色社会主义理论体系为指导，遵循辩证唯物主义和历史唯物主义原理，全面、客观、系统地记述浙江省自然、政治、经济、文化和社会的历史与现状。服务当代，垂鉴后世。

二、起讫时间

上溯事物发端，下限为 2010 年 12 月 31 日，必要时以注释等形式作适当下延。

三、地域范围

以下限时浙江省行政区域为界，原则上越境不书。

四、体裁

采用述、记、志、传、图、表、录等体裁，以志体为主。

五、结构

以卷章结构为主。

卷的设置以科学分类与现实社会分工（现行管理体制）相结合。凡具有特别重要地位、文化积淀深厚且体量较大者，设为专志，各置为卷。

卷下设章、节，节下根据需要设目、子目与细目等。凡时代特征、地方特色显著，又难以在正文中展开记述者，设为专记。

六、文体

使用规范的现代语体文。直接引用资料使用原文文体。

七、文字

以经中华人民共和国国务院批准、1986 年 10 月 10 日国家语言文字工作委员会重新发表的《简化字总表》，1955 年 12 月 22 日中华人民共和国文化部、中国文字改革委员会发布的《第一批异体字整理表》及 2013 年 6 月 5 日中华人民共和国国务院公布的《通用规范汉字表》为准，异形词以2001年12月19日中华人民共和国教育部、国家语言文字工作委员会发布的《第一批异形词整理表》为准。

人名、地名、书名、文章篇名及引录的原著文句，凡可能引起歧义、误解者，仍用原繁体字或异体字。

八、标点符号

以2011年12月30日中华人民共和国国家质量监督检验检疫总局、中国国家标准化管理委员会发布的《标点符号用法》为准。

九、称谓

中华人民共和国成立前的国家、民族、地名、组织、机构、职官等名称，除明显带有歧视、污蔑含义者加以适当处理外，原则上仍用文献记载的原名称。

志书下限时的地名使用各级政府审定的标准地名，必要时括注俗称地名。地名古今不同者，各章首次出现时在其后括注志书下限时的标准地名；隶属地域变化者，注明志书下限时所属地域。

外国的国名、地名、人名、民族名，以及政府机构、党派团体、报刊等名称，主要依照《辞海》（第六版）译名及新华通讯社译名室常用译名。各章首次出现时，根据需要括注外文原名。

生物名称使用学名，记述自然资源涉及有关生物名称的，各章首次出现时采用二名法，必要时加注当地俗名。

十、简称

各种较复杂的名称重复出现时，各章首次出现时使用全称并括注简称，其后出现直接使用简称；有关机构、单位2010年的简称均以《有关机构、单位全称与规范化简称对照表》为准；有关机构、单位2010年前的简称及其他简称采用社会上通行、不产生歧义者，且全卷保持一致。

十一、纪年

干支纪年、年号纪年及其他非公历纪年等，以汉字书写，括注公历纪年；非公历纪年后有月日的，同时括注经换算后公历纪年的月日。

民国纪年以阿拉伯数字书写，括注公历纪年。

同一自然段中同一纪年多次出现时，只在首次括注公历纪年，其后不再括注。

括注公历纪年于年份后加“年”字；括注某一时间段，则只在后一个公历纪年后加“年”字。

括注公元前年份，年份前冠“前”字；括注公元元年后年份直接书写年份，不冠“公元”。

自1949年10月1日起，采用公历纪年。

公历纪年及公历的世纪、年代、月、日和时分，均以阿拉伯数字书写。

十二、数字

按2011年7月29日中华人民共和国国家质量监督检验检疫总局、中国国家标准化管理委员会发布的《出版物上数字用法》表述。凡一个数字与“以上”“以下”“以内”等连用的，均含该数字。

十三 、数据

中华人民共和国成立前的数据按文献记载入志。

中华人民共和国成立后的统计数据以统计部门公布数据为准。统计部门缺失者则采用相关部门经过核实的数据，并以注释形式说明资料来源。同一内容数据有不同者，也以注释形式加以说明。重要地理信息数据采用测绘部门公布的法定数据。

十四、计量单位

按1984年2月27日中华人民共和国国务院发布的《中华人民共和国法定计量单位》规定表述。行文中使用单位名称或单位符号视具体情况而定。

中华人民共和国成立前的计量单位根据需要沿用旧制。

十五、货币

中华人民共和国成立前的货币币值均按文献记载入志。

中华人民共和国成立后货币币值均指人民币币值。1953年3月1日前后人民币各按当时币值记载，不作换算。

外国货币按文献记载入志，币值不作换算。

十六、地图

按2015年11月26日中华人民共和国国务院公布的《地图管理条例》和浙江省人民政府2014年11月11日公布、2015年12月28日修正的《浙江省地图管理办法》的规定，采用经浙江省测绘行政主管部门审核的地图。

十七、注释

直接引用(引文)、地图、图片、表格及有关重要内容，均注明资料来源。其他需要说明者，亦酌情加以注释。

引用清代及清代以前编纂的志书，注明朝代、纪年、志书名称及卷次(或卷次与篇名)；引用民国时期编纂的志书，注明“民国”两字和志书名称、卷次(或卷次与篇名)；引用1949年10月1日(含)以后编纂、出版的志书，注明志书名称、出版单位、出版时间及页码。志书名称与篇名均用书名号。引用私修志书，除上述各项内容外，于志书名称前注明作者姓名。

十八、资料

取之于档案、书籍、报刊、网络及社会调查等，均经考订、核实。凡记载不一者，正文采其一说，其余说法以注释形式记述。

十九、大事记述

以编年体为主，兼用纪事本末体，专设《大事记》记载全省大事；其余各有关卷设置《大事年表》记载相关大事。

二十、人物

以“生不立传”为原则，专设《人物传》予以记载；其余各有关卷所涉人物按“以事系人”“人随事出”方法处理。

目　录

概 述

一

开门七件事，柴米油盐酱醋茶。盐是人民生活中不可或缺的必需品，也是化学工业的基础原料，广泛应用于其他行业，在国民经济中占有重要地位，被视为“国之大宝”“食肴之将”。盐在人类文明的演进中有着特殊的功绩。在生产力不发达的古代社会，盐税是国家财政收入的重要来源，所谓“天下之赋，盐利居半”①。盐税在国家经济中起到支柱的作用，由此也谱写了源远流长的食盐专卖历史。盐业在长期的发展过程中，逐渐形成为一个集生产、经营、管理于一体的特殊的产业。

浙江地处中国东南沿海、长江三角洲南翼，滩涂广袤，生产海盐的土地、海水及柴薪资源丰富，发展海盐生产条件优越，造就了浙江悠久的海盐生产历史。海涂淤涨、坍塌和海水盐度变化，成为历史上浙江盐场兴废的重要原因。

最早记载浙江海盐生产的文献是《越绝书》。该书卷八载：“朱余者，越盐官也。越人谓盐曰余，去县三十五里。”清代著名学者李慈铭研读《越绝书》后，分析道：“盖余姚如余暨、余杭之比，皆越之方言，犹称于越、勾吴也。姚、暨、虞、剡，亦不过以方言名县，其义无得而详。”②《浙江古今地名词典·前言》指出：“余姚、余暨（今萧山）、余杭地濒沿海，其地名都与于越的盐业生产有关。”由此可见，浙江在春秋越国时，盐业生产已有一定规模，并设立盐官。秦王政二十五年（前222年）置海盐县，因地处沿海，斥卤为盐。据《太平寰宇记》卷九十五载：“海盐县（南九十里元十乡）本吴县武原乡。秦置海盐县，汉因之，属会稽。又按《吴郡记》云，海滨广斥，盐田相望，即海盐与盐官之地同也。”汉初吴王刘濞募民煮盐于海盐县一带，其时杭州湾两岸为浙江盐的主要产区。至唐代，除浙西海盐、海宁外，已扩大到浙东沿海的宁波、宁海、黄岩、温州等地。北宋熙宁（1068—1077年）后，杭、秀（今嘉兴）、温、台、明（今宁波）5州已设14场；南

① 《新唐书》卷五十四《食货四》。

② 《越缦堂日记》同治八年七月十三日（1869年8月20日）。

宋时，产区续有扩充，两浙[①]盐区增为42场。其中浙西24场、浙东18场，主要产区仍在浙西。元至元三十一年至大德三年(1294—1299年)，两浙煎盐产地44处合并为34场，其中浙西11场、浙东23场。明嘉靖年间(1522—1566年)有盐场35处，经并析，至明末共有32场。后钱塘江水系流向改变和杭州湾海岸淤涨冲刷，余姚"三北浅滩"则不断向北淤涨，至清末形成全省面积最大的余姚(庵东)场。民国后期，浙西诸场均以产低本高、零星分散，被列为裁废场区，主要产区为以余姚、岱山为主的浙东沿海余姚(慈溪)、钱清、玉泉、岱山、黄岩、北监、长林、双穗、南监9场。明代，两浙海盐产量仅次于两淮，曾居全国第二位。改煎为晒后，北方自然条件优于浙江，海盐生产发展迅速，浙盐产量比例下降，到民国时期仅占全国的9%左右。20世纪90年代中后期以来，随着浙江省控产压田政策实施和因地方经济发展废盐转产，浙江省盐产量进一步下降，至2010年底，全省盐产量仅占全国的0.14%。

浙江历史上制盐主要有煎晒和日晒两种。古代，浙江制盐均采用海水直接煎煮。春秋战国时期，浙江有以海水直接煎熬制盐的记载。东晋时，制盐技术已由过去的直接取海水煮盐，发展为先制卤后煮盐。晋代文学家郭璞在《盐池赋·序》中即谓"吴郡沿海之滨，有盐田，相望皆赤卤"，可见当时吴郡采用先制卤后煮盐这一方式进行盐业生产，已具有相当规模。唐代有刮泥淋卤的记载，至宋代已发展得相当成熟。各场制盐工艺和设备略有不同。《宋史·食货志》记载：浙西盐官、汤村等场用铁盘，浙东钱清、石堰等场用竹盘。宋代著名词人柳永在舟山任盐官时所作《煮海歌》描述的舟山海盐生产，即是采用刮泥淋卤制卤与火力熬制结晶这一方式。至明代，浙江已有盐场采用晒盐法。"甃砖作场，以沙铺之，浇以滴卤，晒于烈日中，一日可以成盐，莹如水晶，谓之'晒盐'，倍价于常。"[②]说明明末时两浙已采取缸坦晒盐，但未大范围推广应用。清嘉庆年间，岱山盐民发明盐板晒盐，由于不费柴薪、操作轻便、产量较高、成本低廉，因而推广迅速。至清末，盐板晒盐成为浙江海盐生产主流结晶工艺(设备)。改煎为晒是浙江制盐技术上的一项重大突破，是古代浙江盐民的一项重大贡献，大大降低了盐民劳动强度，使盐民从"担盐万斤泥"中解脱出来，盐业生产得到迅速发展。中华人民共和国成立后，浙江海盐生产发生重大变化。1952年，引入滩晒制盐工艺，大力推广滩晒。1958年起陆续推行"流枝滩"，经过数年实践后，确定推行平滩直接用海水蒸发制卤。用硬底结晶池灌入卤水日晒蒸发结晶制盐，实现了浙江海水制盐工艺的彻底改革。结晶池先用缸砖(片)、青砖、沥青、砂灰等作为池面材料，发展成黑色塑料薄膜垫底结晶池。随着日晒结晶工艺与设备的进

---

① "两浙"是一个地理名词。唐乾元元年(758年)，析江南东道为浙江西道、浙江东道和福建道，浙江西道领长江以南、新安江以北的原江南东道地，包括今苏南、上海、浙北和徽州，即润州(今镇江)、常州、苏州、湖州、杭州、歙州(今歙县)，共6州。浙江东道领新安江以南、福建道以北的原江南东道地，包括现浙江省除浙北之外的所有地方，即睦州(今建德)、越州(今绍兴)、衢州、婺州(今金华)、台州、明州(今宁波)、处州(今丽水)、温州，共8州。后略有调整。唐后期，浙江西道与浙江东道合并称"两浙道"。北宋至道三年(997年)置两浙路，基本继承了唐末的两浙道，大致包括今天的浙江省全境、江苏省南部的苏州、无锡、常州、镇江四市和上海市。南宋建炎南渡后，两浙路分为两浙西路与两浙东路。元代时，以原两浙路为主体设立江浙行中书省。明初改元制为浙江承宣布政使司，辖11府(杭州府、严州府、嘉兴府、湖州府、绍兴府、宁波府、台州府、金华府、衢州府、处州府、温州府)；清康熙初年改为浙江省。宋后，已无"两浙"实际行政区划，其后盐业管理上所称"两浙"基本沿用北宋两浙的地理概念。历代两浙盐场中，下砂、青村、袁浦、浦东、横浦等场今属上海市辖区。历代两浙盐区兼辖苏、浙两省，松属各场亦均包括在内。

② 〔清〕顾炎武：《肇域志》江南九《松江府》。

步，浙江海盐生产平均亩产量大幅提升，海盐平均氯化钠含量于1982年达90%，1995年提高到93%，产量和质量都得到较好保证。

浙江盐业管理体制，历代随盐法变革而有所不同，以专卖制为主，出于对盐利的需要，以控制收益为主旨，确定运输方式、方法，大体可分为官运官销、官运商销、商运商销，交相沿用。中华人民共和国成立后，盐被列为国家统一分配的产品，初期以国营为主，不久后改行国家统购统销和按计划分配，划片定点供应。1996年，国务院颁布《食盐专营办法》，进一步加强对食盐的管理，正式确立了现代食盐专营体系。"五统一"（统一管理、统一计划、统一结算、统一组织供应、统一上缴碘盐基金）和"三证"制度（食盐定点生产制度、食盐批发许可制度、食盐运输准运证制度）构成食盐专营体系的核心。

浙江西汉前对盐均行征税制，听由民众产制运销。汉武帝元狩四年（前119年）冬始行盐专卖。其时盐的产、运、销均由国家管理，寓税于价，盐利成为国家重要财政收入。唐大历末年（约779年），"天下之赋，盐利居半，宫闱服御、军饷、百官禄俸，皆仰给焉"①。宋时，"东南盐利，视天下为最厚。盐之入官，淮南、福建、两浙之温、台、明斤为钱四，杭、秀为钱六，广南为钱五。其出，视去盐道里远近而上下其估，利有至十倍者"②。元时，"国之所资，其利最广者莫如盐"③。明万历二十八年（1600年），两浙盐课税银解部14万两。清雍正五年（1727年），两浙盐课总额银42.5万两。至清末，增至97.43万两（合银圆146.15万元），占朝廷是年总盐税收入1300万两的7.5%。民国2年（1913年），北洋政府向英、法、德、俄、日五国银行团借债，以盐税作抵押，不惜出卖盐政主权，盐务机关任由洋人把持，控制盐税，税额剧增。至民国26年全面抗日战争爆发前夕，两浙税额增至1332.3万元，较民国初增长8倍有余，盐的产销都受到很大影响。食盐自征税或专卖以来，税制屡变，税目繁杂，至民国初才开始统一为盐税，分为食、渔、农（牧）、工4种，课以不同税率。中华人民共和国成立后实行从量核定、就场征收、产销税合一、税不重征，简化税目，废除一切附税。1950年6月起数次降低征率，20世纪80年代后又几次减税，但全省盐税总收入保持相对稳定。随着经济社会发展，其他工商税额猛增，盐税在工商税中所占比例逐步下降，1950年浙江省盐税总额占工商税的22.65%，至1993年仅为0.195%。1950—1993年，浙江省盐税收入总计16.4亿元。1994年1月1日起，国家实施税制改革，取消盐税，盐税列入资源税税目（盐税按属性为税务志内容，因考虑到盐税的历史，本志详予记载）。

盐是历代官府垄断专卖的重税商品。原盐出场应缴纳盐税，未税出场者称为"私盐"。古代行盐有定界，越界行销者亦为私盐。亭户制成之盐，只能缴入官仓，私自出售者即为私盐。对于私盐，唐贞元（785—805年）前期未立专门盐法，自贞元年间开始制定惩治私盐盗贩的严刑酷法。明代颁布《大明律》，置盐法12条。为遏制走私，清末还建立缉私武装，专司查缉任务，但私盐贩销仍屡禁不绝，清末及民国时期尤为严重。清代末期，全国当有1/3人口食私

① 《新唐书》卷五十四《食货四》。

② 《宋史》卷一百八十二《食货下四》。

③ 《元史》卷九十四《食货二》。

盐，而至民国末年，走私量占总产量的近一半。中华人民共和国成立后，采取“教育为主、处罚为辅”的方针，依靠人民群众缉私护税，取代旧时延续百年的武装缉私，原盐走私一度近于绝迹。“文化大革命”期间，走私现象又有抬头。20世纪90年代初起，盐业市场监管工作复由盐务机构管理，且随着盐业法律法规健全，盐政执法手段日趋多样、执法权威性得到加强，全省盐业市场秩序趋于平稳，私盐明显减少。

历史上，两浙产盐除供应本省外，还供及邻省。五代后周显德元年(954年)，为防止食盐越区运销，开始划定行盐区域，两浙产盐除供今浙江省外，还供应今上海松江，江苏苏州、常州、镇江、太仓，安徽徽州、广德，江西广信等地。直至民国时期，浙盐销岸仍大同小异，购盐有定场，运盐有定商，销盐有定地，控制极严，不许互相侵越。中华人民共和国成立后至20世纪90年代末期，除少数年份因歉产而从省外调入盐产品外，浙江省产盐基本上保证了省内用盐的需求，唯两碱工业用盐依靠外省调入。在销盐比例上，随着浙江省两碱工业发展，工业用盐量上升很快；而渔业用盐随冷冻工业发展，鱼货冰鲜代替以往腌制，销量逐年下降。此外，随着经济社会发展，与盐相关产业如纺织印染、食品腌制加工等迅猛发展，全省盐产品需求量逐年增加，盐销量位于全国各省(市、区)前列。1995年全省实施控产压田后，自1999年起，浙江省产盐已不再调往省外，而从山东、江苏、江西、湖北等省调入，且调运量逐年增加。2010年，全省各盐业公司销盐114.53万吨，位居全国各省(区、市)第二名；从省外调入100.98万吨，其中60%以上为食用盐。

尽管历史上浙江盐业在全国占有一定地位，但历代统治者均以获取盐利为目的，官府横征暴敛，权贵垄断产销，灶户盐丁备受盘剥。汉代役使“亡命”、罪人或僮奴从事煮盐。唐宋至清，盐业生产者(亭户、灶户)被列为专籍，沦为终生煮盐、子孙相继的工奴，失去择业和人身自由。盐户操作之艰辛、生活之悲苦，明代有廷臣在疏奏中称其为“天下小民之最”，严重影响盐业生产发展。盐户为谋求生存，与官府的反抗斗争时有发生，民国时期尤为激烈。盐民斗争既是自身生存的需要，也融入历史进步的洪流中，推动了社会发展与进步。中华人民共和国成立后，废除封建剥削，取消苛捐杂税，通过土改和民主改革，盐民成为集体所有制和国有盐场成员，生产积极性得到前所未有的提高。尤其是1979年后，联产联质计酬责任制逐步实行和推广，制盐技术改进促使盐产量提高，以及国家多次调高原盐公收价，使盐民收入增加，盐民生活明显改善，盐民队伍保持稳定。浙江省盐务管理局着力解决“三盐”(盐区、盐场、盐民)问题，积极协助省物价部门，深入盐区调查研究，搞好调价方案的测算，提高盐民收入；进一步完善盐区救灾补助长效机制，有效地维护了盐民的利益和盐区社会的稳定。但盐业生产受气候条件制约，产量丰歉差距大，盐民收入年度之间波动较大。

二

中华人民共和国成立后，浙江盐业生产发展经历了不同的发展阶段，盐田面积和产量也随之变化。

中华人民共和国成立初期，浙江盐业曾因限产、废场、坍江等导致产区缩小。1950年，在全国盐产大于销的情况下，浙江省实行限板限产、废场转业政策，同时开展土地改革运动，消灭封建土地所有制，无地少地的贫雇盐民分得盐业生产资料后，生产积极性大为提高，为盐业生产发展开辟了道路。是年5月份起，庵东、杭州、温州盐务分局所辖盐场进行限板（坦）减产。1951年，浙江省人民政府（以下简称"省政府"）积极响应中共中央"组织起来，发展生产"的号召，采取扭转节制生产的方针，鼓励盐民增产，挖掘增产潜力，产量开始上升。1952年结合土改，将部分零星分散的小盐场废转，削减产能3.5万吨。第一个五年计划期间（1953—1957年），浙江盐区普遍开展互助合作运动，从组建互助组、初级生产合作社到1957年转并为高级生产合作社，入社盐户占总盐户数的99.14%，基本完成个体盐业的社会主义改造，盐业生产量迅速增长，尤其是1955年获得丰产，产量首次超过30万吨。

1958年，中共中央提出全党全民大办工业，浙江恢复已废盐场，并新建国营盐场，还批准13家集体盐业企业转为全民的国营盐场、盐化厂。1959年3月，全省盐业生产现场（岱山）会上提出当年原盐生产60万吨（实际产能30万吨）的指标。至10月，各盐区为完成计划指标，发动群众大搞烧盐，后全省盐区均出现烧盐热潮。但因生产成本高，部分盐质量差、味苦，不堪食用，销售困难，造成群众很大经济损失。1961年，国营盐业企业普通出现亏损。1962年初，根据中共中央"调整、巩固、充实、提高"的八字方针，对国营企业进行调整，将经营管理不善、生产成本高、亏损严重的13家企业关、停、并、转，保留了三门、梅山、玉环、温岭、乐清、东海等6个国营盐场，并通过精简人员和全面整顿，改善经营管理，逐步扭亏增盈。

20世纪50年代末至60年代，全省实施盐田技术改造，改千百年来沿用的刮泥淋卤、晒灰淋卤为滩晒生产。前期走过兴建流枝滩的弯路，后全面改建为平滩。自1962年起，全省掀起大规模改滩热潮，至20世纪70年代初期，除少数零星待废的小盐场外，全省基本完成改滩工作，这是浙江盐业史上继清末民初改煎盐为晒盐后的又一次制盐技术上的重大突破。在改滩的同时，舟山盐区先后创新黑膜垫底结晶池、地下平顶保卤池等生产设施及压滩机、塑料提卤泵、旋卤打花机等盐业机械，并很快在全省范围内推广，极大地推动了浙江盐业生产力的发展。

20世纪60年代起，盐区采取民办公助方式开始新建、扩建集体盐场，至20世纪70年代，规模与产量达到顶峰。舟山发展最快，其次为台州和宁波，全省盐田生产面积达到1.65万公顷。1966年起，受"文化大革命"影响，盐业管理瘫痪，但盐民生产积极性未受挫，再加上新建盐场的陆续投产，1966—1970年间，全省年均产盐量超40万吨，20世纪70年代年均产量达到50万吨，尤其是1971年和1979年获得高产，分别达到69.15万吨和77.08万吨，均位居浙江海盐历史产量的前三甲。

三

1978年中国共产党十一届三中全会后，改革的春风为浙江盐业注入新的发展活力，浙江盐业步入了跨越式发展的新阶段。而随着20世纪90年代中期起市场经济条件下食盐专营体系的确立，浙江盐业承担起食盐加碘消除碘缺乏病的新的历史使命，浙江盐业改革发展呈现新的特点，取得新的成效，全省盐业进入了体制理顺、结构优化、管理加强、效益提升的新阶段。这一时期，全省盐业主要经历了3个发展阶段。

第一阶段，自1978年至1994年。该阶段重点在盐业生产领域，以提高盐业产量和质量为目标，以改革盐业生产经营管理体制，建立以滩组为单位的联产承包责任制，组建专业盐场，推进盐业技术进步为主要措施。

20世纪80年代初，随着滩组联产承包责任制在浙江盐区的实施，浙江海盐生产迎来了新一轮发展。盐区学习农村家庭联产承包责任制的成功经验，建立以滩组为单位的联产承包责任制。1983年，岱山进行盐业体制改革试点，组建联营的双峰联办盐场，实行盐田所有权属村、经营权归场的两权分离经营体制，使盐场成为自主经营、自负盈亏的专业化、企业化盐场。该经验在全省迅速推广。自1984年起，各种形式的专业盐场很快推广普及，包括乡乡、乡村联办盐场，乡办、村办盐场。集体盐场的建立，稳定、完善了联产承包责任制，加大了盐业投入，提升了盐业生产管理水平，推进了盐业技术进步。

为加快推进盐业科技进步，提高原盐产量和质量，其间，全省盐业相继实施了大规模盐田技术改造、机电化生产、全面推广塑料黑薄膜垫底结晶池、推广制盐结晶新工艺、开展标准盐场建设等一系列促进盐业科技进步的政策措施，致力于提高盐业生产技术水平。自1985年开始试点至1992年底，全省建成标准盐场25个，盐田生产面积2250公顷，总投资749.56万元。全省原盐产量和质量大幅提升。

第二阶段，自1995年至2003年。该阶段重点在食盐专营环节，以落实食盐专营、食盐加碘、实现消除碘缺乏病为目标，以改革全省盐业管理体制、实施食盐加碘项目、普及碘盐供应、加强盐政管理、提高盐民收入为主要措施。

1994年，浙江省原盐产量达77万吨，创历史新高；产盐区库存超过100万吨，原盐大量积压，产销矛盾突出，盐区出现不稳定因素，尤其是江西平锅盐①大量冲销浙西南地区，数百万人民群众的健康受到严重威胁，引起党和国家领导人的关注。国务院领导指示国家经济和贸易委员会联合浙江、江西两省政府，组成调查组赴浙江、江西调查。联合调查组在向国务院报送的调查报告中明确指出：浙江盐业管理体制不顺，盐业经营单位参与购销平锅盐是造成平锅盐泛滥的主要原因。面对浙江盐业管理的严峻形势，为实现全省盐业的健康发展，落实食盐专营政策，消除碘缺乏危害，经过深入的调查研究，省政府提出了“分离、挂牌、管班子”的全省盐业管理体制改革思路，即在没有盐业机构的市、县(市、区)，将盐业人员、业务、资产从各种混合经营企业中分离出来，注册组建国有独资性质的盐业公司，增挂盐务管理局牌子，承担所辖行政区域的食盐专营工作，并明确了盐业机构隶属关系、利益归属、供应区域三个“不变”的原则。1996年1月，省政府印发了《关于加强盐业管理工作的通知》，对省内盐业的生产、运销、盐政、加碘盐和管理体制等作出了明确的规定和要求。省委组织部决定对全省盐业管理机构的领导干部实行省、地双重管理，以省为主的盐业干部管理体制。至1999年，全省建立76家市、县(市、区)盐业公司，增挂盐务管理局牌子，实行“一个机构，两块牌子，一套班子，政企合一”，全省食盐专营管理体制改革取得重大成果。1996年5月27日，国务院发布《食盐

① 平锅盐，就是用钢板焊接成长方形的敞口槽子(即所谓“平锅”)，把原卤放入，然后在下面升火燃烧，进行蒸发，待盐结晶析出后，即捞盐，装袋。由于原卤未经净化处理，因此盐质量较差，杂质较多，不适宜食用。

专营办法》;1998年12月24日,浙江省人大常委会发布《浙江省盐业管理条例》,有力地促进了全省盐业专营管理体制的完善。特别是《浙江省盐业管理条例》,是浙江盐业首部地方性法规,首次以法规形式对省盐务管理局的职权进行了明确,标志着浙江盐业走上了依法管盐的轨道。2000年省高级人民法院、省人民检察院、省公安厅联合发出《关于办理非法经营食盐等涉盐犯罪案件有关问题的通知》和2002年最高人民检察院发布《最高人民检察院关于办理非法经营食盐刑事案件具体应用法律若干问题的解释》,对非法经营食盐作出了明确规定,为更好地开展盐政执法工作,依法维护市场秩序,保证食盐专营和人民群众吃上放心合格碘盐,起到有力的促进作用。2000—2010年,全省司法机关共判处涉盐违法案件36起,制裁涉盐犯罪分子59名,引起了较大社会反响,震慑了涉盐犯罪分子,维护了食盐市场正常秩序。浙江盐业管理机构充分发挥专营体制优势,保证全省盐业市场有效供应。尤其在2003年"非典"疫情期间,全省先后发生了两次较大规模的食盐抢购风,由于各级领导重视,精心组织,周密安排,措施有力,工作到位,积极应对,较好地保证了市场各类盐产品的有效供应,全省没有发生一起责任性脱销,充分体现了人民利益高于一切的食盐专营宗旨和食盐专营企业强烈的社会责任感,彰显了国家食盐专营政策的体制优势。

碘缺乏病是世界上分布最广泛、危害人群最多的一种地方病。浙江省属环境碘缺乏地区。中国政府高度重视食盐加碘消除碘缺乏危害工作,于1990年3月在联合国召开的儿童问题首脑会议上承诺至2000年实现消除碘缺乏病的阶段目标,并先后颁布了一系列盐业法律法规,以立法形式确定全面供应加碘盐。浙江省随即采取有力措施,全力普及碘盐供应,并在1995年底起实现全省口食盐全部供应小包装加碘盐。经过调整完善,至2010年底,全省建立了以5个国家食盐定点企业为集中分装中心、76个食盐批发企业为配送中心、12万个以上零售店为销售网点的食盐配送网络,全面覆盖全省城乡、山区、海岛。全省人均小包装碘盐消费量达到5千克以上。在卫生、盐业等部门的共同努力下,全省消除碘缺乏病工作进行顺利,先后通过了国家消除碘缺乏病的阶段目标、中期目标和终期目标考核评估。2010年,全省碘盐覆盖率97.32%、碘盐合格率98.00%、合格碘盐食用率95.41%,人群尿碘中位数182.10微克/升,8～10岁儿童甲状腺肿大率下降至4.00%,全省居民碘营养水平适宜,食盐加碘消除碘缺乏病工作取得了显著成效。

国家对食盐实行计划管理,食盐价格实行政府定价。盐价直接决定盐民收入水平。中共浙江省委、省政府高度重视盐业生产和盐民生活,多次采取对省产原盐实施价外补贴、降低盐税(用于提高原盐收购价)、直接提高原盐收购价、在盐价中建立用于盐业技术改造和基础设施建设的盐业专项基金等调价措施,提高盐民收入。2003年5月14日,省委书记、省人大常委会主任习近平及省领导周国富、张曦、章猛进等到岱山盐区考察、调研,习近平于5月28日对分管副省长作了重要批示。同年6月16日,省政府发出专题会议纪要,指出:要根本解决岱山乃至全省盐业和盐民问题,必须用改革和发展的思路,分清轻重缓急,逐步予以解决;要充分认识当前盐业市场的严峻形势,把握未来盐业市场的发展趋势,下大决心调整优化盐业结构。经过多轮价格调整,至2010年,全省盐区盐民年平均收入由1978年的不足200元提高到15000元,盐民生活水平大幅度提高。

第三阶段，自2004年至2010年。该阶段重点以实现全省食盐流通现代化为目标，以组建省盐业集团，调整盐业经济结构，实施碘盐集中分装、统一配送，加强食盐仓储能力建设为主要措施。

随着改革的深化和市场经济的建立，全省盐业出现了盐业市场分割、环节过多、效率低下、利益多元、管理多头、调控乏力等一些亟待解决的新矛盾和问题，严重制约盐业发展。为进一步深化盐业管理体制改革，推进食盐流通现代化，2004年12月，省政府研究决定，在对各级盐业公司进行改革重组的基础上，组建浙江省盐业集团。省政府《关于深化全省盐业管理体制改革的通知》中，对省盐业集团的组织结构、盐业管理、资产管理、劳动人事等作出明确规定。省盐业公司改制为国有独资的省盐业集团有限公司，按照母子公司体制，纳入全省11家市盐业公司和65家县(市、区)盐业公司进行组建。各市、县(市、区)盐业公司现有的国有资产，按照“先划转，后清理”的办法，以2003年底账面资产为依据，统一上划省盐业集团有限公司。属供销社系统的9家县(市)盐业公司的集体资产，由省盐业集团有限公司部分收购实行控股或全部收购。保留省、市、县(市、区)各级盐业管理机构，各级盐务管理局暂与盐业公司合署办公，实行两块牌子、一套班子。省盐务管理局是省政府盐业主管机构，负责全省盐业管理工作，并对市、县(市、区)盐业机构实行垂直管理。2005年1月，浙江省盐业集团有限公司正式注册成立。2006年9月，省盐业集团有限公司(省盐务管理局)成建制划归浙江省人民政府国有资产监督管理委会员(以下简称“省国资委”)管理，成为省国资委直属企业，由省国资委监管考核，并落实国有资产保值增值责任。省盐业集团的组建，全面整合全省盐业产、销资源，充分发挥食盐专营优势，进一步形成全省盐业统一的大市场、大流通格局，推进食盐流通现代化，为满足全省经济发展需要，提高盐业竞争力，参与市场竞争创造了有利条件。至2010年底，全省已有68家市、县(市、区)盐业公司加入省盐业集团，尚有温岭、玉环、临海、岱山、嵊泗、乐清、苍南、平阳8家盐业公司(盐务管理局)未改制，没有进入省盐业集团。

按照“延伸产业链、完善供应链、提升价值链”的工作思路，浙江盐业立足盐业主业，突出传统产业升级，推进盐业经济结构调整，提升浙江盐业整体实力。一是延伸产业链。全省盐业认真落实扶盐惠盐政策，创新“公司＋盐场”管理体制，就地就近利用浙江特色海盐优势，强化生产基地建设，提高省产盐供给能力。产盐区各级盐业部门和食盐定点生产企业加大工作力度，推进盐源生产基地建设，通过承包、租赁、股权投资等多种形式加强与盐场的合作，实现控制盐场生产经营管理的目的。同时，推进省外盐业生产基地建设，加大参与省外盐源投资开发力度，择优选择一些区位优势明显、综合竞争力强的制盐企业，通过参股的合作方式，实现对盐资源的直接或间接的有效控制。2004年以来，先后投资8600万元，共获得江西、江苏等地近50万吨的井矿盐产能份额，逐步建立起稳定的盐源基地，满足全省盐业市场需求。二是完善供应链。全省盐业以现有营销资源为基础，加强优化整合，规划构建全省统一的物流配送体系和经营网络，形成点、线、面相结合的立体食盐储运体系和经营网络体系，在有效保证市场供应的同时，进一步增强了市场控制能力。2005年以来，省盐业集团有限公司发挥优势，集中财力，加强全省食盐储备能力与配送中心建设，在全省建立杭州、嘉兴、湖州、绍兴(上虞)、金华(义乌)、衢州、温州、丽水、台州(黄岩)、宁波(晶泰)、舟山(浙江绿海) 11个区域食盐配送中心。同时，发挥食盐营销网络优势，逐步探索以食盐流通网络为基础的非盐商品经营，有重点地选择增加市场潜力大、品牌效益好、适销对路的品牌代理，做好增量，摊薄成本，实现渠道增值，取得了较好的经济效益。三是提升价值链。全省盐业以"绿色、有机、低钠"为元素，加大盐产品开发力度，积极实施差异化、精品化的发展战略，开发具有自主知识产权、自有核心技术、自有品牌的高品质浙江海盐产品，丰富产品种类，推进品牌建设。重点塑造浙江海盐稀缺性、独特性和高品味的特色，打造高端盐品牌形象，快速占领省内和国内高端盐产品市场，提高产品附加值。由浙江蓝海星盐制品有限公司、浙江绿海制盐有限责任公司等省内食盐定点生产企业生产开发的多品种食盐和特色浙盐，年销量达 7 万吨，占省内口食盐市场的 30%，品牌知名度和美誉度不断提高，浙江盐业品牌效益逐步显现。四是积极拓展省内盐业市场。随着浙江经济持续快速发展，特别是效益农业和区域经济、块状经济的发展，食品加工、蔬菜腌制、印染制革等用盐量稳步增加，除"两碱"用盐外，全省盐产品销量于 2007 年首次超过百万吨，2008 年更是跃居全国首位。全省盐业综合经济实力明显增强，位居全国盐行业前列。

随着浙江经济社会发展，全省盐业产业结构调整步伐加快。1995 年，全省实施控产压田，盐田面积大幅缩减。2005 年，全省原盐产能仅为十年前的一半左右。尽管 2005 年省政府办公厅转发省盐务管理局《关于稳步推进盐业产业结构调整的意见》，实施保护重点盐场，但由于浙江海盐生产成本高、效率低、劳动量大，在自然规律和经济规律的双重作用下，盐田废转仍持续推进。至 2010 年底，全省盐田生产面积 2703 公顷，产盐能力仅 13 万吨左右，当年原盐产量为 10.59 万吨。但各类盐产品需求量却显著增加，2010 年全省盐销量 114.53 万吨。浙江省从食盐主产区向食盐主销区转型已成定势。

浙江盐业历史悠久，从未停歇向前的脚步。展望未来，浙江盐业发展蓝图催人奋进。浙江盐业正在新的历史起点上，锐意改革创新，谱写发展新篇章。

第一章　盐区自然环境

浙江地处中国东南沿海，滩涂广袤，生产海盐所需的土地、海水及柴薪资源丰富，产盐历史悠久，曾属全国主要盐产地之一。海盐生产主要依靠阳光和风力将海水蒸发浓缩成盐。降水、日照、蒸发、气温、湿度、风力等自然气象因素都会影响海盐的产量和质量。浙江气候条件对海盐生产利弊兼具，日照充足，但短晴多雨，影响蒸发，易受风潮等灾异天气影响，盐区分散而规模小。气候条件变化较大，给海盐生产带来的变动因素也较大。海水盐度、潮汐、水温、pH 值、含砂量、土壤条件等相对比较固定，给海盐生产带来的变动因素相对较小。

浙江海盐产地分布在沿海及舟山群岛，原盐出场可通过海运、公路运输、铁路运输等多种途径，主要盐场均建有专用码头，交通运输条件优越。

历代盐民在长期生产实践中扬长避短，创造出适应浙江地理条件和气候条件的生产工艺和设施，盐的产量和质量不断提高。随着制盐工艺改进，海岸运动、海水盐度以及其他自然环境资源变化，浙江海盐生产布局和规模也相应调整。

第一节　自然地理环境

浙江地理条件利于海盐生产，气候条件对海盐生产利弊兼具，特别是台风、暴雨、风暴潮等常给海盐生产造成严重损失。

一、地理环境

浙江地处中国东南沿海长江三角洲南翼，东临东海，南接福建，西与江西、安徽相连，北与上海、江苏接壤，海涂广袤、资源丰富，从事海盐生产具有得天独厚的优势。省内河流有钱塘江、瓯江、灵江、苕溪、甬江、飞云江、鳌江、京杭运河（浙江段）等水系。海涂淤涨、坍塌和海水盐度变化，成为历代浙江盐场兴废的重要原因。历史上，浙江产盐地区主要分布在钱塘江—杭州湾两岸、舟山群岛、象山港、三门湾、台州湾一带，今绍兴、杭州、嘉兴、温州、宁波、舟山等地均曾为浙江海盐主要产区。随着自然条件变化和盐业产业结构调整，浙江产区分布发生较大变化，现今产盐地区分布在舟山、宁波、温州和台州等沿海及沿海岛屿 6 个县（区），盐田生产面积 2703 公顷。

由于浙江海盐产地分布在沿海及舟山群岛，原盐出场可通过海船外运直达沿海销区。海运不达之处，先海运至宁波等港口，转铁路或内河、公路运达内地销区，或直接从场区由内河或陆运至销区。主要盐场均建有专用码头,可停泊百吨至500吨级船舶,中小型盐场也建有简易码头或码道,可供百吨内船只停靠。舟山群岛海运尤为便捷。

二、气候条件

海盐生产系露天作业,受气象条件制约较大。除煮盐外,无论是早期的刮泥淋卤、摊灰制卤还是此后的滩晒工艺,都主要依靠阳光和风力将海水蒸发浓缩成盐。因此,降水、日照、蒸发、气温、湿度、风力等自然气象因素都会影响海盐的产量和质量。

浙江盐区属亚热带季风气候。总的特点是季风显著,四季分明,年气温适中,光照较多,雨量丰沛,空气湿润,雨热季节变化同步,气候资源配置多样,气象灾害繁多。受东亚季风影响,风向和降水有明显的季节变化。气候条件对海盐生产利弊兼具。

(一)气候要素

1.降水

降水是影响海盐生产最主要的因素,不但将海水、卤水冲淡,而且暴雨造成盐田被淹、原盐溶化,使生产遭受严重损失。全省盐区年平均雨量为980～2000毫米,海岸带降水量一般为900～1700毫米,浙南大于浙北,大陆沿岸大于海岛。中南部沿岸年均降水量1300～1400毫米,杭州湾1200毫米左右,舟山群岛1000毫米左右,全年雨天140～170天。全省盐区降水量的季节分布变化明显,夏季、冬季降水趋于增加,秋季、春季降水明显减少。主要盐区降雨量、蒸发量和净蒸发量情况见表47-1-1-1。

表47-1-1-1　　浙江省主要盐区年均降雨量、蒸发量一览表

单位:毫米

盐　　区	年均降雨量	年均蒸发量	净蒸发量	资料年限
宁波—象山(石浦)	1398.9	1426.8	27.9	1955—1990
宁波—北仑(梅山)	1226.1	1268.8	42.7	1959—1980
舟山—岱山	1125.2	1506.5	381.3	1961—1990
舟山—普陀	1186.7	1336.0	149.3	1961—1980
台州—三门	1346.4	1434.3	87.9	1961—1990
台州—玉环	1370.3	1439.1	68.8	1961—1990

资料来源:据《浙江省盐业志》(中华书局1996年版)、《宁波盐志》(宁波出版社2009年版)和《舟山市盐业志》(中国旅游出版社1993年版)有关资料综合整理。

2.日照

海水蒸发能量主要来自太阳能,日照时数对海盐生产有重要影响。浙江盐区年平均日照时数达1710～2100小时,日照较充沛。舟山群岛和杭州湾达2300小时,温州多在1900小时以下。海岸带太阳辐射强度年总量 100～115 千卡/平方厘米，呈北高南低，7—8 月达到高峰，12 月至次年 2 月处于低谷。因日照时间充足，每年 7—9 月为浙江海盐旺产季节。主要盐区年均日照时数，岱山 2257 小时、普陀 2151 小时、定海 2308 小时、鄞州 2070 小时、慈溪 2038 小时、象山（石浦）2048 小时。全省年均日照时数参见图 47-1-1-1。

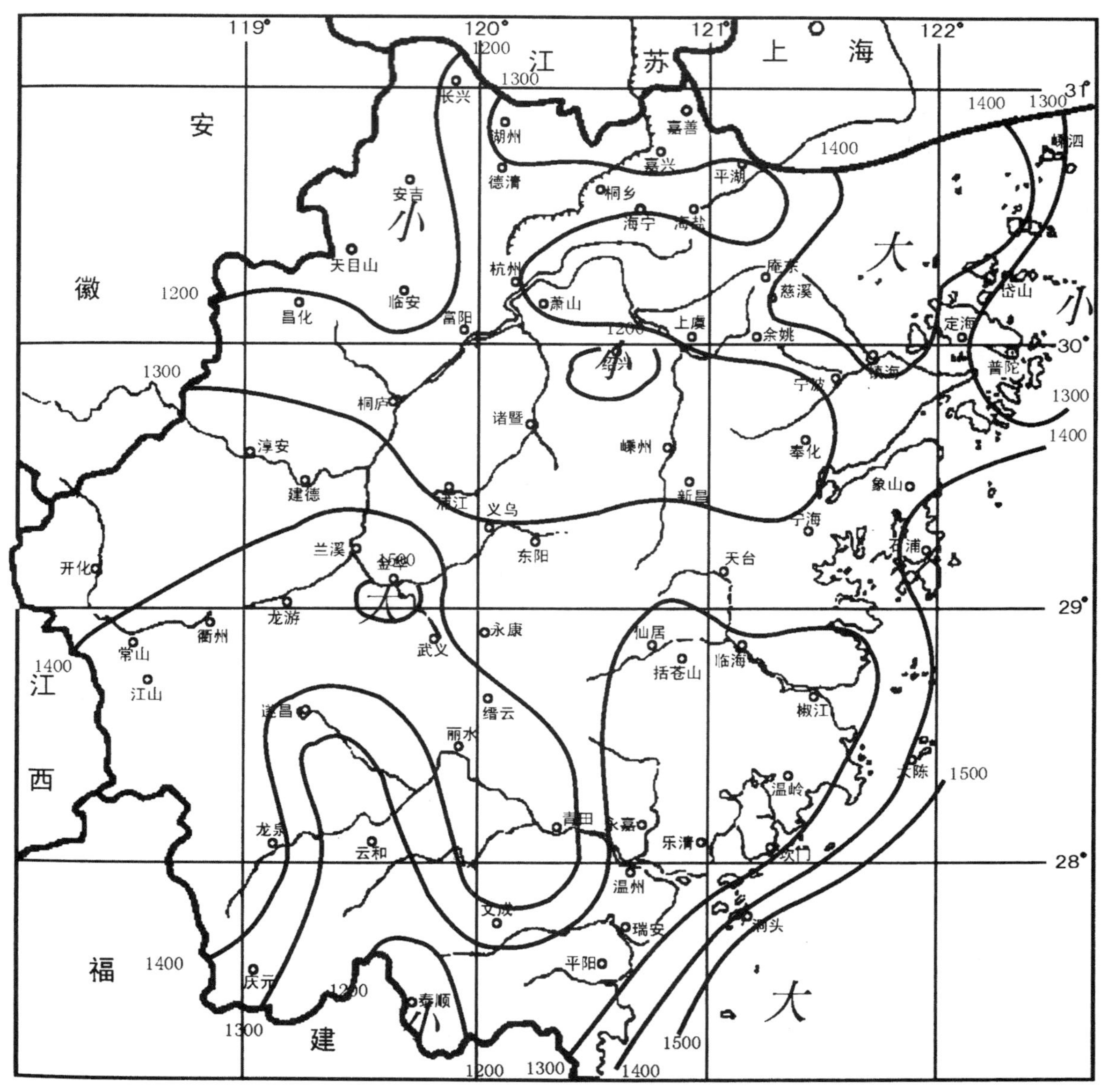

图 47-1-1-1　浙江省年均日照时数图（《浙江省气象志》，中华书局 1999 年版，第 98 页）

3. 蒸发量

蒸发量受制于日照、日射、温度、湿度、风等气象要素。全省盐区年均蒸发量 1200～1400 毫米，慈溪、岱山、宁海等地可达 1400～1600 毫米，北部高于南部；7—9 月蒸发量大于其他季节，占全年的 35%～40%，利于海盐旺季生产。净蒸发量（即蒸发量减降雨量）并不大，沿海除舟山群岛和杭州湾外，部分地区常呈负值，比较而言，舟山地区最高。主要盐区年均蒸发量，岱山盐区 1549.6 毫米（1961—1990 年）、三门盐区 1434.3 毫米（1961—1990 年）、玉环盐区 1439.1 毫米（1961—1990 年）、象山盐区 1413.9 毫米（1953—1990 年）、慈溪庵东盐区 1416.5 毫米（1949—1985 年）。全省年均蒸发量情况参见图 47-1-1-2。

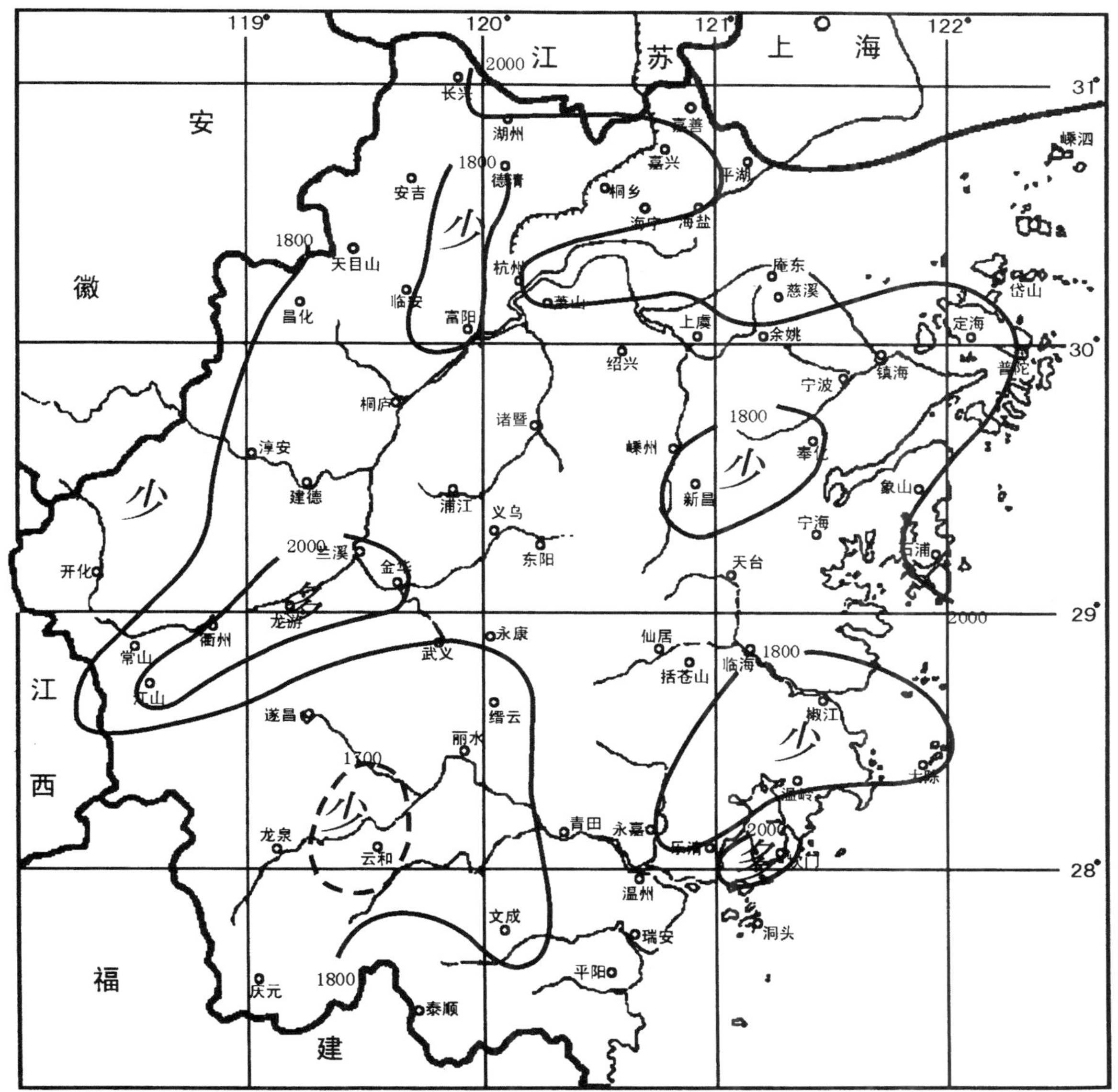

图 47-1-1-2　浙江省年均蒸发量图（《浙江省气象志》，中华书局 1999 年版，第 95 页）

4. 气温

气温是制约海盐产量的一个重要因素。气温越高，越有利于蒸发，提高海盐产量和质量。全省盐区年均气温 15℃～18℃，极端最高气温 33℃～43℃，极端最低气温 －2.2℃～－17.4℃。7—8 月平均最高气温 28.5℃，有利于海盐旺季生产。1—2 月平均最低气温 3℃～7℃。自 1961 年以来，浙江省年平均气温逐渐升高，线性回归计算增多，趋势达到每 10 年 0.25℃。主要盐区年均气温情况，岱山 16.2℃、普陀 16.1℃、慈溪（庵东）16℃、象山（石浦）16.2℃、北仑 16.3℃、鄞州 16.2℃。

5. **相对湿度**

相对湿度与蒸发量呈反比关系，相对湿度值大，蒸发量相对就少。浙江省海岛平均相对湿度一般在75%～85%，其中以3—9月较大，一般在80%以上，特别是6月可达到87%～93%；10月至次年2月，相对湿度较小，大多在80%以下，特别在12月只有71%左右。夏季水汽虽然充沛，但相应的气温也高，故相对湿度也不太高；冬季虽较干燥，但天气寒冷，相对湿度也不太低。相对湿度在一天之中的变化和气温、日照相反，以日出之前为最大值，午后2时为最小值。由于浙江地处沿海，空气湿润，水汽含量较高，故全省各地相对湿度差别不大，相对而言，海岛相对湿度略高于内陆地区。

6. **风力**

盐区濒海，风力资源丰富。卤水蒸发与风力关系密切，风速大和西北风均有利于蒸发。浙江平均风速沿海大于内陆，海岛大于沿海，且呈昼大夜小。夏季盛行东南风，冬季多偏西北风，晴天风力大、蒸发快，有利于盐业生产。浙江盐区20世纪50年代开始利用风车扬水，岱山使用最多。1961—2010年，浙江省年平均风速总体上呈明显减弱趋势，其趋势为每10年降低0.17米/秒。除丽水地区风速变化不明显，浙江省其他地区年平均风速均呈减弱趋势，东部沿海减弱最多。宁波、三门、岱山等部分盐区分月平均风速见表47-1-1-2。

表47-1-1-2　　浙江省部分盐区平均风速一览表

单位：米/秒

盐区	1月	2月	3月	4月	5月	6月	7月	8月	9月	10月	11月	12月	年均
宁波	3.0	3.0	3.1	3.2	2.9	2.6	3.1	3.0	2.6	2.7	2.6	2.7	2.9
三门盐场	3.4	3.4	3.3	3.3	3.2	3.5	4.7	4.6	3.6	3.6	3.3	3.3	3.6
岱山	5.2	4.7	4.6	4.2	3.7	3.5	4.2	4.5	4.3	4.5	4.5	4.9	4.4

资料来源：宁波资料引自《宁波盐志》(宁波出版社2009年版)，三门盐场、岱山资料分别引自台州、舟山盐业资源调查资料。

上述降水、日照、蒸发、气温、相对湿度、风力等气象因子构成浙江海盐生产活动的淡、平、旺三个季节。从20世纪70年代以来全省盐产量平均计算，旺季(7—10月)产量占全年总产量的三分之二，平季(4—6月和11月)占全年总产量的四分之一，淡季(1—3月和12月)占全年总产量的十二分之一。

宁波市梅山盐场1977—1986年气候条件与产盐量比较有代表性(其间盐田生产面积和设备条件基本保持稳定)，可以明显看出气候条件与产盐量相关性较好。1977—1986年间，梅山盐场年蒸发量、年降雨量及日照时数均呈不规律变化，但气温总体保持稳定。气候条件中，年蒸发量在1350毫米以上且年降雨量均小于年蒸发量300毫米，为丰产年；年蒸发量1250毫米且年降雨量与年蒸发量基本持平，为平产年；年降雨量大于年蒸发量的，为歉产年。1984年蒸发量大于降雨量250毫米，而1981年蒸发量与降雨量基本持平，但该两年产量基本相同，说明年蒸发量还与连晴天长短、年降雨量和雨日密切有关。见表 47-1-1-3。

表 47-1-1-3　　　1977—1986 年宁波市梅山盐场气候条件与产盐量一览表

年份	产盐量（吨）	年蒸发量（毫米）	年降雨量（毫米）	净蒸发量（毫米）	气温（℃）	日照时数（小时）	丰歉年
1977	9574	1139.8	1534.9	－395.1	16.5	1764.9	歉年
1978	15419	1354.2	1033.3	320.9	16.7	1831.1	丰年
1979	16933	1385.7	1250.2	135.5	16.9	1970.1	丰年
1980	9110	1204.0	1230.7	－26.7	16.1	1367.5	歉年
1981	12082	1271.0	1341.1	－70.1	16.3	1554.4	平年
1982	10800	1205.6	1113.3	92.3	16.6	1418.5	平年
1983	9277	1275.8	1463.6	－187.8	16.6	1565.6	歉年
1984	12136	1524.9	1269.2	255.7	16.1	1584.3	平年
1985	14016	1492.3	1190.2	302.1	16.4	1474.0	丰年
1986	13248	1563.5	1213.7	349.8	16.2	1564.3	丰年

资料来源：1987 年 12 月宁波市轻工业局盐务管理处编《浙江省宁波市盐业资源调查和区划》。

（二）灾异天气

浙江盐区地处中、低纬度的沿海过渡地带，加之地形起伏较大，同时受西风带和东风带天气系统的双重影响，各种气象灾害频繁发生，是我国受台风、暴雨、干旱、寒潮、大风、冰雹、冻害、龙卷风等灾害影响最严重地区之一。尤其夏季是台风多发季节，对盐业生产影响较大。

1. 台风

台风是影响浙江海盐生产最严重的灾异天气。浙江地处亚热带，受到东、西风带天气系统的交替影响；有着绵长曲折的海岸线，东临大洋，深受太平洋西行台风的影响；夏季近海水温在 24℃～27℃之间，有利于近海台风的形成和发展，导致更多的台风威胁。1949—2009 年，共有 39 个台风在浙江登陆，登陆时间为 5—10 月，以 7—9 月比较集中，尤以 7—8 月最多，所占比例近 75%，台风影响一般为 2～3 天。其间共有 314 个台风影响浙江，出现在 5—11 月，其中 7 月占 25%、8 月占 34%、9 月占 23%。1949 年以来影响

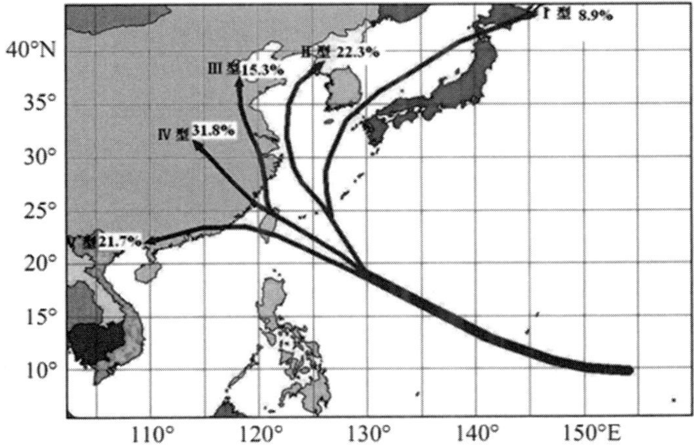

图 47-1-1-3　1949—2009 年影响浙江台风路径图（朱业等：《1949—2009 年登陆和影响浙江的热带气旋分析》，《海洋预报》2012 年第 2 期，第 8—13 页）

浙江的台风路径参见图 47-1-1-3。

由于台风期也是大潮汛期且伴有暴雨，此时正值盐业旺产季节，极易造成海塘溃毁、海水倒灌、滩场没滩、盐业生产设施毁损、卤水及原盐损失等，对盐业生产危害极大。

2. 暴雨

暴雨按 24 小时降水量，一般分为暴雨（50～99.9 毫米）、大暴雨（100～249.9 毫米）、特大暴雨（大于等于 250 毫米）。暴雨突发性强，持续时间长，降雨量大且集中，防范困难，是盐业生产最常遇的自然灾害，往往导致洪涝泛滥、淹场没滩、原盐溶化，造成重大损失。

全省海岸带暴雨约 80%集中在 5—10 月，其中约 60%～70%集中在 8—10 月，以一般暴雨居多，特大暴雨较少（常发生在 8—9 月）。浙江西部、南部和东南沿海为暴雨频发区，海岛、中部山区及北部平原等地区暴雨日数偏少。根据气象资料分析，1959—2000 年的 5—7 月全省主要盐产区暴雨过程分布的特点是：温州、宁波、台州多，而舟山较少，大暴雨过程的地域分布与暴雨过程基本相同。7—9 月旺产季节，也正值盐区暴雨多发区，常引起洪涝灾害，造成盐场淹滩及卤水、原盐损失。据三门盐场、温岭盐场、玉环盐场及定海、鄞县、慈溪、象山气象记录，1961—1980 年浙江省主要盐区暴雨次数和宁波市各盐区各月暴雨次数情况见表 47-1-1-4 和表 47-1-1-5。

表 47-1-1-4　　1961—1980 年浙江省主要盐区暴雨次数一览表

盐　区	暴雨强度（毫米）	年平均（次）	暴雨概率（%）	盐　区	暴雨强度（毫米）	年平均（次）	暴雨概率（%）
三门盐场	50.0～99.9	3.2	74	慈溪（庵东）	50.0～99.9	2.7	87
	≥100	1.1	26		≥100	0.5	13
温岭盐场	50.0～99.9	1.4	54	象山（石浦）	50.0～99.9	2.6	76
	≥100	1.2	46		≥100	0.8	24
玉环县	≥100	5.31		鄞　县	50.0～99.9	3.2	83
					≥100	0.7	17
定海县	50.0～99.9	2.55	82				
	≥100	0.55	18				

资料来源：分别引自 1987 年《台州地区盐业资源调查和区划》、《玉环县盐业志》（稿）、1987 年《舟山市盐业资源调查和区划》和《宁波盐志》（宁波出版社 2009 年版）。

说明：玉环县统计年限为 1961—1988 年。

表 47-1-1-5　　1961—1980 年宁波市各盐区各月暴雨次数一览表

单位:次

盐区	暴雨强度（毫米）	4月	5月	6月	7月	8月	9月	10月	11月	累年合计	年平均
慈溪（庵东）	50.0～99.9	1	7	13	6	6	15	6		54	2.7
	100.0～199.9			1	2		4			7	0.4
	≥200.0						1			1	0.1
鄞县	50.0～99.9	1	6	13	13	11	15	4	1	64	3.2
	100.0～199.9		1	2	2	2	3	2		12	0.6
	≥200.0						1			1	0.1
象山（石浦）	50.0～99.9	2	6	18	3	7	9	3	3	51	2.6
	100.0～199.9		2	1	2	1	4	4		14	0.7
	≥200.0		1				1			2	0.1

资料来源:《宁波盐志》,宁波出版社 2009 年版,第 12 页。

3. 雷暴

雷暴发生范围较小,持续时间也较短,但常会造成局部盐业产区严重损失。浙江雷暴主要集中在 3—9 月,多发生在 15—16 时。全省雷暴日分布呈现山区比平原地区多、内陆比沿海多的特点。

4. 冰雹

出现较少,其范围一般在几十平方千米以内。发生时间集中在 3—6 月,其次为 8—9 月。持续时间短,10 分钟以下占 70%,10～20 分钟占 20%,少数可能延续到 21～40 分钟。冰雹直径差异较大,一般为 0.5～5 厘米。冰雹对盐业苫盖和垫底结晶的塑料薄膜破坏性很大。

5. 风暴潮

指台风暴潮,伴随强台风登陆或近海转向的影响,使潮位异常抬升。浙江沿海均发生过风暴潮,杭州湾、台州及温州沿海为风暴潮频发区及严重区。风暴潮来势迅猛,水位可在正常值上抬升 2～3 米,兼有拍岸巨浪。如逢大潮,可能造成决堤毁塘、淹场没滩、盐业生产设施毁损、卤水及原盐损失等严重灾情。旧志记载"海溢"者即是。浙江沿海自南到北都曾出现暴潮致灾。

附:自宋以来重大灾异情况

浙江海盐为露天生产,但凡灾异天气,均对海盐生产造成一定影响。每年 7—9 月海盐生产旺季，台风等灾异天气多发，对海盐生产影响尤甚。兹将 2010 年以前的重大灾异罗列如下①：

宋乾道二年(1166 年)八月十七日，平阳坏庐漂盐场，潮退浮尸蔽川。

元泰定元年(1324 年)八月二十七日，温州风潮海溢；乐清盐场水患。

元至顺二年(1331 年)中秋，括苍山水暴溢，被郡境飓风激海水，相辅为害，堤倾路圮，亭随仆，永嘉盐仓亦圮。

明宣德七年(1432 年)正月，浙江大水，运司、下砂等盐场淹没。

明成化十二年(1476 年)七月，余姚大雨，陷没石堰盐场，损盐 10 万引(数字疑有误)。

清嘉庆元年(1796 年)七月十八日，黄岩大雨海溢，平地水高丈余，死者无算，场廒坍没。

嘉庆二年(1797 年)，岱山猝遇风潮，盐斤漂失。

清光绪二十二年(1896 年)，乐清乐西盐场堤塘被大潮冲毁，平地积水 1 丈，盐坦、盐仓淹没。

光绪三十一年(1905 年)八月初三，岱山海溢，盐板、卤桶漂失无算。

光绪三十二年(1906 年)春夏间，两浙盐场灶、荡受风雨潮灾。

民国 4 年(1915 年)7 月 16 日，余姚海溢，潮入利济塘南，水高五六尺，淹棉花，没庐舍、人畜、盐板不计其数。

民国 14 年(1925 年)，岱山大风潮，仓廓存盐化为乌有。

民国 22 年(1933 年)9 月 2～18 日，岱山、定海遭两次大风潮，损盐，毁大船 7 只。余姚场因海啸，仓廒多被摧毁，盐板被漂没，余姚各廒认捐 1 万元赈济。

民国 28—30 年(1939—1941 年)，余姚庵东西三盐场连续坍涂，周家路瞭望台、鼎和精盐公司房屋均坍入江底，西三盐场损失白地 1/3。

民国 35 年(1946)9 月 13 日及 21 日，庵东盐区暴风过境，坏盐仓。

民国 38 年(1949 年)7 月 24 日，台风暴雨，庵东冲决七塘，漂失盐板 40491 块、盐 446 吨，死盐民 5 人，伤 7 人。岱山损失盐板 39084 块、盐 1415 吨。

1951 年 8 月 18—22 日，台风暴雨连续 4 昼夜，岱山、绍兴、台州损盐 123 吨，伤 5 人。

1952 年 7 月 19—22 日，台风暴雨，温州、台州、岱山损盐 890.6 吨。温岭山洪暴发，寺前桥仓受淹，在抢救中，一名干部溺死。

1953 年 8 月 15—18 日，台风暴雨，庵东、温州、台州损盐 400 吨，毁屋 1813 间。

1956 年 7 月 8—14 日，庵东暴风雨，再加之 8 月 1 日 12 号“温黛”超级台风登陆象山南庄，全省损盐 1550 吨，毁屋 16663 间、盐板 41169 块，盐民死 7 人、伤 245 人。

1957 年 8 月 12 日，台风暴雨。4 号台风在温岭登陆，损盐 65 吨。

1959 年 7 月 16—17 日，台风暴雨，温州、台州、宁波损盐 155.6 吨，刮倒条架 246 座。

① 民国及以前灾异情况主要依据《浙江灾异简志》(陈桥驿编，浙江人民出版社 1991 年版)、《浙江省气候史料》(浙江省气象局编印，1980 年)、《浙江省盐业志》(中华书局 1996 年版)及省内各地盐业志书综合整理；中华人民共和国成立后主要依照《浙江省盐业志》、各主要盐产区的盐业志、省盐务管理局档案等综合整理。灾害发生区域以 1995 年底浙江省盐业实施控产压田、调整产业结构前尚在产盐市县为准，灾情以损及盐业生产者为限。

1961 年 10 月 3—5 日，台风、冰雹，台州、温州、宁波受灾。26 号台风在临海登陆，损盐 2838 吨，吹倒枝条架 497 座、风车 304 台。

1963 年 9 月 13—14 日，台风，慈溪、象山损盐 165.8 吨、枝条架 16 座。象山暴雨，为数十年来罕见，毁塘 40 余条。

1966 年 9 月，2 次台风袭击温州、台州、象山。平阳、瑞安盐场海塘大部分损坏。

1969 年 7 月 15 日，庵东暴风雨、冰雹，损坏盐板 3400 余块、屋 203 间。

1972 年 8 月 17—18 日，台风暴雨，玉环盐场塘坝塌方决堤，浪卷巨石。

1973 年 6 月 27 日，庵东龙卷风，风力 11 级，6 分钟降雨 20 毫米，损盐 100 吨、盐仓 791 座、民房 1077 间、风车 283 架、盐板 13656 块、水车 61 部，伤 15 人。

1974 年 8 月 19 日，13 号台风"玛丽"在象山登陆，适逢大潮，毁堤没滩。全省受淹盐田 5300 余公顷，占总面积的 40%；70 条海塘遭破坏，损盐 4.87 万吨，灾损严重。

1976 年 5 月 24 日，象山特大暴雨，24 小时降水 270.5 毫米，盐田全部被淹。

1977 年 4 月 24 日，庵东龙卷风毁盐板 5825 块、盐仓 159 座、民房 214 间。7—9 月，岱山遭 3 次台风侵袭。

1979 年 8 月 23—25 日，9 号、10 号台风连续侵袭宁波、舟山、台州，暴雨大潮，全省 60% 以上盐田受淹，毁塘约 4 万米、水库 2 座、码头 30 座、闸门 32 座、抽水机房 68 处、盐仓 570 座、民房 1629 间、水泥电线杆 874 根，损盐 1.09 万吨，死 2 人，灾损严重。

1981 年 9 月 24 日、10 月 14 日，特大暴雨。宁波、台州、温州受 14 号、16 号台风影响，自南而北持续暴雨 7～18 小时，山洪暴发，温、台盐场没水 1.5 米，损盐 3 万吨以上。

1983 年 9 月 26—27 日，台风大雨。10 号台风在沿海擦边北上，影响全省盐区。毁海塘 34 条 13.5 千米、屋 200 余间、码头 18 座、塑料薄膜 10.87 万平方米，损盐 10577 吨。

1985 年 7 月 30 日，6 号台风在玉环县登陆，损盐 2.33 万吨；全省受淹盐田 4000 余公顷，损塑料薄膜 25.8 万平方米。

1986 年 4 月 10 日，鄞县、舟山冰雹，大如卵，约 10 分钟，击穿黑膜 11.1 万平方米；6 月 22 日，庵东遭龙卷风及冰雹，伤 83 人。8 月 26—28 日，台风侵袭舟山、宁波、台州，损盐 1.42 万吨、塑料薄膜 55.63 万平方米、输电线 9.28 万米、海塘 5534 米。

1987 年 3 月 13 日、23 日，冰雹、暴雨，临海、象山、岱山损塑料薄膜 20.18 万平方米。9 月 9—12 日，12 号台风夹带特大暴雨达 4 昼夜，苍南县马站盐场 2 名员工为抗洪牺牲。全省受淹盐田 2600 公顷，损盐 1.28 万吨、黑膜 12 万平方米。

1988 年 6 月 11 日、7 月 30 日，台风暴雨，7 号台风侵袭宁波 6 市、县盐区，三门遭受飓风暴雨袭击，共损盐 1.28 万吨。

1989 年 7 月 20 日，7 号台风在宁波象山登陆；8 月 4 日，13 号台风过舟山北上；9 月 13 日，21 号台风夹特大暴雨；9 月 15 日，23 号台风在温岭松门登陆，24 小时降水量 250 毫米以上。全省盐滩大面积受淹，刮破黑膜约 85 万平方米，损盐 5600 余吨。

1990 年 6 月 23 日、8 月 31 日，台风暴雨，盐区普遍受灾，温、台两地特别严重，苍南雨量集中，过程降雨量达 936.7 毫米。全省受淹盐田 8667 公顷，占生产面积的 72%。全省损失总计近2000万元。

1992年8月28日,16号强热带风暴侵袭,持续时间长,狂风、暴雨、大潮夹击,全省毁塘坝5000余米,没滩严重,损盐1.47万吨、黑膜35万平方米及机电设备等。

1994年8月21日,17号强台风在温州瑞安登陆,恰逢天文大潮,瑞安和温州的最高潮位分别超过历史实测最高潮位0.21米和0.65米,浙江省有10个地市、40多个县(市)受到狂风、暴雨或大潮夹击,浙南沿海地区受灾严重。全省盐业职工、家属死亡、失踪69人,冲毁盐场海塘15000多米,损盐5.1万吨,毁损黑膜54万平方米,大批盐仓、房屋倒塌,部分输变电设备被毁,直接经济损失5900多万元,其中国营乐清盐场损失最为惨重。

1997年8月18日,第11号台风正面袭击浙江沿海,恰逢天文大潮,全省沿海地区普遍出现了特高潮位,风、雨、潮三碰头,造成百年一遇的特大风潮灾害,全省盐业遭受重创。全省16万亩盐田全部受淹遭灾,4.2万亩盐田被毁,损盐20.3万吨,毁坏海塘58.26千米,3600多间盐仓、房屋倒塌,冲毁黑膜1370多吨,直接经济损失4.94亿元。

2002年9月7日,第21号台风"森拉克"在温州苍南登陆,苍南、玉环等地盐区遭受重大损失。仅台州、温州两市盐业直接经济损失达605.14万元。

2004年8月12日,第14号台风"云娜"在台州温岭登陆,近中心最大风力12级以上,台州各县(市)及温州的乐清、永嘉两县(市)普降特大暴雨。全省损盐3.69万吨,直接经济损失2469万元。

2006年8月10日,第8号台风"桑美"在温州苍南马站登陆,风圈小,强度大,移动速度快,结构紧密,是近50年来登陆浙江最强的台风,区域性大风强度破历史纪录。全省盐业基础设施遭到破坏,经济损失惨重。苍南马站盐场损失尤为惨重,盐场几成废墟,人员伤亡7人,倒塌损坏房屋292间,270户近千名盐民受灾,直接经济损失246万元。

2009年9月底,玉环、象山、岱山、温岭等盐产区普降特大暴雨,给盐场生产造成重大损失,损盐6400余吨,直接经济损失915.6万元。

第二节 海盐资源

海盐生产受海水盐度、潮汐、水温、pH值、含砂量以及滩涂面积、土壤质地等多重因素影响。采取煎盐工艺时还受柴薪资源影响。浙江盐区地处东南沿海,无论煎盐所需之柴薪还是晒盐所需之海水、滩涂等资源丰富,利于盐业生产。随着海水盐度变化和滩涂围垦开发,浙江海盐产区也随之调整变化,生产规模逐渐萎缩。

一、海水

(一)海水盐度

海水是海盐生产的主要原料,其含盐量高低是影响海盐产量的最主要因素。海盐产量与海水的盐度呈正相关关系，海水盐度越高，海盐产量亦越高。浙江盐区分布及变迁也与海水盐度变化密切相关。浙江东部濒海，是浙江盐生产历史悠久的主要原因。

浙江沿海盐区的海水盐度主要受大陆径流形成的沿岸低盐水流和东南部海域台湾暖流影响，海水盐度一般在 30‰～34‰。呈现明显的地域变化和季节变化，外侧高于内侧、东南部高于西北部、夏季高于其他季节。北宋时，已发现浙江海水盐度差异，核定煎办产额浙南及岛屿多为 10 分，北部递减至 6 分。

浙江沿海盐区的内侧海域受江河径流影响，为低盐区；外侧海域受外海高盐水调节，常呈高盐区分布。北部沿海因有较强的长江淡水径流，省内又有钱塘江、甬江等水系东流入海，沿海海水盐度受淡水径流影响甚为显著，海水盐度远低于东南部。浙江沿海河口及港湾较多，盐度地区差异也较大，一般以岛屿、半岛屿较高，港湾较低；开敞河段较高，河口附近较低；港湾口门较高，港里较低，盐度总的趋势是由北向南递增。夏季是台湾暖流强劲时期，同时来水主要为东北向，加上夏季盛行偏南风，夏季沿海海水盐度高于其他季节。根据长期的观察数据，象山石浦沿海盐度 8 月平均达 31.22‰，最高 35.21‰，年平均 27.76‰。象山港的梅山盐场年平均盐度为 25.99‰，7、8 月的月平均盐度分别为 30.61‰和 30.3‰，其中 8 月最高达到 33.88‰。地处杭州湾南岸的慈溪庵东盐区年平均盐度仅 12‰～14‰，是宁波沿海盐度最低的地区，不利于盐的生产。而 20 世纪 80 年代后，因受钱塘江海水回流的影响，海水浓度比以前又有下降，这也是曾为浙江省最大盐区的庵东盐区在 20 世纪 80 年代开始大面积废转的重要原因。浙江主要盐区沿海岸边海水表层盐度见表 47-1-2-1。

表 47-1-2-1　　浙江省主要盐区沿海岸边海水表层盐度一览表

单位：‰

站　名	嵊山	岱山	定海	沈家门	梅山	石浦	海门	洞头
年均盐度	29.73	26.00	25.62	26.84	25.99	27.76	14.11	29.60

资料来源：浙江省民政厅编《浙江省海岸带和海涂资源综合调查报告》，海洋出版社 1988 年版，第 57—59 页。

同一岸段盐度日变化受潮流影响，通常在近高平潮时盐度达最高值，低平潮时为最低值。另外，受天时影响，晴天潮头较高，阴雨天潮中较高。浙江沿海均属正规半日潮，浅海分潮和大小潮较为明显，落潮时一般长于涨潮时。因此，根据天时、潮流适时纳取高浓度海水以提高产量。浙江省海水盐度分布情况参见图 47-1-2-1。

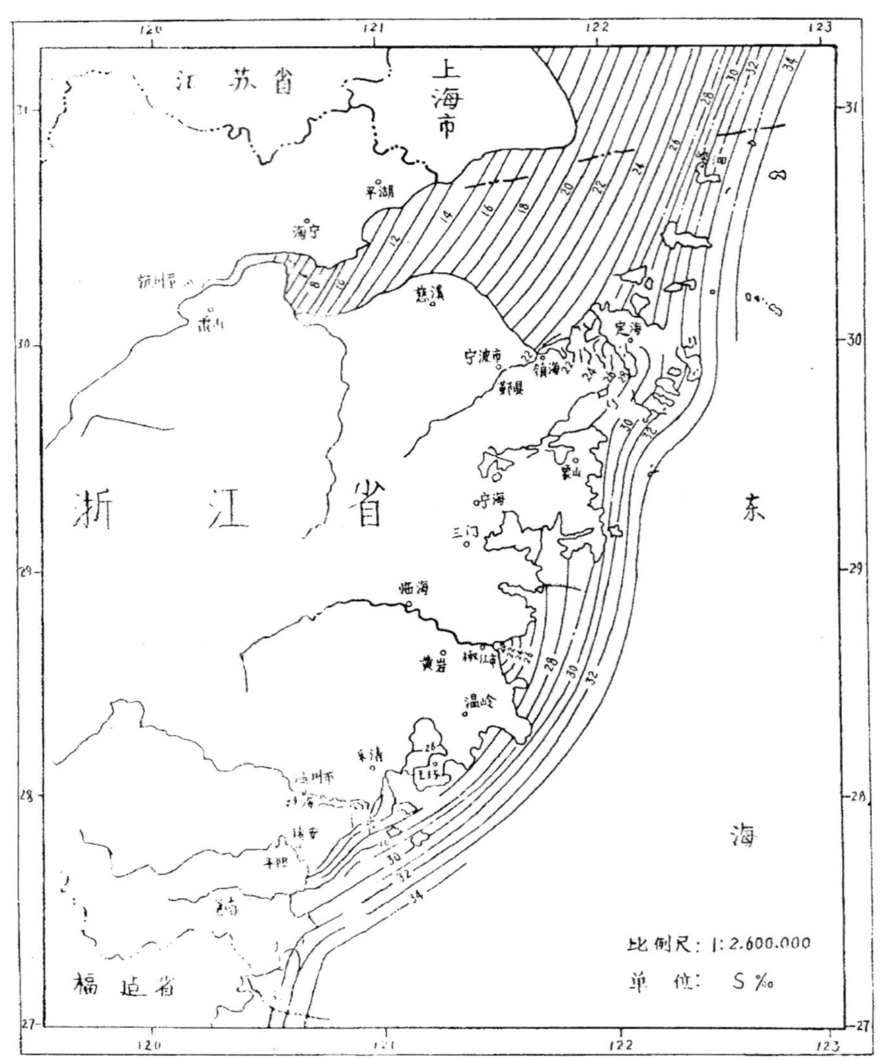

图 47-1-2-1 浙江省沿海海水盐度分布示意图(《浙江省盐业志》，中华书局 1996 年版，第 69 页)

（二）潮汐

浙江近海的潮汐类型基本属正规半日潮区，唯杭州湾以镇海为中心的局部水域和舟山群岛部分海区潮汐的类型为非正规半日潮混合潮区，近岸处因浅海分潮的影响，其潮汐类型通常为非正规半日潮浅海潮区。潮汐一般以一太阳日为周期，两涨两落。潮差变化以 9—10 月最大，其次为 3 月；12 月至次年 1 月及 7 月较小，常影响纳潮。潮汐日际变化明显且有规律，逢农历朔（初一）望（十五）时出现大潮，高值在初三、十八两日；至上弦（初七八）和下弦（廿二三）则出现小潮，低值在初八、廿三两日。7 月潮差小且又逢旺产时纳排量大，因此，该月小潮时的潮位曲线是海盐场纳排系统设计的依据。浙江沿海各地潮位、潮差见表 47-1-2-2。

表 47-1-2-2　　浙江沿海潮位一览表

单位:米

地名		平均高潮位		平均低潮位		潮差		说明
		大潮	小潮	大潮	小潮	大潮	小潮	
大陆沿海	澉浦	3.66	2.40	−3.10	−2.15	6.76	4.55	以黄海零点为基准
	穿山	1.36	0.84	−1.02	−0.47	2.38	1.31	
	健跳	3.06	1.96	−2.40	−1.10	5.40	3.00	
	海门	2.97	1.88	−1.78	−1.27	4.75	3.15	
	坎门	2.66	1.61	−2.47	−1.31	5.13	2.91	
	鳌江	2.97	2.10	−1.70	−1.50	4.75	3.60	
岛屿	岱山	1.39	0.84	−1.10	−0.43	2.49	1.27	
	定海	1.51	0.91	−1.12	−0.50	2.63	1.41	
	大陈	2.32	1.88	−2.01	−1.01	4.33	2.89	

资料来源:《浙江省盐业志》,中华书局 1996 年版,第 68 页。

清同治《象山县志稿》卷四《水利》记载潮信如下:“海潮之说不一,地界亦有同,俗以其有常,故谓之潮信。象山之潮,每月初一、初二、初三、十六、十七、十八,卯酉涨,子午退;初四、初五、十九、二十,辰戌涨,丑未退;初六、初七、初八、二十一、二十二、二十三,巳亥涨,寅申退;初九、初十、二十四、二十五,子午涨,卯酉退;十一、十二、十三、二十六、二十七、二十八,丑未涨,辰戌退;十四、十五、二十九、三十,寅申涨,巳亥退。又有大小之别,大潮在初三、十八,逾常骤涨。其所至之处有常,则凡山麓石痕如画。”浙江沿海潮汐规律与此略同。海盐生产须熟练掌握潮汐规律,合理纳潮。

(三)水温

水温的变化主要与海区的潮流性质和太阳辐射有关。浙江沿海水温常年平均在 17℃左右,夏季水温在 22.9℃左右,海域西部高水温期出现在 9 月,水温可达 29.8℃。低温期在 2 月,水温在 5℃上下。海域东北部四季水温变幅较西南部小。高水温期出现在 8 月。海水温度越高,越有利于蒸发,提高盐产量。

(四)pH 值

海水 pH 值是衡量海水酸碱状态的重要参数之一。浙江沿海海水的 pH 值一般稳定在 7.8～8.7 间,呈弱碱性。海水 pH 值因季节和区域的不同而略有不同。夏季时,由于增温和强烈的光合作用,上层海水中二氧化碳含量和氢离子浓度下降,于是 pH 值上升,即碱性增强;冬季时则相反,pH 值下降。在溶解氧高的海区,pH 值也高;反之,pH 值就低。

(五)含砂量

海水中含有大量泥砂,主要来源于陆地河流,其含量及输移受季节、潮汐、径流、风和波浪、地形等各种因素影响,较不稳定。浙江海域含砂量总体特点是浙北海域高,浙南海域低;近岸高,外海低;夏季为全年最低。海水含砂量越少,越有利于海水蒸发和提高盐的产量及质量。悬砂随海水进入盐场纳潮河,需经澄清。故定期疏浚纳潮河以增加库容,为海盐生产内容之一。

浙江各主要盐区近海含砂量不等。杭州湾为钱塘江的入海口,具有潮流强、径流弱,陆域来砂少、海域来砂丰富的特点。杭州湾北部毗邻长江,海域泥砂来源丰富。根据实测资料,杭州湾近海平均含砂量 1.34 克/升,其中大、中、小潮分别为 2.00 克/升、1.72 克/升、0.47 克/升。杭州湾近慈溪庵东盐区的底层泥砂含量可达 10.55 克/升,是杭州湾海域海水泥砂含量最高的区域。舟山海域含砂量一般在 0.02～0.50 克/升,其分布变化的基本特征是西部高、东部低,含砂量自北至南渐次增加。象山东部海域泥砂含量由北往南、由岸往外渐减,北部和南部平均为 0.43 克/升和 0.16 克/升;象山港内泥砂含量越往港底含量越低,平均 0.23 克/升。三门湾海域在大潮时含砂量在 0.40～0.60 克/升之间,小潮含砂量小。

二、滩涂

滩涂是指海岸带受海水周期性淹没的区域,亦称"潮间带"。生产海盐的盐场都建在沿海滩涂上,滩涂是海盐场建设的必备条件。浙江滩涂资源丰富,有较多开阔平坦的滩涂可供制卤晒盐。自春秋以来,全省沿海多数岸段均曾置场制盐。中华人民共和国成立后,有计划地围塘开发,1993 年底,浙江省盐田总面积为 14174 公顷,约占当时全省潮间带海涂总面积的 5.84%。但随着浙江盐业产业结构调整,盐田生产面积锐减,至 2010 年底,全省盐田总面积下降至 3275 公顷,仅占当时全省潮间带海涂总面积的 1.43%。1993 年和 2010 年浙江省盐田总面积占潮间带海涂总面积的比例见表 47-1-2-3。

表 47-1-2-3　　1993 年和 2010 年浙江省盐区潮间带土地面积及盐田面积一览表　　单位:公顷

分布地区	1993 年			2010 年		
	潮间带土地面积	盐田总面积	占潮间带面积比例(%)	潮间带土地面积	盐田总面积	占潮间带面积比例(%)
全省合计	242904	14174	5.84	228514	3275	1.43
宁波	96674	4649	4.81	74468	850	1.14
台州	66654	3909	5.86	46013	446	0.97
温州	64909	951	1.47	65607	62	0.09
舟山	14667	4664	31.80	18442	1917	10.39

资料来源:据《浙江省盐业志》(浙江人民出版社 1996 年版)、《浙江省海洋环境资源基本现状》(海洋出版社 2013 年版)、浙江省盐业统计年报等综合整理。

说明:潮间带土地面积为理论基准面以上的潮间带土地。

浙江省沿海潮间带多属开敞式岸滩，泥砂来源丰富，大部分区域具有不断淤涨的特点。按其冲淤变化，可分为淤涨型、稳定型和侵蚀型3种，以淤涨型为主。从分布区域看，宁波滩涂面积最大，达到74468公顷，占总面积的32.59%；其次是温州和与台州，分别占总面积的28.71%和20.13%；再次为舟山、嘉兴和绍兴，分别占总面积的8.07%、6.19%和3.82%；最后为杭州，仅占总面积的0.49%。

以海水含盐量大于20‰为基本条件，结合蒸发量、岸滩动态和土壤质地等因素综合评价，浙江省适宜盐业开发的滩涂主要分布在自澥浦至浙南沿浦一线。按条件优次划分，属一等的有大陆沿岸的梅山西至大嵩港口、青龙山至半边山、大目涂、大麦屿南北以及舟山市的岱山、朱家尖，其余多数属二等，少数属三等。浙江海盐场的设置多以此为依据。

尽管浙江沿海大部分滩涂都具有不断淤涨的特点，但随着经济发展对土地需求增加，滩涂围垦开发进程加快。中华人民共和国成立以来至2004年，浙江省共围垦开发滩涂面积18.80万公顷；2005—2008年间，浙江省新围垦开发滩涂面积5.67万公顷。滩涂围垦开发直接导致了盐田总面积急剧减少，原盐产量锐减。与1980年相比，2010年浙江省盐田总面积减少83.39%，盐产量下降70.65%。浙江盐场的兴衰迁移都与滩涂变迁密切相关。

三、土壤

海盐生产对土壤亦有相应要求，以泥质盐分含量高的粉质或砂质黏土较为适宜，尤其滩晒制卤要求土壤渗透率低，结晶池土壤力学强度大，易于压实。根据经验，浙江盐田土壤较为适宜的机械组成：在蒸发池中，粒径0.05毫米以下的粉土和黏土占50%～70%，粒径0.05～2毫米的砂黏占30%～50%；结晶池的黏土含量宜少于蒸发池，以利于压实，提高池板硬度，增强蒸发效果。

浙江海涂主要是粉砂淤泥质滩，占总面积的94.5%；其次是砂砾滩和岩石滩，分别占总面积的2.8%和2.7%。海涂土壤条件对发展海盐生产有利；海涂土质比较稳定，变化不大。根据实地检测，舟山、宁波、台州等盐的主产区盐田土壤多为重壤土和轻壤土，颗粒匀细，粒径小于0.05毫米的粉砂和黏土一般在70%左右，土层深厚，含盐量高，空隙度小，渗透少，晾晒碾压后易于硬结。浙江主要盐场土壤质地测验结果见表47-1-2-4。

表47-1-2-4　　浙江省主要盐场土壤质地实测一览表

时间	取样地点	土质	土壤级配(毫米、%)			比重(克/立方厘米)	测验单位
			2.00～0.05	0.05～0.005	<0.005		
1956年5月	庵东	粉质壤土	25	66	9	2.67	天津制盐所
1956年5月	岱山	砂质壤土	36	34	30	2.67	
1958年9月	三门	砂质壤土	40	25	35	2.69	

续表

时　　间	取样地点	土　质	土壤级配(毫米、%)			比重(克/立方厘米)	测验单位
			2.00～0.05	0.05～0.005	<0.005		
1957年5月	温岭(上马)	砂质壤土	40	15	45	2.71	省盐务局
1957年11月	温岭	黏土	25	26	49	2.72	
1958年11月	象山	黏土	40	14	46	2.71	省轻工业厅
1958年11月	三门	粉质黏土	20	42	38	2.67	
1966年9月	鄞县(大嵩)	粉质黏土	6	58	36	2.75	

资料来源:《浙江省盐业志》,中华书局1996年版,第67页。

四、柴薪

柴薪是煎盐所需的主要物料。浙江东南沿海拥有漫长的海岸线和大片滩涂,气候温暖湿润,十分有利于植物生长。这为煎盐提供了大批柴薪,也极大地促进了历史上浙江盐业生产的发展。

明初,煎盐的铁盘、提供煎盐柴薪的草荡、摊晒用的灰场都由官府提供。对于荡地的划拨,是以盐场为单位,按该场荡地总额及灶丁数额平均分配。由于各盐场灶丁及荡地多少不一,故每丁分得荡地数额也有很大差异,如荡多,每丁多分几亩;荡少,每丁少分几亩。万历(1573—1620年)时,鲍郎场每丁分得滩荡10.5尺、草荡16.68亩;海沙场每丁分得滩荡20尺、草荡23.13亩;钱清场每丁分得滩场12尺、滩荡10尺;大嵩场每丁分得滩场10尺、滩荡50尺;杜渎场每丁分得滩荡5.76尺;穿山场每丁分得滩荡15尺。在松江分司①中,明末浦东场灶丁共3430丁,草荡共66152.70亩,每丁分得草荡19.30亩;袁浦场为灶丁3462丁,草荡33933.01亩,每丁分得9.82亩;下砂场灶丁5254丁,草荡97199亩,每丁分得18.50亩;青村场灶丁4001丁,草荡54642.14亩,每丁分得13.66亩;下砂二场每丁分得草荡与下砂场同;下砂三场灶丁5253丁,草荡110599.7亩,每丁分得18.50亩。两浙盐场平均每丁分拨荡地,在明中叶约为14亩,明后期约为6亩。相比之下,两淮盐场平均每丁分得荡地要更多,在明前期为269.08亩,中期为220.23亩,后期为220.06亩。产生这种差异的原因,显然是两浙地狭人稠。

这些荡地均属官府所有,严禁买卖,“各场灶滩所以刮土淋卤,草荡所以刈草煎盐,寸土尺地,皆属之官,例禁不得开耕变卖”。荡地的所有权虽属国家,其经营权却属灶户,官员在清丈和分拨荡地时,一般都筑墩犁沟,作为界标。官府每隔5年对灶丁和草荡进行清审,“多者拨

① 松江分司所辖下砂、青村、袁浦、浦东等场今属上海市。

与少者，有者拨与无者”。①

浙江荡地向有课荡、税荡之分，课荡为煎盐办课之荡，大都逼近海滨，斥卤不毛，专备刮土制卤之用，故征丁而不征税；税荡距海较远，其地潮水不至，筑塘养淡，可种花豆。清雍正四年(1726 年)以后，丁归地征，而课荡、税荡之名未改。税荡向以亩计，课荡则或以亩计，或以弓计。以弓计者，每丁几弓，一丁到海。但定横阔，不定直长，亦以地处滨海，坍涨不时，不能定其确数。各场额荡之数详见表 47-1-2-5。

清嘉庆年间(1796—1820 年)，浙江盐业生产逐步进入改煎为晒阶段。改煎为晒是浙江制盐技术上的一项重大突破，利用风力和日光蒸发使卤水成盐，无需柴薪，柴薪由此退出浙江制盐历史。

表 47-1-2-5　　清代两浙各盐场荡地分布一览表

序号	场名	荡　　地
1	仁和场	仁、钱二仓，课荡 26199.82 亩，又二仓税荡、备荒、影沙等荡共 77167.52 亩
2	许村场	本场滩地坍没无存，所有各灶系购客卤供煎
3	钱清场	办课滩场 3566.85 弓，税荡 167229.13 亩，又裁并西兴场税荡 291773.12 亩
4	三江场	课荡 41.47 亩，税荡 32796.08 亩
5	东江场	课荡 2054.13 亩，税荡 6119.37 亩
6	曹娥场	办课滩场 10250 弓，税荡 8005.39 亩，续升备荒税荡 10043.41 亩
7	金山场	办课滩场 8727 亩，税荡 16231.47 亩
8	余姚场	各则课荡 77937.35 弓，上、中、下各则税荡 163058.18 亩
9	鸣鹤场	课荡 26123.11 亩，税荡 8379 亩
10	清泉场	海滩 3487.7 亩，税荡 44033.99 亩，续升荡地 2053.42 亩，内晒盐坦地 466.31 亩。又龙头并场办课滩场 12956 弓，税荡 45485.54 亩
11	穿长场	穿山税荡 26585.58 亩；长山办课滩涂 1906 弓，税荡 36853.59 亩
12	大嵩场	办课滩涂、草荡 652 弓；税荡 50207.30 亩
13	玉泉场	税荡 19763.12 亩。该场并无原给刮煎之土，所有灶田地荡并新垦。荒田、荒地皆系按则纳税，故有税而无课
14	长亭场	山、荡、田、塘、沙地、涂荡共 14005.44 亩
15	黄岩场	税荡 131949.12 亩
16	杜渎场	税荡 48376.18 亩

① 董郁奎：《明代两浙盐业述略》，《浙江学刊》1996 年第 6 期，第 114—117 页。

续表

序号	场名	荡　　地
17	双穗场	课地 980 亩,税荡 41419.13 亩
18	长林场	税荡 4068.41 亩
19	永嘉场	课地 851.5 亩,税荡 16058.21 亩
20	黄湾场	沙地 2821 亩,仓基地 22.60 亩
21	鲍郎场	课荡 10290.30 亩,海滩 4350 弓,税荡 7627.83 亩
22	海沙	课荡 24275.68 亩,海滩 10394 弓,税荡 39698.80 亩
23	芦沥	课荡 94306.49 亩,税荡 5238.51 亩
24	岱山	宣统三年(1911 年)始设场

资料来源:〔民国〕《重修浙江通志稿》,方志出版社 2010 年版,第 10 册第 6810—6811 页。

说明:1. 原书有按语:"滨海之区,本均斥卤不毛之地,只能供刮土制卤,或筑坦晒盐之用,但日久海滩外涨,距海略远,即可筑塘养淡。初则蓄供煎,继则试种花豆,最后田陇阡陌,与民田无异,故向来征税亦分等差。近海滩涂不堪种植者,只收课而不收税。及养淡成熟,升科报税,乃为税荡,并依其种植情况,分为上、中、下三等。上等者,接近民田,已与民田差别甚尠;下等者,接近滩涂,尚为试种时期。立法,本极美善,但岁久法弊,或因坍塌而赔课,或已垦植而不报升。此种额数,既难清丈,徒为具文而已。"2. 金山场所在地今属上海市辖区。

第二章　盐　场

海盐生产以海水为原料，利用大片平坦的海边滩涂，构建盐田，形成盐场。浙江海岸线长，海滩众多，海岛星罗棋布，自古以来，盐场密集分布在沿海地区和杭州湾两岸，煎盐发达，尤以明代为盛，其时盐产量居全国第二。随着海岸运动和海水盐度变化以及社会经济发展，盐场分布不断变迁，呈现自西向东逐步转产、自大陆沿海向海岛集中的趋势。自滩晒制盐推广后，浙江盐业生产受到短晴多雨的气象条件制约，产量在全国的比重逐步下降。

中华人民共和国成立后，盐民当家做主，盐田面积逐步恢复。全省以国家投资、盐民投劳力为主要投入形式，加大盐业生产基本建设，在沿海地区改造和新建了一批盐田，浙江盐场面貌焕然一新。特别是1958年以后，浙江盐业改造老盐田、兴建盐场，盐田面积总体处于增长态势，至1980年到达峰值。20世纪80年代至90年代中期，盐田面积虽略有减少，但总体保持基本稳定。1958年至20世纪90年代中期是浙江盐业生产投入多、发展快的时期。从90年代后期开始，随着改革开放的深入和国内井矿盐的兴起，盐业生产呈现产大于销的格局，浙江盐场进入大规模废盐转产阶段，盐田生产面积从1980年的峰值1.72万公顷减少至2010年底的2703公顷，原盐产量从1994年的峰值77.36万吨降低至2010年的10.59万吨，盐场仅存26个。盐场历经国有、私有和集体所有制多种形式，现存盐场均属集体所有。

第一节　盐场分布与盐田面积

浙江产盐历史悠久，最早起源于钱塘江两岸，随着海岸运动、海水盐度变化和产业结构调整不断发展变迁，总体呈现由西向东、由大陆沿海向海岛集中的趋势。中华人民共和国成立后，盐田面积经历了稳步增长、基本稳定、逐步萎缩3个阶段。

一、盐场分布

浙江产盐区最早始于钱塘江—杭州湾两岸。春秋有今之绍兴；汉初海盐县一带“海滨广斥，盐田相望”①，吴王濞煮盐于此，延续2000余年，为浙江盐业主要产区。唐代除海盐、海宁外，已扩大到宁波、宁海、黄岩、温州等地。唐代主要产盐地分布情况参见图47-2-1-1。

北宋熙宁(1068—1077)后，杭、秀(今嘉兴)、温、台、明(今宁波)5州已设14场。南宋时，

① 〔宋〕乐史：《太平寰宇记》卷九十五。

产区续有扩充，两浙盐区增为 42 场，其中浙西 24 场，浙东 18 场，主要产区仍在浙西。据清代徐松所著《宋会要辑稿·食货二三》载：南宋绍兴三十二年（1162 年），浙西路秀州有华亭买纳场，青墩、下砂、袁部、浦东催煎场，海盐买纳场，海盐腰、鲍郎催煎场，广陈买纳场及管下芦沥催煎场；平江府有江湾买纳场，江湾、南跄催煎场，黄姚买纳场；临安府有仁和、盐官买纳场，上管、蜀山、岩门、下管、南路袁花、黄湾、新兴催煎场，西兴买纳场，钱塘催煎场，西兴催煎场。浙东路绍兴府有曹娥、石堰、钱清、三江买纳场；明州有昌国、岱山、鸣鹤、玉泉、清泉、太嵩买纳场；台州有黄岩买纳场、杜渎场、长宁场；温州有永嘉买纳场，双穗、长林、天富南监、天富北监买纳场。

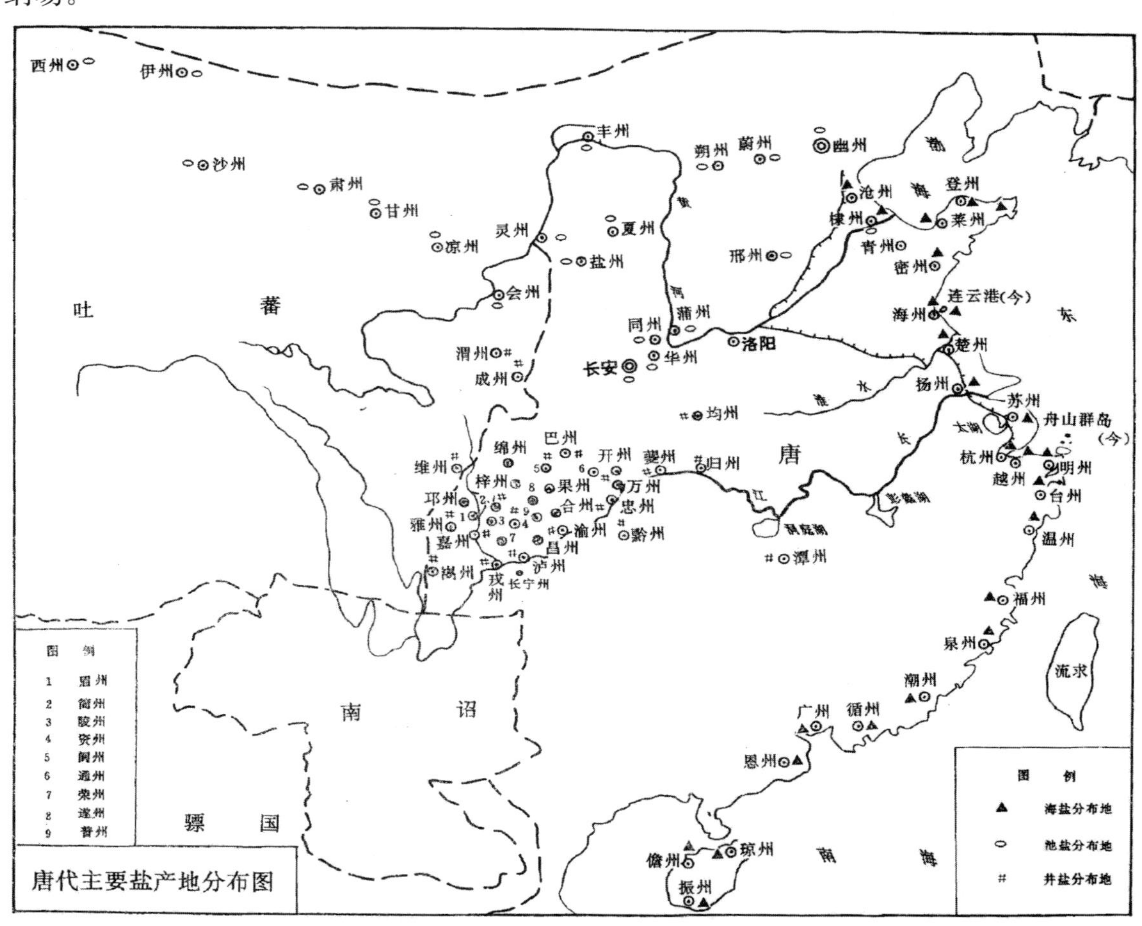

图 47-2-1-1 唐代主要盐产地分布图（郭正忠主编《中国盐业史（古代编）》，人民出版社 1997 年版，第 80—81 页）

元至元三十一年至大德三年（1294—1299 年），两浙煎盐产地 44 场合并为 34 场，盐场数量仍列各省之前，其中浙西 11 场：仁和、许村、西路、下砂、青村、袁浦、浦东、横浦、芦沥、海沙、鲍郎①；浙东 23 场：西兴、钱清、三江、曹娥、石堰、鸣鹤、清泉、长山、穿山、龙头、芦花、昌国正监、岱山、玉泉、大嵩、永嘉、双穗、天富南、天富北、长林、黄岩、杜渎、长亭。

明嘉靖年间（1522—1566 年），两浙有盐场 35 场。其中隶都转运盐使司 2 处：许村、仁和；

① 历代两浙盐场中，下砂、青村、袁浦、浦东、横浦等场今属上海市。

隶宁绍分司15处:西兴、钱清、三江、曹娥、龙头、石堰、鸣鹤、清泉、长山、穿山、玉泉、大嵩、芦花、岱山、昌国正场;另外隶嘉兴分司5处:西路、鲍郎、芦沥、海沙、横浦;隶松江分司5处:下砂、青村、袁浦、浦东、天赐;隶温台分司8处:永嘉、双穗、长林、黄岩、杜渎、长亭、天富南、天富北。后经并析,至明末共有32场。明代浙江海盐产地分布情况参见图47-2-1-2。

明、清两代,两浙盐区基本稳定,北接松江,东至舟山群岛,南至苍南沿浦,盐场连绵全省海岸带。清乾隆十二年(1747年),钱塘江水流北移改道,北岸海水趋淡,两岸滩涂北冲南淤,浙西的芦沥、鲍郎、黄湾、盐官、许村、仁和等场以及浙东沿钱塘江口和杭州湾的西兴、三江、曹娥等场逐渐衰退,而余姚"三北浅滩"则不断向北淤涨,至清末形成全省面积最大的余姚(庵东)场。清代,两浙盐场虽有并析,但与明代场数相近。清初,设35场,嗣以32场为定制。清代浙江海盐产地分布情况参见图47-2-1-3,各场名称及所在地点分布见表47-2-1-1。

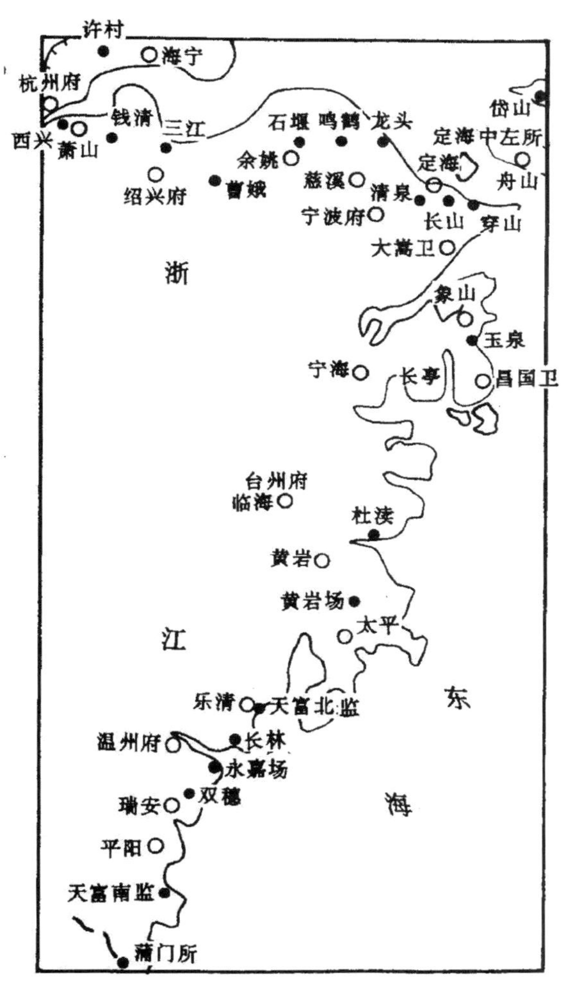

图47-2-1-2 明代浙江海盐产地分布图(郭正忠主编《中国盐业史(古代编)》,人民出版社1997年版,第494—495页。部分盐场名称原图未标注)

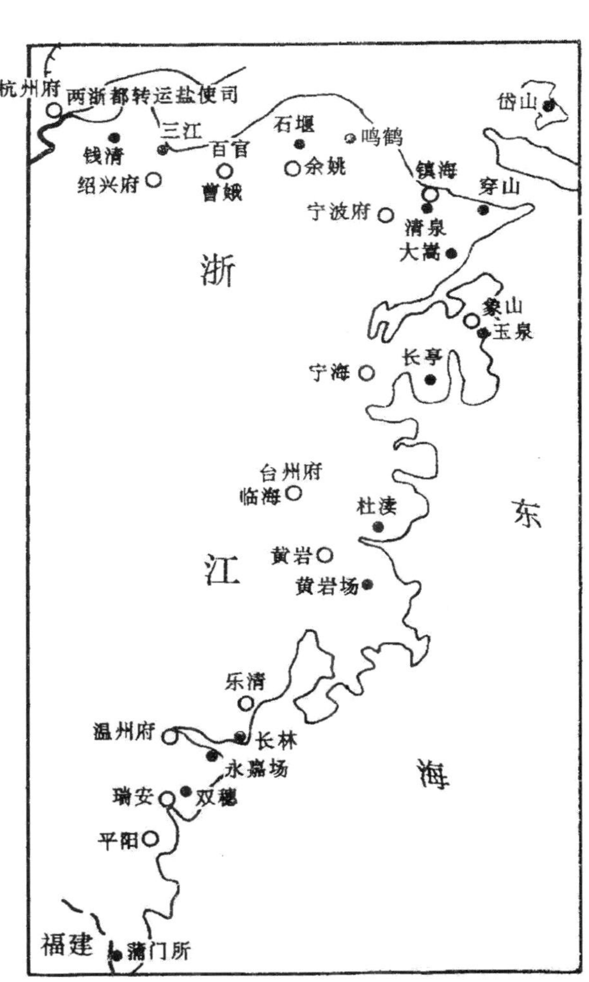

图47-2-1-3 清代浙江海盐产地分布图(郭正忠主编《中国盐业史(古代编)》,人民出版社1997年版,第684—685页。部分盐场名称原图未标注)

表 47-2-1-1　　清代浙江省盐场分布一览表

序号	盐场名称	具体位置	序号	盐场名称	具体位置
1	仁和场	省城清泰门外，仁和县会保五图观音堂地方	14	玉泉场	象山县东王家桥地方
2	许村场	海宁州西安化坊地方	15	长亭场	宁海县东 130 里长亭地方
3	钱清场	萧山县凤仪二十四都钱清镇地方	16	黄岩场	太平县十都南监庄地方
4	三江场	山阴县五都三图陡亹老闸地方	17	杜渎场	临海县西南保南乡涂下桥地方
5	东江场	会稽县四都一图姚家埭地方	18	长林场	乐清县南六都地方
6	曹娥场	会稽县曹娥镇西扇地方	19	双穗场	瑞安县崇泰乡五都长桥地方
7	金山场	上虞县十都百官镇地方	20	永嘉场	永嘉县北二都永兴堡地方
8	石堰场	余姚县东北龙泉乡一都二堡地方	21	西路场	海宁州东 60 里塘石西堰地方
9	鸣鹤场	慈溪县西北 60 里市镇地方	22	黄湾场	海宁州东二十七都十四庄旧仓地方
10	清泉场	镇海县北 10 里崇邱一都一图地方	23	鲍郎场	海盐县南澉浦西门外地方
11	龙头场	镇海县灵绪乡地方	24	海沙场	海盐县东十六都沙腰村地方
12	穿长场	镇海县东南海晏二都罗山六碶头地方	25	芦沥场	平湖县东全公亭镇地方
13	大嵩场	鄞县东乡十一都三图大嵩城地方			

资料来源：〔民国〕《重修浙江通志稿》，方志出版社 2010 年版，第 10 册第 6820—6823 页。

说明：1. 原书有按语："两浙盐区范围，尚有横浦场、浦东场、袁浦场、青村场、下砂头场、下砂二、三场等七场，皆属于江苏省松江府属之松江、金山、华亭、奉贤、南汇、崇明等县之内，因在浙江省范围之外，兹不复列。"2. 表中穿长场系穿山场、长山场的总称。

宣统三年（1911 年），两浙盐场为 31 场，其中浙西 13 场，分别为：仁和、许村、黄湾、鲍郎、海沙、芦沥、横浦、浦东、袁浦、青村、下砂头场、下砂二三场、崇明；浙东 18 场，分别为：钱清、三江、东江、曹娥、金山、石堰、鸣鹤、清泉、穿长、大嵩、玉泉、长亭、黄岩、杜渎、长林、双穗、永嘉、岱山。

民国后期，浙西诸场均以产低本高、零星分散被列为裁废场区，主要产区为以余姚、岱山为主的浙东沿海余姚、钱清、玉泉、岱山、黄岩、北监、长林、双穗、南监 9 场。

中华人民共和国成立后，因海岸运动、海水盐度变化及产业结构调整，浙江盐场分布有较大调整。20世纪50—60年代，盐场主要分布在宁波的慈溪、舟山的岱山、台州的玉环、温州的乐清等地。80年代，全省最大的慈溪庵东盐区开始大面积废盐转农，舟山逐渐成为全省最大盐产区。90年代，浙江海盐产区形成以舟山为基地，象山港、三门湾和台州湾一带为重点的基本格局，重点产盐区有舟山的岱山、定海、普陀和宁波的镇海、象山及台州的玉环、温岭。1995年全省“控产压田”后，盐场主要分布在岱山、象山、定海、普陀、北仑、鄞县、温岭、玉环、椒江、路桥、苍南、洞头12个县(市、区)，共计盐场52个。此后盐场又续有废转。至2010年底，全省仅有宁波市象山县的昌国盐场、新桥盐场、旦门盐场、花岙盐场，舟山市岱山县的双峰盐场、岱北盐场、岱南盐场、茶前山盐场、海丰盐场、火箭盐场、摇星盐场、后岸盐场、青黑盐场、怀慈盐场、桂花盐场、太平盐场，定海区的万塘盐场，普陀区的红卫盐场、平峧盐场、双塘盐场、泗苏盐场、顺母盐场、大联盐场，温州市玉环县的玉燕制盐公司、干江盐场，苍南县的马站盐场，盐场共计26个。

二、盐田面积

民国之前，浙江制盐以煎盐为主，盐田面积不可考。民国5年(1916年)起，两浙盐务稽核分所推广废煎改晒，但收效甚微，至民国18年才略有起色，当年盐产量中煎盐所占比重下降为五分之一，绝大部分为晒盐。中华人民共和国成立后，省盐务管理局对全省盐田面积情况进行调研，全省共有泥灰场面积23093公顷，晒板1098156块，盐坦76494格，煎灶460座，见表47-2-1-2。

表47-2-1-2　　1949年4月浙江省各场盐田面积一览表

场名	盐场区域	泥灰场面积(公顷)	结晶设备		
			晒板(块)	盐坦(格)	煎灶(座)
全省		23093	1098156	76494	460
余姚场	余姚、上虞	9410	563404	-	-
钱清场	绍兴、萧山、杭县、海宁	2603	185657	-	-
定岱场	定海、岱山	3234	297552	-	-
黄岩场	黄岩、温岭、临海	3866	160	39652	-
长林场	乐清	460	-	1674	44
双穗场	瑞安、永嘉	587	-	2744	154
南监场	平阳(苍南)	255	-	12291	-
北监场	玉环	333	-	18491	-
玉泉场	象山	224	249	1282	225

续表

场名	盐场区域	泥灰场面积（公顷）	结晶设备		
			晒板（块）	盐坦（格）	煎灶（座）
宁属局	宁波（北仑）、镇海	1747	24891	360	-
浙西局	平湖	374	26243	-	37

资料来源：浙江省盐务管理局编《浙江盐业概况》，1949 年 10 月。

说明：经分析，数据有一定出入。

中华人民共和国成立后，浙江盐业进入快速发展时期，盐场面积经历了 3 个发展阶段：稳定增长阶段、基本稳定阶段、逐步萎缩阶段。

中华人民共和国成立初期，曾因限产、废场、坍江等导致产区缩小。20 世纪 50 年代中期又恢复发展。除钱塘江两岸因自然条件差被淘汰外，宁波、舟山、台州、温州 4 地都推行滩晒改造，围建新场。60—70 年代，舟山盐田面积扩大较快，其次为台州和宁波，全省生产面积达到 1.65 万公顷。至 1980 年，浙江盐田面积达到历史峰值。

20 世纪 80 年代，由于海水盐度变化、滩涂淤涨等自然条件变化和价值规律作用等诸多原因，全省最大的慈溪庵东盐区开始大面积废盐转农，全省盐田生产面积从 1980 年的 1.72 万公顷减少至 1990 年的 1.20 万公顷。同时期，新兴的舟山盐区因资源丰富、自然条件优越、海运方便而成为浙江盐业生产基地，产量占全省的 40%以上。

1995 年，根据中国轻工总会提出的全国盐业“限产压库”要求和省政府在全省盐业工作会议上要求省内盐区“控产压田”的精神，省盐务管理局印发了《全省盐业控产压田、调整产业结构规划》，有计划废转低产劣质盐田，盐田面积锐减。控产压田三年规划完成后，至 2000 年，全省盐田生产面积 9095.40 公顷，比 1995 年减少了 2234 公顷。至 2005 年 5 月底，全省盐田生产面积 6338 公顷。为有序推进盐田废转，2005 年 6 月，省政府办公厅批转省盐务管理局《关于稳步推进盐业产业结构调整的意见》，明确要求坚持合理布局、扶优限劣、稳定有序的原则，以市场为导向，以保障盐业市场供应、增加盐民收入、提高盐业综合经济效益为目标，稳步推进全省盐业产业结构调整，重点保留岱山、象山、普陀、定海、北仑、鄞州、玉环 7 个县（区）的 30 个省重点盐场，盐田生产面积 3604 公顷，产盐能力 23 万吨。但由于浙江海盐生产成本高、效率低、劳动量大，在海盐生产自然条件不利和经济规律作用下，盐田废转仍持续推进。至 2010 年底，全省产盐区仅有宁波的象山，舟山的岱山、普陀、定海，温州的苍南，台州的玉环，盐田生产面积 2703.04 公顷。

1953—2010 年若干年份浙江省盐田面积及 2010 年各盐场具体面积情况见表 47-2-1-3 至表 47-2-1-6。

表 47-2-1-3　　**1953 年、1960 年和 1970 年浙江省盐田面积一览表**

单位:公顷

地　别	1953 年		1960 年		1970 年	
	总面积	生产面积	总面积	生产面积	总面积	生产面积
全省合计	11012.30	同总面积	14227.53	11005.34	14543.09	12608.42
宁波市	5184.99	同总面积	7619.57	5374.21	6983.86	6143.51
北仑	–	–	87.56	56.35	662.72	509.88
慈溪	5078.62	同总面积	6918.44	4818.92	5638.84	5028.62
象山	106.37	同总面积	223.15	208.23	241.89	241.89
宁海	–	–	28.27	2.61	96.67	66.67
鄞县	–	–	7.47	7.47	317.07	278.05
奉化	–	–	27.85	22.05	26.67	18.40
舟山市	1752.99	同总面积	1573.99	1444.07	3231.44	2794.73
岱山	1285.17	同总面积	1190.23	1120.80	2283.84	2230.52
定海	467.82	同总面积	326.07	270.06	750.71	439.81
普陀	–	–	57.62	53.21	196.89	124.40
嵊泗	–	–	–	–	–	–
温州市	574.73	同总面积	897.62	784.22	1148.40	1074.00
乐清	177.71	同总面积	385.38	342.78	584.52	523.08
苍南	320.82	同总面积	369.26	334.37	397.40	397.40
瑞安	76.20	同总面积	123.05	87.94	133.70	120.74
洞头	–	–	–	–	–	–
瓯海	–	–	19.93	19.53	32.78	32.78
台州市	2204.59	同总面积	2401.15	2071.77	2640.25	2088.24
临海	283.62	同总面积	240.59	240.59	161.08	146.88
三门	–	–	452.98	326.29	631.32	416.02
玉环	254.66	同总面积	553.65	483.00	756.42	638.21
温岭	1666.31	同总面积	672.42	658.29	673.57	469.27
黄岩	–	–	481.51	363.60	417.86	417.86

续表

地别	1953年		1960年		1970年	
	总面积	生产面积	总面积	生产面积	总面积	生产面积
椒江	-	-	-	-	-	-
嘉兴市	-	-	133.74	103.77	117.06	103.06
平湖	-	-	48.99	39.11	90.13	76.13
海宁	-	-	84.75	64.66	-	-
海盐	-	-	-	-	26.93	26.93
杭州市	-	-	1285.52	962.87	330.12	330.12
萧山	-	-	711.89	519.89	330.12	330.12
余杭	-	-	573.63	442.98	-	-
绍兴市上虞	1034.28	同总面积	315.94	264.43	91.96	74.76

资料来源:《浙江省盐业志》,中华书局1996年版,第96—97页。

说明:1.各年份均为当年年底数字。2.1953年是中华人民共和国成立后第一次丈量盐田,数据较以前准确,但仍不十分可靠。如面积只包括泥场、灰坦,而不包括盐板及坦缸;生产面积与总面积不应相同。3.1953年全省数多于各地总和,差额为已废盐场面积。

表47-2-1-4　　1980年、1990年和1993年浙江省盐田面积一览表

单位:公顷

地别	1980年		1990年		1993年	
	总面积	生产面积	总面积	生产面积	总面积	生产面积
全省合计	19716.94	17200.85	13690.12	11949.98	14174.25	12108.74
宁波市	9222.55	7741.14	4321.69	3508.31	4649.47	3523.44
北仑	1109.84	619.42	1130.16	784.07	1457.29	1039.26
慈溪	5450.99	4845.13	624.46	624.46	517.81	517.81
象山	1900.35	1363.02	1512.59	1259.92	1873.15	1327.43
宁海	149.68	134.54	115.84	110.53	165.66	115.26
鄞县	532.20	470.18	529.20	420.33	547.34	450.63
奉化	79.49	20.18	80.88	71.77	88.22	73.05
舟山市	5464.53	4999.25	4505.23	4236.49	4664.00	4469.71

续表

地 别	1980 年		1990 年		1993 年	
	总面积	生产面积	总面积	生产面积	总面积	生产面积
岱山	2850.03	2624.89	2416.92	2297.53	2449.78	2374.48
定海	1169.56	1162.87	1126.34	858.86	1203.47	1136.53
普陀	1433.85	1142.59	936.10	868.09	951.87	905.02
嵊泗	11.03	10.90	25.87	25.87	58.88	53.68
温州市	1369.40	1259.87	1245.96	1109.43	951.43	867.60
乐清	728.55	646.67	703.16	625.42	542.23	485.06
苍南	311.88	300.52	289.06	261.44	228.02	214.91
瑞安	248.84	234.90	26.26	23.34	–	–
洞头	48.55	46.55	154.96	127.21	108.66	95.61
瓯海	31.58	31.23	72.52	72.02	72.52	72.02
台州市	3640.23	3180.56	3617.24	3095.75	3909.35	3248.09
临海	660.35	624.26	458.47	427.28	458.47	427.28
三门	642.62	525.42	806.21	617.93	806.21	617.93
玉环	1037.94	847.17	895.56	765.95	1097.17	947.81
温岭	619.29	570.64	1008.15	867.26	994.59	822.94
黄岩	680.03	613.07	176.83	167.38	176.83	167.38
椒江	–	–	272.04	251.93	376.08	264.75
嘉兴市	20.03	20.03	–	–	–	–
平湖	20.03	20.03	–	–	–	–
海宁	–	–	–	–	–	–
海盐	–	–	–	–	–	–
杭州市	–	–	–	–	–	–
萧山	–	–	–	–	–	–
余杭	–	–	–	–	–	–
绍兴市上虞	–	–	–	–	–	–

资料来源:《浙江省盐业志》,中华书局 1996 年版,第 97—98 页。

说明:各年份均为当年年底数字。

表 47-2-1-5　　2000 年、2005 年和 2010 年浙江省盐田面积一览表

单位:公顷

地　别	2000 年		2005 年		2010 年	
	总面积	生产面积	总面积	生产面积	总面积	生产面积
全省合计	11082.57	9095.40	6596.63	5310.80	3275.00	2703.04
宁波市	3504.50	2374.92	2717.34	1715.98	849.86	453.27
北仑	905.74	685.44	674.48	484.37	-	-
慈溪	54.00	54.00	-	-	-	-
象山	1873.15	1104.40	1709.18	953.22	849.86	453.27
宁海	89.94	60.00	-	-	-	-
鄞县(鄞州)	536.56	435.14	333.68	278.39	-	-
奉化	45.11	35.94	-	-	-	-
舟山市	4261.42	4098.94	3085.76	2972.82	1916.82	1848.01
岱山	2377.20	2303.23	2074.55	2009.17	1575.53	1523.68
定海	1067.58	1023.44	438.02	420.14	15.67	15.67
普陀	763.35	722.24	573.19	543.51	325.62	308.66
嵊泗	53.29	50.03	-	-	-	-
温州市	324.62	306.81	170.74	159.98	61.88	60.00
乐清	114.00	113.85	-	-	-	-
苍南	170.86	160.00	170.74	159.98	61.88	60.00
瑞安	-	-	-	-	-	-
洞头	39.76	32.96	-	-	-	-
瓯海	-	-	-	-	-	-
台州市	2992.03	2314.73	622.79	462.02	446.44	341.76
临海	275.41	259.63	-	-	-	-
三门	806.20	589.70	-	-	-	-
玉环	726.45	583.51	446.44	341.76	446.44	341.76
温岭	837.87	666.77	-	-	-	-

续表

地 别	2000 年		2005 年		2010 年	
	总面积	生产面积	总面积	生产面积	总面积	生产面积
黄岩(路桥)	66.80	63.73	66.80	63.73	–	–
椒江	279.30	151.39	109.55	56.53	–	–
嘉兴市	–	–	–	–	–	–
平湖	–	–	–	–	–	–
海宁	–	–	–	–	–	–
海盐	–	–	–	–	–	–
杭州市	–	–	–	–	–	–
萧山	–	–	–	–	–	–
余杭	–	–	–	–	–	–
绍兴市上虞	–	–	–	–	–	–

资料来源：据浙江省盐业统计年报综合整理。

说明：1. 各年份均为当年年底数字。2. 岱山县数据中包括浙江省舟山盐业科学研究所试验滩 1 副，总面积 7.3 公顷，生产面积 7.2 公顷。3. 1994 年 8 月，黄岩撤市设区，路桥亦升级为县级区，不再归属黄岩管辖，盐产区统计归口路桥。

表 47-2-1-6　　2010 年浙江省各盐场面积一览表

单位：公顷

序号	所属区域	盐场名称	总面积	生产面积
全省合计			3275.00	2703.04
1	象山县	昌国盐场	270.62	196.87
2		新桥盐场	264.23	133.33
3		旦门盐场	161.68	60.00
4		花岙盐场	153.33	63.07
5	岱山县	双峰盐场	422.18	395.94
6		岱北盐场	239.90	239.81
7		岱南盐场	78.20	78.07
8		茶前山盐场	69.28	66.85

续表

序号	所属区域	盐场名称	总面积	生产面积
9	岱山县	海丰盐场	117.68	115.58
10		火箭盐场	110.06	110.06
11		摇星盐场	99.11	98.79
12		后岸盐场	69.62	66.89
13		青黑盐场	104.88	104.16
14		怀慈盐场	12.43	12.26
15		桂花盐场	214.30	197.90
16		太平盐场	30.59	30.17
17	定海区	万塘盐场	15.67	15.67
18	普陀区	红卫盐场	54.93	53.80
19		平峧盐场	42.61	40.87
20		双塘盐场	61.15	60.13
21		泗苏盐场	60.86	55.73
22		顺母盐场	63.33	57.73
23		大联盐场	42.74	40.40
24	玉环县	玉燕制盐公司	388.08	292.21
25		干江盐场	58.36	49.55
26	苍南县	马站盐场	61.88	60.00

资料来源：据 2010 年度浙江省盐业统计年报整理。

说明：全省合计数中还包括浙江省舟山盐业科学研究所试验滩 1 副，总面积 7.3 公顷，生产面积 7.2 公顷。

第二节 盐场所有制

历代盐的生产体制以官有制为主，间有允许盐户私煎。中华人民共和国成立后，全省盐区经土地改革，盐业生产资料逐渐转为集体所有制。20 世纪 50 年代末期，全省兴建地方国营盐场。此后经政策性调整、盐田废转、企业转制，全民所有制盐场全部退出，或转为集体所有制盐场，或废转停产。

一、官有制

春秋战国时期，官府直接介入生产和运销环节，开始形成食盐官营制度。创立者为春秋齐国的管仲，推行“官山府海”政策，盐业生产资料为封建国家所有。

秦王嬴政统一天下后，推行食盐官营等峻法于全国，独占盐铁，设官掌山泽之利。

汉初，为医治战争创伤，曾推行“弛山泽之禁”，取消食盐官营政策，为食盐的“自由”开采打开了方便之门。盐官们不再承担盐的生产、运销，只负责征收盐税。而此时吴王刘濞却在吴“擅障山泽”，直接控制盐、铜生产资源，“招致天下亡命者”煮盐、铸钱，实际上实行的是有别于朝廷的贵族所有制，垄断境内食盐生产，具有地方官营性质。

汉武帝元狩四年（前 119 年）冬，御史大夫张汤秉承汉武帝旨意，实行盐铁官营。凡“敢私铸铁器鬻盐者，钛左趾，没入其器物”[①]。至元封元年（前 110 年），桑弘羊管盐铁后，食盐官营采取官府招募百姓，百姓自备生产费用煮盐，官府提供煮盐场地（牢）和主要生产工具（盆），在指定的生产场所内从事煮盐生产，严禁民间在牢外私煮，盐产品由官府低价收购，以此间接控制食盐生产。煮盐者是官府招募来的略具资产、具有自由身份的农民，食盐生产是官府控制下的“民制”。《天工开物》所载海卤煎炼图，反映了古代盐民在牢盆煮盐的场景，参见图 47-2-2-1。

图 47-2-2-1 海卤煎炼图（〔明〕宋应星：《天工开物》卷上《作咸第五》）

东汉是食盐私营时期，当时皇权不振，实际上废弃了食盐官营，施行私煮课税制。汉和帝初，罢盐铁之禁，纵民煮盐，恢复食盐民制，盐官只负责课税。

三国时期，吴地行军官管理盐政，置司盐校尉统管食盐生产，仍为食盐官营。

东晋后，食盐官营日益散弛，出现民间私煮。但盐业资源多为地方豪强大族所垄断，从事直接煮盐的劳动者仍为奴僮以及封建依附民。

隋开皇三年（583 年），解除盐禁，放松了官府对食盐资源的开采权和经营权，听由百姓煎煮，盐业生产始非官有。

唐乾元元年（758 年），第五琦推行榷盐专卖，重新将盐业生产资料收归官有，派拨滩荡灶地，建立亭户制度。凡“旧业户洎浮人，欲以盐为业者，免其杂徭，隶盐铁使”[②]。由列为专籍的亭户（食盐生产者）煮盐缴官，作为灶税。盐生产官有制重新形成。

宋代，制盐生产资料所有制大致可分为 3 种形态，即国家官有制、盐民私有制和官民综合

① 《汉书》卷二十四下《食货四》。

② 《唐会要》卷八十七《转运盐铁总叙》。

所有制。北宋建隆元年(960年),实行“官拨草荡,计丁输课”政策。官府按煮盐户丁口拨给荡地、卤池,只供使用,再按地亩配引,输盐于官。荡地、卤地不准租佃买卖,开垦农作;煮盐器具锅盘等仍由官置办。熙宁五年(1072年),卢秉提举两浙盐事,在主要盐场定伏火盘数,以绝私煮。以3～10灶为一甲,而煮盐地则什伍其民,以相互监督,严禁他人私煮,实行的是国家官有制。然在东南海滨,存在着盐民私有制。在宋代相当长的时间里,官府很少干预浙东盐户经营小片盐田和小型灶镬,至多也不过收购其盐而已。一般盐田、荡田多系盐民垦辟,其所有权本属盐民,但官府为垄断盐利,频频建置盐场,将自营盐户“拘籍”为官监亭户,甚至将他们私有的制盐资料占为国有,造成了制盐资料私有权向官有权转化,在浙东明州(今宁波)出现了“榷盐田”现象。在官府榷盐田时,盐民为维护自身经济权益,不断同官府展开斗争,借以全部或局部收回其制盐资料所有权,甚至迫使官府不得不承认它。这使制盐资料私有权在一定条件下得到延续,并产生了制盐生产资料综合所有制,即在同一生产单位中,部分制盐资料归官府所有,另一部分归盐民私有。

元沿宋制,但允许开垦可耕荡地,在官办盐场下面分立团灶(制盐的基本单位)。每团四向筑叠围墙,盐户在团内共同使用官灶、官盘煎盐。产盐有定额,按额输盐,严禁盐户私下卖盐。盐户中贫富差别悬殊,富盐户可不参加劳动,而是依靠兼并荡地、利用经手散发工本钱(收购价款)等从中克扣盘剥,雇用贫苦盐户为自己制盐,以缴纳国库。有的富盐户不仅拥有大量资产,而且有相当高的政治地位,并成为担任一定职位的盐务官员。如两浙下砂盐场灶户瞿霆发,不但“有当役民田二千七百顷,并佃官田共及万顷”①,其子瞿时学占有沙涂3900顷,至大年间(1308—1311年)授任两浙都转运司副使,皇庆、延祐年间(1312—1320年)任两浙都转运使。

明初,仍行官有制,立聚团公煎法。官拨荡地,将踏勘之草荡,按丁拨给灶户,自行砍伐煎烧,并明立界限,以防侵夺。规定子母相传,永为刮泥淋卤之用。明时官拨荡地的原则:一是以盐场为单位,根据荡地总量和盐丁人数,按户分拨,各有定界,不相假借,与之世守,似恒产。故灶丁可各守其业,官府也颇易办盐课。二是荡地业权均属于官,灶户仅有使用权。三是按灶丁实际丁额,平均分拨荡地,即“计丁拨荡”。因各盐场荡地亩额多寡不一,各场灶丁所分荡地亦有相当大的差异。至嘉靖十二年(1533年)又获准清理灶丁,均分荡地,将已被豪强兼并的草荡,一律查出,均拨给灶丁。并规定巡盐御史每5年一次,亲诣盐场,逐一清审灶丁,丈量灶荡及开垦熟荡,尽数分给各灶煎办。至此,制盐生产资料仍属官有,为官府按丁均拨。煎盐之铁盘,明初由官府统一铸造,发给灶户,数有定额,破损则呈官补铸,灶户请领,此为定制。嘉靖后改由商人出资鼓铸锅鏾,但需在盐运司及巡盐衙门的奏请及严密监督之下,按规定数量及重量进行铸造。所铸锅鏾则由商人出租给灶户煎盐,收取租息。明时篾盘成本低,可就地取材,制作便利,且不易为官府控制,迅速在盐区推行。锅鏾及篾盘因其盘小、更适宜于灶户的家庭性生产而快速发展,形成了对以铁盘为煎盐工具的“聚团公煎”制的有力冲击。随着

① 〔元〕杨瑀:《山居新语》。转引自彭泽益、王仁远主编《中国盐业史国际学术讨论会论文集》,四川人民出版社1991年版,第321页。

时间的推移，原有灶具年久失修，官府又不再重新配给，盐商及富有盐户自制锅镦、篾盘煎盐的现象逐渐普遍，以致旧有的荡地等制盐生产资料逐渐被总催（灶户中的上户）、富有盐户兼并或侵占。至明末，盐业生产资料实际上已从官有转化为私有，官拨荡地只是官府对灶丁“计亩办盐”的依据而已。

二、私有制

南宋时，浙江盐区就存在少量的盐业生产资料私有制。明州定海等沿海 3 县 460 余家各自刮土淋卤煎盐的自煎盐户，有私有卤田 37 顷和少量单灶、双灶等制盐生产资料。《宋会要辑稿》中记载，南宋明州象山县“私煎盐业人户，内有贫乏自来租赁碱地私煎之人”，后被“并入有力之家，煎纳盐货”[①]入官，出现贫盐民租赁富盐户煎盐的现象。自煎盐户和租佃盐户的盐产量约占明州盐总产量的 1/10。其时，官府通过频频建置盐场，将少量自有盐户也拘籍到官办的亭场中，使部分的生产资料私有制转化为官有制。

明嘉靖三十九年（1560 年），鄢懋卿总理盐政，到余姚盐场履勘荡地，将海塘外海涂按丁分与居民刮泥运溜、淋卤配煎。按明初拨荡成规，柳条分丁，续有添涨，子母相传，永为刮泥蒸卤之用。沿海滩涂直至海岸，皆归丁主所有。荡地虽属官府分给，但已确认为灶民所有，并世代相传。荡地等制盐生产资料实际上已开始转为私有。此后，随着煎盐工具锅镦、篾盘可以由富商、富有盐户制造，并租给灶户煎盐，同时通过兼并、侵占，煮盐工具逐渐转为富有盐户、总催及豪右所有，穷盐户则受雇为富盐户煎盐，制盐生产资料私有制逐渐成为合法。温州之南监场、长林场也有此项成规。

清初，循用明制，官府不再置拨荡地、卤地及灶具，所产之盐也改为由场商收购。沿海之地听由民众开辟，置场制盐，与商交易，团煎之法废除，制盐生产私有制地位确定。一家一户单独使用的煎盐工具锅镦、篾盘成为主要生产工具。灶户所用的土地如有不够，可向场商租用一部分，灶户生产所需的资金也可向商人借贷。场商向灶户提供土地、盘镦、资金，干预或直接组织盐业生产，控制、垄断盐的买卖。雍正二年（1724 年），余姚盐区海塘为潮患冲坍，浙江巡抚兼理两浙盐务李卫具题请拨盐商给发课银，另立厂主，筑厂烧盐，官府鼓励私人发展制盐。雍正四年十一月，户部奏复，丁归地征，对已卖与民的灶地，须着灶民回赎。凡民人所有灶地，嗣后止许卖与灶户，永远为业。如仍有将灶地典卖与民者，照盗卖官地律治罪。此规定进一步确认灶地的私有制地位。嘉庆年间（1796—1820 年），岱山、余姚等盐区推行板晒法，温、台各场渐行坦晒法，改煎为晒的技术进步打破了旧的管理制度。盐民置板、辟坦即可开晒制盐。所开辟的滩涂和置备的盐坦、盐板概属置办者所有，官府仅负责填牌给照，登记入册，认许产权。清后期，大批绍兴等地山会客民入姚，租赁或购买卤地，刮泥晒盐，使制盐私有制经济得到巩固和发展。时官府在盐生产管理上，实施保甲、火伏等法，既加强对盐丁的人身控制，稽查灶户的生产工具，又核定盐产，严禁私煎私售。随着制盐生产资料私有制发展，灶户出现明显分化。一些拥有煎灶、锅盘等制盐生产资料者发展成富裕灶户，而贫困灶丁则成为

① 《宋会要辑稿·食货二六·盐法五·盐法杂录四》。

受租于富裕盐户的佣工，其草荡也被侵占。制盐生产资料私有制使盐户两极分化严重，穷盐户及外来灶丁靠租赁富盐户盐板、卤地为生，生活贫困。而富盐户却拥有大量的制盐生产资料，通过招租等盘剥贫苦盐民。光绪六年(1880 年)后，盐板有官板、私板之分，但此“官板”并非官有，是经官府确认可允许晒盐之板，产权仍为盐户私有。

民国初期，实行制盐许可法，在对晒板、晒坦、采卤的泥场、灰坦进行全面清查核实后，颁发制盐特许证书，确认盐户的私有产权。两浙盐区制盐生产资料属于制盐人自有者居多。不直接晒盐而占有板、坦的板(地)主、坦(地)主或工商业者，可以作为业主或合伙人收取租金，或与租晒者分成。民国 19 年(1930 年)，余姚有廒商 11 家、篷长 83 人，每篷分管盐户一两百户，盐板约万块。篷长例由官府指定，并可世袭，直接控制盐民生产。余姚盐区三大盐霸均属篷长起家(盐霸高锦泰有盐板 4800 块，地 1400 亩；袁功亭有盐板 2200 块，地 700 余亩；张万卿出租盐板 5812 块，地 951.37 亩)，而部分盐户则遭篷长等以压价收购、克扣盐斤、拖欠盐本、放高利贷等手段盘剥，生活贫困，只能典卖盐板、盐坦以维持生计，沦为贫雇盐民。

中华人民共和国成立初期，制盐生产资料仍属私有制。盐民以一家一户为一个生产单位，从事制盐劳作，分专业盐户和半农半盐户两类。据当时摸底调查，全省盐户中，贫雇盐民占盐户总数的 49.04%，中盐民占 47.51%，富盐民占 2.31%，板主、坦主占 0.97%，其他成分占 0.17%。1950 年底至 1951 年初，全省盐区开展土地改革运动，消灭封建土地(盐业的泥、灰场及坦、板)所有制。各盐区在当地政府统一领导下，分乡建立土改工作队，举办土改工作训练班，培养积极分子和骨干，广泛发动群众，成立盐民协会，向群众宣传土改政策，调查阶级状况。根据盐户对主要生产资料(盐板、盐坦、盐地)占有和是否参加劳动、雇工剥削等情况，确定阶级成分。盐区阶级成分划分为地主、富盐民、中盐民、贫盐民、工人、小盐田出租者等。占有盐田、农田而自己不参加劳动或只附带劳动，靠剥削为生的属地主成分；一般占有盐田、农田和优良生产工具及活动资本，虽自己参加主要劳动，仍有雇工或部分盐田、农田出租剥削的属富盐民；占有或租入一部分盐田、农田，全靠或主要靠自己劳动为生，一般不剥削他人和出卖自身劳动力的属中盐民；占有少量盐田、农田及不完全生产工具，靠租入土地和出卖小部分劳动力为生的属贫盐民；无生产资料或有极小部分盐田、农田及工具，完全或主要以出卖劳动力为生的属工人(包括雇工)；革命军人、烈士家属、工人、职员、自由职业者、小贩以及因从事其他职业或因缺乏劳动力，而出租少量盐田、盐板、农田者，以其职业确定其成分，或称为小盐田出租者。按照依靠贫雇盐民、团结中盐民、中立富盐民的基本政策，没收、征收地主和富盐民的土地等生产资料，无偿分配给无地少地的贫苦盐民。

盐业生产资料分配，各地不尽相同。在以农业为主的盐区，农田统一分配，盐业生产资料维持原状，仍由盐民使用；以盐为主的盐区，则将盐田、盐板、盐坦等制盐生产资料折算成农田后参与统一分配。如庵东盐区大致按 13～14 块盐板折算为 1 亩熟地，白地跟随盐板定；玉环县每支灰坦按其质量好差折为 1～2 个非农业人口，不分或少分农田；乐清县盐区也大致相近。在庵东盐区共有 426 户 3373 人的地主、富盐(农)户被列为没收、征收对象。土改中对犯有罪行的地主、富盐霸由人民政府审理惩办。庵东盐区盐霸袁功鉴、王忠藩等罪大恶极，被依法处决。

1951 年底至 1952 年初，全省盐区土地改革先后完成，封建土地私有制被彻底推翻，盐民成为拥有生产资料的个体经营者，为盐业生产发展和合作化开辟了道路。1952 年后，盐区兴起互助合作和合作化高潮，盐业生产资料逐渐转为集体所有，盐业生产私有制开始转化为集体所有制。舟山盐区板主（地主）、富盐民、中盐民、贫盐民的盐田占有比重分别从土改前的 14.49%、23.68%、29.64%、26.96%调整为土改后的 4.99%、19.95%、36.12%、32.84%。宁波庵东盐区地主（富农）、盐民（农民）的白地（即盐田）占有比重分别从土改前的 13.73%、83.88%调整为土改后的 1.90%、95.78%；盐板占有比重分别从土改前的 11.92%、86.25%调整为土改后的 1.91%、96.15%。舟山、宁波、温州等盐区土改前后情况见表 47-2-2-1 至表 47-2-2-5。

1990 年 3 月 2 日，国务院发布《盐业管理条例》，明确规定私营企业和个人不得开发盐资源。浙江省严格执行此规定，进一步完善了全省的盐田资源开发与保护。

表 47-2-2-1　　　　土改前后舟山盐区各阶层占有盐田盐板状况一览表

阶层			板主（地主）	富盐民	中盐民	贫盐民	雇盐民	小盐田出租者	总计
户数	户		52	115	2043	3061	71	483	5825
	所占比重（%）		0.89	1.97	35.07	52.55	1.22	8.29	100
盐田占有数	土改前	公顷	370.06	604.77	756.90	688.41	740.00	126.25	2553.79
		所占比重（%）	14.49	23.68	29.64	26.96	0.29	4.94	100
	土改后	公顷	114.48	457.56	828.06	752.91	20.61	119.13	2292.75
		所占比重（%）	4.99	19.95	36.12	32.84	0.90	5.20	100
盐板占有数	土改前	公顷	5750	9442	112205	103848	985	17105	249335
		所占比重（%）	2.30	3.95	45.00	41.60	0.39	6.76	100
	土改后	公顷	1957	7715	110402	109508	2141	17390	249113
		所占比重（%）	0.79	3.10	44.32	43.95	0.86	6.98	100

资料来源：《舟山市盐业志》，中国旅游出版社 1993 年版，第 62 页。

表 47-2-2-2　　土改前后庵东盐区各阶层占有盐板等状况一览表

阶层			地主富农	工商业	盐农民	其他	合计
户数		户	472	257	5666	335	6730
		所占比重(%)	7.01	3.82	84.29	4.97	100
土改以前(8个乡，不含崇寿)	盐板(块)	占有	45301	305	327758	6624	379988
		使用	9128	34	394621	3240	407023
	白地(亩)	占有	9083.30	69.40	55526.76	1516.39	66195.85
		使用	1837.71	17.10	68837.44	559.78	71252.03
	棉地(亩)	占有	3657.40	132.13	14668.97	887.44	19345.94
		使用	947.48	154.66	17673.60	497.39	19273.13
	荒地(亩)	占有	454.18	23.37	4737.15	271.20	5485.90
		使用	253.33	22.79	5295.66	280.32	5852.10
土改以后(9个乡)	盐板(块)	占有	8385	143	422612	8390	439530
		使用	8500	143	475326	580	484549
	白地(亩)	占有	1262.88	30	63598.80	1509.93	66401.61
		使用	1288.38	30	66520.87	839.38	68678.63
	棉地(亩)	占有	728.14	102.43	23963.37	1440.01	26206.95
		使用	729.12	103.13	23866.42	1171.12	25869.79
	荒地(亩)	占有	203.56	22.79	7998.59	312.86	8537.80
		使用	206.70	22.79	6629.58	284.77	7143.84

资料来源:《慈溪盐政志》,中国展望出版社 1989 年版,第 113—116 页。

表 47-2-2-3　　土改前后象山石浦盐区各阶层占有盐田等状况一览表

单位:亩

阶层		地主	富盐(农)民	中盐(农)民	贫盐(农)民	雇工	小土地出租者	渔民	其他	外乡地主
户数		105	44	783	1169	74	83	30	-	-
土改前	农田	3625	809.67	3120.68	737.49	2.93	437.46	12.80	1148.77	5061.43
	盐田	839.48	207.04	1427.77	472.80	4.26	194.25	-	127.13	197.20
	合计	4464.48	1016.71	4548.45	1210.29	7.19	631.71	12.80	1275.90	5258.63

续表

阶　层		地主	富盐(农)民	中盐(农)民	贫盐(农)民	雇工	小土地出租者	渔民	其他	外乡地主
土改后	农田	763	752	5828	7151	285	-	-	723	-
	盐田	146	104	1050	1530	42	-	-	246	-
	合计	909	856	6878	8681	327	-	-	969	-

资料来源:《宁波盐志》,宁波出版社 2009 年版,第 240 页。

表 47-2-2-4　　1950 年 8 月宁波三盐场盐户情况一览表

盐　场		盐户(户)	人口(人)	盐板(块)		盐地(亩)	
				自有	租入	自有	租入
大嵩盐场	富盐户	46	260	666	36	362.45	285.45
	中盐户	200	1034	2671	626	514.05	1063.00
	贫盐户	91	445	1225	328	76.90	251.00
	小计	337	1739	4562	990	953.40	1599.45
穿长盐场	富盐户	54	342	1427	64	共有白地 1117.7 亩,其中自有 926.7 亩,租入 191 亩;晒场 218.6 亩,其中自有 189.1 亩,租入 29.5 亩。	
	中盐户	114	591	2760	180		
	贫盐户	41	235	880	194		
	小计	209	1168	5067	438		
镇海盐场	富盐户	29	121	1251		共有农地 1095.3 亩,泥场 450.7 亩,坦地 53.9 亩,漏碗 787 只。	
	中盐户	62	307	2280			
	贫盐户	62	343	2052			
	小计	153	771	5583			

资料来源:《宁波盐志》,宁波出版社 2009 年版,第 241 页。

表 47-2-2-5　　1951 年乐清县盐业户阶级成分一览表

阶　层	地主	半地主	富盐民	中盐民	贫盐民	雇工	小盐田出租	总计
户　数	24	4	30	1605	1237	5	13	2918
占总盐户(%)	0.82	0.13	1.03	55.00	42.40	0.17	0.45	100

资料来源:《乐清县盐业志》,海洋出版社 1992 年版,第 54 页。

三、集体所有制

1951年底，全省盐区土改结束后，贫苦盐民分到了盐田、盐板、盐坦等生产资料，生产热情高涨。但一家一户的分散经营，规模小、技术落后、劳动条件差、生产效率低，不少盐户在生产资金、劳动力等方面存在诸多困难，严重影响盐业生产的全面发展，迫切需要把个体盐民组织起来，走集体生产、共同富裕道路。1951年9月，中共中央召开第一次互助合作会议，通过了《中共中央关于农业生产互助合作决议(草案)》。9月21日，全国第三次盐务会议提出，“对个体经营的盐滩、盐灶，可倡导组织合作经营”。浙江省第六届盐务行政会议又进一步作出在盐区“组织推广劳动互助合作，在当地政府统一领导下配合农业合作运动的发展加强领导”的决定。全省各盐区结合当地实际，在原来帮工、换工等习俗基础上，提倡自愿、互利、互助，走组织起来发展生产的道路，盐区互助合作逐渐兴起。

1952年底，全省盐业互助组织有合作社1个(岱山金林德初级盐业生产合作社)、常年互助组334个(包括联营组)、临时互助组599个，参加盐户占总盐户数的25.75%。初级社社员的生产资料折价入股，劳力与股份按八二比例分配；常年互助组成员固定，实行等价交换、民主管理等制度，订有生产计划、劳力分工，盐农副业相结合；临时互助组成员不固定，可多可少，忙时相互帮工、换工，平时各自单干，多数处于“春组织，夏互助，秋跨台，明年再重来”的不稳定状态。当年在岱山还有联合经营的联营组43个，组内经济政策处理近似初级社。最早创办联营的金林德组吸引不少常年组仿效，此后续有发展。互助合作推动生产发展，显示出组织起来的优越性。自愿互利原则贯彻较好的组，产量和收入均有增长，革新创造不断涌现。庵东、舟山等板晒区生产集中，专业性强，对互助合作要求迫切，因而发展较快；而晒灰淋卤的坦晒区大多盐农兼业，发展相对较慢。板晒区典型互助组增产情况见表47-2-2-6。

表47-2-2-6　　**1952年浙江省板晒区典型互助组增产情况一览表**

产区	互助合作组织名称	盐民		劳力		产盐量比较		与全产区同期平均产量比较	创造发明
		户数	人口	正	半	1952年每板平均产量(千克)	与上年每板平均产量比较		
岱山	金林德生产合作社	8	38	10	9	181.87(1—11月)	+1.37%	+30.97%	石质压地器
庵东	金文林常年互助组	10	55	21	7	288(1—12月)	+15.20%	+30.00%	泥盐板(蒸发池)
绍兴	陈见新常年互助组	9	46	10	9	304.50(1—11月)	+18.02%	+65.50%	浓淡卤分沥法
庵东	张义新常年互助组	13	90	32	16	169.50(1—8月)	+6.55%	+5.00%	

资料来源：浙江省盐务管理局编《浙江盐务工作参考资料》，1953年8月。

1953年，盐区互助合作通过整顿，得到巩固和提高。至该年底，全省各类盐业互助组织共有初级社1个、互助组972个，参加社、组盐户占总盐户数的30%。其中庵东、绍兴两地分别占65%和76.6%；台州和温州分别占21%和15%。象山石浦盐区金星乡方吉普、王阿堂、项义生3个常年互助组39户盐户，合并组成金星初级盐(农)业生产合作社，实行土地、劳力入社，收益按土地四成、劳力六成分配。合作社组建后，显示出集体的优势，盐产量提高，社员实际收入增加，合作社组织和入社人数逐渐增加。但因急躁冒进，求多求快，不少互助组因草率搭成而流于形式，少数组建后不久又散伙。

1954年春，盐区开展过渡时期总路线的宣传教育，互助合作发展很快。按照中共中央"积极领导，稳步前进"的方针，着重巩固提高和发展常年互助组，带动临时互助组，同时试办合作社。至该年底，全省盐区建有初级生产合作社114个、常年互助组1119个、临时互助组1177个，参加社、组的盐户占总盐户数的65.2%。其中大多数社、组都得到巩固，少数社、组因经济政策处理草率，违反互利原则，存在较多问题。

1955年初，社、组续有增加，但因组建时条件不够成熟，部分仍然流于形式。春荒期间，部分盐民要求退社退组。5月，盐区贯彻浙江省委关于"全力巩固，坚决收缩"的方针，对盐业合作社和互助组进行整顿，共收缩27个合作社，599户社员自愿退出，另有55个"自发社"被解散。8月，中央批评浙江"坚决收缩"方针，确定以"全面规划，积极领导"为方针，合作化运动重掀高潮，入社盐户猛增。该年底，初级社达到711个，较年初增加6倍；参加各类社、组盐户占总盐户数的87%。庵东盐区合并4个初级社，创设稳健的高级生产合作社，将社员私有的盐田、盐板、农田统归高级社集体所有，取消生产资料股份分红，统一经营，按劳取酬，是浙江盐区第一个高级盐业合作社。

1956年初，全省贯彻落实中共中央《农业发展纲要》和《农业生产合作社示范章程》，全面兴办高级社，至年底，全省共办起盐业高级生产合作社175个，入社盐户占总盐户数的94%。初级社转为高级社需掌握5项原则：坚持所有主要生产资料均转为公有，成为社员集体所有制；掌握自愿互利原则，经社员充分民主协商；继续掌握依靠贫农、团结中农的阶级政策处理社内各种具体问题；坚持有利于发展生产的原则，合理解决大社与小社、老社与新社合并处理公共财产、公积金、公益金等问题；掌握有利于团结社外盐农民和高级社发展原则。

1957年，农村开展社会主义教育运动，初级社全部转为高级社，入社盐户占总盐户数的99%以上。至此，全省盐业社会主义改造基本完成。全省个体盐业社会主义改造进度见表47-2-2-7。

表 47-2-2-7　　1952—1957 年浙江省盐业社会主义改造进度一览表

年份		1952	1953	1954	1955	1956	1957
全省盐民总户数		27623	26673	26201	26608	22895	21692
高级社	个数	-	-	-	1	175	210
	盐户	-	-	-	66	21538	21505
	所占比重(%)	-	-	-	0.25	94.07	99.14
初级社	个数	1	1	114	711	25	-
	盐户	8	7	2062	18207	991	-
	所占比重(%)	0.03	0.02	7.87	68.43	4.33	-
常年组	个数	334	325	1119	163	-	-
	盐户	2538	2590	8269	1113	-	-
	所占比重(%)	9.20	9.71	31.56	4.18	-	-
临时组	个数	599	647	1177	216	-	-
	盐户	4567	5266	6752	1211	-	-
	所占比重(%)	16.52	19.74	15.77	4.55	-	-
个体	户数	20510	18810	9118	6011	366	187
	所占比重(%)	74.25	70.53	34.80	22.59	1.60	0.86

资料来源:《浙江省盐业志》,中华书局 1996 年版,第 186 页。

说明:上述数据中包括农、盐兼营的社、组。1952 年常年组中含联营组 43 个。

盐业高级生产合作社解决了生产资料私有制对生产力发展的障碍,社内实行盐农分工分业、包工包产,劳力统一分配;妇女参加劳动,同工同酬。盐业按产计分,独立核算,上缴公积金、公益金,缓解了盐农矛盾。一些较大型的盐业水利工程和新建、改建盐田项目次第上马,充分显示出高级合作社集体所有制的优势,使盐区集体所有制经济更加稳固。"大跃进"时期,多数社将按产计分改为按出工计分,称"政治评分",庵东盐民则称之为"出工一直头"(只要出勤就记 1 工),造成社员出工不出力,纠纷日多,产量上不去。

1958 年 9 月,中共中央下达《关于在农村建立人民公社问题的决议》,年底,全省农村实现人民公社化。盐区原有 210 个盐(农)业高级生产合作社合并成 37 个人民公社(规模相当于建制区)。公社下设管理区(相当于乡),管理区下设生产大队、生产队。公社为政社合一体制,辖区内工农商学兵、盐农林牧副渔各业均由公社统一经营、统一管理、统一核算、统一分配。建立公社以"一大二公"①为指导思想，认为组织规模和管理权限越大越好，公有经济成分越多越好。因而把属于社员所有的自留地、家庭副业及家禽家畜都收归公社所有，一度实行组织军事化、行动战斗化、生活集体化，出现高指标、瞎指挥、浮夸风等现象。全省盐区37个公社中办起吃饭不要钱的公共食堂571个，托儿所、幼儿园814个。公社无偿平调盐业劳力和生产资料，农忙时制盐劳力被抽调，基本停晒；盐、农业分配被拉平统算，取消了盐业收入应略高于农业的合理差别，有的甚至倒挂。公社统一盈亏后，以供给制和工资制取代按劳分配，生产活动由公社统一指挥，搞"大兵团作战"。这些侵犯群众利益、不顾客观实际的做法严重挫伤盐民社员的生产积极性，引起盐民不满。

1959年6月，针对人民公社中盐业体制上出现的问题，中共浙江省委批准省轻工业厅党组报告，指示盐区各级党组织，实行盐农分业，建立制盐厂（场）或专业队；盐业实行单独核算；建立健全各项专业管理制度；推行"三包一奖四固定"（即包产、包质、包成本、超产奖励），健全生产责任制，包产到队，责任到组到人，按劳动定额评工记分；逐步增加盐业公共积累，扩大再生产；重申盐业收入应略高于农业，恢复盐民本人粮食供应等措施。7月底，全省16个产盐县市中，有12个县市盐业体制按省委指示得到解决，使全省75%的盐业劳力固定下来。

1960年冬，贯彻中共中央《关于农村人民公社当前政策问题的紧急指示信》（即"十二条"），开始纠正"五风"②和"一平二调"③，对原先平调的劳力、物资等进行清算退赔。1959年搞浮夸风大办烧盐的经济损失，也由省盐业部门核实补偿。

1962年初，根据中共中央《关于改变农村人民公社基本核算单位的指示信》，将公社统一核算制度改为以生产队为基本核算单位。全省统一核算的382个盐农业大队中，有363个改为生产队核算或盐业单独核算。《农村人民公社工作条例修正草案》（即"六十条"）颁布后，进一步确定"三级所有，队为基础"的体制，并调整公社规模，以乡建社。全省有盐业的37个公社调整后分成92个，其中盐业公社6个、盐农兼业86个，另有3个集体盐场定为县属工业，公社体制基本稳定。1962年盐区主要人民公社概况见表47-2-2-8。

表47-2-2-8　　1962年浙江省盐区主要人民公社概况一览表

单位：公顷

公社名称	盐田面积	农田面积	盐业劳动力（人）	盐业占社内各业比重
慈溪县庵东东一公社			纯盐业	
慈溪县庵东东二公社			纯盐业	
慈溪县庵东东三公社			纯盐业	

---

① "一大二公"是中共中央在社会主义总路线的指导下，于1958年在"大跃进"运动进行到高潮时开展的人民公社化运动的两个特点的简称。具体是指：第一，人民公社规模大；第二，人民公社公有化程度高。

② "五风"指在"大跃进"和人民公社化运动中发生的共产风、浮夸风、命令风、干部特殊化风和对生产瞎指挥风。

③ "一平二调"是平均主义和无偿调拨的简称。"一平"是指在人民公社范围内把贫富拉平，搞平均主义；"二调"是指对生产队的生产资料、劳动力、产品及其他财产无偿地上调。

续表

公社名称	盐田面积	农田面积	盐业劳动力(人)	盐业占社内各业比重
慈溪县庵东西一公社			纯盐业	
慈溪县庵东西二公社			纯盐业	
慈溪县庵东西三公社			纯盐业	
(庵东合计)	4314.6	56.13	13061	纯盐业
萧山县头蓬公社	733.3	21.3	1329	纯盐业
上虞县南汇公社	183.5	25.8	572	80%
乐清县南塘公社	41.3	96.2	455	以盐业为主
乐清县海瀛公社	31.8		621	以盐业为主
乐清县翁垟公社	39.5		668	以盐业为主
象山县金星公社	74.0	272.8	1138	70%
象山县番头公社	41.5	153.5	814	
大衢县桂花公社	137.1	150.9	1268	5 个大队以盐业为主
定海县长峙公社	127.1	118.4	1385	4 个大队以盐业为主
岱山县岱西公社	514.8	220.2	3033	70%
岱山县岱东公社	131.7	224.9	1972	8 个大队半农半盐
岱山县岱中公社	69.6	106.4	888	1 个大队半农半盐
岱山县泥峙公社	107.7	122.3	1581	33%
玉环县外塘公社	150.1	392.1	1004	70%
玉环县干江公社	40.3		305	3 个大队以盐业为主
玉环县芦浦公社	33.3		298	4 个大队以盐业为主
玉环县海山公社	35.6		343	4 个大队以盐业为主
玉环县桐丽公社	37.5		292	
温岭县上马公社	17.6		248	70%
温岭县淋川公社	50.3		289	
黄岩县金清公社	126.5		534	

资料来源:《浙江省盐业志》,中华书局 1996 年版,第 188—189 页。

说明:1962 年底,全省生产原盐的人民公社、制盐场共计 95 个。其中制盐场 3 个,产盐为主的公社 17 个,一般公社 75 个。

1962 年,全省有大队级集体盐场 427 个,分属 92 个人民公社。盐业大队的盐民口粮由国家供应,家属自带口粮田参加盐业劳动。盐业大队以盐为主,盐农分工兼顾,建有奖赔制度,设备和劳力固定,社员团结,矛盾较少。盐农兼业大队的盐民口粮在生产队按劳分配,劳力不固定，作业不分工，无责任奖赔，存在较多矛盾和纠纷。“文化大革命”期间，大队盐、农分工分业、按产计工的专业承包责任制受批，重新实行分工操作、评工记分、劳力轮换，以致20世纪60年代初渐趋完善稳定的盐业体制再度被搞乱。1973年，浙江省革命委员会(以下简称“省革委会”)发出《关于稳定健全集体盐场体制的指示》后，又逐步恢复盐、农专业分工，建立奖赔责任制度。

1972年后，全省各地陆续组建社办、队办和社队联办盐场，并围涂新建盐场，以盐场为核算单位，统一组织生产。中国共产党十一届三中全会以后发展更快，1982年有社办盐场83个、社队联办盐场50个，另有盐业大队57个、盐业生产队385个。

1983年10月，中共中央和国务院决定政社分开，恢复乡村建制，取消人民公社，乡人民政府为基层政权机构；撤销生产大队，成立村民委员会，原生产队为独立的、自负盈亏的集体经济组织。至此，人民公社不复存在。

恢复乡村建制后，盐场所有制性质也改为乡(镇)办、乡(镇)乡(镇)联办、乡(镇)村联办或村办、村村联办。专业盐场在经营体制上都有不同形式的生产责任制。在农业联产承包责任制的带动下，集体盐场也逐渐推行，承包方式因地而异。1983年，省政府批转省轻工业厅《关于稳定、完善集体盐场生产责任制的报告》，要求各地认真抓好盐业体制改革，集体盐场要坚持独立核算，走专业化、企业化道路，实行计划到场、承包到滩、责任到人、联产联质计酬的责任制等。各集体盐场在落实中，有以滩为单位，固定人员后集体承包，场与滩按议定比例分配；有按滩田大小，采取联户承包、家庭承包或由滩长承包自行组合。是年冬，中共岱山县委在岱东乡进行盐业体制改革试点，组建成3乡17村联营的双峰联办盐场，实行盐田所有权属村、经营权归场的两权分离经营体制，使盐场成为自主经营、自负盈亏的专业化、企业化盐场；盐场实行统一领导、统一规划、统一指挥、统一核算、自负盈亏，按比例返利给村；盐场对滩实行包产、包值、超奖歉赔的生产责任制；盐场加大技术改造，产量和质量大幅提高，并发展多种经营，经济效益显著。次年，该场单产翻番，盐民收入增长85%。1984年起，该场连续4年被省、市、县盐业部门评为先进集体和质量先进单位；1985年，省政府授予该场“浙江省劳动模范集体”称号。其成功的体制改革经验被誉为“双峰模式”，在岱山县推广，并陆续组建岱北、岱南、秀山、桂花、青黑等乡乡、乡村、村村联办的专业盐场，使全县盐业生产获得稳定发展，推动了全省盐业联产承包责任制改革。集体盐场实行联产承包责任制后，劳力固定，合同有保证，责、权、利相统一，多劳多得，调动了承包者的经营积极性，使盐业集体经济得到巩固发展。

20世纪90年代以来，集体盐场进一步转换经营机制，创新多种经营模式，盐业公司租赁集体盐场经营的方式开始试行并逐步推广，进一步稳定和发展了集体经济，提高了盐民的经济收入。1997—1998年，台州市椒江区率先改革集体盐场经营模式，将三甲盐场、下陈盐场改由椒江区盐业公司租赁经营，加大基础设施建设力度，达到增产增效的目的。此后，由盐业公司租赁集体盐场经营的模式在全省主要盐区得到推广。2001年，舟山市定海区的海军大成盐场和普陀区的双塘、平峧、峧头、红卫、小湖盐场由当地盐业公司租赁经营；2006年起，象山县盐业公司租赁新桥盐场、花岙盐场等经营；2010年，浙江绿海制盐有限责任公司与岱山县的双峰、岱北等盐场签订绿色食盐生产协议，推进绿色食盐生产基地建设。

四、全民所有制

1958年“大跃进”时期，在全民大办工业的号召下，浙江省着手恢复已废盐场并筹建国营盐场。当时兴办的地方国营盐场有3种情况：一是国家和地方共同投资兴建的全民所有制盐场；二是原为集体所有制盐场，经政府批准转为全民所有制盐场；三是国家投资主要材料设备、集体以劳力投资联合兴办的全民所有制盐场。1959年10月，经中共温州地委批准，玉环垟坑盐场从国社合营转为地方国营时，对集体所投劳力，按物资、劳力等价交换原则，由国家补偿10.3万元。

1958—1959年，建办和批准改制了17个国营盐场、2个国营盐化工厂。1961年，全省有三门、梅山、西三、马站、黄湾、乔司、大嵩、海宁、乍浦、松门(后改称温岭)、垟坑(后改称玉环)、田垟(后改称乐清)、东海、下沙、瑞安、澉浦、临海、北段、桐乡等19个国营盐场和化工厂。由于经营管理不善，制盐成本高，1961年国营盐业企业亏损115万元。

1962年初，根据中共中央“调整、巩固、充实、提高”八字方针，对国营制盐企业进行调整，有8个国营盐场和2个化工厂分别关停、迁并或转为集体所有制，减少职工1412人。留下续办的国营盐场(厂)中遣返农民工2500人，精简非生产人员252人。1963年，再次对国营盐场进行整顿，将3个国营盐场(厂)转为集体所有制，保留了梅山、三门、玉环、温岭、乐清、东海6个国营盐场。经过清产核资、全面整顿，建立奖赔责任制，改善经营管理，逐步扭亏增盈。

国营盐场在1962年的整顿中，按照中央《工业企业工作条例》实行“五定五保”①责任制，层层分解落实。职工工资最初实行八级工资制加奖励，1963年改行计时与计件相结合的工资制度，奖金从量计发。工资制度的合理改革，体现多劳多得原则，调动职工生产积极性，盐场经济效益随之提高。“文化大革命”后期，计件工资被取消，改为附加工资，影响职工积极性，成为1973—1976年连续亏损的主要原因之一。1977年起，尤其是中国共产党十一届三中全会以后，对企业管理全面整顿，恢复吨盐奖并与质量挂钩，调整劳力配备，加强财务管理，实行场部、工区、滩组分级核算等，各场先后扭亏增盈。20世纪80年代，国营盐场(包括所属化工厂)积极进行企业经济体制的整顿改革，不断完善经济责任制，梅山、玉环、三门3个国营盐场经过验收合格，先后获得省级先进企业称号。1988年，玉环等场实行定期承包经营责任制，场内分配责、权、利相结合，国家、企业、个人相兼顾，实行浮动工资制。改革用工制度，优化劳动组合，工区有权任命班组长，班组人员在定编内由组长自由组合。改革调动全场职工的积极性，原盐、化工产品的产量、质量和经济效益普遍提高。1988年，国有盐场共盈利312.95万元，创历史最高纪录。1990年后，由于盐价未能及时调整，原材料价格上涨，生产成本急剧上升，离退休人员增多，企业负担加重，国有盐场连年亏损。1970年以来国营(有)盐场盈亏情况见表47-2-2-9。

---

① 指国家对企业定产品方案和生产规模，定人员机构，定主要原材料、燃料、动力、工具的消耗和供应来源，定固定资产和流动资金，定协作关系；企业向国家保证产品品种、质量、数量，保证不超过工资总额，保证降低成本，保证扭亏增盈，保证主要设备使用年限。

表 47-2-2-9　　1970—2001 年浙江省国营(有)盐场盈亏一览表

单位:万元

年份	盈亏金额	其中						
		三门盐场	玉环盐场	梅山盐场	温岭盐场	乐清盐场	东海盐场	洞头盐场
1970	47.58	5.61	0.21	12.14	10.83	4.76	1.89	尚未建场
1971	96.00	22.57	9.71	21.40	4.11	9.79	3.80	
1972	73.80	3.12	3.02	24.60	−3.35	1.18	1.87	
1973	−48.75	−31.84	−9.57	5.60	−14.24	−12.14	0.02	
1974	−99.91	7.01	2.39	−58.60	−7.06	−5.36	−7.37	
1975	−52.96	−22.85	−7.19	2.10	−11.52	−19.78	0.05	
1976	−27.44	2.63	−11.74	19.60	−12.27	−14.56	0.65	
1977	10.37	−8.05	2.19	18.76	−8.89	−7.96	0.18	
1978	98.65	22.44	5.69	34.70	−5.12	2.00	0.62	
1979	55.47	15.83	9.90	7.13	1.88	2.69	0.20	
1980	15.60	−8.07	0.44	7.51	0.01	−8.92	1.00	
1981	−26.95	−5.62	9.60	4.31	1.20	−47.45	0.42	
1982	26.23	−1.37	15.56	15.79	0.83	−15.94	0.58	
1983	72.05	7.17	6.14	23.61	5.35	−11.62	0.06	
1984	120.27	20.18	19.26	16.76	18.78	−1.53	0.75	−5.00
1985	164.13	36.29	16.56	19.32	11.78	2.99	1.65	0.59
1986	245.03	71.22	40.56	35.08	18.97	2.08	0.10	3.02
1987	174.16	51.08	28.50	36.26	0.57	−8.13	0.43	7.45
1988	312.95	76.11	81.38	38.41	14.20	13.26	0.91	0
1989	187.04	33.21	79.38	−36.10	12.90	13.94	0.73	0
1990	−8.59	−25.73	−2.84	2.06	2.40	−25.97	1.48	−18.00
1991	−13.39	1.04	12.54	3.42	3.60	−24.29	0.27	3.50
1992	−26.34	−50.86	13.40	5.83	3.81	−21.73	0.24	0.55
1993	−575.86	−387.50	−20.40	0.90	−79.10	−81.80	0.20	0.50

续表

年份	盈亏金额	其中						
		三门盐场	玉环盐场	梅山盐场	温岭盐场	乐清盐场	东海盐场	洞头盐场
1994	－229.56	－76.32	－34.10	0	－94.20	－6.70	0.30	－18.54
1995	－7.70	71.30	－13.30	0	－66.90	0	0.20	1.00
1996	－52.75	36.20	－42.30	5.10	－53.70	0.55	-	1.40
1997	－1763.60	－1650.70	1.70	7.00	－49.90	－50.00	－1.70	－20.00
1998	－159.23	－163.15	-	0.83	-	3.09	-	-
1999	－89.60	－53.00	-	－38.00	-	1.40	-	-
2000	22.00	27.30	-	12.70	-	－18.00	-	-
2001	375.90	375.90	-	-	-	-	-	-

资料来源：1993年及之前引自《浙江省盐业志》，中华书局1996年版，第193—194页；1994—2001年资料据浙江省盐业统计年报综合整理。

说明：1.1970年以前资料缺失。2.各盐场有附属化工厂者含化工生产盈亏在内。3.合计数中含浙江化工一厂和镇海、舟山、定海、鄞县盐化工厂的盈亏数在内。4.2002年起，三门盐场与三门县盐业公司经济指标合并统计，三门盐场未单独统计，本表未予列出。

1983年，经批准，兴建地方国营洞头盐场。当年开始建滩，至1985年建成。至1985年底，全省共有7个国营盐场，生产面积为1684.05公顷，占全省盐田总生产面积的13.1%；盐产量占全省总产量的16.3%。

随着全省盐业产业结构调整，1997—2005年期间，7个主要的国营盐场先后因废盐转产或国企改制等原因退出。东海盐场、洞头盐场、乐清盐场、三门盐场分别于1997年、1998年、2001年和2005年因盐场废转而停产。为解决国有盐场人员过多、经营机制不活、历史包袱沉重等问题，根据国家和当地有关政策，20世纪90年代末期起，梅山盐场、玉环盐场、温岭盐场等先后实施国有企业改革转制。1998年，玉环盐场转制为台州玉燕制盐有限公司，至2010年底仍正常生产；1998年，温岭盐场转制为瑞晶盐场，2002年因盐场废转停产；2001年，梅山盐场转制为宁波市新梅山制盐有限公司，2007年因盐场废转停产。

国营盐场虽然经济总量不大，但存续期间，在遵守盐业法律法规、执行国家生产计划、推广应用先进技术、更新设备、开发产品、提升管理水平、提高产量、质量和劳动生产率等方面起到了表率作用，推动了全省盐业产质量逐年上升。1962—1999年浙江省国营盐场面积及产量、质量情况见表47-2-2-10。

表 47-2-2-10　　1962—1999 年浙江省国营盐场面积及产量、质量一览表

年份	生产面积（公顷）	占全省比重（%）	产量（吨）	占全省比重（%）	氯化钠含量（%）	全省平均（%）
1962	890.35	8.0	11261	5.3	83.14	82.80
1963	897.75	8.4	32095	8.0	85.32	80.44
1964	926.70	8.6	26624	7.4	86.94	81.61
1965	932.45	8.1	31969	9.6	90.89	85.88
1966	1103.27	9.5	41685	11.4	92.29	87.86
1967	1190.62	10.6	78592	13.5	92.50	88.38
1968	1121.24	9.5	44095	9.9	91.97	87.77
1969	1177.90	9.8	46514	11.7	92.49	88.21
1970	1177.55	9.3	31838	10.6	91.58	88.54
1971	1283.00	9.5	36630	11.1	91.33	87.11
1972	1190.02	8.6	37196	10.2	91.27	87.94
1973	1412.78	9.6	26967	9.3	91.79	88.17
1974	1289.13	8.7	54994	10.3	91.77	88.29
1975	1478.50	9.1	26964	8.9	91.21	87.83
1976	1457.72	9.3	51826	12.5	91.35	85.21
1977	1465.48	9.5	44947	14.0	91.58	87.54
1978	1434.97	9.4	77533	12.0	91.82	86.95
1979	1434.97	8.6	89575	11.6	92.14	89.32
1980	1727.28	10.1	55107	15.3	92.11	89.00
1981	1469.56	9.1	64803	12.2	93.09	89.90
1982	1570.92	9.7	54997	13.7	92.73	90.12
1983	1560.25	10.1	59602	17.0	92.80	90.15
1984	1664.50	12.7	72452	15.2	93.18	90.34
1985	1684.05	13.1	83603	16.3	93.25	90.84
1986	1828.87	14.3	107418	16.4	93.28	91.08
1987	1671.09	13.4	77273	18.3	92.28	91.38

续表

年份	生产面积（公顷）	占全省比重（%）	产量（吨）	占全省比重（%）	氯化钠含量（%）	全省平均（%）
1988	1669.60	13.8	91009	17.1	93.18	91.71
1989	1671.10	14.0	56579	18.3	93.09	91.58
1990	1679.82	14.0	69391	13.0	93.39	91.55
1991	1671.63	13.8	89567	15.9	93.60	92.11
1992	1671.71	13.9	89382	14.9	93.72	92.57
1993	1626.45	13.4	66989	14.7	93.60	92.94
1994	1590.32	13.3	96630	12.5	93.88	92.68
1995	1481.66	13.1	101529	15.2	93.94	93.05
1996	1476.43	13.7	89997	15.1	93.25	93.26
1997	1477.16	14.7	51468	13.3	93.50	93.22
1998	920.23	9.4	39561	10.3	93.02	92.86
1999	663.03	7.2	20805	6.7	-	92.98

资料来源：1993年及之前引自《浙江省盐业志》，中华书局1996年版，第194—195页；1994—1999年资料据浙江省盐业统计年报综合整理。

说明：1.国营盐场于1958年筹建，1962年趋于稳定，表列为三门、玉环、梅山、温岭、乐清、东海6个盐场，1984年起增加洞头盐场。2.1999年后，国营盐场先后废转或改制，此表中未列明其后相关数据。

第三节　盐场建设与改造

中华人民共和国成立以前，两浙盐区除少数灰晒场外，盐民制盐作业均在海塘外进行。盐民在滩涂上挖沟筑台，引入海水，台上刮泥淋卤，煎晒成盐。备受海潮侵袭，盐民世代以此为苦。中华人民共和国成立后，全省加大盐业生产基础设施建设，围塘筑堤，兴建盐场，并实施技术改造，建设标准海塘和标准盐场，配套各类生产生活设施，盐田面积逐步扩大，盐场面貌焕然一新。1958年至20世纪90年代中期是浙江盐业生产投入多、发展快的时期，盐的产量和质量都得到显著提升。此后，随着浙江省盐业产业结构调整，浙江盐场进入大规模废盐转产阶段。

一、盐场建设

(一)国有盐场

1958年在全国大办工业的形势下,各地积极要求恢复和新建盐场,大力发展盐业。中共浙江省委指示,1958年浙江省盐业基本建设的方针是"中小为主,分散建设,发挥地方积极性,依靠合作社力量,全面发展"。沿海各县纷纷响应。1958—1962年期间,全省共投入国营盐场建设资金1796.96万元,建设国营梅山、三门、玉环、温岭、乐清、东海盐场,共建成盐田面积821.23公顷。1958年梅山盐场建场工地场景参见图47-2-3-1。

图47-2-3-1　1958年梅山盐场建场工地(《宁波盐志》,宁波出版社2009年版,图版第13页)

1959—1960年,有一批公社盐场、盐化厂过渡为地方国营企业,此时国营盐场(厂)骤增至19个。1962—1963年期间,根据中央"调整、巩固、充实、提高"八字方针,全省整顿国营盐业企业,其中13个国营盐场转为集体。经过整顿后,国营盐场减少为6个,即梅山、三门、玉环、温岭、乐清、东海盐场。国营盐业企业整顿情况见表47-2-3-1。

表47-2-3-1　　1962—1963年浙江省国营盐业企业整顿情况一览表

地别		盐场名称	生产面积(公顷)	职工(人)	整顿处理情况
宁波	宁波市区	地方国营梅山盐场	244.39	613	保留
	鄞县	地方国营大嵩盐场	12.08	80	1962年转集体
	奉化	地方国营东海盐场	17.07	179	保留
	慈溪	地方国营西三盐场	274.65	999	1962年转农
台州	临海	地方国营临海盐场	92.01	514	1962年转集体
		地方国营三门盐场	328.56	1290	保留
	温岭	地方国营松门盐场	50.93	186	保留
	玉环	地方国营坍坑盐场	89.20	304	保留

续表

地别		盐场名称	生产面积（公顷）	职工（人）	整顿处理情况
温州	乐清	地方国营乐清盐场	88.44	203	保留
	平阳	地方国营马站制盐场	49.17	531	1963 年转集体
	瑞安	地方国营制盐化工厂	109.56	581	1963 年转集体
嘉兴	海宁	地方国营钾镁化肥厂	221.84	416	1963 年转集体
		地方国营黄湾盐场	36.53	148	1962 年停办
	平湖	地方国营乍浦盐肥厂	34.90	136	1962 年停办
	海盐	地方国营澉浦盐肥厂	81.01	69	1962 年停办
		地方国营北段盐肥厂	-	109	1962 年停办
	桐乡	地方国营桐乡盐厂	11.24	48	1962 年转集体
杭州	余杭	地方国营下沙盐场	233.33	124	1962 年并入乔司农场
		地方国营乔司农场附属盐场	341.32	677	1962 年转农

资料来源：《浙江省盐业志》，中华书局 1996 年版，第 212 页。

1970—1971 年，三门盐场五工区围塘和扩建盐田，省轻工业厅两次拨款共补助 25 万元；1979 年，投资 219 万元围建六工区，至 1986 年，国家基本建设总投资为 1013.9 万元。温岭盐场经 1966 年和 1984 年两次盐田扩建，共分 3 个工区，单元滩 45 副，另设盐化厂、气象站、发电厂、金工车间，至 1987 年，国家先后投入基本建设资金 249.62 万元。乐清盐场 1966—1968 年续建盐田 86.67 公顷，1971 年将高水库 2.33 公顷改滩，共有单元滩 51 副，生产面积 211.33 公顷，至 1987 年，国家累计投入围塘建滩及各项技术改造资金 519 万元。东海盐场经 1977 年和 1991 年两次扩建，面积增为 28.33 公顷，建有单元滩 7 副。1983 年经省计委、财政厅批准建立国营洞头盐场，1984 年省投资 99.87 万元建成盐滩 15 副，生产面积 78.41 公顷。至此，全省形成了 7 个国营盐场的基本格局。此后未新建国营盐场。20 世纪 90 年代以来，随着全省盐业产业结构调整及国企改革转制等原因，东海盐场、洞头盐场、乐清盐场、温岭盐场、三门盐场、梅山盐场先后废转停产，玉环盐场转制为台州玉燕制盐有限公司。全省国营盐场基本情况见表 47-2-3-2。

表 47-2-3-2　　浙江省国营盐场基本情况一览表

盐场名称	建场时间	终止时间	投资额（万元）	建场时盐田面积（公顷）	产能（吨）	废转或改制情况
梅山盐场	1958	2001	550.00	210.30	10000	2001 年改制为新梅山制盐公司，2007 年废转
三门盐场	1958	2005	626.00	315.66	30000	2005 年废转
玉环盐场	1958	1998	163.25	111.53	20000	1998 年改制为台州玉燕制盐有限公司
乐清盐场	1958	2001	232.00	87.07	5500	2001 年废转
温岭盐场	1958	1998	154.43	79.60	10000	1998 年改制为瑞晶盐场，2002 年废转
东海盐场	1958	1997	71.28	17.07	1000	1997 年遭台灾后废转
洞头盐场	1983	1998	99.87	78.41	3500	1998 年废转

资料来源：建场时间、投资总额、盐田面积等资料引自《浙江省盐业志》，中华书局 1996 年版，第 213—215 页；废转及改制情况据浙江省盐务管理局 1997—2005 年档案资料综合整理。

（二）集体盐场

从 1966 年起，依靠集体经济力量，采取民办公助方式，由省补助一部分建设资金，全省新建、扩建了一批集体盐场。尤以舟山发展最快，成为浙江省盐业的主要生产基地。

1984 年，省政府发布《关于稳定和发展食盐生产的通知》，要求今后三年每年开发新盐田 1 万亩（667 公顷），由省统筹安排补助 3000 元/公顷，省、县财政各半负担。为此，1984—1986 年期间，省政府在支援人民公社资金中每年安排 100 万元用于新建岱山、象山、北仑、定海、普陀、嵊泗、苍南等盐田合计 590.73 公顷，并支持三门、玉环盐场海涂促淤合计 340 公顷。1988 年，省内制碱工业用盐用量上升很快，受省外盐源紧缺和交通运输紧张等因素影响，调入困难。为此，省轻工业厅建议省计经委在本省选择条件较好的海涂，逐年建设一部分工业盐生产基地，以弥补省内制碱工业盐的供应不足。自 1988 年起，从省盐业公司直供化工厂的工业盐中按 10 元/吨提取工业盐基地建设基金，在 1988—1989 年两年执行期间共筹资 786.57 万元，由省轻工业厅专款用于新盐田建设，通过银行无息贷款形式投资兴建或扩建了嵊泗云鹅盐场（30 万元）、岱山秀山盐场（45 万元）、普陀曙光农场盐田扩建（77 万元）、定海团结盐场（104 万元）、定海山潭盐场（20 万元）及玉环沙门盐场（215.5 万元），新增盐田面积 441.24 公顷，新增产能 2 万多吨，是浙江省最后一批新建盐场。20 世纪 60 年代以来浙江省集体盐场新建扩建情况见表 47-2-3-3。

表 47-2-3-3　　20 世纪 60 年代以来浙江省集体盐场新扩建情况一览表

地别		新建、扩建情况
宁波	北仑（镇海）	1965 年，盐田面积 40.43 公顷。20 世纪 70 年代先后新建了三山、昆亭、梅西、梅东等盐场，至 1993 年底，盐田面积达 803.46 公顷，比 1965 年增加 20 倍，形成一个新盐区。
	象山	1965 年，象山县盐业总生产面积为 148.6 公顷，且大多是灰晒生产。1968 年首先围建昌国盐场，1971 年起又围建新桥、旦门、花岙、白岩山盐场，至 1993 年除去废转的灰晒场面积及改养对虾面积，象山县实有盐田面积 1327.43 公顷，为 1965 年的 8.93 倍；其中 95％是新建盐场。
	鄞县	1965 年，鄞县仅有 1 副滩，面积 11.87 公顷。1968 年围建大嵩盐场 252.2 公顷，1974 年起又围建联胜盐场 212.1 公顷；1991 年兴建合兴盐场 31.3 公顷，1992 年投产。至 1993 年底，全县计有盐田 450.63 公顷，都是新盐场。
	宁海	1966 年围建伍山盐场，至 1993 年生产面积为 115.26 公顷。
	奉化	原有国营盐场 19.73 公顷，20 世纪 70 年代后期建立知青、杨村盐场计 53.32 公顷，面积扩大到 73.05 公顷。
	慈溪	1965 年有盐田 5035.40 公顷。1967—1976 年围建九塘，盐田面积增加。1984 年以后随着自然条件变化，盐田老化，致大面积废转，至 1993 年尚余 517.81 公顷，减少面积达 90％，计 4517.59 公顷。
舟山	岱山	自 1957 年始，大举建塘围涂，扩建盐田。新盐田逐渐向外扩展，老盐田日渐淡化，改为农地或转作他用，至 1978 年，盐田面积增至 2351.13 公顷，比 1956 年的 1215.44 公顷增加 93％。1979—1981 年再次围涂，开发新盐田 338.4 公顷，1981 年底盐田生产面积 2630.49 公顷，以后略有减少。1990 年 12 月批准秀山新建盐场 44.68 公顷，由省工业盐发展基金贷款 45 万元。至 1993 年底，岱山共有盐田生产面积 2367.18 公顷，成为浙江最大的产盐县。
	定海	1965 年，盐田面积 357.39 公顷。1966 年起在改造老盐田的同时，大力发展新盐田，至 1981 年有盐田 1180.33 公顷，分布于 13 个岛的 38 处。1982 年为提高单位面积产量，对一些生产条件差、走私严重的零星盐场废转了 133.33 公顷。1992 年 12 月批准新建团结和山潭 2 个盐场（团结盐场 92.43 公顷，山潭盐场 17.77 公顷）。至 1993 年，盐田生产面积 1136.53 公顷，比 1965 年增加 2.18 倍。
	普陀	1965 年，全县盐田生产面积 80.21 公顷。1974 年，小干岛大山、塘头等地自发建滩，盐田增至 142.6 公顷。1978 年又新建一批盐田，至 1980 年有盐场 24 个，盐田 1367.27 公顷（新建 1140.80 公顷）。1983 年有 12 个小盐场废盐转产，裁废面积 159.6 公顷。1991 年 3 月批准曙光农场扩建北站白山畈盐田 67.97 公顷，因朱家尖机场规划，实建 41.66 公顷。至 1993 年有盐场 18 个，生产面积 905.02 公顷，与 1965 年相比，增加 10 余倍。
	嵊泗	1972 年，在大洋山围涂新建盐田 25.87 公顷；1990 年又新建 27.81 公顷，合计共建 53.68 公顷。

续表

地别		新建、扩建情况
温州	乐清	1965年,盐田生产面积363.44公顷,其中国营盐场96.3公顷,集体盐场267.14公顷。1971年,山马盐场围塘,1978年建滩,全场生产面积46.33公顷。其余村办集体盐场也有新围海涂与改灰晒为滩晒。至1993年底,全县盐田485.06公顷,其中国营盐场211.33公顷、集体盐场273.73公顷,较1965年略有增加。
	苍南	1965年,全县盐田生产面积215.33公顷。1978年新建芦浦盐场投产,生产面积79.47公顷。马站盐场1986年扩建盐田50公顷。因白沙等地盐场荒废,减少了部分面积,至1993年底,全县盐田生产面积214.91公顷,与1965年基本持平。
	瑞安	1965年有盐田152.12公顷,至1981年为234.92公顷。1985年后逐年废转,至1993年底已全部废转。
	洞头	原来不产盐,1978年起在小门山新建集体盐场41.09公顷;1983年以后又兴建国营盐场,面积54.6公顷。至1993年底,全县共有盐田95.61公顷。
	瓯海	1965年有集体盐田23.13公顷,至1993年增加至72.02公顷。
台州	临海	1971年,以"民办公助"方式建立社办滨海盐场,新增生产面积112.4公顷。同年,桃渚区建滩117.4公顷,蒲兰头建滩78公顷。1974年,杜桥区建白沙盐场,面积500.47公顷,废转上盘老滩。1993年,全市盐田生产面积427.28公顷,较1965年增加1倍多。
	玉环	1965年,全县盐田生产面积503.46公顷,其中国营盐场117.6公顷,集体盐场385.86公顷。1972年,围建干江盐场,1976年建滩,生产面积49.55公顷。1992年4月,新建沙门盐场,面积191.77公顷。至1993年,全县盐田生产面积947.81公顷,比1965年增70%;其中国营盐场292.13公顷,集体盐场655.68公顷。
	温岭	1965年,全县共有盐田272.83公顷,其中国营盐场87.18公顷,集体盐场185.65公顷。20世纪70年代发展较快,其中上马盐场盐田面积扩大至305.93公顷,松门镇盐场新建生产面积171公顷;乔环盐场于1970年新围南门涂塘,生产面积扩大至42.80公顷。至1993年,全县集体盐场生产面积636.69公顷,比1965年增长3倍多。
	黄岩与椒江	1965年,黄岩县有盐田生产面积313.38公顷,因海涂淤涨,围建新塘,扩大了黄琅等部分盐田。1985年,三甲、下陈等处盐田划归椒江市管辖。至1993年,实有盐田面积432.13公顷,其中黄岩市167.38公顷、椒江市264.75公顷。

资料来源:1993年及之前资料引自《浙江省盐业志》,中华书局1996年版,第204—206页;1994年及之后资料据浙江省盐务管理局档案资料综合整理。

第九个五年计划期间(1996—2000年),由于新建盐田投资大,且回收期长、效益差,全省原则上不再建新盐田,适时调整现有盐田布局,突出重点盐区尤其是重点盐场,扶优限劣。为进一步优化盐业产业结构,巩固发展食盐专营成果,2001年以后,盐业专项资金重点投向盐业产业结构调整,继续鼓励盐区废盐转产,部分用于盐业科研、质检、盐政执法和自然灾害损失等补助,适当支持提高产量、质量及安全生产设施更新改造的项目,一律不用于新增盐的生产能力。对整滩压田、疏浚纳排河道、改善保卤设施等一般的生产性技改项目,鼓励盐场、盐民自行投工投劳。而且突出重点盐区、重点盐场,凡盐田面积在33.33公顷(500亩)以下的小型制盐企业一律不予安排。

1993 年与 1965 年相比，全省集体盐场的生产面积增减相抵后基本持平。但随着全省盐业结构调整和废盐转产加快，至 2010 年，集体盐场面积锐减，仅为 1965 年的 1/4。1965—2010 年浙江省集体盐场变化情况见表 47-2-3-4。

表 47-2-3-4　　1965—2010 年浙江省集体盐场增减情况一览表

地　市	1965 年底盐田生产面积（公顷）	1993 年底盐田生产面积（公顷）	2010 年底盐田生产面积（公顷）	增减幅度（%）	
				1993 年与1965 年相比	2010 年与1965 年相比
宁波市	5243.99	3259.31	453.27	−37.85	−91.36
舟山市	1785.47	4469.61	1848.01	150.33	3.50
台州市	1093.35	2151.70	341.76	96.80	−68.74
温州市	657.72	601.67	60.00	−8.52	−90.88
嘉兴市	157.78	-	-	−100	−100
杭州市	865.40	-	-	−100	−100
绍兴市	534.87	-	-	−100	−100
全省合计	10338.58	10482.29	2703.04	1.39	−73.85

资料来源：1965 年、1993 年资料引自《浙江省盐业志》，中华书局 1996 年版，第 207 页；2010 年资料引自浙江省盐业统计年报。

二、盐场改造

（一）老盐田改造

中华人民共和国成立后，大力推广大泥板、大漏碗、泥卤池、地漏等设备，废除煎灶，推广缸坦、盐板和沙子板。

1958 年开始对全省老盐田进行技术改造，推广流枝滩，修建枝条架。当年 11 月，省轻工业厅肯定了瑞安县塘下莘塍人民公社的流枝滩盐田，并于当月底在玉环桐丽盐场召开现场会，加以推广。至 1959 年底，全省改造老盐田 505.59 公顷，占总面积的 4.87%。1960 年推广到 765 副滩，改造面积 2588.61 公顷，占总面积的 23.44%。1961 年，受台风袭击，枝条架多被摧毁。因存在枝条架抗风能力差、流下式盐田流量难控制的弊端，1962 年起停止推广流枝滩。

1963 年，岱山县将流枝滩改建为平滩并做出样板，当年推广改滩 576.23 公顷，占全县生产面积的 47.22%；1964 年达到 1155.33 公顷，占全县生产面积的 89.73%。全县基本完成改滩任务，并带动定海、普陀及其他各地改建平滩。

1965 年 11 月，省轻工业厅在温岭县松门镇召开全省盐田技术改造会议，肯定了岱山、上马两地改建平滩经验，认为流枝滩不符合浙江省情。此后，全省各场均将流枝滩改为平滩，至 1965 年底，全省滩晒面积达 3539.57 公顷，占全省生产面积的 1/3；泥晒及灰晒仍占生产面积的 2/3。

1966 年开始，受“文化大革命”影响，盐业生产受到干扰，但广大盐民仍积极开展改滩工作，改造老盐田。1970 年，全省平滩生产面积 8667.46 公顷，占总面积的 73.99%；1975 年提高到 13097.5 公顷，占总面积的 86.60%，全省改滩工作基本完成。尚有 2037.47 公顷泥灰场，主要分布在不适宜改滩的庵东、象山、乐清、玉环等地的零星老盐场。

20 世纪 60—70 年代，全省新建一批集体盐场。自此每年都对盐场进行一些技术改造，使盐场生产设施、设备不断改进，生产效率和抵御自然灾害能力逐步提高。

（二）标准化改造

1985 年起，全省盐业在继续做好老盐田技术改造的同时，集中一部分资金对条件较好的盐场进行标准盐场建设。标准盐场建设的基本要求是：采用先进的生产工艺，具备完善的生产设施，实行科学的管理方法，在不同气候条件下都能实现优质、稳产、高产。建设标准盐场的单位应具备资格：独立核算，组织健全，领导力量强，生产水平在中等以上，经过扶持和设施配套，能达到标准盐场规定的产量和质量指标。

1985 年，首批试点建设定海区金塘浦口盐场 75 公顷、普陀区朱家尖第一盐场 82.67 公顷，两场合计面积 157.67 公顷，投资总额 43.32 万元，当年建成。

1985 年 12 月，省轻工业厅盐业公司制定了《浙江省标准盐场建设暂行规定》《标准盐场建设对象选择条件》《标准盐场的暂行标准》，对标准盐场的选择条件和建成后要求达到的目标进行规定。1991 年底对这些文件进行修改完善。

从 1986 年起，全省每年批准建设 3～6 个标准盐场。1989 年，对 14 个已建成的标准盐场进行效益调查，扣除当地平均增产水平后净增产 4.26 吨/公顷，投资回收期为 3 年 5 个月。

1990—1991 年，因 1989 年遭受重大自然灾害需集中资金恢复灾后生产，全省暂停新建标准盐场。1992 年又建 4 个。1985—1992 年，全省合计建设标准盐场 25 个，面积 2250.13 公顷，占总面积的 18.58%；总投资 749.56 万元，其中省投资 462.75 万元，占 61.74%，其余为县、乡、场自筹。一部分投资属无偿支持，部分投资需分期偿还，返还资金归县盐业部门继续作技术改造资金使用。

至 1992 年底，全省标准盐场建设基本完成，1993 年后未新批标准盐场建设。标准盐场建设情况见表 47-2-3-5。

表 47-2-3-5　　1985—1992 年浙江省标准盐场建设情况一览表

序号	建设单位	建设时间	生产面积（公顷）	项目投资（万元）			
				总额	其中		
					省	县	乡场自筹
全省合计			2250.13	749.56	462.75	105.68	181.13
1	普陀朱家尖第一盐场	1985	75.00	20.42	14.32	3.00	3.10
2	定海金塘浦口盐场	1985	82.67	22.90	14.90	2.00	6.00
3	定海长白西尼盘盐场	1986—1987	109.13	34.59	21.59	5.00	8.00
4	岱山双峰盐场一工区	1986—1987	133.00	43.72	25.72	9.00	9.00
5	普陀顺母盐场	1986—1987	108.60	27.46	17.46	4.00	6.00
6	鄞县联胜盐场	1986—1987	188.00	48.67	28.67	5.00	15.00
7	温岭苍岙盐场	1986—1987	69.20	21.56	17.00	4.00	0.56
8	玉环桐丽盐场	1987—1988	80.40	25.96	14.50	3.00	8.46
9	北仑三山盐场	1987—1988	160.93	51.40	29.00	6.00	16.40
10	象山旦门盐场	1987—1988	166.27	48.00	30.00	6.00	12.00
11	普陀峧头盐场	1987—1988	64.67	21.70	11.50	3.00	7.20
12	定海北蝉盐场	1987—1988	108.27	31.46	19.50	5.00	6.96
13	岱山岱西摇星村盐场	1987—1988	163.06	51.25	29.00	10.00	12.25
14	定海白泉盐场	1988	33.33	10.80	6.50	2.50	1.80
15	岱山岱西后岸村盐场	1988—1989	66.00	21.80	12.50	4.00	5.30
16	普陀平峧盐场	1988—1989	63.60	20.93	12.43	2.50	6.00
17	定海前山村盐场	1989	66.67	27.30	16.50	5.00	5.80
18	岱山渔山盐场	1989	40.67	18.22	11.00	1.80	5.42
19	普陀泗苏盐场	1989	66.67	29.38	17.60	5.00	6.78
20	苍南芦浦盐场	1989	80.13	33.62	20.00	5.00	8.62
21	三门盐场一工区	1989	95.13	38.35	23.00	-	15.35
22	普陀朱家尖第二盐场	1992	34.67	13.88	9.72	1.38	2.78
23	岱山前岸盐场	1992	56.73	25.01	17.51	2.50	5.00

续表

序号	建设单位	建设时间	生产面积（公顷）	项目投资（万元）			
				总额	其中		
					省	县	乡场自筹
24	定海岑港盐场	1992	33.60	13.54	9.48	2.00	2.06
25	温岭松门镇盐场	1992	103.73	47.64	33.35	9.00	5.29

资料来源：《浙江省盐业志》，中华书局1996年版，第208—209页。

1991年12月，为加强和完善标准盐场的报批审核，省盐务管理局规定，标准盐场建设由县（市、区）盐务管理局根据条件和标准，提出具体项目上报省盐务管理局，抄报市（地）盐务管理局。省盐务管理局会同市（地）盐务管理局审核。建成后由省盐务管理局会同市（地）盐务管理局组织验收，验收合格者由省盐务管理局颁发合格证书。

省盐务管理局重新制定的标准盐场建设标准具体如下：

产量指标：歉产年景单产不低于45吨/公顷，正常年景为60吨/公顷以上。

质量指标：符合国家标准的一级盐60%以上，不产三级盐；平均氯化钠含量92.5%以上、白度55度以上、粒径90%以上通过2毫米筛孔。

生产费用①指标：不超过原盐生产毛收入的20%。

标准盐场建设主要项目：增添黑膜、提卤泵、压滩机、仓坨；新建地下卤池、收咸卤池；河道疏浚与加固；送水高沟与场内公路；铺设地埋线和配备发电机组等。

标准盐场每年必须提留技术改造、设备折旧资金。提留额占原盐生产毛收入的18%，用于全场纳潮河、排淡河疏浚，海塘、闸门、水库、渠道、公路、桥梁、仓坨、房屋维修和偿还国家投资应回收的部分。

标准盐场每年必须提留一定数量福利基金，用于盐工（民）劳动保护、改善生活及文化、娱乐设施等。

1. 管理系统标准

①生产责任制较完善，劳动人员95%以上稳定，经济承包政策5年以上不变。

②在当地党委、政府领导下，盐场有一定生产指挥、资金使用、人员调配、职工奖惩、收益分配等生产经营上的自主权。盐场除每年按比例上缴当地政府一定利润外，有权拒绝支付不合理负担和摊派。

③有一整套各级干部、各工种岗位责任制、劳动考核制度和奖惩条例，能真正体现按劳取酬、赏罚分明原则。

④全场推行全面质量管理，建有质量管理组织和该组织活动的具体办法及制度。

---

① 生产费用主要指薄膜更新、工具费、油电费、机电设备维修费、卤池维修费、坨地覆盖物更新、化验室、气象哨等费用。

⑤按省盐务管理局颁布的工艺操作要求，生产各工序都有健全的规章制度。纳潮、制卤、结晶、储存、出运等各个生产环节都定期检查，记录入册，可备查考。

⑥有完整的资金使用、财务审批、预决算等各项财务制度，严格执行省盐务管理局规定标准盐场所应提留的各项资金，尤其应保证留足再生产所需资金。

⑦标准盐场干部具有搞好盐业生产的强烈责任心，有一定组织能力和较高文化专业知识。

2. 总体设施标准

①全场总体布局合理，符合设计标准，滩形整齐。

②总面积利用率大于95%，有效生产面积大于85%。

③水利系统合理，咸淡分道，纳排畅通，不发生搁滩现象，12小时降雨100毫米不淹滩。

④电力配套，并有自备发电机组。

⑤具有贮存充足海水的纳潮河和水库，容量能保证生产需要，且常年进滩海水浓度均在2波美度以上。

⑥大小仓坨面积达到60平方米/公顷。

⑦70公顷以上的盐场设有简易的机修房。

⑧建成标准盐场后，应在发展生产的同时，在3～5年内逐步配上简易化验室，实现气象联网，配有气象报警器、医务室及文化娱乐场所。

⑨盐场具有简易公路(机耕路)和足够生活用水。

⑩每公顷具有2平方米以上滩管房。

3. 单元滩标准

①单元滩面积一般在4公顷以上，滩型结构合理，泥埝平直整齐，沟道畅通完好。

②滩地质量达到一平、二硬、三不漏、四无(无杂草、无青苔、无虫洞、无钙皮)的标准。具体标准为：

步数	第一至三步	第四至七步	第八至九步	结晶池
平整度	<1.5厘米	<1.2厘米	<0.8厘米	<0.5厘米
硬度	基本不陷脚	不起浑	无脚印	坚硬

③保卤设备：第二步起有保卤池，结晶区和末步高级制卤区设有有盖卤池或平顶卤池。所有卤池总容量达300立方米/公顷，并有收咸、倒扬设施，收咸卤池容量为30立方米/公顷，倒扬沟可送到第五步。

④结晶设备：黑膜结晶面积达600平方米/公顷以上。

⑤机电设备：压滩机达到每13公顷1台，提卤泵达到每7公顷4台，60%以上结晶面积实行机械打花旋盐。

(三)盐场改造资金

盐场改造资金主要由国家补助和地方自筹两部分组成。国家补助主要是省、市(地)、县盐业部门投入,包括国家补助资金、集体盐场生产建设资金、平衡差价等。1976 年 3 月,浙江省革命委员会请示财政部后决定:根据每年盐的生产实绩数,由省统一从轻工利润退库 2.9 元/吨,用于补助集体盐场发展生产。省财政厅与省第一轻工业局制定此项资金的管理使用办法,由省盐业主管部门掌握使用,主要用于补助发展盐业生产,包括新建扩建盐场、大型设备更新、水利设施及技术改造等。至 1990 年 6 月取消退库,其间共退 1942.70 万元,每年以技术改造资金核拨给各盐场。1979—1983 年,省农业委员会为支援发展盐业生产,每年不定期核拨补助资金,由省盐业主管部门分配给贫困的盐业社队,共计 117 万元,用于维修水利工程、改善生产设施、增添卤池盖、购买压滩机及海塘抢险等方面。国家补助在 1985 年前属拨款,1986 年后分为部分拨款和部分有偿使用,分别占 60%和 40%。有偿使用部分,1988 年前按 7 年或 10 年平均偿还,1989 年后分 3 年平均偿还,偿还的资金继续作技改资金下拨使用。

2008 年 2 月,省盐务管理局制定了《浙江省盐业基础设施和技术改造资金使用管理办法》,进一步明确了盐业技改资金的使用范围:①盐业技术改造;②盐场基础设施维修改造;③盐场救灾补助;④盐业新技术、新设备、新产品、新工艺、新材料的研发、引进与推广应用;⑤省盐务管理局批准的其他技改资金支出。

三、海塘与纳排系统

(一)海塘建设

古代的制盐都是在海塘外滩涂上作业,受海潮影响,生产受到限制,风潮灾害严重。中华人民共和国成立后,为确保盐民生产、生活的安全,采取民办公助方式逐步围筑海塘,兴修水利。自 1952 年舟山试验“关塘晒盐”(制卤晒盐均在塘内操作)成功后,全省在舟山、宁波、台州、温州沿海围筑海塘,建滩造田,掀起海塘建设的热潮。1952—1980 年全省盐业海塘围垦情况见表 47-2-3-6。

表 47-2-3-6　　1952—1980 年浙江省盐业海塘围垦基本情况一览表

地别		开工时间	海塘围垦基本情况
舟山	定海	1952	试验“关塘晒盐”(制卤晒盐均在塘内操作),先后在王家墩、衢山等地获得成功。
	定海	1957	建成长峙至马鞍海塘 3888 米,有 50%盐田实现“关塘晒盐”。
	定海	1968—1970	围筑北蝉大成小安塘,全长 2956 米,围入新涂 200 余公顷,连老场受益近 300 公顷。
	定海	1971—1980	长白西尼盘建海塘 1860 米,围涂建滩 100 余公顷。
	岱山	1955-03	省盐务管理局投资在岱山围筑岱西海塘,全长 4481.5 米,建水闸 3 座,土方 11 万立方米,国家投资 29.48 万元,当年完工。

续表 1

地别		开工时间	海塘围垦基本情况
舟山	岱山	1957	建筑北峰海塘，当地驻军连续 2 个月帮助抬石填土。该塘全长 2093 米，土石方 7.24 万立方米，被北峰盐民誉称为“军民共建塘”。至该年底，岱山县境内 6 个主要盐场建成海塘 9 条，总长 18450 米，围涂面积占全县盐田总面积的 92.47%。
	岱山	1958-03	衢山桂花公社围筑龙门至横径海塘，全长 1150 米，建闸 2 座(3 孔)，国家投资 19.50 万元，受益盐田 229 公顷。
	岱山	1960-02	在原建青黑山大盐场与小盐场两条海塘外面青黑山与笔架山之间浅海中，新建 600 米长石砌海塘，受益老盐田 145.33 公顷，于当年 10 月完成，总耗资 15.50 万元，其中国家投资 4 万元。
	岱山	1964	围筑新道头至黄沙湾的泥峙海塘，全长 2362 米，围涂 150 余公顷，连老场受益 303.47 公顷。
	岱山	1965—1966	围建北峰山至南峰山海塘全长 2100 米，受益盐田 432.33 公顷。
	岱山	1965—1969	海丰、利民、火箭、摇星、卫星等大队兴建西南塘 11763 米，连老盐场受益 792 公顷。
	普陀	1962	围建普陀小干岛海塘，全长 4146 米，围进海涂 120 余公顷，至 1965 年建成小干等 3 个盐场。
	普陀	1971—1980	峧头、双塘、平峧、台门先后围建海塘 4 条，计长 7018 米，围涂建滩 200 余公顷。顺母建塘 2800 米，围涂建滩 100 余公顷。
宁波	宁波市	1958	围建梅山盐场，仅耗时 72 天即筑起了东起磨头山、西至下峙头、全长 4946 米的海塘，土石方 20.38 万立方米。
	宁波市	2001	加固梅山盐场海塘，列入宁波市标准海塘建设项目，当年 8 月加固工程竣工，全长 5130 米。
	慈溪	1955-03	省盐务管理局投资在庵东盐区建东三乡八塘，全长 8079 米，建水闸 4 座，土方 37.40 万立方米，国家投资 27 万元，当年完工。
	慈溪	1958	庵东盐区兴建八塘，全长 25450 米，土方 81.20 万立方米，投资 85.40 万元；建闸 4 座，投资 28.50 万元。建成后，庵东盐区 90%的生产面积均在塘内，并围入部分草滩。
	慈溪	1966	围建九塘，至 1978 年历时 12 年始全部完工，全长 27207 米，围入海涂 2473.60 公顷。
	鄞县	1966-07	瞻岐、大嵩、咸祥、球山 4 个公社 36 个大队联合围垦红卫塘，于 1968 年建成，计盐田 311.33 公顷。
	北仑	1966—1977	1966 年三山盐场(里塘)，1967 年梅东盐场、梅西盐场、白峰盐场(老场)，1968 年昆亭盐场(东塘)、三山盐场(外塘)，1971 年昆亭盐场(西塘)，1977 年七姓涂盐场、白峰盐场(新场)围涂建滩，合计围场面积 1211 公顷。

续表 2

地别		开工时间	海塘围垦基本情况
宁波	象山	1968	金星公社在花岙岛围涂，1969 年 12 月建成，海塘长 2823 米、高 5 米，水闸 2 座，生产面积 114 公顷。
宁波	象山	1968-04	昌国盐场开始围塘，1972 年 4 月合龙，海塘全长 3849 米，受益面积 1000.04 公顷，其中盐田 533.37 公顷，农田 466.67 公顷。1987 年经水利部批准兴建Ⅲ级标准海塘，国家补助 60 万元，盐场自筹 30 万元，加固土石方 9.35 万立方米，至 1990 年完工。
宁波	象山	1971-01	围垦新桥海塘，塘线长 2186 米，围涂面积 337.33 公顷，1975 年完成大坝闭气工程。围涂建滩总投工 152.08 万工，土石方 111.56 万立方米。
宁波	象山	1971-02	旦门盐场由 17 个大队联合围垦，塘线长 1214 米，围入面积 150 公顷。1973 年 12 月第一次合龙，1974 年 13 号台风中全线倒塌，经过修复，1976 年大坝再次合龙，1977 年完成土方闭气工程，1978 年开始建滩。围塘建滩总投放劳力 91.43 万工，土石方 62.48 万立方米，总投资 187.38 万元，其中国家补助 85.36 万元。
宁波	象山	1971-03	围建白岩山盐场，塘坝总长 2888 米，1974 年海塘合龙。1974 年受台风冲击，海塘倒塌，经过再次修筑，1977 年 7 月完工。受益土地 1133.33 公顷，其中盐田 688.90 公顷。投资 377.29 万元，其中国家补助 113 万元。
台州	玉环	1962	盐盘、海岛、桐丽等盐场围建海塘 3110 米。
台州	玉环	1970—1971	外塘公社中山、胡新两地建塘两条，塘线长 2336 米，受益盐田 35.40 公顷。
台州	玉环	1972	干江盐场围塘，塘线长 1300 米，历时 3 年建成，1976 年建滩 49.55 公顷。
台州	玉环	1973	海山、芦浦两公社围塘各 1 条，围入海涂 79 公顷。
台州	温岭	1962	上马、乃演、岙环、乌根等盐场围建海塘 5950 米。
台州	温岭	1971	上马建上箬塘 2469 米。
台州	临海	1962	上盘盐场围建海塘 2500 米、水库塘 1330 米。
台州	临海	1970	建立滨海公社盐场，自下交洞至大挑新建大坝 1 条，长 2940 米。
台州	临海	1971	桃渚区洞港和蒲兰头两地利用原已围成滩涂，再增建珠门大坝 1 条，长 135 米，新建盐田 117.40 公顷。
台州	临海	1974	杜桥区所属公社新建莺窝头至下交洞海塘大坝 1 条，长 6090 米，面积 192.67 公顷，组建白沙盐场。
温州	平阳	1962	马站、白沙、龙江、芦浦、肥艚等盐场围建海塘 8150 米。
温州	瑞安	1962	塘下、莘塍、阁巷等盐场围建海塘 8700 米。
温州	乐清	1962	白溪、翁垟等盐场围建海塘 3000 米。

续表 3

地别		开工时间	海塘围垦基本情况
温州	乐清	1971	在南塘山马围筑海塘，塘长 2100 米、高 6.5 米、宽 15 米，围入海涂 86.60 公顷。1978 年建滩，投入资金 41.49 万元。
	乐清 瑞安	1973-09	两地共围塘 2 处，补助资金 7 万元，其中乐清南塘围塘 100 公顷，补助 3 万元；瑞安阁巷围塘 133.33 公顷，补助 4 万元。
	苍南	1977	围建芦浦盐场海塘，塘线长 1200 米，围入面积 79.47 公顷。
	苍南	1977	马站盐场扩建海塘动工，至 1985 年完工，全长 2200 米，围塘总面积 101.60 公顷，围塘总投资 103 万元。

资料来源：据《浙江省盐业志》中华书局 1996 年版第 196—201 页有关文字资料综合整理。

1980 年后，海塘建设重点转入对危塘加固，以能抗拒 12 级以上台风为标准。1982 年，省政府决定盐区集体盐场海塘由水利部门负责维修，盐业部门不再办理，所需经费由省政府在盐场建设费中拨交水利部门统一安排。此后，1984—1986 年、1988—1989 年，全省又先后两次围筑海塘，新建盐场，陆续建成了一批盐业海塘。

1983 年 2 月，省轻工业厅盐业公司组织对全省盐业海塘进行质量调查，全省盐业海塘总长 266865 米，其中一类海塘占 19.10%、二类海塘占 47.72%、三类海塘占 33.18%。1983 年全省盐业海塘长度及质量情况见表 47-2-3-7。

表 47-2-3-7　　1983 年浙江省盐业海塘质量情况一览表

单位：米

地别	总数	一类塘	二类塘	三类塘
全省合计	266865	50971	127342	88552
其中：国营	19722	4840	11622	3260
集体	247143	46131	115720	85292
舟山市	104396	20800	57286	26310
宁波市	91435	18131	47022	26282
其中：国营	4000	4000	-	-
台州市	43322	10000	14122	19200
其中：国营	10622	-	10622	-
温州市	27712	2040	8912	16760
其中：国营	5100	840	1000	3260

资料来源：《浙江省盐业志》，中华书局 1996 年版，第 201 页。

(二)纳排系统建设

1. 咸水库

自20世纪60年代改建盐滩后,各地都十分重视修建咸水库或滩头水库,尽可能增加海水储量,确保天气变化或小潮汛时有足够较高浓度的海水灌滩,并能起到澄清海水的作用。1975年,舟山地区改建盐滩时,配套咸水库能保证全场旺季小潮汛时5～6天用水,平均每公顷生产面积配备360立方米容量,约占生产面积的4%。至1988年底,舟山共有咸水库面积80.59公顷,占生产面积的1.92%,达到规定要求。1977—1979年,庵东盐区在东一、东二、西一修建3座大型咸水库,蓄水量达550万立方米。20世纪80年代,咸水库有逐渐减少趋势,其主要原因,一是部分盐场设置滨海机械直接扬水取咸,渠道送水至各滩,无须咸水库蓄水;二是咸水库底泥沙淤积较快,不易清除,蓄水量逐年减少,水库的作用渐差;三是部分盐场将咸水库移作水产品养殖之用。

2. 咸淡分道

为提高纳排能力,做到咸淡分道,20世纪70年代起在技术改造项目安排中,对咸淡不分的重点盐场进行技术改造。1980年补助庵东建纳排闸门;1987年补助三门盐场改变场内水系,实现咸淡分道;其他盐场也多在技术改造中给予补助。20世纪90年代,全省盐场已基本实现咸淡分道。

3. 滨海取咸

1974年,岱山县岱西卫星大队(今前岸村)首建滨海取咸工程,即在海边建滨海取咸翻水站,安装电动抽水机,沿石砌渠道送入盐田。原有盐场浦道作为排淡之用。滨海取咸工程避免使用场内被雨水稀释过的淡水,使得进滩海水浓度显著提高,提高了生产效率。此后岱山、定海、普陀不少盐场都推广兴建滨海取咸机站。

4. 机械排淡

北仑、象山、鄞州、温岭、定海等地不少盐场,建场设计时为力求提高有效生产面积利用率,对排淡河的面积安排较少,造成场内蓄淡容量不足,一遇大暴雨且闸外潮位顶潮时,场内淡水便不能排出,造成淹场损失。为解决这一问题,均增设排淡机埠,以备应急使用。如象山县白岩山盐场围涂时有一部分盐田面积较低,1988年建成大坝翻水站,安装2台85千瓦电动机,并配套26英寸轴流泵,解决了大雨量时盐田排淡问题。

四、电力设施与气象站

(一)电力设施

盐场均远离城镇,有的地处海岛。中华人民共和国成立前及成立初期,浙江海盐生产的各道工序均为人工操作,没有机电设备。

1959年,全省推行流枝滩,为解决枝条架高扬程扬水问题,不少盐场在电力输送未到场的情况下,自办发电车间,用柴油发电机组供电。全省盐场装机容量从1958年的253千瓦发展到1959年的1333.3千瓦，增长迅猛。其中，以梅山、三门两盐场装机容量最大，分别为451.3千瓦和429千瓦，并在建滩后就安装低压线路输送全场。1962年，三门盐场还安装1台750千瓦汽轮发电机，使用一年后因故调出。1961年枝条架遭台风损坏后，流枝滩逐渐改建平滩，用电量减少，至1964年，全省装机容量下降至996千瓦(20台)，以国营盐场为主。

1969年，浙江省革命委员会批准慈溪庵东盐区电力灌溉基建项目，工程总投资60.46万元。1970年5月，电力输入盐场。

1971年，乐清盐场架通输电线路。

1973年，庵东盐区架设10千伏高压线路；同年6月，梅山盐场架设从大陆至梅山岛的过江高压输电线路，途跨梅山港和6座山峰。

1975年，温岭盐场有变压器695千伏安，高压线2.5千米，低压线9千米，自备发机组252千瓦(3台)。

玉环盐场1976年才有变压器380千伏安，高低压线路分别为2.5千米和5千米，自备发电机组229.5千瓦(5台)。

20世纪70年代后期，大电网通到各县，除偏远盐场外，各地新建盐场时均与大电网接通。

1984年3月，省政府发出《关于稳定和发展食盐生产的通知》，社队集体盐场的盐业用电，凡属大电网供电的地方，一律按农用电计价。

1992年12月，岱山县海丰、茶前山、火箭3个盐场总计5000余亩的电气工程竣工并投入使用。

此后，由于大电网电力普遍紧张，特别是农忙季节，又恰为盐业生产旺季，盐场常被拉闸限电，影响盐业生产。为此，多数盐场陆续添置自备发电机组，供停电时使用。

(二)气象站

盐业生产与气象状况密切相关，盐业部门根据需要，在有关盐场内建立气象站，进行定时地面气象观测，并根据气象台发布的大范围天气预报，结合本站的观测实际，分析作出本盐场的天气预报，提供给盐场在生产中使用。

民国35年(1946年)，由中央气象局帮助在黄岩新河南鉴盐场(今属温岭)建立了一个测候所，至当地解放时停止工作。民国37年1月，庵东建立盐场测候站。

1954年3月，舟山专署盐务局在岱山桥头建气象地面观测站，同年6月开始工作，人员2人。1955年8月，玉环盐场管理处在外塘乡胡新村建立盐业专用气象站，至1988年停止工作。1956年12月，庵东盐场测候站移交给气象部门管理，成为国家站，仍驻庵东，同时为盐业服务。1958年，国营盐场兴建后，梅山、三门、垟坑盐场均设有气象站。1960年，平阳盐化局和乐清、温岭、临海等国营盐场也建有气象站。至1961年10月，全省已在庵东(国家站)、松门、楚门、垟坑、田垟、三门、梅山、马站、舥艚、岱山、上盘、头篷等地建立了12个气象站。后马站、上盘2站停办，增设衢山气象站。1962年4月，全省共有11个盐业气象站。

1964年1月，全省还有6个盐业气象站：岱山县中心盐业站气象服务站(1965年改名为岱山盐业气象站），玉环县外塘气象服务站，平阳县马站盐业气象服务站，国营三门、梅山、垟坑盐场气象站，共有专职气象员 10 名。这些气象站按规定进行定时地面观测，发布 24 小时或 48 小时内的单站气象补充预报和中期预报。此外，庵东气象站仍属国家基本台站，直属省气象局领导。

1973 年，省轻工业局组织岱山、玉环外塘、平阳马站气象站及国营梅山、三门、玉环、温岭、乐清盐场等 8 个盐业气象站各 1 人共 8 人参加省气象局举办的单站预报训练班学习，提高了各站气象人员的专业技术水平。

1980 年 1 月，慈溪县盐业局报请省轻工业局盐业公司统一在慈溪盐区建立“711”气象雷达站。雷达设备 12.7 万元由省投资，土建部分 4.9 万元由慈溪县盐业局自筹。1984 年因慈溪盐区大面积废转，雷达设备停机封存。1986 年 7 月，省盐务管理局将该雷达设备无偿调拨给三门盐场使用，并随机调去技术员 1 人。

1983 年 2—3 月，省盐务局组织对玉环、三门、温岭、梅山、乐清 5 个国营盐场和玉环外塘、岱山盐业气象站以及慈溪县盐业局雷达站共 8 个站进行了检查。结果显示：测报质量较好的有三门盐场、玉环盐场、岱山盐业局气象站；观测场地及仪器安装基本符合《地面气象观测规范》要求的有玉环、乐清、岱山、外塘、三门等站。

1984 年 8 月，岱山在岱西茶前山大炮山顶兴建雷达站，定名为“岱山县盐业局气象雷达站”，1987 年 7 月投入使用。

1984 年，三门等 7 个盐场自筹资金配备气象传真机，提高盐场的灾害性天气预报的准确率，从而降低盐业雨损程度。

随着全省盐业产业结构调整和盐场废盐转产，特别是国营盐场废转，各盐业气象站陆续停止工作。至 2010 年底，全省仅剩岱山县盐业局气象雷达站。盐业气象观测站参见图 47-2-3-2。

图 47-2-3-2　盐业气象观测站（《浙江省盐业志》，中华书局 1996 年版，图版第 11 页）

第三章 生 产

浙江海盐生产历史悠久，在春秋末年越国时已有大规模海盐生产的记载，但唐前无盐产量的记录。海盐生产受天时等诸多条件影响，丰歉不定。唐代，浙盐仅兰亭、嘉兴、临平三监的年产量达百万石以上。明代，浙盐产量曾位居全国第二，仅次于淮盐。中华人民共和国成立后至20世纪90年代中期，浙盐产量经历了一个螺旋式的上升期，至1994年达到历史最高值。1995年起，因控产压田、盐业结构调整，浙盐产量持续下降，至2010年不足11万吨。

浙江海盐生产工艺的发展，经历了一个漫长的过程。春秋战国时期，浙江有以海水直接煎熬制盐的记载。东晋时已采用先制卤后煮盐的方式进行盐业生产。唐代有刮泥淋卤的记载。明代浙江已有盐场采用晒盐法。清嘉庆年间，岱山盐民发明盐板晒盐，至清末，盐板晒盐成为浙江海盐生产主流结晶工艺。中华人民共和国成立后，浙江海盐生产工艺发生重大变化。1952年引入滩晒制盐工艺，经过数年实践后，确定推行平滩直接用海水蒸发制卤，用硬底结晶池灌入卤水日晒蒸发结晶制盐，实现了海水制盐工艺的彻底改革。

海盐的生产及其产品、盐场的兴废有着严格的管理，自古至今实行聚团公煎、制盐许可等管理方式，根据自然条件、社会需求变化，对盐场进行有序兴废，以控制盐的产量。对盐产品质量优劣之分，古人早就有之。民国前以色、味、形来判定盐的质量。民国之后始有盐质的定量指标及等级标准。中华人民共和国成立后，国家和浙江省制定完善了盐产品质量标准，随着日晒结晶工艺与设备的进步、质量管理的加强，盐的质量逐步提高，浙江省海盐平均氯化钠含量于1982年达到90%，1995年超过93%。盐产品的种类也日益丰富和完善，根据盐的用途实行不同的名称、质量标准、价格、税率、包装和管理方式。

第一节 产 量

海盐的产量受气候条件、盐田面积、生产工艺、政府引导政策等诸多因素影响。

浙江在春秋末年越国时已有大规模海盐生产的记载。唐前无盐产量的记录。“吴越扬楚盐廪至数千，积盐二万余石，有涟水、湖州、越州、杭州四场，嘉兴、海陵、盐城、新亭、临平、兰亭、永嘉、太昌、侯官、富都十监，岁得钱百余万缗，以当百余州之赋”①。“唐越州有兰亭监官场五，曰会稽东场、会稽西场、余姚场、怀远场、地心场，配盐课四十万六千七十四石一斗。今

① 《新唐书》卷五十四《食货四》。

为盐场四，会稽之三江、曹娥，山阴之钱清，余姚之石堰是也”①。唐代，浙盐产量堪与淮盐媲美。仅兰亭、嘉兴、临平三监的年产量即达百万石以上。

宋初，两浙盐产量，杭州岁煮 7.7 万石，秀州(今嘉兴)20.8 万石，温州 7.4 万石，台州 1.5 万石，明州 20.1 万石，共计 57.5 万石。天圣中(1026—1029 年)曾减至 51 万石，旋又增为 61 万石。绍兴二十九年(1159 年)达 200.1 万石。绍兴三十二年减为 198.5 万石，其中浙西 113.7 万石、浙东 84.8 万石。乾道末(1171—1173 年)增至 202.15 万石，浙西总产量 114.41 万石，其中杭州府 24.58 万石，嘉兴府 81.87 万石，苏州府 7.96 万石；浙东总产量 87.74 万石，其中绍兴府 14.60 万石，明州(宁波)39.27 万石，台州 14.41 万石，温州 19.44 万石。至淳熙初(约 1174 年)产量为 189.27 万石，其中浙西 114.41 万石，浙东 74.86 万石。

元代，两浙盐区有盐场 34 处，实际产量虽无记载，但从岁办额盐大致可看出浙盐产量。至元十五年(1278 年)15.9 万引，每引② 400 斤；至元十八年，岁额 21.86 万引；至元二十三年增至 45 万引；至元二十六年又减至 35 万引；大德五年(1301 年)为 40 万引；至大元年(1308 年)又增至 45 万引；延祐六年(1319 年)为 50 万引；至正三年(1343 年)以额多价重，转运不行，改为岁办 35 万引。额引有时不能完成，故实际产量与额引之间有一些差数。如至元二十四年(1287 年)桑哥作相，任命灭里为两浙运司，灭里虚称两浙盐额为 45 万引，而实际只有 34.8 万引。

明洪武元年(1368 年)，定两浙岁办盐额数 22 万引，每引 400 斤，每办盐 1 引给工本米 1 石，其时两浙有盐场 35 处，皆给滩荡，授煮器。洪武二十三年改行小引，每引 200 斤。丁岁办 16 引，盐工丁 8 引，余工丁 4 引。万历年间(1573—1620 年)，两浙行盐 44.48 万引，每引 300 斤。

清顺治三年(1646 年)，巡盐御史王显奏，各处行盐皆以 200 斤成引，两浙应剖 2 引为 3 引，每引载盐 200 斤，共改行正引 66.72 万引；同时将票 2 张折合 1 引，共改行 7.48 万引，合计共 74.2 万引。乾隆年间(1736—1795 年)，增加松江等地额引，总引额达 80.24 万引，仍以 200 斤成引。宣统二年(1910 年)，产量以担核计，产额 138.76 万担；宣统三年为 186.07 万担。

民国元年至 8 年(1912—1919 年)，因受战事影响，余姚场产额数据散失。《两浙分区民国盐政史》所载浙盐产量数据中缺少余姚场数据，因此与实际产量相差甚远。且所载浙盐产量数据中并没有分场记录，相关数据转录于下：民国元年 5.36 万吨；民国 2 年 5.45 万吨；民国 3 年 6.01 万吨；民国 4 年 5.68 万吨；民国 5 年 6.10 万吨；民国 6 年 6.12 万吨；民国 7 年

① 〔南宋〕嘉泰《会稽志》卷十七《盐》。唐宋时，一石为 50 斤。

② “引”为商人运销货物的凭证，亦指所规定的重量单位。有茶引、竹引、锅引，盐引亦其一。不同时期，每引重量有所不同。宋政和三年(1113 年)，对食盐运销改行引制，规定每引行盐 300 斤。元代，浙江每引行盐 400 斤。明洪武二十三年(1390 年)，1 引改为 2 引，每引行盐 200 斤。嘉靖三十年(1551 年)，每引正盐 200 斤，再加余盐 100 斤。隆庆三年(1569 年)，每引正盐 200 斤，外加包索 30 斤、带余盐 70 斤，合每引 300 斤。清初，每引正盐 200 斤，外加卤耗、包索 25 斤，合每引 225 斤。雍正三年(1725 年)，每引 285 斤。清末引制混乱，每引 400～800 斤不等。民国 3 年(1914 年)起，一律以 300 斤为 1 引。中华人民共和国成立初期，浙江原盐运销以市担为计量单位，每担 100 市斤。1959 年 6 月，国家统一计量制度，浙江原盐运销一律以千克、吨为计量单位。下同。

6.09 万吨;民国 8 年 5.84 万吨。

民国 9—18 年(1920—1929 年),各场产盐数据见表 47-3-1-1。因当时场产管理不严格,有几场数据未报,或者以销数定为产数,故与总产量不尽相符,但基本可看出各盐区总体生产水平。

表 47-3-1-1　　民国 9—18 年(1920—1929 年)浙江省盐产量一览表

单位:万吨

年　份	总产量	浙西	绍兴	宁波	舟山	台州	温州
民国 9 年	13.74	1.73	1.93	6.16	2.20	0.37	1.35
民国 10 年	16.59	1.66	1.90	7.93	2.37	0.52	2.21
民国 11 年	14.09	1.72	1.53	7.27	2.08	0.43	1.06
民国 12 年	18.76	1.79	1.92	8.52	3.45	0.85	2.23
民国 13 年	16.86	1.42	1.72	8.21	3.07	0.62	1.82
民国 14 年	19.29	1.43	1.99	9.05	3.28	1.09	2.45
民国 15 年	17.44	1.42	1.82	8.21	3.63	0.82	1.54
民国 16 年	17.90	1.53	1.56	9.42	3.08	0.75	1.56
民国 17 年	19.26	1.42	1.73	10.08	4.03	0.66	1.34
民国 18 年	19.81	1.74	1.81	9.26	3.97	0.95	2.08

资料来源:据《浙江省盐业志》中华书局 1996 年版第 106—107 页综合整理。

说明:上表资料来源于〔民国〕《重修浙江通志稿》第 99 册,原书有按语:"黄岩、杜渎、大嵩三场仍以销数为产数,具见此数场当时并未能切实管理场产。"

民国 19—37 年(1930—1948 年),产量记录虽较完全(见表 47-3-1-2),但有以下几种情况,致使产量数据不齐:(1)裁废了一些零星小盐场,如黄湾、鲍郎、芦沥等场并入浙西所;浙东的东江、三江废场,大嵩、穿长并入清泉,金山并入余姚。(2)民国 26—34 年,部分场区先后被日军占领,国民政府管辖范围缩小,至民国 31 年仅温台 7 场有数据,不能代表浙江省盐业整体生产水平。(3)民国 35—37 年间,各地盐场次第恢复,这三年产量数据较完整,基本符合浙江省盐产水平。(4)表列数字是国民政府盐务机关收购数,未包括走私数量。

表 47-3-1-2　　民国 19—37 年(1930—1948 年)浙江省盐产量一览

单位:万吨

年　份	总产量	浙西	绍兴	宁波	舟山	台州	温州
民国 19 年	23.03	1.40	2.53	12.26	4.23	1.13	1.48
民国 20 年	20.37	0.92	1.95	11.68	2.97	1.31	1.54
民国 21 年	26.94	1.09	2.14	16.35	4.27	1.30	1.79
民国 22 年	26.46	0.93	2.07	15.64	3.68	1.88	2.26
民国 23 年	25.51	0.80	2.20	14.61	5.34	0.86	1.70
民国 24 年	19.11	0.83	1.84	10.10	4.68	0.86	0.80
民国 25 年	24.01	0.71	1.27	13.40	4.40	1.87	2.36
民国 26 年	17.50	0.33	1.15	11.07	2.49	1.22	1.24
民国 27 年	21.36	-	1.15	13.10	1.83	2.48	2.80
民国 28 年	23.04	-	1.76	15.32	0.85	2.62	2.49
民国 29 年	27.05	-	1.42	17.86	0.08	5.04	2.65
民国 30 年	7.67	-	0.14	2.30	0.08	3.20	1.95
民国 31 年	6.09	-	-	-	-	4.49	1.60
民国 32 年	6.61	-	-	-	-	4.40	2.21
民国 33 年	4.76	-	-	-	-	3.45	1.31
民国 34 年	1.80	0.01	0.01	0.01	-	1.59	0.18
民国 35 年	22.44	0.62	1.09	10.72	4.93	2.99	2.09
民国 36 年	29.51	0.50	1.35	13.64	6.68	4.82	2.52
民国 37 年	21.06	0.42	1.29	11.28	4.64	2.35	1.08

资料来源:浙江省盐务管理局编《浙江盐务工作参考资料》,1953 年 8 月。

1949 年,浙江盐区共有盐板 109.82 万块、灰坦 3003 支、缸坦 7.65 万格、煎灶 460 座,年生产能力大约 20 万吨。该年下半年,盐场秩序尚未恢复,走私严重,以致该年总产量仅 7.54 万吨。

1950 年 5 月起,对庵东、杭州、温州分局所辖盐场进行“限板(坦)减产”,该年总产量仅为 10.93 万吨。1951 年,扭转节制生产的方针,鼓励盐民增产,挖掘增产潜力,产量开始上升,当年产盐 22.81 万吨。1952 年,结合土改,部分零星分散的小盐场废场转业,削减生产能力 3.5 万吨。中华人民共和国成立后三年恢复时期平均年产量为 18.02 万吨,比 1949 年增加 139%。

第一个五年计划期间(1953—1957 年),浙江盐区普遍开展互助合作运动,盐业生产迅速增长,全省年平均产量 24.26 万吨,比恢复时期增长 34.63%;尤其是 1955 年获得丰收,全省盐产量第一次超过 30 万吨。

1958 年在“大跃进”形势下,全省要求产盐 50 万吨,而实际仅完成 26.88 万吨;1959 年 3 月,在岱山县召开全省盐业生产现场会议,提出当年全省原盐生产 60 万吨的指标,而当时实际生产能力仅 30 万吨左右。10 月,各盐区为了完成计划指标,发动群众大搞烧盐,全省盐区均出现烧盐高潮,仅温岭县参与烧盐群众最多时达 5 万余人,煎锅 2 万余口。据统计,3 个地区 14 个县市共烧盐 2.35 万吨,后经核实为 1.09 万吨,给群众带来很大的经济损失,国家给予补偿金额 87.12 万元,平均吨盐成本达 79.93 元,比当时收购价每吨 32 元高 1.48 倍,且部分盐质差、味苦,不能食用。第二个五年计划期间(1958—1962 年),全省原盐年平均产量 27.88 万吨,比第一个五年计划期间增长 14.92%。

调整时期(1963—1965 年),贯彻“调整、巩固、充实、提高”的方针,下放了一部分曾由集体升转为国营的盐场,农村人民公社实行三级所有、队为基础,核算单位缩小后,盐民积极性得以调动,产量回升,三年平均年产量 36.29 万吨,比第二个五年计划期间增长 30.16%。

1966 年起,受到“文化大革命”干扰,各级盐务机关瘫痪,生产受到不同程度影响。然而广大制盐工人与集体盐民排除干扰,坚持生产,第三个五年计划期间(1966—1970 年)全省平均年产量首次超过 40 万吨,达到 41.78 万吨,比调整时期增长 15.13%。

20 世纪 70 年代,全省原盐产量总体保持稳定,年平均产量达到 46.32 万吨。但由于原盐产量受气候条件影响较大,丰产年与歉产年的产量最高相差近 48 万吨(最高为 1979 年的 77.08 万吨,最低为 1973 年的 29.06 万吨)。

20 世纪 80 年代,由于海盐生产的自然条件变化和价值规律作用等诸多原因,北盐南移,全省最大的慈溪庵东盐区开始大面积废盐转农,1990 年与 1980 年相比,全省盐田生产面积减少了 5250 公顷。80 年代中期起,全省投资建设标准盐场,亩产提高。因此,该时期全省原盐产量基本保持稳定,年平均产量 45 万吨,最高年产量为 1986 年的 65.64 万吨,最低年产量为 1989 年的 30.86 万吨。

20 世纪 90 年代,全省原盐产量持续保持较高水平,1994 年达到历史最高值的 77.36 万吨。由于持续丰产,产大于销也给盐区带来了一系列的问题和矛盾。为此,根据国家和省政府要求,1995 年,浙江省实施控产压田、调整产业结构三年规划,盐田生产面积逐步减少,原盐产量也随之快速下降,年产量维持在 40 万～50 万吨。

2005 年后,由于浙江海盐生产成本高、效率低、劳动量大,盐民晒盐积极性不高;而因经济发展需要,地方政府废转盐田的积极性较高。因此,全省盐田废转仍继续推进,原盐产量持续下降。2006 年和 2007 年,全省原盐产量不足 30 万吨;2008 年和 2009 年,原盐产量不足 20 万吨。2010 年,全省盐田生产面积 2703 公顷,原盐产量仅为 10.59 万吨。

1949—2010 年浙江原盐产量、1950—2010 年产量走势图及 1980—2010 年平均亩产走势图分别参见表 47-3-1-3、图 47-3-1-1、图 47-3-1-2。

表 47-3-1-3　　1949—2010 年浙江省原盐产量一览表

单位:万吨

年份	全省	宁波	舟山	台州	温州	嘉兴	杭州	绍兴
1949	7.53	4.73	0.62	0.64	0.67	0.55	–	0.32
1950	10.92	6.98	0.51	0.63	0.72	1.11	–	0.97
1951	22.81	10.10	3.17	3.59	2.49	1.73	–	1.73
1952	20.31	10.43	2.91	2.87	1.13	1.37	–	1.60
1953	24.82	12.63	4.20	3.63	2.03	0.34	–	1.99
1954	17.91	8.19	1.91	4.37	2.34	0.10	–	1.00
1955	31.47	14.61	4.47	7.15	3.77	–	–	1.47
1956	23.65	10.82	4.45	4.76	2.72	–	–	0.90
1957	23.45	12.35	3.79	3.90	2.24	–	–	1.17
1958	26.89	12.54	4.92	4.94	2.67	0.25	1.07	0.50
1959	35.74	15.32	5.22	8.40	3.62	0.82	1.81	0.55
1960	27.82	13.99	4.01	5.26	1.92	0.64	1.53	0.47
1961	27.74	13.63	3.80	5.55	2.27	0.51	1.63	0.35
1962	21.23	12.58	2.68	2.77	1.12	0.35	1.37	0.36
1963	39.94	19.35	7.02	8.00	3.58	0.32	1.05	0.62
1964	35.78	18.86	6.48	6.16	2.85	0.20	0.65	0.58
1965	33.16	17.38	6.17	5.81	2.45	0.19	0.56	0.60
1966	36.61	17.61	8.50	6.65	2.85	0.17	0.36	0.47
1967	58.18	26.60	16.26	11.97	2.47	0.19	0.31	0.38
1968	44.47	21.35	14.28	5.66	2.45	0.17	0.31	0.25
1969	39.83	16.11	13.49	7.82	2.19	0.08	0.08	0.06
1970	29.83	12.47	9.79	5.50	1.85	0.07	0.10	0.05
1971	69.15	27.42	21.92	14.87	4.60	0.06	0.19	0.09
1972	36.66	16.76	11.11	6.58	1.89	0.05	0.24	0.03
1973	29.06	13.17	9.88	4.78	1.16	0.05	0.01	0.01
1974	53.40	23.92	15.55	10.94	2.77	0.05	0.16	0.01

续表 1

年份	全省	宁波	舟山	台州	温州	嘉兴	杭州	绍兴
1975	30.13	15.00	9.24	4.57	1.23	0.02	0.06	0.01
1976	41.46	17.32	12.14	10.05	1.85	0.05	0.05	-
1977	31.97	12.72	7.66	8.91	2.64	0.02	0.02	-
1978	64.45	28.10	18.40	14.62	3.21	0.05	0.07	-
1979	77.08	31.89	22.77	17.54	4.80	0.05	0.03	-
1980	36.08	13.49	8.46	10.86	3.24	0.03	-	-
1981	52.89	20.12	20.20	10.62	1.91	0.04	-	-
1982	40.17	14.34	15.70	8.61	1.49	0.03	-	-
1983	35.10	10.68	12.73	9.96	1.72	0.01	-	-
1984	47.43	14.32	18.49	12.23	2.38	0.01	-	-
1985	51.23	15.50	19.57	13.92	2.23	0.01	-	-
1986	65.64	17.51	24.27	20.21	3.65	-	-	-
1987	42.29	10.63	18.38	11.41	1.87	-	-	-
1988	53.23	14.28	23.10	13.42	2.43	-	-	-
1989	30.86	9.41	13.50	6.32	1.63	-	-	-
1990	53.19	16.12	25.33	9.82	1.92	-	-	-
1991	56.38	15.46	23.51	14.23	3.18	-	-	-
1992	60.00	17.53	27.66	12.75	2.06	-	-	-
1993	45.56	12.91	20.86	10.08	1.71	-	-	-
1994	77.36	23.76	36.94	14.93	1.73	-	-	-
1995	66.80	20.64	27.45	17.10	1.61	-	-	-
1996	59.63	17.23	25.73	15.37	1.30	-	-	-
1997	38.72	12.19	19.02	6.90	0.61	-	-	-
1998	38.58	10.72	18.62	8.16	1.08	-	-	-
1999	31.01	8.57	14.25	7.60	0.59	-	-	-
2000	50.24	13.51	26.20	9.70	0.83	-	-	-
2001	47.77	13.57	24.96	8.60	0.64	-	-	-

续表 2

年份	全省	宁波	舟山	台州	温州	嘉兴	杭州	绍兴
2002	33.62	10.54	15.40	7.25	0.43	–	–	–
2003	54.02	15.74	26.18	11.11	0.99	–	–	–
2004	52.15	17.41	27.15	6.86	0.73	–	–	–
2005	38.68	12.63	23.15	2.73	0.17	–	–	–
2006	28.95	7.62	18.80	2.47	0.06	–	–	–
2007	29.05	8.49	18.03	2.43	0.10	–	–	–
2008	19.28	3.40	13.60	2.21	0.07	–	–	–
2009	17.05	2.21	12.59	2.22	0.03	–	–	–
2010	10.59	1.33	7.87	1.39	0	–	–	–

资料来源:1949—1993 年数据引自《浙江省盐业志》,中华书局 1996 年版,第 112—119 页。根据查证,对部分数据作了调整;1994—2010 年数据引自浙江省盐业统计年报。

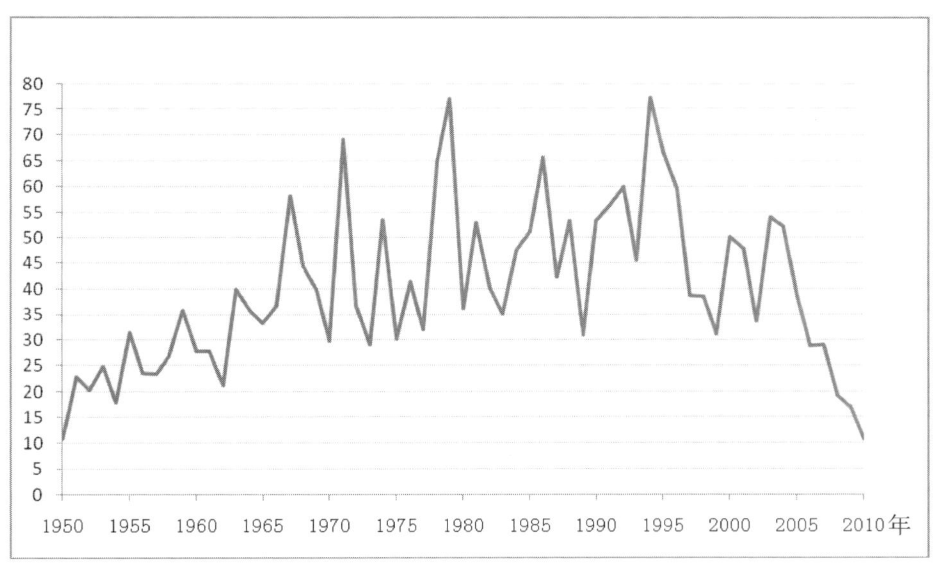

图 47-3-1-1 1950—2010 年浙江省原盐产量走势图(单位:万吨)(据浙江省盐业统计年报有关数据绘制)

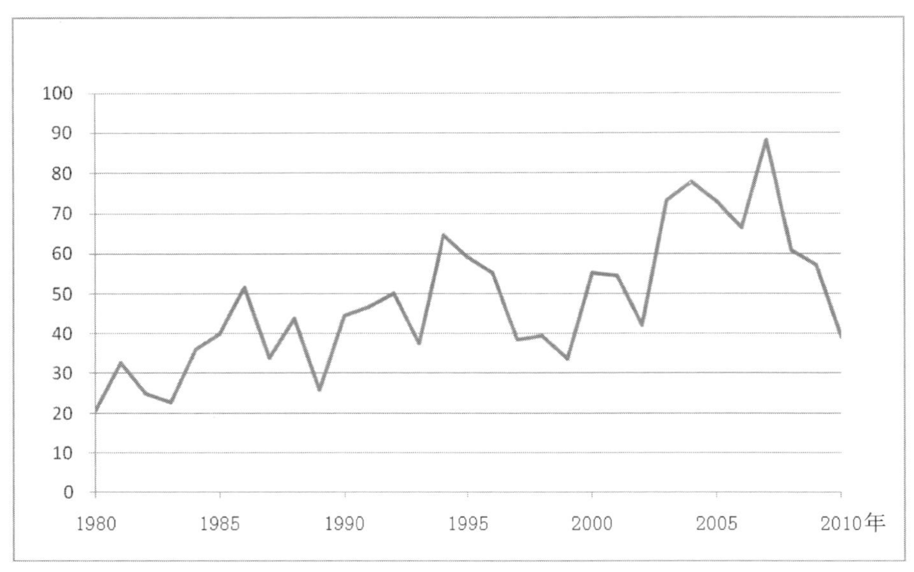

图 47-3-1-2 1980—2010 年浙江省原盐平均亩产走势图(单位:吨)(据浙江省盐业统计年报有关数据绘制)

第二节 生产工艺

制盐生产工艺主要指制卤方式和结晶方式。制卤方式主要经历了刮泥淋卤、摊灰淋卤、滩晒制卤等阶段,结晶方式主要经历了煎制、日晒等阶段。浙江海盐生产历史悠久,东晋时,浙江已采用先制卤后煮盐这一方式进行盐业生产。以后随着时代变迁和经济社会发展,生产工艺随制盐方式和技术的进步也相应调整。

一、制卤方式

中国古代的制盐方法是将海水直接煎熬制盐,其技术水平尚处在较原始的阶段,相传起源于远古时期的夙沙部落。浙江早期的盐业生产方式是"煮海为盐",即直接煮海水为盐。《越绝书》卷八载:"朱余者,越盐官也。越人谓盐曰余。去县三十五里。"《史记·吴王濞列传》中也有浙江"煮海水为盐"的记述。东晋时,制盐技术已由过去的直接取海水煮盐,发展为先制卤后煮盐。晋代文学家郭璞在《盐池赋·序》中即谓"吴郡沿海之滨,有盐田,相望皆赤卤",可见当时吴郡采用先制卤后煮盐这一方式进行盐业生产,已有相当规模。① 根据技术工艺发展,浙江海水制卤大致经过了刮泥淋卤、摊灰淋卤、滩晒制卤 3 个阶段。

(一)刮泥淋卤

刮泥淋卤的制卤方法,也称"刮咸淋卤法"。该法在唐时已开始广泛地采用。宝应二年(763 年)刘晏任盐铁使时,"以盐生霖潦则卤薄,暵旱则土溜坟,乃随时为令,遣史晓导,倍于

① 董郁奎:《先秦至隋唐时期浙江盐业经济探略》,《盐业史研究》,2006 年第 4 期,第 37—42 页。

劝农”①。其意思为:如遇久雨,生成的卤水浓度淡,数量少;面临长期干旱,则刮取咸泥堆成溜坟,即可制取大量卤水。元、明、清至民国,浙江一直沿用刮泥淋卤这一制卤工艺。明代宋应星所著《天工开物》一书中载有淋卤图,参见图47-3-2-1。

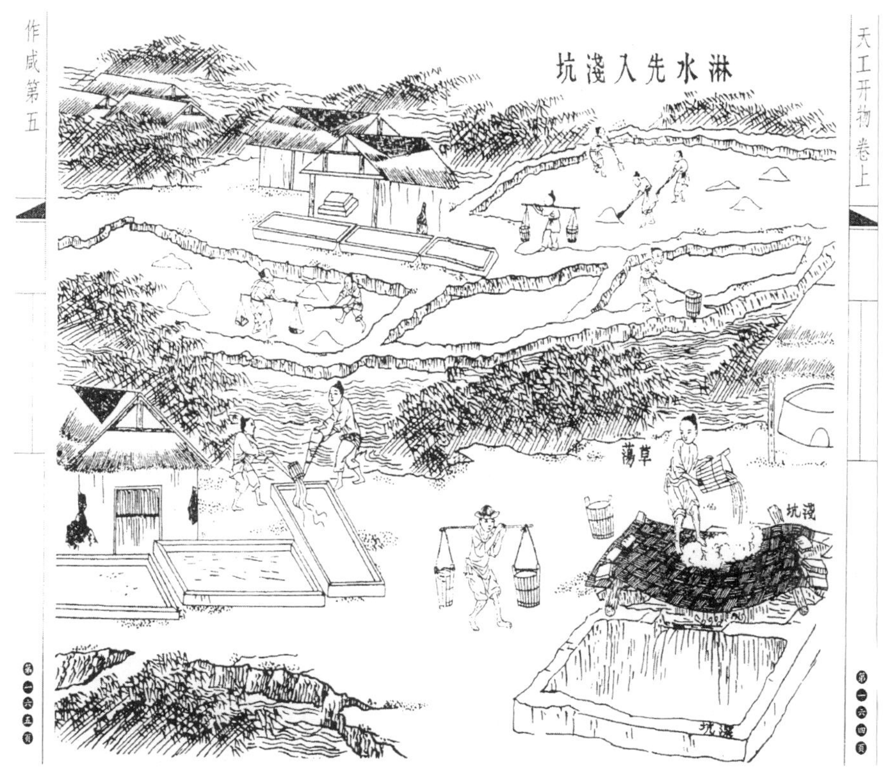

图47-3-2-1 淋卤图(〔明〕宋应星:《天工开物》卷上《作咸第五》)

到宋代,刮泥淋卤技术已发展得相当成熟。宋初《太平寰宇记》卷一百三十记载了海陵监的“刺土成盐法”,全文如下:

凡取卤煮盐,以雨晴为度,亭地干爽,先用人牛牵挟刺刀取土;经宿,铺草藉地,复牵爬车,聚所刺土于草上成溜,大者高二尺,方一丈以上,锹作卤井于溜侧,多以妇人、小丁执芦箕,名之“黄头”,欱水灌浇,盖从其轻便。食顷,则卤流入井。取石莲十枚,尝其厚薄:全浮者,全收盐;半浮者,半收盐;三莲以下浮者,则卤未堪,须却刺开而别聚溜卤可用者。始贮于卤槽,载入灶屋,别役人丁,驾高车,破皮为窄连、络头、皮绳,挂着牛犊、铁杈、钩搭,于草场取采芦柴、茷草之属,旋以石灰封盘角,散皂角于盘内,起火煮卤。一溜之卤分三盘至五盘,每盘成盐三石至五石。既成,人户疾著水履上盘,冒热收取,稍迟则不及。收讫,接续添卤,一昼夜可成五盘。住火而别户继之。上溜已浇者摊开,□□刺取如前法。若久不爬溜之地,必锄去蒿草,益人牛自新耕犁,然后刺取。大约刺土至成盐,不过四五日。但近海亭长及晴雨得所,或风色仍便,则所收益多,盖久晴则地燥,频雨则卤薄,亭民不避盛寒隆暑,专其生业故也。然而收溜成盐,固不恒其故也。

① 《新唐书》卷五十四《食货四》。

海陵监在今江苏泰州，其“刺土成盐法”可以帮助我们了解其时浙江盐场制盐的方法。

宋代著名词人柳永在舟山任盐官时所作的《煮海歌》中写道：“年年春夏潮盈浦，潮退刮泥成岛屿；风干日曝咸味加，始灌潮波溜成卤”①，真实地反映了宋代刮泥淋卤的制作工艺。宋绍兴时，两浙制盐地有42场，根据各地情况不同，所采取的制卤方式也有所不同。

元代元统元年(1333年)，下砂盐场司令陈椿根据前任提供的旧图编纂的《熬波图》第十二图“车接海潮”诗有“浙东把土括，浙西把灰淋”，大体上把两浙当时的制卤方法划分为括土和淋灰两种。

清嘉庆《两浙盐法志》记载：“煎盐以刀刮土，以牛挽之，贫则人力，挑积堆垛，旁筑小槽如坑，广四尺，长八尺，实土二十四担，于槽上浇水，水渗及周时，泥融水溢，卤方流入池内，随土之咸淡，而为卤之多寡，每卤一担，成盐二十余斤。”②

《余姚六仓志》对盐田的开辟方法和步骤作了比较完整的描述③：海滨淤沙积涂，渐生海草，蔓长数年，即可开辟为盐田。其具体步骤可概括如下：

①除草莱。先耕去草莱，堆积成垛，备作以后筑土基之用。

②挖沟渠。先于盐田周围掘出宽1米、深0.5米以上的沟道。将挖掘出的土，堆积在沟道两旁，形成高约20厘米的土防。再在盐田之角，挖掘长4米、深1米以上的渠道。其沟道用以划分盐田界和流通海潮，土防是防止海潮高时泛溢盐田，而渠道则是引沟道之海水汇归，便于淋卤时取水。

③筑土基。在盐田的中央，将辟盐田时堆积成垛的泥草堆筑成高2米余、长宽各8～14米的土基，以备筑漏之用。如盐田广大，可在田角或田边，堆筑1～3个高2米余、长宽各4～8米的小土基，增加建漏碗之地。土基俗称“漏棚”。漏棚的大小与盐田面积成正比，漏碗的多寡也与漏棚的大小及土质的咸淡成正比。漏碗筑法参见图47-3-2-2。

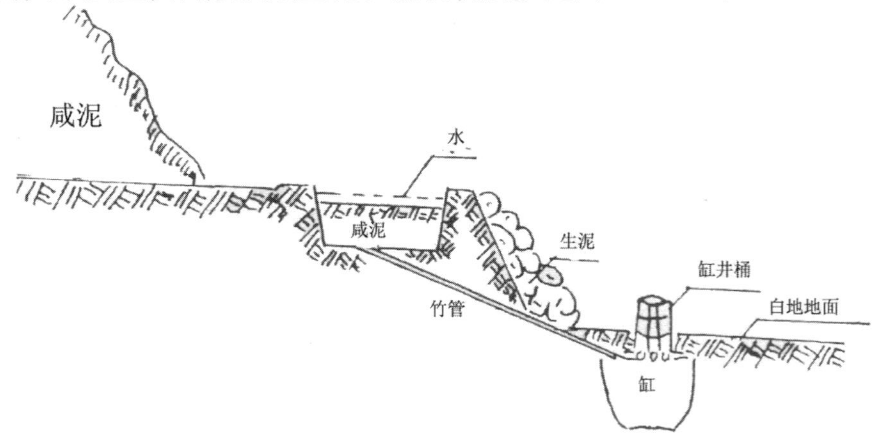

图47-3-2-2　漏碗构造剖面图(《浙江省盐业志》，中华书局1996年版，第73页)

① 《全宋诗》卷二百〇二。

② 转引自《宁波盐志》，宁波出版社2009年版，第29页。

③ 〔民国〕《余姚六仓志》卷八。

④建漏碗。漏碗通常建在盐田土基的四角，先挖一倒圆台形土坑。该土坑上口径较大，约 2 米余，底径略小，约 1.5 米，深约 0.5 米。底与四周的漏墙需敲打结实、平滑，下埋一中通的竹管，管口斜截，露于漏碗底的中心，使咸卤渗聚，循竹管外滴。在竹管另一端处，掘地成坑，埋一缸，以接盛咸卤。在缸上置一缸井桶，其口较小，仅只能容卤吊上下，以防雨水入缸，冲淡盐卤。庵东一张白地内生产、生活设施布置情况参见图 47-3-2-3。

舟山为浙江另一大产区，制卤方法亦为刮泥淋卤，因属黏性土，操作方法、盐场布置与慈溪庵东略有不同。据《舟山市盐业志》记载：

溜(庵东称“漏”)为固定设备，圆形，呈碗状，俗称“漏碗”。四周高起，当中圆空，均用筋韧熟泥筑成，并敲打坚实无缝，以防泄漏。溜底中心略低，埋一通节竹管接至外面溜井缸。溜井缸埋于地下，其上装有木制套桶，口小底大，高与溜面齐。溜旁有溜水潭，用以储存淋卤用的海水。岱山地势较高，可常年刮泥，每市亩盐田可配盐板 10 块左右，一般以 3 市亩为一制卤单元，俗称一墩泥场。溜筑于泥场中心，口径稍大于底，每单元配溜 2 只，每只可容泥 150 担左右。泥场四周有坵塍(称“浦塘”)，其近浦边之坵塍较高，可挡一般潮水。浦塘上筑有缺口，以便纳潮和排淡。泥场附近有制盐地(俗称“板基”)，地势高泥场 0.5 米左右，以大潮不漫为准，其上安置盐板、卤桶、盐桶(仓)等设备，面积按所配之泥场而定，约占 5%。定海泥场低洼，常被潮水淹没，年可刮泥仅 1 个多月，每市亩可配盐板 7 块左右，且须先筑墩头，作为储泥、制卤和安置盐板、卤缸、盐仓的基地。墩头高出泥场 1～1.5 米，以大潮不漫为准，面积约为所配泥场的 10%。①

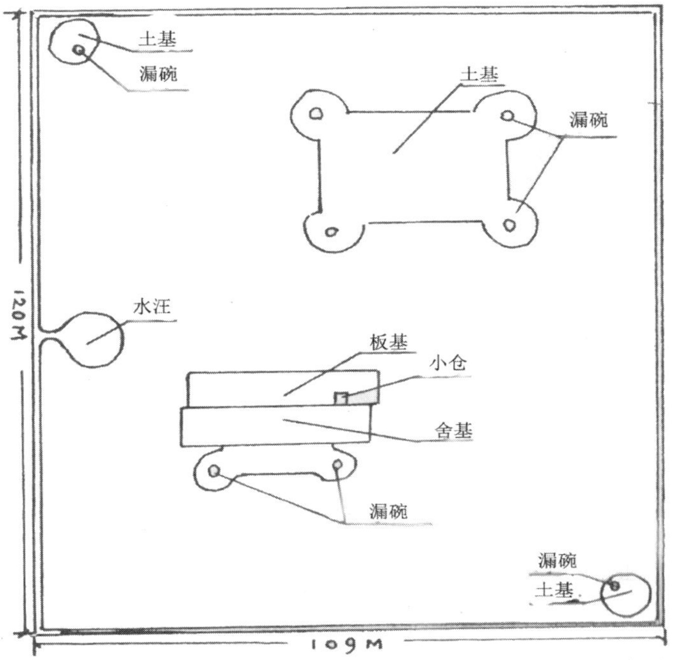

图 47-3-2-3　庵东一张白地(盐田)布置图(《浙江省盐业志》，中华书局 1996 年版，第 73 页)

除上述二场外，黄岩、临海杜渎、平阳南监亦均为泥晒，其制卤设备的建筑方法，与定海大体相同，均在泥场上筑墩头。晒盐、淋溜等工序均在墩上进行。所不同者，台、温等场晒盐均为碎缸片砌成的缸片坦，不用盐板。

制卤过程，各场亦有不同，大体可分为砂土地区和黏土地区两类。浙西、萧山、绍兴、慈溪一带均为砂土；定海、岱山以及台、温等泥晒场为黏土。

1. 以庵东盐区为代表的砂土地区制卤方法

庵东制卤可分为 8 个步骤。所使用的生产工具及样式详见表 47-3-2-1 和图 47-3-2-4。

① 《舟山市盐业志》，中国旅游出版社 1993 年版，第 68—69 页。

①摊泥，也称“挑生泥”。先把已经淋卤后的淡泥（生泥）从漏碗中挑出，堆放在漏碗四周，遇天气晴好或吹西北风时，将淡泥挑至田间摊平。待海潮来时，通过湾口和沟渠将海水引入，海水中的咸分为砂土吸收，再通过日晒、风吹，水汽蒸发，在泥砂中产生盐花。

②刮泥，也称“拖泥”。在泥砂起咸，产生盐花后，即可用刮泥工具拖刀进行刮泥。拖刀铁制，宽 52 厘米，斜镶于木架之上。刮泥时，双手扶平，倒退而行，使浮面厚 1 寸左右咸泥刮起成片状。

③耖泥。刮起之泥干湿不匀，日晒令其干后，由两人拉引宽 1.6 米的耖耙，来回反复，将刮起的泥片耖碎、耖松，使其干燥。

④集泥，也称“栈泥”。待泥干燥后，一人扶栈泥板，一人拉绳，将已干燥之泥集成一条泥垅。栈泥板系木制，宽约 1 米，高 20 厘米，上装有扶手，下系以绳。栈泥之活多数由妇女儿童完成。

⑤挑泥。用土箕将泥垅的咸泥肩挑至漏碗中。或先挑至土基中央，堆积如阜，压实使其坚硬，呈尖锥形，使雨水不至渗入，以方便随时挑入漏碗。

⑥治漏，也称“整漏”。将已经挑出淡泥的漏碗清洁后，先在漏碗底部铺上一层干燥的稻草，再将咸泥放入。将及一半时，应沿漏边将咸泥踏实，也称“踩腰漏”。再将整个漏用咸泥填满，踏实、拍平，称为“蹬漏”。其边沿更须结实，使漏面光洁如境，以防淋漏时倒漏。

⑦淋漏，也称“发漏水”。将取自渠中的海水，倾注至漏碗上，即谓“淋漏”。海水在漏碗内慢慢下渗，溶解漏碗内咸泥的盐分，一般经过 12 小时即有卤水从漏底中渗出，滴至卤缸内。开始时渗出的卤水浓度较高，可达 22～23 波美度，以后逐渐变淡，两日后当浓度约为 14 波美度时，开漏缺，放掉漏面上的海水，完成本次淋漏工作。有时也用尾卤淋卤。尾卤也称为“漫卤”，是指淋漏后期的低浓度卤水掺兑海水后的混合卤水。用尾卤淋卤可增加渗出卤水的数量，提高其浓度。

图 47-3-2-4　庵东盐场简史馆陈列的生产工具（李永在 2014 年摄）

⑧藏卤，也称“盘卤”。是指用卤吊从卤缸中汲取卤水，倒入卤桶，再肩挑卤桶，将卤水装入不渗漏的另一大缸中，以便日后煎晒。在该缸上覆盖圆锥形的竹盖，该竹盖当地人俗称“将军帽”。

表 47-3-2-1　　　　刮泥淋卤所用生产工具一览表

名称	材　质	件数	用　途	名称	材　质	件数	用　途
拖刀	木架铁刀	1	刮泥用	担桶	木质	2	搬运卤或水
耖耙	木质,下有前后两排竹齿,前齿有 17 个,后齿有 16 个	1	两人拽引耖松地面刮泥	栈板	木质	1	集咸泥成一泥垅
扒幅	鸡枫木质,竹柄	1	扒咸泥于土箕内	土埭（土箕）	竹质,有大小数种	2	盛泥运泥之工具
漏铲	木质	1	刮平漏底、漏墙以便淋卤	铧锹	木柄铁质,柄上有横木	1	起出漏底部泥用
铁扎（铁铡）	竹柄铁质	1	掘漏底部淡泥用	草扒	竹柄竹齿	1	扒松漏底垫草
卤吊	竹柄木质	1	提取缸井中卤水	水勺	竹柄木质	1	舀卤或水
卤缸	陶质,即盛水的七石缸	4	储存卤水	莲子	外套竹筒,内装石莲 5 粒。	1	测定卤水浓度
泥钩扁担	坚木质	2	挑泥用	将军帽（卤缸盖）	篾质	4	遮盖卤缸之设备

资料来源:《慈溪盐政志》,中国展望出版社 1989 年版,第 64 页。

说明:表内所列工具可供一对劳力(指一个整劳力和一个半劳力)管理 80～100 块盐板。

2. 以舟山盐区为代表的黏土地区制卤方法

舟山各场泥场(庵东称“白地”)多为黏性土壤,刮泥淋卤工序稍有不同,岱山与定海也略有差异。概括而言,有以下步骤。

①纳潮。岱山场挖有引潮浦,大潮时引潮入泥场,中小潮用人力车水入泥场。定海场潮水自流入场,不用人工。

②刮泥、挑泥。刮取咸泥宜于午后高温时进行。岱山泥场经风吹日晒,泛起盐花,即行耙泥。用牛牵泥耙,人踩耙上缓缓牵引,纵横耙 4～5 次,将泥耙松细匀,第二天挑泥进漏,若次日天阴,须用牵刀割翻,使泥碎为细粉,晒燥后搪板将泥推集一起,挑进漏碗。通常纳潮 1 次可刮泥 2 次(俗称“头黄”“二黄”),也有刮 3 次(称“三黄”),然后再次纳潮灌场。定海场时常被潮淹,泥场起花少,主要为伏天(每年 7 月中旬至 8 月中旬约 1 个月,俗称“伏泥”),其次为大麦黄时(每年 6 月中旬,其时咸泥俗称“大麦黄泥”),方法类似岱山,唯耙下安装的是刀,而不是钉,刮泥厚约 2～3 厘米,较粗,晒燥后推拢,挑至墩头,堆成泥篷(不直接挑进漏内),并用稻草盖好,以防雨淋。一般在伏天挑足咸泥,以备一年之用。

③泼水洒泥。此工序为定海场所独有，天晴时将泥篷中咸泥挑一部分(以正好装足一溜为准)摊晒于墩头晒场，泥摊开后需泼洒海水几次，以增加咸度，又用竹耙翻动咸泥，促使细碎、晒燥。一般夏季一天可晒燥，其余季节2～3天，晒燥后随即挑入溜内。当天晒不燥时，要将泥堆拢，用稻草盖上，防止返潮。

④整溜、淋卤。先在溜底铺上稻草，将咸泥倒在溜内草上，挑满后先用脚蹬，再用木榔头敲，必须使咸泥全部坚实，防止"洪漏"(即倒漏)，然后挑海水倒入溜内，保持溜水深约5厘米。淋卤时间因土而异，黏性土出卤慢，需5～7天。

⑤验卤、储卤。验卤沿用石莲，后使用波美计。一般头缸卤水可达22～23波美度，二缸卤水18波美度，渐淡至7波美度左右(称为"卤梢")留作下次拗溜水用。运卤岱山用卤桶，定海用卤缸。

⑥掘漏、挑泥渣。将淋卤后溜中淡泥掘出，堆积于溜之四周，至年底或下年初挑开，铺于泥场上。岱山泥渣挑开后，需立即摊开纳潮，日晒后再刮泥淋卤。定海场泥渣挑开后听凭潮水进出，至伏天或大麦黄时再刮泥堆存。

所用工具，以岱山为例，每100块盐板配备溜锹、泥耙各2把，榔头2只，土箕5担，拖桶1只，牛耙、泥铣、大小钉耙各1把，水车半部，牵刀半把，搪板1块，跳板1根，扁担、钩子2副，卤吊2只，担桶3只。

中华人民共和国成立后，淋卤技术又有新的发展。主要有庵东盐区采用的地漏、晒生泥、轮番操作等技术；舟山盐区采用的糊泥渣、挑三黄、改大溜和蒸发池浓缩淡卤等技术。

(二)摊灰淋卤

摊灰淋卤以灰为介质吸收咸分，灰比泥轻，可以减轻劳动负荷，系刮泥淋卤的改进，有利于提升制卤效率。但灰易被潮水冲走，故需围塘以维持生产。

元代开始，两浙已兴起摊灰淋卤技术。元代下砂盐场司令陈椿所编著《熬波图》，共2卷47图，图各有说，并系以诗，对摊灰淋卤的工序作了详尽描述，从建场开始至散盐运出，凡晒灰、打卤、运薪、试莲，细纤毕具。《宁海盐政志》记载："宁海泥晒何时淘汰，代之以灰晒方法，当在元代14世纪初期，灰晒已兴。清初，长亭内外场泥晒无存，均用摊灰法制卤。"①《玉环盐业志》也认为，摊灰从刮泥演变而来，清光绪年间，外塘盐民仿照盐盘坦式晒盐，其时灰晒已经盛行。浙江摊灰制卤分布在宁波、温州、台州一带，有象山县玉泉场、宁海县长亭场、黄岩场一部分、乐清县长林场、瑞安县双穗场、玉环县北监场。

据1949年统计，全省灰晒面积1985.67公顷，约占全省盐场总面积的8.6%。摊灰淋卤较刮泥淋卤有一定先进性：一是灰料吸咸性能比泥土好，缩短成卤时间和增加成卤量；二是淋卤快，缩短淋卤时间；三是摊灰在塘内作业，不受潮汐影响，天晴即可开晒，增加晒灰天数和制卤量，劳动负荷较泥晒稍轻。但也存在不足之处：需要围建海塘，量大本重；摊灰所需的灰籽(木炭屑掺加泥炭土、谷壳等)，有的地方难采办。两者淋卤操作和漏碗结构基本上没有大的

① 《宁海盐政志》，1990年印行，第50页。

区别。

摊灰制卤的灰场建筑和操作方法如下：

1. 灰场建筑

摊灰淋卤从刮泥淋卤演变而来，其实质就是晒灰制卤。其灰场建筑必须围塘，在海塘内生产，并建陡(闸)门，以利纳潮排淡。灰晒场内以一条海塘为一大生产单位。每条海塘数十亩，并根据面积大小分设灰坦10～30支，每支灰坦面积约2～4亩(即一个生产单元)，呈长方形，坦四周筑塍，塍外有沟。坦分左右两片，成双行排列30～40堆灰，每堆灰料重200余斤。每坦备有两批灰料，一批在灰坦上摊晒制咸，另一批在漏内淋卤。灰场内建有2～3个漏碗，四周有引水坦沟。坦外常挖有水潭储存海水，与坦沟相连。其平面图参见图47-3-2-5。

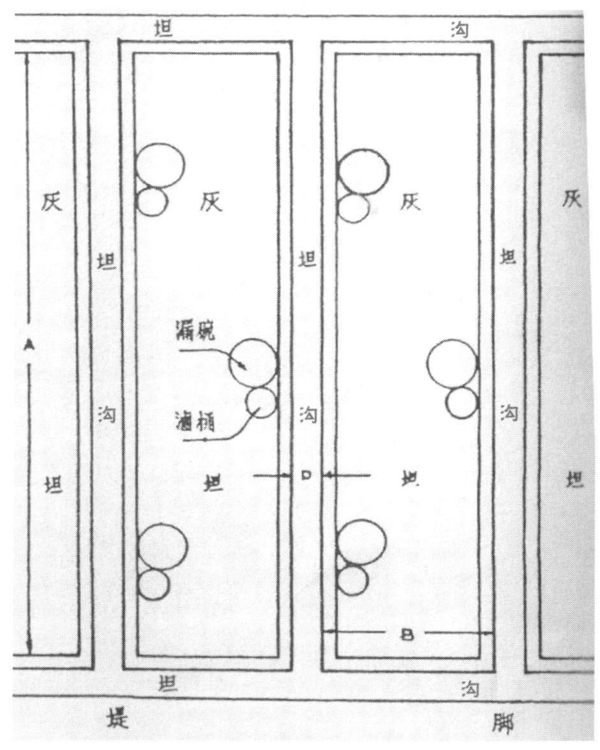

图47-3-2-5 灰坦平面图(《浙江省盐业志》，中华书局1996年版，第77页)

2. 摊灰淋卤的操作工序

摊灰制卤方法一般有纳潮、泼水、摊灰、掠灰与扫边灰、搪灰、挑灰、整漏、淋漏等8道步骤。具体工艺过程参见图47-3-2-6。

①纳潮。经陡闸将坦沟放满海水。

②泼水。清晨用水杓将坦面泼湿(参见图47-3-2-7)。

③摊灰。用灰锹将成堆的灰籽均匀地撒在坦面内，摊灰后要加泼海水增加灰籽咸分。

④掠灰与扫灰边。以小竹竿将结块之灰掠散(称为“掠灰”)，同时将近水沟边之灰扫拢(称为“扫灰边”)。

⑤搪灰，又称“推灰”。傍晚时将已蒸晒一天的灰籽推拢成行，按原堆位堆起，次日再晒。如灰已咸，即需堆成一条直线，待挑入漏内。

⑥挑灰。将已变咸的灰籽用土箕挑入漏内。

⑦整漏。将漏内淡灰挑出，堆放在原灰堆位置上，然后将咸灰挑入漏内，并踩实、敲平。

⑧淋漏。将坦沟内海水舀入漏内，灰漏比泥漏出卤迅速，舀入海水即有咸卤流出。用莲子或波美计测量浓度，若浓度变淡即停止淋卤(参见图47-3-2-8)。

摊灰淋卤生产主要工具有灰锹、搪灰板、木耙、掠灰竿、扁担、土箕、卤杓、水桶等。使用工具及用途见表47-3-2-2。

1	2
3	4
5	6
7	8

1.灰场：摊灰淋卤的主要场地
2.灰漏夹（沟道）：储存海水
3.漏碗、卤池及缸坦池：淋卤、储卤和结品设备
4.早泼水：早晨晒灰前向灰场泼水，提高灰场咸度
5.晒灰：泼水后，将灰堆均匀摊开，蒸发吸咸
6.搪灰（推灰）：将经过蒸发的灰籽归堆
7.扫灰脚：搪灰后，清扫灰场内留下的细灰
8.晚泼水：灰场归堆后，向灰场泼水，保持灰场吸咸

9	10
11	12
14	13
	15

9.咸灰：咸灰堆成直线，便于挑灰入漏
10.挑灰：将咸灰挑入漏碗
11.扒灰：将漏碗内灰籽扒平
12.踩漏：人工将漏碗内灰踏实
13.淋卤：将灰漏夹内海水加入漏内淋卤
14.出卤：卤水从漏碗内的竹管中流出
15.出灰漏：将已淋卤后的淡灰挑开再晒

图47-3-2-6　摊灰淋卤操作工艺流程(《宁波盐志》,宁波出版社2009年版,图版第16—19页)

图 47-3-2-7 筛水晒灰图(《浙江省盐业志》,中华书局 1996 年版,第 78 页)

图 47-3-2-8 淋灰取卤图(《浙江省盐业志》,中华书局 1996 年版,第 78 页)

表 47-3-2-2 摊灰淋卤所用生产工具一览表

名称	材质	用途	名称	材质	用途
灰锹	木质	摊灰	搪灰板	木质	推灰籽
木耙	木质	将灰籽装入土箕内	掠灰竿	竹质	将团块灰籽掠散
扁担、土箕	竹质	挑灰	卤杓、水桶	木质	泼水、挑卤

资料来源:《宁波盐志》,宁波出版社 2009 年版,第 34 页。

中华人民共和国成立后,灰晒工艺技术和设备均有不少革新,如玉环县的赶双场、摊夜灰、打双水、满水吊坦、淡卤回漏、小漏改大漏、竹管输卤以及使用灰堆盖、推灰车等。宁海县有赶双场、捉小堆、晒夜场灰、调灰堆、打双水、改建平样漏等,对缩短制卤周期、充裕卤源、减轻劳动强度都有显著成效。至 20 世纪 50 年代出现滩晒制卤后,各盐区摊灰淋卤工艺均逐渐被淘汰,唯有象山盐区摊灰淋卤延续最长,其金星地区至 80 年代初尚有零星存在,至 80 年代中期全部淘汰。

(三)滩晒制卤

滩晒制卤方法是指在盐场内修建平整的滩田,滩田内注入海水,通过自然蒸发使海水逐渐浓缩,接近饱和卤水的过程。滩晒制卤方法的推行,大大降低了盐民劳动强度,使盐民从“担盐万斤泥”中解脱出来,盐业生产得到迅速发展。

浙江盐区采用滩晒法制盐始于 1952 年。是年 10 月,省盐务管理局庵东第一分局为提高原盐生产能力,减轻盐民劳动强度,仿照北方盐区制卤法,在余姚县东三乡(今慈溪杭州湾镇)拖落湾试建一副面积为 0.52 公顷的小盐滩。该试验滩四周筑有土堤,并设 1 座闸门,内建 24 格滩田,用于海水蒸发和盐结晶;中置倒水沟 1 条,作输卤和排淡之用;另建卤池 2 个,用于贮存海水。历经 9 个月的试验,于 1953 年 7 月 7 日生产出第一批原盐。

1954 年 3 月,省盐务管理局投资在庵东东三乡沙滩浦另建面积为 15.2 公顷的大型试验滩,并成立滩晒试验场,正式试验滩晒制卤、制盐。经过 5 年的试验,因受杭州湾海水浓度过低的制约，年平均单位面积产量仅为 13.35 吨/公顷，劳动生产率为 15.57 吨。试验结果表明：滩晒制卤单位产量虽略低于传统的刮泥淋卤法，但劳动生产率有较大幅度提高，盐民劳动强度大大减轻，有利于盐业生产发展。为试验海水浓度相对较高的浙江中南部地区是否适宜滩晒，又于 1957 年在温岭县上马兴建一副面积为 7.2 公顷的试验滩，建成后至 1962 年共产原盐 1800 吨，年平均产量为 50 吨/公顷。两地的试验均取得成功，为全省推广滩晒法积累了经验。此后，全省盐区开始推广滩晒法。

1957 年 6 月，省盐务管理局组织技术人员赴四川学习枝条架制卤技术，并于当年拨款在庵东、上马两试验场各建枝条架 1 座，投入试验。试验报告认为：枝条架能适应浙江天时特点，缩短制卤周期，减轻劳动负荷，是浙江海盐生产技术的改造方向。

1958 年 3 月，中国国际贸易促进委员会赴日考察团带回流下式盐田、房屋式枝条架等技术资料。结合浙江省对枝条架的实验，认定流下式盐田、枝条架、平滩三结合的生产方法较适合于浙江短晴多雨地区的海盐生产。省盐务管理局决定先行在瑞安县塘下、莘塍人民公社盐场试点。8 月投入生产，省轻工业厅当即总结经验，认为流枝滩生产方法成卤快，生产天数多，产量高、成本低，可以洋法改建、土法上马，决定在一些盐场推广。同年 10 月，省轻工业厅在玉环县桐丽盐场召开全省盐业技术交流现场会，介绍了瑞安流枝滩经验，参观桐丽流枝滩现场，再次肯定流枝滩盐田是浙江盐场技术改造方向。会后，各场都开展流枝滩建设。至该年底，全省已建成流枝滩盐田和流枝结合盐田 866.47 公顷，枝条架壁面 154980 平方米。1958 年开始筹建的梅山、三门等国营盐场都按流枝滩盐田的工艺设计。至 1960 年底，全省已建成枝条架 1011 座(其中已投产 984 座)，壁面 656655 平方米，流下式盐田 914.64 公顷，平面蒸发池 1011.22 公顷。因流枝滩技术改造，全省投入的人工无法估算，而原材料仅庵东、三门、梅山 3 个盐场耗用木材 4700 立方米、毛竹 37 万支、毛竹丝 4700 吨。

1961 年 10 月，26 号台风在临海附近登陆。全省枝条架吹倒 497 座，吹坏 76 座。当年枝条架减至 674 座，壁面面积减至 399161 平方米。由于枝条架所需资金、物资、人力多，无法修复至灾前水平，全省盐业生产受到严重影响。

1962 年 8 月，省轻工业厅盐业处召集有关盐场对流枝滩推广进行技术上的探讨。从 1958 年改建流枝滩的实际情况看，枝条架造价高，抗风能力差，维修费用高；流下式盐田和枝条架操作要求高，管理困难，常造成蒸发量浪费；枝条架被吹倒后，流下式盐田因动力设备不配套，影响日常制卤而造成减产；提卤设备(风车、小型柴油发动机)使用成本高。尽管立体蒸发和流动蒸发在提高蒸发效率上有一定优越性，但流枝滩耗材多、成本高，大面积推广较困难，在未解决抗风能力和提高管理水平前，不宜大量推广。

1963 年 10 月起，梅山盐场、三门盐场为了降低成本，扭转亏损，逐步将流枝滩盐田改造成平滩盐田。岱山县总结经验后，也认定改造老盐田以平滩为主。1964 年，国营盐场流枝滩盐田改造成平滩盐田后，开始扭亏为盈。

1965 年 11 月，全省盐田基建会议总结盐田改造经验，决定在全省改造老盐田，以建平滩为主。盐田改造至 1976 年基本完成。至 1976 年底，全省盐田总生产面积 15592.29 公顷，其中已建成滩晒滩田 4432 副，面积为 14083.3 公顷，占 90.32%。其余未改造的盐田主要分布在不宜建滩的慈溪、温州、象山等零星老泥灰晒区。

经改造后，全省滩晒大都采取分散的小单元生产，每个单元4～7公顷。采取步格间自然流下式。一般分12步，每步落差4～6厘米。第一至第九步为走水蒸发制卤。走水方式：平赶卤、晒水不晒滩、一放一干，按步卡放。第十至第十二步为调节与结晶区。一个盐场总体设计有引潮闸、引潮河、排淡闸、排淡河、咸水库、仓坨、道路、输变电线路、机房、照明设备等。在滩内有蒸发池、结晶池、保(储)卤池、小盐坨等配套设施。

至20世纪80年代，浙江滩晒制盐已形成一套较完整的制卤生产工艺，还在实践中总结了纳潮、扬水、制卤、三雨作业、整滩等操作要点，并一直沿用。

滩晒制卤主要设施有滩格、卤池、排淡沟、提卤泵、压滩机等。以标准盐场每副6.7公顷单元滩为标准，需提卤泵4台(4英寸或6英寸)、压滩机1/2台(5马力或12马力)、电动旋卤机1套；另需铁锹、推盐扒、盐锹、推泥浆扒、盐箩等若干。

二、结晶方式

浙江历史上制盐主要有煎制和日晒两种。至元代，采用卤水直接煎制成盐。明代，浙江已有采取日晒法结晶工艺的记载，但主流的结晶方式仍是煎制。清嘉庆年间，浙江岱山盐民发明盐板晒盐，日晒结晶工艺渐渐推广。20世纪50年代，浙江省引进外地经验，大力推广滩晒结晶，并逐步改良，沿用至今。

(一)煎制

浙江古代皆为煎盐。据《宋史·食货志》记载：浙西盐官、汤村等场用铁盘，浙东钱清、石堰等场用竹盘。元大德元年(1297年)，正监盐司管勾黄天佑改铁盘为篾盘。元代下砂盐场司令陈椿在《熬波图》(永乐大典本)中，对煎盐工具作了较详细记述："盘有大小阔狭，薄则易裂，厚则耐久，浙东以竹编，浙西以铁铸，或篾或铁，各随其宜。"直至明清时期，浙江煎盐工具有铁盘、篾盘、铁锅3种，浙西及松江一带为铁盘；绍属及舟山为篾盘，亦有铁锅；温台各场以铁锅为主。铁盘砌筑参见图47-3-2-9。清末，晒板及缸坦兴起，但浙江仍有部分煎灶。据统计，民国18年(1929年)，全省晒盐和煎盐占总产量的比例分别为78.91%和21.09%。是年，国民政府发布了废煎改晒的命令，一些纯煎制的盐场废除，煎盐渐近尾声，逐步被晒盐所取代。至民国26年，三江等场因金华腌制火腿需要，仍保留部分煎灶。而黄岩、双穗等场盐民以煎盐柴灰补充灰坦淋卤原料。至1949年5月，全省尚有煎灶460座。后结合废场转业，全部废除。

1.铁盘煎盐

铁盘煎盐是指在铁盘内放入卤水，以火烧煎熬，卤水蒸发浓缩成盐。

据杨兴勤编著的《两浙盐务概况》记述："煎盐铁盘，先用长方形厚寸许之铁板，自3块至8块拼合，其拼合之处，以石灰涂塞。各场所用铁板经火锻卤蚀，年月既久，锈霉脆极，往往有分裂十余块至二三十块者。灶户因铁板价昂，不愿重购，仍合拼用之，其裂缝之处，恐卤重坠脱，乃用一种称吊子之物，插在两板之夹缝中，上悬于梁，更厚涂石灰，一盘甚至有用十余吊子，林立如柱，对收取成盐殊有妨碍。此种拼盘之工，称为‘砌盘’。”

铁盘的一头靠近火门，其后直排铁锅 2～4 口，称为“温锅”。煎盐时，卤水由卤桶用竹溜泻入盘中，同时注满温锅，起火开煎，温锅之卤利用烟道余热加温后注入盘中，再补充冷卤于温锅。随着盘中的卤水加热后沸腾，水分渐渐蒸发，愈沸愈凝，称为“起楼”。当起楼时，加入温卤，称为“掺汤”，投以皂角或白矾、米粉、麻仁，顷刻即晶莹成盐，于是用铁锹铲入箩中。古代以 24 小时为一火伏，每火伏煎盐有定额。煎熬一盘有 1～2 小时不等，常由气候之寒热、空气之干湿、卤质之浓淡、柴薪之种类以及铁盘之深浅而分迟速。一盘既成，即注卤续煎，昼夜不绝火，3～10 天始行熄火，谓之“一造”，其一造之日数，各灶皆有一定期限，由官酌定。民国 16 年(1927 年)，仁和场每灶每盘用卤 16 担，一昼夜煎盐 12 盘，约可成盐 4200 斤，平均每担卤成盐 21.8 斤。熄火之后，即将铁盘拆卸，他日开煎再重新砌盘。

图 47-3-2-9 铁盘砌筑图(《浙江省盐业志》，中华书局 1996 年版，第 88 页)

铁盘煎盐所用工具有 10 余种，见表 47-3-2-3。

表 47-3-2-3　　铁盘煎盐所用工具一览表

名称	形　　状	用　途	名称	形　　状	用途
铁盘	长方形，块数不等	煎盐	八齿扒	长形	扒灰
温锅	圆形	预热卤水	撩斗	形似羹匙	撩污物
盘铲	铁制木柄，如扒形	刮盐	盐箩	箩较小，旁有两耳	沥卤盛盐
火叉	铁头木柄，形如长叉	叉柴	落盐牵	圆形	秒盐
铁扒	长形	歇火时扒柴灰	盐扒	竹头破开为之	扒盐

资料来源：《宁波盐志》，宁波出版社 2009 年版，第 41 页。

2. **篾盘煎盐**

篾盘也称“竹盘”，是指利用竹子资源替代铁板，制成煎盘，用来煎盐。

篾盘系用寸许宽之竹篾编织而成，其大小与煎灶相合，有资料记载，篾盘长 5.87 米、宽 5.8 米。四周以篾簟直竖围之，称为“盘带”，盘带高 4.5 寸。明万历《余姚县志》卷十一记载：“编竹为盘，中为百耳，以篾悬之，涂以石灰，才足受卤。燃烈焰中，卤不漏而盘不焦灼，一盘可煮二十过。”篾盘在使用前应先作防漏处理，其方法是先将壳灰(用烈火煅烧贝壳而成)加水融化，以帚漫湿，涂抹在篾盘两面，然后再用青灰(柴灰)涂抹，以防卤质渗漏。盘带两面也要用壳灰和青灰涂刷。在煎盐前，先要在煎灶的四角各直竖坚木 1 支，矗出灶面。在直木之上又架 4 支横木，与 4 支直木连在一起，起固定和支撑作用。横木与灶面等长，也称“大桁木”。在大桁木之上，横架粗竹 16 支，称为“子桁”。子桁下悬绳 40 根，每根绳下各系铁钩，钩于篾盘的格棂上，以防卤重坍塌破裂。涂抹了壳灰和青灰的篾盘吊在桁架之下，用火烘干后再倾以灰卤，灰卤中灰与卤之比为 8∶2，用猛火烧盘，务必使盘底罅隙尽为堵塞。此时，该篾盘即可倾卤煎盐。

一般一个篾盘可容卤水 260 吊（每吊 20 斤），以 10 天为一造[①]，新盘时成盐较快，至 7 天后异常迟缓，10 天后熄火拆盘，他日另用新盘再煎。以金山盐场为例，每灶每盘用卤 5000 斤，一昼夜 6～7 盘，每盘约可成盐 1000 斤，普通煎盐以 1 斤柴得盐 1 斤，亦有用柴多至 1.5～2.0 斤者。篾盘样式参见图 47-3-2-10。

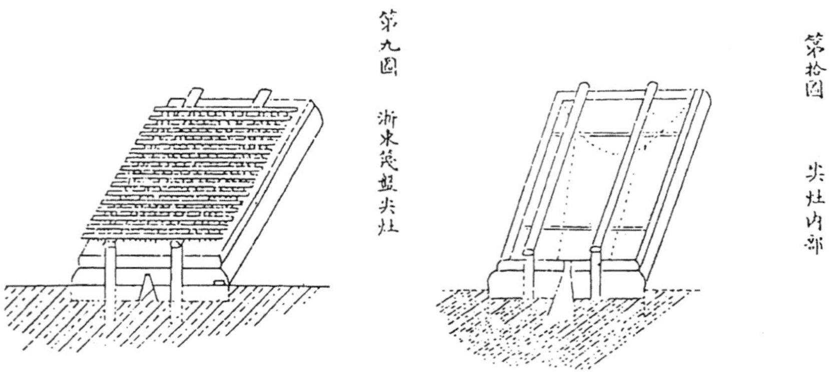

图 47-3-2-10　篾盘图（《浙江省盐业志》，中华书局 1996 年版，第 90 页）

3. 铁锅煎盐

铁锅煎盐是用铁锅代替铁盘煎盐。煎盐铁锅有三锅、四锅、五锅等数种，锅的式样有平底和圆底两种。放置在煎灶口门附近的铁锅称为“煎锅”，形状为圆而底平，也称“平釜”，用于煎熬成盐。另一种置在平釜后面、形状为半圆球形的深锅，也称“温锅”，用于温热卤水。灶式有三角形或方形。据黄岩场样式，铁锅煎灶参见图 47-3-2-11。

铁锅煎盐需先搭盖茅厂，筑煎灶。先将鲜卤倾满锅中慢慢煎烧，经过 2 小时后，锅中渐有成盐，卤亦渐燥；再将鲜卤加满，复烧 1 小时左右，成盐既多，卤亦复燥；第三次将卤加满，再烧 2 小时，锅中已完全成盐。此时可用铁铲拌炒，以防锅底结块破裂。拌炒半小时至盐炒燥即可出锅。再倾鲜卤重新开煎。每次约需 7 小时，每一昼夜可煎 3 次，每锅可

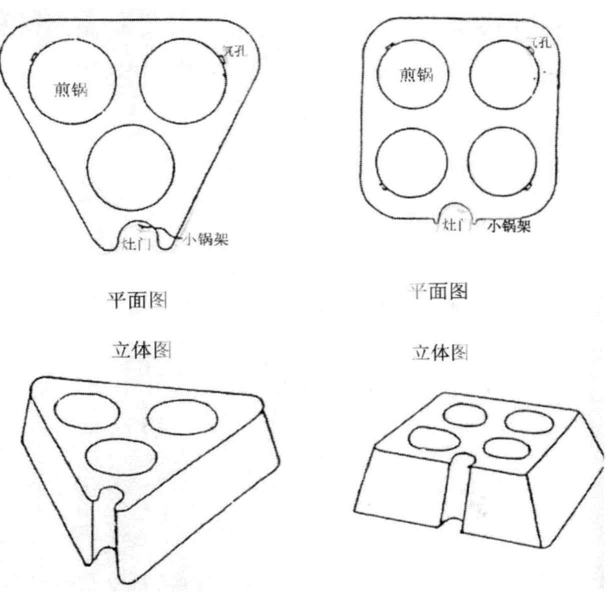

图 47-3-2-11　铁锅煎灶图（《浙江省盐业志》，中华书局 1996 年版，第 91 页）

① 自起火至熄火，称为一火伏或一造。一造具体日数由盐官规定。

成盐 30～40 斤，视卤之咸淡而定。卤越咸，不仅成盐多，而且也节省柴薪。

浙江用煎锅产盐的，有长亭、玉泉、长林、双穗等场。煎盐模式基本相同，唯一灶设锅有多至 5 口、6 口的。

明代万历年间（1573—1620 年）的《重订两浙鹾规》卷三对锅盘的统计，大致可以反映明初至万历时期两浙盐的生产规模。明初铁盘数共为 1312.5 面，万历时为 4531 面。其锅鏾数，明初为 1061.5 口，万历时则为 2742 口。此外，万历时还有篾盘数 1390 面。这至少说明，两浙盐业从明初至万历时期是不断发展的。①

以上铁盘、铁锅、篾盘煎盐，于民国 18 年（1929 年）废煎改晒时，渐次停止。至民国 26 年，仅三江等场因金华腌制火腿需要，仍保留部分灶煎制。因黄岩、双穗等场盐民以煎盐后的柴灰作为灰坦的补充淋卤原料，若废煎改晒，灰坦无柴灰可供，故温、台各场至 1949 年 5 月尚有煎灶 460 座。中华人民共和国成立后，结合废盐转产，全部废止。

（二）日晒

日晒指利用风力和日光蒸发使卤水成盐，有缸晒、板晒和滩晒等方法。改煎为晒是浙江制盐技术上的一项重大突破。

中国海盐晒制究竟起于何时，虽无定论，以往学者多认为晒法起源于明代。《中国盐业史》（古代编）认为，海盐晒法的创始年月，可以上溯到宋金时代。②

南宋孝宗、光宗时人程大昌指出："今盐已成卤水者，暴烈日中，数日即成方印，洁白可爱；初小，渐大，或十数印累累相连。"③从程大昌的经历来看，他所说的卤水晒盐应当是反映东南沿海的事。比程大昌稍晚的鲁应龙曾在其《闲窗括异志》中记述过浙江海盐县独山一带的"晒卤"活动："县治去海无三百步，而独山一带岁岁咸潮透入，可以晒卤；耕种者苦之。"而明末《肇域志》（顾炎武编著）中就有两浙晒制成盐的记载。此时，晒盐仍属少量，且质优价高。由此可见，至少在明末时，两浙已有晒盐法。

1. 缸坦晒盐

明末，两浙制盐技术又有新的进步，当时两浙盐场已有晒盐。清顾炎武著《天下郡国利病书》第六册记载，晒盐一般"甃砖作场，以沙铺之，浇以滴卤，晒于烈日中，一日可以成盐，莹如水晶，谓之'晒盐'，价倍于常"。此种晒盐，"唯盛夏有之，不能多得。"说明明末时两浙已采取缸坦晒盐，但未推广应用。至于温、台各场推广坦晒以代替煎盐的时间，多在清末民初，先后不一。《温岭县盐业志》记载为乾、嘉期间（1736—1820 年）出现缸坦。《乐清县盐业志》记载是在同治时（1862—1874 年）。《玉环县盐业志》记载为光绪末期（1900—1908 年），外塘盐民仿照盐盘方式改坦。《苍南县盐业志》记载为民国 3 年（1914 年）弃煎改晒。《瑞安县志》记载为民国 7 年蒋开源筑缸坦 6 块，然而大批改建是在民国 18—19 年限期实行废煎改晒之后。

---

① 郭正忠主编《中国盐业史（古代编）》，人民出版社 1997 年版，第 517—518 页。

② 郭正忠主编《中国盐业史（古代编）》，人民出版社 1997 年版，第 242 页。

③ 〔宋〕程大昌：《演繁露》卷十一《盐如方印》。

缸坦大小各场不一,瑞安双穗场长约1丈5尺,宽1丈2尺,深寸许。据《盐政汇览》记述:杜渎、长林、永嘉、黄岩等场,其法亦先制卤,后取卤入坦,名曰"坦晒",先于场地砌晒基,铺以缸片或油磁,四周界以木板,坦中划分多格,大格长1丈9尺8寸、宽9尺8寸,小格长6尺、宽9尺3寸。6—11月,当日晒之成盐,每坦格日产盐70～80斤;12月至次年5月,连晒两日成盐,每坦格日计产盐20～30斤不等。由于坦基施工质量不好,易造成卤水渗入,且收盐时用扫帚,致使泥浆混入,故坦晒之盐色泽不佳。

至1949年5月,使用缸坦结晶的盐场,温岭黄岩场有盐坦39652格,乐清长林场1674格,瑞安双穗场2744格,平阳南监场12291格,楚门北监场18491格,象山玉泉场1282格,宁属局360格,共计76494格。

中华人民共和国成立后,随着滩晒制盐方法的引进和推广,缸坦晒盐渐次被淘汰。

2.木板晒盐

木板晒盐是指卤水在木板上蒸发浓缩成盐。

清嘉庆年间(1796—1820年),岱山盐民王金邦见扁担凹处积卤经日晒凝结成盐,受到启发,便用家中门板加边盛卤试晒,获得成功,遂依式制造盐板。盐板用杉木制成,四周以方木围框,板面平滑,板底有4根撑档,直框两头伸出,制成手柄,用以抬扛。盐板缝隙用石灰涂嵌,以防止渗漏。道光初(约1821年),盐板渐为舟山盐民仿制。咸丰末(约1861年),岱山盐板被潮水冲至余姚,余姚盐民依式制造盐板晒盐。由于盐板晒盐不费柴薪、操作轻便、产量较高、成本低廉,因而推广迅速,很快传到钱清、浙西、松江袁浦等场。由于各地盐板规格大小不等,为便于管理,民国9年(1920年),两浙盐运使公署呈报盐务署核准,规定新制木盐板以长7尺4寸、宽3尺、深1寸为准(系鲁班尺,每尺合0.28米)。

《清盐法志》对板晒方法有明确记载:"板晒之法,俟天晴日,陈列各板于场,自上午六时起,逐板注卤,就日光晒之,晒至日中,盐已结晶。盛夏炎日,再加卤一半,以期盐量稍多。至下午四五时,一人用盐耙集盐,又一人则以盐铲铲筐内,搁诸鹾缸,以期苦卤下坠。一普通晒户,每板注卤一杓,杓容卤二十二斤,约成盐四五斤。唯卤有浓淡,时有冬夏,非可一概而论,大抵四五六七等月热度极高,为产数最旺期,若冬季气候失时,则又五六日始得一斤或十两。"①

具体而言,板晒操作大体分6个步骤:

①扛板。晴天在清晨五六时将盐板扛至盐板桩上垫平,准备上卤晒盐。每天收盐后或遇雨将盐板扛拢,通常每10块盐板为一幢,叠拢时最上面一块反向覆盖,防雨或露水稀释。遇风雨天用两道绳索捆扎,以防风吹损坏。

②加卤。盐板扛开后,根据蒸发量灌卤,俗称"拗卤"。加卤是用卤吊或水勺从鲜卤缸中舀卤注入盐板。一般一只卤吊可盛卤11升,旺季每块盐板需加卤1吊,平季每3块需加卤2吊,淡季每块加卤半吊。

③检查。加卤后需检查盐板是否平整,如有漏卤,应及时用石灰堵漏;午后再检查一遍,

---

① 《清盐法志》卷一百六十三《两浙四·场产门》。

如卤不够，应继续添加卤水，防止烤燥板而影响产量和质量。

④收盐。一般旺季可当日成盐，淡季两日才能成盐。收盐一般在下午5时左右，一人用盐耙将板内之盐推拢，集于盐板的一角，一人用盘铲将盐铲入盐箩内。收盐后的盐板即可再次堆放成10块一幢，待次日再行扛板开晒。

⑤沥卤。盐箩放在苦卤缸上沥卤一夜，回收苦卤，减少盐中所含水分。

⑥挑盐。第二天上午将沥卤后的盐挑入仓内贮存。

民国时期，以余姚场为例，15～20亩一块白地，如以100块盐板计，需配备的制盐设备有：漏碗15只，卤缸30只（其中鲜卤缸5只，漏碗缸15只，苦卤缸10只）。富裕盐户还配有用杉木制成的大卤桶1～2只，每只卤桶可容7～10缸卤水。其他晒盐工具还有盐扒1～2把，盘铲1把，水勺1把，盐箩10担，丁钩扁担1副等。

每块盐板产量，旺季为每天每板4～5斤，平季2～3斤，淡季0.5斤左右。

至1949年4月，全省盐板总数1098156块，其中余姚庵东场563406块、绍兴钱清场185657块、黄岩场160块、象山玉泉场249块、宁属三场24891块、浙西三场26243块。中华人民共和国成立后，随着滩晒制盐方法的引进和推广，木板晒盐渐次被淘汰。

3. 滩晒

滩晒是指卤水在平整的池面上，经日光和风力的蒸发，逐渐浓缩成盐。

兴建缸坦、制造盐板均成本昂贵，维修成本高。1952年，庵东场率先引进外地滩晒制盐工艺并试验成功后，全省盐区大力推广滩晒。根据结晶池面材料不同，先后有青砖池、沥青池、缸砖（片）池、沙子板等，经过实践，以缸砖池较为实用。20世纪80年代起采用黑膜垫底结晶，较缸砖更具优越性，迅速在全省推广。

①沥青池。是在结晶池面上铺设沥青块，盐在沥青块上结晶。沥青块是以沥青和沙子为原料混合而成，制作沥青块时，先将干净细沙在大锅中炒干，再加入沥青，融化搅拌均匀，然后将该混合物在长60厘米、宽45厘米、深1.5厘米的模型内压平，冷却后即成沥青块。在将沥青块铺入盐池之前，应先将池底压实压平，做成硬底层，上铺一层细沙，再整齐平整地铺设沥青块，然后再次压实，即可上卤晒盐。沥青池晒盐的优点是黑色吸热快，渗透较少，有利于卤水蒸发结晶成盐，提高盐产量。但沥青易老化，沥青和沙子脱落后混入盐内，污染盐质，有碍卫生，因此被缸砖池和黑膜池取代。

②沙子板，又称“沙灰板”。制作沙子板分两步，首先用沙泥做好基板，用铁锹等敲打坚实平整；其次是建造板面，再待天晴时，将熟石灰、泥沙与水搅拌后，平摊在已建好的基板上，立即将石灰敲实敲平，一次性完成板面建造。石灰和沙泥的比例是3∶1。沙子板是庵东盐区改板晒为滩晒初期的独特的结晶设备，在1957年夏由庵东盐区工委书记孙宗凯试制成功后，随即在庵东盐区全面推广，直至1996年后才完全被黑膜池所替代，持续40年。

③缸砖池。是在缸坦基础上发展起来的。1960年，象山县首先在缸窑内烧制10厘米×10厘米×2厘米的盐场专用的黑色陶质缸砖，用以铺设盐田结晶池，每平方米100块。梅山盐场在20世纪60年代初建场早期，从镇海柴桥和奉化等地的缸窑厂购入缸砖用于晒盐。1974年，岱山县摇星大队建造缸砖窑，烧制缸砖，解决盐田改造需要。1979年，省盐业技术措

施补助费先后补助岱山、定海、普陀、庵东等地建造缸砖窑。缸砖为棕黑色陶釉，其优点是吸收阳光好、蒸发效率高。质地坚硬、表面平整，经久耐用。其缺点是投资大，缝隙里尚有渗漏和泥沙泛起。20世纪80年代初，因黑色塑料薄膜垫底结晶池兴起，成本低于缸砖，效果又比缸砖好，缸砖池兴建逐渐减少。已建成的缸砖池与黑色塑料薄膜垫底结晶池同时使用。

④黑膜池。采用黑色塑料薄膜垫底晒盐的结晶池，简称“黑膜池”，有固定式和活动式两种。1970年，浙江省舟山盐业科学研究所利用塑料薄膜垫底晒制精盐，试验获得成功。1980年，岱山县盐业局科技人员利用此技术晒普通食盐，也获得成功。1981年，通过岱山县科委鉴定，称为“固定式黑膜垫底结晶”。结晶池采用厚0.3毫米的黑色塑料薄膜铺垫，与缸砖、沥青、泥滩作对比试验，增产幅度比泥滩高25%～47%，而且盐质好，白度均超过50度；薄膜使用寿命3年以上。1982年，定海县盐业局用厚0.2毫米的黑色薄膜铺垫，并改固定式为活动式。固定式是将薄膜固定铺设在池面上，活动式则是相对于固定式而言，不是完全固定在池面上，而是可以将半幅黑膜掀起，覆盖在另一半副池子上，是可活动的。在结晶过程中，如遇下雨需保卤保盐时，固定式黑膜池要将池内盐粒全部收进来，再将卤水存入地下卤池中，然后再根据雨量大小进行揩板收咸等操作；而活动式黑膜池只需将一块池子中的半幅薄膜掀起，覆盖在另一半上，加压边沿，就能完成全部操作，既防止了降雨对晒盐的损害，增强了防雨能力，又减小了劳动强度。活动式黑膜垫底结晶经定海县科委鉴定后，逐步取代固定式黑膜结晶，在全省范围内推广。与其他类型结晶池相比，黑色塑料薄膜结晶池具有明显的优点：卤水渗漏最少，减少结晶时卤水损失；黑色能最大限度地吸收阳光热量，卤温上升快，蒸发量大；池子平整、坚实，易于收盐；遇雨时可将半幅薄膜方便地覆盖在另一半上，保卤、保盐迅速，抗雨能力强，减轻劳动强度；能杜绝泥沙进入结晶池，晒出的盐色白、粒细，质量好，产量高。

20世纪80年代以来，黑膜结晶池得到大量推广使用，所占比例从1982年起步、1983年的20.18%增长至2010年的85.16%；缸砖池逐渐减少，所占比例从1982年的57.17%下降至2010年的14.84%。沙灰板、沥青池、石子池、青砖池、泥坦逐渐减少，分别于20世纪90年代后期和21世纪初被彻底淘汰。1982—2010年全省历年各类结晶池面积情况见表47-3-2-4。

表47-3-2-4　　1982—2010年浙江省各类结晶池面积一览表

单位：公顷

年份	全省合计	缸砖池	黑膜池	沥青池	沙灰板	石子池	青砖池	泥坦	盐板
1982	1315.76	752.18	1.11	125.25	176.27	26.24	13.73	213.77	7.21
1983	1479.49	754.06	298.52	110.26	150.06	12.92	10.98	139.68	3.01
1984	1267.46	633.89	295.52	86.55	39.59	6.78	7.69	196.98	0.46
1985	1268.14	592.85	398.63	75.80	32.94	8.63	4.56	154.73	-
1986	1278.64	540.91	512.88	59.34	32.94	10.53	5.44	116.60	-
1987	1276.64	478.57	615.26	42.21	29.99	10.90	1.80	97.91	-

续表

年份	全省合计	缸砖池	黑膜池	沥青池	沙灰板	石子池	青砖池	泥坦	盐板
1988	1259.09	429.61	636.21	33.00	29.99	10.90	1.60	117.78	–
1989	1257.80	403.36	726.83	31.58	9.44	17.76	0.79	68.04	–
1990	1258.82	367.38	776.22	24.71	9.44	15.07	0.59	65.41	–
1991	1188.56	292.68	814.32	13.38	4.45	16.78	0.48	46.47	–
1992	1183.16	244.07	869.61	12.47	4.07	14.19	0.40	38.35	–
1993	1193.34	223.29	930.72	12.08	4.07	5.97	0.40	16.81	–
1994	1171.58	191.98	950.80	5.39	4.07	5.60	0.40	13.34	–
1995	1120.96	162.11	930.96	5.39	3.16	5.60	0.40	13.34	–
1996	1080.29	147.40	906.96	5.39	2.30	5.60	0.40	12.24	–
1997	1015.17	130.11	856.62	5.17	–	5.60	0.40	17.27	–
1998	989.52	110.77	850.31	5.17	–	5.60	0.40	17.27	–
1999	937.00	89.92	821.27	4.97	–	5.60	0.40	14.84	–
2000	925.89	98.63	797.55	4.97	–	8.86	0.40	15.48	–
2001	918.59	129.63	763.95	0.27	–	8.86	0.40	15.48	–
2002	826.17	90.93	712.99	–	–	8.86	0.40	12.99	–
2003	769.47	71.50	686.77	–	–	8.18	0.40	2.62	–
2004	702.59	66.50	630.49	–	–	2.58	0.40	2.62	–
2005	543.58	59.50	480.62	–	–	2.58	0.40	0.48	–
2006	448.88	56.59	389.56	–	–	1.85	0.40	0.48	–
2007	335.97	47.38	288.59	–	–	–	–	–	–
2008	321.06	45.13	275.93	–	–	–	–	–	–
2009	303.79	43.01	260.78	–	–	–	–	–	–
2010	289.74	43.01	246.73	–	–	–	–	–	–

资料来源:历年浙江省盐业统计年报。

说明:1.1981年前无数据。2.缸砖池面积包括原有缸坦面积在内。

至20世纪80年代中期,浙江滩晒制盐已总结出一套比较完整的生产工艺,并总结出“深、新、长、旋、分、清”六字要诀。1985年,省轻工业厅制定下发《制盐工艺操作要点》,省内各盐区结合各自实际,大力推广实施,进一步规范了滩晒制盐操作工艺流程。具体而言,主要包括纳潮、制卤、结晶、收盐、三雨作业、整滩等操作流程。各盐场在具体实施中虽略有调整，但总体变化不大，至2010年均基本沿用该滩晒制盐工艺。根据《舟山市盐业志》所载，滩晒制盐操作流程大致如下①：

①纳潮：晴天纳潮头，雨后纳潮尾，一般天纳潮中，尽可能纳取高浓度海水。为避开雨后淡水影响，多数盐场已实行“海滨取咸”，即直接从海滨(附近无排淡浦)提取高浓度海水，经渠道送至咸水库或蓄潮浦储存澄清。提水(卤)工具初用人力水车、风车，后普遍用机械动力。

②制卤：海水澄清后由咸水库或蓄潮浦经渠道送入制卤区第一步蒸发池，经日晒浓缩，依次向下一步卡放。天气连晴时，每天都将上一步蒸发池卤水卡放至下一步蒸发池，再将海水送入已放干之第一步蒸发池。实行一步一卡、一放一干、定深定度的办法走水，一般第九至十天到末步蒸发池(即调节池)，浓缩成近饱和卤水，然后送入澄卤台澄清，备结晶之用。第一步灌池水深3～4厘米，末步卤深1.5厘米左右。澄卤台底略高于结晶池，以便澄清后的卤水直接流入结晶池，避免用扬水工具和把卤水搅浑。

③结晶：灌池前先将结晶池洗干净。用澄清后的新鲜饱和卤灌池。卤水澄清的标准以透明度来衡量，透明度在10厘米以上才可保证盐色洁白。新鲜饱和卤是指由海水直接浓缩而成的饱和卤水，不掺兑老卤循环使用。为此，采用分段结晶办法。一般分两段：第一段灌池卤水为波美25度左右。控制在28.5度时收盐，卤深2厘米左右；第二段为第一段撤下澄清后的卤水，灌池深度应比第一段稍深，控制在30.5度时收盐。超过30.5度的老卤，撤除送盐化厂作原料；或将此老卤倒扬至低级卤区，用于杀虫、整滩。在结晶过程中，还要用旋动工具旋卤、旋盐，使卤温均匀，晶体均衡生长，粒细质坚，并增加产量。具体又分灌池后旋卤、闪光旋卤(“闪光”是指在阳光下可见卤水闪闪发光时)、漂花旋卤等。旺季一般从卤水漂起后每隔10～15分钟旋动一次，平淡季旋动次数酌减。结晶后收盐前，每天早晨还要旋盐(活碴)。旋动工具初用推耙、草绳，后多用机械。以上结晶操作，简称为“新、清、旋、分”结晶，以区别于北方盐场的“新、深、长”结晶。

④收盐：旺季(7—9月)晴天一般2天收盐一次，平淡季视蒸发量酌情延长。收盐时间旺季在早晨，以减少蒸发量损失；平淡季在傍晚，低温季节实行“高温收盐”，以减少盐中杂质。收盐系手工操作，先将结晶池中盐推集一处，再挑至滩头坨堆存沥卤。最后送集中坨储存备销。

⑤三雨作业：雨前保盐、保卤，盐尽可能收起盖好(活动式黑膜池可拉膜覆盖)，卤分级存入卤池，并关好卤池闸门。雨中勤检查、勤收咸、勤排淡，并防止大风吹坏覆盖盐坨和结晶池的黑膜等。雨后快排淡，快恢复制卤和结晶。

⑥整滩：大整一年2～3次，小整经常进行。每次雨后都要适当晾压。整滩标准是平整、坚硬、不漏、无虫洞、无苔藻；沟渠畅通；储卤设备无淤泥。压滩工具，初用“礌砣”(石制或水泥制的滚子)，后用压滩机。

---

① 《舟山市盐业志》，中国旅游出版社1993年版，第78—79页。

(四)滩型结构

1. 流枝滩

1958年,浙江盐业从日本引进流下式盐田及枝条架,利用海水流动和枝条架立体与平面蒸发相结合,形成高效率蒸发,加快浓缩成卤,时称“流枝滩”。

1958年,浙江盐区推广流枝滩,滩型结构根据浙江短晴多雨和劳动力比较密集的特点,以分散小单元为主。1959年7月,确定一副滩面积以2.7～6.7公顷(40～100亩)为宜,一般不超出6.7公顷(100亩)。

流、枝、滩三者以流田有1度斜面落差作为第一步。一种流程是水库→第一流田→第二流田,采取自流形式,经过两流,再以平滩走水几步,然后上枝条架。枝条架以初级卤水为原料,每副滩1座,翻水量少,动力耗用省。下枝条架后的卤水再依次入蒸发池、调节池,最后到盐板上结晶。这种滩型以庵东为代表,集体盐场居多。另一种以宁波市梅山盐场为代表,其设计流程为:流→枝→流→枝→滩→枝→滩→调节、结晶。海水两次经过流下式盐田,三次经过枝条架,利用枝条架翻水后壁面滴下有一定高度的基盘,达到流下式盐田和蒸发池的自流送水,这样大大节省了建滩时土方挑填。依照设计,在一副滩内建立大、中、小枝条架5座,每座皆需配备高扬程水泵,消耗动力较多。而且枝条架排列过密,致全滩空间湿度增大,部分阳光、风力被挡,影响蒸发效果。1961年,部分枝条架被台风吹倒,失去了枝条架扬水的高度差后,流田及部分蒸发池无法走水,经调整步格比例及落差后,改建为平滩生产。除以上两种外,另有一些社营盐场,单元设计在50亩(3.3公顷)以下,也采用流田、枝条架、平滩三者配套,利用渠道扬水高度自流进入流田,枝条架扬水用风力水车,效果虽比电动扬水差,但也基本能维持生产。慈溪西一流枝滩单元图参见图47-3-2-12。

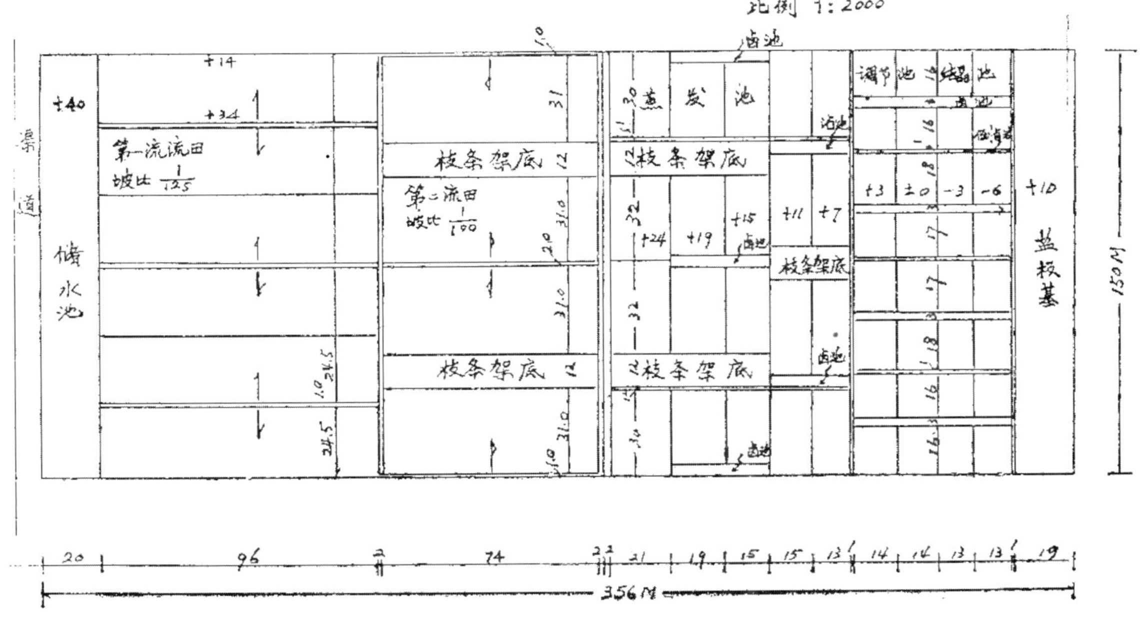

图 47-3-2-12　流枝滩盐田单元示意图(《慈溪盐政志》,中国展望出版社1989年版,第71页)

枝条架是采用四川省单墙式的形式，顶宽 0.8 米、垂直高 5.8 米、壁面高 6 米、倾斜角 75°，长度根据需要，每间隔 3 米竖一梱木(竹)架。其结构参见图 47-3-2-13。

为了测定流枝滩制卤效率，1959 年 7—10 月，轻工业部科学研究院制盐研究所派工程师、技术员和工人到梅山盐场进行实地研究，宁波海洋科学研究所、省轻工业厅派员配合，对流枝滩盐田综合制卤能力进行测定。试验结果表明流枝滩制卤效率：枝条架为平滩的 6.6～14 倍，平均 9.45 倍；流下式盐田为平滩的 1.2～3.2 倍，平均 1.84 倍；流枝为平面池的 2.00～4.56 倍，平均 2.88 倍，流枝滩为平面池的 1.94～2.66 倍。这一试验仅限于一个较短时期，并未进行长时期的适应性对比试验，对自然界不利因素也较少考虑，特别是台风影响未作考虑，其试验数据有一定的局限性。

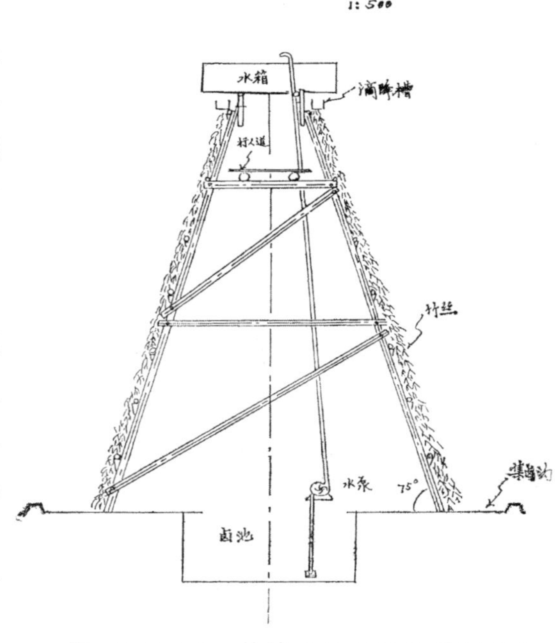

图 47-3-2-13　单墙式枝条架(《慈溪盐政志》，中国展望出版社 1989 年版，第 70 页)

总平面布置，新建盐场基本做到纳潮、排淡分道，滩型合理，配套动力机房及设备，安排场内道路和码头以及生活设施等；老盐场在改建过程中受原有地形的制约，总体规划安排不甚周密，问题较多，有的进行过第二次改建。

2. **平滩**

平摊，即在盐场内修建平整的盐田，合理布局制卤区和结晶区及其他生产设施，通过自然蒸发使卤水浓缩成盐。

流枝滩造价高，易遭风吹倒塌，且在 1959 年推广流枝滩时，集体盐场单元面积较小，有的只有 2.6～3.3 公顷(40～50 亩)，生产面积得不到充分有效利用，机械化操作困难。20 世纪 60 年代开始改建平滩。1965 年，全省盐田基建会议认定平滩制盐成本低、劳动强度轻，为推广机械化生产提供了条件，是改变浙江盐业面貌的出路所在，决定在全省改造老盐田，以建平滩为主。通过不断总结经验，至 20 世纪 80 年代，全省盐区已摸索出一套比较适应浙江海盐生产实际的操作规范。具体如下：

①总平面布置

全场布局合理，滩形整齐，纳排畅通分道，动力机房及电力配套，仓坨完备，建有场内道路和出运码头，以及机修、生活设施等。

②单元滩设计

a. 总体安排：单元位置安排视地形而定，有单排滩(适宜于地形狭长、自然坡度大的地方)和对口滩(适宜于地形平坦、纵深面积大的地方)两种。对口滩是两排单元滩的结晶池相对，中间为盐坨、公路和排淡河。

b. 单元规模：为实现快速保卤和雨后迅速恢复开晒，单元面积以 100 亩左右为佳，宽与长比例以 1∶5～6.5 为宜。

c. 走水步数：根据浙江天气特点，为缩短制卤周期，采用“浅灌薄晒”快速成卤的走水方法。滩格步数不宜过多。在旺季时，每日一步，9 天成卤，故制卤区设计为“二通九步”。步格之间有 6 厘米左右的落差，便于自动走水。制卤区前 4 步为大平面，后 5 步为中高级制卤区，由于受地形影响，为减少建滩时的土方调运和提高结晶区位置，有些盐场在第四与第五步或第九与第十步之间设置一道扬程。

d. 结晶与蒸发面积的比例：由于浙江短晴多雨，在“三晴二雨”的情况下，结晶区部分面积用以制卤；连续晴天卤源充足时，结晶区多用以结晶。滩型安排结晶区约占全滩面积的 10%～12%为宜。

e. 结晶池：为减少结晶池卤水被风吹向一边，造成池盐露顶，因此结晶池应略呈方形。一般为“四通三排”，即横向 4 格、纵向 3 格。每格面积为 400～600 平方米不等。

f. 保卤设备：保卤池要求是“二步起保，六步起有盖”，尽可能将雨前浓缩卤水存入卤池。卤池盖材料有石板盖、砖拱盖、菱苫土盖、平瓦盖等。1973 年，舟山创建地下卤池，因其造价较高，仅在结晶区及高级制卤区建筑。

g. 沟壕道路：两单元之间，设排淡沟 1 条，通往排淡河，以达到横向快速排淡。单元滩中间设有倒卤沟和压滩机路，结晶池末端设小横淡沟 1 条和约 10 米宽的石板或块石盐坨基及 4 米宽的运盐机路。新建盐场单元滩平面图参见图 47-3-2-14。

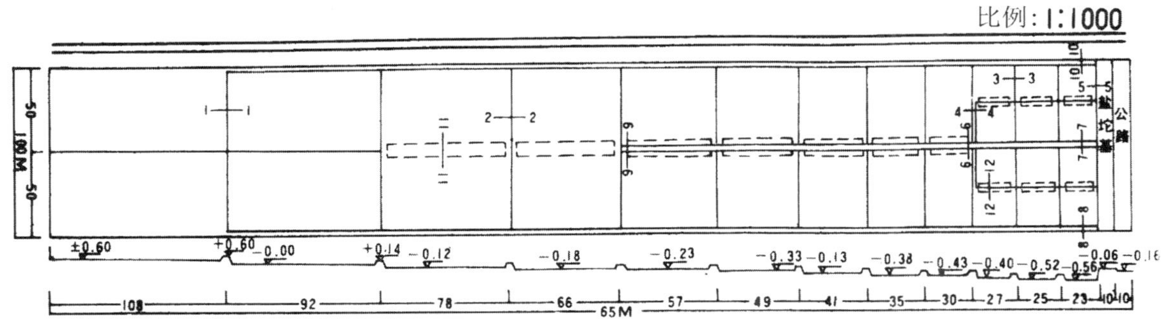

图 47-3-2-14　新建盐场单元滩平面示意图（《象山县盐业志》，黄山书社 1995 年版，第 72 页）

3. 分散制卤、集中结晶

在浙江盐区的滩型设计中，各盐场进行了有益的探索和尝试，并创新了一些工艺方法，其中分散制卤、集中结晶工艺比较有代表性。

1970 年，定海大成盐场试建分散制卤、集中结晶盐田。1980 年，梅山和玉环两个国营盐场推广“分散制卤，集中结晶”工艺。梅山盐场一工区 62.6 公顷建成分散制卤、集中结晶的区域；玉环盐场在四、五工区建集中式盐田 94.81 公顷（参见图 47-3-2-15）。这一工艺将一个或两个工区所有的滩改为制卤区，将制成的饱和卤水，通过管道集中输送到结晶区，进行深卤、长期结晶，并以塑料薄膜苫盖，半年或一年收盐一次。经过几年的实践并续建，玉环盐场至 1988 年结晶面积已扩大到 56000 平方米，并与特制细盐同时生产。这一工艺为实现盐业机械化创造了条件，并在进一步实验中得到了完善。

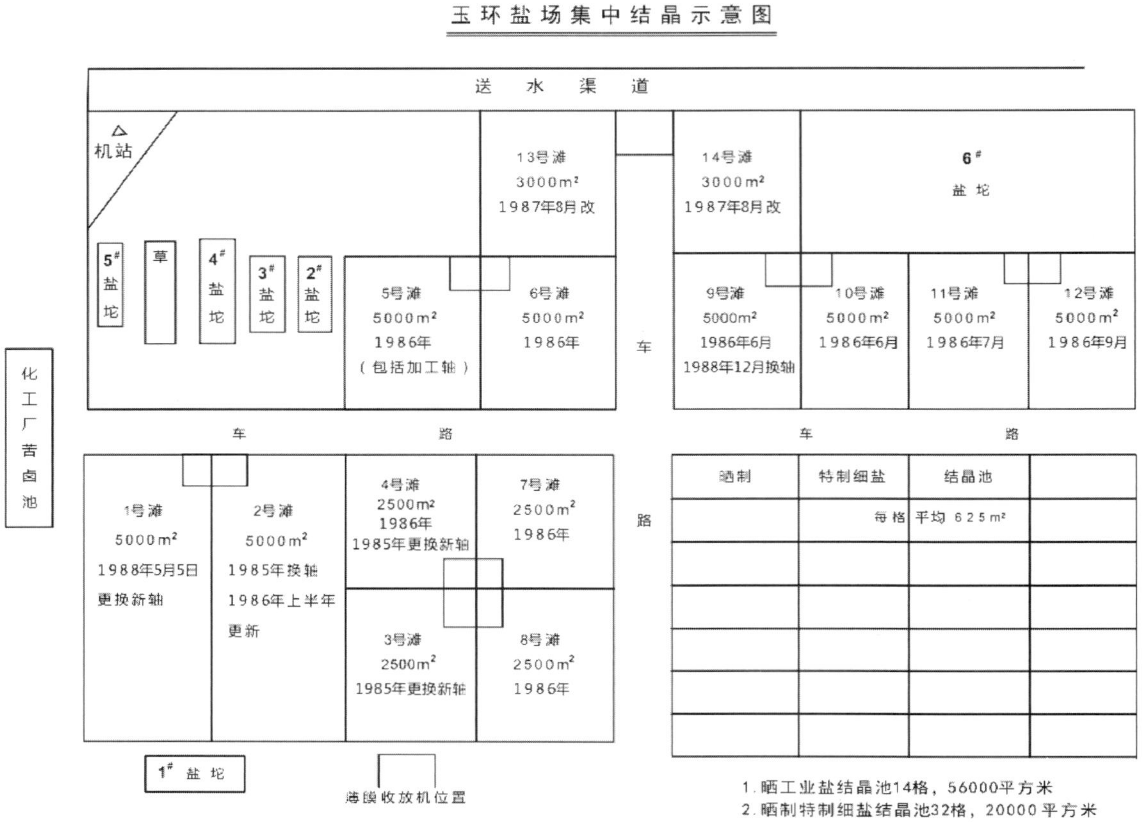

玉环盐场集中结晶示意图

1. 晒工业盐结晶池14格，56000平方米
2. 晒制特制细盐结晶池32格，20000平方米

图 47-3-2-15　玉环盐场集中结晶示意图（《浙江省盐业志》，中华书局 1996 年版，第 87 页）

梅山盐场与玉环盐场集中结晶与分散结晶技术经济指标对照情况见表 47-3-2-5。

表 47-3-2-5　梅山盐场与玉环盐场集中结晶与分散结晶技术经济指标对照一览表

项　目	梅山盐场		玉环盐场		
	全场	集中结晶	分散结晶	集中结晶	全场
生产面积（公顷）	238.90	62.60	196.81	94.81	291.22
单位产量（吨/公顷）	50.85	48.00	54.15	55.85	55.50
制盐工人（人）	210	26	134	47	181
一个人管理盐田面积（公顷）	1.18	2.20	1.47	2.02	1.61
氯化钠含量（%）	93.71	94.30	93.72	94.84	93.98
实物劳动生产率（吨/人・年）	59.78	113.27	81.81	93.21	84.31
成本（元/吨）	50.00	46.00	48.91	47.68	48.61

资料来源：《浙江省盐业志》，中华书局 1996 年版，第 86 页。

从上表可看出，除单位产量两场规律不一致外，集中结晶所产盐质量和劳动生产率均高于全场平均水平，而生产成本低于全场。集中结晶还实现了晒制工业盐与特制细盐同时生产。玉环盐场四、五工区集中结晶晒制工业盐区域，1985年续建2万平方米黑膜垫底结晶池，并采取电动打花晒制滩晒特制细盐，氯化钠含量95%以上，白度75度以上，粒径70%通过0.5毫米筛孔，产品投放市场并曾销往马来西亚等国，均获得好评。此外，为便于机械化生产，采用浮卷法薄膜收放机及特制细盐区电动打花机。晒制工业盐的大型结晶池一般2500～5000平方米/格，以DYK-63型薄膜收放机牵引收放，一机可带双池，既可人工电控，也可无线电遥控，不但提高了抗灾能力，而且大大减轻工人劳动强度。黑膜垫底晒特制细盐采用电动打花，只需1人值机操作，一机可带动24格，比人工旋盐提高工效3倍以上。

1985年11月，浙江省盐学会在玉环盐场对“分散制卤，集中结晶”工艺进行评审与可行性论证，认为该工艺根据浙江省气象条件，采用长期结晶和短期结晶相结合方法，较好地发扬了南北方两套生产工艺的优点，既吸收了长期结晶产盐氯化钠含量高、抗雨性能好、劳动生产率高等优点，又保留了浙江省黑膜垫底、旋盐结晶、耗卤省、产品色白粒细的特色。生产中利于盐的多品种生产，调整盐业品种结构；利于卤水灵活调用，解决长期结晶工艺存在旺季窝卤问题；利于减轻劳动强度，提高劳动生产率。同时指出，该工艺尚需探索、研制黑膜垫底结晶细粒盐收盐机械装置，降低劳动强度，进一步提高劳动生产率以及研究和改进黑膜垫底结晶池的保卤方式，提高抗灾能力。

第三节 生产管理

盐的生产及盐场的兴废有着严格的管理制度，主要是按销售需要控制产量，并根据自然条件、市场需求，合理兴废盐场，及时调整产业结构，促进社会经济快速协调发展。自秦汉以来，浙江海盐先后采取了亭户制度、聚团公煎、制盐许可等方式控制生产。中华人民共和国成立后，浙江盐区也因政策废转、自然废转、规划废转等原因，时有废转变迁。

一、募民煎盐和亭户制度

秦汉时期，盐制造是采取“愿募民自给费，因官器作煮盐，官与牢盆”①的办法。煮盐是由官府管理，招募百姓，在官府提供煮盐的主要生产工具“盆”和生产场地“牢”内，自备生产费用，从事煮盐劳动。官府通过控制主要生产场地和工具“牢”“盆”，征收盐产品，从而牢牢地控制食盐生产。食盐生产实属官营。

西汉初，虽实施“弛山泽之禁”②之策，但吴王刘濞在东海之滨却“擅鄣山泽”③，直接控制煮盐生产资源，“招致天下亡命者”④，在海滨从事艰苦的煮盐劳动。食盐生产具有“地方官

① 《汉书》卷二十四下《食货四》。

② 《史记》卷一百二十九《货殖列传》。

③ 《盐铁论·货币篇》。

④ 《史记》卷一百〇六《吴王濞列传》。

营”的性质。

唐时,将从事煮盐生产者称为“亭户”或“灶户”。盐民在盐亭与亭场内从事煮盐劳作,亭内设灶。唐前期在均田制下,实行有田则有租,盐民可以拥有一定盐田、盐灶之类的生产资料及工具,且盐的生产、经营不受限制,因此在盐民中既有豪富,也有佣赁自资的贫民,经济地位相差十分悬殊。在第五琦建立食盐专卖制度、实行榷盐法后,开始实行亭户制度,对盐民实行强制性管理,且按官府既定价格对海盐实行全部官收,盐民丧失了直接经营和任意开发盐业的自由。其时亭户制度适用于各类盐业生产者,其身份待遇和隶属关系也与原先不同。盐业生产者主要来源于“旧业户洎浮人”①,即原来的煎盐者和一部分丧失土地的浮荡人口。所有从事制盐的人,无论是逃亡人口还是原来的盐户,都必须重新向政府登记以取得盐籍,成为以盐为业的亭户。入籍后的盐民归隶盐铁使管理,盐民除正赋外免除杂徭,以保证完全从事盐业生产。产盐有定额,并由国家低价收购。唐时的亭户是制盐业的最基本生产单位。盐监及监之下的生产场对盐的生产过程实施监督,对盐产品进行收购和对盐户进行管理。在盐业生产中,根据天气变化,以“盐生霖潦则卤薄,暵旱则土溜坟”的情况,乃“随时为令,遣吏晓导”,以至“倍于劝农”②。唐元和(806—820年)中,对盐灶进行保甲编组,立保伍连坐法,控制亭户煎盐,借此来管理和控制盐的生产。

二、聚团公煎

五代后周显德二年(955年)改立盐法,煎盐场灶必须在修筑的壕篱以内进行,若在壕篱外煎造盐货,则处以重刑。所犯不计多少,一律并决重杖一顿,处死。借此封闭式管理和重刑处治来管理盐的生产,防止食盐私煎。

宋熙宁五年(1072年),卢秉提举两浙盐事,定伏火盘数,以绝私盐。宋熙宁年间,在两浙官营盐场中实行的“催煎制”臻于完善③,实为聚团公煎的雏形。盐民一旦被“拘籍”为亭户,即须以自家或官拨的灶、锅盘、荡田,为官府制盐,专事煎盐办课。盐民可以接受官赊的工本钱及耕牛之类的生产工具,或者在输盐后凭“手历”支取工本费,但必须如期如数完成官府确定的“正额盐”或“丁额盐”指标。正额盐之外的“余盐”或“浮盐”,亦须按稍高的官价“中卖”入官,绝对不准私煎私卖。

催煎制下的生产单位为“催煎场”。催煎场通常设有专职催煎官和一整套催煎制度,主要有编甲、火伏法、簿历制、计丁输盐等,借此对盐民进行煎盐产量等控制管理。

催煎场施行的编甲之法是以灶编甲,是类似于普通居民保甲制的一种盐民组织管理体制,设甲长,也有称“甲首”,为监督场灶之首领。每灶昼夜煎盐6盘,每盘300斤。有确定的火伏盘数,以绝私煎。宋熙宁间,卢秉令两浙盐户“自二灶至十灶为一甲”、“什伍其民,以相稽察”。

火伏法也称“起止火伏之法”,是朝廷对盐场的一种稽制方法,由卢秉在两浙盐场得到完

① 《唐会要》卷八十七《转运盐铁总叙》。

② 《新唐书》卷五十四《食货四》。

③ 郭正忠主编《中国盐业史(古代编)》,人民出版社1997年版,第252页。

善。该法要求亭户须在催煎官确定的“盐灶、火伏、盘数”内煎盐。其“起火、伏火皆有定时”，并需严格遵守“待煎、起炉、闭炉”等手续，记录每一伏火煎盐之数量。催煎官根据“一伏火煎盐若干”和确定的“盐灶、火伏、盘数”，而“司火之起伏，稽灶之多寡”，从而悉知各灶户煎盐之数量，达到对亭户制盐数量的控制和管理，确保所产之盐能全部收买入官。

簿历制是与火伏法配套的一种生产现场记录制度。它规定各催煎场须“置立簿册”，并由灶甲头等人将火伏法下的各种统计数据一一抄于簿历。其内容包括各灶的亭丁数额、“起火”前亭户入盘的“卤沥”量、起火至熄火的时间、每盘的成盐量等。逐灶如此，各场皆然。各场簿历须定期呈缴上级盐官审阅查验。

计丁输盐是根据亭丁数额、芦荡亩步的详细统计，确定每名盐丁缴盐岁额。从杭州湾两岸到明州诸岛及温州海滨，据各场卤源和海水浓度不同确定相应的额盐。

南宋时称为“盐栅”，与“盐团”类似，是官府用墙或木栅围绕起来的盐民聚落，是当时官府控制盐民的主要组织形式。南宋初，浙东台州杜渎场，“管栅一十有八，亭户二百三十有六，灶五十有四”①。这表明，当时亭户大约每 3 灶结为一栅；每灶之下，平均有 4 家亭户。

宋时形成的团煎制在元代得到进一步确立、完善。在团煎制下，煎盐户必须集中居住在一起，以“团”为单位修筑生产点。每团由三灶或两灶组成，每灶内有若干盐户。同一灶的盐户，共同使用官灶官盘，灶丁接枠煎盐，轮当枠次，周而复始，盐户之间还有一定的轮班制度。每座盐场，每团都有生产定额。团内除盐户住处外，尚有盐灶、盐仓和储卤池，在储卤池上也需建造房屋，以防雨水稀释卤水。立团便于使用铁盘等大型生产工具，同时更是为了防止盐户与外界交流，私下卖盐。盐团是设防的居住点、生产点，每团皆有固定的盐团名称。

元人陈椿曾在两浙下砂场任职，所作《熬波图》第一图“各团灶座”和第二图“筑垒围墙”对元代生产劳动组织作了如下描述：“归并灶座，建团立盘，或三灶合一团，或两灶为一团。四向筑垒围墙，外向远匝壕堑，团内筑凿池井，盛贮卤水，盖造盐仓枠屋，置关立锁，复拨官军，守把巡警。”“团围四向墙堵上置乳头，仿佛城池，以绝奸伪，或遇坍摧，随时筑垒，其土皆用荡内生田土堑，盖傍海不时风潮大作，非坚实不足以御之”。②

明代，聚团公煎成为产盐的劳动组织形式，并形成制度。“每一场分几团，每一团分几户，轮流煎办，以纳丁盐”，实际生产中，大体是由灶丁“二三四人共一盘铁，或五六人共一盘铁，每一日该煎盐一十三斤”。③ 按《大明律》规定，在灶丁分散制成咸卤后，必须集中运至团内，在团舍或灶舍内共同煎盐，离团私煎即被视为私盐。“凡盐场灶丁人等，除正额盐外，夹带余盐出场及私煎货卖者”，“杖一百，徒三年”。对灶户在团内煎盐的管制也极为严格。“每一盘舍，官给印烙长柄木牌一面，上书煎灶姓名、年貌、竖立盘舍，以别官私”。④ 灶户必须在本团内煎办，违者以私盐处罚。灶户与团灶有严格的隶属关系，离开本团而到另团煎办都为律例所不允许。为保证聚团公煎制的施行，甚至在每团四围高加墙垣，前后只开两门，每门都有人看守

① 〔宋〕嘉定《赤城志》卷七。
② 〔元〕陈椿：《熬波图》，〔明〕永乐大典本。
③ 〔明〕陈仁锡：《皇明世法录》卷二十九《盐法·聚团煎办》。
④ 〔明〕万历《重订两浙鹾规》卷三《聚团公煎·稽煎稽卖》。

稽查，对产盐严加管理，防范私盐。聚团公煎是明代浙江盐产区实施的主要制度。通过聚团公煎，丁荡有额，锅盘有数，盐斤有限，控制盐户产盐量。明初，两浙盐课总额为 440915 小引，每丁岁办 16 小引，当有灶丁 27557 丁。根据《重订两浙鹾规》卷三《清理丁荡规则》所记，弘治时灶户 41090 户，灶丁 99964 丁；嘉万时期灶户为 16297 户，灶丁 235067 丁。[①]

清代，亦实行聚团公煎法，产盐改为商收。长林场图可显示聚团公煎制的基本形式（参见图 47-3-3-1）。据《两浙盐法志》载：嘉庆六年（1801 年），两浙共聚 319 团，2770 座灶，盐丁 188988 丁，见表 47-3-3-1。至道光、咸丰间，太平军起义，全省因受战争影响，灶舍官仓大半废弃。嘉庆间，舟山率先创造盐板，温、台开始建筑缸坦，制盐技术逐渐由煎盐向日晒制盐过渡。由于晒盐成本低、利润高，各场纷纷效仿，余姚、岱山等地至清末晒盐已居大半，浙西亦相继启用盐板；温、台各场则利用土性，以陶片筑坦，普遍采取坦晒。自此不但聚团公煎的制度被破坏，而且煎盐法也逐渐被晒盐法所替代。

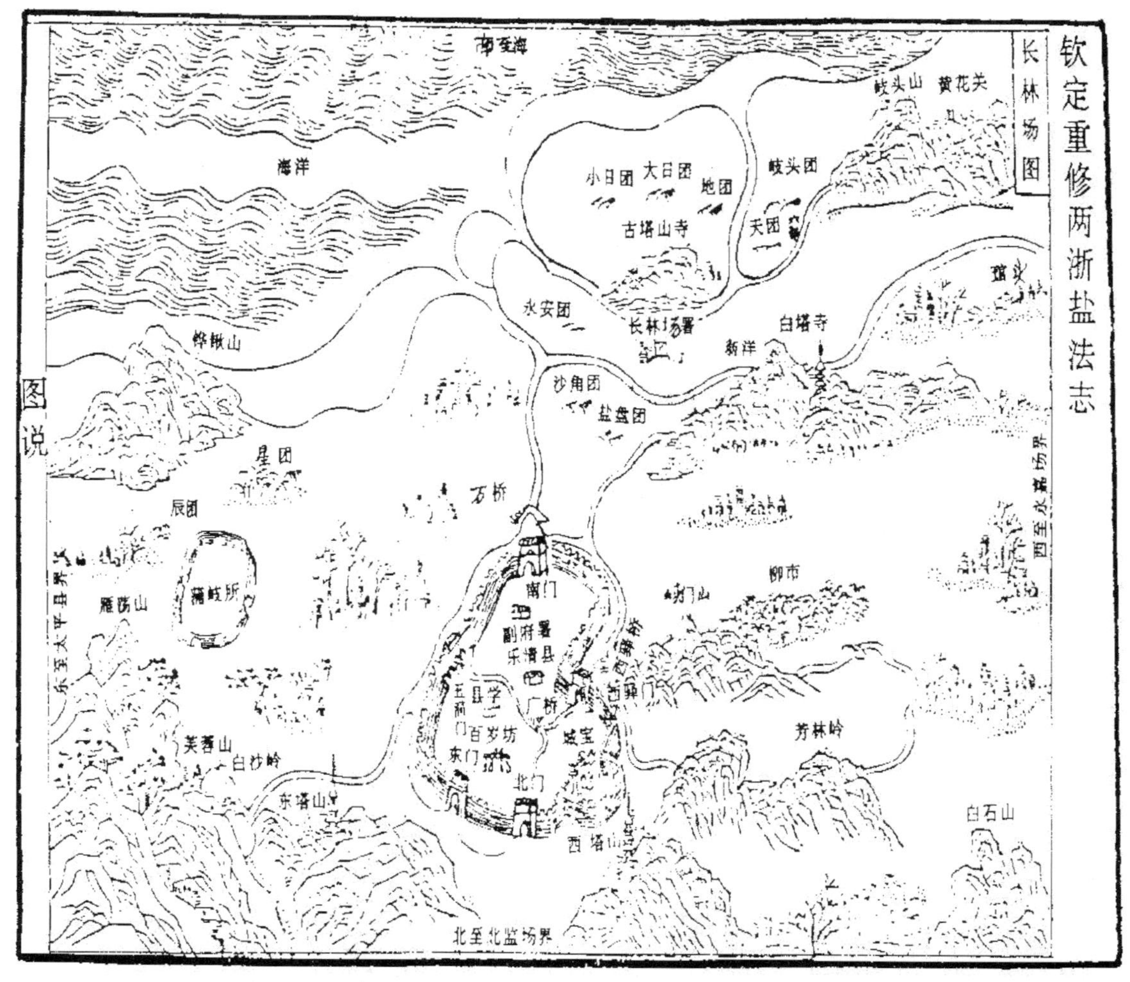

图 47-3-3-1　长林场图（〔清〕雍正《两浙盐法志》卷二）

① 郭正忠主编《中国盐业史（古代编）》，人民出版社 1997 年版，第 523 页。

表 47-3-3-1 清嘉庆六年(1801 年)《两浙盐法志》所列盐场团、场灶和丁数一览表

场名	团数	灶数(座)	锅盘数(副)	丁数	备 注
仁和	4	83	83	17714	
许村	21	195	195	353	
西路	18	198	198	2915	
黄湾	16	138	138	2458	
鲍郎	20	161	161	3141	
海沙	23	141	141	5720	
芦沥	13	105	105	8811	
横浦	5	49	49	4777	
浦东	2	15	15	4846	
袁浦	18	124	124	6720	
青村	5	268	268	12800	
下砂头	20	107	107	14400	
下砂二三场	–	–	–	24100	不产盐不设场灶
钱清	10	76	76(铁 21,篾 55)	6006	
三江	4	153	153(篾)	2395	
东江	4	96	96(铁 2,余篾)	2073	
曹娥	2	16	16(篾)	2256	
金山	4	31	31(篾)	1291	
石堰	7	30	30(铁 5,余篾)	13906	
鸣鹤	4	24	24(铁盘)	2215	
清泉	15	160	160(篾)	3881	
龙头	13	63	63(篾)	1711	
穿长	23	57	57(铁 36,篾 21)	840	
大嵩	4	29	29(篾)	649	
玉泉	3	16	16(3 篾,余铁锅)	496	
长亭	5	20	20(铁锅)	924	

续表

场名	团数	灶数(座)	锅盘数(副)	丁数	备 注
黄岩	13	50	50(铁锅)	16137	
杜渎	5	121	121(铁锅)	8072	
双穗	5	39	39(铁锅)	8830	
长林	10	95	95(铁锅)	1995	
永嘉	26	110	110(铁锅)	4523	
北监				1236	不设煎盐
南监				797	动帑收买
共计	319	2770		188988	

资料来源:《浙江省盐业志》,中华书局 1996 年版,第 143—144 页。

三、制盐许可

历代政府对制盐均有严格控制,禁止民间私制。清代有灶贴的规定,凡持有灶贴者方可制盐。民国 3 年(1914 年),北洋政府颁布《制盐特许条例》和《制盐特许条例施行细则》。规定非政府之特许,不得从事盐的制造;制造者应提出呈请书,申请核发特许证券。此证由盐务署交由两浙盐运使公署核发。民国时期制盐许可证样张参见图 47-3-3-2。

民国 4—6 年(1915—1917 年),两浙各场均进行制盐特许证券的发放。在板晒或坦晒地之前,须立插制盐木牌,木牌上需注明制盐特许证券的号码及准许的晒板、盐坦数量,否则一律当作私盐处理。凡制盐者歇业停晒时,应报明两浙盐运使公署注销登记,缴还制盐特许证券。

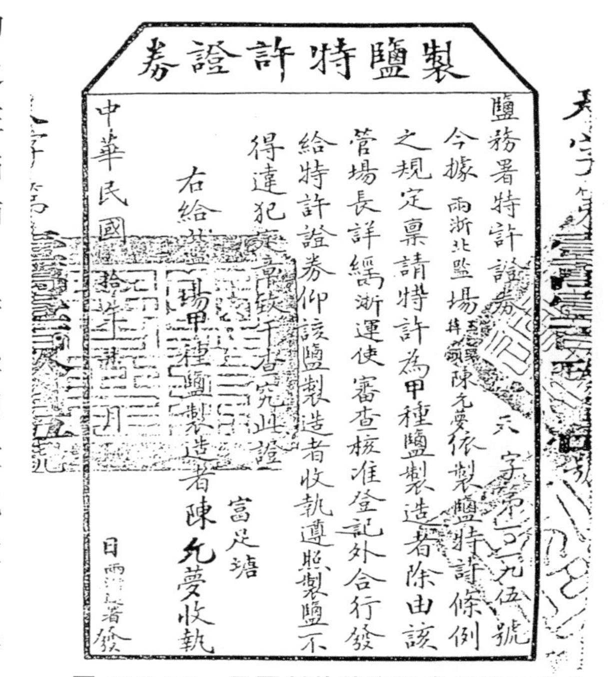

製鹽特許證券

鹽務署特許證券

今據兩浙北監場　陳允夢依製鹽特許條例

之規定稟請特許為甲種鹽製造者除由該

管場長詳經浙運使審查核准登記外合行發

給特許證券仰該鹽製造者收執遵照製鹽不

得違犯

右給　場甲種鹽製造者　富足塘　陳允夢收執

中華民國

图 47-3-3-2　民国制盐特许证券(《浙江省盐业志》,中华书局 1996 年版,第 146 页)

民国 36 年(1947 年)3 月 12 日,国民政府颁布《盐政条例》,其中第十三条规定:“盐非经财政部之许可不得采制”;第十四条规定:“制盐人非有正当理由经许可者,不得停业或歇业”。同年 10 月 7 日,财政部颁发《制盐许可规则》。此次制盐许可证自民国 36 年 10 月起在各场审核发放。许可证分管理局存根、缴核、场署存根、制盐许可证四联,背面载明生产资料数量及地点,以户为单位发放。

中华人民共和国成立后,全国盐产过剩,

场盐积压，走私漏税严重，国家决定实行制盐许可制度，并对部分盐区废场转业，控制盐产量盲目增长。1950 年 3 月，省政府发布公告，凡制盐者都需重新办理制盐许可申请，审批后发放制盐许可证（参见图 47-3-3-3），原发放的制盐许可证作废并收缴销毁，凡未经许可制盐者以私盐论处。根据全国盐务会议精神，对将要裁废场区，在登记盐板发给制盐许可证时，对大盐户、板主进行限产，有的减产、停产。4 月，拟定《填发制盐许可临时执照工作须知》，通令实施。5 月中旬，首先在杭州分局翁家埠盐场试行，结合限板，盐民将原有旧制盐许可证缴销，集中盐板便于场产管理。取得经验后，继续在浙西和萧绍虞各场进行，至 9 月底完成。到 9 月底，全省共限板 12.36 万块。

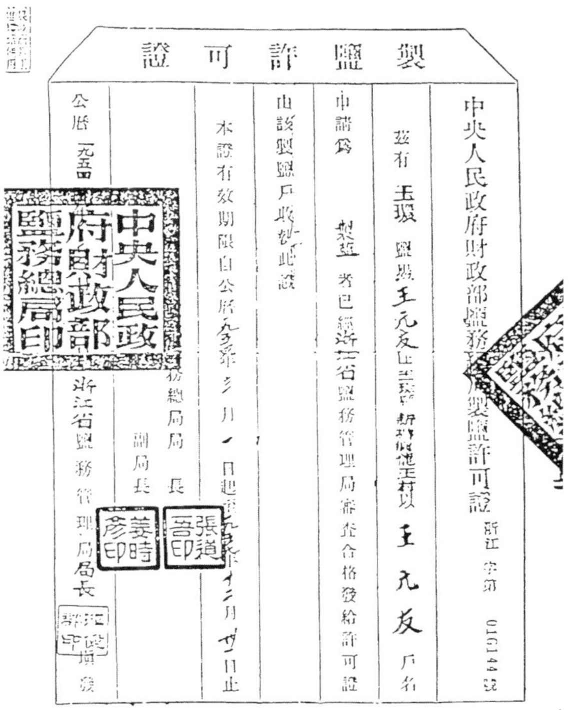

图 47-3-3-3　制盐许可证（《浙江省盐业志》，中华书局 1996 年版，第 147 页）

1956 年后，恢复和新建盐场只需获得盐业部门同意，而不必再领取制盐许可证。

1990 年 3 月 2 日，国务院颁布《盐业管理条例》，规定“盐资源属于国家所有，国家对盐资源实行保护，并有计划地开发利用”；“开发盐资源、开办制盐企业，必须经省级盐业行政主管部门审查同意，报省、自治区、直辖市人民政府批准，并按规定向企业所在地的工商行政管理机关申请，领取营业执照”；“私营企业和个人不得开发盐资源”。

1994 年 2 月 24 日，国务院批复同意对食盐实行专营，同时对食盐生产重新开始实行生产许可制度。中国轻工业总会下发了《关于食用盐实行生产许可证制度的通知》。省盐务管理局发文通知，要求各食用盐生产企业于当年 3 月 20 日前向各盐业生产管理部门提出申报生产许可证书面申请。各县（市、区）盐业管理部门要出具 1993 年食用盐生产企业（盐场）年平均放销质量检测报告单，加盖检测章后报市（地）盐务管理局，由市（地）盐务管理局汇总后统一于 3 月底前送达省盐业产品质量监督检验站，再换填省质检站产品检测报告单。要求各县（市、区）盐业管理部门抓紧督促从事食用盐生产的企业于 4 月底前凭省盐业产品质量监督站出具的质检报告单，向当地工商行政管理部门重新办理登记注册，尚未办理工商登记注册的企业要补办登记注册手续。

1996 年 5 月 27 日，国务院发布《食盐专营办法》，明确国家对食盐实行专营管理，对食盐生产实行定点生产制度，非食盐定点生产企业不得生产食盐。食盐定点生产企业由省、自治区、直辖市人民政府盐业主管机构提出报国务院盐业主管机构审批。国务院盐业主管机构根据食盐资源状况和国家核定的食盐产量，按照合理布局、保证质量的要求，确定食盐定点生产企业。

1997 年 9 月，国家加强对多品种食盐的管理，生产实行准产证制度。首次申证验收工作至1998年1月31日全部完成，由生产厂提出书面申请，报省盐务管理局预审合格后报中国盐业总公司。中国盐业总公司派专家组进行实地检查（重点是质量保证体系和产品抽查），验收合格的，由中国轻工业总会盐业管理办公室和中国盐业总公司联合颁发“多品种食盐准产证”。准产证有效期为两年，期满前复查换证，且每年进行一次年检，对非食盐定点生产企业申领准产证严加控制。是年，浙江蓝海星盐制品厂、舟山市盐业公司、宁波市梅港盐场通过国家级验收，成为全省首批多品种食盐生产企业。2006年起，不再单独发放多品种食盐定点生产许可证。

四、查产与控产转产

（一）查产

清末，浙江制盐方式改煎为晒，原来聚团公煎的管理方式已不适用，而改用控制结晶工具的方式来控制产量。

清光绪六年（1880年），第一次清查余姚、岱山盐板。查得岱山有盐板191970块，允许保留189900块，废去2000余块；查得余姚场有盐板225600块，实行“计丁授板法”（也称“固定授板法”），每丁6块，按户编额，多余之数减半留半，烙以官印（称为“官板”），全场实留181100块，废去44500块，约占原盐板数的二成，余姚盐民称之为“毁二留八”。从此盐板有官板、私板之分，官板之外禁止私增。禁令虽严，但因晒盐本轻利厚，各场仍有增无减，难以控制，盐板数量增长较快。民国元年（1912年），余姚场有官、私盐板370663块，民国17年发展到513700块，民国27年又增至678691块。

民国9年（1920年）6月，盐务署公布的《盐场管理通则》规定：每次制盐，煎盐的须将开煎日期先行报明场署，经查核确实后，发给火伏牌，停煎缴回；晒制的，其开晒与停晒日期也由场署查核登记。凡所产之盐须悉数限期收入储盐仓坨。

民国10年（1921年）秋，再次清查两浙盐板，发现增添的私板反而多于官板。在清查烙印后，发给晒板牌证（参见图47-3-3-4）。板证有木制竖牌和纸质副牌证两种。并规定盐民每天在开晒时必须将木制竖牌插在场基上，未插者受罚；纸质副牌证悬挂于家，备查对。在晒板牌证上，记明晒盐户主及丁口、晒盐场基本位置及晒板数量。由篷长负责检查。

对于私添盐板，无论盐警查出或被告发，私添一块，除将之劈毁外，再取消原有板一块，一并劈毁，并处罚银圆2元以充赏项，多则依次递推。倘私板添至10块以上，则所添私板及原有板片全数劈毁，追回场基证牌，送交法庭治罪。

在坦晒地区，凡坦户制盐，先向场署领牌方可开晒，如违反《取缔温区产盐区域坦户规则》或场产管理规定，有惰晒售私情节，将给予处罚，轻则需缴销特许证券，重则治罪。民国16年（1927年），实行《坦盐归堆取缔规则》，对无牌私晒达3次以上者，一经查实，即将坦地充公。至民国20年底，全省编查盐板情况和灶、坦编查数目分别见表47-3-3-2和表47-3-3-3。

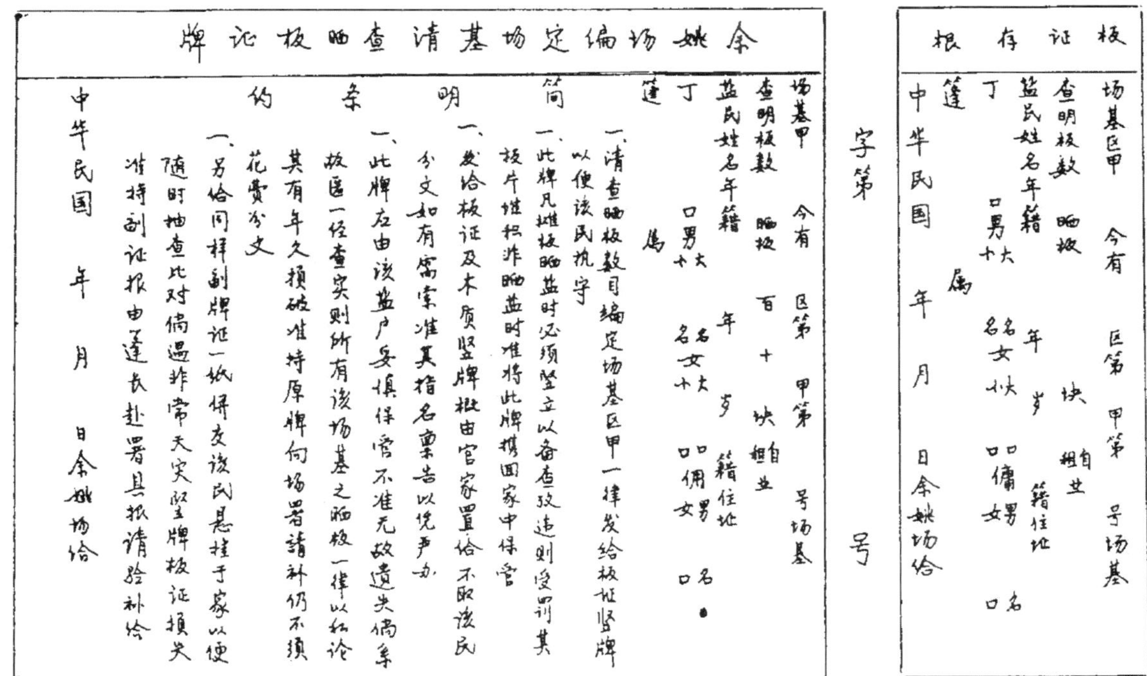

余姚场编定场基清查晒板证牌

场基甲　今有　区第　甲第　号场基
查明板数　晒板　百　十　块　细自业
盐民姓名年籍　年　岁　籍住址
丁口　男大十　名　女大十　名　口佣男女　口名
蓬　厰

简明条约

一、清查晒板数目编定场基区甲一律发给板证竖牌以便该民执守
一、此牌凡摊板晒盐时必须竖立以备查考违则受罚其板片堆积非晒盐时准将此牌携回家中保管
一、发给板证及木质竖牌概由官家置给不取该民分文如有需索准其指名禀告以凭严办
一、此牌应由该盐户妥慎保管不准无故遗失倘系板区一经查实则所有该场基之晒板一律以私论其有年久损破准持原牌向场署请补仍不须花费分文
一、另给同样副牌证一纸俾交该民悬挂于家以便随时抽查比对倘遇非常天灾竖牌板证损失准持副证报由蓬长赴署具报请验补给

中华民国　年　月　日余姚场给

字第　号

板证存根

场基区甲　今有　区第　甲第　号场基
查明板数　晒板　块　细自业
盐民姓名年籍　年　岁　籍住址
丁口　男大十　名　女大十　名　口佣男女　口名
蓬　厰
中华民国　年　月　日余姚场给

图 47-3-3-4　晒盐牌证(《浙江省盐业志》,中华书局 1996 年版,第 148 页)

表 47-3-3-2　　民国 20 年(1931 年)底浙江省编查盐板情况一览表

场　名	盐板数(块)	编　查　时　间
绍兴钱清场	42807	民国 12 年 8 月编查,发板照
余姚场	537600	民国 18 年 10 月编查,发板证
镇海清泉场	12856	民国 17 年清查,发板证
镇海穿长场	14058	民国 13 年 5 月编查
岱山场	248464	民国 13 年 7 月清查,发板证
定海场	75502	民国 14 年 2 月编查,发板证
芦沥场	7080	民国 10 年清查一次
全省合计	938356	

资料来源:《浙江省盐业志》,中华书局 1996 年版,第 148—149 页。

表 47-3-3-3　　民国 20 年(1931 年)底浙江省盐场灶、坦编查数目一览表

场　　名	煎灶数(座)	缸坦数(格)	编　查　时　间
海沙场	37	-	民国 2 年编查
鲍郎场	33	-	民国 17 年 3 月编查,发特许证
黄湾场	25	-	民国 4 年编查,发特许证
许村场	23	-	颁有特许证
三江场	6	-	颁有特许证
东江场	6	-	民国 5 年颁有制盐特许证券
金山场	5	-	民国 4 年颁有制盐特许证券
大嵩场	31	-	
玉泉场	119	1089	
长亭场	67	73	
杜渎场	12	435	未发证券
黄岩场	440	1300	尚未实行管理
北监场	-	1000	民国 9 年 11 月编查,民国 10 年 8 月颁特许证
长林场	302	2636	民国 7 年编查发证 1284 户,其余未发
双穗场	150	548	民国 5 年编查发证
上望场	126	785	民国 13 年清丈
南监场		9808	民国 10 年归堆,发特许证 794 户
全省合计	1382	17674	

资料来源:《浙江省盐业志》,中华书局 1996 年版,第 149—150 页。

民国 26 年(1937 年),日军占领浙江沿海,晒盐场地日渐缩小,产盐供不应求,生产不复限制,随产随收。

民国 28 年(1939 年),财政部令两浙各场增产,打破原定限额,同意启用封存的私板,并在温台地区扩建盐场,增加产量。

民国 36 年(1947 年),国民政府《盐政条例》规定:制盐申请与停业应经政府部门之许可,产盐数量及区域由财政部依全国产销量状况核定;盐政机关应于盐场适中地点建立仓坨;产盐应悉数缴纳指定之仓坨;场价由盐务机关核定,盐副产品亦在管理之列。各场据此制定了核发许可证、规定产额、清查晒板、严密查产等措施。

1949 年,浙江沿海相继解放。人民政府接管盐场后,取消旧制,组织盐民小组,以场务所为单位成立盐民协会,推行民主管理,建立群众性的查产、报产、归堆等生产管理制度。

(二)控产、转产

中华人民共和国成立后，浙江盐区时有废转变迁。各地盐场废转原因不尽相同，大致可以分为以下3种情况：一是政策废转。指政府根据当时产销量等经济情况，制定强制性或引导性废场限产政策，促使盐区废转。二是自然废转。指制盐自然环境发生变化而不能继续制盐或难以继续制盐。如海滨坍塌、灶田后移；海塘倒塌，盐场被毁；海水淡化，晒盐成本提高等自然环境转变而迫使盐区废转。三是规划废转，即因地方规划、经济开发等原因废转。这是造成2000年以后浙江省盐场废转的主要因素。

1950年2月，政务院《关于全国盐务工作的决定》中提出："凡产盐集中、便于管理、成本低、质量高、运输便利的盐场，应增加投资，改进设备，加以恢复和发展。凡无发展前途，但为当地民食所需要、而盐工又不易立即转业的盐场，均暂维持现状。凡条件很差，对民食无大关系、盐工又易于转业的盐场，应逐渐减产以至最后裁废"。当月，全国第二届盐务会议决定废场转业步骤：首先废除私滩、野灶，立即着手裁废分散、产量少、转业易的盐场；其次废除半农半盐地区的滩灶，采取先减产限产，再予裁废；再次对某些产盐历史悠久、群众全赖产盐为生、转业条件差的，只能维持原状，加强管理，不使其再行发展，逐渐创造转业的条件。

1950年3月13日，省盐务管理局根据全国盐务会议精神，布置节制生产措施：(1)制盐工具只减不添；(2)发给制盐许可证，严禁私晒；(3)提高质量；(4)除运输便利的余姚、翁家埠、钱清三场，其余各场基本上按本销(包括渔销)需要量定产，外销概归余姚分局；(5)将要裁废的场区在登记盐板、发给制盐许可证时，对大盐户、板主进行限产减产或停产。当年全国产盐过剩，浙江实行限产减产、废场转业、降低盐价等措施，但一度造成盐民收入减少，影响生活。同年8月起，对准备转业地区的盐民分给与农民相等的土地，创造转业条件，帮助盐民解决一些具体困难。

1954年，轻工业部对限产废场工作发出通知，建议自1955年起，各废场地区内类似兴垦、养淡、水利等工程，以及对转业盐民进行救济等各项费用均列入省级工程计划及预算，由省财委批准后执行。

1957年7月23日，国务院下达关于恢复与发展民营盐滩的指示，要求新建、扩建和恢复一些盐场，扩大生产面积。同年8月，省盐务管理局制定恢复与发展盐场的方案。11月，经浙江省人民委员会批准，恢复三门县三角塘、健跳、六鳌，黄岩县三甲、竿篷、金清，乐清县东泗、白溪，平湖、海盐之间的海沙，象山县中竿，镇海县下垟、小港、大榭、峙头等盐场，并同意绍兴县头蓬、南汇二场扩充盐田面积；瑞安阁巷，鄞县大嵩，象山县杉木洋，温岭县沙潺塘、乌根、岙环，玉环县桐丽，绍兴荣十，杭县翁家埠复晒；温岭西浦、乌沙浦，瑞安汀鲍、上码，永嘉县永嘉所，杭县翁家埠等列入新建盐场。恢复的盐场，绝大部分在1958年旺季前投入生产。至此，1950—1952年所裁废的盐场绝大部分复晒。

随着海涂的淤涨，有些地区在近海开辟了新盐田，原老盐田滩远水淡，逐渐失去了晒盐条件，更有利于开发鱼塘、虾塘或进行农业生产。20世纪60年代起，全省盐区均有部分老盐田转为水产养殖或农业生产。

20世纪70年代末至80年代中期，因海水盐度变化、滩涂淤涨等自然条件变化，全省最大的慈溪庵东盐区开始大规模废盐转农。1978—1984年，慈溪庵东盐区共废转盐田5391公顷。

1991年10月，省政府颁布《浙江省盐业管理实施办法》，对盐场的兴建与废转作出了严格的规定："盐田的废转，面积在500亩以下的，经县人民政府同意，报省盐业行政主管部门和省土地管理部门审核批准；500亩以上的，由省盐业行政主管部门和省土地管理部门审查，报省人民政府批准。盐田不得抛荒。"

1949—1994年全省盐田废转情况见表47-3-3-4。

表47-3-3-4　　1949—1994年浙江省盐田废转情况一览表

时间	废转情况
1949—1962	由于钱塘江两岸盐场滩涂淤沙冲积，随江道变迁而坍涨不定。1949—1950年，萧绍虞所之金山场务所大潮后发生坍江，先后坍沉730公顷；1952年5月起，翁家埠开始大面积坍江，坍去盐田1300余公顷；1953年3月春潮后，绍兴盐场也严重坍江，坍沉白地930余公顷；1962年，萧山县头蓬盐场又现坍江，损白地430公顷。
1950—1952	有金山、宁属、浙西、三门（中心所）等4场全部裁废；绍兴（萧绍虞）、黄岩、临海、乐清（长林）、平阳（南监）、瑞安（双穗）、翁家埠、定海、象山、温岭（西区）等10处部分转业，减少产量3.5万吨左右。保留庵东、翁家埠、绍兴、黄岩、临海、玉环、乐清、平阳、瑞安、定岱、象山、温岭等12处盐场，盐田面积14791公顷，生产能力约28万吨。
1956	温岭县西浦、乌沙浦和黄岩县三甲、竿篷、金清，年盐总产量12000余吨，因当地政府农业规划进行围塘而全部废转。
1958	慈溪县庵东盐区七塘内的塘南326公顷白地因海水断竭而被废转。
1962	象山盐区对1957年以后恢复和新建的盐场部分停办转农。
1965	慈溪县人委批准西三乡33公顷低产盐田改为棉地。
1969	县属萧山盐场因围垦转农，其他盐场亦陆续转农，全县1980年起停止晒盐。
1970	庵东盐区将西三乡不宜制盐的老法生产盐田和东三乡零星盐田共720公顷转农。
1978	由于盐业经济收入不如农业，慈溪庵东、乐清盐盘、玉环芦浦和楚南盐场、温岭横山和淋川等盐场，至1979年春共废600多公顷盐田。
1979	慈溪龙山、浒山、逍林、庵东共624.13公顷废盐转棉。
1980	慈溪浒山区盐场、庵东镇盐场因台灾转业为农，龙山盐场经慈溪县革委会批准改农，当年该县共减盐田255.37公顷。
1981	庵东区自然条件差，水淡草多，盐田设备老化，经济效益不高，全区大面积废盐转农共计1348.33公顷。
1981—1987	舟山地区为调整盐田结构，先后将零星分散、运输不便或有山洪危害的盐田改为虾塘。
1982	慈溪县庵东区废转盐田162.73公顷，次年又废转盐田554.86公顷。至此，庵东区西三乡与逍林区各盐场全部改为农业。

续表

时间	废转情况
1983	省计委批准苍南县白沙公社53.63公顷盐田转农，同时要求该县加强领导，不允许未经批准随意停晒或转农。
1984	慈溪县庵东区再次大面积废盐改农，全年共废转盐田1907.25公顷，至1987年总废转4756.53公顷，占原有盐田面积的85.96%。
1984	省计委批准临海县上盘盐场(老场)因海涂淤涨、无法正常生产的123.6公顷盐田转农。
1985	瑞安县210.72公顷盐田，因收入低，盐民弃盐从商，至1993年全部废转。
1992	岱山、定海、乐清等地因建厂等需要，经批准共废盐田25.33公顷。
1993	废转乐清县翁垟、蒲岐、南塘、雁荡等86.88公顷盐田和乐清国营盐场73.06公顷以及慈溪低产盐田57公顷。
1994	废转乐清市76.46公顷劣质盐田，改为水产养殖和经济林种植；废转定海区长升盐场4公顷盐田，用于厂房建设。

资料来源：1993年及之前资料据《浙江省盐业志》中华书局1996年版第172—178页综合整理；1994年资料据浙江省盐务管理局档案综合整理。

1995年11月，根据中国轻工业总会提出的全国盐业“限产压库”和省政府在全省盐业工作会议上要求省内盐区“控产压田”的精神，为有效控制盐的产量，缓解盐的产销失衡所带来的一系列矛盾和困难，省盐务管理局下发了《关于严格控制原盐产量的通知》，要求严格盐的生产计划管理，合理组织盐业生产，在当年底至次年春，产区各盐场除留部分人员保滩外，不再产盐，切实推广并做到淡季保滩不产盐，平季制卤不晒盐，合理组织安排盐业生产，以减轻产销压力。同时将次年度生产计划调整至38万吨，并采取适当的限产措施：一是提高产销计划结合率，实施运销计划与生产计划配套下达，严格考核、管理。对盲目超产的，在运销计划安排中一律予以削减；二是充分发挥盐价的经济杠杆作用，拉大盐质差价，促使盐区从追求盐的数量转移到提高产品质量。同时，对超计划生产销往外省的盐，采取灵活的价格政策，随行就市，可采取降低预付盐资比例及收购价等主动的限产措施，控制盲目生产的势头。

1995年底，省盐务管理局印发了《全省盐业控产压田、调整产业结构规划》，对海水受到污染或海水盐度年均低于1.8波美度，或生产工艺落后、产量低、质量差、劳力多、效益低，连续5年平均单产低于所在县(市、区)20%，或面积小于30公顷，或管理困难的偏僻盐场以及靠近城镇的盐场实施废转。全省三年内计划废转小型分散低产盐田2667公顷，由产区市、县(市、区)盐务管理局分解落实到盐场，按规定程序报批。转产开发争取农业、水产等部门专项开发基金和贷款，省盐务管理局出资150万元，低息、贴息、贷款或部分拨款按省、县、场3∶4∶3的比例进行拼盘，筹集500万元，用于重点产盐区的盐田养殖开发项目。1995—1997年浙江省废转盐田面积三年计划与实施进度情况详见表47-3-3-5。

第九个五年计划期间(1996—2000年)，全省盐业按照国家产业政策，认真落实“控产压田、压缩产能”的控产措施，积极废转低产、劣质、分散的小型制盐企业，大力发展盐田养殖业，产业结构调整取得了较大进展。全省累计废转低产劣质盐田3000多公顷，压缩产能10万余吨，扭转了省内食盐产大于销的局面。1995—2000年全省盐田废转和盐田面积减少情况分别见表47-3-3-6和表47-3-3-7。

表47-3-3-5　　1995—1997年浙江省废转盐田面积三年计划与实施进度一览表

单位：公顷

地区		实施进度			合计	地区		实施进度			合计
		1995年	1996年	1997年				1995年	1996年	1997年	
舟山市	岱山	146	146	48	340	台州市	玉环	110	150	40	300
	定海	60	60	30	150		温岭	60	60	30	150
	普陀	40	40	20	100		三门	15	-	-	15
	嵊泗	4	4	2	10		临海	40	40	20	100
	全市合计	250	250	100	600		椒江	30	25	15	70
宁波市	象山	80	80	40	200		路桥	25	25	15	65
	北仑	36	36	18	90		全市合计	280	300	120	700
	鄞县	20	20	10	50	温州市	乐清	222	222	112.48	556.48
	慈溪	80	80	40	200		苍南	45	45	24.91	114.90
	宁海	8	8	4	20		洞头	38	38	19.61	95.61
	奉化	4	4	2	10		全市合计	305	305	157	767
	梅山	12	12	6	30	全省合计		1075	1095	497	2667
	全市合计	240	240	120	600						

资料来源：引自浙江省盐务管理局编《全省盐业控产压田、调整产业结构规划》，1995年编制。

表47-3-3-6　　1995—2000年浙江省盐田废转情况一览表

年份	废转情况
1995	废转乐清市劣质盐田70.04公顷用于水产养殖，废转玉环县外塘部分低产盐田134.27公顷用于公路建设，废转温岭盐场32公顷和三门盐场13.34公顷低产盐田用于基本建设。
1996	全省废转低产盐田总面积468公顷，减幅3.50%。
1997	废转临海市156.67公顷、乐清市117.64公顷、玉环县249.28公顷、普陀区85.47公顷、定海区76.93公顷、岱山县30公顷的低产盐田。该年，全省共废转盐田生产面积705公顷，减幅5.46%。

续表

年份	废 转 情 况
1998	废转椒江区 73.68 公顷、洞头县 66.2 公顷、乐清市 8.58 公顷、岱山县 13.23 公顷的低产盐田，用于养殖和城镇建设。该年，全省共废转盐田生产面积 296 公顷，减幅 2.42%。
1999	废转乐清市 21.0 公顷、路桥区 90.54 公顷、温岭市 51.14 公顷、普陀区 26.67 公顷、岱山县 16.81 公顷、慈溪市 27.3 公顷的低产劣质盐田。该年，全省共废转盐田生产面积 761 公顷，减幅 6.39%。
2000	废转乐清市 64.8 公顷、临海市 4 公顷、温岭市 6.67 公顷、定海区 48.46 公顷、普陀区 59.66 公顷的低产劣质盐田。

资料来源：据浙江省盐务管理局 1995—2000 年档案资料综合整理。

表 47-3-3-7　　1995—2000 年浙江省盐田生产面积减少情况一览表

单位：公顷

地 区	1994 年末盐田生产面积	1996 年末盐田生产面积	1998 年末盐田生产面积	2000 年末盐田生产面积	1995—2000 年合计废转
舟山	4448.21	4351.20	4125.32	4098.94	349.27
宁波	3519.23	3072.20	2706.65	2374.92	1144.31
台州	3245.58	2908.29	2624.27	2314.73	930.85
温州	735.18	462.28	329.97	306.81	428.37
全省合计	11948.20	10793.97	9786.21	9095.40	2852.80

资料来源：据 1994—2010 年浙江省盐业统计年报整理。

1998 年 12 月颁布的《浙江省盐业管理条例》，其第十条规定："盐田的废弃、转产，面积在三十五公顷以下的，由县级以上人民政府审查，报省盐业主管机构和省土地管理部门批准；三十五公顷以上的，由省盐业主管机构和省土地管理部门审查，报省人民政府批准"。

为进一步优化盐业产业结构，巩固食盐专营成果，省盐务管理局制定了《2001 年及今后盐业专项资金投向意见》，盐业专项资金投向突出重点盐区、重点盐场，一律不用于新增盐的生产能力。继续鼓励盐区废盐转产，实施盐田养殖资金扶持政策，适当提高对废转盐田的补助额度（提高至 1500 元/公顷）。

2004 年，省盐务管理局制订盐业结构调整规划，计划在 2004—2006 年的 3 年内，全省继续废转低产盐田 3000 公顷，压减海盐生产能力 10 万吨，使全省海盐生产能力保持在 25 万吨左右，基本与省内的蔬菜腌制加工用盐量相适应。盐田废转原则：日晒盐年生产能力小于 1 万吨的县（市、区）的盐田全部废盐转产；日晒盐生产能力大于 1 万吨的县（市、区），保留盐质好、规模大、体制稳的制盐企业的盐田，其余低产劣质分散盐田全部废盐转产。盐田废转的对象主要包括苍南、洞头、乐清、椒江、路桥、临海、温岭、宁海、奉化等 9 个县（市、区），对宁波市梅山盐场的盐田实行局部废转。省盐务管理局继续实施盐田废转每公顷补助 1500 元的政策，用于安置转产开发。

2002年6月，国家经贸委发布《淘汰落后生产能力、工艺和产品的目录》(第三批)，自当年7月1日起施行，要求南方海盐年生产能力小于1万吨的必须在2002年内予以淘汰。该目录的发布，为关、停、并、转落后的制盐生产能力，加快推进盐业结构调整起到了指导作用。同时，经省盐务管理局请示国家经贸委，对年生产能力1万吨以上的南方海盐生产装置，产品质量差、管理落后、经济效益低下的，也应根据国家产业政策的要求，予以淘汰。

第十个五年计划期间(2001—2005年)，全省共废转低产劣质盐田4212公顷，见表47-3-3-8。

表47-3-3-8　2001—2005年浙江省盐田废转情况一览表　单位:公顷

年份	废转情况	废转面积
2001	废转定海东蟹峙盐场8.2公顷、白泉盐场1.53公顷；岱山县后岸盐场2.0公顷、陈家向村盐田6.47公顷、四平盐场14.33公顷，岱南盐场21公顷、太平盐场1.73公顷；普陀区朱家尖第一盐场69.73公顷、第二盐场34.20公顷、五星涨起港盐场16.93公顷、蚂蚁盐场17.60公顷、中弄盐场11.20公顷、平阳盐场8.33公顷、白莲盐场14.40公顷、普陀山盐场剩余23.33公顷；椒江区部分盐场34公顷；乐清市翁垟镇两个盐业村部分盐田合计23.6公顷；慈溪市54公顷的盐田。慈溪市至此结束了悠久产盐历史。	362.58
2002	废转岱山县岱北盐场14公顷、青黑盐场10.40公顷、摇星盐场6.67公顷、渔山乡盐场7.86公顷；普陀区东升盐场27.20公顷；定海县双阳盐场5.53公顷；嵊泗县大洋盐场58公顷；温岭市岙环盐场50.63公顷、箬山盐场50.70公顷、温岭盐场248公顷、新松滩盐场52.70公顷、松门镇盐场151.81公顷；三门县三门盐场344.87公顷；苍南县芦浦盐场30.53公顷、马站盐场62.40公顷；乐清翁垟镇沙鱼村11.53公顷的盐田。	1132.83
2003	废转岱山县桂花盐场12.27公顷、庙后盐场133.32公顷、秀山盐场26.67公顷、茶前山盐场33.53公顷；定海县马目盐场15.93公顷、长峙盐场203.80公顷；普陀区双塘盐场、峧头盐场合计8公顷、展茅盐场3.68公顷；临海市杜桥盐场23.53公顷、大汾盐场8.67公顷、上盘盐场28.13公顷、山项盐场30公顷、杨司盐场28.48公顷、梓林盐场15.12公顷；三门县三门盐场40公顷；温岭市上马盐场15公顷；玉环县桐丽盐场120公顷、沙门盐场213.33公顷；乐清市翁垟镇翁盐村19.20公顷的盐田。	978.66
2004	废转定海区马岙盐场73公顷、白泉盐场28.67公顷、大支盐场21.20公顷、小支盐场3公顷、北蝉盐场46公顷、银光盐场42.67公顷、马峙盐场59.86公顷；岱山县双峰盐场4.87公顷、秀山盐场6.67公顷、摇星盐场6.67公顷、岱南盐场0.51公顷、前岸盐场3.88公顷、桂花盐场4.73公顷；普陀区展茅盐场10.86公顷、顺母盐场57.73公顷、东岙盐场14.13公顷；椒江区石柱盐场77.15公顷、三甲盐场64.06公顷；三门市三门盐场103.30公顷；临海市新城盐场65.33公顷、滨海盐场61.33公顷、杜中盐场9.33公顷、前所盐场14.60公顷、前所二场6.20公顷、山项盐场15.67公顷；乐清市翁垟镇沙头盐村14.60公顷的盐田。	816.02
2005	废转定海区金塘大浦口盐场118.64公顷、大成盐场138.67公顷；岱山县岛斗村盐场9.20公顷；象山县白岩山盐场387.27公顷；鄞州区联胜盐场209.60公顷；北仑区三山盐场75.56公顷；三门县三门盐场188公顷；椒江区下陈盐场64.14公顷、水陡盐场30.33公顷；温岭市上马盐场312公顷；路桥区分水盐场66.80公顷；苍南县沿浦镇联办盐场21公顷、芦浦盐场69.47公顷的盐田。	1690.68
合计		4980.77

资料来源：据浙江省盐务管理局2001—2005年档案资料综合整理。

由于浙江特殊的地理位置和气象条件，地产海盐价高质低，盐民收入不高，且随着地方经济发展，盐业生产日趋萎缩。第十一个五年计划期间(2006—2010 年)，仍有大片盐田退出盐业生产，见表 47-3-3-9。

表 47-3-3-9　　2006—2010 年浙江省盐田废转情况一览表

单位：公顷

年份	废　转　情　况	废转面积
2006	废转岱山县秀山盐场 13.80 公顷、桂花盐场 1.37 公顷、岱北盐场 1.08 公顷；定海区长白盐场 107.67、木岙盐场 85.29 公顷、长丰盐场 28.8 公顷；普陀区大山盐场 24.47 公顷、蛟头盐场 66.67 公顷、东升盐场 7.20 公顷；鄞州区合胜盐场 30.67 公顷、红卫(大嵩)盐场 320 公顷；北仑区梅峰盐场 255.40 公顷的盐田	942.42
2007	废转岱山县秀山盐场 71.37 公顷、前岸盐场 90.47 公顷、渔山盐场 32.40 公顷、双峰盐场 16.78 公顷、岱北盐场 50.20 公顷、太平盐场 14.25 公顷、摇星盐场 25.33 公顷；普陀区普陀盐场 99.67 公顷、泗苏盐场 4.27 公顷、大联盐场 26.67 公顷、双塘盐场 32 公顷、平蛟盐场 31 公顷；象山县昌国盐场 101.40 公顷；北仑区梅山盐场 228.97 公顷的盐田。	824.78
2008	废转普陀区小湖盐场 44.07 公顷；岱山县岱南盐场 8.87 公顷、桂花盐场 0.27 公顷、海丰盐场 36.39 公顷、火箭盐场 28 公顷、双峰盐场 2.19 公顷、茶前山盐场 28.27 公顷；苍南县马站盐场 3.06 公顷的盐田	151.12
2009	废转岱山县摇星盐场 20 公顷、桂花盐场 0.72 公顷、双峰盐场 1.05 公顷、双峰盐场 0.2 公顷；普陀区展茅盐场剩余 21.73 公顷；定海区外钓盐场 33.47 公顷的盐田。	77.17
2010	废转岱山县双峰盐场 20.27 公顷、太平盐场 22.25 公顷；象山县昌国盐场 210.40 公顷；普陀区泗苏盐场 20 公顷的盐田。	272.92
合　　计		2268.41

资料来源：据浙江省盐务管理局 2006—2010 年档案资料综合整理。

五、产量计划管理

中华人民共和国成立后，盐的生产实行计划管理。由省盐务管理局根据全国分配的盐生产任务，制定本省各场盐年产额，各场均不得自行增减。各场将生产计划落实到各盐户，制盐户则定期将盐产量通过场务所逐级汇总上报，并接受盐务部门的监督检查。1950 年，全省盐业机构调整后，全省盐的生产计划通过下属第一至第五分局落实到各盐场管理处，然后再逐级分解至各场务所直至各生产队(户)。

1958 年后，全省在宁波、舟山、台州、温州等地陆续兴建一批国营盐场和集体盐场。盐的年度生产计划是通过各地区(市)和县级盐业主管部门逐级下达到各盐场，盐场再将生产计划分解到各工区和滩组，按盐业主管部门下达的生产计划组织生产。

20 世纪 70—80 年代，各盐场盐产量除月报外，在 7—9 月盐业旺产季节实行旬报制度。生产单位上报给县级盐业部门，然后采用电报和报表方式报地区(市)盐业局，再报省盐务管理局汇总后反馈到各地(市)和县级盐业部门。

1978 年 12 月,轻工业部重申,盐是部管的统一分配调拨产品,凡纳入国家生产计划的盐,都必须纳入统一的分配调拨计划。

1984 年,国家对盐的生产实行指令性计划管理。各级盐业部门和盐场都必须按国家下达的指令性生产计划管理和组织生产。在盐的生产计划执行中,海盐生产遇严重自然灾害歉产时,盐场可向盐业主管部门提出调整生产计划。如全国或全省盐存量缺少时,盐业主管部门提出增产的办法和措施;反之,则予以限产。

1987 年,除食盐生产仍实行指令性计划外,对工业用盐和农牧渔业用盐的生产改为指导性计划。由于全国前几年海盐连年歉产,同年 6 月,全国召开制盐工业"双增双节"会议,在盐业系统内开展抗灾增产立功竞赛活动,要求全国超产 100 万吨盐;同时对国营盐场增产实行每吨 5 元的经济奖励,用于职工福利和奖励,调动盐工产盐积极性。

1990 年 3 月,国家颁布《盐业管理条例》,规定:制盐企业必须按照国家计划组织生产。

1996 年 5 月,国家颁布《食盐专营办法》,明确国家对食盐实行专营管理,对食盐生产实行定点生产制度和指令性计划管理。食盐的年度生产计划由国家计委下达,各级盐业机构组织实施,非食盐定点生产企业不得生产食盐。省盐务管理局根据国家食盐指令性生产计划,每年分配给所属各定点企业,各定点企业均应严格按计划组织生产。浙江海盐场生产的日晒盐属非加碘食盐,未受食盐定点生产企业规定限制,但根据国家盐业法规、《浙江省盐业管理条例》规定,仍按盐业部门下达的日晒盐生产计划组织生产。

2000 年,国家发布新版食用盐国家标准,将日晒细盐改为日晒盐,取消了普通盐类别。为满足食品腌制需求,2001 年,省技术监督局发布腌制盐标准。由于从 2003 年起,加碘食盐必须达到一级品标准,二级品只能用于腌制加工,为此,省盐务管理局根据各盐场生产技术、管理水平、质量状况等因素,每年向各产区县级盐务管理局下达日晒盐、腌制盐生产计划,要求严格按计划品种、数量组织生产,并实行"五定"(定场、定滩、定量、定质、定购)管理。

第四节　质量管理

对盐质优劣的区分,古已有之。但民国之前没有检验盐质的设备,故有关盐质的描述主要以色、味、形等为准。民国 19 年(1930 年)起才开始制定专门的盐质定量指标。中华人民共和国成立后,食盐的质量标准日益完善,检测手段日益丰富,食盐质量安全得到较好保障。

一、质量

《周礼·天官·盐人》称:"盐人掌盐之政令,以共百事之盐";"祭祀,共其苦盐、散盐;宾客,共其形盐、散盐;王之膳羞,共饴盐,后及世子亦如之。"即周王室视盐质量优劣分类使用。质量差、味苦的苦盐和味咸的散盐供祭祀用;供宾客食用则用中等的形盐、散盐;供君王、后妃和世子等食用的是最上等的饴盐。这是关于不同盐用于不同用途的最早记载。

唐代，已能根据不同盐品因材施用。李勣、苏敬所编著的《唐本草》认为，“东海盐官盐，白草粒细，北海盐黄草粒粗。以作鱼及咸菹，乃言北胜，而藏茧必用盐官者”。即浙江海宁盐官一带东海所产的盐色白、粒细，是“藏茧”的专用盐。

宋代，石堰、鸣鹤等场篾盘所产之盐，色尤白，在当时质量属前茅。“石堰以东，近海水咸，故虽用竹盘而盐色尤白”①。

明代，嘉靖《余姚县志》卷六对石堰盐场所产盐的质量作如下记载：“盐，通商利民，海滨上产。自梅川之白沙而东者，色白，质松，味差澹，宜食。自开源之道塘而西者，色微黑，质重，其味咸，然腌物不败。”此处对同一个盐场生产的盐的质量也作了明确区分，即石堰盐场东部所产的盐色白、质松、味较淡，适宜食用；而盐场西部所产的盐则色微黑、盐粒重、味咸，可作腌制之用，而使被腌之物不会腐烂。

清代，道光《浒山志》载，石堰盐场“咸泥淋卤，煎卤为盐，有铁盘盐，有篾盘盐。篾盘色白松燥，铁盘逊之”②，讲述了铁盘盐和篾盘盐的质量区别。《清盐法志》卷二百一十五载：“盐以卤为本，卤池清则色洁，色洁则味鲜。”《盐法通志》云：“余姚场分煎、晒二种。晒盐质松味咸，间带苦性，色泽白，结晶呈粗大、方粒；煎盐性质坚，味微带甘性，色泽洁白，结晶呈不正形，细粒。”③ 对余姚场采用煎晒不同工艺生产出来的盐的质量作了详细的区分。

民国以后，对盐的质量才开始有定量的各项指标。民国 3 年(1914 年)起，两浙盐运使公署(两浙盐务稽核分所)开始对各盐场生产的盐从氯化钠、水分、可溶物、不溶物等方面进行比较详细的质量检测。从检测的总体情况看，盐质较差，氯化钠含量仅为 70％～90％，而水分和杂质含量则较高。民国 19 年，国民政府财政部颁布的《检查食盐章程》对食盐质量的化学成分作了更加明确的规定。民国 3 年、民国 18 年、民国 20 年各场盐质量检测情况分别见表 47-3-4-1、表 47-3-4-2、表 47-3-4-3。

表 47-3-4-1　　民国 3 年(1914 年)浙江省余姚盐场盐质数据一览表

单位：％

产　地	氯化钠	氯化钾	氯化镁	硫酸钙	硫酸镁	不溶物	水　分
张家路	78.4290	6.3448	2.1477	1.9822	1.4669	1.0130	8.6205
	78.3658	5.8204	1.9720	2.0884	1.6171	0.9322	9.2040
周家路	78.8782	5.7306	2.4804	2.5784	2.4027	0.8699	8.4018
	77.9740	4.8012	1.1390	1.8075	1.9844	0.9726	10.3119
崔陈路	72.9447	3.9780	4.8823	1.0774	3.7909	2.2640	11.0627
	74.8911	4.0078	3.1193	1.9145	2.7666	1.2160	12.0847

资料来源：《浙江省盐业志》，中华书局 1996 年版，第 120—121 页。

① 《宋史》卷一百八十二《食货下四》。

②③ 转引自《宁波盐志》，宁波出版社 2009 年版，第 75 页。

表 47-3-4-2　　民国 18 年(1929 年)浙江省各盐场盐质数据一览表

单位:%

场　别	盐种类	氯化钠	水　分	杂　质	场　别	盐种类	氯化钠	水　分	杂　质
黄岩场	煎盐	81.24	10.61	8.15	定海场	晒盐	88.74	5.85	5.41
	晒盐	87.98	4.85	7.17					
岱山场	晒盐	85.10	9.81	5.09	民生公司	精盐	96.26	2.52	1.21

资料来源:《浙江省盐业志》,中华书局 1996 年版,第 121 页。

表 47-3-4-3　　民国 20 年(1931 年)浙江省各盐场盐质数据一览表

单位:%

场　别	盐种类	氯化钠	水　分	杂　质	场　别	盐种类	氯化钠	水　分	杂　质
岱山场	晒盐	78.62			三江场	煎盐	76.20	12.50	11.30
杜渎场	晒盐	86.47	11.92	1.61	清泉场	晒盐	85.23	9.36	5.41
黄岩场	煎盐	74.48	12.62	12.90	马鞍区	煎盐	79.68	10.10	10.22
陡门区	煎盐	70.96	12.00	17.04	余姚场	晒盐	87.94	8.34	3.32
鸣鹤场	晒盐	86.32	5.32	8.36					

资料来源:《浙江省盐业志》,中华书局 1996 年版,第 121—122 页。

民国 21—34 年(1932—1945 年)未找到相关盐质记录。民国 35 年起恢复余姚、岱山、黄岩、北监、钱清 5 个检定所后,有部分盐质记录,见表 47-3-4-4。

表 47-3-4-4　　民国 35—37 年(1946—1948 年)浙江省各盐场盐质数据一览表

单位:%

年　份	场　别	氯化钠	水　分	不溶物	可溶物
民国 35 年	舟　山	85.02	7.20		7.78
民国 36 年	南监场(苍南)	80.50	12.50	0.78	6.22
民国 36 年	北监场(玉环)	85.16	8.80	0.94	5.10
民国 36 年	长林场(乐清)	83.45	10.46	1.39	4.70
民国 36 年	长林场(乐清)	83.70	10.80	1.40	4.36
民国 36 年	双穗场(瑞安)煎	85.73	8.60	1.46	4.21
民国 36 年	双穗场(瑞安)晒	85.32	8.20	1.64	4.84

续表

年 份	场 别	氯化钠	水 分	不溶物	可溶物
民国 36 年	余姚场	88.69	3.82	1.67	5.82
民国 36 年	余姚场	82.09	8.00	1.37	8.54
民国 37 年	舟 山	82.94	13.18	0.28	3.60

资料来源:《浙江省盐业志》,中华书局 1996 年版,第 121—122 页,据两表综合整理。

中华人民共和国成立初期,浙盐总体质量较差,全省产盐平均氯化钠含量不足 80%,仅个别场产盐氯化钠含量略高于 80%,见表 47-3-4-5。

表 47-3-4-5　　1949—1952 年浙江省原盐氯化钠含量一览表

单位:%

年 份	全省平均	庵东分局	温州分局	台州分局	定岱分局	翁家埠场管处	绍兴场管处	象山场管处
1949	70.02	70.59	68.62	70.23	-	66.61	-	74.05
1950	75.42	75.75	72.88	78.61	70.56	71.54	75.57	83.03
1951	78.02	80.61	77.32	79.08	76.82	76.80	76.26	79.26
1952	78.41	81.09	78.06	79.95	75.30	75.98	77.42	81.10

资料来源:浙江省盐务管理局编《浙江盐务工作参考资料》,1953 年 8 月。

1958 年 7 月浙江省轻工业厅编印的《浙江省制盐工业统计资料汇编》所载 1953—1957 年盐质资料均为干基计算,根据干基标准所规定的各等含水量,转换为湿基后,主要指标见表 47-3-4-6。

表 47-3-4-6　　1953—1957 年浙江省原盐质量一览表　　单位:%

年 份	氯 化 钠 含 量				
	平均氯化钠	一 级	二 级	三 级	等 外
1953	73.42				
1954	72.91	-	85.25	79.86	72.75
1955	73.06	89.78	85.37	80.01	72.68
1956	79.48	90.19	85.54	80.56	75.10
1957	80.99	90.00	85.31	80.67	74.86

资料来源:《浙江省盐业志》,中华书局 1996 年版,第 123 页。

从20世纪60年代中期起，省产盐质量平稳上升，至20世纪70年代逐步提高。尤其20世纪80年代后，由于管理加强，科技创新，新工艺、新设备的不断应用，使得盐质大幅提高，逐步形成了浙江日晒盐色白、粒细、味美、干燥的地方特色。各时期原盐质量情况见表47-3-4-7至表47-3-4-10。

表47-3-4-7　　1958—1962年浙江省原盐(收购)质量一览表

单位：%

年　份	氯化钠含量	等　品　率			
		一级	二级	三级	等外
1958		6.20	25.35	46.89	21.56
1959		4.30	29.33	49.09	17.28
1960		8.96	37.85	42.85	10.34
1961		5.01	24.33	47.63	23.03
1962	82.80	1.78	18.82	38.98	40.42

资料来源：《浙江省盐业志》，中华书局1996年版，第124页。

说明：1958年起，原盐质量检测按《中华人民共和国轻工业部盐务总局局定技术条件》(食盐技0901-58)之规定；1958年起均为按湿基计算。

表47-3-4-8　　1963—1986年浙江省原盐(收购)质量一览表

年份	氯化钠含量(%)	白度(度)	粒度(%)	等　品　率　(%)				
				优级	一级	二级	三级	等外
1963	80.44	-	-	-	3.01	30.48	38.09	28.42
1964	81.61	-	-	0.12	2.35	25.38	42.41	29.74
1965	85.88	-	-	1.24	19.97	44.08	25.17	9.54
1966	87.86	-	-	5.67	35.22	41.84	14.44	2.83
1967	88.38	-	-	6.91	29.01	54.20	8.84	1.04
1968	87.77	-	-	4.28	17.74	63.56	13.58	0.84
1969	88.21	-	-	5.60	14.49	57.52	21.41	0.98
1970	88.54	-	-	2.91	22.47	58.58	15.54	0.50
1971	87.11	-	-	3.71	20.35	53.52	20.67	1.75
1972	87.94	-	-	3.43	34.45	45.94	14.40	1.78
1973	88.17	-	-	4.11	29.31	53.91	12.45	0.22
1974	88.29	-	-	4.85	31.19	51.50	12.05	0.41

续表

年份	氯化钠含量(%)	白度(度)	粒度(%)	等品率(%)				
				优级	一级	二级	三级	等外
1975	87.83	–	–	1.98	24.35	60.46	12.78	0.43
1976	85.21	–	–	2.52	32.48	52.43	12.35	0.22
1977	87.54	–	–	2.98	28.93	41.39	26.38	0.32
1978	86.95	–	–	7.00	26.19	39.04	26.94	0.83
1979	89.32	–	–	12.63	39.29	38.55	9.11	0.42
1980	89.00	–	–	7.14	26.29	31.20	21.87	13.40
1981	89.90	–	–	6.77	30.76	35.55	17.00	9.92
1982	90.12	51.11	81.05	5.37	28.61	46.84	14.59	4.59
1983	90.15	50.36	82.15	5.19	31.27	46.64	15.74	1.16
1984	90.34	52.50	85.52	8.85	27.52	46.62	16.41	0.60
1985	90.48	55.08	87.24	14.25	29.58	45.66	9.64	0.88
1986	91.08	57.73	88.69	12.08	29.86	47.84	9.23	0.97

资料来源:数据引自浙江省盐业统计年报。

说明:1963年起,原盐质量检测按轻工业部《海盐标准》(QB 344-63)之规定,其间具体指标略有调整。

表 47-3-4-9　　1987—1999年浙江省原盐(收购)质量一览表

年份	氯化钠含量(%)	白度(度)	粒度(%)	等品率(%)				
				一级	二级	三级	四级	等外
1987	91.38	58.10	89.05	13.16	31.84	47.01	2.68	5.31
1988	91.71	58.78	88.98	13.70	40.93	41.43	0.70	3.24
1989	91.58	57.65	89.51	14.13	37.70	38.98	5.57	3.62
1990	91.55	59.00	90.19	13.25	37.84	38.86	5.54	4.51
1991	91.78	59.55	90.05	14.99	39.99	38.51	3.61	2.90
1992	92.57	59.92	90.20	26.85	42.42	26.22	3.55	0.96
1993	92.94	60.50	91.80	70.03	24.59	1.91	2.93	0.54
1994	92.68	61.49	91.82	63.50	26.59	6.65	2.85	0.41
1995	93.05	62.10	91.30	69.69	22.01	6.23	1.89	0.18

续表

年份	氯化钠含量(%)	白度(度)	粒度(%)	等品率(%)				
				一级	二级	三级	四级	等外
1996	93.26	62.78	90.91	73.77	20.80	4.24	1.19	0.00
1997	93.22	63.41	91.47	75.52	20.18	3.37	0.93	0.00
1998	92.86	63.28	91.66	70.99	25.46	3.25	0.30	0.00
1999	92.98	62.69		77.04				

资料来源:数据引自浙江省盐业统计年报。

说明:1987年起,原盐质量检测按国家标准《食用盐》(GB 5461－85)之规定,其间具体指标略有调整。

表47-3-4-10　　2000—2010年浙江省原盐质量一览表

年份	氯化钠含量(%)	白度(度)	粒度(%)	等品率(%)			
				一级盐	二级盐	腌制盐	工业晶盐
2000	92.58	62.40	90.80	60.74	32.17	–	7.09
2001	92.44	62.53	88.04	47.78	43.33	–	8.89
2002	92.36	62.56	86.25	41.35	45.72	12.18	0.75
2003	92.35	62.18	85.26	40.28	42.60	16.49	0.63
2004	92.49	62.68	84.08	31.11	58.11	9.11	1.67
2005	92.57	62.78	85.56	30.75	55.05	6.41	7.79
2006	92.49	62.64	85.69	24.19	67.31	8.15	0.35
2007	92.51	62.50	84.91	31.72	49.45	18.59	0.24
2008	91.97	61.92	85.85	24.65	36.05	39.15	0.15
2009	91.77	61.52	85.45	31.59	23.50	44.91	0.00
2010	91.70	60.80	86.51	30.92	23.57	45.46	0.05

资料来源:数据引自浙江省盐业统计年报。

说明:2000年起,原盐质量检测按国家标准《食用盐》(GB 5461－2000)之规定,其间具体指标略有调整。工业晶盐和腌制用盐分别按地方标准DB33/T 287－2000和DB/T 342－2001之规定。

1962—2010年全省原盐平均氯化钠含量参见图47-3-4-1。

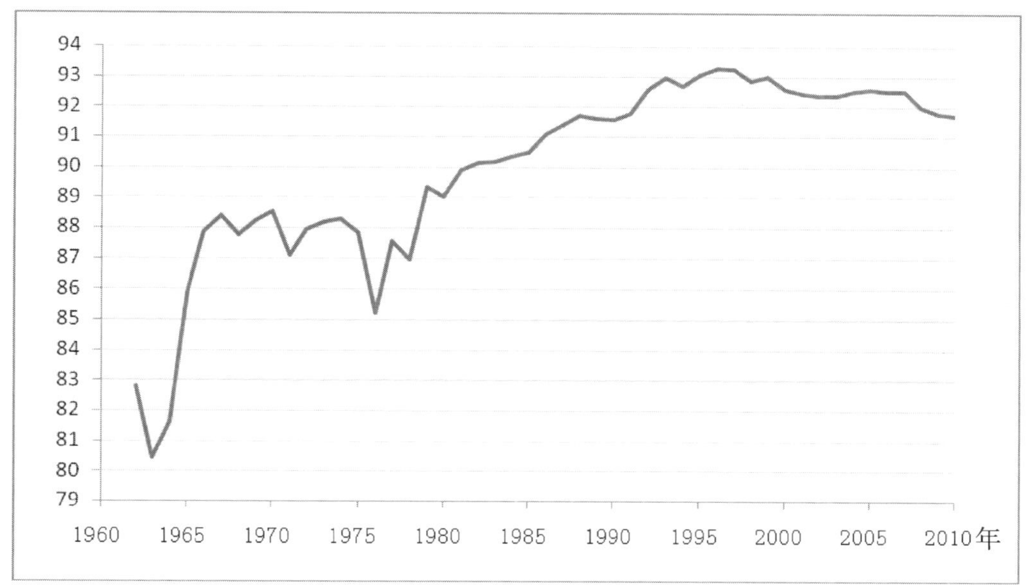

图 47-3-4-1 1962—2010 年浙江省原盐平均氯化钠含量(单位:%)(据浙江省盐业统计年报有关数据绘制)

二、标准

民国之前,对盐的质量只有一些感性的描述,并无具体的质量指标。随着监测技术发展和检测水平的提高,才有了定量的化学成分指标。民国 3 年(1914 年)3 月 4 日,国民政府财政部颁布《制盐特许条例》,其中提到,"制造盐类之各种物质含有盐化钠四十分以上者",非经政府之特许不得制盐。

民国 19 年(1930 年)6 月,国民政府财政部颁布《检查食盐章程》,其中第二条对食盐质量的化学成分作了明确规定:"凡食盐检查,应依照下列标准行之:(一)食盐之含氯化钠量应在 85%以上;(二)食盐之含水分,应在 10%以下;(三)食盐应色质洁白,不得掺入苦卤、泥沙与妨碍卫生诸杂质及过分水量"。至此食盐才有了具体的化学成分质量指标。同年 12 月,公布《检查精盐章程》,规定精盐的氯化钠含量应该在 95%以上。

民国 20 年(1931 年),国民政府颁布的《盐法》规定,"食盐以含有百分之九十以上氯化钠者为一等盐,含有百分之八十五以上氯化钠者为二等盐。氯化钠未满百分之八十五者不得用作食盐。前项一等食盐所含水分不得超过百分之五,二等食盐所含水分不得超过百分之八",开始对食盐进行质量分等。

民国 36 年(1947 年)3 月 12 日,国民政府公布的《盐政条例》第五条规定:"盐之品质,视其所含氯化钠之成分,分为三等:一等盐含有氯化钠百分之九十以上;二等盐含有氯化钠百分之八十五以上;三等盐含有氯化钠百分之七十以上。前项一等盐所含水分不得超过百分之五;二等盐所含水分不得超过百分之八;三等盐不得充作食用"。同年 10 月,盐务总局又作补充规定:"(一)应色质洁白,不得掺入苦卤、泥沙、芒硝、石灰及其他妨碍卫生之杂质及水分;(二)含有氯化钡成分者,应予提净,最高含量不得超过万分之五",首次对食盐的微量有害元素提出质量要求。

民国37年(1948年),盐务总局对再制盐及洗涤盐标准作出规定:再制盐应含有氯化钠95%以上,含有水分不得超过3%;洗涤盐氯化钠含量应在92%以上,含有水分不得超过5%。

中华人民共和国成立后,盐的质量检测标准逐步健全完善,并对盐的品种、等级等作出了详细的规定。在执行国家相关标准的同时,浙江省相关主管部门制定出台地方标准,各盐业企业也制定了适合本企业实际的企业标准。

(一)国家标准

1950年5月25日,中央人民政府财政部批准施行《检定食盐规定》,规定粗盐含氯化钠85%以上,水分8%以下,不溶物1.5%以下。至1956年均以此标准湿基计算。

1952年,全国第四届盐务会议决定将粗盐质量标准进行分等,规定氯化钠含量一等盐90%以上、二等盐85%以上、三等盐80%以上。

1956年6月16日,轻工业部盐务总局颁发《海盐干基质量标准》,规定氯化钠含量一级盐96%以上、二级盐94%以上、三级盐92%以上,并规定产盐后需存储满一个月才可定等。

1958年2月,轻工业部盐务总局正式颁布了《中华人民共和国轻工业部盐务总局局定技术条件》(食盐技0901-58),下达到全行业试行。该标准按生产方法将食盐分为海盐、井盐、矿盐、湖盐、再制盐、洗涤盐、粉碎洗涤盐7种,其中海盐有4个等级,其技术要求是:在感官项目上必须纯粹的咸味,不带异味,均应呈白色或青白色,不得夹杂肉眼能明显看出来的一切不溶杂质和硫酸镁晶体;规定氯化钠含量特等盐95%以上、一等盐90%以上、二等盐85%以上、三等盐80%以上。

1963年6月1日,为适应浙江等海盐区生产方式和质量实际情况,轻工业部颁布海盐标准(QB 344-63),替代食盐技0901—58标准。分感官和化学指标两项,感官指标要求:色泽白色或暗白色;滋味和气味,味咸不带臭气;规定氯化钠含量一等盐90%以上、二等盐85%以上、三等盐80%以上、四等盐75%以上。

1964年10月1日,轻工业部颁布部颁标准《海盐》(QB 344-64),替代QB 344-63标准,增加了优质盐等级。感官指标不变,调整部分化学指标;规定氯化钠含量优级盐93%以上、一级盐90%以上、二级盐85%以上、三级盐80%以上。

1977年3月29日,轻工业部颁布部颁标准《海盐》(QB 344-77),对盐质的要求逐步提高。感官指标要求白色或暗白色,味咸、无异味。规定氯化钠含量优级盐94%以上、一级盐92%以上、二级盐88%以上、三级盐83%以上。

1986年6月1日,国家标准局颁布国家标准《食用盐》(GB 5461-85)和《工业盐》(GB 5462-85)。食用盐包括精制盐、粉碎洗涤盐、普通盐3种,浙江未产粉碎洗涤盐,主要实施精制盐和普通盐标准。该标准首次对微量元素作出定量要求,除理化指标外,还规定了检验方法、验收规则及包装、标志、贮运方法。食用盐要求色白,无可见的外来杂物,味咸、无苦味,无异臭。其中规定精制盐氯化钠含量优级盐99.3%以上、一级盐98.5%以上、二级盐97%以上;普通盐氯化钠含量一级盐94%以上、二级盐92%以上、三级盐89%以上、四级盐86%以上。加碘盐碘含量 20～50 毫克/千克。工业盐要求白色或黄白色，无外来杂物，味咸。规定氯化钠含量优级盐 95.5%以上、一级盐 94%以上、二级盐 92%以上、三级盐 89%以上。因该标准普通盐无白度指标，同年 7 月 1 日起，浙江省盐的出场，国营盐场按 GB 5461－85 标准并参照浙 Q/QB 193－85 标准的白度、粒度定等；集体盐场仍按浙 Q/QB 193－85 标准定等。

1992 年 6 月 12 日，国家技术监督局颁布国家标准《食用盐》(GB 5461－92)，替代原国家标准《食用盐》(GB 5461－85)，并于次年 3 月 1 日起实施。该标准增加了适合南方的日晒细盐的指标体系。食用盐感官指标不变。规定日晒细盐氯化钠含量一级盐 93%以上、二级盐 91%以上、三级盐 88%以上；普通盐氯化钠含量一级盐 94%以上、二级盐 92%以上、三级盐 89.5%以上、四级盐 86%以上。浙江省为实施日晒细盐分等定价政策，决定于 1992 年 9 月 27 日调整盐价，同时提前执行《食用盐》国家标准(GB 5461－92)。

同日，国家技术监督局颁布国家标准《工业盐》(GB 5462－92)，替代原国家标准《工业盐》(GB 5462－85)。工业盐感官指标不变，规定氯化钠含量优级盐 95.5%以上、一级盐 94%以上、二级盐 92%以上、三级盐 89.5%以上。

1996 年，卫生部颁布国家标准《食用盐卫生标准》(GB 2721－1996)，替代原国家标准《食用盐卫生标准》(GB 2721－81)。规定氯化钠含量 97%以上(以干基计)，并对水不溶物、微量元素等含量作了规定。

2000 年 4 月 20 日，国家质量监督检验检疫总局颁布国家标准《食用盐》(GB 5461－2000)，替代原国家标准《食用盐》(GB 5461－92)，并于同年 10 月 1 日起实施。该标准对盐产品类别和级别进行了调整，提高了白度和氯化钠含量指标，对碘含量进行上下限控制。食用盐分精制盐、粉碎洗涤盐、日晒盐。其中日晒盐感官指标要求白色、味咸、无异味、无明显的与盐无关的外来异物。规定日晒盐氯化钠含量一级盐 93.2%以上、二级盐 91%以上。碘酸钾含量 35±15(20～50)毫克/千克。

2003 年 1 月 27 日，国家质量监督检验检疫总局颁布国家标准《工业盐》(GB/T 5462－2003)，替代原国家标准《工业盐》(GB 5462－92)，并于同年 7 月 1 日起实施。其中日晒工业盐感官指标要求白色晶体或微黄色、青白色，无与产品有关的明显外来杂物。规定氯化钠含量优级盐 96%以上、一级盐 94.5%以上、二级盐 92%以上。

2003 年 9 月 24 日，卫生部和国家标准化委员会发布国家标准《食用盐卫生标准》(GB 2721－2003)，替代原国家标准《食用盐卫生标准》(GB 2721－1996)，并于 2004 年 5 月 1 日起实施。2004 年 7 月 21 日，国家标准化管理委员会批准第 1 号修改单，对部分微量元素指标进行了微调。

2006 年 1 月 26 日，农业部发布行业标准《绿色食品食用盐》(NY/T 1040－2006)，于同年 4 月 1 日起实施。要求生产加工环境应符合《绿色食品产地环境技术条件》的规定，净含量应符合《定量包装商品计量监督规定》。具体指标略。

20 世纪 90 年代以来，根据食用盐品种日益增多的现状，国家相关主管部门相继颁布和修订了一系列多品种盐的行业标准，如《肠衣盐》(QB/T 2606－2003)、《调味盐》(QB 2020－2003)、《低钠盐》(QB 2019－2005)、《强化营养盐》(QB 2238.1－2005 钙强化营养盐、QB

2238.2－2005 锌强化营养盐、QB 2238.3－2005 硒强化营养盐、QB 2238.4－2005 铁强化营养盐、QB 2238.5－2005 核黄素强化营养盐）、《浴盐》（QB/T 2744－2005）、《泡菜盐》（QB/T 2743－2005）等，具体指标略。

（二）地方标准

中华人民共和国成立后，浙江省财政厅首次对食盐质量的规定是甲等盐氯化钠含量大于82％，二等盐氯化钠含量大于77％，三等盐氯化钠含量大于70％。

1950年，省盐务管理局根据国家发布的《检定食盐规定》，制订了《浙江区检定食盐实施细则》，规定食盐氯化钠含量85％以上，水分10％以下，不溶物1.5％以下，氯化钡含量不得超过0.05％。同时，省盐务管理局制发标准盐样，比照目测定等收盐。

1953年1月1日起，在全省重点盐区推广盐质量分等计价标准，其中：甲等盐氯化钠在85％以上，乙等盐氯化钠在80％以上，丙等盐氯化钠在75％以上。同时规定，温州、舟山、台州三地区各等级氯化钠含量可降低5％。各场在仓前以评比方式进行分等，实际上是分等未分价，1955年省盐务管理局暂停执行该标准。

1958年2月，《中华人民共和国轻工业部盐务总局局定技术条件》（食盐技0901－58）颁布实施后，因浙江客观条件决定的海盐生产方式，氯化钠含量低、水分高，结合浙江海盐实际，1958年和1959年，浙江省两次修订盐质分等标准，适当降低了氯化钠含量指标，提高了水分含量指标，见表47-3-4-11。

表47-3-4-11　　1958—1959年浙江省盐质分等标准一览表

修订时间	指标名称	一等	二等	三等	等外
1958	氯化钠含量不少于（％）	87	78	72	-
1959	氯化钠含量不少于（％）	90	85	82	80
	水分含量不多于（％）	7	10	13	-

资料来源：据《浙江省盐业志》中华书局1996年版第129—130页资料综合整理。

1965年4月，省轻工业厅根据部颁标准《海盐》（QB 344－64），结合浙江地产盐实际，对水分和水不溶物两项指标作适当调整，制定了《原盐质量分等标准》，见表47-3-4-12。

表47-3-4-12　　1965年浙江省原盐质量分等标准一览表

1.感官指标：

指标名称	规定标准	指标名称	规定标准
色泽	白色	滋味	味咸无臭

2. 化学指标(湿基)：

指标名称	优级	一级	二级	三级
氯化钠含量不少于(%)	93.00	90.00	85.00	80.00
水分含量不多于(%)	5.20	7.30	10.35	14.40
水不溶物含量不多于(%)	0.20	0.20	0.30	0.40
水溶性杂质含量不多于(%)	1.60	2.50	4.35	5.20

资料来源：据浙江省轻工业厅编制《原盐质量分等标准》综合整理。

1977 年 3 月 29 日，轻工业部颁布了部颁标准《海盐》(QB 344 - 77)，对盐质的要求逐步提高，但浙江省盐的收购仍按 1965 年轻工业厅制定的分等标准定等。

1981 年 7 月 13 日，省轻工业厅为满足广大消费者对食用盐色白、粒细、干燥的要求，对省产盐增加白度和粒度两项物理指标，使感官指标从定性改为定量。以温州天平一厂生产的白度测定仪测定的白度值为标准，粒度各等级均应 80%以上通过 2 毫米方孔筛。经一年试行，1982 年 6 月 1 日，浙江省标准计量局发布《浙江省食盐试行标准》(浙 Q/QB 193 - 82)，同时发布了《浙江省特制细盐试行标准》(浙 Q/QB 194 - 82)，分别见表 47-3-4-13、表 47-3-4-14。

表 47-3-4-13　　　　1982 年浙江省食盐试行标准一览表

1. 感官指标：

指标名称	规　定　标　准			
色泽	白色			
滋味和气味	味咸、无异味			
白度(度)	优级	一级	二级	三级
	≥54	≥48	≥42	≥36
粒度	各等级均须 80%以上通过 2 毫米方孔筛			

2. 化学指标(湿基)：

指标名称	优级	一级	二级	三级
氯化钠含量不少于(%)	93.00	90.00	85.00	80.00
水不溶物含量不多于(%)	0.10	0.20	0.30	0.40
水溶性杂质含量不多于(%)	1.60	2.50	4.35	5.20
水分含量不多于(%)	5.30	7.30	10.35	14.40

资料来源：据《浙江省食盐试行标准》(浙 Q/QB 193 - 82)综合整理。

表 47-3-4-14　　1982 年浙江省特制细盐试行标准一览表

1. 感官指标：

指标名称	规定标准	指标名称	规定标准
色泽	白色	白度(度)	≥60
滋味和气味	味咸、无异味	粒度	粒度均匀，应 70%以上通过 0.5 毫米方孔筛

2. 化学指标(湿基)：

指标名称	指标值	指标名称	指标值
氯化钠含量不少于(%)	95.00	水不溶物含量不多于(%)	0.05
钙离子含量不多于(%)	0.20	镁离子含量不多于(%)	0.20
硫酸根离子含量不多于(%)	0.40	水分含量不多于(%)	3.30

资料来源：据《浙江省特制细盐试行标准》(浙 Q/QB 194－82)综合整理。

1985 年 5 月 3 日，省轻工业厅对《浙江省食盐试行标准》进行修订完善，发布了《浙江省食用盐标准》(浙 Q/QB 193－85)，相关理化指标见表 47-3-4-15。该标准以氯化钠、白度两项为主指标，突出了白度指标，如未达某等级要降等，高于某一数值而氯化钠含量稍不到某一等级的，可高靠定等。即白度 60 度以上而氯化钠含量在 92.50%以上者定优级；白度在 55 度以上而氯化钠含量在 90.00%以上者定一级；白度在 51 度以上而氯化钠含量在 86.50%以上者定二级；白度在 40 度或氯化钠含量在 83.00%以下者为等外盐。鼓励盐民晒制白度高的好盐。

表 47-3-4-15　　1985 年浙江省食用盐标准一览表

1. 感官指标：

指标名称	规定标准			
色泽	白色			
滋味和气味	味咸、无异味			
白度(度)	优级	一级	二级	三级
	≥55	≥51	≥46	≥40
粒度	各等级均须 80%以上通过 2 毫米方孔筛			

2. 化学指标(湿基):

指标名称	优级	一级	二级	三级
氯化钠含量不少于(%)	93.00	90.50	87.00	83.00
水不溶物含量不多于(%)	0.10	0.20	0.30	0.40
水溶性杂质含量不多于(%)	1.40	2.20	4.00	5.00
水分含量不多于(%)	5.50	7.10	8.70	11.60

资料来源:据《浙江省食用盐标准》(浙 Q/QB 193－85)综合整理。

2000 年 9 月 12 日,省质量技术监督局发布地方标准《工业晶盐》(DB 33/T 287－2000),于同年 10 月 1 日起实施。该标准适用于制革、制皂、冶金、纺织印染、制冰冷藏等工业用盐。相关理化指标见表 47-3-4-16。

表 47-3-4-16　　2000 年浙江省工业晶盐标准一览表

指　标　名　称		指标值
化学指标(湿基)(%)	氯化钠	≥88.00
	水分	≤8.50
	水不溶物	≤0.30
	水溶性杂质	≤3.20
物理指标(%)	粒度(0.5~3.5 毫米筛孔中间物)	≥70.00

资料来源:据《工业晶盐标准》(DB 33/T 287－2000)综合整理。

2001 年 12 月 29 日,省质量技术监督局发布地方标准《腌制用盐》(DB 33/T 342－2001),于 2002 年 2 月 1 日起实施。该标准仅适用于不宜适用碘盐的蔬菜、水果等农副产品腌制脱水用盐。相关理化指标见表 47-3-4-17。

表 47-3-4-17　　2001 年浙江省腌制用盐标准一览表

指　标　名　称		指标值
物理指标	粒度(0.5~3.5 毫米筛孔中间物)(%)	≥70.00
	白度(度)	≥50.00
化学指标(湿基)(%)	氯化钠	≥89.50
	水分	≤7.60
	水不溶物	≤0.10
	水溶性杂质	≤2.80

续表

指　标　名　称		指标值
卫生指标(毫克/千克)	铅(以 Pb 计)	≤1.0
	砷(以 As 计)	≤0.5
	氟(以 F 计)	≤5.0

资料来源:据《腌制用盐标准》(DB 33/T 342－2001)综合整理。

2004 年 7 月 22 日,省质量技术监督局发布海洋生物养殖和海水类水产品暂养的海洋生物专用盐(又称“海水晶”“海水素”“海水精”“水产暂养盐”等)地方标准,具体指标略。

2005 年 9 月 1 日,省质量技术监督局发布地方标准《腌制用盐》(DB 33/T 342－2005),替代原地方标准《腌制用盐》(DB 33/T 342－2001)。该标准新增了加碘腌制用盐种类。相关理化指标见表 47-3-4-18。

表 47-3-4-18　　2005 年浙江省腌制用盐标准一览表

指　标　名　称		指　标　值	
		加碘腌制用盐	普通腌制用盐
理化指标(湿基)	氯化钠(%)	≥91.00	≥89.50
	水分(%)	≤6.50	≤7.60
	水不溶物(%)	≤0.10	
	水溶性杂质(%)	≤2.40	≤2.80
	白度(度)	≥55.0	≥50.0
	粒度(0.5～3.5 毫米筛孔中间物)(%)	≥80.0	≥70.0
卫生指标	铅(以 Pb 计)	按 GB 2721 规定要求	
	砷(以 As 计)		
碘酸钾,碘化钾	碘(以 I 计)(毫克/千克)	35±15	-
抗结剂	亚铁氰化钾(以$[Fe(CN)_6]^{4-}$计)(毫克/千克)	≤3	

资料来源:据《腌制用盐标准》(DB 33/T 342－2005)综合整理。

(三)企业标准

根据企业经营发展实际,经质量技术监督部门备案,省盐业公司及各食盐定点生产企业也先后制定了盐的企业标准。

2003 年 4 月 22 日,省盐业公司制定了企业标准《水产养殖专用盐》,适用于鱼、虾等水产育苗及养殖。2004 年 12 月 1 日，省盐业公司制定了以海水直接滩晒而成的企业标准《日晒自然盐》。2007 年 5 月 18 日，省盐业集团有限公司制定了企业标准《水产养殖专用盐》，自同年 5 月 31 日起实施。

随着多品种盐的研制开发，品种日趋多样丰富，浙江蓝海星盐制品有限公司（浙江蓝海星盐制品厂）、浙江省宁波晶泰盐业发展有限公司、浙江绿海制盐有限责任公司也先后制订了一系列盐产品的企业标准。至 2010 年底止，全省各食盐定点生产企业在用企业标准见表 47-3-4-19。

表 47-3-4-19　　2010 年底浙江省食盐定点生产企业在用企业标准一览表

序号	单　位	标准名称	标准号	实施日期
1	浙江蓝海星盐制品有限公司	雪花盐	Q/ZLY 0002S	2007－03－04
2		健康平衡盐	Q/ZLY 0001S	2008－05－31
3		浙盐	Q/ZLY 0003S	2009－02－28
4		自然晶盐	Q/ZLY 0004S	2009－04－08
5	浙江省宁波晶泰盐业发展有限公司	海精盐	Q/NBJT 01－2009	2009－03－31
6	浙江绿海制盐有限责任公司	日晒自然盐	Q/LH 06－2009	2009－02－06
7		鲜味盐	Q/LH 03－2009	2009－06－01
8		营养平衡盐	Q/LH 02.5－2009	2009－06－01
9		低钠自然盐	Q/LH 01－2009	2009－06－01
10		加钙低钠自然盐	Q/LH 02.1－2009	2009－06－01
11		营养日晒盐	Q/ZLH.0002S－2010	2010－03－01
12		晨饮盐水晶	Q/ZLH.0001S－2010	2010－03－01

资料来源：据浙江蓝海星盐制品有限公司、浙江省宁波晶泰盐业发展有限公司、浙江绿海制盐有限责任公司提供资料整理。

三、检测

（一）检测机构

古代盐质检查主要是观其形色，尝其滋味。民国初期，仅两浙盐运使公署有化验设备，曾派员抽查各地盐样。

民国 19 年（1930 年）颁布《检验食盐章程》对原盐质量提出具体要求后，于民国 20 年开始，在重要产、销区设立检定所。浙江省共有 3 处，分别为位于产区的余姚、岱山检定所和位于销区的绍兴镇塘殿复查所，均由盐务署委派检定员（或复查员）和助手各 1 人，专职从事化验工作。检定所（复查所）开始时属于盐务署，民国 24 年起归属稽核机关，民国 25 年归并秤放局。抗日战争时期，浙江仅存温、台所属 7 个盐场，在盐运汇集的永嘉、临海两地各设食盐检查所 1 处。抗日战争胜利后，各场次第收复，又在余姚、定岱、黄岩、钱清①、北监 5 场各设置 1 个食盐检查所。

中华人民共和国成立后，除省盐务管理局外，还有庵东、岱山、黄岩、温州 4 处化验室，负责全省盐的质量的检测工作。1956 年起改进化验方法，采用容量分析法。省盐务管理局编印《原盐快速分析法》一书，用于指导各地准确开展化验工作。1958 年，各地兴办化工厂与国营盐场时，均设有化验室。

1963 年 1 月，省轻工业厅为进一步加强化验工作，由盐业处设立盐及盐化产品化验室，负责全省化验工作的指导、样品抽查、复验及提高产品质量的试验总结等，同时整顿庵东、岱山、玉环、三门、松门、坢坑、梅山等场原有化验室，固定化验人员。其余各场均建化验站。

1965 年，全省原盐收购实行按化验数据分等计价，为此各地盐场及盐业站普遍建立化验站。

1979 年，为加强化验工作，省盐业公司制订了《化验员岗位责任制》，在全省贯彻执行。

1980 年 2 月，根据省轻工业局规定，为加强与健全质量检验机构，各县盐业局都建立中心化验室，配备专职化验员。

1985 年 3 月，经省计经委、省标准计量局批准，浙江省盐业产品质量监督检验站（以下简称“省盐业质检站”）成立，设在省轻工业厅盐业公司内，负责全省盐业产品质量监督检测、质量仲裁、新产品鉴定、质量认证等，并承担申报省优产品的质量检验和国优、部优产品质量复查。

1988 年 12 月，省盐业质检站通过了首次省级计量认证。

1989 年以来，省盐业质检站协同有关部门做好《食用盐》《工业盐》《制盐工业名词术语》《食盐中亚铁氰化钾的测定方法》《食盐中微量铅的测定方法》等国家标准和《低钠盐》《调味盐》等行业标准的制定、修订和审定工作。

1989 年 1 月 7 日，经宁波市轻工业局批准，成立宁波市盐业产品质量检测站，设在宁波市轻工研究所内，隶属于宁波市轻工业局。同年 7 月 24 日，经宁波市标准计量局批复，在宁波市轻工所内设立宁波市盐业产品质量监督检测站，承担食盐及盐化产品的监督检测工作。1991 年 11 月通过省级计量认证。

1992 年起，对全省各县级盐业质量检测站按《全国海湖盐业系统企业化验室验收细则》的要求进行验收。

1993 年 4 月，省盐业质检站分析室迁至舟山盐业科学研究所办公。除盐业产品分析（化验）检测工作外，其余有关质量监督、管理、检查指导等职责仍由省盐业质监站（设省盐务管理局内）承担。

---

① 民国 37 年（1948 年），钱清盐场检查所迁至杭州，并入两浙盐务管理局。

1994年7月，省盐务管理局制定了《质量管理手册》，收录各项制度和规定，对影响监督检验质量的各种因素进行有效的控制，确保对产品的质量水平作出公正、科学、准确的评价。

根据省盐务管理局要求，销区市(地)级食盐专营企业、食盐年销量在5000吨以上的县(市、区)级食盐专营企业，应具备食用盐全项分析检测的能力；年销量在1500吨以上的县(市、区)级食盐专营企业具备氯离子、碘离子项目的简易分析检测能力；年销量在1500吨以下的县(市、区)级食盐专营企业要具备碘离子单项的测定能力，并逐步创造条件，具备食盐其他项目的检测能力。至1999年底，全省已建立81个质检化验室，其中有29个化验室具备盐产品的全项分析能力；32个化验室具备盐产品氯离子、碘离子等的简易分析能力；19个化验室具备碘离子的测定条件。全省初步形成了以省盐业质检站为龙头，市(地)、县(市、区)质检室为基础，纵向垂直到碘盐生产、分装企业，横向辐射产、销、中转各环节的盐业质检监控网络。

2003年8月12日，省质量技术监督局同意省盐业质检站使用“浙江省盐务管理局盐业产品质量检测中心”名称(以下简称“省盐务管理局质检中心”)，继续行使全省盐业产品质量监督检验职能，其授权检测盐业产品的业务范围不变。

2005年9月底至11月，省盐务管理局组织开展检测能力考查，参加对象为全省各市级、县级盐务管理局和各食盐定点生产企业。从考核结果看，产区质检室无论是设备配备、监测人员素质还是监测水平均优于销区。同年10月，省盐务管理局制定《浙江省盐业企业质检室评定管理办法》，完善质检室的各项资源配置，健全质保体系建设，切实提高质检能力和技术水平。

2007年6月，省盐务管理局质检中心经过专家评审考核，通过了计量认证/认可扩项、复审，获得省质量技术监督局的授权项目42项，比2004年认证时多了20项，基本涵盖了制盐工业所涉及的盐及盐化工产品。同年，组织全省40个实验室参加全国盐业实验室外部质量控制考核，有33个被评为优秀实验室，其中11个参加食用盐考核的实验室中，有7个获优秀实验室，获优秀数位居全国第二。

2009年1月，省盐务管理局制定《浙江省盐产品质量检测管理办法》，对盐产品检测范围、检测内容、抽样、产品的检验和结果判定、检测任务分类、实验室质量保证、检测信息的传递、不合格盐产品处理、责任追究等都作出明确规定，进一步加强了盐产品质量监控。

2010年6月，省盐务管理局质检中心经过专家评审考核，通过了计量认证/审查认可扩项、复审，获得省质量技术监督局授权项目47项，其中产品24项，参数23项。

至2010年底，浙江省共有盐业质检机构32家，见表47-3-4-20。

表47-3-4-20　　2010年浙江省盐业检测机构一览表

地区	所　在　单　位
省级	浙江省盐务管理局质检中心
杭州	浙江省盐业集团杭州市、萧山盐业有限公司，浙江蓝海星盐制品有限公司，临安三和园竹盐有限公司

续表

地区	所　在　单　位
宁波	浙江省盐业集团宁波市盐业有限公司（浙江省宁波晶泰盐业发展有限公司），浙江省盐业集团象山县、慈溪市、余姚市盐业有限公司
温州	浙江省盐业集团温州市、瑞安市、永嘉县盐业有限公司，乐清市盐业化工公司，苍南县盐业公司
湖州	浙江省盐业集团湖州盐业有限公司
嘉兴	浙江省盐业集团嘉兴市、桐乡市盐业有限公司
绍兴	浙江省盐业集团绍兴市、上虞市、诸暨市盐业有限公司
金华	浙江省盐业集团金华市、兰溪市、义乌市盐业有限公司
衢州	浙江省盐业集团衢州市盐业有限公司
舟山	浙江省盐业集团舟山市、普陀盐业有限公司，岱山县盐业公司、浙江绿海制盐有限责任公司
台州	浙江省盐业集团台州市盐业配送有限公司，温岭市盐业公司，玉环县盐业公司
丽水	浙江省盐业集团丽水市盐业有限公司

资料来源：据浙江省盐务管理局质检中心提供资料综合整理。

（二）检测方式

检验方式除各生产企业自行进行日常质量检测外，主要还有县级收购定等检测和省级监督检查。

1. 定等检测

1950年，根据财政部《检定食盐规定》，省盐务管理局制定《浙江区检定食盐细则》，并制发标准盐样，比照目测定等收购。

1952年8月5日起，岱山摇星浦场务所第一次试行分等计价，采取对照标准盐样与目测手捻相结合，实行后盐质显著提高。省盐务管理局自1953年起在全省重点盐区推广，1955年暂停执行。

1956年7月1日起，全省第二次试行分等计价，并采取分等存储。由于分等存储，造成仓储紧张，再加上盐民对收盐后等级待定先预付盐资的措施不满，1960年4月再次取消分等计价。

1963年3月，省轻工业厅制定《目力测定原盐要点》，分盐色、盐粒、水分、结晶、不溶性杂质等项来确定原盐质量优劣。全省各县据此自行进行分等计价试验，基本成功后，1965年7月1日起，经省人民委员会批准，收购集体盐场原盐一律实行分等计价，由各地盐业站以简易分析定等。

1981年7月，引入造纸、陶瓷等行业使用的ZBD白度仪和方孔标准分析筛，在浙江省食盐企业标准中增加食盐的白度与粒度两项质量指标，在全国盐业系统中率先应用科学仪器定量测定食盐物理指标。该方法被轻工业部在修订国家标准《食用盐》（GB 5461－85）时采用。

1986年7月1日起，为提高放销原盐质量检测准确性，实行放销时袋包取样检测定等。

1987年起，各生产单位除上报生产(当月产盐采样检测)质量报表外，还开始上报放销质量报表。

1993年9月1日起，《中华人民共和国产品质量法》施行，规定产品应检验合格后出厂。为此，各生产单位在原盐出场时均附有产品合格证。

1995年6月22日，中国盐业总公司发布《加碘盐质量监测办法》，并于1996年5月29日发布《加碘盐质量监测办法实施细则》，加强对碘盐生产企业的碘盐质量监测工作。监测范围是碘盐生产企业和运销批发企业，按《制盐工业主要产品取样方法》(GB 8618－88)抽样，按《食用盐》(GB 5461－92)检测和判定。质检单位应具备规定检测能力，分级分工进行质量监测，结果逐级汇总上报。1995年10月17日，中国轻工总会盐业管理办公室下发《关于碘盐质量保证实施办法的通知》，要求全国所有碘盐生产企业从碘盐原料、加碘工艺、包装、仓储及运输、检测、人员培训和不合格产品处理等7个方面规范企业碘盐生产行为，保证碘盐质量。之后，县级卫生部门每月开展一次碘含量检测；市级每季开展监督检查；省级不定期开展检查；全国盐产品质检中心开展监督检查和普查。

2009年6月1日起，《中华人民共和国食品安全法》施行，明确规定"食盐的食品安全管理适用本法"。因此，各食盐定点企业和盐场对产品检验合格后方可出厂或销售，并建立出厂检验记录制度，查验出厂的检验合格证，提供质检报告给用户。定点企业同时建立原料、添加剂及相关产品进货查验记录，对记录保存期限不少于2年。

2. 抽查

1985年，省盐业质检站成立后，曾查证了乐清、三门、温岭3个国营盐场虚报优一级盐等品率事件。省标准计量局和省轻工业厅对这些单位均作了相应处理。

1986年3月，省盐业质检站在宁波盐业中转站抽查象山出场盐样3个，发现有擅自升等现象。通过查核该县1985年盐质分析记录，发现有涂改原始记录、增加氯化钠含量和使用不合规定仪器等问题。据此，省盐务管理局作出了对该县1985年4—12月放销的盐全部按均价结算，退还多算的盐质差价7.82万元的处理。

1994年，省盐业质检站在产区、销区及宁波中转站抽检日晒盐盐样50批次，经检验，符合《食用盐》(GB 5461－92)"日晒细盐"指标的一级品为7批次，二级品为7批次，三级品为4批次，占总抽检数的36%；"普通盐"为29批次，占总抽检数的58%；不合格品为3批次，占总抽检数的6%。抽检样品平均氯化钠含量为90.91%，粒径(2毫米孔筛上物)平均为17.41%。从抽检结果看，个别盐产品粒径粗，水分含量高。

1995年2月下旬，省盐业质检站组织舟山、宁波、台州3个市级盐业公司和9个重点产区盐业公司的有关质检人员，对经宁波中转的起水盐和仓存盐，就放销出场证、包装质量(内衬、缝口)、计量分斤及盐品质量等进行了检查，共检查7个单位70包盐并抽取盐样。经检查，舟山(定海)盐区全部有出场证，普陀盐区仅有1包有出场证，其余岱山、象山、北仑、鄞县、三门盐区均无出场证；包装缝口采用机械和手工两种形式，舟山(定海)、岱山两单位采用缝包机缝口，质量较好，其余均为手工缝口，鄞县、北仑的手工缝针仅2～3针，且不均匀，散口较多；计量分斤误差较大，多的达每包56千克，少的仅为47.5千克；盐的内在质量经检测，符合《食用盐》(GB 5461－92)日晒细盐质量标准的仅有舟山(定海)、鄞县2批次，其余均为“普通盐”，不仅盐的内在质量差，盐的粒度也较粗；运输工具由木船逐步更新为铁壳船，铁锈对盐包造成污染，有的通过包装袋表面浸入盐中，严重影响盐的质量。从这次检查的结果看，浙江产盐的总体质量水平有所下降。

1996年，根据省质量技术监督局下达的市场监督抽检任务，省盐业质检站在全省范围内对食盐(加碘盐)的生产、批发及零售环节进行了质量抽检，共抽检浙江生产的加碘盐67批次，合格率为88.06%，符合《食用盐》(GB 5461－92)日晒细盐一级品标准的仅9批次。产区出场调拨的用作加碘母盐的盐产品质量较《食用盐》(GB 5461－92)日晒细盐一级品标准的要求有一定的差距。为提高盐产品的整体质量水平，保证加碘盐质量，省盐务管理局下发质量整改通知书，要求相关单位限期提出整改措施和意见。

1997年6月下旬，根据省质量技术监督局下达的市场监督抽检任务，省盐业质检站对温州市及所属瑞安、平阳、永嘉等地市场流通的食用加碘盐质量进行了抽检，共抽查了13个食盐经销店16批次盐样，合格率为62.50%。其中瑞安、平阳、永嘉合格率分别为60%、50%、66.67%，问题较为突出。从检测结果看，一是非碘盐冲击碘盐市场较为严重且范围广；二是精制盐直接上市供应，扰乱了食盐市场的计划管理；三是无明显标识或标识不清的小包装盐较为普遍，影响了全省统一使用小包装袋和加贴防伪“碘盐标志”等专营措施的落实。针对存在的问题，省盐务管理局通报温州市盐务管理局，要求提出切实有效的整改意见并采取相应的措施，在市场管理、行业自律、宣传等方面加大力度，促使短期明显改观。在同年夏季省质量技术监督部门开展的“健康卫士”统一行动中，省盐业质检站承担市场食用加碘盐的监督检验任务，共检查了5个市有关县、乡(镇)共36个碘盐经销单位，抽检盐样品46批次，并及时出具了检验报告。

2001年2月12日至3月6日，省盐业质检站组织人员对自产自销区及产区对应直供销区的食用盐、宁波盐业中转站的起水盐质量进行了抽检，食用盐有奉化、宁海、椒江、路桥、临海及天台(三门直供)等6个批发单位，起水盐有北仑、普陀、岱山、定海4个发运盐单位。从抽检结果看，6批次食用盐中，质量符合《食用盐》(GB 5461－2000)日晒盐一级品的仅有1批次，2批次为二级品，3批次为不合格品。宁波盐业中转站起水盐质量，氯化钠含量平均为91.63%，水分含量为6.15%，水溶性杂质2.08%，白度60.02度，符合《食用盐》(GB 5461－2000)日晒盐二级品指标规定。出现问题的主要原因在于产区质量意识淡薄，销区检测条件有限。省盐务管理局对椒江、临海、天台等盐业公司分装经销不合格小包装碘盐的行为，在全省行业内给予通报批评，要求尽快妥善处理分装经销的不合格小包装碘盐，已出售的应立即追回，未出售的降级销售，严禁流入食用盐市场。8月12日，省盐业质检站对岱山县盐业公司运抵浙江省宁波晶泰盐业发展有限公司的280吨加碘原料盐进行抽样复检，与第一次起水时抽样结果基本吻合，不符合国家食用盐标准，不能作加碘原料盐使用，但符合工业晶盐标准。省盐务管理局决定降等作工业晶盐使用，并按工业晶盐价格结算盐款。

2002年9月，省盐业质检站对温州、台州、丽水、绍兴、衢州、杭州6市及其所属的14个县

(区、市)盐业公司和省盐业公司宁波分装厂分装、经销的食用盐(加碘盐)质量进行了抽样检测,共抽检小包装碘盐21批次,合格17批次,合格率为80.95%。从抽检结果看,省产盐质量整体水平较上年有所提高,平均氯化钠含量为92.02%,但没有批次达到国家日晒盐一级品标准。这次抽检,发现个别食盐专营企业对碘盐质量管理工作不够重视,管理制度不严,管理措施不力,对加碘原料盐的质量控制和分装把关不严,致使部分不符合国家标准的小包装碘盐流入了市场。

根据国家计委办公厅《关于编报2003年食盐分配调拨计划(草案)的通知》有关要求,从2003年起,全省凡用于分装的加碘日晒盐必须达到国家一级品以上,二级日晒盐仅限于腌制用盐。为此,省盐业质检站重点加强了对加碘原料盐的质量监督检查。

2003年9月上旬,省盐务管理局质检中心抽查了省内重点产盐区所对应的嘉兴、嘉善、平湖、海盐、海宁、桐乡、绍兴、嵊州、新昌共9个销区小包装碘盐市场,总合格率为76.47%,其中省产加碘盐合格率66.67%。主要原因是省产盐水分含量偏高,生产企业质量制度不健全、意识淡薄。省盐务管理局对相关单位给予通报批评和警告,对国家食盐定点企业三门县盐业公司予以停产整改处罚。

2004年第二季度,省盐务管理局质检中心重点对嘉兴、湖州地区船运到埠的盐产品进行了抽检,除1批次腌制用盐未达标外,其余均为合格产品,合格率为97.73%。从检测结果分析,总体氯化钠含量和白度水平较以往都有所提高,加碘盐碘含量较为适中,但省产盐水分含量偏大的问题仍较为突出,部分二级日晒盐流入了口食盐市场。

2005年,省盐务管理局质检中心对全省碘盐质量进行了一次普查,在全省范围内抽取盐样品总数2738批次,其中食盐零售网点抽取小包装碘盐样品740批次,居民户抽取食盐样品1948批次,食盐定点生产企业抽取食盐样品5批次/45份。经检测,全省碘盐质量普查结果为:居民碘盐覆盖率为98.1%,居民合格碘盐食用率为96.2%,食盐零售网点碘盐合格率为99.06%,小包装食盐单包计量合格率为96.51%。

2006年第二、第三季度,省盐务管理局质检中心组织对全省碘盐质量和碘盐普及情况进行了抽查,共抽查了5家食盐定点企业的盐样品18批次,抽查居民户盐样品1919批次。抽查结果显示:国家食盐定点企业生产的盐产品合格率为100%,居民户碘盐覆盖率为94.74%,碘盐合格率为96.86%,居民户合格碘盐食用率为91.77%。

2007年,省盐务管理局质检中心组织对舟山、温州、台州和湖州的12个县(市、区)的48个乡、镇(或街道)的96个自然村的769批次居民户盐样品进行抽查。抽查结果显示:居民户碘盐合格率为99.1%,达到历史最高水平;居民户碘盐覆盖率为86.61%,居民户合格碘盐食用率为85.83%。主要问题是舟山等老产区居民户碘盐普及率不高。

2008年第二季度,根据省质量技术监督局下达的市场监督抽检任务,省盐务管理局质检中心分别对杭州、宁波、台州、舟山共8家盐业企业生产的8个批次的食用盐进行抽查,综合判定均为合格产品,合格率100%。不合格项目主要是粒度有3批次不合格,不合格率为37.5%。不合格的主要原因是国家标准《食用盐》(GB 5461－2000)在制定有关粒度的指标时存在缺陷,未能考虑浙江日晒盐色白粒细的特点,标准中二级日晒盐要求偏粗,而浙江日晒盐偏细，往往出现按二级盐标准粒度不合格而按一级盐标准粒度合格的情况。

2009年第一季度，省盐务管理局质检中心对杭州、金华、衢州、丽水、兰溪、义乌6家盐业公司的库存食用盐系列产品进行抽检，共抽检了9家企业生产放销的9个品种15批次盐产品。抽检结果表明：所检产品净含量符合要求，白度、水不溶物及食品添加剂亚铁氰化钾、锌、硒等指标合格率100%，有1批次（金华公司仓库）由岱山县盐业公司放销的50千克装未加碘腌制用盐为不合格，有3批次产品标识不规范。省盐务管理局决定对抽检中发现的不合格腌制用盐，未销售的要及时封存，更换包装后作其他用盐处理；已销售的要及时召回。外包装袋标识不规范的，要及时重新制版，规范标识，使之符合国家有关标准。

2009年第三季度，根据省质量技术监督局下达的市场监督抽检任务，省盐务管理局质检中心分别对杭州、宁波、台州、舟山共7家盐业企业生产的7个批次的食用盐进行抽查，综合判定均为合格产品，合格率100%。不合格项目主要是粒度有2批次不合格，不合格率为28.57%。

2010年4月19日，省盐务管理局质检中心对温岭市盐业公司三星桥仓库2批次普通腌制用盐进行了抽检，其中1批次生产单位为台州市盐业公司（产地玉环）的普通腌制用盐，氯化钠、水分、水溶性杂质3项指标均不符合标准。为此，省盐务管理局责令台州市盐务管理局对该批次腌制用盐立即予以就地封存，不得销售；同时对已销售的产品要立即召回。

2010年第三季度，根据省质量技术监督局下达的市场监督抽检任务，省盐务管理局质检中心分别对杭州、宁波、台州、舟山共6家盐业企业生产的6个批次的食用盐进行抽查，综合判定均为合格产品，合格率100%。

四、质量管理活动

1979年12月，为提高浙江原盐质量，省盐业公司制定出台《浙江省原盐全面质量管理暂行办法（试行）》，共8章21条，在全省盐产区内实施全面质量管理。要求各级领导树立质量第一的思想，专人抓质量。每年结合全国“质量月”活动，开展一次全省原盐质量大检查，现场采样、集中化验，并进行总结评比，表彰优质高产单位。在经济上实行“优质优价”“按质计分”或“按质奖赔”办法。各国营盐场执行按优一级盐计奖的办法核发计件奖。泥盐、黑盐、等外盐一律不计产量，不收购、不给奖售粮，也不准作渔盐、农牧盐减价出售，由生产单位化卤重制。对基层干部与盐工分期进行短期培训，按《盐工技术等级标准》进行考评。强调认真执行“新、深、长、旋、分、清”结晶工艺，国营盐场建立卤水检验制度，推广塑料薄膜覆盖长期结晶工艺。盐场做到不准淡卤晒盐、不准苦卤晒盐、不准浅卤晒盐、不准混合卤晒盐（称为“四不准”），把次品消灭在生产过程中。原盐储存、放销环节，仓储存盐妥善保管，避免污染和损失；工业盐和其他盐实行分堆管理，逐步实现分级存储。放销时实行“三个优先”（优先放好盐、优先放陈盐、优先放燥盐）、“四个不放”（存仓不足3个月的不放、泥盐不放、黑盐不放、卤盐不放）和“五个不准”（不准用没有标识和霉烂破损麻袋装盐、不准将缝口不标准的盐包装上车船、不准将分量不足盐包运出、不准将整车盐包倒入船舱、不准由承运单位责任不清的车船装运）。原盐出场时，必须逐包随附出场证，填明生产单位、放销员、放销日期。建立责任制，场长对本场的原盐质量负全部责任，发生质量事故时，首先要追查场长责任；化验员对化验数据负全部责任，发现接受贿赂、贪污舞弊的，严加处理，直至法律制裁。

根据《浙江省原盐全面质量管理暂行办法（试行）》，全面质量管理活动在全省盐区展开。各盐场结合生产实际，开展群众性的质量管理小组活动。在制盐生产过程中严格按制卤、结晶操作规程作业，杜绝晒露顶盐、老卤盐。在全面质量管理活动中，总结出影响原盐质量提高的五大因素——人、原料卤水、设备、工艺操作和环境，并针对五大因素提出改进措施和办法，以此循环，逐步提高原盐质量。全省盐质大检查活动一直延续到1992年，其中1988—1989年因歉收、存盐少而未开展。

实施原盐全面质量管理期间，1985年，省盐务管理局制定《制盐工艺操作要点》，在纳潮、制卤、结晶、三雨作业、整滩5个环节规范操作，以达到盐业生产的优质、稳产、高产。该办法在全省盐产区推广实施后，起到了较好效果。

在质量管理活动中，马岙盐场重视“科技兴盐”，生产工艺不断探索创新，产量在全省年年遥遥领先，质量名列前茅，1989年获中国盐业协会、中国盐业总公司“双增双节先进集体”称号，1990—1991年被省轻工业厅命名为“全省轻纺行业排头兵企业”。1990年2月，省盐务管理局全面总结马岙盐场经验后，号召全省盐业系统开展“学马岙，赶马岙”活动，组织全省各盐场到马岙盐场学习交流，从而推动了全省原盐质量的整体提升。

1996年4月，为了促进全省盐业控产压田，调整产业结构，实现产销平衡，推动盐业稳步发展，省盐务管理局制定了《效益滩建设行动纲要》，由省盐务管理局出资资助，在全省盐产区开展建设效益滩（盐滩既晒盐又养殖）。但由于诸多因素影响，建设效益滩、盐养并举实施效果不佳，多数盐场实施数年后基本处于停止状态。

1999年，为保证提供合格的加碘原料盐，提高浙江盐产品档次，省盐务管理局制定了《浙盐质量升级实施规划》，争取浙江产盐的品质在两三年内较现有水平上一个新的台阶。其基本目标是：加碘母盐全部达到国家标准日晒细盐一级标准，逐步扩大日晒自然食用盐生产，努力实现小包装碘盐的精细化、高档次。为配合全省加碘盐项目工程建设和对碘盐中含碘量的有效监控，组织开展了浙江食盐加碘以及小包装加碘盐碘含量稳定性试验、加碘机均匀度测试研究和测碘仪比较测试，为选择适应浙江日晒盐特性的加碘机、强化加碘盐的质量监督提供了大量的检测数据和第一手资料，并为开展质量管理基础性研究积累了经验。

2002年，宁波市实施加碘原料盐试点基地工程，确定鄞州区联胜盐场、象山县白岩山盐场、北仑区三山盐场和宁波市新梅山制盐有限公司4家生产企业为宁波市加碘原料盐基地，负责宁波市加碘原料盐的供应。为确保成品碘盐质量，加碘原料盐的内控质量指标略高于国标一级盐，为氯化钠≥93.30％、水分≤5.10％。同年8月8日，宁波市盐业有限公司制定《加碘食用盐质量管理办法》，对加碘盐生产工艺条件作出了严格的规定，提出了高于国家标准的质量内控指标（包括成品碘盐、原料盐、碘酸钾、包装袋等），明确了各个岗位的质量职责，规定了各个生产环节的质量考核指标。次年1月，又制定《宁波市盐产品质量保证实施办法》，对盐生产、运销、储存、碘盐加工、质量检测等环节的操作进行了严格的规范。

2004年3月9日，为加强盐产品质量监督管理，省盐务管理局制定了《浙江省盐产品质量监督管理若干规定》,要求一级日晒盐用于加碘小包装,二级日晒盐仅限于腌制等加工。碘盐合格率必须达到国家和省盐务管理局规定的指标,出场(厂)盐产品应随车、随船附带质检报告。检查结果与企业年度专营管理考核挂钩。

2005年9月,浙江绿海制盐有限责任公司将岱山1700公顷盐田作为该公司的原料盐生产基地,加强盐产品质量管理。

2006年,省盐业集团有限公司制订"十一五"发展规划,提出"十一五"期间质量管理的5方面措施:一是全面推行ISO 9000质量体系认证。结合盐业生产、加工、运销、配送实际,改造盐业质量保证体系。在国家食盐定点生产企业、区域配送中心全面实施ISO 9000质量管理体系认证和国家绿色食品标志认证。二是加强质检网络建设,建立高效的质量监督机制,健全质控机构,加强质量监控,确保生产经营的产品符合国家标准。三是实施全面质量管理。要求关注于顾客、以事实为基础的决策、持续改进、让每个人承担义务、注重过程和最高管理者的承诺等。四是加强组织领导和考核。加大子公司专营目标责任考核中质量工作的权重,全面推行质量责任追究制、质量事故经济损失赔偿制。五是建立按盐产品质量计划、品种计划组织生产的新机制。改革结晶工艺,加强技术培训,提高操作水平,提升浙江产盐的质量,生产符合用户特定需要的盐产品。引进和开发先进的盐业新设备、新材料、新工艺,切实提高浙江各类盐产品的质量。

2006年3月10日,省盐务管理局召开全省食盐定点生产企业质量工作会议,解决小包装碘盐存在碘含量不均匀、加碘原料盐质量不过关、计量误差超标、部分不合格碘盐流入市场等质量问题,研究了加强质量管理的措施,要求各食盐定点企业全部实行全自动加碘、全面推行碘盐质量责任追究制、强化在线检测、建立关键环节的质量内控标准、实施质量体系认证、建立质量信息旬报制度,通过整改提高碘盐质量水平,切实保证出厂碘盐质量全部合格。

2006年7月,浙江省盐业集团宁波市盐业有限公司和浙江省宁波晶泰盐业发展有限公司在全省盐业系统内率先通过了ISO 9001:2000质量管理体系认证,获得了中国质量认证中心颁发的质量管理体系认证证书。浙江绿海制盐有限责任公司于同年9月通过ISO 9001:2000质量管理体系认证。浙江蓝海星盐制品有限公司、台州市盐业配送有限公司也先后于2007年8月和2009年10月通过ISO 9001质量管理体系认证。

2009年5月14日,省盐务管理局下发通知,要求建立食盐质量安全保障机制,加强生产过程控制,强化配送环节把关,加强质量监督和售后服务,明确职责严格考核,保证食盐食用安全和质量合格,切实保护公民身体健康。

第五节　品种开发与管理

盐产品包括食盐、两碱工业用盐和其他用盐,其管理起始于因税的不同,后因质的不同而加以区分管理。盐产品的包装也随着经济社会发展日益丰富,品牌建设日益得到重视,全省盐产品的品牌经历了由分散到统一的过程。

一、品种

（一）食用盐

指直接食用和制作食品所用的盐。

1.口食盐

中华人民共和国成立前，用于居民日常食用的口食盐既无固定包装规格，也无质量定等分级。中华人民共和国成立后，食盐有了标准且予以分等。为全面消除碘缺乏危害，保证食盐加碘工作的顺利实施，国家先后颁布了《食盐加碘消除碘缺乏危害管理条例》（1994 年 8 月）、《食盐专营办法》（1996 年 5 月）。1998 年 12 月 24 日，浙江省人大常委会发布了《浙江省盐业管理条例》，规定：对食盐生产实行定点生产制度；生产用于零售的碘盐应按国家有关规定实行小包装，并加贴防伪标志；批发、零售实行许可证制度；严禁食盐零售单位销售非碘盐、散装碘盐、不合格碘盐以及无防伪碘盐标志的盐产品；因治疗疾病不宜食用碘盐的，应当持当地县级人民政府卫生行政部门指定的医疗机构出具的证明，到当地人民政府盐业主管机构指定单位购买非碘盐。

根据国家有关法律法规，浙江省从 1995 年底起，全面供应由省盐务管理局统一监制的小包装碘盐。

为丰富口食盐市场供应品种，除普通小包装口食盐外，20 世纪 80 年代以来，各产区盐业生产企业陆续研制推出了一批多品种盐，但市场销量不大。2000 年以来，随着经济社会发展和居民消费习惯改变，多品种盐快速发展，品种、规格日益多样，丰富了市场供应，满足了不同消费需求。

2.腌制盐

是指用于蔬菜、水果、水产品等农副产品腌制、脱水的盐。早期并非一个专用品种，主要以渔盐为主，一般用地产盐供给。

元代，始办渔盐。至元三十年（1293 年），两浙都转盐运使司在滨海置局卖渔盐，按船料大小强行核定数量，由滨海渔户请买，以倾销官盐。

明代基本沿袭元代供销方式。

清代，各地所需渔盐均向两浙都转盐运使司领引配购。舟山由提标中营包课，核配每艘渔船 1 引（800 斤），渔厂每家 0.5～3 引不等，一年一度，领引后自行向盐民购盐。乾隆初年（约 1736 年），定渔户领盐例，每逢渔汛期，渔户执票赴场，场司检票，按船只大小配盐。清末，改归商办（称“渔引公所”），旧章仍照。

民国初，沿清制。民国 4 年（1915 年），规定渔盐享受轻税优待，但渔业人必须申请、具保，经审核批准发给渔盐执照后，始可纳税领票，购用渔盐。渔盐执照有效期为 1 年，期满须重新申请，按渔船大小或渔厂规模划分若干等级，每年一次缴足税款领得税票后，即可向盐民购买渔盐。为防止其冲销食盐，规定：①渔船须在显明处装订号牌，载明注册号数；②渔业人购领之盐不得与渔盐执照、购盐折及准单相离，渔盐数量不得超过购盐折及准单所载数量；③

渔盐不得改充食盐或转售；④渔船所装渔盐未经主管盐务机关批准不得卸岸；⑤鱼厂和咸鲜船应自备账簿，记明收鲜种类数量，腌货售出时须将买主姓名、地址以及腌货之种类数量和买主购货单附贴于账簿，以备查核；⑥用剩渔盐在300斤以上者，得缴由原放盐机关指定地点代为存储，待下期渔汛领用，300斤以下者须报请当地盐务机关派员监视倾弃入海。盐务机关随时查验，违者按情节轻重，给予吊销渔盐照折或按私盐论处。次年，两浙盐务管理局制定《两浙取缔咸鲜船用盐暨收运咸鲜规则》，规定凭渔业人申请及保证书，办理核发照折，按渔汛期以船只容量的30%配盐，限期1个月，剩盐于3日内报盐务机关查验过秤，代为存储，下汛领用，不得充作食盐。民国10年，省令各渔区办理渔船注册登记给证，凭证发放渔盐。民国11年，核定各类渔船配盐量，咸鲜船按航次核配。

为防止渔盐充作食盐，民国20年（1931年）1月，财政部颁布《渔业用盐变味变色办法》，并于民国22年5月派专家到定海渔场试验渔盐变色，以红曲炭屑等作变色剂。由于渔盐变色，使鱼货失去本色，影响销售，遭民众反对并引发暴动后被迫停止执行。

民国21年（1932年），取消温处包商制度，开放自由贸易，北监场场商大批渔盐冲销处属，造成食盐市场混乱，同年底改由商人申请渔盐执照设店零售。民国24年，渔盐商廒互相倾轧牟利，囤积居奇，发生玉环秋汛鱼货大批腐烂事件，同年吊销所有渔盐店栈执照，改以轻税食盐供应，由永嘉渔警局设置温属渔盐收运所，接管渔盐配放事宜。民国25年，成立浙江省渔业管理委员会后，在宁、温、台3渔区设立渔盐发售所，负责渔盐分配管理。民国27年，由浙江省建设厅渔业管理处统一办理各地渔船登记、注册给证及渔盐核配。抗日战争胜利后，渔盐放销由盐务机关收回自办，全省在重要渔区设立渔盐发售所17处，次要地区随渔汛酌情设立临时发售所，近场区由场署或场务所兼办。民国35年，颁布《两浙区渔盐发售规则》，规定渔业人须先向所在地主管盐务机关申请登记，附缴渔管部门证件，证明确具渔业人身份，经审查勘验无误后填发渔盐执照和购盐折，核定全年可用渔盐数量；渔业人需盐时，凭照折向盐务机关缴税领单，将本次购用渔盐填入购盐折内，报请场公署验明，派员称放。

中华人民共和国成立后，国家为扶持渔业生产，渔盐实行减税供应。1950年4月，省盐务管理局《管理渔业用盐须知》规定，渔业人必须申请领得渔盐执照及购盐折方可购用渔盐，按出海渔民估计捕获量的5%～10%、加工腌制量的20%～30%配给，腌制海蜇按50%配给。1951年，规定咸鲜船用盐必须具保申请，并填明预计捕鱼数量、销售地点，以船容量的25%核配，回程时缴验销地税务机关行商税收据。如鱼货回埠销售，报请盐务机关查验，违者赔税。

1952年，全省首届渔盐供应会议确定渔盐供应方针是："充分供应，及时配售，依靠群众，加强管理"。除近渔区的场务所直供外，还在全省设立14个渔盐发售所和2个渔盐仓，并与当地渔业供销社建立代销关系。

1954年，省盐务管理局明确划分渔盐供应和管理工作范围，各地区划片供应并改定供应标准，渔民按捕捞量的3%～10%供应，加工腌制按不同鱼类规定用盐比例。对用剩渔盐，最初采取封存留作下汛用或补交渔盐与食盐之差额税后转为食用，后改为经当地盐务部门同意,可转让给供销社或渔业加工厂。

1958年7月起,渔盐核配工作交由税务机关接办,渔业人经申请核准领得减税盐购买证后,到指定渔盐经销单位购买。

1985年4月起,取消渔盐轻税政策,不再核配。

20世纪90年代以来,随着各地发展效益农业,蔬菜种植产业迅速发展,并逐步形成了以宁波的余姚、慈溪,杭州的萧山,嘉兴的海宁、桐乡等为主的蔬菜种植主产区,蔬菜腌制用盐数量随之大增。为保障腌制用盐不冲销食盐市场,全省各级盐业部门采取了必要措施,保证定点定向供应。特别是2001年省技术监督局发布腌制盐标准后,严格控制腌制用盐的使用范围,实行专用包装(包装袋上注明"腌制加工专用"),限定销售对象。对蔬菜主产区及腌制品集中加工区的腌制用盐供应到终端用户,印发《用户告知书》,明确腌制用盐用途,告诫和提醒用户不得直接食用和转售他人。对零星腌制户的供应,在调查核实后发给购盐证或凭村居(村委会或居委会)证明购买,对季节性腌制用盐所剩余的盐采取收回或调换小包装口食盐等措施,切实防止腌制用盐流入口食盐市场。

(二)工业盐

包括两碱工业用盐(纯碱、烧碱)和制革、制皂、医药、染料、制冰冷藏、玻璃等其他用盐(又称"小工业盐")。

民国25年(1936年),工业用盐实行轻税。民国35年改为免税,对购用者实行核准供应。

中华人民共和国成立后,财政部核准工业用盐免税供应。1955年,财政部、轻工业部联合颁布《工业用盐发售管理暂行办法》,规定酸碱、冶金、油脂肥皂、制革、染料、制冰冷藏、陶瓷玻璃、医药共8类工业用盐免税。1984年改为减税供应,减税范围仅限于酸碱、制革、肥皂和饲料工业,另外四类按不同税额征收。

用盐单位如需购买工业盐,根据需要填报申请书。乡(镇)工业用盐先由基层税务机关和乡(镇)政府会同有关部门审查后送县(市)税务机关核准,发给购盐证,并将用盐数量报送县(市)盐业供销部门,据以汇编供盐计划。用盐单位必须专盐专用,建立储存、保管、收支账册,定期按工业盐消耗定额进行核查。如超出用盐定额或意外损耗,由企业提请主管部门签署意见,申报税务机关核销。如系私自出售、转让或改为食盐自用等造成超定额的,除按规定补税外,情节严重的,报请当地政府给该企业主管人员以纪律处分。

浙江各大制碱化工厂的工业用盐,经轻工业部计划平衡,大多从天津、河北、山东、江苏等海盐区直调。

1980年10月起,为保证各化工厂用盐供应,省计经委决定由省盐业公司统一计划衔接、结付资金与组织调运。

1986年,省计经委与各制碱化工厂商定,省外调运工业用盐均由省盐业公司实行"统一计划、统一调运、统一作价"办法。1988年,省计经委、省轻工业厅、省石化厅联合召开直供制碱化工厂用盐座谈会,重申"三统一"原则,成立盐运工作组,加强领导。

1987年1月起,国务院规定对工业用盐改为指导性计划。1990年3月发布的《盐业管理条例》规定:"国家指令性计划的纯碱、烧碱用盐,由国家统一分配调拨"。

1995年11月8日,国家计划委员会、国家经济贸易委员会联合下发《关于改进工业盐供销和价格管理办法的通知》,决定自1996年1月1日起,将现行工业盐的计划分配改为在国家总量计划指导下的合同订货。即改变现行两碱工业用盐企业只能按计划分配的数量到指定盐场(厂)"一对一"采购的办法,由中国轻工业总会和化工部每年联合组织订货会,盐碱生产企业双方直接见面,双向选择,签订合同,直接结算。同时取消现行的工业盐准运证和准运章制度,盐碱双方根据签订的合同向运输部门申请运输计划。国家确定的目标总量(1996年为1000万吨)以外的两碱工业用盐可向小盐场直接订货,价格由双方协商;不能够直达供货的小碱厂等零散户的工业用盐和其他工业用盐由盐业公司组织供应。

1998年12月,浙江省颁布实施《浙江省盐业管理条例》,规定:"两碱工业用盐按国家有关规定实行合同订货。用盐企业应当将订立的合同及其执行情况,报送省和当地盐业主管机构备案。其他用盐由省盐业主管机构统一管理,由当地盐业公司统一组织供应,保证用盐企业的需要。"该办法一直沿用至今。

二、包装形式与物料

(一)大包装

宋代之前,盐的包装无资料可考。

宋代,盐的包装分席囊、布袋、箩笼、竹担、畚、则、纸包等多种。浙盐兼用布袋和蒲席袋,起初每袋300斤,南宋后期增为每袋320斤。

宋政和三年(1113年),推行袋盐法,要求商人使用统一规格和一次性的官袋,"每袋并以三百斤省则为定"。盐仓场同时实行隔手支盐法,即"受盐、支盐官司析而为二",分厅办公,并另派"押袋官"监视秤盘和包装。创置和推行"盐袋封头"法,盐袋上不仅钤盖官府印鉴,还密封一份重要的书面材料,载明该袋盐的出场地点、时间、字号、料数、自重、去向以及盐主姓名等,附于袋内。袋盐出仓运销途中,另有专官"开拆"封头验视,"称见斤重"——称为"验封"。验视之后,"别行封记"。如发现有擅自拆封、涂改、另装、仿造等痕迹,则立即扣留,并处以杖八十、杖一百等不同刑罚。两浙"每薪一担,可拣蒲二斤","每盐一袋用席三领"。合计一袋用蒲草4.5斤。南宋前期"总制钱"中的盐袋息钱,包括布袋每袋收钱100文,席袋每袋50文。① 但稍后时期明州的盐袋本钱,为200～300文。如将"袋本钱""袋本剩钱""三份盐袋增额钱""别纳袋息钱""封头物料钱"等六七项名目合计,达千文以上。②

元、明时期,盐的包装情况大体沿袭宋代,略有调整。

清代有蒲草包、稻草包及竹箩3种。

民国时期,浙盐包装分草包、蒲包、麻袋、竹箩、篾篓(亦称"竹篰")数种,每包净重分50

① 郭正忠主编《中国盐业史(古代编)》,人民出版社1997年版,第269页。

② 〔宋〕宝庆《四明志》卷六《盐课》。

斤、75斤、150斤、300斤不等，外加皮重3～12斤，视包装种类及包皮本身重量而定。温属场盐行销处属各县，均用篰装，内衬稻草；湖属、徽属运盐用草包，每包装盐300斤，给皮重12斤；绍兴一带产制篾篓、蒲包，每篓(包)装盐75斤，给皮重3斤；苏五属装运毛盐用蒲包；浙西临平、乔司、萧山、艮山、笕桥一带产制麻袋，每袋装盐100斤，给皮重4斤；近场轻税肩盐及渔业用盐采用散装。

抗日战争胜利后，浙盐包装大多为100斤装麻袋(皮重1斤)，间或也有150斤装(皮重2斤)和200斤装(皮重3斤)。各场情况不同，盐包装方法也不尽相同。

鲍郎场运输纲盐，每票114担，以草包装运；轻税盐每票7担，分为10挑，以箩装运。

余姚场清末以来有蒲草包、稻草包及竹箩等。民国初年(约1912年)，包装用品由篷长包定。当时蒲包1只计32文，草绳2根计7文。民国20年左右，改用麻袋。五属、源泰、宁属、公兴4廒运往浏河、陆家嘴、宁波濠河头的盐，用60斤装蒲包，皮重2.4斤。轻税廒运余姚盐用60斤装蒲包，皮重1.2斤。五属、浙东、杭余廒运上海、浦东、仁和、许村、镇塘殿等地用75斤装麻袋，皮重3斤。民生廒运定海精盐公司盐用150斤装麻袋，皮重3斤。公益廒运余姚酱坊盐用100斤装竹箩，皮重2斤。运销慈溪鸣鹤场的轻税食盐用散装。

岱山场放销盐斤，分为廒盐(毛盐)、渔盐及酱盐。廒盐运销时向用蒲包装运，系以草绳。渔盐由盐民用竹箩装贮，挑至渔船，倾入舱内，散装外运。酱盐亦用竹箩挑交酱坊。

北监场(玉环)本销渔盐，以散盐装运；销往处州(丽水)用竹篰包装，草索捆放，每篰净重300斤。抗日战争期间，抢运场盐，因频繁转运，便用100斤装单丝麻袋。

玉泉场(象山)无论何种盐斤，均系散舱装运，盐面盖印，不用草包、蒲包或麻袋捆运。

黄岩场均系散装船内，或用竹箩肩挑，并无包装。

长林场(乐清)民国4年(1915年)始有篰盐记载，即用篾篰，内衬稻草包裹，大篰篰盐净重300斤，外加皮重12斤；小篰篰盐净重100斤，外加皮重4斤。民国14年，瓯盐公所曾改用蒲包或麻袋包装，民国18年以后一段时期曾以散盐(盖印)放销。民国28年，运商承运官盐用篰装和麻袋装两种。

双穗场(瑞安)分竹篓装、篾箩装两种。酱盐用篾制圆篓装载，篓系廒商制备，由运商给还价值，装盐时篓内周围先衬稻草多层，篰面再用绳捆缚结实，每盐一篓净重300斤，皮重12斤。食盐皆用篾箩装载，箩由贩户自备，约分大、中、小3种，大箩净重150斤，中箩净重100斤，小箩净重50斤。

1949年10月，省盐务管理局规定，销区仓与公营店出仓盐斤一律用50千克装单丝麻袋和100千克装双丝麻袋称放。1955年5月，规定袋身加盖场区印戳，盐斤起运时由场区收取使用费，使用费根据麻袋回笼后实际使用天数收取。各地周转期见表47-3-5-1。

表 47-3-5-1　　　　1955 年浙江省盐运麻袋周转期一览表

场　区	销　区	周转期(天)	场　区	销　区	周转期(天)
庵东分局	杭州	35	庵东分局	湖州	50
	乍浦	20		嵊县	56
	余姚	28		淳安	65
	宁波	30	温州分局	平阳	26
	绍兴	31		丽水	50
	嘉兴、硖石、金华、义乌、衢州	40		龙泉	65
			台州分局	临海、天台、仙居	45
	舟山	45	绍兴	绍兴、临浦	20

资料来源:《浙江省盐业志》,中华书局 1996 年版,第 276 页。

说明:舟山产区盐运麻袋周转天数自拟。

为提高麻袋周转使用率,1965 年起,省内外调盐的包装一律改由产区供盐单位提供双丝麻袋并统一管理,由销区向产区供盐单位租用,按占用时间付费。麻袋的购买,由省盐业公司根据各地的需求量统一向物资部门申请。1980 年后改为从市场采购。

1978 年,省轻工业厅制定《盐运麻袋管理办法》,规定麻袋产权属产区单位,实行分场管理,租赁使用费为每只每天 0.004 元,回笼时结账。

1981 年起,对精盐采用 50 千克装外编内塑袋。

1984 年起,开始使用一部分 50 千克装双丝麻袋,使用费为每只每天 0.003 元。

1987 年,试行包装改革,双丝麻袋 100 千克装改为塑编袋 50 千克装;包装物由租赁改为随盐一次性出售。

1992 年 9 月后,全省食盐大包装实施外编内塑复合袋(50 千克/袋),同时在原盐分配价中安排包装费 26 元/吨。为确保放销质量,从 1993 年 4 月 1 日起,对外编内塑袋的质量、规格作了统一规定。

1996 年 6 月,省盐务管理局制定了《浙江省 50 千克内塑外编包装袋管理办法》,全省出场盐统一实行 50 千克内塑外编包装袋,规格标准见表 47-3-5-2。自此以后至 2010 年,全省食盐大包装固定为 50 千克/袋的内塑外编复合袋。

表 47-3-5-2　　1996 年浙江省 50 千克内塑外编复合袋规格一览表

规　　格	尺寸(厘米)	经纬度(厘米)	高压吹塑(丝)	低压吹塑(丝)	质量(克)
外编织袋	55×90	40×40/10	-	-	不少于 85
内塑料袋	58×93	-	不少于 2.5	不少于 1.5	不少于 15

资料来源:据浙江省盐务管理局颁发《浙江省 50 千克内塑外编包装袋管理办法》(浙盐运字〔1996〕41 号)整理。

(二)小包装

盐包①,历史各时期各地规格不一,有“以斤包者”,有“以两包者”,亦有 5 斤或 5 斤 3 两为一包者。民国 20 年(1931 年)前后,部分改用麻袋;及至中华人民共和国成立初期,全部采用麻袋。20 世纪 80 年代后期改麻袋为塑编袋。1987 年,零售散装改为 0.5 千克或 1 千克小包装,从城市到集镇逐步推开。食盐加碘政策实施后,采用聚乙烯或复合膜等材料包装袋。

1994 年 10 月 1 日,《食盐加碘消除碘缺乏危害管理条例》实施后,为保证碘盐的质量,对大、小包装及其标识等又作具体规定。同月,省盐务管理局、物价局、卫生厅、标准计量局联合下发《关于统一全省食盐小包装的通知》,规定:“全省一律使用省盐务管理局统一监制的碘盐小包装袋”,以杜绝非碘盐、劣质盐进入口食盐市场,从 1995 年 4 月 1 日起实行。小包装袋材料、规格由省统一规定与定点制作,按照保证质量、经济合理的原则确定质量标准。其规格见表 47-3-5-3。

表 47-3-5-3　　1994 年浙江省小包装袋规格一览表

项　目		单层厚度(厘米)		尺码(厘米)
	规格(克)	厚度	误差	长×宽
种类	500	4×10^{-3}	$\pm0.5\times10^{-3}$	14×21
	1000	4×10^{-3}	$\pm0.5\times10^{-3}$	17×24
材料	低密度(高压)聚乙烯树脂,不得掺兑再生料			

资料来源:据浙江省盐务管理局颁发《关于统一全省食盐小包装的通知》(浙盐盐政字〔1994〕63 号)整理。

1995 年 5 月 9 日,省盐务管理局下发《关于全省口食盐全部实行小包装的通知》,决定从 1995 年底起全省口食盐全部实行小包装,并要求各地分 3 步实施到位:第一步,当年 6 月底前,县(市、区)城市口食盐小包装率达到 100%,其他地方达到 30%以上;第二步,当年 8 月底前,乡(镇)所在地达到 100%,其他地方达到 50%以上;第三步,当年 11 月底全部达到 95%以

① 盐包即用于供居民食用的小包装口食盐的包装袋。

上，即大多数县（市、区）达到100%，个别确有困难的经省盐务管理局批准先达到70%以上，推迟到1996年3月底达到95%以上。推行口食盐小包装是保证加碘盐质量的一项重要手段，也是实施加碘盐工程消除碘缺乏病目标的一项重要内容。为此，省盐务管理局结合对碘盐质量的监督检验，加强对口食盐实行小包装的监督检查，确保口食盐的小包装率。同时通过对小包装袋的统一监制，加强对口食盐市场小包装袋的管理，以行政和经济的手段推进口食盐的小包装改革。

1999年8月，省物价局提高食盐包装袋质量标准，普通500克小包装袋厚度标准为：高、低压聚乙烯树脂的双面厚度分别为9.2～10丝（批量平均9.8丝以上）和11.2～12丝（批量平均11.7丝以上）。同时提出，有条件的地方可推行彩色复合膜包装、纸箱包装等。

2001年8月15日，省盐务管理局在临海市召开了全省碘盐小包装袋、防伪碘盐标志定点生产企业座谈会，针对普通包装档次低、破包相对较多等问题，确定从2002年起，原则上停止普通小包装的生产，全部采用复合膜包装。

2005年5月，省盐务管理局制定了《浙江省食盐包装物料质量管理办法》，食盐小包装袋为纸塑复合膜，外包装为双瓦楞纸箱。其规格见表47-3-5-4。

表47-3-5-4　　2005年浙江省纸塑复合膜小包装袋规格一览表

品　　种	展开尺寸（毫米）	厚度（微米）	卷筒内径（毫米）	色标（毫米）	印刷留白（毫米）	画面宽度（毫米）
350克精制盐	286×175	17～20	72～78	6×20	上下15、左右20	246
400克日晒盐	286×195	17～20	72～78	6×20	上下15、左右20	250
300克日晒自然盐	280×175	17～20	72～78	6×20	上下15、左右20	240

资料来源：据浙江省盐务管理局颁发《浙江省食盐包装物料质量管理办法》（浙盐司运〔2005〕143号）整理。

为规范盐包装物料采购行为，加强监督管理，2006年，省盐业集团有限公司制定了《浙江省盐业集团有限公司盐包装物料采购管理办法》，对全省盐包装物料实行统一管理，统一采购，统一结算。

20世纪80年代以来，特别是进入2000年以后，随着经济社会发展，为满足不同消费需求，以浙江蓝海星盐制品有限公司、浙江绿海制盐有限责任公司为代表的省内食盐定点生产企业开发研制了不同种类的多品种食用盐，其包装规格也丰富多彩。其衍变过程分别见表47-3-5-5、表47-3-5-6。

表47-3-5-5　　浙江蓝海星盐制品有限公司多品种食用盐包装衍变过程一览表

时　间	主　要　材　料	适　用　品　种
2005年前	PET聚对苯二甲酸乙二醇酯/PE复合膜	自然晶盐、低钠盐、健康平衡盐、强化钙、锌、硒盐

续表

时　间	主　要　材　料	适　用　品　种
2005.07	消光膜/白纸/PE 纸塑瓜子袋	自然晶盐、低钠盐、健康平衡盐、强化钙、锌、硒盐
2006.12	锥形塑料瓶(并获得实用新型和外观设计两项专利)	餐桌盐
2007.03	PE 膜	非碘健康平衡盐、自然晶盐
2007.03	PET 聚对苯二甲酸乙二醇酯/PE 复合膜	强化钙盐、粉洗海盐(腌制盐)
2007.08	玻璃瓶	椒盐、孜然盐、鲜味盐、蘸肉盐
2009.05	PET 聚对苯二甲酸乙二醇酯/PE 复合膜	非碘食用盐
2009.10	PP 塑料罐	雪花盐、非碘雪花盐
2009.12	PET 聚对苯二甲酸乙二醇酯/PE 卷膜	健康平衡盐
2010.01	OPP 双向拉伸聚丙烯/半镀铝立袋	雪花盐、非碘雪花盐、浙盐、非碘浙盐
2010.05	消光膜/白纸/PE 纸塑卷膜袋	自然晶盐、低钠盐、健康平衡盐、非碘健康平衡盐

资料来源:据浙江蓝海星盐制品有限公司提供资料整理。

表 47-3-5-6　　浙江绿海制盐有限责任公司多品种食用盐包装衍变过程一览

时　间	主　要　材　料	适　用　品　种
2005.07	消光膜/白纸/PE 纸塑卷膜	日晒自然盐、加碘日晒盐
2008.01	消光膜/白纸/PE 纸塑卷膜	鲜味日晒盐、营养日晒盐、营养平衡盐、低钠自然盐、加钙低钠自然盐
2009.01	消光膜/白纸/PE 纸塑卷膜	低碘营养日晒盐
2009.10	纸罐	蓬莱仙晶礼品盐
2010.01	PET 聚对苯二甲酸乙二醇酯/PE 复合膜	低碘型营养日晒盐、腌制型营养日晒盐
2010.10	OPP 双向拉伸聚丙烯/VMPET 聚对苯二甲酸乙二醇酯镀铝膜/PE 铝塑膜	无碘型营养日晒盐

资料来源:据浙江绿海制盐有限责任公司提供资料整理。

三、品牌

浙江省盐的商标的使用始于 20 世纪 70 年代特制细盐的生产，随着新产品不断开发而被广泛使用，由各单位自行申请和使用。部分主要产区盐业公司和销区盐业公司申请了自有品牌。2000年之前全省各地食用盐品牌情况见表47-3-5-7。

表47-3-5-7　20世纪70—90年代浙江省各地使用商标情况一览表

单　　位	产　品	商标	单　　位	产　品	商标
宁波市盐业供销公司	日晒盐	梅港	余姚市盐业公司	精制盐	晶莹
宁波市盐业有限公司	日晒盐	海之味	温州市盐业公司	日晒盐	雄狮
鄞县盐业公司	日晒盐	海日	玉环盐场	滩晒细盐	玉燕
奉化市盐业公司	日晒盐	泰康	温岭盐场	日晒盐	瑞晶
北仑区盐业公司	日晒盐	BL	三门盐场	日晒盐	银三角
象山县盐业公司	日晒盐	三象	舟山市盐业公司	高级天然晶盐	昙晶
慈溪市盐业公司	天然晶粒盐	雪梅	岱山县盐业公司	日晒盐	蓬莱

资料来源：据宁波、温州、台州、舟山盐务局提供资料整理。

1995年1月1日起，全省统一供应小包装口食盐后，原则上使用省盐业公司统一注册的“霰晶”商标，如保留使用各地的商标，则必须报省盐务管理局认可后方可组织生产，凡未经注册的商标，一律停止使用。如岱山县盐业局使用的“蓬莱”小包装袋，经省盐务管理局批准延长至该年8月底，使用范围限于嘉兴市的平湖、海盐、乍浦盐业经营单位及其所属的供应区域。

2000年8月，全省各类盐包装统一使用省轻纺集团注册的“赞成”商标（多品种盐及个别企业出口盐除外，见图47-3-5-1），并推广使用商品条码。为便于管理，减少制版费用，省盐务管理局统一设计碘盐复合小包装袋版面的包装图案及标识等有关内容，并统一印制“浙江省盐务管理局（盐业公司）专营”字样。各小包装定点生产厂按照统一版面组织生产。同年8月，省盐务管理局批准舟山市盐业公司在经国家核准的多品种盐和用于出口的“高级天然晶盐”上继续使用其自有的“昙晶”商标。

图47-3-5-1　“赞成”商标（浙江省盐务管理局2000年档案资料）

2007年10月24日和2008年1月28日，省盐业集团有限公司分别向国家商标局申请注册“雪涛”和“银涛”若干类别的商标。其中“雪涛”品牌于2010年初获准注册，并于当年在全省小包装口食盐统一使用推向市场。浙江蓝海星盐制品有限公司申请注册“蓝海星”系列品牌，浙江绿海制盐有限责任公司申请注册“鲜嫩美”系列品牌，用于自主生产的多品种盐。至2010年底，全省盐业已形成食用、日化、盐化工三大系列产品和“雪涛”“银涛”“蓝海星”“鲜嫩美”四大品牌。至2010年底，全省盐业注册使用商标情况见表47-3-5-8。

表 47-3-5-8　　　　2010 年底浙江省盐业注册使用商标一览表

注册单位	商标名称（图形）	注册类别	主要应用产品
浙江省盐业集团有限公司	银涛	第 29 类、第 30 类	工业盐
	雪涛	第 1 类、第 5 类、第 29 类、第 30 类、第 31 类	食盐
		第 1 类、第 3 类、第 5 类、第 29 类、第 30 类	食盐、工业盐
浙江绿海制盐有限责任公司	鲜嫩美	第 3 类、第 5 类	沐浴盐、盐牙膏等洗化盐和化妆品，足浴盐等
		第 3 类、第 5 类、第 30 类	沐浴盐、盐牙膏等洗化盐和化妆品，足浴盐等，营养日晒盐、低钠自然盐、罐装盐等系列
	绿海炎宗	第 29、第 30 类	待用
浙江蓝海星盐制品有限公司	BLUE STARFISH 蓝海星	第 30 类	待用
	BLUE STARFISH	第 1 类、第 3 类、第 30 类	食盐、洗化盐、果蔬洗涤盐，漱口盐
	嫩娇娇	第 3 类、第 5 类	洗化盐
	暖融融	第 3 类、第 5 类	洗化盐
	凉晶晶	第 3 类、第 5 类	洗化盐
		第 1 类	海水晶
	蓝海星	第 1 类	海水晶
	BLUE STARFISH	第 1 类	海水晶
	跳跳鱼	第 1 类、第 30 类	海水晶

资料来源：据浙江省盐务管理局、浙江绿海制盐有限责任公司、浙江蓝海星盐制品有限公司提供资料整理。

四、防伪标志(碘盐标志)

为了加强碘盐市场的管理,保护消费者利益,让广大人民群众切实食用合格的碘盐,国家决定对碘盐的包装采用防伪碘盐标志。1995年12月,中国轻工总会、国家工商行政管理局、国家质量技术监督局联合通知,自1996年1月1日起,碘盐包装均须采用经国家工商行政管理局商标局核准注册的碘盐标志,并由中国轻工总会盐业管理办公室、中国盐业总公司负责统一管理。凡未加贴防伪碘盐标志的碘盐,一律不准在市场上销售。碘盐标志样式参见图47-3-5-2。

图47-3-5-2 碘盐标志(浙江省盐务管理局1996年档案资料)

1996年5月,省盐务管理局制定《浙江省防伪碘盐标志使用管理办法》,对防伪碘盐标志采用全国统一的图识,注有“浙盐专营”字样,由省盐业公司定点制作、统一管理。

2002年起,防伪碘盐标志全部采用自动贴标机粘贴在复合包装的夹层内,进一步提高了防伪能力,并统一使用金色防伪碘盐标志。

2005年6月,中国盐业协会制定《碘盐标志生产、使用、管理规则》,自8月1日起执行。凡碘盐一律加贴碘盐标志,实行全国统一管理。浙江省碘盐标志由省盐业集团有限公司集中使用并负责食盐市场碘盐标志的监督和管理,使用权不可转让。自此以后至2010年一直沿用该办法。

第四章　运　销

中国历史上食盐运销，自春秋齐国实施盐专卖以来，以官运为主，并交替出现官府监督下的官运和民运。历代食盐的行销与运销体制相关。食盐流通则自古受地理环境、交通条件和消费习俗的影响。唐之前，从就近而食发展为远道销运，但没有法定销界。唐代榷盐法实施后，各类食盐的流通范围开始有明确划分，不得相互逾越，并逐渐形成定制。凭证凭引运销始于宋，元承宋制，及至晚清，大抵如此。民国时凭证凭引运销。中华人民共和国成立后为移库单或商业统一发票。20 世纪 90 年代《盐业管理条例》等颁布实施后，确定现代食盐专营体制，对盐的运销作出更加严格的规定。

浙江产盐历史悠久，盐的销量也历来稳居全国前列。民国及以前，两浙盐场行销范围除本省外，还包括今上海、江苏、江西部分区域。20 世纪 90 年代随着省内盐业结构调整、盐田废转，原盐产量下降，开始大量从省外调运原盐补充省内市场供应。盐的运销方法和线路，随全国盐的产业布局而调整，并随着交通条件改善，逐步趋于便捷、合理。

为保障食盐正常供应，唐代建立常平盐制度，元代设常平盐局。中华人民共和国成立后，建立国家储备盐制度，曾发挥重要作用。因经济社会发展，至 2010 年，浙江省的国家储备盐基本清理完毕。目前以各级盐业公司商业储备为主。

第一节　收　购

春秋时，齐国管仲提出“官山海”政策，对盐、铁实行专卖。其制盐法有官制、民制，以民制为主。凡民制之盐均由官收买，归官运销。

汉时，山海都由官府管理，官府招募百姓，自备生产费用煮盐，官府提供煮盐的场地（“牢”）和主要生产工具（“盆”，即煮盐的大铁锅），用以间接控制食盐生产，盐产品由官府收购。

唐初，为民制民销无税时代。开元十年（722 年）始定盐课，恢复征税，盐改民制官收。乾元元年（758 年）变盐法，就山海近利之地置监院，收榷其盐。天宝、广德间（742—763 年），刘晏改盐法，由官收场盐。

宋代实行官煎、通商两种方法，两浙为官煎地，亭户产盐，尽数拘买；盐场设催煎官，催煎官到煎灶拘收。《宋会要辑稿·食货二七·盐场》记载：“才候住火，即时拘收，停沥在场，伺候干白。”

元代灶户系官丁，场盐出产，岁有定额；盐户按定额产盐，全数缴纳于官。由官酌给工本钱,仍属民制官收。后至元五年(1339年),两浙运司申中书省文中有:“各场原签灶户一万七千有余,后因水旱疫疠,流移死亡,止存七千有余,即今未蒙签补,所抛下额盐,唯勒见(现)户包煎而已。”

明初实行官收政策,灶丁每年应向官府缴纳定额盐课。洪武元年(1368年)定每引(400斤)盐给工本米1石。洪武十七年,改为工本钞每引2贯500文。清雍正《浙江通志》卷八十三《盐法上》引《明会典》记载:“洪武二十三年定两浙各灶户每丁岁办小引盐一十六引,引重二百斤,复盐工丁半之,其余工丁四升。”如有多余,称为“余盐”,余盐归灶户所有,但灶户不能私卖,一律由场按定价收购,缴纳入官。起初规定勤灶有余,盐送场司,每1小引给米1石。景泰元年(1450年)又规定,令灶丁余盐每引给米,浙盐6斗。两浙所收官盐缴仓后,还须包赔损耗。光绪《慈溪县志》卷十二《盐法》记载:“洪武二十五年置鸣鹤场盐课司,设仓储盐听掣,早晚守候,消耗为患。”

弘治五年(1492年),尚书叶淇改变盐法,“召商纳银运司,类解太仓,分给各边”①。由商人纳银于运司,赴盐场购盐,并对余盐开禁,商人与灶户直接交易。废丁盐交官,开民制商收之例。明代原盐收储情况参见图47-4-1-1。

清初两浙循用票引法,实行官收,招商认运,领引办课,指定盐场购盐。盐商(经官府特许者)向官府领引票,按引购盐。盐商持单下场,由场内的牙人(亦称“场牙”)居间。《盐法通志》卷八十五《缉私》记载:“凡灶户煎出之盐,俱堆积垣中,与商交易。如藏私室及垣外者,即以私盐论罪,诸商人领引赴场,亦在垣中买筑,场官验明放行。”商人收足盐后即须报明场官,由场官查验无弊,方可装载入船。此时之商人均为行商,收购完毕即走。

图47-4-1-1 明代收盐储藏图(〔明〕宋应星:《天工开物》卷上《作咸第五》)

雍正六年(1728年),浙江总督李卫以松、台、温三府盐旺产,配引之外,常有余盐,因浙商资本微薄不能尽收场盐,奏明发帑银8万两,交各场员尽数收购,嗣以玉环、舟山、肥艚等处,私刮私煎日盛,先行奏明一律办理。② 乾隆二年(1737年),帑银增加到20万两,收购范围扩大到舟山、温州、台州各处。自实行帑盐以来,销岸私净官畅。此项官收政策弥补商收不足,至咸丰年间太平天国军兴而停办。

嘉庆十八年(1813年)以后,国库匮乏,饬商承收,改行商收商运之制。商分为二:行盐者称为“运商”,收盐者称为“场商”,亦名“廒商”。场商收买场盐卖与运商,运商领引销售。

① 《明史》卷八十《食货四》。

② 《皇朝经世文续编》卷五十四《户政二十六·盐课五》。

同治八年(1869年),两浙招商复引,又重新实行商收,盐商纷纷至盐场设廒,认定板额,收购民盐。同治十一年,甲商许庆曾、廒商陈宝康集资银10万两,首先在岱山开设元、亨、利、贞4廒,按官府查实盐板数核定产量,除本地所需外,全部收购。

光绪元年(1875年),浙西五属公廒(即苏州、松江、常州、镇江、太仓五地)盐商在岱山设立顺昌、安大、恒源3廒。光绪六年,五属公廒开始在余姚、岱山盐场设廒收盐。余姚除五属公廒外,还有源泰廒、晋益廒、余济廒、玉顺廒。光绪七年,岱山顺昌、安大、恒源3廒合并为五属公廒。廒商收盐必须"认板",即以某区盐板若干块作为该廒商长期收购对象,并由廒商保荐当地有势力的人为篷长,经场署批准后经手篷内的收盐事宜。余姚五廒共41篷,规定板户每官盐板1块缴额盐272斤,余板1块缴额盐200斤;岱山场因供应渔盐的缘故,每板额盐150斤。清末使用廒秤,每斤18两3钱;民国4年(1915年)改用司码秤,每斤为16两8钱,故收购额盐调整为余姚场每板年缴300斤、钱清场300斤、岱山场206斤。① 廒商收盐完全由篷长经营,钱清规定农历每旬二、五、八日收盐,三、六、九日发价。

民国初期沿用清制,仍由原专商收购。民国之后廒商增多,集中在余姚、钱清、岱山等地,均系收购浙江纲地引地之盐,其余则本销居多。温属则为归堆。所谓归堆,即盐缴于公堆,记上数目,待公堆盐放完后结账。

民国9年(1920年),余姚盐场分配各廒应收盐额数合计56789吨,其中五属廒19362.20吨、余济廒8694.97吨、公盛廒6230.70吨。见表47-4-1-1。

表47-4-1-1　　民国9年(1920年)余姚盐场分配各廒应收盐额数一览表

廒商名称	应收盐额(吨)	认板额		
		总量(块)	其中官板(块)	其中余板(块)
五属廒	19362.20	126370	62550	63820
源泰廒	5975.82	39000	19300	19700
余济廒	8694.97	56750	28090	28660
玉顺廒	6138.73	40060	19830	202330
晋益廒	4325.98	28230	13970	14260
公盛廒	6230.70	40060	20130	20530
公益廒	739.61	4830	2380	2440
公亨廒	4920.99	32120	15900	16220
永济廒	300.00	2000	980	1020
鸣鹤商贩	100.00	728	169	559
合　计	56789.00	370738	183299	187439

资料来源:《慈溪盐政志》,中国展望出版社1989年版,第124页。

① 收盐衡器,清代曾定17两6钱为1斤,其中1两6钱备抵损耗;后廒秤改为18两3钱为1斤。民国4年(1915年),国民政府通令以司码秤为衡器,以16两8钱为1斤(每斤实重635克)。民国23年改用市秤,每斤重500克。

民国19年（1930年），两浙盐务稽核分所对所属盐场产量及购销情况进行调查，各场盐斤收购储运情况大致可分为4种情况：一是煎盐由灶商直接出售给运商，以浙西一带为主；二是在盐场设立商廒收购，再由商廒转运各地，如余姚、岱山、钱清等地；三是归堆后放运各地，如温属各场；四是产盐不多，零星放运肩销，如大嵩等场。见表47-4-1-2。

表47-4-1-2　　民国19年(1930年)两浙各盐场产量及收购情况一览表

单位：担

场　名	平均产量	盐斤收购储运情况
黄湾场	90946.96	灶商自备柴卤，煎成之盐，纲引商到场向灶商购买。
许村场	86951	产盐分肩、季灶，肩盐就场捆放，季盐纲商捆销。
鲍郎场	45590	每日50斤销轻税，其余由嘉湖廒收购。
芦沥场	12251	均系近场轻税，由肩贩挑销。
海沙场	18728	由嘉湖等廒收购。
钱清场	163438.87	由五属公廒设廒收购，每两日缴盐一次。
东江场	107956.19	各灶自造仓间，由纲商捆销。
三江场	80357	均系季盐，悉由纲商捆销。
金山场	92600	系季盐，均由纲住商销售。
余姚场	1747741.86	均由廒商收购后捆运。
鸣鹤场佐	7388.97	供应三北民食。
清泉场	6625	悉由肩贩挑售。
穿长场	9342.60	板户存于家中，肩贩挑售，分卡过秤。
大嵩场	2852.67	盐存盐户家，次日放肩贩。
定海场	103871	未设仓廒，盐民存盐于木桶，均系本销，不出定海。
岱山场	627700.35	盐斤大部分由五属廒收购，余放渔盐。
衢山盐佐	58771	盐存于木桶中，放本销及渔销。
玉泉场	150000	由台商设廒收购毛盐运台州征税，部分本场放轻税渔盐。
长亭场	32051.89	东乡产盐归堆，南乡产盐由廒收购运海游。
黄岩场	33358.80	未设仓廒，均由盐户存储家中待商购买。
杜渎场	14966.40	盐户均系自收自售，并无官仓。
长林场	3879.58	产盐归堆仓廒。

续表

场 名	平均产量	盐斤收购储运情况
双穗场	114521.20	产盐归堆场，设四廒转运。
上望场	33814	住团有商廒，其余归堆。
北监场	172247.46	产盐由商廒收购。
南监场	40150	全部归堆。
合 计	3858101.80	

资料来源：《浙江省盐业志》，中华书局1996年版，第154—155页。

说明：表列数字为司码秤，100斤等于市秤127斤。

民国24年（1935年）4月，余姚、岱山等场以五属公廒为首的各廒商借口盐产过剩，存盐积滞，停止收盐，企图压价。盐民依靠盐资度日，廒商拒不收盐，以致盐民生活困苦，虽经多次电陈省府，杳无音信。8月30日，廒商宣布六折收盐，即原额381斤以228斤为额盐，其余作为余盐。因额盐价高于余盐1倍，盐民闻讯，再次抗争。余姚场盐民被迫于9月21日推选代表70余人上省请愿，虽经盐运使与省府派员组织廒商会商，但无结果。盐民忍无可忍，10月20日鸣锣聚众，数千人参加，焚毁捆盐的席包和盐仓，砸烂车具等杂物，实行大罢工。同时派出代表分赴上海、南京呼吁。南京政府唯恐事态扩大酿成暴动，被迫下令恢复十足收盐。此次盐潮历时8个月，对盐业生产和盐民生活造成重大影响。

民国27年（1938年），浙西及苏五属等引地被侵华日军占领，浙东交通又不畅通，廒商以引地失陷无法运盐为由，停止收盐，钱清、余姚等场盐如山积，盐民生活困苦。为收购存盐，浙江省政府于同年2月在金华成立“浙江省战时食盐运销处”，负责收购转运。同年7月起改由财政部与浙江省政府合办，称为“浙区战时食盐收运处”，并在定岱、玉泉、黄岩、长亭、北监、长林等场设办事处，收购抢运存盐。至12月，余姚、钱清等场共收购原盐12.75万吨，转运至后方，接济军需民用。

民国28年（1939年），财政部令两浙各场增产，要求余姚场年增加2.27万吨，每板额盐由原来的381斤增至453斤，打破原定限额，并同意启用封存的私板。同时在温台的黄岩、北监、杜渎等场扩建盐场，增加产量。至是年11月，余姚共收购原盐12.60万吨，其中收运处9.26万吨，各廒商3.34万吨。

民国30年（1941年）4月，日军占领余姚、钱清一线。两浙仅存黄岩、杜渎、长亭、双穗、长林、南监、北监7场，总产量6万～7万吨，全部实行公收。为增加收购量，浙区战时食盐收运处先后在上虞老通明、上浦、汤浦，富阳场口，萧山临浦，安吉梅溪，长兴泗安，余杭冷水桥，溧阳殷家桥等地，遍设机构，尽量收购淮浙流散盐斤，收购总量2.12万吨，分济皖南、浙西地区。

民国28年（1939年）5月，定岱盐场沦陷，浙东主要盐场先后被日军占领，两浙盐业产销受到重大影响。日伪占据期间，盐场实行商收。岱山自民国29年5月起即由裕华盐业贸易公司强令收购，并规定每板缴盐50市斤。民国30年下半年，余姚场盐由利民公司在场收运，民国31年改由大成公司承办，民国32年4月又由裕华公司委托华丰公司接办；民国33年委托浙东区盐务管理局负责办理，并在庵东设置余姚场收盐办事处，6月后又改为公收。

民国31年(1942年)，浙区战时食盐收运处结束，人员并入两浙盐务管理局。

民国31年(1942年)，开始实施盐专卖，各场产盐全部官收，各场灶坦煎晒成盐时，由查产员监督收入仓，分户登记，并利用原有仓篷长协助督产收盐。每3日或5日由各场务所按进仓量十足发付场价。

民国34年(1945年)8月抗日战争胜利，9—10月浙江各场次第收复。11月，实行“民制、民运、民销”政策。民国35年1月起，根据盐务总局文件，实行委托商收及公家贷款收仓的办法，并规定不得克扣盐本或抬价出售。委托商收的有浙西芦沥、鲍郎、黄湾3场和双穗场桥、梅岗、上码、汀田、鲍田5区及定岱各场。承办期限以1年为限，如绩优期满续办。对余姚、黄岩、钱清、南监、北监、玉泉、清泉、长林等场，经核定统予办理生产贷款收仓。盐场收仓配放，按以销配产原则，预定各场各月产量，严加督察，不得额外多产，以防走私。产盐经秤收入仓后，先发放部分生产贷款，待销售后付清。其贷款成数，按产盐旺季、淡季分别确定，3—6月按3/4贷款，7—10月贷给半数，11月至次年2月贷给全数。民国35年7月，盐务总局又规定贷款旺季改为2/3。

民国36年(1947年)12月，变公收贷款为招商收购。

1949年5月，杭州解放。6月，省盐务管理局命令余姚商收场盐立即停止，产盐统一由政府收购。原有商收存盐准由原商按担缴纳食盐税后掣给准单，自行销售。7月，省财政会议决定，采取“自由运销”方针，产盐不再公收，由盐民与盐商直接交易，完税后出场。由于缺乏管理经验，放任自流，失去对盐源的控制，商人竞相抢囤，造成人为盐荒。同年10月，重新核定收购计划，采取“重点收购”方针，余姚、浙西、翁家埠3处尽收，黄岩、北监等场部分公收。同年12月，为禁止盐商囤盐，哄抬盐价，省政府发出通知，改自由运销为“统筹产销”，产盐全部由国家收购，实行统一运销。

1949年11月至1950年上半年，因物价不稳，浙江盐区收购原盐曾以大米实物支付，核定每50千克原盐平均公收价为大米7.18千克(14.36斤)。

为鼓励盐民多产盐、产好盐，省盐务管理局肯定岱山场分等计价的经验，决定自1953年1月1日起在全省重点盐区推广。鉴于各地盐质基础不同，分等标准也作不同规定：余姚、翁家埠、绍兴3场氯化钠含量85％以上为甲等盐，80％以上为乙等盐，75％以上为丙等盐；舟山、温州、台州等场氯化钠含量80％以上为甲等盐，75％以上为乙等盐，70％以上为丙等盐。又规定如缴仓之盐不及丙等盐规格，但仅因水分过多而无妨碍卫生之杂质(如羊毛硝)，酌扣水耗作为丙等盐收仓；如含有妨碍卫生之杂质，应教育盐民作退还重制。分等计价后，公收基价被突破，公收价款超支，且目测定等不够准确，1954～1955年期间，全省盐区先后停止。

1955年2月，实行民主管仓，即收购时扣除8％备耗，预付92％，放销后按实结清。

1956年，全省互助合作运动由初级社转为高级社，盐产品管理工作也下放到高级社，原盐的公收由高级社各大队自行负责，秤支、盐印均交大队保管。由于社、队收放原盐弊端较多，仓储管理不善，执行制度不严，造成严重超耗与偷盗，出现了盐资虚报冒领、工具散失、盐斤污损等问题。庵东 1959—1962 年实际超耗达 1.13 万吨;岱山 1959—1961 年超耗赔款 14.67 万元;乐清 1958—1959 年虚报收盐数,清仓后超耗款 6 万余元。

1956 年 9 月,全省盐区重新实行分等计价,按照国家盐务总局规定盐质标准,分一等、二等、三等和次盐。规定氯化钠含量(干基)一等盐 96%以上,二等盐 94%以上,三等盐 92%以上,次盐 88%以上。定等方法为产盐存仓 1 个月后采样化验。盐价规定以公收基价为二等盐价,一等盐价上调 7.18%,三等盐价下调 7.18%,次盐价下调 17.68%。由于盐质指标偏高,浙江产盐达不到国家规定的相应质量指标,致使各等盐平均价达不到公收基价,公收价款每年均有结余。为照顾盐民实际收入,便以补助形式,于年终拨给达不到公收基价的生产单位。终因矛盾较多,省盐务管理局于 1960 年 4 月再次取消分等计价。

1963 年 4 月,省盐务管理局制定《关于盐场原盐收放存管理的规定》,规定原盐的管理,国营盐场由盐场组织职工管理,集体盐场应根据各场的具体条件采用两种不同形式:一是实行公收,进仓结账,仓溢耗由国家负责;二是实行公收,按放结账,仓溢耗由生产单位负责。

1963 年 11 月,经调查,全省各地盐产品管理主要有 3 种方式:一是公收、公管、公放,产品的收放存储均由国家负责,收盐时根据干湿程度明扣水耗,耗溢均由国家负责,产品和仓坨管理用具保管较好,质检认真,损失少。但因水耗扣除标准不明显,明扣水耗时常发生争执现象;二是民主管仓,虽减少了不少仓管人员,但结果是无人管理,弊病较多,得不偿失;三是国家和群众双结合管理,即产品国家公收后与群众共同管理,收放由国家干部执秤,群众包耗,放清结账。至 1967 年,除慈溪庵东、临海上盘(淡季公收)和象山灰晒场恢复公收公管外,其余均实行国家和集体合管,耗溢由群众全包。

1964 年 3 月,中国人民银行浙江省分行、省财政厅联合发文,对当年浙江原盐公收所需流动资金作出规定:原盐公收资金(含量方预付)根据核定的定额资金,30%由财政拨给,70%由省人民银行信贷解决。

1964 年 7 月,全省盐区第三次实行分等计价。以新产盐(存储不满 1 个月)采样化验定等,氯化钠含量(湿基)88%以上为一等盐,83%以上为二等盐,78%以上为三等盐,不满 78%为等外盐。仍以公收价为基价,一等盐上调 2.62%,二等、三等盐分别下调 3.93%和 14.85%,等外盐不列价。年度公收价余额由各县自行用于盐场集体性建设,不再拨给生产单位。此后,省盐务管理局多次根据国家盐的质量标准调整盐的收购等级标准和公收价。

1967 年,省盐务管理局再次对乐清、玉环、临海、岱山、慈溪等 13 个县的 36 个公社的产品管理情况进行调查,产品管理主要有 3 种形式:一是实行国家和集体合管,耗溢仍由群众全包。实行此办法的盐场有温州的乐清、平阳、瑞安,台州的玉环、温岭、黄岩,绍兴的上虞南汇和杭州的萧山等盐场。二是在实行国家和集体合管的基础上,对于满 6 个月以上的仓存盐核定月耗率,由国家给予贴耗。实行此办法的盐场有岱山、定海各公社盐场。三是恢复公收公管,有慈溪庵东、临海上盘(淡季公收)和象山灰晒场。

1979 年,因连续两年盐业丰产,产区收购资金严重不足,省财政厅拨款 300 万元,省轻工业局盐业公司在盐质差价结余中拨款 310 万元,补充各地收购资金。

1980 年后,随着盐价的提高,所需收购资金大量增加,不再由省核拨,均由当地盐业公司自筹，不足部分贷款解决。

1981 年，省轻工业厅决定，对全省集体所有制盐场的原盐实行公收，并作如下规定：①新盐封坨存放 3 个月以上，化验定等后收购，一次结清盐资。②有些县、场盐质较差，新盐堆放 3 个月后，水分含量仍然较大，在公收时应适当扣留水耗。③公收中，在一定距离范围内，盐民有义务向国家定点仓(坨)交售原盐。距离较远的，国家酌情支付搬运费用。④对不符合食用的"泥、黑、卤(劣质)"盐，要化卤重制。该决定发布后，因各地财政与人员问题未能解决，实行不多。

1986 年 7 月起，实行放销时袋包取样，除慈溪、玉环县外塘、洞头县小门山、象山县灰晒地区实行公收外，其余均实行"量方预付，以放作收，放清结账"的办法。国营盐场原盐不公收，凭当地县盐业公司开具的放销通知单，由场自行称放，溢耗自负。自此以后至 2010 年一直沿用该办法。

第二节　销　售

两浙历来是全国盐的重要产销区，产销量均曾位居全国前列。民国及以前，两浙产盐除供应浙江省外，根据销界还供应江苏、上海、江西部分区域。20 世纪 90 年代以来，随着浙江省盐业产业结构调整，产量下降，而全省盐的需求量持续上升，浙江开始从省外大量调入原盐以满足省内市场供应。

一、销区

食盐流通自古受地理环境、交通条件和习俗的影响。唐以前，虽然从就近而食发展为远道销运，但并没有法定销区。①

销界制的实行来源于唐专卖制。食盐销区的划分是唐代盐专卖制实行后所产生的新问题。此前，商人购得官盐可运销任何地区。由于各类官盐榷价有差，唯有限定区域，方能使产品不致积压，市场不致脱销，从而保证榷价的有效执行，减少和防止私盐冲击官盐(包括低价官盐流入高价地带)，渗透市场。唐贞元十六年(800 年)，为防止海盐影响池盐销路，始划分海盐销区与池盐销区。五代时，销界制则随着俵配制②的推广而最终确立和定型。食盐销界制实行后，各类盐有了明确的流通范围。后周显德元年(954 年)划区运销。当时两浙属吴越，并以此划为行盐区域。除浙江全省外，江苏的苏州、松江、常州、镇江、太仓五属，安徽的徽州、广德二属，江西的广信一属，亦均为浙盐引地。浙盐行销区域较广，一是因为两浙盐产量大，除本销外，尚有大量积余；二是得益于浙江优越的交通运输条件。唐李肇《唐国史补》卷下称"凡东南郡邑，无不通水，故天下货利，舟楫居多"。食盐运输也是水陆兼行，而以水为主。

---

① 郭正忠主编《中国盐业史(古代编)》，人民出版社 1997 年版，第 167 页。

② 俵配制是唐末以来计口、按户配盐方式的发展和推广，特点在于抑配与强制。

唐刘宴掌东南盐事，设 10 监 4 转运场，浙江设有嘉兴、临平、兰亭（今绍兴）、新亭（今临海）、永嘉、富都（今定海）6 监，湖州、越州（今绍兴）、杭州 3 转运场，地点大多临近水陆通衢与商贸中心，从而使官盐的运输十分顺畅。

宋、元、明、清相承，均划定引岸，行销范围依旧。购盐有定场，销盐有定地，运盐有定商，不许相互侵越。宋代商人凭盐引和盐钞转销官盐，元仍凭引运销。顺帝后至元五年（1339 年），两浙盐运司的一份文件中说："本司……行盐之地，两浙、江东，凡一千九百六十余万口"①。据此，当时两浙行盐区域大体包括现在的浙江全省、苏南、皖南和江西的一部分区域。明代开中引盐，由客商贩运到指定的府县，再由官配给民户或由商销售，这种行盐疆界具有一定的法律效用，如果犯界行盐，则与私盐同罪。倘若旧有的行盐疆界有妨行盐，则须经奏请得以改界。明初，两浙法定的行盐疆界，根据《诸司职掌》记载，具体包括 17 府 1 州，即杭州府、绍兴府、宁波府、台州府、温州府、衢州府、处州府（今丽水）、嘉兴府、湖州府、金华府、松江府、苏州府、严州府、常州府、镇江府、广信府、徽州府、广德州。宋代两浙销盐区划情况参见图 47-4-2-1。

清代销区划分承明制，各按一定的额销引额，在规定的区域内销售。咸丰五年（1855 年）十月初九日，户部奏请饬湖南、浙江巡抚将该省盐茶互运，以充军饷。清廷命浙江巡抚何桂清、湖南巡抚骆秉章筹办，湖南收买民间存茶 10 余万道，浙江筹盐 10 余万引，均运至江西樟树镇，互相交卸，分路销售。

图 47-4-2-1　宋代浙销盐区划图（郭正忠主编《中国盐业史（古代编）》，人民出版社 1997 年版，第 270～271 页）

清末两浙销区分为纲地、引地、肩地、住地、厘地。纲地为距产区较远的腹地，税率最高，浙江省富阳等 34 县、安徽省广德等 7 县、江西省玉山等 7 县，均由纲商承销；引地为距离产区较近地带，税率轻于纲地，有江苏吴县、松江等 23 县，安徽的建平县（后改郎溪），由引商承销；肩地比引地更接近场区，私盐最易侵入，只准官贩挑销，例由商人保结，领引销售，不得以船载运，也不能设店经营。由肩商定场（灶）买盐，在指定区域销卖。此类地区有浙江杭县（今杭州）、余杭、海宁、崇德、海盐、平湖、绍兴、萧山 8 县；住地介于引地和肩地之间，距场区比肩地远、比引地近，食用轻税之盐，肩贩力不能及，准于设店住卖。此类地区有浙江的余姚、上虞、嵊县、新昌 4 县，由住商承销；厘地一般是控制比较困难，官盐不易行销而私盐又难以堵截之地。此类地区有浙江温属玉环、永嘉、瑞安、乐清、平阳、泰顺 6 县，处属丽水、青田、松阳、遂昌、龙泉、庆元、云和、宣平、景宁 9

① 《元史》卷九十七《食货五》。

县，系官督商运，计斤抽厘（税金）。台属天台，金属永康、武义，处属缙云，宁属鄞县等5县及江苏之上海租界，系商运包厘。定海及江苏之海门、崇明，则又系地方包课（税金）。

民国前期，浙盐行销仍有纲、引、肩、住、厘之别。纲地为浙江的嘉兴、长兴、临安、金华、衢县等34县，安徽的广德等6县，江西的玉山等8县，共计48县；引地有浙江的鄞县等4县，江苏的吴县、上海、无锡等23县，安徽的郎溪，共计28县；肩地均在浙江省内，为杭县、绍兴等6县；住地为上虞等3县；厘地为永嘉、玉环、临海、象山等26县。

余姚场、岱山场、北监场均有盐调供省外区域。民国21—25年（1932—1936年）浙江部分盐场销盐区域见表47-4-2-1。

表47-4-2-1　　民国21—25年（1932—1936年）浙江部分盐场销盐区域一览表

盐场名称	行销区域	备注
余姚场	纲地为浙江之嘉兴、嘉善、桐乡、程广、武德、富阳、新登、於潜、昌化、诸暨、义乌、浦江、金华、兰溪、汤溪、东阳、衢县、龙游、江山、常山、开化、建德、淳安、遂安、寿昌、桐庐、分水；安徽之歙县（附销绩溪）、休宁（附销婺源）、黟县（附销祁门）；江西之玉山、上饶、横峰、广丰、贵溪、铅山、弋阳等县。 引地为江苏之吴县、吴江、常熟、昆山、松江、青浦、奉贤、金山、上海、川沙、南汇、太仓、宝山、嘉定、武进、江阴、无锡、宜兴、丹徒、丹阳、金坛、溧阳、靖江及安徽之郎溪；浙江之鄞县、奉化、慈溪、镇海及宁海之北半县。 肩地为绍兴、萧山、南沙、杭县、余杭、海宁、崇德。 住地为余姚城乡食盐和酱盐。 厘地为上海租界。 轻税地为余姚、慈溪、镇海3县交界的三北地方。	产量占全省五成，销区广，有江苏省之旧苏五属及上海租界，浙东、浙西各地及五和、民生两精盐公司所需原盐。
岱山场	江苏之吴县、吴江、常熟、昆山、松江、奉贤、金山、上海、南汇、青浦、川沙、武进、无锡、江阴、宜兴、靖江、丹徒、丹阳、金坛、溧阳、太仓、嘉定、宝山；安徽之郎溪及本地酱盐、渔盐。	
北监场	渔盐销区有15埠：有玉环之坎门、鸡冠山、寨头、小叠、大麦屿、鹿西、豆腐岩、潭头、状元岙、沙角、三盘、洞头、甲米礁及瑞安之北鹿和平阳之南麂。箳盐行销处属（今丽水市）之宣平、庆元、丽水、松阳、景宁、青田、遂昌、云和、龙泉9县。食盐、酱盐销全县各地。	

资料来源：《浙江省盐业志》，中华书局1996年版，第284页。

民国26年（1937年）开始，日军占领浙江沿海，晒盐场地日渐缩小，浙江仅存浙东7场产盐，勉力供应省内未沦陷地区食用，同时抽出部分原盐运往湘、赣济销。民国31年，因日军侵占，浙盐销地计完整者61县，不完整及皖南销区共16县。民国32年，完整销地55县，不完整及皖南销区共18县。民国33年，原有销地69县，后将广信所属之玉山等7县及婺源县划归江西管辖，尚有61县，其中不完整者22县。民国34年抗日战争胜利后，浙江77个县、市的原有销地全部恢复，上海市、苏五属及皖南等销地食盐仍由浙江供给。同年，取消专商引岸制，改行自由贸易，准许商民自由经营、自行购运。本销亦由盐号、盐店自行到盐场或据点仓纳税缴价领运。此外，在丽水、龙泉、临海、临浦、建德、衢州、杭州等地设立官盐仓，运储常平盐。

中华人民共和国成立后，盐的运销实行计划管理。浙江盐产区省内销售区域基本沿用旧制。浙盐除本省销售外，还兼销安徽的广德、绩溪、歙县、黟县、休宁、祁门、婺源等县，福建的浦城，江西的上饶、弋阳、玉山、广丰、铅山、贵溪、横峰以及上海市和江苏的吴江、常州、武进、江阴、苏州、无锡、丹阳、常熟等地。浙江产盐主要供应本省及毗邻省上述地区食盐、非制碱工业用盐、农牧盐和渔盐。省内所需制碱工业用盐由省盐业公司统一从山东、江苏、河北、天津等地调入，按计划供应衢州化工厂、杭州龙山化工厂、杭州电化厂、萧山树脂厂、温州电化厂、嘉兴化工厂、嘉兴化肥厂、良渚纯碱厂、湖州菱湖化学厂、武义有机化工厂、台州烧碱厂等化工企业。20 世纪 60 年代起，除本省销售外，省外销区还有安徽、江西两省，福建、上海、江苏三省（市）间或少量供应，至 20 世纪 70 年代不再调供福建、上海、江苏；20 世纪 80 年代起，省外销区还有安徽、江西、上海、江苏四省（市），间或少量供应福建。因浙江省控产压田、产量下降，1999 年起，为保证浙江省内盐产品供应，浙江产盐全部在本省销售，不再销售省外。

20 世纪 70 年代末期、80 年代初期，因自然条件制约，宁波慈溪庵东盐区盐田大面积废转，盐产量锐减，导致省内主要盐产区本省销售定点供应区域也相应调整。为加强计划管理，明确产销责任，避免互相冲销，确保市场供应，从 1987 年起，省盐务管理局按照“统一计划、分区平衡、划片定点、就地就近供应”的原则，实施划片定点供应，按省盐务管理局下达的计划产销直接见面。划片定点情况见表 47-4-2-2。此后，因主要盐产区产业结构调整，盐田废转，主要产区划片定点供应区域根据实际情况略有调整。

表 47-4-2-2　　1987 年浙江盐产区划片定点供应区域一览表

产区	划　片　销　区
舟山	除供应所属 4 个县、区外，还负责供应杭州、余杭、萧山、富阳、临安、桐庐、建德、淳安、嘉兴、平湖、嘉善、海盐、海宁、桐乡、湖州、长兴、德清、安吉、上虞、新昌、嵊县、金华、兰溪、永康、义乌、东阳、武义、开化、温州等 29 个市、县。
宁波	除供应所属 10 个市、县、区外，还负责供应衢州、龙游、常山、江山、遂昌、松阳、磐安、浦江、杭州、温州等 10 个市、县。
台州	除供应所属 8 个市、县外，还负责供应丽水、缙云、云和、龙泉、景宁、庆元、青田、绍兴、诸暨、温州、永嘉、苍南、平阳、瑞安、杭州等 15 个市、县。
温州	仅负责供应所属 9 个市、县。

资料来源：据浙江省轻工业厅《关于下达一九八七年度全省盐的分配调拨计划的通知》（轻盐字〔1987〕56 号）综合整理。

1994 年，国务院颁布《食盐加碘消除碘缺乏危害管理条例》，要求小包装食盐全部实行加碘。浙江省开始全面实施加碘改造项目。1996—1997 年，经中国轻工总会盐业管理办公室核准，全省共有17家食盐定点生产企业；之后，根据国家有关政策，浙江对原有食盐定点生产企业陆续进行清理或新申报，至2010年底，全省有6家食盐定点生产企业（包括2家多品种盐生产企业）。食盐定点生产企业制度实施后，盐的划片定点供应方式发生变化，由省盐务管理局制订盐的出场和分配计划，各产区生产的海盐对口供应相关食盐定点生产企业；食盐定点生产企业组织分装加工后，销售全省各地，其对口供应情况见表47-4-2-3。

表47-4-2-3　　2010年浙江省盐产品供应及流向一览表

定点企业名称	主要产品	对口产区	主要供应区域
浙江省宁波市晶泰盐业发展有限公司	小包装盐、食品加工用盐	宁波、舟山、省外	主要负责宁波区域及绍兴的上虞、杭州的萧山。
浙江绿海制盐有限责任公司	小包装盐	舟山	负责供应全省各地。
浙江蓝海星制盐有限公司	小包装盐	省外	负责供应全省各地。
浙江省盐业集团普陀盐业有限公司	食用加工用盐	舟山、省外	负责供应普陀及舟山的嵊泗等。
台州市盐业配送有限公司	小包装盐、食品加工用盐	台州、省外	主要负责台州区域。

资料来源：据浙江省盐务局颁发《关于下达2010年全省盐产品分配调拨计划的通知》（浙盐局发〔2010〕27号）综合整理。

说明：浙江临安三和园竹盐食品有限公司不属于浙江省盐业系统，年生产量较小，供应区域主要为省外，零星供应省内，此表未列明。

二、销量

两浙历来是中国盐的重要产销区，产销量均位居全国前列。

宋乾道六年（1170年），两浙路销盐121.2万石。

元代，两浙岁办引额盐：至元二十三年（1286年）为45万引，每引400斤。至元二十六年为35万引。大德五年（1301年）为40万引。至大元年（1308年）又增余盐5万引，正、余引共45万引。延祐六年（1319年）为50万引。① 顺帝至元五年（1339年），浙盐销量约为44.9万引。这些盐货大部分通过杭州港内河运转，经钱塘江运销建德路的盐货约1.25万引，运销婺州路约2.67万引，运销衢州路约1.35万引，运销徽州府约2.06万引，运销饶州路约10.09万引，运销沿山州约0.75万引，运销信州路约1.65万引，运销池州路约0.91万引，运销宁国路约2.9万引，运销广德路约0.85万引；经过运河销湖州路约3.12万引，运销太平路约1.11万引，运销集庆路约2.68万引。此外，每年河漕船南归，还有10余万引私盐流经杭州。

① 《元史》卷九十四《食货二》。

明洪武时，两浙岁办大引盐 22.04 万引，每引 400 斤。盐销量居当时全国第二位，仅次于两淮。弘治时改办小引盐倍之。

清顺治三年（1646 年）题准两浙岁引正盐 66.72 万引，其中浙东 30.86 万引，浙西 35.86 万引。

清乾隆六年（1741 年），两浙岁办正引 70.47 万引，每引 335 斤；票引 10.07 万引，每引 400 斤，正引、票引共销盐 276.35 万担。嘉庆以后，销数渐减。同治八年（1869 年）改票为纲，引纲各地销盐额仍为 70.47 万引，销盐 236.07 万担。

民国期间除民国 26—34 年（1937—1945 年）统计数字不全外，各年销量较为稳定并略有增长。民国时期历年盐销量见表 47-4-2-4。

表 47-4-2-4　　民国时期浙江盐销量一览表

单位：千担①

年　份	销量	其中				
		食盐	渔盐	酱盐	工业盐	精盐
民国 3 年	1875					
民国 4 年	1835					
民国 5 年	2184					
民国 6 年	2337					
民国 7 年	2386					
民国 8 年	2668					
民国 9 年	2725					
民国 10 年	2191					
民国 11 年	2300					
民国 12 年	2346					
民国 13 年	2658					
民国 14 年	2892					
民国 15 年	2709					
民国 16 年	2690					
民国 17 年	3167					
民国 18 年	3015	2326	657	32		
民国 19 年	3191	2436	717	35		3

① 担，市制重量单位，1 担等于 50 千克。

续表

年份	销量	其中				
		食盐	渔盐	酱盐	工业盐	精盐
民国20年	3413	2610	726	44		33
民国21年	3469	2626	729	50	23	41
民国22年	3191	2415	665	48	31	32
民国23年	2278	1580	564	42	12	80
民国24年	2487	1501	865	36	15	70
民国25年	3160	2137	871	51	18	83
民国26年	2756	1941	713	52	17	33
民国27年	2105	1423	613	52		17
民国28年	2450	1995	414	41		
民国29年	2558	2247	262	49		
民国30年	1591	1421	144	26	△	
民国31年	713	571	132	10	△	
民国32年	999	841	143	15	△	
民国33年	712	637	75	并入食盐	△	
民国34年	534	440	74	并入食盐	△	
民国35年	4122	3041	1080	并入食盐		1
民国36年	4003	3333	647	并入食盐	21	2
民国37年	3967	3452	472	并入食盐	39	4
民国38年（1—9月）	998	840	150	并入食盐	8	

资料来源：民国3—17年（1914—1928年）数据根据财政部盐务总局资料室编《中国盐政实录》第四辑上册整理；民国18年起至民国38年9月数据根据省盐务管理局资料统计整理。

说明：1.“△”表示系500担以下。2.1949年10—12月销盐942千担未统计在当年度内。

中华人民共和国成立后至20世纪90年代末期，浙江除少数年份因歉产而从省外调入盐产品外，基本能保证省内用盐的需求，唯两碱工业用盐依靠外省调入。在销盐比例上，随浙江省两碱工业发展，工业用盐量上升很快，而渔业用盐随冷冻工业发展，鱼货冰鲜代替以往腌制，因此渔盐销量逐年下降。

随着全省盐业专营体制不断健全，盐政执法力度不断加大，私盐得到有效控制。此外，随着经济社会发展，与盐相关产业如纺织印染、食品腌制加工等迅猛发展，全省盐产品需求量逐年增加，盐销量位于全国各省(区、市)前列。2008—2010 年 3 年，全省盐的销量分别位居全国第一、第四、第二位。而受自然环境条件、产业政策等影响，全省盐田面积逐渐萎缩，盐产量逐年减少，每年需从山东、江苏、江西、湖北等省大量调入原盐以满足省内市场供应。从 1999 年起，浙江产盐不再调供省外。

1949 年以来浙江省盐销量、调入和调出量见表 47-4-2-5、表 47-4-2-6、表 47-4-2-7。

表 47-4-2-5　　1949—2010 年浙江省盐销量一览表

单位:万吨

年　份	销量	其　中				
		食盐	工业盐	农牧盐	渔盐	储备盐
1949	9.70	8.85	0.05	-	0.80	-
1950	10.98	10.37	0.02	-	0.59	-
1951	15.76	13.83	0.18	-	1.75	-
1952	20.35	17.29	0.08	-	2.98	-
1953	19.42	15.31	0.10	0.02	3.99	-
1954	21.67	17.74	0.12	-	3.81	-
1955	22.00	16.36	0.14	-	5.50	-
1956	24.02	17.75	0.20	0.03	6.04	-
1957	27.55	17.39	0.22	0.08	9.86	-
1958	25.34	15.51	0.56	3.08	6.19	-
1959	27.19	19.27	0.93	0.88	6.11	-
1960	33.92	22.59	3.16	1.52	6.65	-
1961	30.22	23.85	1.29	0.12	4.96	-
1962	19.91	15.13	0.60	0.15	4.03	-
1963	17.51	10.51	0.38	0.07	6.55	-
1964	31.27	19.28	1.57	0.26	8.28	1.88
1965	39.14	19.88	0.91	0.63	8.84	8.88
1966	42.03	21.30	3.07	1.19	11.63	4.84
1967	45.09	19.33	11.10	0.61	10.94	3.11

续表 1

年　份	销量	其　　中				
		食盐	工业盐	农牧盐	渔盐	储备盐
1968	40.31	24.57	1.17	0.46	10.14	3.97
1969	43.59	29.62	1.35	0.49	10.15	1.98
1970	51.73	27.49	11.79	0.41	10.15	1.89
1971	50.69	27.03	13.15	0.55	9.96	-
1972	57.40	27.77	17.02	0.62	11.98	0.01
1973	55.33	26.77	14.62	0.64	13.30	-
1974	50.73	26.16	13.82	0.47	10.27	0.01
1975	53.39	30.62	10.09	0.51	12.13	0.04
1976	52.76	30.74	12.82	0.35	8.76	0.09
1977	52.92	28.84	14.68	0.45	8.91	0.04
1978	70.54	39.31	19.30	0.51	10.82	0.29
1979	62.00	29.46	22.18	0.78	7.10	2.48
1980	65.76	34.71	22.67	1.05	6.62	0.71
1981	74.54	41.40	25.00	1.07	5.56	1.51
1982	75.36	41.61	27.40	0.69	5.66	-
1983	74.66	41.97	27.75	0.24	4.70	-
1984	74.65	44.43	26.11	0.12	3.99	-
1985	72.04	43.16	26.66	0.02	2.20	-
1986	86.14	45.74	38.68	0.10	1.59	0.02
1987	89.34	45.64	42.41	0.86	0.43	-
1988	97.97	51.85	44.76	0.01	1.35	-
1989	95.56	48.63	46.09	-	0.84	-
1990	83.09	38.13	44.52	-	0.44	-
1991	95.10	45.45	49.14	-	0.51	-
1992	95.16	45.63	49.04	-	0.49	-
1993	108.92	49.10	59.32	0.01	0.49	-

续表 2

年　份	销量	其　　中				
		食盐	工业盐	农牧盐	渔盐	储备盐
1994	88.25	38.68	48.92	0.00	0.65	–
1995	63.84	32.44	30.81	0.00	0.59	–
1996	45.86	30.95	14.71	0.04	0.16	–
1997	46.61	34.94	11.26	0.01	0.40	–
1998	51.48	36.98	14.21	0.08	0.21	–
1999	59.42	32.08	27.05	0.05	0.24	–
2000	66.77	48.35	18.17	0.04	0.21	–
2001	79.67	60.45	18.99	0.00	0.23	–
2002	78.55	58.71	18.31	–	1.53	–
2003	89.05	69.62	18.38	–	1.05	–
2004	94.81	72.46	21.85	–	0.50	–
2005	91.34	65.89	24.50	–	0.95	–
2006	97.74	71.98	24.65	–	1.11	–
2007	103.17	72.44	29.25	–	1.48	–
2008	113.83	77.88	34.39	–	1.56	–
2009	103.14	69.95	31.48	–	1.71	–
2010	114.53	74.90	38.36	–	1.27	–

资料来源：1949—1993 年数据引自《浙江省盐业志》，中华书局 1996 年版，第 288—289 页；1994—2010 年数据引自浙江省盐业统计年报。

说明：1. 1949 年销售总量中包括当年 1—9 月销售的 4.99 万吨在内。2. 从 1996 年开始，国家对两碱工业用盐供应办法进行调整，盐碱生产企业直接见面，直接结算。因此，从 1996 年起，全省盐销量中不包括两碱工业用盐。3. 1995 年及以前统计口径为全省产区分配量加上省外购进量；1996 年起，全省专营机构完善，统计口径为全省省内实际销售量。

表 47-4-2-6

1958—1998 年浙江省盐调入和调出量一览表

单位：吨

年份	外省调入		调供省外									
	合计	其中：工业盐	合计	安徽	江西	福建	上海	江苏	湖南	湖北	黑龙江	广东
1958			8994	8194	266	534	–	–	–	–	–	–
1959	75443		14659	6898	1897	1558	3471	835	–	–	–	–
1960	21946	21946	15707	9905	2919	2883	–	–	–	–	–	–
1961	40989		1516	1397	–	119	–	–	–	–	–	–
1962	26300		–	–	–	–	–	–	–	–	–	–
1963			1130	590	–	540	–	–	–	–	–	–
1964			7760	6710	1050	–	–	–	–	–	–	–
1965	2000	1800	3160	3160	–	–	–	–	–	–	–	–
1966	23400	23400	23119	8269	14850	–	–	–	–	–	–	–
1967	96500	96200	18829	6067	12762	–	–	–	–	–	–	–
1968	500		59980	18401	39827	–	–	–	–	–	–	–
1969			49081	9059	36564	–	3018	440	–	–	–	–
1970	53800	53800	48852	14771	29255	–	4826	–	–	–	–	–
1971	30054	30054	13092	8519	4573	–	–	–	–	–	–	–
1972	33052	33052	14169	8845	5324	–	–	–	–	–	–	–

续表 1

年份	外省调入		调供省外									
	合计	其中：工业盐	合计	安徽	江西	福建	上海	江苏	湖南	湖北	黑龙江	广东
1973	130997	102937	28787	7371	21416	–	–	–	–	–	–	–
1974	159270	124370	29759	6703	23056	–	–	–	–	–	–	–
1975	144730	84398	21921	5238	16683	–	–	–	–	–	–	–
1976	233644	119640	9011	2663	6348	–	–	–	–	–	–	–
1977	195320	128576	6825	3398	3427	–	–	–	–	–	–	–
1978	308233	175791	8435	6101	2334	–	–	–	–	–	–	–
1979	179355	179159	17867	13505	803	–	2551	1008	–	–	–	–
1980	181036	180645	63640	22315	6150	–	29681	5494	–	–	–	–
1981	199065	198478	99951	42483	10992	–	37626	8850	–	–	–	–
1982	212355	211622	96305	42647	6901	–	40936	4168	1142	511	–	–
1983	293532	239490	72541	24605	5471	–	40981	1483	–	–	–	–
1984	357198	244889	61130	19811	–	–	40529	790	–	–	–	–
1985	349173	255484	40652	13836	–	–	26722	94	–	–	–	–
1986	378163	356975	82082	27420	–	–	51200	3462	–	–	–	–
1987	387503	378741	101265	45019	693	–	52922	2631	–	–	–	–
1988	414126	404607	51048	18702	1030	–	31216	100	–	–	–	–

续表 2

年份	外省调入		调供省外									
	合计	其中：工业盐	合计	安徽	江西	福建	上海	江苏	湖南	湖北	黑龙江	广东
1989	508414	438488	18865	2668	-	-	15947	130	-	-	120	-
1990	487814	427727	27735	1548	-	-	26187		-	-	-	-
1991	512116	473349	18125	99	-	155	17300	570	-	-	-	-
1992	462576	440596	27672	9743	879	-	15959	1089	-	-	-	-
1993	562795	525298	20377	2858	1092	30	14016	2380	-	-	-	-
1994	458959	430398	5616.9	700	-	37	4473.9	406	-	-	-	-
1995	151323	131266	42856	28047	835	-	10230	3744	-	-	-	-
1996	102870	96752	91521	55256	14508	30	20307	1420	-	-	-	-
1997	16111	11912	67156	34488	9488	-	20322	1818	-	-	-	1040
1998	51298.9	43368	22978	-	1025	-	16394	750	-	-	-	4809

资料来源：1958—1993 年数据引自《浙江省盐业志》，中华书局 1996 年版，第 290—291 页；1994—1998 年数据引自浙江省盐业统计年报。

说明：1958 年前资料不全。

表 47-4-2-7

1999—2010 年浙江省盐调入量一览表

单位:吨

年份	调入	其中:工业盐	天津	山东	江苏	安徽	江西	湖北	青海	福建	河北	湖南	四川	内蒙古	河南	上海
1999	242847	236942	130	119434	46838	61	9116	44758	4304	16524	1654	28	–	–	–	–
2000	290250	93380	816	123456	61845	1169	10512	67393	2156	22891	–	12	–	–	–	–
2001	341452	109095	500	143618	82395	1762	17252	82572	2405	10948	–	–	–	–	–	–
2002	403694	130124	124	126037	110896	5390	26311	101552	1796	31588	–	–	–	–	–	–
2003	446075	127313	60	176861	110012	8739	31534	102688	1014	15151	–	–	8	6	–	2
2004	466521	163282	238	152007	104781	10900	49406	112034	901	36227	–	–	–	25	–	2
2005	414795	148588	58	102729	89391	6989	86323	117606	1387	10310	–	–	–	–	–	2
2006	518207	193901	240	103791	172488	9045	89502	142009	1123	0	–	–	–	–	–	9
2007	679062	265829	1784	120337	264354	19882	143378	128350	961	0	–	–	–	–	–	16
2008	886991	339572	633	125671	292107	35877	239963	189788	989	1947	–	–	–	–	–	16
2009	821530	294466	1022	102923	241706	36579	254927	154818	720	28835	–	–	–	–	–	–
2010	1009772	338099	4431	97491	348069	38355	320772	166711	60	30639	3006	–	–	–	238	–

资料来源:据浙江省盐业统计年报综合整理。

浙江省产盐除省内销售和调供省外部分区域外，在20世纪80—90年代，陆续有少量出口至新加坡、日本、韩国等地。1980年，梅山盐场特制细盐50余吨出口至新加坡，开浙江省产盐出口国外之先河。1983年9月，玉环盐场滩晒特制细盐100吨出口至中国香港、马来西亚。1994年，舟山市盐业公司54吨低钠盐出口至日本。1996年起，舟山产盐以色白、粒细、干燥、天然赢得日本消费者青睐，多次出口至日本，品种也由单一的普通食盐扩大到天然日晒海水优质盐、高级精制低钠盐、精制盐、精制加碘盐等10余个品种。1999年4月，经外经贸部批准，舟山市盐业公司成为全省盐业系统首个获得盐产品、盐化产品、盐业机械自营进出口权的单位。2006—2007年，宁波新梅山制盐有限公司产盐也两次出口至日本。2008年起，浙江产盐不再出口国外。1980—2007年浙江盐出口情况见表47-4-2-8。

表47-4-2-8　　1980—2007年浙江省盐出口情况一览表　　单位：吨

年份	生产企业	出口国家（地区）	数量	年份	生产企业	出口国家（地区）	数量
1980	梅山盐场	新加坡	50	2000	舟山市盐业公司	日本	108
1983	玉环盐场	中国香港、马来西亚	100	2001	舟山市盐业公司	日本	140
1994	舟山市盐业公司	日本	54	2002	舟山市盐业公司	日本	165
1996	岱山县盐业公司	日本	90	2003	舟山市盐业公司	日本	72
1997	岱山县盐业公司	日本	108	2004	舟山市盐业公司	日本	18
1998	定海盐业公司	日本	166	2005	舟山市盐业公司	日本	108
	岱山县盐业公司	韩国	28.32	2006	宁波新梅山盐场	日本	131.92
	舟山市盐业公司	日本	166	2007	宁波新梅山盐场	日本	335.10
1999	舟山市盐业公司	日本	126				

资料来源：据浙江省盐务管理局1980—2007年档案资料整理。

说明：1981—1982年、1984—1993年和1995年无出口。

三、销售方式

自春秋齐国实施盐的专卖制度以来，历代多以专卖制为主。在销售环节中，不管是官销或商销，采取的都是官商、坐商形式。

中华人民共和国成立后，国家对盐实行指令性分配调拨管理。浙江省盐的运销主体也几经变化且各地略有不同。1990年8月，根据省政府关于加强盐业市场管理的通知，凡由商业、供销等部门经营食盐批发业务的县（市）公司，应增挂盐业公司牌子，行政隶属关系不变，购销业务由省盐业公司归口管理，由此确定了省、市、县三级盐业公司为盐的运销主体的基本格局。1990年国务院发布的《盐业管理条例》、1996年国务院发布的《食盐专营办法》、1998年浙江省人大常委会发布的《浙江省盐业管理条例》等法律法规，就食盐的销售渠道作出了明确规定：食盐由当地盐业公司统一组织供应；食盐零售、食品加工用盐及使用其他用盐的单位和个人，应当从当地取得食盐批发许可证的企业（当地盐业公司）购进盐产品。在此期间，各级盐业运销企业仍采取传统的坐商形式，由客户上门购买。

1997 年，宁波市盐业供销公司①在宁波市属老三区（海曙区、江东区、江北区）率先实行食盐送销，建立零售网点信息档案、开通免费订货电话、承诺 24 小时内免费配送到位，由盐业公司直接将食盐配送至辖区内零售网点、用盐企业，改官商、坐商为行商。此举开全省之先河。2003 年，宁波市在全市范围内实施集中分装、统一配送、直达运输的流通方式改革，对全市食盐委批点进行重新整合，基本按照一个乡镇设一个委批点的原则设立。全市小包装碘盐集中分装后送达宁波市区各零售网点和各县（市、区）委批点。

2003 年，国家发展与改革委员会印发《关于促进食盐流通现代化的若干意见》，全省各级盐业部门按照国家和省盐务管理局、省盐业公司的有关要求，结合当地实际，因地制宜开展食盐流通方式的改革。

2005 年，国家发展与改革委员会印发《推进食盐流通现代化实施方案》。根据省盐务管理局、省盐业集团有限公司要求，全省各级盐业公司开始对本辖区城区范围内的零售商店、超市、食品加工企业实行直达配送，在全省范围内实现了从坐商到行商的转变。

2006 年 5 月，省盐务管理局印发了《浙江省食盐流通现代化建设实施意见》，制定了全面推进全省食盐流通现代化的措施。此后，全省各市、县（市、区）盐业公司加快探索营销网络建设，提高直达配送比例，增强对市场终端的控制力，市场供应得到保障，食盐配送率逐年上升。全省食盐直接配送比例情况见表 47-4-2-9。

表 47-4-2-9　　2008—2010 年浙江省食盐直达配送比例一览表　　单位：%

年份	全省	杭州	宁波	温州	湖州	嘉兴	绍兴	金华	衢州	舟山	台州	丽水
2008	68.34	52.41	69.24	69.69	92.75	62.72	88.40	91.26	65.37	85.23	45.58	63.26
2009	74.82	64.59	96.72	73.69	93.05	62.49	88.91	81.56	58.26	35.10	51.54	69.59
2010	77.38	52.11	98.54	82.36	89.66	64.92	91.03	90.42	88.27	81.73	50.78	62.59

资料来源：据 2008—2010 年浙江省盐业统计年报综合整理。

第三节　储　藏

古代盐仓根据收购体制不同，可分官仓和民仓。中华人民共和国成立后，盐场所建盐仓以集体所有为主，盐业公司所建盐仓以国有为主。为防止盐商垄断食盐销售、保障市场日常供应，唐代开始建立了常平盐制度。中华人民共和国成立后，国家建立了储备盐制度，有效地保障了市场应急供应。后因经济社会发展，20 世纪 80 年代开始，浙江省陆续对国家储备盐进行清理。目前全省食盐储备以各级食盐批发企业的商业储备为主。

① 1999 年更名为“宁波市盐业有限公司”；2005 年更名为“浙江省盐业集团宁波市盐业有限公司”。

一、仓储设施

古代实行原盐缴官，储盐仓廒多系官仓。自明代中叶官收之制废除后改由商收，仓廒由商建或由商人租赁民房。清嘉庆《两浙盐法志》卷六《场灶》记载：两浙32场共有仓廒165所，另有604间，未载明容量；长亭场设有丰、亨、豫、大、益、利6廒储盐，丰、亨、豫、大4廒设于东乡内场，益、利2廒设于南乡外场。《两浙分区盐政史》称：南乡海游8仓，占地2亩6分，同治年间(1862—1874年)置，收储六团盐斤，仓号分别冠以"天、地、玄、黄、宇、宙、洪、荒"。

光绪六年(1880年)起，廒商在余姚、岱山盐场设廒收购，均系租赁民仓，余姚五属公廒最多时达200间，其中源泰廒16间、晋益廒30间、余济廒17间、玉顺廒18间。

民国时期，原盐尽数归仓，当时盐仓都是以木为架的草屋。盐务秤放局规定设仓应先呈报核准，并编定号次，绘呈地址简图。民国18年(1929年)，玉泉场有裕兴台食盐仓、渔盐仓、公裕台盐仓、公裕平记轻税盐仓、公益协记轻税盐仓、鱼行渔盐仓、建盐渔盐仓等。

民国24年(1935年)，两浙盐务稽核分所对各场仓坨进行全面调查，全省20个场及镇塘殿、濠河头2个转运点，仓坨总数达到1125座，另有1044间，大多数为民仓，总容量423.4万担，合21.17万吨，相当于两浙一年的产量，具体情况见表47-4-3-1。民国26—34年日军入侵，大部盐场被占，仓坨破损或拆毁，产量快速下降。据民国34年底调查，两浙仓坨数为836座，容量为11.48万吨，仅为战前的一半强，盐坨非常紧张。为此，边建官仓边修民仓，以解仓坨不足。

表47-4-3-1　　民国24年(1935年)浙江省各盐场仓坨调查情况一览表

场　名	产权归属	座数	间数	容量(吨)
黄湾场	灶商自有	3	75	5625
鲍郎场	盐民自有		99	1350
芦沥场	盐民自有		28	1000
许村场	灶商自有	5		4348
三江场	灶商自有		32	2240
东江场	灶商自有		32	2370
金山场	灶商自有	27		5350
钱清场	租赁民仓	118		10800
余姚场	租赁民仓	534		112805
清泉场	盐民自有		38	657
穿长场	引商自有		3	125
定海场	盐民自有		418	3042
岱山场	盐民自有与租赁	160		19571
玉泉场	廒商自建与租赁	106		4482

续表

场　名	产权归属	座数	间数	容量(吨)
长亭场	盐民自有		14	57
双穗场	廒商自有		125	9265
长林场	归堆盐民合建		180	8600
南监场	归堆盐民合建	25		1505
北监场	归堆盐民合建	112		7550
镇塘殿	浙东引盐公廒	22		10100
濠河头	宁属引盐公所	13		495
共　计		1125	1044	211697

资料来源:《浙江省盐业志》,中华书局 1996 年版,第 163—164 页。

1949 年 5 月,杭州解放后,据前两浙盐务管理局移交清册记载:产区 11 个单位,计官仓 243 座、租用仓坨 870 座,总容量 24.44 万吨;销区仓坨 7 处,计有官仓 17 座、租用仓坨 16 座,总容量 1.17 万吨,分布情况见表 47-4-3-2。

表 47-4-3-2　　1949 年 4 月两浙各盐场产区、销区仓储容量一览表

产　区				销　区			
场(局)名	官仓(座)	租用民仓(座)	容量(吨)	销区仓名	官仓(座)	租用仓坨(座)	容量(吨)
玉泉场	49	16	11215	港口仓	1	1	750
定海场	1	183	6552.5	永嘉仓	10	1	4250
岱山场	19	9	5415	江山仓	-	1	250
余姚场	4	390	156791	丽水仓	3	-	750
钱清场	13	18	7658	杭州仓	3	2	1205
黄岩场	79	123	26715	衢州仓	-	4	315
南监场	14	16	5370.5	临浦仓	-	7	4200
北监场	29	26	9107.5				
长林场	28	21	8942.5				
双穗场	3	5	5410				
浙西局	-	44	971				
宁波局	4	19	246.5				
合计	243	870	244394.5	合计	17	16	11720

资料来源:《浙江省盐业志》,中华书局 1996 年版,第 164—165 页。

说明:盐民自己储盐之仓坨不计算在内。

1956年，针对仓容不足、资金不敷的情况，改变由国家投资分散建仓的老办法，实行“打堆”(建坨)。全省安排建坨17.6万吨(按容量计，下同)，其中慈溪庵东6万吨、温州6.25万吨、岱山3.17万吨、定海0.56万吨、象山1.03万吨、绍兴0.30万吨、上盘0.30万吨。当年全省建成14.41万吨，其中已堆盐6.25万吨，有效缓解了旺产仓储紧张的压力。

1956年，萧甬铁路杭州至余姚段建成，慈溪产盐开始由内河转为铁路发运，盐业部门在余姚县马渚镇陆续建中转仓库，至1961年建成5座，面积2091平方米，可储盐2100吨。仓前建有铁路月台约1000平方米，可堆盐500～600吨；仓后有水运码头，庵东来盐在此卸船、装车极为方便。

1963年4月，省轻工业厅制定《关于原盐收放储存管理的规定》，整顿和改进仓坨管理，采取的措施有：集体盐场原盐实行公收，采用进仓结账或放清结账两种形式，无论何种形式，均建立产品管理小组，办理收盐、放盐及储存管理工作；建立收放盐斤花码单、仓间账、收放耗存月报表，请发盐价计算单和各项账表、簿册的登记回报制度，严格执行；从有利生产、便利群众出发，定点定仓，及时收盐；收盐时，由盐业干部、产品管理小组的仓管人员司秤，会同生产单位记码和评定盐质；盐斤称放，由盐业干部执秤，产品管理小组负责出仓，提货人监秤计数；护仓由产品管理小组负责，管仓人员须常住管理室，仓坨应定期检修，确保安全，遇有灾害性天气预报时，应立即采取防御措施，发生险情及时报告，组织人员突击抢救，仓坨基经常保持平整坚实，排卤管道畅通，仓坨工具用毕洗净，妥善保管；仓坨储盐收放做到逐仓收、逐仓满、逐仓放、逐仓清。

1964年岱山泥晒改滩晒后，原盐产量大幅上升，出运量大增。尤其是在渔汛期间，运量大、要盐急，运至港口要候天时，等大潮、平潮才能装船离埠，无法保证需要。为此，于1966年建设新道头、摇星、小高亭、桂花龙门口等港口盐坨，容量4.75万吨；1968年在岱东上船跳、礁门、洪家门和南峰新建盐坨，容量2万吨；其他产区亦新建盐坨，容量3.4万吨。为确保存盐不受污染，盐坨基在20世纪70年代后逐渐由泥地面、篾垫改为石板铺底。

1967年，省轻工业厅决定舟山、宁波、台州外调原盐由宁波统一中转，筹建宁波盐业中转站，建储盐仓库5000平方米，储存能力1万吨。1972年竣工投入使用。

1976年，省计划委员会批准在金华建中转盐仓2000平方米，1980年12月竣工，交由金华烟糖公司管理使用。

1978—1979年，省产盐连续丰产，仓储紧张。1979年9月，省第一轻工业局与省财政局决定在产区增建简易储盐仓(坨)，核定18个县(市)增建盐仓9700平方米、盐坨102400平方米，建设费用列入盐业运销企业经营成本和盐场生产成本开支。此后各地均增建了部分简易仓(坨)。普陀县建公坨10500平方米，慈溪县建瓦仓67座计11336.4平方米，乐清县建仓7处，并附有仓管室。

20世纪80年代，由于盐场变迁，部分产区盐仓报废，马渚中转仓也移作他用。

20世纪80—90年代，全省盐业产销区陆续有仓储项目建设，但总体建设步伐放缓。

为加快推进食盐流通现代化建设，提高保障市场供应能力，2003年起，全省加快推进区域配送中心和重点销区仓储项目建设。

2003年7月，省盐业公司以1100.4万元的竞拍价购入了上虞市东关镇104国道边50亩用地及旧厂房1.3万平方米，作为建造省级盐业仓库之用，建上虞储运中心2万吨规模食盐储备库。

2004年10月，省盐业集团有限公司核准建设浙江绿海制盐有限责任公司，由省盐业集团公司(占51%)和岱山县盐业公司(占49%)联合投资1300万元，建成占地面积40多亩、年生产加工小包装碘盐4万吨的生产基地。

2005年9月，省盐业集团有限公司核准义乌盐业储运中心建设项目，储盐能力1万吨，建有铁路专用线1条，站台仓库面积5585平方米。次年6月，中国盐业总公司和省盐业集团有限公司签署合作协议，共同投资组建中盐浙江义乌食盐配送有限公司，为国家级食盐配送企业，主要承担国家食盐分装、配送和食盐储备，规模能力达5万吨/年，并于同年11月开工建设。

2006年11月，省盐业集团有限公司核准上虞市盐业有限公司盖北食盐仓库建设项目，规划用地25.89亩，仓库建筑面积2714平方米。同年，还核准了余姚、富阳、常山、洞头等地食盐仓储新建(翻建)项目。

2007年8月，省盐业集团有限公司核准台州市盐业配送有限公司建设项目，规划用地40.96亩，年产、储、配送各类盐8万吨。同年，还核准嘉兴、余杭、三门、温州、兰溪、海宁、浙江蓝海星盐制品有限公司等地(单位)仓库建设项目。

2008年5月，省盐业集团有限公司核准宁波晶丰盐业物资有限公司(浙江省盐业集团宁波市盐业有限公司和浙江省盐业集团鄞州盐业有限公司合资成立的公司)标准厂房建设项目，规划用地12亩，总建筑面积12295平方米。同年8月，核准上虞储运有限公司食盐仓库新建项目，仓储建设面积5800平方米。同年，还核准天台、遂昌、黄岩、武义等地仓储新建(翻建)项目。

2009年1月，为保证余姚、慈溪、上虞等地蔬菜腌制用盐供应，省盐业集团有限公司在余姚征地100亩，建设25万吨级的腌制用盐储运中心。同年4月，省盐业集团有限公司核准嘉兴盐业配送中心建设项目，规划用地48亩，新建仓库及办公用房面积2万平方米，储备规模3万吨。同年9月，核准杭州食盐配送有限公司建设项目，规划用地23.89亩，储备规模1万吨。同年，还核准瑞安、普陀、象山等地食盐仓储新建(翻建)项目。

2010年6月，省盐业集团有限公司核准宁波市盐业有限公司配送中心建设项目，占地面积74.8亩，一期项目建成20万吨食盐加工能力(全自动食盐分装线1条，年分装能力8万吨；海精盐加工生产线1条，加工能力12万吨①)以及5.2万吨食盐储备能力，配套建成铁路专用线640米。同年11月，省盐业集团有限公司核准绍兴城区食盐配送中心项目建设，规划用地15亩。此外，还核准萧山、天台、丽水、萧山、慈溪等地食盐仓储建设项目。

中华人民共和国成立后，全省盐业产销区仓储设施日渐完善，仓储能力能够满足全省盐

---

① 因全省腌制用盐生产布局调整，原拟由宁波市盐业有限公司承担的海精盐生产任务调整由浙江省杭州湾盐业配送有限公司承担。项目后期建设中进行了调整。

业市场正常供应。1949—2010 年若干年份全省盐业产销区仓坨情况详见表 47-4-3-3。

表 47-4-3-3　　1949—2010 年若干年份浙江省盐业产销区仓坨面积、容量一览表

年份		盐仓				盐坨		
		座数	间数	面积（平方米）	容量（吨）	坨数	面积（平方米）	容量（吨）
1949	产区	1113			244395			
	销区	33			11720			
1950		574			105987			
1955					206500			
1965		2251	3430	131619	221019	821	179333	255682
1970	产区	1058	3249	115011	233633	804	206068	272103
	销区	136	834	36442	73695	12	10500	17500
1975	产区	1131	3360	119015	251331	1145	298661	374178
	销区	120	543	31233	60116	4	2640	4200
1980		1182	4331	150274	310744	3688	463225	726385
1985	产区	985	3623	114831	215691	2094	295716	432149
	销区	122	733	28668	52102	3	528	600
1990	产区	945	3411	107991	215956	2407	324263	536417
	销区	122	827	34593	60000	3	528	600
1995	产区	818	2866	91709	186496	3227	356539	516422
	销区	118	793	36769	55916	2	350	300
2000	产区	597	2172	70999	136392	2717	324197	447586
	销区	308	2105	126748	199945	14	1352	2300
2005	产区	353	1055	35221	62024	1078	146766	235697
	销区	383	2591	185322	320018	44	12359	9625
2010	产区	193	649	35258	56015	1161	123480	192156
	销区	309	2166	168809	297604	38	10059	7525

资料来源：1949—1990 年数据引自《浙江省盐业志》中华书局 1996 年版第 170—172 页；1995—2010 年资料引自浙江省盐业统计年报。

二、储备管理

盐是关系国计民生的重要物资。唐代开始建立盐的国家储备制度。唐宝应(762—763年)以后,盐铁使刘晏在实行榷盐法的基础上,建立了常平盐制度,规定“其江岭间去盐乡远者,转官盐于彼贮之。或商绝盐贵,则减价鬻之,谓之常平盐”①。常平盐是纯粹的官运官销,多半是在缺盐和盐价上涨时才拿出销售,以平抑盐价,满足市场供应。元代至元二十一年(1284年),为防止盐商垄断食盐销售,设立常平盐局。“大德中,因商贩把握行市,民食贵盐,乃置局设官卖之”②。明清时期亦有仿行。

民国时期,两浙区在抗日战争以前,筹办囤储常平盐,储盐地点为浙西湖州1处,浙东金华、建德2处。民国26年(1937年),从场区移运浙东、浙西销地常平仓及内地廒仓盐斤共65万余担。民国32年,在仙居、泰顺、景宁、庆元4处储盐10万担;在玉山、上饶、开化、松阳、遂安、绩溪等处共拨囤军盐7294担。民国33—34年,在仙居等地囤盐50673担。民国35年,在云和、淳安、衢县设置常平仓共储盐32782担。

中华人民共和国成立后,国家建立储备盐制度,由国家物资储备局在产区收购储存,故称“国家平衡储备盐”。1955年由省盐务管理局调运出场储备销地温州、临浦、杭州、金华、嘉兴、嵊县等仓库的移坨盐达4500余吨,产权属省盐务管理局,动用时由销地企业购进销售。销区企业调运3500吨,付清盐价后记税出场,销售时补缴盐税。1956～1957年继续办理移坨盐14500吨。

1963年,国家储备盐工作划归轻工业部管理,并将一部分储备盐由产区移运销区储存。1964年4月13日,轻工业部、财政部联合发布《平衡储备盐收购管理暂行办法》,移储销区的储备盐所有权属轻工业部,由销区省(区、市)人民政府指定代管部门负责保管,设立专账登记和专用仓库储存,在产区出场和销区储存期间除暂不缴纳盐税外,其他一切费用均由国家财政垫付。储备盐是国家战略物资,亦曾称“战备盐”,一般情况下不准动用,遇有特殊情况时须请示县人民政府报请省政府同意,再转报轻工业部批准始可动用,事后按原数补足储备。同年,国家计划委员会下达浙江储备盐20万吨任务,经过3年多时间调运,至1967年共入库19万余吨,分储于42个县市247个仓点。大多数利用停办厂房、祠堂庙宇,乃至畜牧场篷作为仓库。“文化大革命”期间,因交通受阻,市场食盐供应紧张,被迫动用储备盐供应市场,1967—1976年期间,先后动用12万余吨储备盐。1976—1981年期间,陆续补充储备盐8万余吨。

1983年12月,轻工业部盐务总局召开会议,认为储备盐对备战备荒、确保供应、稳定市场起到了重要作用。但要适当减少,特别是对产区可以少存,距盐场很近地区可以不存,布点要适当集中,存于交通枢纽地点,以利加强保管和机动调剂。要改善储存条件,既要长期储备,又要有计划地更替。

1984—1988年期间,省内部分地区食盐脱销,被迫再次动用储备盐供应。后又陆续调入补足。

---

① 《资治通鉴》卷二百二十六。

② 《元史》卷九十七《食货五》。

1990年10月29日，轻工业部、财政部发布《国家平衡储备盐管理办法》。次年5月11日，轻工业部、国家计划委员会、商业部联合发布《国家储备食盐管理办法》及《对现存国家储备盐工作的安排》，对国家储备盐管理作出明确规定并提出了调整措施。省盐务管理局贯彻相关要求，完善储备盐管理办法，并在全省开展储备盐清查。经清查，至1993年底，浙江省共有国家储备盐12.37万吨，分别储存在全省187个仓点。

1995年3月14日，根据财政部、中国轻工总会和中国盐业总公司对做好国家储备盐管理工作提出的要求，省盐务管理局发文要求各地开展国家储备盐的安全检查和库存核实工作，发现问题及时处理，并采用量方测算方法核实实际库存数。所有仓点应明确专人负责，建立保管档案卡，仓管人员交接应有签字移交手续，单位领导要予以鉴证，并负领导责任。通过检查发现危仓及不宜再储存的仓点，由当地计经委向省计经委提出动用申请，同时抄省轻工业厅和省盐务管理局，待批准后作动用处理。经核查，1995年浙江省国家储备盐账面数123089吨，实际库存55147吨，损耗67942吨，主要为年久自然损耗和降雨溶化所致，并向中国盐业总公司报损。具体清理情况见表47-4-3-4。

表47-4-3-4　　1995年浙江省国家储备盐调查情况一览表

单位：吨

地区	杭州	宁波	温州	嘉兴	湖州	绍兴	金华	衢州	舟山	台州	丽水	合计
账面	21673	1591	5329	2342	16310	7855	24560	14703	4336	7942	16448	123089
库存	7908	11708	1860	1434	6199	5471	11708	6790	0	3219	9858	55147
损耗	13765	891	3469	908	10111	2384	12852	7913	4336	4723	6590	67942

资料来源：据浙江省盐务管理局1995年档案资料综合整理。

1999年8月，按财政部经贸司、国家轻工业局盐业管理办公室通知，省盐务管理局对全省国家储备盐的储存情况作进一步核查。由于受1997年第11号强台风及1999年特大洪水损失，国家储备盐实际库存数仅为34026吨，比1995年核查数减少21121吨。

随着食盐流通现代化建设的推进，全省食盐储备和配送能力不断增强。原国家储备盐储存时间长，基本无法用作食盐，且大部分仓库地处深山、海岛，因时间长远，危仓危房逐步增多，损耗日益严重。为最大限度减少国家损失，2006年12月对国家储备盐进行了一次清理。经查，至2006年底，全省尚有未动销的国家储备盐61987.85吨，其中符合工业盐标准的11174.10吨，不符合工业盐标准的21904.52吨，盘亏25875.25吨，储存地点不当3033.98吨。

2010年8月16日，根据财政部、国家发展改革委员会、国务院国有资产监督管理委员会《关于国家储备盐清理情况及有关事情的通知》，省盐业集团有限公司制定了《国家储备盐清理方案》，成立战备盐清理领导小组，对国家储备盐进行全面清理。对符合工业盐标准的国家储备盐，开挖动用销售，并结清储备资金；对不符合工业盐标准、盘亏及储存地点不当的国家储备盐，按国家相关部委要求予以核销。但由于部分国家储备盐仓库地处偏远、盐质差、清理费用高或仓库产权不清等诸多原因不便清理，至2010年底，仍有少量国家储备盐未清理。

2010年国家储备盐清理情况见表47-4-3-5。

表47-4-3-5　　2010年浙江省国家储备盐清理情况一览表

单位:吨

地区	新昌	文成	诸暨	余杭	岱山	龙游	磐安	金华	苍南	永康	开化
账面数	450	428.12	1711.1	1440	1315.3	530.91	1315.53	2156.43	33	1456.25	3909.99
是否符合工业盐标准	是	否	否	是	否	是	否	否	否	是	是
动用数	368.70	0	1346	1059.05	21.35	361.30	350	2035.10	0	867	3199.37
损耗	81.30	428.12	365.10	380.95	1293.95	169.61	965.53	121.33	33	589.25	710.62

资料来源:据浙江省盐务管理局2010年档案资料综合整理。

国家储备盐数量较少,仅占常年销量的小部分,绝大部分食盐通过盐的销售机构储备的方式满足市场供应需要。食盐的商业储备主要由各级盐业部门承担。储备的基本原则是:食盐定点生产企业一般保持半个月调运量的库存;销区盐业公司一般保持2个月销量的库存,交通不便地区保持3个月销量的库存。

第四节　运　输

自春秋齐国实施盐的官运以后,历代盐的运输以官运为主,并交错出现官府监督下的官运和民运。盐产品的特点是集中生产、分散消费,运量大、运输距离长、中转环节多。运输是盐的运销过程中的重要一环。盐的运输工具、方式和线路随社会经济、盐业产业结构调整而发生变化。

一、方式

民国以前,浙江产盐主要依靠外海的木帆船和内河水道的木船、竹筏运至各销区。场区则靠牛车和人工肩挑背负,场内有海湾、河沟者用小驳船经大浦或河沟驳至大船后外运。

民国时期,产量占浙盐近半的余姚场盐,大多由外海帆船出运。场内驳运工具,一直沿用牛车,由牛车运至大船或运至海湾装小船转驳至大船后运往销区(参见图47-4-4-1)。民国23年(1934年)后,浙赣铁路通车及各县公路相继建成,运往金华、衢州、绍兴、诸暨、萧山及江西广信一带的原盐,场区船运至铁路、公路沿线,改由火车、汽车转运。

图 47-4-4-1　收盐图(《宁海盐政志》,1990 年印行,第 96—97 页)

中华人民共和国成立后,陆上运输工具逐步改为手拉车、拖拉机、汽车与火车。外海与内河运输船舶逐步改风力和人力驱动为机动船,船舶吨位也逐步增大。场区先后兴建了盐业专用码头,可直接车运装船,改善了出运条件。随着萧甬铁路通车和城乡公路延伸,铁路运输和公路运输的比重逐渐提高。

二、线路

中华人民共和国成立前,各场运销线路大致如下:

余姚场　运苏五属盐,由外海直运苏属太仓县之浏河镇,再分别由内河转运各地;运上海租界盐,由海运直达上海陆家嘴;运嘉、湖两属盐,由海运至海宁盐官转内河分运各销区县;运金、衢、严州及徽广各属盐,由外海船沿钱塘江运至绍兴之镇塘殿,再转内河船经陆山桥、梅山港、柯桥镇,从钱清出西小港至绍兴县之前所镇,直达义桥过坝,改装外江船运抵目的地;运萧、绍两县盐,由镇塘殿内河分运安昌、东关、东浦、前所、萧山等销区;运宁属鄞、慈、奉、镇 4 县及台属宁海北半县盐,由海运经镇海入甬港至宁波濠河头卸船,分销鄞县,运奉化则过铜盆浦入境,运奉化之外埠及宁海北半县过镇海口经象山港至垟下潭即达。

岱山场　运苏五属和上海租界线路与余姚场大致相同。

钱清场　船运经党山河溯钱塘江而上,经富阳、桐庐运达销区。

玉泉场　销于台(州)属者,散盐装船,出三门湾入椒江口至台州;销于宁属者,循海而北入镇海口至宁波濠河头。

长林场　乐西盐一路自内河经象山,出磐石新陡门,入瓯江运至温州东门;另一路自场区就近出陡门,由海道沿岐头、黄华、七里、里龙磐,入瓯江至温州东门。乐西楠溪盐自内河经象山,出琯头过坝入瓯江,折入楠溪港。乐东运温州自铧锹、荡垟沿海绕过西乡及岐头等处入瓯江至温州。乐东运台州,水运自乐东渡入楚门港出口,沿松门经温岭黄岩界至海门入椒江而达台州;陆运则自铧锹由竹屿过前庵入栅溪,自荡垟则由虹桥过岭窟、芙蓉岭入栅溪,至黄岩、温岭两县均由虹桥入大荆。

北监场　分为海、陆二道，陆道肩贩到场配盐，多在楚门之清港成交，自清港起运过竹坑至横山入温岭界黄泥岭，达温岭县城；海道就地起运，经楚门横港出海，沿松门至海门入椒江，直到台州。

浙江省内陆山区均不产盐，古时交通又不发达，这些地方海运不达、陆运不便，导致物资匮乏。而盐是维系人类生存必需的物质，不可或缺。为保证这些地方的盐的供应，同时也获取利润，盐商们（挑盐夫）肩挑背扛、栉风沐雨，开辟出了一条条联系产销两地的运盐古道。

永康古盐道　古时，仙居曾是浙中食盐中转站，颇为繁华。包括永康及义乌在内，人们所食用的盐都得从仙居运转而来，由此也形成了著名的永康古盐道。永康古盐道始发点是仙居，纵穿永康新楼、岩后、芝英、清溪、雅吕等地，最后到达义乌。现存的古盐道宽 2 米左右，全由鹅卵石铺成，盐道中间稍稍拱起，拱起的鹅卵石要比两边的大许多，盐道两边则微微下滑。除此之外，每隔数十米，盐道都有一个排水沟设计，以方便排水。

缙云大洋古道　大洋古道开通于唐代昭宗年间，距今已有 1100 多年，是金华、缙云至温州的一条古盐道。缙云自古以来就是人多地少，多被大山包围，人们筚路蓝缕，开山劈石，才有这条古道。当时温州平阳县等地熬制的食盐就是民众用肩挑的办法通过此道供应至江西、湖南、安徽、四川等地，每天有数千人往返于此。在抗日战争期间，大洋古道还承担着运送物资的作用。直至 1956 年，缙石公路开通以后，大洋古道才被弃用。

磐安古盐道　磐安古盐道的一头在浙南，连接着天台、临海、黄岩、三门、温州等地；另一头在浙中，连接着东阳、义乌、金华、衢州等地，古人称之为“上控金衢，下延台温”，为浙南沿海到浙中地区最便捷的一条路。产自浙南沿海的盐由挑盐工一站一站挑入内地，始发地有天台、临海、三门等，经由这条古道流向东阳、义乌、金华、衢州，甚至流向江西。当时地处夹溪岭头的尖山镇有盐市，当时亦称“盐行”，盐又从这里运往各地。

古盐道“仙人踪”　仙居素有“八山一水一分田”之称。古时与外界的交通全靠周边数条穿越于崇山峻岭中的古道，将山里的木炭运出去，再将沿海的食盐担运进来。英坑岭对山岗古道位于仙居韦羌山脉，与温州永嘉巅峰山岗对应，是古时台州府通往温州府的咽喉之地，素有“黑白两道”之称。一层意思是太平盛世时的古邮路，乱世时的绿林好汉聚啸山林的地方；另一层意思是担运食盐的白道和运送木炭的黑道。该古道头枕台州府、脚伸温州地，是当时连接两地的一条重要的生命线。

绍兴运盐古道　绍兴盐业历史悠久，是西汉设置盐官的 28 个郡县之一。绍兴古道以今绍兴市越城区为起点，西至萧山约百里，东到曹娥（上虞县）也约百里。在唐代元和十年（815 年）开始修建古纤道，沿杭甬运河砌筑，道上间以形状各异的平桥、拱桥与梁氏桥。至今保存完好的有 10 里纤道，出越城区西行约 30 里，到阮社太平桥至南钱清一带。

中华人民共和国成立后，因交通条件改变、产销区调整，盐的运输线路也有所调整。

余姚场盐出运，一路通过外海船运至乍浦转内河运到嘉兴、湖州地区各县，或直运上海、宁波、杭州等销区；另一路走外海顺钱塘江西进至镇塘殿过坝，转内河至临浦，转浙赣线火车直达上饶等铁路沿线销区，或在临浦义桥盘驳换船走富春江至屯溪或港口（淳安）。1956 年萧甬铁路通车后，通过内河船运至余姚或马渚上火车，经萧甬、浙赣铁路运往沿线及附近的省内外销区。之后由于庵东八塘围筑，外海船运困难及盐田大批转农，产盐仅够余姚、慈溪销售，以致乍浦及马渚中转停止。宁波其他盐区的场盐出运，除本地销售外，一部分走外海运宁波上火车，转运至铁路沿线销区；另一部分直接由外海船运至上海、杭州及萧山等地。

舟山盐区场盐出运主要是通过外海船直达上海、安徽的长江两岸、乍浦、杭州、宁波、温州等地；或由上海、乍浦转内河运达嘉兴、湖州地区及江苏的常州、无锡、苏州等地。1956 年萧甬铁路通车后，较大一部分盐由外海运宁波上火车转至诸暨、金华、衢州等地或安徽的牛头山，经汽车转运至徽州地区。又有部分盐到宁波后转公路或内河运至慈溪等地。

台州盐区场盐出运，一部分由外海船运宁波上火车，运达萧甬、浙赣铁路沿线销区；另一部分由外海直运上海、杭州、萧山、温州；又有一部分盐由外海经瓯江运至青田的温溪港，转由汽车或内河小船运至丽水地区各县。

温州盐区场盐基本只供应本地区各县，其出县运输则以水运为主。乐清场盐出运路线：一是瓯江线，盐由内河运琯头或磐石过坝入瓯江至温州转永嘉、青田、丽水等地；亦有盐场直接海运入瓯江至温州转青田、丽水或楠溪至永嘉。二是飞云江线，场盐海运至瑞安西门港，转飞云江至平阳坑，再陆运转文成县。三是鳌江线，海运入鳌江，再陆运转泰顺。

20 世纪 60 年代开始，为节约运能，国家强调大宗物资运输的合理流向，对不同物资的运输工具、始发港站、流向范围、运线区间都有明确规定。1961 年，轻工业部、铁道部、交通部联合制定原盐合理运输办法及基本流向，以加强原盐生产、运输、销售工作的计划性，克服对流、迂回、重复、过远等不合理运输现象，达到节约运费与运力的目的。

1963 年，为了贯彻国家关于综合利用各种运输工具，充分发挥运输潜力的方针，在原盐运输计划安排中贯彻“先让水运吃饱”的原则，在不增加销区进货费用的前提下，尽可能利用海、江、河道上的船舶运输或水陆联运。

根据全国盐资源产销平衡和年度生产分配调拨计划，1966 年，浙江省对铁路合理调运的基本流向作出修订。

1967 年夏秋，因天旱水枯，内河运输停顿，加上“文化大革命”期间，铁路运输不正常，为保障民食供应，原由庵东盐区供应缙云、永康等地的盐改从温岭供应，用船运临海，换装汽车至缙云、永康。庵东盐区外运盐因马渚内河断航，余姚至曹娥段火车因故不通，临时改用汽车运曹娥，换装火车。

1971 年，设宁波盐业中转站，中转舟山、宁波、台州外调原盐，通过铁路发往省内外销区。

1981 年，浙江省再次对铁路合理调运流向作出调整，其流向范围增加了江西省。

20 世纪 70 年代中后期开始，从山东、天津、河北、江苏等省（市）调入两碱工业用盐，至 1994 年国家调整两碱工业用盐供应体制后结束。

20 世纪 90 年代后期开始，浙江省主要从山东、江苏、江西、安徽、湖北、福建等地调入原盐。2003 年起，省盐务管理局适当调整盐的流向，金衢铁路沿线所需的盐产品从省外直接调入。自此以后至 2010 年，浙江省原盐运输流向未有大的变动。20 世纪 90 年代后期以来浙江省外调入原盐运输流向情况见表 47-4-4-1。

表 47-4-4-1 20 世纪 90 年代后期以来浙江由省外调入原盐运输流向一览表

产 地	运 输 流 向
山 东	经龙口港、潍坊港海运到上海转内河至杭州、嘉兴、湖州等地;或海运到宁波转铁路到衢州;昌乐、潍坊铁路经胶济线、京沪线、沪杭线等到浙江。
江苏(连云港、淮阴)	连云港产盐通过海运经上海转内河,或陈港、燕尾港经运河至杭州、嘉兴、湖州等地;淮阴产盐(井矿盐)由内河运输。
江 西	浙赣铁路运至杭州、宁波、绍兴、金华、衢州、丽水等地。
安徽(定远)	定远铁路运输或公路到南京转船运(集装箱)到温州、台州等地。
湖北(应城、云梦)	经铁路运输或公路到武汉转长江船运进内河。
福 建	海运至宁波、温州等地。
天 津	经塘沽港海运到上海中转杭州、嘉兴、湖州等地。
河 北	经黄骅港、大清河港海运到上海转内河到杭州、嘉兴、湖州等地;或从沧州铁路经京沪线、沪杭线、杭甬线到浙江。

资料来源:据浙江省盐务管理局档案资料综合整理。

三、程期

程期是指自商人赴盐场捆盐之日起至运到目的地之日止的时间期限。为防止走私,清代和民国时期在运销凭证上都明确规定程期。民国 7 年(1918 年),规定若逾期无充分理由者,以违章论处,将盐斤扣留,处以 10 元以上 60 元以下的罚金。两浙行盐以苏五属为最远,其运盐执照以 3 个月为限。余姚场盐出运照下列日期为限:黟县、广信、开化、义乌为 54 日;休宁、常山、江山为 47 日;歙县、西安(今衢县)、龙游、东阳为 40 日;金华、兰溪、汤溪、遂安为 32 日;淳安、浦江、程广为 28 日;建德、寿昌、桐庐、分水、於潜、昌化为 24 日;武德、诸暨、新登、嘉兴、嘉善、桐乡为 18 日;富阳、临安、嵊县为 12 日;上虞、百官、绍兴、象山、南田、余姚为 7 日。

民国 26 年(1937 年)纲商运往浙东纲地程期,庵东至杭州,外海船海运里程 150 千米,运期 2～4 天;至乍浦 40 千米,1～2 天;至上海 300 千米,6～12 天。岱山至浏河 10 天,至杭州 7 天,至乍浦 5 天。又有季节分别规定,如岱山至吴淞每年 10 月至次年 3 月因逆风多,程期 12 天;4—9 月因顺风多,程期 6 天。

1950 年,中国盐业公司杭州分公司对各线盐运程期(运期)进行了调查,具体情况见表 47-4-4-2。

表 47-4-4-2　　1950 年浙江省盐运程期一览表

起运地点	销地	运输工具	里程(千米)	程期(天)
余　姚	临浦	木船	165	10
余　姚	宁波	木船	60	2～5
余　姚	屯溪(安徽)	木船	475	25
临　浦	杭州	木船	30	2
温　州	丽水	木船	101	4
北监(玉环)	温州	木船	90	4
长林(乐清)	温州	木船	70	2～3
翁家埠(海宁)	杭州	汽车	25	1～2
乍浦(平湖)	嘉兴	木船	90	2
黄　岩	临海	木船	150～200	3～4
翁家埠	嘉兴	木船	140～180	3
钱　清	杭州	木船	100～150	2～3
临　浦	金华	火车	298	1～2
临　浦	兰溪	火车	344	1～2
临　浦	衢州	火车	464	2
临　浦	江山	火车	534	2

资料来源:《浙江省盐业志》,中华书局 1996 年版,第 281 页。

中华人民共和国成立后至 1996 年 5 月,运盐程期无严格限制,也无超期的处罚。1996 年 5 月 27 日,国务院发布《食盐专营办法》,对食盐的运输实行准运证制度。并对运输期限作了明确规定:跨省调拨,铁路、水路运输有效期 20 天,公路运输有效期视远近而定;省内跨市调拨,铁路、水路运输有效期 20 天,公路运输有效期 3 天;市内跨县调拨,水路运输有效期 15 天,公路运输有效期 3 天。全省食盐运输程期按此规定,自此以后至 2010 年无变化。

四、盐运码头、中转站和铁路专用线

(一)盐运码头

中华人民共和国成立初,场区无海运码头,船只停靠仅有内河船埠和简易海边码道。20 世纪 50 年代,因盐场大多在浅滩地段,码头停泊吨位一般都在数十吨至百吨左右,与码头所在场的产、运量基本适应。1958 年兴建国营盐场时均建有专用码头,其中梅山、三门、玉环盐场均有2座码头，可停泊500吨级船只。集体盐场产区分散，所建码头较多：岱山18座、定海28座、普陀20座；象山白岩山、新桥、旦门、花岙各建有小型码头1座；北仑昆亭、三山、梅西及其他各场均有小型码头；玉环的外塘、芦浦、海山、桐丽、干江，黄岩的黄琅，温岭的上箬塘，苍南的芦浦、马站及洞头的大门等地均建有小型码头。为便于盐船卸盐，沿海销区如温州市建有盐业专用码头，并有机械配套。此外还有玉环坎门东头渔港、宁波外马路、象山石浦及平阳、苍南在敖江也均建有盐船停泊码头。因盐业产业结构调整，部分盐场废盐转产，部分盐业码头也随之失去原有功效。为便于盐的调运，部分销区的盐业公司也有自有产权或租赁的盐业码头。至2010年底，全省盐业共有在用盐业码头27座，其中自有10座、租赁17座。

（二）中转站

马渚中转站　1956年，萧甬铁路萧山至余姚段通车，接受货运业务，省盐务管理局在马渚设站，慈溪庵东产盐经马渚站中转分运各地。1958年围庵东八塘，外海船运中断，所有庵东运往省内外的盐，均在马渚转铁路外运，中转量骤增。为此，经多次扩建，先后建成2座月台仓库，铁路建有支线，可供车皮装车，并建有贮盐仓库约1万平方米，另在余姚火车站建有中转仓库1座约450平方米。马渚站仓储能力约2万吨，每年中转量10万～15万吨。1984年后，庵东盐田大面积废转，产量减少，导致中转业务量锐减，马渚中转站逐渐失去作用，移作他用。

宁波中转站　1967年筹建，1970年动工，1972年竣工，省盐业部门投资95.7万元，建有仓库面积5000平方米、专用码头1座及铁路专用线1条，配备机械装卸设备，主要担负舟山、台州、宁波三地原盐出场转运。竣工当年中转盐9.25万吨。1980年7月，中转码头扩建工程竣工。同年10月，轻工业部补助5万元，用于码头机械配套。1984年在月台上兴建雨篷2000平方米，总投资21.7万元，同年10月追加投资4万元。1989年7月，省轻工业厅在盐业平衡差价中又拨给宁波中转站技改资金10万元，用于更新吊机2台和维修码头运盐道路、电线电缆及照明设备等。该站为省内原盐海运转铁路的唯一吞吐通道，1983—1988年平均年卸收12.38万吨，发运12.30万吨，1993年吞吐量达历史最高的30万吨，在浙江省原盐中转上起到重要作用。1997年随着台州地区盐田废转，转运范围缩小至舟山、宁波两地，业务量相应减少。1999—2000年，码头修扩建，投入资金167.8万元。同时拓展其他海运业务。2003年，省盐务管理局调整盐的流向，金衢铁路沿线所需的盐产品从省外直接调入，因此中转量骤减。至该年底结束中转业务。

（三）义乌铁路盐业专用线

坐落于浙江义乌铁路西站（货运）站区内，总占地面积2.89万平方米，于2004年12月始建，2006年6月竣工投入使用，总投资1839.77万元，建有一条长479米的铁路专用线，配套站台仓库总建筑面积5585平方米及综合办公楼1幢（3层，总建筑面积878平方米）。承担义乌市和部分省级储备盐的储备及东阳市、浦江县、磐安县的盐产品中转和临时储备任务。2006—2010年，共计通过义乌铁路盐业专用线接卸火车车皮3663个，盐产品合计22万吨。

第五章 盐 价

盐价既关系盐民收入、人民生活，也关系国家财政收入。为保证从盐利中得到更多的收入，历代朝廷均以国用军需不足为由，提高盐的官卖价，对产区则压价收购。至唐、宋、元、明各代，食盐的官卖价高于官收价，少则数倍，多则10余倍。清代盐价只增不减，至清末增加了3倍有余。民国时期，中央和地方各级政府还以各种名目征收盐税，其负担最终通过盐价转移到老百姓身上。食盐价格问题不仅是个经济问题，更是个民生问题。

中华人民共和国成立后，盐价实行统一领导、分级管理。定价基本以粮价变动为基准，产区公收价保持“担盐斗米”的比值，销区零售价维持“斤盐斤米”的水平。盐价由国家和省物价部门规定。2003年，国家发布《食盐价格管理办法》，进一步完善食盐定价机制。2004年4月5日起，浙江全省食盐统一零售价。其间，国家数次调高盐的产区公收价，且通过减税等手段，提高盐民收入。食盐零售价则根据社会经济水平缓慢调整，以保障百姓食盐成本相对较低的水平。

第一节 盐价管理

古时盐利丰厚，历代以国用军需不足为由，提高盐的官卖价。唐、宋及至明代，食盐的官卖价估利有至10倍者。清代及民国时期，政府还以各种名目征收盐税，致使盐价上升。

中华人民共和国成立后，盐价实行国家统一领导、分级管理。1954年全国盐业产销统一后，各级盐业管理部门普遍成立了盐价专管机构，统一管理从生产到流通各个环节的盐价。有关市场盐价的方针、政策和牌价的掌握，继续受商业部指导。1955年11月，商业部下达了《国营商业牌价掌握分工制度》，盐务总局又结合盐价工作实际，制定了《盐价工作制度实施细则》，为盐价统一管理奠定了基础。盐的公收价、分配价由各省(市、自治区)政府提出建议，报国家物价总局、轻工业部平衡审批，批准后由省(市、自治区)政府或物价、轻工等有关部门下文执行。浙江省零售价国家只核定杭州市价格，并授权省政府比照核定省内其他市、县的零售价，县以下乡镇零售价由县物价部门审定。

1966年，全国物价委员会规定由第一轻工业部统一管理县城的食盐零售价，县城以下的食盐零售价由地方物价委员会管理。

1994年12月，国家计划委员会下发《关于改革盐价管理的通知》，改革盐价管理体制。规定“食盐的出场(厂)价、产区批发价和省、自治区政府所在地、直辖市及计划单列市的批发价由国家计委统一安排。食盐零售价的作价原则和作价办法由国家计委制定，具体价格由省级物价部门根据作价原则和作价办法确定”；工业用盐价格“实行国家指导性价格，根据用盐行业能够承受和盐业行业能够维持再生产的原则，由国家计委规定出场（厂）价的浮动范围，批发价随出场（厂）价的浮动而相应浮动，供需双方在国家规定浮动范围内协商作价。化工企业有条件从盐场（厂）进货的，盐场（厂）一律按出场（厂）价直供，盐场（厂）的销售费用，由省级物价部门商盐碱企业双方确定”。同时，将盐价由原出场（厂）价、分配价、批发价、零售价 4 种形式改为出场（厂）价、批发价、零售价 3 种形式，取消分配价。

1995 年 1 月，浙江省物价局下发《关于盐价管理有关问题的通知》，规定“食盐价格实行国家定价，由省物价局管理……省外调入的品种调剂食盐（精细盐）的调拨作价办法和供应价格，由省盐务管理局提出意见，报省物价局审批”。

1997 年 3 月，浙江省物价局下发《关于重申食盐价格管理等规定的通知》，规定：食盐属国家专营商品，其价格实行中央和省两级管理；各地经有关部门批准生产、销售的花色食盐，其价格必须报省物价局核定；食盐小包装（含复合彩色袋等新式包装）的管理，必须按省物价局、省盐务管理局、省卫生厅、省标准计量局《关于统一全省食盐小包装的通知》的规定执行，必须统一质量标准、统一定点生产、统一防伪标志、统一监制、统一价格。

2003 年 1 月，国家发展计划委员会发布《食盐价格管理办法》（以下简称《办法》），自同年 7 月 1 日起施行，进一步完善了食盐价格管理机制。该《办法》规定：食盐价格实行政府定价，统一领导、分级管理。国务院价格主管部门负责制定或调整食盐的出厂价格、批发价格；省、自治区、直辖市价格主管部门制定或调整食盐零售价格和小包装费用标准。出口食盐的价格由经营者自主制定。制定或调整大包装食盐出厂价格、批发价格，食盐经营者应向所在地省、自治区、直辖市价格主管部门提出书面建议，经省、自治区、直辖市价格主管部门审核后报国务院价格主管部门审批。当生产经销食盐的成本费用发生较大变化、价格矛盾突出和社会各界反映强烈时，国务院价格主管部门可直调大包装食盐出厂价格、批发价格。经营者不得执行高于或低于政府定价和提前或推迟执行政府定价以及擅自制定食盐价格。自此以后至 2010 年一直沿用该《办法》。

第二节 作价办法

唐代，食盐榷价受战争影响，升降幅度颇大。

宋代，榷禁制下的官盐销售，包括批发与零售两类。

元代，政府定盐批发价，商人再转运各地销售，价格可自由波动，没有统一定制。

明代，户口盐制下，天下民户食盐均由地方府县官给散征价。

清代，盐的成本由引课、场价、运费等构成。

民国初至抗日战争以前，两浙各地盐价有两种：一是专商销岸，即纲、肩、住、引地区属官定价；二是自由贸易区，盐价由盐商自定。

民国34年(1945年)抗日战争胜利后,废除商专卖制,实行官收、商收并存,官收盐出场销价(称为“场区仓价”)包括官收价、盐税、偿本费、盐场建设费、盐民福利费、平衡费、仓杂费、耗斤、经管费等。销区仓价即为批发价。

中华人民共和国成立后,盐价由分配价、批发价、零售价3部分组成。

一、分配价

中华人民共和国成立初期,分配价被称为“场价”或“场放价”,为政府就场、就仓出售价,以公收价为基础,加上盐税及场区专项费用组成。1960年,场放价由公收价、盐税、平衡差价、盐场建设费、盐民福利费、储存费和管理费7项组成,后4项又统称“四项费用”或“非生产支出”。1967年以后,按离埠的原则核定,称为“离埠价”(即包括场内运杂费等直至装盐上船的所有费用)。1976年起,凡海运宁波港转铁路、公路、内河中转的原盐,单独核定港口分配调拨价,其价格由进价(按各产区向宁波港结算的离埠价加权平均计算)、到港船运费、中转费(含卸船、短驳、装卸车、出仓、料理、港务、挖泥、折旧、经管费及其他)及经营费等项目组成。1985年后统一改称为“分配价”,同时把公收价改称为“出场价”。1994年,国家计划委员会调整盐价组成形式,将现行盐价由出场(厂)价、分配价、批发价、零售价4种形式改为出场(厂)价、批发价、零售价3种形式,取消分配价。自此以后至2010年无变化。

二、批发价

批发价按照既有利于生产发展和商品流通,又有利于稳定市场和减轻消费者负担的原则来核定,最初称“仓价”“牌价”后改称“批发价”。其计价办法是根据产区或宁波港分配价为基础,加上运杂费、包装使用费(1992年起核入分配价内)、仓储保管费、经营管理费、利息、损耗、利润及批发营业税等费用。1966年起国家实行食盐零售最高限价后,批发价改按食盐零售价倒扣批零差率计算。其间食盐零售价倒扣批零差率多次调整。

1966年5月1日起,按省物价委员会通知,食盐批发价全省均按统一核定的零售价倒扣12%的批零差率计算。此政策一直延续至1985年3月31日止。

1985年4月1日起,食盐批发价按当地零售价倒扣14%的批零差率计算。

1986年7月1日起,按省物价局、财政厅、轻工业厅、商业厅、供销社联合通知,调减供应省内部分的食盐税额7元/吨,用于扩大食盐批零差价。减税后同额相应降低产区出场(分配)价、宁波港分配调拨价和各地食盐批发价。

1989年11月25日起,食盐批发价按调整后的当地零售价统一倒扣17%的批零差率计算。

1992年9月27日起,食盐批发价格统一按当地零售价格倒扣17%的批零差率计算,对供销社的转批优待率从5%扩大到7%,个别基层供销社经营仍有困难的,可经双方协商并经县、市物价部门同意,再适当扩大。

1995年2月10日起,省外调入食盐的批零价格与省产食盐同价执行。

1997年10月18日起,碘盐的批零差率为倒扣16%,即销区碘盐批发价以散装碘盐加小包装袋的零售价为基价，倒扣16%计算。产销区不加碘食用盐按碘盐批发价扣除省规定的加碘费用。

1999年8月10日起，小包装碘盐的批零差率调整为倒扣15%。之后一直沿用此规定。

2003年，国家发展计划委员会发布《食盐价格管理办法》，规定产区批发价格（产区向销区调拨食盐的含税价格）由出厂价格和产区食盐调拨过程发生的调拨费用（包括短途运费、装卸费用、站台码头费用和管理费用等）、税金等构成。销区批发价格（指食盐批发企业或受其委托的转代批单位向零售单位或食品加工单位销售食盐的含税价格）由出厂价格或产区批发价格和批发环节发生的成本费用（包括经营费用和期间费用）、税金、利润等构成。按照国家规定缴纳的碘盐基金列入批发环节成本费用，小包装食盐的出厂价格、批发价格分别在同类大包装食盐出厂价格、批发价格基础上加小包装费用确定。小包装费用标准由小包装袋、防伪标识、外包装物的购进成本和分装成本费用、税金、利润等构成。自此以后至2010年一直沿用该《办法》。

三、零售价

零售价为食盐在零售市场上的最终销售价格，由国家或省级物价主管部门核定。1950年6月1日，国家实行减征盐税措施，并重新核定了各地税额，相应地调整了各地食盐的批发价、零售价，从根本上稳定了盐的市场价格；1957年，为平衡国家财政收入和各地盐价水平，采取了提税调价措施，盐的零售价格水平提高9.4%。对边远山区、老解放区、少数民族和贫困地区，采取了照顾性减税降价措施。1966年，对食盐零售价实行最高限价，统一规定为每500克0.17元（精盐除外）。1978年，根据国务院批示，将全国食盐零售最高限价由0.17元降为0.15元。其间，全国食盐零售价格一直保持了较低的水平，每100千克食盐零售价格1953年为27.5元，1957年为31元，1982年为29元。

1986年6月23日，轻工业部、商业部、财政部和国家物价总局决定，为提高基层供销社及其他零售单位经营食盐的积极性，解决群众买盐难的问题，通知从当年7月1日起调减盐税，扩大食盐批零差价，降低食盐批发价，零售价不动。

1989年11月25日起，塑料小包装食盐和特制细盐、加碘盐的价格，在散装食盐基础上另行加价。执行近场放销价地区的零售价格原则上每500克应低于该县县城零售价0.01元。城乡差价：距离6～25千米，每500克零售价加0.01元；26～65千米加0.02元；65千米以上加0.03元；个别交通不便的偏远山区，最高加价不得超过0.04元。

1996年1月，国家发展计划委员会制定《关于调整食盐价格的通知》，对食盐零售价格作价办法作了明确规定：食盐的批零差率顺加最高不超过20%；食盐的地区差价和城乡差价，由省级物价部门按合理流向，并注意与毗邻地区的零售价格水平衔接的原则适当安排；对少数民族及交通不便、运输困难、贫穷落后地区的食盐零售价格，仍由省级物价部门制定零售最高限价，由此发生的经营亏损由省级盐业公司统筹解决；食盐小包装物和防伪合格碘盐标志的价格由省级物价部门制定，并上报国家计委价格管理司和中国盐业总公司备案；碘盐零售的小包装物要有明确的盐种、重量等标志，盐种之间的零售价要保持合理差价；省际间食盐零售价格及食盐小包装物价格的衔接，由国家计委协调平衡。

1999年8月10日起，省物价局下发《关于改进食盐价格管理有关问题的通知》，改进食盐零售环节的地区差价和城乡差价管理办法，对全省食盐实行分价区统一零售价格，并实行城乡同价。全省分2个价区，对部分市、县因流通费用不同而造成的利益不平衡的矛盾，通过调整部分市、县食盐调拨价或实行价差补贴的办法解决。

2003年1月，《食盐价格管理办法》规定，食盐零售价格按照批发价格加批零差价的方式确定，批零差率应控制在20%以内。制定或调整食盐零售价格应充分考虑边远地区居民的承受能力，同品种食盐原则上实行全省统一零售价。

2004年4月5日起，全省食盐统一零售价。

根据经济社会发展，1949—2010年期间，浙江省食盐零售价缓慢调整，消费者食盐成本相对较低。

第三节　收购价与销售价

盐价根据其销售环节，分为收购价和销售价。收购价为政府向盐民收购食盐的价格。古时盐的收购价低，盐民生活困苦。中华人民共和国成立后，为提高盐民生活水平，国家多次调高盐的收购价。销售价为商业环节销售给消费者的价格。中华人民共和国成立后，收购价分为分配价、批发价、零售价，且根据用途不同分品种制定，盐价总体保持稳定。

一、收购价

古代盐的收购价情况不详。唐乾元元年(758年)，官府收盐曾有每斗(5斤)给10文的规定。①

宋天圣年间(1023—1031年)，每斤给4文。政和元年(1111年)，增至5文，官购浮盐每斤11～12文。建炎末(约1130年)，官购浮盐每斤17文。绍兴初(1131—1135年)，官购正额盐价每斤14文。绍兴中(约1138—1150年)，商人收购价每斤35文强。乾道末(1172—1173年)，官购浮盐每斤19文。

元世祖至元二年(1265年)，“灶户工本，每引(400斤)为中统钞三两”②。至元二十八年，每引盐工本钞由5贯增至8贯。成宗元贞二年(1296年)，“盐户造盐钱为十贯”③。元大德年间(1297—1307年)，每引仍给10贯。仁宗时(1312—1320年)，煎盐每引递增至20贯。浙东盐场由于设有官设柴荡，另加5贯作为买柴钱。

明洪武元年(1368年)，每引给工本米1石(50斤)，余姚场给工本钞2贯。洪武十七年，

---

① 《浙江省盐业志》，中华书局1996年版，第352页。

② 《元史》卷九十四《食货二》。

③ 《元史》卷十九《成宗二》。

每引给工本钞2贯500文。余盐官米麦，始于正统二年(1437年)，诏曰“余盐收贮本场，每二百斤给米麦二斗”①。正统十三年，凡灶户若有余盐，送纳该场，每引(200斤)给米1石。景泰元年(1450年)，又定“灶丁余盐，每引给米，浙盐六斗”②。

清雍正六年(1728年)，玉环场帑盐每百斤给银2钱5分，雍正九年每百斤给银5钱2分，后因银贵，改给制钱520文。乾隆初(约1736年)减至每百斤250文。乾隆二十五年(1760年)，长林场(今乐清)煎盐每百斤官给工本钱9分1厘7毫1丝。乾隆三十六年，官收岱山、定海盐百斤加备耗20斤，收购价为制钱300文。嘉庆六年(1801年)，长林场煎盐交廒100斤加耗20斤，官给银4钱3分1厘6毫5丝。同治十一年(1872年)，岱山设商廒收盐，公议每斤定价制钱4文。光绪三十四年(1908年)，因灾歉产，商收价增至每斤制钱7文。《盐法通志》记载：宣统二年(1910年)，长亭场煎盐每担(100斤)场价为1.05元，晒盐为0.60元。宣统三年，每担煎盐1.10元，晒盐0.65元。

民国时期，两浙各场场盐价格由场署核定，出牌悬示，场商不得擅改。但实际上往往因盐产的丰歉或销路的畅滞，商人仍把持盐价，克扣盐民。各场廒商收价因有煎、晒盐之分，制盐成本各场不同，收价也各不相同。民国初，定海及岱山商收价每百斤为制钱700文。民国6年(1917年)，商人以产旺销滞为由，报准两浙盐运司将收价减少100文，岱山盐民群起反对，经定海知事调停，酌加50文，至冬季仍给700文。民国8年，改为常年675文。民国12年，提高到875文，合银圆0.802元。民国15年，余姚场晒盐廒商收购每百斤法币0.80～0.85元；岱山场晒盐0.986元；长林场晒盐0.55元，煎盐0.90元；台属各场0.90元。民国18年，余姚场收价增至0.85～0.95元。民国19年，米价奇涨，盐民要求提价，廒商集议增至银圆1元。民国21年，岱山升至银圆0.986元，民国22年为1.03元；民国23年，改司码秤为市秤，盐价相应调整为0.811元，民国24年减至0.71元。民国25—30年(1936—1941年)各场廒商收购价见表47-5-3-1。

表47-5-3-1　　民国25—30年(1936—1941年)浙江省各盐场廒商收购价一览表

单位：元(法币)/市担

场别	盐种	民国25年	民国26年	民国27年	民国28年	民国29年	民国30年
黄湾	煎盐	1.74	0.98				
鲍郎	煎盐	1.08	0.90				
钱清	晒盐	0.80	0.81	0.81	0.95	3.00	
余姚	晒盐	0.80	0.81	0.81	0.95	3.00	
岱山	晒盐	1.64	1.10	1.60			

① 〔明〕王圻：《续文献通考》。

② 〔明〕朱廷立：《盐政志》卷四《制度下·工本米》。

续表

场别	盐种	民国 25 年	民国 26 年	民国 27 年	民国 28 年	民国 29 年	民国 30 年
黄岩	煎盐	2.46	2.554	0.90	1.50	5.845	15.00
	晒盐	2.46	2.440	0.80	1.00	5.845	9.00
玉泉	煎盐	0.98	0.97	0.90	1.50	6.00	
	晒盐	0.98	0.97	0.90	1.00	2.50	
长林	煎盐	1.59	1.03	0.714	1.25	5.40	16.00
	晒盐	1.59	1.03	0.714	1.25	4.20	12.00
双穗	煎盐	1.10	1.50	1.10	1.90	6.00	20.00
	晒盐	1.10	1.30	0.95	1.65	5.40	15.00
杜渎	煎盐	1.05			1.66	6.00	15.00
	晒盐	1.05			1.60	2.50	9.00
东江	煎盐	1.52	1.70	1.75	2.00	2.16	

资料来源：引自盐务署盐务稽核总所编《中国盐政实录》第二辑(一)和第三辑“两浙成本及场价”。

民国 26 年(1937 年)抗日战争全面爆发，廒商停业，又行官收。民国 27 年，余姚、岱山等场产盐由浙区战时食盐收运处收购，收价每市担合米 1 斗 3 升(每斗 15 市斤，每升 1.5 市斤)。民国 29 年起，随物价飞涨，制盐成本上涨，收价也多次调整，两浙区民国 31—35 年每百斤平均收价(法币)分别为 23.29 元、89.45 元、174.00 元、399.00 元、2616.25 元。

民国 36 年(1947 年)，因物价上涨失控，盐务总局下令，取消核价，改行自由议价。两浙盐务管理局根据盐务总局规定，按“千盐石米”(即 10 市担盐价相当于 150 斤大米价)比价为标准，由盐场公署召集场商议定。同年，余姚场商收价每市担法币 7500～8000 元，民国 37 年 8 月 25 日增至 20 万～40 万元，8 月 26 日改为金圆券 1.33 元，年底为 20 元。民国 38 年(1949 年)初随物价飞涨，金圆券大幅度贬值，场收价变动尤为剧烈，见表 47-5-3-2。

表 47-5-3-2　　民国 38 年(1949 年)1—4 月两浙各盐场收购价一览表

单位：元(金圆券)/市担

调整日期	余姚、钱清、定岱、浙西、宁属		黄岩、北监、南监、玉泉、双穗、长林	
	晒盐	煎盐	晒盐	煎盐
1 月 1 日	40	52	18	25
1 月 11 日	75	95	18	25
1 月 21 日	75	95	50	70

续表

调整日期	余姚、钱清、定岱、浙西、宁属		黄岩、北监、南监、玉泉、双穗、长林	
	晒盐	煎盐	晒盐	煎盐
2月3日	165	215	110	155
2月10日	320	415	220	310
2月19日	680	885	400	560
2月26日	780	9895	500	660
3月1日	1020	1320	800(黄岩700)	1120
3月7日	2240	2910	2000(黄岩、玉泉1600)	2800
3月18日	3600	4700	2400	3360
4月5日	7500	9750	6400	8950
4月9日	21000	27300	9200	12800
4月19日	73000	95000	67000(黄岩、玉泉56000)	94000(黄岩、玉泉78000)
4月23日	28000	360000	250000(黄岩、玉泉200000)	350000(黄岩、玉泉280000)

资料来源:《浙江省盐业志》,中华书局1996年版,第355—356页。

中华人民共和国成立前夕,各地场盐每市担收价分别为(按金圆券):钱清场晒盐78.60万元;余姚场晒盐71.70万元;宁属各场晒盐71.70万元;浙西各场煎、晒盐统一为79.10万元;南、北监及长林场晒盐64.70万元;长林场煎盐84.30万元。舟山群岛解放较晚,民国38年(1949年)6月,国民政府将金圆券改为银圆券,收价定为每担1元,接近"担盐斗米"比价。至1950年1月10日,岱山、定海场收价升为银圆券4.5元。

中华人民共和国成立之初,市场物价尚未有效控制,政府为保证盐民生活,采取以米价为基础的比价方法,当米价超过"千盐石米"比价一成时,随时就地调高盐价。1949年11月至1953年9月各盐场公收价见表47-5-3-3和表47-5-3-4。

表47-5-3-3　　1949年11月至1951年11月浙江省各盐场原盐公收价一览表　　单位:元/吨

场别	盐种	1949年11月	1949年12月	1950年6月(千克米/吨)	1950年12月(千克米/吨)	1951年7月	1951年11月(千克米/吨)
余姚	晒盐	6.0	14.8		140	25.0	113
翁家埠	晒盐	7.0	17.2	172.5	172.5	31.6	133
浙西三场	晒盐	8.0	23.0	172.5	172.5		
	煎盐	9.6	30.7		230		

续表

场　别	盐种	1949 年 11 月	1949 年 12 月	1950 年 6 月（千克米/吨）	1950 年 12 月（千克米/吨）	1951 年 7 月	1951 年 11 月（千克米/吨）
宁属各场	晒盐	7.0	21.8	195	195		
象山	晒盐			150	150	30.6	
	煎盐			212.5	212.5	42.8	
绍兴	晒盐						133
岱山	晒盐					32.8	125
定海	晒盐					35.0	
临海	晒盐						
黄岩	晒盐	2.4	10.8	150	150	25.0	
温岭	晒盐						
	煎盐						
玉环	晒盐	2.5	12.6	175	170	26.84	149
	煎盐					35.0	
乐清	晒盐	3.3	14.3	250	250	27.46	
	煎盐	4.9	20.02	350	350		
瑞安	晒盐	3.3				27.46	
	煎盐	4.9					
平阳	晒盐	3.3	14.3	250	250	27.46	

资料来源：《浙江省盐业志》，中华书局 1996 年版，第 356—357 页。

说明：1. 表列年月日指起调日期，与下一调价的日期衔接。2. 1955 年以前为旧人民币，本表已折成新人民币计列。3. 1950 年 6 月、12 月及 1951 年 11 月按实物米计算。

表 47-5-3-4　　1952 年 1 月至 1953 年 9 月浙江省各盐场原盐公收价一览表

单位：元/吨

场　别	盐种	1952 年 1 月 1 日	1952 年 6 月 1 日	1952 年 9 月 22 日	1952 年 11 月 1 日	1953 年 6 月 12 日	1953 年 9 月 1 日
余姚	晒盐	26.2	23.0	24.0	27.2	27.2	28.2
翁家埠	晒盐	29.2	24.0	25.0	29.0	29.0	30.0
浙西三场	晒盐						
	煎盐						

续表

场　别	盐种	1952 年 1 月 1 日	1952 年 6 月 1 日	1952 年 9 月 22 日	1952 年 11 月 1 日	1953 年 6 月 12 日	1953 年 9 月 1 日
宁属各场	晒盐						
象山	晒盐	30.0	24.8	26.8	29.0	29.0	31.0
	煎盐						
绍兴	晒盐	29.2	24.0	25.0	29.0	29.0	30.0
岱山	晒盐	29.0	26.0	28.0	29.0	31.0	36.2
定海	晒盐	31.0					
临海	晒盐	27.0	23.6	25.2	28.6	28.6	30.2
黄岩	晒盐	27.0				28.6	30.2
温岭	晒盐	27.0	23.6	25.2	28.6	28.6	30.2
	煎盐	36.0	31.1	34.0			
玉环	晒盐	25.0				27.2	28.6
	煎盐	36.0					
乐清	晒盐	25.0	22.0	24.0	27.2	27.2	28.8
	煎盐	31.2				32.6	34.6
瑞安	晒盐	25.0	22.0	24.0	27.2	27.2	28.8
	煎盐	31.2	28.0	31.0	32.6	32.6	34.6
平阳	晒盐	25.0	22.0	24.0	27.2	27.2	30.2

资料来源:《浙江省盐业志》,中华书局 1996 年版,第 357—358 页。

说明:1. 表列年月日指起调日期,与下一次调价的日期衔接。2. 1955 年以前为旧人民币,本表已折成新人民币计列。

1953 年 9 月 1 日国家调整盐场原盐公收价后,一直沿用至 1960 年 4 月 14 日止。1960 年 4 月 15 日起,浙江省人民委员会根据轻工业部、财政部通知,对浙江原盐公收价作出调整,全省平均每吨提高 2.40 元,即从平均 30.08 元提高到 32.48 元。宁波专区除舟山提高 1.80 元外,其余各县提高 2 元;温州专区除平阳提高 1.80 元外,其余各县提高 3.20 元;台州专区各县提高 1.80 元;嘉兴专区提高 5 元;杭州市与萧山县均提高 4 元。价格调整后,各地每吨盐的公收价分别为:慈溪县 30.20 元;温岭、玉环、临海、黄岩、乐清、瑞安、平阳县及温州市为 32.00 元;奉化、象山、上虞县及宁波市为 33.00 元;萧山县及杭州市为 34.00 元;海宁县 35.00 元;平湖县 37.00 元;岱山、定海、普陀县为 38.00 元。

1961 年 4 月 1 日起,再次调整原盐公收价,全省每吨平均提高 8 元,调价后达 40.48 元。每吨提高额度分别为：慈溪县 7.60 元，舟山各县 7.81 元，温岭、玉环县及杭州市 8.00 元，乐清、平阳、瑞安、临海、三门、黄岩县及温州市 8.40 元，奉化县及宁波市 8.80 元，上虞、象山、海宁、平湖县 9.00 元。价格调整后，各地原盐每吨公收价分别为：慈溪县 37.80 元，温岭、玉环县 40.00 元，乐清、平阳、瑞安、临海、三门、黄岩县及温州市 40.40 元，奉化县、宁波市 41.80 元，象山、宁波、上虞县及杭州市 42.00 元，海宁县 44.00 元，岱山、定海、普陀县 45.80 元，平湖县 46.00 元。

为鼓励盐民多晒好盐，经省物价委员会同意，从 1965 年 7 月 1 日起，对公收原盐实行优质优价分等计价，各产区分等公收价详见表 47-5-3-5。均价与实际收购价的差异即为盐质差价，由省统一调剂，用于提高盐质奖励。

表 47-5-3-5　　1965 年 7 月浙江省公收原盐分等计价一览表

单位：元/吨

地　　区	优等	一等	二等	三等	等内	等外	统价
慈溪	47	43	39	35		29.25	40.00
宁波、镇海	47	43	39	35		29.25	41.80
温岭、玉环	48	44	40	36		30.00	40.00
温州、乐清、平阳、瑞安、临海、黄岩、三门	48	44	40	36		30.00	40.40
岱山、定海、普陀	50	46	42	38		31.50	45.80
鄞县					42	34.50	41.80
海宁、海盐					44	33.00	44.00
平湖					46	34.50	46.00

资料来源：《浙江省盐业志》，中华书局 1996 年版，第 358 页。

1966 年 8 月 1 日起，市场粮价提高，考虑到盐民购粮支出的实际，省财政厅、轻工业厅、物价委员会发出联合通知，在 1965 年 7 月 1 日起执行的分等公收价基础上，按原盐实际收购量，实行粮价补贴，除等外盐每吨提高 2 元外，其余各等盐均每吨提高 4 元。

1972 年 7 月起，省轻工业局核定省内自产精盐（后改称"特制细盐"）公收价在优等盐公收价基础上，每吨增加 10 元。价格调整后，慈溪、宁波、镇海、奉化、鄞县每吨 61 元；玉环、温岭、乐清、黄岩、三门 62 元；岱山、定海、象山每吨 64 元。

1979 年，根据国家物价总局、轻工业部、财政部通知，省政府决定自 1979 年 12 月 1 日起降低盐税税额，提高集体盐场原盐公收价，平均每吨 5 元，并按照优级盐适当多提的原则，统一全省分等公收价每吨为：优质盐 58 元、一级盐 54 元、二级盐 49 元、三级盐 43 元。各县平均价除镇海、黄岩、岱山、嵊泗、定海、普陀为 53 元外，其余各县为 50 元。

1980 年 4 月，省第一轻工业局补充规定，对平湖、海盐两县产盐公收价仍分等内与等外，等内盐暂定平湖 52 元/吨，海盐 50 元/吨。

1982 年 2 月，省商业厅、轻工业厅核定省产特制细盐公收价为每吨 85 元。

1984 年，省政府决定，对集体盐场产盐实行价外补贴每吨 10～20 元，具体数额根据各县财政情况自行确定，全省平均每吨约为18元。

1985年，省政府决定自4月1日起，全省原盐公收价平均每吨提高25元，价格调整后，优级盐每吨87元、一级盐每吨81元、二级盐每吨73元、三级盐每吨63元，全省统一均价为每吨77元。平湖、海盐仍只分等内与等外，等内按均价每吨77元收购。价外补贴继续执行。

1986年3月，省产特制细盐公收价调整为每吨105元。

1988年9月12日起，经省政府同意，原盐公收价每吨提高65元(此项资金暂由批发经营单位所在地财政负担，不提高批发价)，价格调整后，全省均价为每吨142元，其中7元由收购单位掌握，专项用于盐业生产单位超期储存原盐的损耗补贴(此项提价资金已于1989年11月25日从提高批发、零售价中解决，销区财政不再负担)。

1989年11月，省轻工业厅、物价局决定，特制细盐公收价在食盐公收价基础上每吨增加40元，达182元。

1992年9月27日起，调整省产盐价，全省平均公收(出场)价为每吨152元(含盐质差价10元，由各县盐务局统筹使用)。收购分等计价办法不变，各等级盐公收价调整为：按国家标准GB 5461—92，一级盐每吨153元、二级盐每吨148元、三级盐每吨138元、四级盐每吨128元。分等收购实际支出未超过均价152元的结余款，由产区盐务局包干，专项用于奖励产优质盐。

1993年8月20日起，省物价局决定将降低食盐税额每吨25元用于提高食盐出场价(收购价)，即收购价由每吨152元提高到177元。浙江省1960—1993年原盐和1972—1989年特制细盐公收价见表47-5-3-6和47-5-3-7。

表47-5-3-6　　1960—1993年浙江省原盐公收价一览　　单位：元/吨

地　区	1960年4月15日	1961年4月1日	1966年8月1日	1979年12月1日	1985年4月1日	1988年9月12日	1992年9月27日	1993年8月20日
慈溪(庵东)	30.20	37.80	41.80	50	77	142	152	177
象山	33	42	46	50	77	142	152	177
镇海、奉化	-	41.80	45.80	53	77	142	152	177
岱山、定海、普陀	38	45.80	49.80	53	77	142	152	177
温岭、玉环	32	40	44	50	77	142	152	177
临海、黄岩、平阳	32	40.40	44.40	50	77	142	152	177
乐清、瑞安	32	40.40	44.40	50	77	142	152	177
萧山	-	42	46	50	-	-	-	-
海宁、海盐	-	44	48	50	77	-	-	-
平湖	-	46	50	52	77	-	-	-
全省平均	32.48	40.48	44.48	-	77	142	152	177

资料来源：《浙江省盐业志》，中华书局1996年版，第360页。

说明：1.1965年7月1日起实行分等计价，本表按平均价计列。2.1984年1月起实行价外补贴10～20元/吨，提价资金由各县财政支付，金额不等，后未明确取消，本表均未列入。

表 47-5-3-7　　1972—1989 年浙江省特制细盐公收价一览表　　单位:元/吨

地　　区	1972 年 7 月	1982 年 2 月	1986 年 3 月	1989 年 11 月
慈溪、宁波、镇海、奉化、鄞县	61	85	105	182
玉环、温岭、乐清、黄岩、三门	62	85	105	182
象山、岱山、定海、普陀	64	85	105	182

资料来源:《浙江省盐业志》,中华书局 1996 年版,第 361 页。

说明:1989 年 11 月后,特制细盐随原盐收购价相应提高,由县物价局核定。

1994 年 3 月 15 日起,省物价局调整省产盐收购价,调整后各等级盐的收购价(不含税)每吨分别为:一级盐 265 元、二级盐 260 元、三级盐 250 元、四级盐 220 元,并取消价外补贴,盐质差价结余部分实行县级盐务局掌握使用,并由市级盐务局监督。

1997 年 10 月 18 起,省物价局调整盐质差价,调整后各等级盐的收购价(不含税)每吨分别为:一级盐 270 元、二级盐 260 元、三级盐 245 元、四级盐 220 元。盐质差价额专项用于提高质量,并实行滚动使用,当年的结余额 20%上缴市级盐务局,80%留县级盐务局使用。

2000 年 10 月 1 日起,省物价局调整省产盐收购价,调整后各等级盐的收购价(不含税)每吨分别为:一级盐 270 元、二级盐 260 元、工业晶盐 220 元。至此,盐的调拨按品种收购、组价,不再存在盐质差价。

2004 年 4 月 15 日起,为促进盐民生产符合国家质量要求的加碘母盐,省物价局决定再次提高省产日晒盐收购价,调整后各等级盐的收购价(不含税)每吨分别为:一级盐 330 元、二级盐 280 元、工业晶盐 220 元。2004 年 8 月 25 日起,工业晶盐收购价每吨由 220 元提高到 260 元。

2005 年 6 月 15 日起,省物价局核定日晒自然盐收购价每吨为 430 元(其中 330 元为一级日晒盐收购价,100 元为补贴)。

2007 年 2 月 1 日,南方海盐资源税每吨降低 2 元,省产日晒盐每吨收购价分别为:一级盐 332 元、二级盐 282 元、工业晶盐 262 元。

2008 年 1 月 1 日起,由于食盐增值税税率调整,省物价局调整省产日晒盐收购价,调整后各等级盐的收购价(不含税)每吨分别为:一级盐 363.75 元、二级盐 326.98 元、工业晶盐 281.27 元。同年 10 月 15 日起,省物价局决定,在收购价格的基础上每吨给予盐民价格补贴 40 元,补贴资金由省盐业集团有限公司承担。

2009 年 4 月 1 日起,省物价局对罚没违法盐产品定价作出规定:符合工业盐标准的罚没盐产品每吨按 100 元作价,不符合工业盐标准但可以利用的罚没盐产品每吨按 50 元作价。

2009 年 12 月 9 日,国家发展和改革委员会通知,提高食盐出厂(场)价格,而浙江食盐收购价格已高于国家规定价格。2010 年因灾害性气候影响,全省日晒盐减产,影响了盐民晒盐积极性,为保护盐民利益,维护盐区稳定,省物价局决定从 2011 年 1 月 1 日起适当提高省产日晒盐收购价格,加碘食用盐(一级)每吨 430 元、不加碘食用盐(二级盐和腌制用盐)393 元、工业晶盐347元。省产日晒盐价外补贴政策停止执行。

1994—2010年期间，浙江省先后7次调高原盐收购价，盐民收入得到提高，生活水平得到较好保障，见表47-5-3-8。

表47-5-3-8　　1994—2010年浙江省原盐公收价一览表　　单位：元/吨

调整日期	一级	二级	三级	四级
			（工业晶盐）	
1994－03－15	265	260	250	220
1997－10－18	270	260	245	220
2000－10－01	270	260	220	
2004－04－15	330	280	220(260)	
2007－02－01	332	282	262	
2008－01－01	363.75	326.98	281.27	
2008－10－15	403.75	366.98	321.27	

资料来源：据浙江省物价局有关原盐收购价格文件综合整理。

说明：1.2000年10月1日起，取消三级盐和四级盐，改称为工业晶盐。2.2004年8月25日起，省物价局将工业晶盐价格从220元/吨提高到260元/吨。

二、销售价

唐代榷盐法实行以前，官府不在流通环节另征盐税，故盐价十分低廉。榷盐法实行后，榷价寓税于盐，盐价快速上涨，每斗(5斤)由10文增至110文，增长了10倍。《新唐书》卷五十四《食货四》载："天宝、至德间，盐每斗十钱……及(第五)琦为诸州榷盐铁使，尽榷天下盐，斗加时价百钱而出之，为钱一百一十。"食盐榷价的大肆增长，引起了市价混乱，"盐估益贵，商人乘时射利，远乡贫民困高估，至有淡食者"。唐代食盐榷价，受战争影响，升降幅度较大。唐代各时期海盐价格大致如下：唐乾元初至大历末期(约758—779年)官卖价每斗盐(5斤)110文，建中三年(782年)每斗盐310～370文，贞元末年(约804年)每斗盐370文，永贞元年(805年)每斗盐250文，长庆元年(821年)每斗盐300文。①

宋天圣年间(1023—1031年)，"两浙岁计丁口，官散食盐，每丁给一斗，使输钱一百六十有六，谓之丁盐钱"。崇宁三年(1104年)，明州纳钞引钱24贯省，请盐一袋300斤。绍兴年间(1131—1162年)，浙东零售"官盐百余钱一斤"②。宋代淮浙盐官府零售价、市场商盐零售价及官卖交钞价见表47-5-3-9和表47-5-3-10。

① 郭正忠主编《中国盐业史(古代编)》，人民出版社1997年版，第166页。

② 〔宋〕孙觌：《鸿庆居士集》卷十二，《与沈相书》。

表 47-5-3-9　　宋代东南地区销售淮浙盐价一览表　　单位:文/斤

时　间	官府零售价格		市　　价		时　间	官府零售价格		市　　价	
	近产区	远产区	近产区	远产区		近产区	远产区	近产区	远产区
宋　初	40　50　60				嘉祐七年	40　47　50			
开宝年间	30　40　50				熙宁初	44			
开宝末	26　36　46				熙宁三年	47		20	
太平兴国二年	40　50				熙丰年间			60～70	
太平兴国年间	64				元丰年间	28		28　62～75	
太平兴国八年	54				崇宁年间	30　45			
太平兴国九年	40　67				北宋后期	56			
至道、咸平年间	36　38　40　42　44		40		绍兴初			33～35,700～800,2000	
大中祥符年间	26				绍兴年间	100＋		50	
天圣元年	33.2(两浙)								

资料来源:郭正忠主编《中国盐业史(古代编)》,人民出版社 1997 年版,第 315—316 页。

表 47-5-3-10　　宋代淮浙海盐交钞价格一览表

时　　间	官售钞盐价		时　　间	官售钞盐价	
	每　袋	每　斤		每　袋	每　斤
崇宁初	10 贯	33.3 文	绍兴三十一年	17 贯 300 文(5 袋以上者,每 5 袋加饶 1 袋平均每斤 48 文)	57.7 文
政和三年	10 贯	33.3 文	隆兴二年	17 贯 600 文	58.7 文(以银买纱者,优惠价每斤 53 文)
重和元年	11 贯	36.7 文	南宋中期	18 贯 480 文(24 贯省 1 袋)	61.6 文
宣和年间	11 贯	36.7 文	乾道元年	20 贯 600 文	68.7 文
宣和四年	13 贯	43.3 文	淳熙十年	20 贯	66.7 文
建炎末绍兴初	18 贯	60 文	淳熙年间	21 贯 40 文	70.13 文
绍兴二至四年	21 贯	70 文	嘉泰四年	19 贯 40 文	63.5 文
绍兴四年九月后	18 贯	60 文	开禧元年	21 贯 40 文	70.13 文

续表

时　间	官售钞盐价		时　间	官售钞盐价	
	每　袋	每　斤		每　袋	每　斤
嘉定三年	官会100贯(加贴20贯官会)		开庆元年	官会200贯	

资料来源：郭正忠主编《中国盐业史(古代编)》，人民出版社1997年版，第317—318页。

元代，两浙盐价昂且多次调整。至元十三年(1276年)，两浙之盐每引(400斤)中统钞9贯。至元十九年十月，增两浙盐价，“每引于旧价之上增钞四贯”①，即每引13贯。至元二十一年，每引价15贯。至元二十二年三月，“诏依旧制，凡盐一引四百斤，价银十两，以折今钞为二十贯”②，即每引20贯，不久增为每引30贯。至元二十六年，由于国家经费“岁入恒不偿所出”，盐价每引增至50贯。成宗元贞二年(1296年)，盐价每引增至65贯。武宗至大二年(1309年)十二月，盐价每引增为大银钞4两，即中统钞100贯，上涨幅度50%以上。仁宗延祐元年(1314年)，又增至150贯，五年时间，再次提价50%。频繁的大幅度提价，连政府中监察部门御史台的官员也觉得“盐贵了，穷百姓每无钱，买不得呵”③。实际上，上述政府定价仅是盐的批发价，豪强富商操纵市场，任意提高盐价，盐运到各地销售时，价格比批发价要高出一两倍甚至10倍。“价既取二百五十文一斤，官豪商贾，乘时射利，积塌待价，又取五百文一斤。市间店肆，又缴三分之利”。这样层层剥削的结果，以致“濒海小民，犹且食淡；深山穷谷，无盐可知”。④

明初，实行户口食盐配给制，天下民户食盐，均由地方府县官给散征价。浙江军民计口月纳米3升买盐1斤。永乐二十二年(1424年)，行输钞中盐法，“浙东盐每引(400斤)百贯”⑤。弘治元年(1488年)，浙东盐每引(200斤)1钱7分5厘。弘治二年疏鬻两浙余盐引价1钱4分。嘉靖八年(1529年)，正盐1引连包索205斤，价银3钱5分；余盐200斤为1引，绍兴批验所定银4钱。万历年间(1573—1620年)，两浙票盐，“市卖时价，每斤三厘”⑥。

清代，盐价从康熙中期定价后，到清代末年，增长数倍。同治三年(1864年)，两浙住盐每斤8文，肩盐4文。清末，余姚场煎盐售予各酱坊及食户每斤2分8厘至3分6厘不等。

民国15—25年(1926—1936年)，两浙各地盐价有两种：一是专商销岸，即纲、肩、住、引地区属官定价；二是自由贸易区，盐价由盐商自定。该时期两浙食盐官定价和商定价见表47-5-3-11和表47-5-3-12。

① 《元史》卷九十四《食货二》。
② 《元史》卷十三《世祖十》。
③ 郭正忠主编《中国盐业史(古代编)》，人民出版社1997年版，第488页。
④ 〔元〕叶知本：《减盐价书》，《两浙盐法志》卷二十七。
⑤ 《明仁宗实录》卷二。
⑥ 〔明〕万历《重订两浙鹾规》卷二《票商·功绩盐》。

表 47-5-3-11　　民国 15—25 年(1926—1936 年)两浙食盐官定价一览表

单位:元(银圆)/担

销地	岸别	民国15年	民国16年	民国17年	民国18年	民国21—22年	民国23年1月	民国23年2月	民国23—25年
歙县、休宁、黟县、常山	纲地	8.20	8.70	11.40	11.40	11.90	11.244	11.63	11.73
广信	纲地	10.00	10.50	13.85	13.85	14.35	13.626	14.17	14.27
开化	纲地	7.30	7.80	10.50	10.50	11.70	11.051	11.46	11.56
玉山	纲地					14.35	13.626	14.17	14.27
衢县	纲地	8.00	8.20	11.20	11.20	11.70	11.050	11.46	11.56
龙游	纲地	7.70	8.50	10.90	10.90	11.40	10.793	11.21	11.31
遂安	纲地	6.90	7.40	10.10	10.10	10.60	10.103	10.52	10.62
诸暨、於潜	纲地	7.20	7.70	10.40	10.40	10.90	10.362	10.78	10.88
义乌	纲地	7.50	8.00	10.70	10.70	11.11	10.534	10.95	11.05
浦江、东阳、新登、金华	纲地	7.30	7.80	10.50	10.50	11.00	10.448	10.87	10.97
昌化	纲地	7.60	8.10	10.80	10.80	11.30	10.707	11.12	11.22
兰溪、汤溪	纲地	7.70	8.20	10.90	10.90	11.40	10.793	11.21	11.31
建德、桐庐、分水、寿昌	纲地	7.00	7.50	10.20	10.20	10.70	10.189	10.61	10.71
淳安	纲地	6.70	7.20	9.90	9.90	10.40	9.931	10.35	10.45
平湖	纲地	7.80	8.30	11.00	11.00	11.50	10.879	11.29	11.39
海盐	纲地	7.00	7.50	10.20	10.20	10.70	10.189	11.61	11.71
富阳	纲地	7.00	7.50	10.20	10.20	10.65	10.146	10.57	10.67
临安、武康、德清	纲地	8.60	9.10	11.80	11.80	12.30	11.569	11.97	12.07
嘉兴、嘉善、桐乡、江山	纲地	8.10	8.60	11.30	11.30	11.80	11.138	11.55	11.65
乌程、广德	纲地	8.50	9.00	11.70	11.70	12.30	11.569	11.97	12.07
镇海、宁海、宁波、奉化、慈溪	引地	4.90	5.10	6.55	6.55	8.30	7.845	8.14	8.24

续表

销　地	岸别	民国15年	民国16年	民国17年	民国18年	民国21—22年	民国23年1月	民国23年2月	民国23—25年
嵊县、上虞、百官	住地	5.80	6.00	7.45	7.45	9.06	8.586	8.95	9.05
绍兴、萧山	肩地	5.20	5.40	6.85	6.85	8.40	8.069	8.44	8.54
杭县	肩地	6.80	7.00	8.45	7.59	8.74	8.362	8.73	8.83
余杭	肩地	6.60	7.00	8.45	7.59	8.74	8.362	8.73	8.83
海宁、崇德	肩地	6.70	6.90	8.35	8.35	8.74	8.362	8.73	8.83
南沙	肩地					8.40	8.069	8.44	8.54
杭上四乡	肩地					7.15	6.743	6.99	7.09

资料来源:《浙江省盐业志》,中华书局1996年版,第367—368页。

说明:民国22年前为司码秤,民国23年起改为市秤。

表47-5-3-12　　民国25年(1936年)12月两浙食盐商定售价一览表　　单位:元(法币)/担

地　别		盐种	价格	地　别		盐种	价格
厘地	旧处属各县	煎盐、晒盐	5.408	厘地	花桥区	晒盐	3.900
厘地	缙云、永康、武义	煎盐、晒盐	5.507	厘地	海门区	煎盐、晒盐	3.330
厘地	泰顺	煎盐	5.363	厘地	塘里区	煎盐、晒盐	4.210
厘地	永嘉	煎盐、晒盐	4.780	厘地	涌泉、葭沚、新亭区	晒盐	3.100
厘地	乐清	煎盐、晒盐	4.682	厘地	椙溪区	煎盐、晒盐	4.390
厘地	瑞安	煎盐、晒盐	4.765	厘地	宁海东乡	煎盐、晒盐	2.850
厘地	平阳	煎盐、晒盐	4.651	厘地	宁海北半县	晒盐	5.450
厘地	临海	煎盐、晒盐	5.900	厘地、轻税	乐清	煎盐、晒盐	2.785
厘地	天台	煎盐、晒盐	6.100	厘地、轻税	玉环	煎盐、晒盐	2.815
厘地	仙居	煎盐、晒盐	6.360	轻税	黄湾区	煎盐	5.680
厘地	宁海	煎盐、晒盐	3.240	轻税	鲍郎区	煎盐	6.000
厘地	象山、南田	煎盐、晒盐	3.080	轻税	芦沥区	晒盐	3.756
厘地	黄岩、温岭	煎盐、晒盐	2.600	轻税	余姚、三北区	晒盐	4.010

续表

地别		盐种	价格	地别		盐种	价格
轻税	清泉区	晒盐	3.700	酱盐	台属各县	煎盐、晒盐	6.000
轻税	穿长区	晒盐	3.100	渔盐	鲍郎区	煎盐、晒盐	2.500
轻税	大嵩区	晒盐	4.300	渔盐	芦沥区	晒盐	2.270
轻税	定海	晒盐	2.200	渔盐	定海	晒盐	1.500
酱盐	余姚	晒盐	7.290	渔盐	岱山区	晒盐	1.222
酱盐	定海	晒盐	5.100	渔盐	玉环	晒盐	1.447
酱盐	岱山区	晒盐	8.822	渔盐	象山	煎盐、晒盐	2.070
酱盐	温属各县	煎盐、晒盐	5.067	渔盐	海门区	煎盐、晒盐	2.330

资料来源:《浙江省盐业志》,中华书局 1996 年版,第 368—369 页。

民国 29 年(1940 年)后,物价飞涨,食盐售价亦随之上涨。民国 26—30 年部分地区食盐售价见表 47-5-3-13。

表 47-5-3-13　民国 26—30 年(1937—1941 年)浙江省部分地区食盐零售价一览表

单位:元(法币)/担

地区	民国 26 年 6 月	民国 26 年 12 月	民国 27 年 6 月	民国 27 年 12 月	民国 28 年 6 月	民国 28 年 12 月	民国 29 年 6 月	民国 29 年 12 月	民国 30 年 6 月
安吉	13.07	13.27				15.20	25.01	36.09	81.74
於潜	11.88	12.00	12.08	13.68	14.68	17.18	24.05	32.74	71.66
余杭	9.83					14.70	25.63	35.49	80.84
龙泉	6.79	7.46	7.27	7.80	9.10	9.70	18.00	30.18	62.72
临海	6.58	6.98	6.84	6.70	7.90	9.50	13.00	24.00	40.02

资料来源:引自盐务署盐务稽核总所编《中国盐政实录》第三辑第十二章“两浙”,上海汉文正楷印书局民国 22 年印。

民国 34 年(1945)抗日战争胜利后,废除商专卖制,行官收、商收并存,官收盐出场销价称为“场区仓价”,包括官收价,盐税、偿本费、盐场建设费、盐民福利费、平衡费、仓杂费、耗斤、经管费等。销区仓价,即为批发价。民国 31—35 年两浙各地食盐仓价(批发价)、零售价和民国 38 年 4 月的食盐仓价分别见表 47-5-3-14 和表 47-5-3-15。

表 47-5-3-14 民国 31—35 年(1942—1946 年)两浙食盐仓价、零售价一览表

单位:元(法币)/担

地区	盐种	民国 31 年		民国 32 年		民国 33 年		民国 34 年		民国 35 年	
		仓价	零售价	仓价	零售价	仓价	零售价	仓价	零售价	仓价	零售价
两浙全区	晒盐	306.4	293	711.4	899.5	3066	3941	8249	7454	8636	12475
云和	晒盐	290.9	312.5	617	693	2208	2601	7450	8864		
龙泉	晒盐	290.9	313.5	637	725	2799	3230	10067	11790		
衢县	晒盐	250	248.4	742	802	3542	3837	10992	7950		
丽水	晒盐	213.3	222.2	453	521	2166	2513				
永嘉	晒盐	214.6	230.6	433	494	1870	2054	7900	4833	10143	12097
临海	晒盐	214.6	233.3	438	490	1958	2100	7433	5463		
建德	晒盐	354.5	374.3	850	1125	3805	4917	12212			
於潜	晒盐	287.5	335.3	808	1288	4205	5339	12212	14055		
上饶	晒盐	300	266.8	874	1026	3618	4114				
屯溪	晒盐	647.8	683.1	1262	1831	4492	7042				
杭州	晒盐							3333	3600	12643	18167
黄岩	晒盐							6608	3079	7935	9925
鄞县	晒盐									7935	15167
余姚	晒盐									8143	10792
定海	晒盐									7935	12667
乐清	晒盐									7935	10283
玉环	晒盐									7935	9893
瑞安	晒盐									8143	11083
平阳	晒盐									8310	11490
海盐	晒盐									7935	15717

资料来源:引自财政部盐务总局资料室编《中国盐政实录》第四辑下册第十七章“两浙”,民国 35 年印行。

表 47-5-3-15　民国 38 年(1949 年)4 月 23 日浙江省部分地区食盐仓价一览表

单位:万元(金圆券)/担

地区	盐类	仓价	地区	盐类	仓价
定海	晒盐	69.80	海门	晒盐	81.00
岱山	晒盐	69.80	乍浦	晒盐	105.80
黄岩	晒盐	51.70	宁波	晒盐	105.80
玉泉	晒盐	51.70	临浦	晒盐	121.40
	煎盐	66.50	杭州	晒盐	121.40
双穗	晒盐	64.70	永嘉	晒盐	99.12
	煎盐	84.30		煎盐	99.12

资料来源:《浙江省盐业志》,中华书局 1996 年版,第 372 页。

中华人民共和国成立后,盐的销售价分为分配价、批发价、零售价,且根据用途不同分品种制定。

(一)分配价

1949—1993 年期间,根据经济社会发展,同时兼顾盐场和社会各方面利益,浙江省多次调整产地食盐、制酸碱革皂工业盐、渔盐、农牧盐及特制细盐分配价,见表 47-5-3-16 至表 47-5-3-20。

表 47-5-3-16　1949—1976 年浙江省产地食盐、全税工业盐分配价一览表　单位:元/吨

地　区	1949 年 11 月 2 日	1951 年 7 月 1 日	1952 年 1 月 1 日	1957 年 8 月 15 日	1957 年 10 月 1 日	1976 年 1 月 10 日
岱山		43.0	178.0	216.0	212.0	207.1
定海		46.0	180.0	216.0		208.7
普陀						208.3
黄岩(椒江)	12.0	69.8	189.8			208.7
温岭				207.0	210.0	209.2
玉环	12.0	48.8	180.0	205.0		206.1
三门						205.3
鄞县						206.5
北仑(镇海)						205.8

续表

地　　区	1949年11月2日	1951年7月1日	1952年1月1日	1957年8月15日	1957年10月1日	1976年1月10日
象山		44.2	184.2	217.0	213.0	206.5
慈溪(庵东)	18.0	41.2	177.6	216.0	210.0	202.3
宁波(梅山)						206.7
乐清	11.86	49.7	180.0	205.0		
宁波港调拨价						216.2

资料来源:《浙江省盐业志》,中华书局1996年版,第373—374页。

表47-5-3-17　　1985—1992年浙江省产地食盐、全税工业盐分配价一览表

单位:元/吨

地　　区	1985年4月1日	1986年7月1日	1988年9月2日	1989年11月25日	1990年4月1日	1992年9月27日
岱山	228.0	221.1	286.1	332.0	328.5	372.9
定海	229.7	222.7	287.7	320.0	328.5	372.9
普陀	229.3	222.3	287.3	320.0	328.5	372.9
黄岩(椒江)	229.7	222.7	287.7	328.0	330.0	374.4
温岭	230.2	223.2	288.2	330.0	330.0	374.4
玉环	227.1	220.1	285.1	326.0	328.5	372.9
三门	226.3	219.3	284.3	320.0	323.0	367.4
鄞县	227.5	220.5	285.5	316.0	320.0	364.4
北仑(镇海)	226.8	219.8	284.8	314.0	320.0	364.4
象山	227.5	220.5	285.5	321.0	325.0	369.4
慈溪(庵东)	223.3	216.3	281.3			
宁波(梅山)	227.7	220.7	285.7			
乐清					328.5	372.9
宁波港调拨	240.0	233.0	298.0	343.0	350.0	395.2

资料来源:《浙江省盐业志》,中华书局1996年版,第374页。

说明:1989年11月核定调省外食盐分配价:宁波市各县305.53元/吨,其他各县305.60元/吨。

表 47-5-3-18

1949—1993年浙江省制酸、碱、革、皂工业用盐分配价一览表

单位:元/吨

地区	1949年11月2日	1976年1月10日	1988年5月1日	1988年9月2日	1989年11月25日				1992年9月27日		1993年8月20日	
					制酸、碱、革		制皂		制酸、碱、革	制皂	制酸、碱、革	制皂
					调省内	调省外	调省内	调省外				
慈溪(庵东)	10.00	42.60										
黄岩(椒江)	4.00	49.40	59.40	124.40	247.00	209.11	299.00	261.11	287.40	339.40	330.80	382.80
温岭		49.90	59.90	124.90	249.00	209.11	301.00	261.11	287.40	339.40	330.80	382.80
玉环	4.00	46.80	56.80	121.80	245.00	209.11	297.00	261.11	285.90	337.90	329.30	381.30
三门		46.00	56.00	121.00	239.00	209.11	291.00	261.11	280.40	332.40	323.80	375.80
象山					240.00	206.48	292.00	258.48	282.40	334.40	328.80	380.80
北仑(镇海)		46.40	56.40	121.40	233.00	206.48	285.00	258.48	277.40	329.40	323.80	375.80
鄞县		47.20	57.20	122.20	235.00	206.48	287.00	258.48	277.40	329.40	323.80	375.80
宁波(梅山)		47.40	57.40	122.40								
岱山		47.22	57.22	122.22	246.00	209.11	298.00	261.11	285.90	337.90	329.30	381.30
定海		47.22	57.22	122.22	244.00	209.11	296.00	261.11	285.90	337.90	329.30	381.30
普陀		47.22	57.22	122.22	244.00	209.11	296.00	261.11	285.90	337.90	329.30	381.30
乐清	3.86				245.00	209.11	297.00	261.11	285.90	337.90	329.30	381.30
宁波港分配		50.00	60.00	125.00	265.00		317.00		308.20	360.20	357.95	409.95

资料来源:《浙江省盐业志》,中华书局1996年版,第374—376页。

表 47-5-3-19　　1949—1985 年浙江省产地渔盐、农牧盐分配价一览表

单位:元/吨

地　区	1949 年11 月 2 日	1952 年1 月 1 日	1954 年4 月 1 日	1957 年 1 月 1 日		1976 年 1 月 10 日至1985 年 3 月 31 日	
				渔盐	农牧盐	渔盐	农牧盐
岱山		79.60	77.40	84.00	11.60	87.10	109.90
定海		82.00	79.00	85.00	11.60	88.50	111.30
慈溪(庵东)	14.00	76.00	75.60	82.00	12.50	82.10	104.90
象山		80.80	79.00	86.00	12.00		
北仑(镇海)						85.50	108.30
鄞县						86.30	
宁波(梅山)						86.40	
黄岩(椒江)	8.00	84.20			13.10	88.40	111.80
玉环	8.00		76.60	84.00	11.90	85.90	108.70
温岭				90.00	12.50	88.90	111.80
临海				86.00	11.20		
三门						85.00	
乐清	7.86		77.00	88.00	11.50		
瑞安		74.00	77.70	86.00			
平阳、苍南			77.70	84.00	12.00		
宁波港分配						89.40	112.20

资料来源:《浙江省盐业志》,中华书局 1996 年版,第 376—377 页。

说明:1985 年 4 月 1 日起,渔盐、农牧盐取消减税,与食盐同价供应,不再单独核价。

表 47-5-3-20　　1972—1989 年浙江省产地食用特制细盐分配价一览表

单位:元/吨

地　区	1972 年7 月	1982 年 2 月		1983 年 3 月		1989 年11 月 25 日
		调县内	调县外	调县内	调县外	
岱山	215.80	233	204	254	225	366
定海	215.80	234	204.40	255	225.40	364
普陀	215.80	234		255		364
象山	220.80	237	206	258	227	365

续表

地区	1972年7月	1982年2月		1983年3月		1989年11月25日
		调县内	调县外	调县内	调县外	
宁海	220.80	237	209	258	230	
黄岩(椒江)	220.80					372
临海	220.80	237		258		
慈溪	220.80	233.20		254		
温岭	220.80					374
乐清	220.80	234	209.50	255	230.50	
宁波港分配			216.20		237.20	387

资料来源:《浙江省盐业志》,中华书局1996年版,第377页。

说明:1982年、1983年两次调价时,对调县外的特制细盐财政补贴30～38.5元/吨不等;20世纪90年代初期起,因生产工艺调整等原因,浙江省各盐场不再生产特制细盐。

随着社会主义市场经济的确立与发展,1993年,省物价局再次调整盐的分配价、港口调拨价,从同年8月20日起执行,见表47-5-3-21至表47-5-3-23。

表47-5-3-21　　1993年浙江部分产地原盐(食盐、全税工业盐)分配价组合一览表

单位:元/吨

地区	分配价	其中调拨费用及其他	进港海运费定额	地区	分配价	其中调拨费用及其他	进港海运费定额
岱山	372.90	47.80	10.50	三门	367.40	42.30	15.25
定海	372.90	47.80	10.16	鄞县	364.40	39.30	11.84
普陀	372.90	47.80	11.17	北仑	364.40	39.30	11.17
椒江	374.40	49.30	15.99	乐清	372.90	47.80	-
温岭	374.40	49.30	15.99	象山	369.40	44.30	13.19
玉环	372.90	47.80	16.89	进港平均	370.69	45.59	12.42

资料来源:《浙江省盐业志》,中华书局1996年版,第378页。

说明:1.分配价中包括出场价(收购价)177元,盐税75元,盐业发展基金缴省10元、中央13.50元,平衡差价缴省7.50元、中央1.50元,服务费省地1.40元、中央0.20元,包装费26元,风险调节基金3元,盐建费4元,仓储及运销设施费6元和调拨费用及其他。2.出场价包括盐质差价每吨10元。3.盐建费每吨0.80元、仓储及运销设施费每吨1.00元上缴地、市盐务局集中掌握使用。4.省地服务费每吨1.40元,其中0.30元缴地市盐务局,1.10元(包括宁波市各县)上缴省盐务管理局。

表 47-5-3-22　　1993 年浙江省部分产地酸、碱、革工业盐分配价组合一览表

单位:元/吨

地区	分配价	其中调拨费用及其他	进港海运费定额	地区	分配价	其中调拨费用及其他	进港海运费定额
岱山	329.30	65.80	10.50	三门	323.80	60.30	15.25
定海	329.30	65.80	10.16	鄞县	323.80	60.30	11.84
普陀	329.30	65.80	11.17	北仑	323.80	60.30	11.17
椒江	330.80	67.30	15.99	象山	323.80	65.30	13.19
温岭	330.80	67.30	15.99	乐清	329.30	65.80	-
玉环	329.30	65.80	16.89	进港平均	328.03	64.53	12.42

资料来源:《浙江省盐业志》,中华书局 1996 年版,第 379 页。

说明:1. 分配价中包括出场价 177 元,盐税 13 元,盐业生产发展基金缴省 10 元、中央 13.50 元,平衡差价缴省 7.50 元、中央 1.50 元,服务费省地 1.40 元、中央 0.60 元,包装费 26 元,风险调节基金 3 元,盐建费 4 元,仓储及运销设施费 6 元和调拨费用及其他。2. 制皂工业盐分配价,按本表所列分配价基础上加税差 52 元/吨作价。

表 47-5-3-23　　1993 年宁波中转站原盐港口调拨价组合一览表

单位:元/吨

盐　　种	到　港　价			港口转运费	港口调拨价
	小计	盐价	海运费		
食盐	383.11	370.69	12.42	12.09	395.20
酸碱革工业盐	340.45	328.03	12.42	17.50	357.95
制皂工业盐	392.45	380.03	12.42	17.50	409.95

资料来源:《浙江省盐业志》,中华书局 1996 年版,第 379 页。

说明:港口运转费包括卸船费、短驳费、卸车费、装车费、出仓费、料理口绳费、港务费、挖泥费、折旧费、经管费及其他。

1994 年 3 月 15 日起,省物价局调整省产盐分配价为每吨 591.48 元,对供应给农、牧、渔业用盐以及食品加工、酸碱革皂等生产用盐价格,统一按当地含税食盐批发价格执行。为便于统筹使用资金,对省生产发展基金、省平衡差价、风险调节基金、盐建费、仓储及运销设施费 6 项进行并轨,统称“盐业专项基金”,每吨安排 30 元,其中上缴省盐务管理局 10 元、市(地)盐务局 4 元,16 元留县(市、区)盐务局,使用范围不变。1994 年起各盐种分配、调拨价格见表 47-5-3-24 和表 47-5-3-25。

表 47-5-3-24　　**1994 年浙江省地产原盐分配价组合一览表**　　单位:元/吨

分配价		其中											进港海运费
		出场价		资源税	中央生产发展基金	中央平衡差价	服务费			盐业专项基金	包装费	产区费用及其他	
含税价	不含税价	含税价	不含税价				中央	省	市地				
519.48	444	310.05	265	12	13.50	1.50	0.60	2	1.50	30	26	122.33	21.22

资料来源:引自浙江省物价局颁发《关于调整省产盐价格的通知》(浙价工〔1994〕7 号)。
说明:资源税由产区盐业公司代缴,包装为内塑外编复合袋。

表 47-5-3-25　　**1994 年宁波中转站原盐调拨价格一览表**　　单位:元/吨

项　目	到港价		港口中转费	港口调拨价	
	含税价	不含税价		含税价	不含税价
原盐	540.70	462.14	30.09	570.79	487.86

资料来源:引自浙江省物价局颁发《关于调整省产盐价格的通知》(浙价工〔1994〕7 号)。
说明:港口中转费内含中转设施改造费 5 元,用于宁波中转站仓库等设施维修、改造,实行专户存储,经省物价局、省盐务管理局批准后使用。

1994 年 12 月,国家计划委员会下发《关于改革盐价管理的通知》,规定“将现行盐价由出场(厂)价、分配价、批发价、零售价四种形式改为出场(厂)价、批发价、零售价三种形式。取消分配价,原分配价内的筑装管理费、集运费、中国盐业总公司的调拨服务费等商品流通费用并入产区批发价,生产发展基金的一部分和资源税进出场(厂)价,另一部分生产发展基金和中央平衡差取消”。

1995 年 2 月 10 日起,省物价局核定,省外调入品种调剂盐调拨价为食盐含税价每吨 560 元,制皂、酸、革小工业用盐含税价每吨 493.57 元。

1997 年 10 月 18 日起,省物价局调整省产盐调拨价格,见表 47-5-3-26 至表 47-5-3-28。

表 47-5-3-26　　**1997 年浙江省产区各类盐港站批发价组合一览表**　　单位:元/吨

盐　种	不含税价	其中						含税价
		收购价	资源税	包装费	国家碘盐基金	盐业专项基金	产区流通管理和加碘费用	
加碘食盐	525	270	12	28	25	20	170	614.25
不加碘食盐	447	270	12	28	25	20	92	522.99
小工业盐	400	260	12	28	-	20	80	468.00

资料来源:引自浙江省物价局颁发《关于食盐价格有关问题的通知》(浙价工〔1997〕417 号)。
说明:加碘食盐的产区流通管理和加碘费用 170 元,其中加碘费用为 78 元。

表 47-5-3-27　　**1997 年宁波中转站各类盐调拨价格组合一览表**　　单位:元/吨

盐　种	到港价		港口中转费	加碘费用	港口调拨价	
	产区批发价	进港海运费			不含税价	含税价
加碘食盐	447	18.14	27.35	78	570.49	667.47
不加碘食盐	447	18.14	27.35	-	492.49	576.21
小工业盐	400	18.14	27.35	-	445.49	521.22

资料来源:引自浙江省物价局颁发《关于食盐价格有关问题的通知》(浙价工〔1997〕417 号)。
说明:港口中转费内含中转设施改造费 5 元。

表 47-5-3-28　　**1997 年丽水加碘盐厂碘盐调拨价一览表**　　单位:元/吨

盐　种	产区批发价	运费及中转费用	加碘费用	调拨价	
				不含税价	含税价
加碘食盐	447	62	78	587.00	686.79

资料来源:引自浙江省物价局颁发《关于食盐价格有关问题的通知》(浙价工〔1997〕417 号)。
说明:运费及中转费用中,海运费 20 元,中转费 12 元,公路运输费 30 元。

2004 年 1 月 20 日,国务院决定不再征收碘盐基金。同年 4 月 15 日起,省物价局调整省产盐结算价格,产区加碘食盐每吨 648.02 元,不加碘食盐 487.63 元,工业晶盐 421.20 元。2005 年 6 月 25 日起,工业晶盐因收购价提高而相应调整。2007 年和 2008 年又先后调整各类省产盐结算价。2004 年以来浙江省产盐结算价格组价情况见表 47-5-3-29。

表 47-5-3-29　　**2004—2008 年浙江省各类省产盐结算价格组合一览表**　　单位:元/吨

盐　种	省盐业公司产区结算价(离埠价)						销区结算价(含税价)	实施日期
	收购价	资源税	包装费	产区流通费用	合　计			
					不含税价	含税价		
加碘食盐	330	12	28	183.86	553.86	648.02	695.94	2004-04-15
不加碘食盐	280	12	28	96.78	416.78	487.63	529.12	
工业晶盐	220	12	28	100.00	360.00	421.20	432.15	
加碘食盐	330	12	28	183.86	553.86	648.02	695.94	2005-06-25
不加碘食盐	280	12	28	96.78	416.78	487.63	529.12	
工业晶盐	260	12	28	90.00	390.00	456.30	467.25	

续表

盐　种	省盐业公司产区结算价(离埠价)						销区结算价(含税价)	实施日期
	收购价	资源税	包装费	产区流通费用	合　计			
					不含税价	含税价		
加碘食盐	332	10	28	183.86	553.86	648.02	695.94	2007-02-01
不加碘食盐	282	10	28	96.78	416.78	487.63	529.12	
工业晶盐	262	10	28	90.00	390.00	456.30	467.25	
加碘食盐	363.75	10	28	181.36	583.11	658.91	695.94	2008-01-01
不加碘食盐	326.98	10	28	91.20	456.18	515.48	529.12	
工业晶盐	281.27	10	28	84.18	403.45	455.90	467.25	

资料来源：据浙江省物价局2004—2008年有关省产盐价格文件整理。
说明：加碘食盐产区流通费用含加碘费用78元/吨。

随着省外调入盐产品数量的增加和品种的丰富，2005年3月25日起，省物价局调整省外调入盐产品分配价，见表47-5-3-30。

表47-5-3-30　　2005年浙江省各类省外调入盐产品价目一览表　　单位：元/吨

盐　种		省公司供应价	盐　种		省公司供应价
大包装口食盐	450克纸箱精制碘盐	1320	大包装碘盐	精制盐	700
	500克塑编粉洗碘盐	1000		海盐	700
食用盐	精制盐	580	小工业盐	精制盐	525
				海盐	550
	海盐	530		粉末盐	400
特种盐	制革专用盐	500			
	水产养殖盐	500			
	肠衣、味精等特种用盐	省外进价(含运费)高于省盐业公司食用盐结算价格的，省盐业公司按30元/吨收取服务费			

资料来源：引自浙江省物价局颁发《关于明确各类省外调入盐产品省内供应结算价的复函》(浙价商〔2005〕53号)。

（二）批发（供应）价

1. 食盐批发（供应）价

中华人民共和国成立后，国家执行稳定物价政策，食盐的批发价从1952年起较长时间保持了稳定。1966年国家实行食盐零售最高限价后，食盐批发价按食盐零售价倒扣批零差率计算。1966—1999年期间，国家先后5次调整批零差率。1949—1997年浙江省各地食盐批发价见表47-5-3-31和表47-5-3-32。

表47-5-3-31　　1949—1957年浙江省食盐批发价一览表　　单位：元/吨

地　区	1949年12月	1950年平均	1951年平均	1952年6月6日	1954年2月23日	1954年8月16日	1957年1月1日
杭州				222	218	218	242
富阳			246.67				
淳安					235		239
萧山				222	218	218	243
嘉兴				222	219	219	245
海宁				222	218	218	246
平湖				216	213	241	241
湖州				225	223	223	249
金华	190.42	360.87	245.42	231	226	223	250
兰溪				233	227	225	252
义乌				230	225	222	249
衢州				235	229	226	257
江山				237			
绍兴	129.49	251.11	198.04	222	214	214	240
上虞				213			
嵊县				227	222	222	250
定海、岱山、普陀				216			
嵊泗				222			
温州	83.58	305.41	197.12	212	208	202	244

续表

地　区	1949年12月	1950年平均	1951年平均	1952年6月6日	1954年2月23日	1954年8月16日	1957年1月1日
洞头							218
平阳						192	220
瑞安	56.25	244.72	182.71			196	222
临海					215		230
天台					232	220	246
仙居					215	218	230
黄岩							233
温岭						196	220
玉环							214
丽水							240
庆元					258	238	264
宁波		233.00	233.07	218	213	213	238
慈溪				213			
余姚	94.00		210.00	218	208	208	234
象山							222

资料来源:《浙江省盐业志》,中华书局1996年版,第380—381页。

表47-5-3-32　　1966—1997年浙江省食盐批发价一览表　　单位:元/吨

地　　区		1966年5月1日	1985年4月1日	1986年7月1日	1989年11月25日	1992年9月27日	1994年3月15日	1997年10月18日	
								散装碘盐	加小包装和防伪标志
杭州	杭州市区	237.60	258.00	251.00	398.40	481.40	747.00	840.00	1041.60
	余杭、富阳	246.40	275.20	268.20	415.00	498.00	747.00	856.80	1058.40
	桐庐、临安、建德	255.20	275.20	268.20	431.60	498.00	763.60	873.60	1075.20
	淳安	255.20	292.40	285.40	448.20	514.60	796.80	907.20	1108.80
	萧山	246.40	275.20	268.20	415.00	481.40	730.40	840.00	1041.60

续表 1

地区		1966 年 5 月 1 日	1985 年 4 月 1 日	1986 年 7 月 1 日	1989 年 11 月 25 日	1992 年 9 月 27 日	1994 年 3 月 15 日	1997 年 10 月 18 日	
								散装碘盐	加小包装和防伪标志
宁波	宁波市区	237.60	258.00	251.00	381.30	448.20	697.20	806.40	1008.00
	慈溪	220.00	258.00	251.00	398.40	464.80	713.80	823.20	1024.80
	余姚	211.20	275.20	268.20	398.40	464.80	713.80	823.20	1024.80
	鄞县	242.90	258.00	251.00	381.30	448.20	697.20	806.40	1008.00
	奉化	246.40	275.20	268.20	398.40	464.80	713.80	823.20	1024.80
	宁海	211.20	258.00	251.00	381.30	448.20	713.80	823.20	1024.80
	象山	237.60	258.00	251.00	381.30	448.20	713.80	823.20	1024.80
温州	温州市区、瓯海	228.80	258.00	251.00	398.40	464.80	713.80	823.20	1024.80
	永嘉	228.80	258.00	251.00	415.00	481.40	730.40	840.00	1041.60
	洞头	220.00	240.80	233.80	381.80	448.20	697.20	806.40	1008.00
	乐清	202.40	240.80	233.80	365.20	431.60	697.20	806.40	1008.00
	平阳、瑞安	220.00	258.00	251.00	398.40	464.80	713.80	823.20	1024.80
	苍南		258.00	251.00	381.80	448.20	713.80	823.20	1024.80
	文成	237.60	275.20	268.20	431.60	498.00	763.60	873.60	1075.20
	泰顺	255.20	275.20	268.20	448.20	514.60	780.20	890.40	1092.00
嘉兴	嘉兴市区、嘉善、海宁、海盐、平湖、桐乡	246.40	275.20	268.20	415.00	481.40	747.00	856.80	1058.40
湖州	湖州市区、德清	246.40	275.20	268.20	415.00	481.40	747.00	856.80	1058.40
	长兴	255.20	275.20	268.20	431.60	498.00	763.60	873.60	1075.20
	安吉	264.00	275.20	268.20	431.60	498.00	780.20	890.40	1092.00

续表 2

地区		1966年5月1日	1985年4月1日	1986年7月1日	1989年11月25日	1992年9月27日	1994年3月15日	1997年10月18日	
								散装碘盐	加小包装和防伪标志
绍兴	绍兴市区	237.60	275.20	268.20	415.00	481.40	730.40	840.00	1041.60
	上虞	237.60	275.20	268.20	398.40	481.40	730.40	840.00	1041.60
	新昌	251.70	275.20	268.20	415.00	498.00	763.60	873.60	1075.20
	嵊州①、诸暨	246.40	275.20	268.20	415.00	498.00	763.60	873.60	1075.20
金华	金华市区、兰溪、义乌	246.40	275.20	268.20	431.60	498.00	763.60	873.60	1075.20
	永康、武义	264.00	292.40	285.40	448.20	531.20	780.20	890.40	1092.00
	浦江、东阳	255.20	275.20	268.20	431.60	498.00	780.20	890.40	1092.00
	磐安		292.40	285.40	448.20	514.60	796.80	907.20	1108.80
衢州	衢州市区、龙游	255.20	275.20	268.20	431.60	498.00	763.60	873.60	1075.20
	江山、常山	264.00	292.40	285.40	448.20	514.60	780.20	890.40	1092.00
	开化	264.00	292.40	285.40	464.80	531.20	796.80	907.20	1108.80
舟山	定海、岱山、普陀	211.20	240.80	233.80	365.20	431.60	680.60	789.60	991.20
	嵊泗	220.00	258.00	251.00	398.40	464.80	713.80	823.20	1024.80
台州	临海、椒江、黄岩	228.80	258.00	251.00	381.30	448.20	697.20	806.40	1008.00
	三门	225.30	258.00	251.00	381.30	448.20	697.20	806.40	1008.00
	天台	242.90	275.20	268.20	398.40	481.40	747.00	856.80	1058.40
	仙居	237.60	275.20	268.20	415.00	498.00	747.00	856.80	1058.40
	温岭	220.00	240.80	233.80	365.20	431.60	697.20	806.40	1008.00
	玉环	211.20	240.80	233.80	365.20	431.60	697.20	806.40	1008.00

① 1995年撤县改市，改名为“嵊州市”。

续表 3

地区		1966 年 5 月 1 日	1985 年 4 月 1 日	1986 年 7 月 1 日	1989 年 11 月 25 日	1992 年 9 月 27 日	1994 年 3 月 15 日	1997 年 10 月 18 日	
								散装碘盐	加小包装和防伪标志
丽水	丽水市区	237.60	292.40	285.40	448.20	514.60	780.20	890.40	1092.00
	青田	237.60	275.20	268.20	415.00	498.00	763.60	873.60	1075.20
	缙云	255.20	292.40	285.40	448.20	531.20	796.80	907.20	1108.80
	遂昌、松阳	264.00	292.40	285.40	464.80	531.20	796.80	907.20	1108.80
	云和	255.20	292.40	285.40	464.80	531.20	796.80	907.20	1108.80
	景宁		309.60	302.60	464.80	531.20	813.40	924.00	1125.60
	龙泉	264.00	309.60	302.60	498.00	564.40	830.00	940.80	1142.40
	庆元	264.00	326.80	319.80	531.20	597.60	863.20	974.40	1176.00

资料来源：1966—1993 年数据引自《浙江省盐业志》，中华书局 1996 年版，第 380—381 页；1994—1997 年数据引自省物价局有关价格文件。

说明：1966 年 5 月 1 日起，食盐批发价按零售价倒扣 12%计算；1985 年 4 月 1 日起按 14%计算；1989 年 11 月 25 日起按 17%计算；1997 年 10 月 18 日起按 16%计算。

1982 年，省轻工业厅、商业厅核定省产食用特制细盐每吨批发价：杭州 279 元；湖州、温州、宁波、绍兴 272.80 元；金华 281.60 元；丽水 288 元；临海、定海 270 元。其余市、县批零价格可在产盐县零售价每吨不超过 300 元的前提下，由县、市经营部门的主管局提出定价意见报地、市物价委核定。

从 1998 年 7 月起，根据市场需求，各种不同盐种、不同包装规格的小包装食盐逐渐兴起。1999 年 8 月 10 日，省物价局再次调整食盐的批零差率，食盐批发价调整为按零售价倒扣 15%计算，全省实行分价区统一零售价，并实行城乡同价。具体批发价及零售价情况详见本节“（三）零售价”相关内容。

2. 工、农牧、渔业用盐批发（供应）价

工、农牧、渔业用盐供应价按食盐批发价减去应减免的盐税额且利润不应高于食盐的原则核定。

1984 年 5 月 16 日起，按省轻工业厅、财政厅、物价局通知要求，调整农牧渔盐、工业盐（酸碱革皂）供应价：农、渔盐供应价一律每吨调高 4.60 元；冶金、染料、制冰冷藏、医药工业以及其他工业用盐取消免税，一律按市场食盐批发价供应。

1957—1984 年工业盐（制酸、碱、革、皂）供应价见表 47-5-3-33。

表 47-5-3-33　　**1957—1984 年浙江省工业用盐市场供应价一览表**　　单位:元/吨

供应地点	1957 年	1984 年 5 月 16 日起		供应地点	1957 年	1984 年 5 月 16 日起	
		制酸碱革	制皂			制酸碱革	制皂
杭州	58	96	152	玉环坎门	46	-	-
嘉兴	58	100	156	温岭石塘	50	-	-
金华	63	100	156	湖州	-	100	156
宁波	52	80	136	绍兴	-	98	154
温州	50	86	142	丽水	-	112	168
瑞安	50	-	-	临海	-	90	146
平阳鳌江	50	-	-	定海	-	84	140
洞头	48	-	-				

资料来源:《浙江省盐业志》,中华书局 1996 年版,第 384 页。

1985 年 4 月 1 日起,农牧、渔业用盐取消减税,均按当地食盐同价供应。

1989 年 11 月 25 日起,省产工业用盐(酸碱革皂)的供应价以当地食盐批发价扣减食盐和工业盐盐税的差额,由各县物价局核定。

1994 年 3 日 15 日起,供应农牧、渔业用盐以及食品加工、酸碱革皂等生产用盐统一按当地含税食盐批发价格执行。

1994 年 9 月 1 日起,年用量 100 吨以上的小工业用盐暂作价以产地分配价或宁波中转站调拨价为基价,加实际运杂费,再加 11%的综合差率计价。

1995 年 2 日 10 日起,省产小工业用盐仍按暂作价执行。省外调入的制皂、酸、革小工业用盐价格与省产小工业用盐同价执行。省外直接调拨供应的制碱用盐继续实行“三统一”(统一计划、统一调运、统一价格),价格由省盐业公司按国家调整后价格相应调整,作价办法不变,即按产区进价加 2%的经营管理费作价。

1995 年 11 月 8 日,根据国家计委、经贸委《关于改进工业盐供销和价格管理办法》,从 1996 年 1 月 1 日起对工业盐实行盐碱企业直接见面,合同订货,确定中准价及允许浮动的幅度作保护价,直接结算。

1997 年 10 月 18 日起,对年用量 100 吨以上的制革、肥皂、冶金、染料、炸药、制冰冷藏、陶瓷、玻璃、医药等小工业用盐的供应价以产地批发价或宁波中转站调拨价为基价,加实际运杂费,再加 11%的综合差率制定。

2000 年 4 月 5 日,对省外调入粉洗盐、粉精盐的批发价格按省产盐的批发(供应)价格同价执行。

2001年7月1日起，对符合国家质量标准要求作其他用盐销售的省内工业生产中副产工业盐产品核定其收购价格为每吨110元，由当地盐业公司统一收购，供应价以收购价为基价加包装袋费用、实际运杂费再加11%的综合费率制定。

2002年1月16日，鉴于腌制用盐地方标准实施和腌制用盐为不加碘食盐，产区、销区腌制用盐(50千克包装)批发价分别按产区、销区碘盐批发价扣除省规定的加碘费用执行。

2004年4月15日起，省物价局核定浙江省工业用盐(不含两碱)中准批发价每吨590元，上下浮动5%。2005年1月1日起，上下浮动幅度调整为10%。2008年8月1日起，各地盐业公司经销省外购进工业盐中准批发价由每吨590元调为700元，省产工业盐基准价仍按每吨590元执行，上下浮动幅度为10%。同年10月15日起，省产工业盐基准价调整为每吨700元。2009年7月20日起，工业盐供应基准价由每吨700元调整到600元，上浮不超过10%，下浮不限。至2010年底，均沿用该价格。

2005年5月15日起，核定5千克复合膜包装腌制专供盐(加碘盐)产区批发价为每吨870元，销区供应价格为每吨1400元。

2006年11月15日起，核定用于食品腌制加工的海精盐①供应价按相同用途、相同规格包装的省产腌制用盐同价执行。

2008年10月15日起，调整50千克大包装食盐、工业盐的销区结算价格，省外购进加碘食盐、不加碘食盐的销区结算价格分别为每吨810元和670元，用于食品加工或蔬菜腌制等用途的省产日晒食盐、不加碘日晒食盐、海精盐销区结算价分别调整为每吨805.94元、639.12元、686元，省产工业盐销区结算价调整为每吨577.25元，省外购进工业盐销区结算价格按每吨610元执行。调整各地用于食品加工或蔬菜腌制等用途的50千克大包装食盐(包括海精盐)供应价格(即向终端用户直供价)，并实行一地一价。至2010年底，均沿用该价格体系。2008年浙江省各地50千克大包装食盐(包括海精盐)供应价见表47-5-3-34。

(三)零售价

1.普通口食盐零售价

中华人民共和国成立初，食盐零售价受民国时期物价飞涨影响，市场价格波动较大。1951年起，随着国家加强物价管理而渐趋稳定。1951年，庵东(产区)每500克0.1066元、临安(山区)0.14元；1952年，庵东0.1093元、富阳0.13元、临安0.1283元；1953年，庵东0.1114元、富阳0.13元(以上已折为新人民币)。

1966年5月1日起，国家对食盐零售价实行最高限价，每500克最高限价0.17元(不包括精盐)。各地零售价超过0.17元的一律降到0.17元，价格偏低(主要为东北地区)的略为提高，以逐步平衡地区间消费者的负担。

---

① 海精盐由日晒盐与精制井矿盐按一定比例配置而成，保留了日晒盐和精制盐的优点和特性，满足了浙江蔬菜腌制用盐市场对盐产品的特殊需求。

表 47-5-3-34　　2008 年浙江省各地 50 千克大包装食盐供应价格一览表　　单位:元/吨

地区		不加碘食盐	加碘食盐
杭州	杭州市区	872	1041
杭州	萧山	859	1041
杭州	余杭、富阳	889	1041
杭州	临安	990	1110
杭州	桐庐、建德	906	1041
杭州	淳安	1000	1100
宁波	宁波、北仑、鄞州、象山、宁海、奉化、慈溪、余姚	868	933
温州	温州、平阳、瑞安、乐清、永嘉	859	1025
温州	泰顺	909	1075
温州	文成	892	1058
温州	洞头	900	1074
温州	苍南	842	1025
湖州	湖州	899	1052
湖州	德清	888	1052
湖州	长兴	906	1052
湖州	安吉	922	1170
嘉兴	嘉兴、嘉善、平湖、海盐、海宁、桐乡	888	1041
绍兴	绍兴	872	1025
绍兴	上虞	873	1047
绍兴	诸暨、嵊州、新昌	906	1058

地区		不加碘食盐	加碘食盐
金华	金华、兰溪、永康	906	1059
金华	东阳	910	1059
金华	义乌	907	1059
金华	磐安	984	1059
金华	武义、浦江	922	1059
衢州	衢州	906	1059
衢州	龙游	906	984
衢州	开化、常山	1010	1096
衢州	江山	922	1070
舟山	定海、普陀、岱山	822	900
舟山	嵊泗	970	1048
台州	椒江、黄岩、路桥、临海、温岭、天台、三门、玉环、仙居	909	1000
丽水	丽水	909	1000
丽水	缙云、云和、松阳、遂昌	926	1017
丽水	景宁	943	1034
丽水	龙泉	960	1051
丽水	青田	892	984
丽水	庆元	993	1084

资料来源:引自浙江省物价局颁发《关于食盐价格问题的通知》(浙价商〔2008〕319 号)。

1978 年 11 月 1 日起,国家调整食盐零售最高限价,每 500 克从 0.17 元降为 0.15 元。

1982 年 2 月,市场散装食用特制细盐零售价:杭州、湖州、温州、宁波、绍兴为每 500 克 0.155 元;金华、丽水 0.16 元;临海、定海 0.15 元。

1989 年 11 月起，塑料小包装食盐零售价在散装食盐零售价的基础上另行加塑料包装费，具体由各县(市)物价局会同有关部门根据包装费成本核定；特制细盐的零售价每 500 克加价 0.03 元；执行近场放销价地区的零售价格原则上每 500 克应低于该县县城零售价 0.01 元，具体由各产区县、市物价局核定。

1989 年 11 月 25 日起，食盐零售价全省平均每 500 克提高 0.092 元。其中杭州市由 0.15 元提高到 0.24 元，宁波市由 0.15 提高到 0.23 元。塑料小包装食盐和加碘盐的价格在散装食盐的基础上另行加价，加碘盐每 500 克零售价一般可加价 0.02 元。省外调入的各种精制盐价格由各县(市)按进货成本自行确定。

1992 年 9 月 27 日起，食盐零售价每 500 克提价 0.04～0.05 元。其中杭州市由 0.24 元提高到 0.29 元，宁波市由 0.23 元提高到 0.27 元。

1994 年 3 月 15 日起，食盐零售价每 500 克提高 0.15～0.17 元。其中杭州市提价 0.16 元，宁波市提价 0.15 元。塑料袋小包装食盐价格可在散装食盐零售价格的基础上加价，每 500 克不超过 0.06 元，每 1 千克不超过 0.08 元。加碘盐价格可在散装盐或小包装盐零售价格的基础上，每 500 克加价 0.02 元。

1997 年 10 月 18 日起，散装碘盐零售价每 500 克提价 0.03～0.05 元。其中杭州市提价 0.03 元，宁波市提价 0.04 元。小包装碘盐价格在散装食盐零售价格的基础上每 500 克加价 0.12 元(其中塑料袋 0.09 元/只，防伪标志 0.03 元/枚)。浙江省 1957—1997 年食盐零售价格变动情况见表 47-5-3-35。

表 47-5-3-35　　1957—1997 年浙江省各地食盐零售价格一览表

单位：元/500 克

地区		1957 年 7 月 1 日	1982 年 2 月	1985 年 4 月 1 日	1989 年 11 月 25 日	1992 年 9 月 27 日	1994 年 3 月 15 日	1997 年 10 月 18 日	
								散装碘盐	加小包装和防伪标志
杭州	杭州市区	0.135	0.135	0.15	0.24	0.29	0.45	0.50	0.62
	萧山	0.14	0.14	0.16	0.25	0.29	0.44	0.50	0.62
	余杭、富阳	0.14	0.14	0.16	0.25	0.30	0.45	0.51	0.63
	桐庐、临安、建德	0.145	0.145	0.16	0.26	0.30	0.46	0.52	0.64
	淳安	0.15	0.15	0.17	0.27	0.31	0.48	0.54	0.66
宁波	宁波市区	0.135	0.135	0.15	0.23	0.27	0.42	0.48	0.60
	慈溪	0.125	0.125	0.15	0.24	0.28	0.43	0.49	0.61
	余姚	0.13	0.13	0.16	0.24	0.28	0.43	0.49	0.61
	鄞县	0.138	0.138	0.15	0.23	0.27	0.42	0.48	0.60

续表1

地区		1957年7月1日	1982年2月	1985年4月1日	1989年11月25日	1992年9月27日	1994年3月15日	1997年10月18日	
								散装碘盐	加小包装和防伪标志
宁波	奉化	0.14	0.14	0.16	0.24	0.28	0.43	0.49	0.61
	宁海	0.13	0.13	0.15	0.23	0.27	0.43	0.49	0.61
	象山	0.135	0.135	0.15	0.23	0.27	0.43	0.49	0.61
温州	温州市区、瓯海、平阳	0.13	0.13	0.15	0.24	0.28	0.43	0.50	0.62
	永嘉	0.13	0.13	0.15	0.25	0.29	0.44	0.50	0.62
	洞头	0.125	0.125	0.14	0.23	0.27	0.42	0.48	0.60
	乐清	0.115	0.115	0.14	0.22	0.26	0.42	0.48	0.60
	苍南	–	0.13	0.15	0.23	0.27	0.43	0.49	0.61
	瑞安	0.125	0.125	0.15	0.24	0.28	0.43	0.50	0.62
	文成	0.135	0.135	0.16	0.26	0.30	0.46	0.52	0.64
	泰顺	0.145	0.145	0.16	0.27	0.31	0.47	0.53	0.65
嘉兴	嘉兴市区、嘉善、海宁、海盐、平湖、桐乡	0.14	0.14	0.16	0.25	0.29	0.45	0.51	0.63
湖州	湖州市区、德清	0.14	0.14	0.16	0.25	0.29	0.45	0.51	0.63
	长兴	0.145	0.145	0.16	0.26	0.30	0.46	0.52	0.64
	安吉	0.15	0.15	0.16	0.26	0.30	0.47	0.53	0.65
绍兴	绍兴、上虞	0.135	0.135	0.16	0.25	0.29	0.44	0.50	0.62
	新昌	0.143	0.143	0.16	0.25	0.30	0.46	0.52	0.64
	嵊州、诸暨	0.14	0.14	0.16	0.25	0.30	0.46	0.52	0.64
金华	金华市区、兰溪、义乌	0.14	0.14	0.16	0.26	0.30	0.46	0.52	0.64
	浦江	0.145	0.14	0.16	0.26	0.30	0.47	0.53	0.65
	东阳	0.145	0.145	0.16	0.26	0.30	0.47	0.53	0.65

续表 2

地区		1957 年 7 月 1 日	1982 年 2 月	1985 年 4 月 1 日	1989 年 11 月 25 日	1992 年 9 月 27 日	1994 年 3 月 15 日	1997 年 10 月 18 日	
								散装碘盐	加小包装和防伪标志
金华	永康、武义	0.15	0.145	0.17	0.27	0.32	0.47	0.53	0.65
	磐安		0.145	0.17	0.27	0.31	0.48	0.54	0.66
衢州	衢州市区、衢县、龙游	0.145	0.145	0.16	0.26	0.30	0.46	0.52	0.64
	江山、常山	0.15	0.15	0.17	0.27	0.31	0.47	0.53	0.65
	开化	0.15	0.15	0.17	0.28	0.32	0.48	0.54	0.66
舟山	定海、普陀、岱山	0.12	0.12	0.14	0.22	0.26	0.41	0.47	0.59
	嵊泗	0.125	0.125	0.15	0.24	0.28	0.43	0.49	0.61
台州	临海、椒江、黄岩	0.13	0.13	0.15	0.23	0.27	0.42	0.48	0.60
	三门	0.128	0.128	0.15	0.23	0.27	0.42	0.48	0.60
	天台	0.138	0.138	0.16	0.24	0.29	0.45	0.51	0.63
	仙居	0.135	0.135	0.16	0.25	0.30	0.45	0.51	0.63
	温岭	0.125	0.125	0.14	0.22	0.26	0.42	0.48	0.60
	玉环	0.12	0.12	0.14	0.22	0.26	0.42	0.48	0.60
丽水	丽水市	0.135	0.135	0.17	0.27	0.31	0.47	0.53	0.65
	青田	0.135	0.135	0.16	0.25	0.30	0.46	0.52	0.64
	缙云	0.145	0.145	0.17	0.27	0.32	0.48	0.54	0.66
	遂昌、松阳	0.15	0.15	0.17	0.28	0.32	0.48	0.54	0.66
	云和	0.145	0.15	0.17	0.28	0.32	0.48	0.54	0.66
	景宁	-	0.15	0.18	0.28	0.32	0.49	0.55	0.67
	龙泉	0.15	0.15	0.18	0.30	0.34	0.50	0.56	0.68
	庆元	0.15	0.15	0.19	0.32	0.36	0.52	0.58	0.70

资料来源：1957—1992 年数据引自《浙江省盐业志》，中华书局 1996 年版，第 385—388 页；1994—1997 年数据引自省物价局有关文件。

说明：本表所列年、月、日系调整执行新价格的时间。

1999 年 8 月 10 日起，省物价局决定全省实行分价区统一零售价，并实行城乡同价。全省普通小包装碘盐零售价格按两个价区安排，第一价区为除舟山市以外的各市县，第二价区为舟山市所辖各县区，见表 47-5-3-36。

表 47-5-3-36　1999 年浙江省小包装碘盐分价区零售价、批发价格一览表

价　区	普通小包装碘盐		彩色复合小包装碘盐	
	零售价（元/500 克）	批发价（含税，元/吨）	零售价（元/500 克）	批发价（含税，元/吨）
第一价区	0.70	1190	0.85	1445
第二价区	0.65	1105	0.80	1360

资料来源：引自浙江省物价局颁发《关于改进食盐价格管理有关问题的通知》（浙价工〔1999〕297 号）。

2000 年 9 月 19 日，省物价局核定省盐业公司生产的纸箱外包装复合小包装（500 克）加碘精制盐的价格：出厂调拨价每吨 1370 元，批发价每吨 1870 元，零售价 2200 元/吨（每 500 克 1.10 元）。

为保证对不宜食用碘盐人群食用盐的供应，2001 年 9 月 4 日经省物价局核定，非碘精制食盐（纸箱外包装，复合袋小包装）省盐业公司调拨价每吨 1245 元，批发价每吨 1700 元，零售价每 500 克 1.00 元。

2002 年 8 月 1 日起，省物价局调整纸箱外包装复合小包装加碘精制盐价格，省盐业公司供应价每吨 1390 元，批发价每吨 1890 元，零售价每 500 克 1.00 元。

2004 年 4 月 5 日起，全省统一零售价，彩色复合小包装袋碘盐批发价每吨 1538 元，零售价调整为每 500 克 0.90 元。

2005 年 6 月 15 日起，省物价局核定 350 克纸塑包装加碘精制盐、400 克纸塑包装加碘食用盐（海盐）和纸箱外包装纸塑小包装日晒自然盐价格，见表 47-5-3-37。

表 47-5-3-37 2005 年浙江省加碘精制盐、加碘食用盐（海盐）、日晒自然盐价格一览表

品　名	规　格	省公司销区结算价（元/吨）	销区批发价（元/吨）	零售价（元/袋）
加碘精制盐	350 克×60 袋	1840	2460	1.00
加碘食用盐（海盐）	400 克×50 袋	1550	2150	1.00
日晒自然盐	300 克×80 袋	2080	2780	1.00
	500 克×50 袋	1850	2550	1.50

资料来源：引自浙江省物价局颁发《关于 350 克纸塑包装加碘精制盐和 400 克纸塑包装加碘食用盐（海盐）价格的复函》（浙价商〔2005〕125 号）。

2008 年 1 月 1 日起，省物价局核定 320 克纸塑小包装加碘精制海盐销区批发价每吨 2750 元，零售价每袋（320 克）1.00 元。

2010 年 3 月 1 日起，省物价局核定绿色精制盐价格，鉴于市场销售前景尚不确定、生产经营成本不稳定等情况，实行试销1年后核定正式价格，见表47-5-3-38。

表47-5-3-38　　2010年浙江省绿色精制盐等食盐价格（试行）一览表

单位：元/袋

品　名	规　格	销区批发价	零售价
绿色精制盐	400克/袋	1.26	1.50
海精盐（无碘）	350克/袋	0.89	1.00
家庭腌制盐	1000克/袋	2.61	3.00

资料来源：引自浙江省物价局颁发《关于绿色精制盐等食盐价格的复函》（浙价资〔2010〕45号）。

2.**多品种食盐零售价**

随着经济社会发展，群众对食盐的需求日趋多样化，全省各食盐定点生产企业加强技术研发，经省物价局核定价格，推出了一批多品种盐。

1998年7月1日起，省物价局核定杭州蓝海星盐制品厂生产的“蓝海星”牌健康平衡盐价格：454克彩印复合膜袋装每包出厂价2.10元、批发价2.33元、零售价2.80元；250克塑料薄膜袋装每包出厂价1.13元、批发价1.25元、零售价1.50元。

1999年11月5日起，省物价局核定舟山市盐业公司复合袋包装高级精制低钠盐价格：每包（净重250克）出厂价0.695元、批发价0.765元、零售价0.90元。

2001年3月16日，省物价局核定杭州蓝海星盐制品厂生产的新包装健康平衡盐等多品种食盐的出厂价、批发价和零售价，见表47-5-3-39。

表47-5-3-39 2001年杭州蓝海星盐制品厂新包装健康平衡盐等多品种食盐价格一览表

品　名	规　格	出厂价		批发价		零售价	
		元/吨	元/包	元/吨	元/包	元/吨	元/包
健康平衡盐	500克/包	4600	2.30	5300	2.65	6400	3.20
	250克/包	4880	1.22	5600	1.40	6800	1.70
低钠盐	500克/包	3400	1.70	4100	2.05	5000	2.50
强化钙盐	250克/包	4040	1.01	4640	1.16	5600	1.40
自然晶盐	500克/包	2700	1.35	3280	1.64	4000	2.00

资料来源：引自浙江省物价局颁发《关于健康平衡盐等多品种食盐价格的批复》（浙价商〔2001〕87号）。

2001年5月14日、8月6日，省物价局先后两次核定浙江临安三和园竹盐食品厂生产的竹盐（系列产品）试销价，见表47-5-3-40。

表 47-5-3-40　2001 年浙江临安三和园竹盐食品厂竹盐(系列产品)试销价格一览表

品　名	规　格	单　位	出厂价	批发价	零售价	备　注
竹盐(颗粒筒装)	230 克/筒	元/筒	118.00	143.00	168.00	自 2001 年 5 月 20 日起试销 1 年
竹盐(粉末筒装)	230 克/筒	元/筒	118.00	143.00	168.00	
竹盐胶囊	10 粒×6 板/盒	元/盒	47.00	58.00	68.00	
	10 粒×2 板/盒	元/盒	15.00	19.00	22.00	
竹盐大蒜胶囊	10 粒×6 板/盒	元/盒	40.00	50.00	58.00	
	10 粒×2 板/盒	元/盒	15.00	19.00	22.00	
调味竹盐	250 克/袋	元/袋	2.85	3.25	3.80	
高级调味竹盐	250 克/袋	元/袋	7.40	8.33	9.80	自 2001 年 8 月 10 日起试销 1 年
竹盐(颗粒袋装)	10 克/袋	元/袋	4.87	5.18	6.10	
	15 克/盒	元/盒	7.96	8.42	9.90	

资料来源:引自浙江省物价局颁发《关于竹盐试销价格的批复》(浙价商〔2001〕161 号)。

2002 年 5 月 29 日,省物价局核定舟山市盐业公司生产的自然食用盐价格(彩塑复合小包装):出厂价每吨 2000 元、批发价每吨 2550 元、零售价每 500 克 1.50 元。为便于零售经营和消费者购买,调整小包装规格为 450 克×55 包/箱。

2004 年 6 月 15 日起,省物价局调整部分竹盐价格,见表 47-5-3-41。

表 47-5-3-41　2004 年浙江省部分竹盐产品价格一览表

品　名	规　格	单　位	出厂价	批发价	零售价
竹盐(颗粒筒装)	250 克/筒	元/筒	189.00	229.00	275.00
竹盐(粉末筒装)	250 克/筒	元/筒	189.00	229.00	275.00
普通调味竹盐	250 克/袋	元/袋	3.30	4.00	4.80
高级调味竹盐	250 克/袋	元/袋	10.33	12.50	15.00
小扁盒竹盐	25 克/盒	元/盒	19.28	23.33	28.00
纸袋竹盐	10 克/袋	元/袋	6.88	8.33	10.00

资料来源:引自浙江省物价局颁发《关于部分竹盐产品价格的复函》(浙价商〔2004〕133 号)。

2005 年 6 月,省物价局核定健康平衡盐价格,见表 47-5-3-42。

表 47-5-3-42　　2005 年浙江省健康平衡盐等多品种食盐价格一览表

品　名	规　格	出厂价(元/箱)	批发价(元/箱)	零售价(元/包)
健康平衡盐	500 克×40 包	98.00	114.00	3.40
低钠盐	500 克×40 包	73.20	90.00	2.70
强化钙盐	500 克×40 包	84.00	100.00	3.00
强化硒盐	500 克×40 包	84.00	100.00	3.00
强化锌盐	500 克×40 包	84.00	100.00	3.00
自然晶盐	500 克×40 包	58.00	70.00	2.10

资料来源:引自浙江省物价局颁发《关于健康平衡盐等多品种食盐价格的复函》(浙价商〔2005〕131 号)。

2007 年 6 月 1 日起,省物价局核定腌制用盐、调味盐等多品种食盐价格,见表 47-5-3-43。

表 47-5-3-43　　2007 年浙江省腌制用盐、调味盐等多品种食盐价格一览表　　单位:元/包(瓶)

品	名	规　格	出厂价	批发价	零售价
腌制用盐	腌制型	300 克×60 包	0.90	1.08	1.30
	暴腌型(腌鱼型)		1.13	1.25	1.50
	暴腌型(腌肉型)		1.12		
调味盐	孜然盐	50 克×24 瓶	1.98	2.40	3.00
	椒盐		1.90		
	葱盐		1.96		
	蒜盐		2.00		

资料来源:引自浙江省物价局颁发《关于腌制用盐调味盐等多品种食盐价格的复函》(浙价商〔2007〕142 号)。

2008 年 1 月 1 日起,省物价局核定浙江绿海制盐有限责任公司生产的低钠自然盐等多品种食盐价格,见表 47-5-3-44。

表 47-5-3-44　　2008 年浙江省低钠自然盐等多品种食盐价格一览表　　单位:元/包

品　名	规　格	出厂价	批发价	零售价
低钠自然盐	300 克×80 包	1.17	1.43	1.70
	500 克×40 包	1.83	2.25	2.70
锌硒低钠自然盐	300 克×80 包	1.33	1.58	1.90
	500 克×40 包	2.25	2.68	3.10

续表

品　名	规　格	出厂价	批发价	零售价
加钙低钠自然盐	300 克×80 包	1.26	1.50	1.80
	500 克×40 包	2.10	2.50	3.00
加铁低钠自然盐	300 克×80 包	1.26	1.50	1.80
	500 克×40 包	2.10	2.50	3.00
加锌低钠自然盐	300 克×80 包	1.26	1.50	1.80
	500 克×40 包	2.10	2.50	3.00
加硒低钠自然盐	300 克×80 包	1.26	1.50	1.80
	500 克×40 包	2.10	2.50	3.00
营养日晒盐	300 克×80 包	0.95	1.19	1.40
	500 克×40 包	1.55	1.95	2.30
鲜味盐	300 克×80 包	1.52	1.76	2.00
	500 克×40 包	2.50	2.90	3.30

资料来源：引自浙江省物价局颁发《关于低钠自然盐等多品种食盐价格的复函》(浙价商〔2007〕319 号)。

2008 年 10 月 15 日起，为疏导多品种食盐生产成本不断上涨的价格矛盾，省物价局调整浙江蓝海星盐制品有限公司和浙江绿海制盐有限责任公司生产的健康平衡盐等部分多品种食盐价格，见表 47-5-3-45 至表 47-5-3-47。

表 47-5-3-45 2008 年浙江蓝海星盐制品有限公司健康平衡盐等多品种食盐价格一览表

单位：元/包

品　名	包装材料	规　格	出厂价	批发价	零售价
健康平衡盐	内纸塑＋外纸箱	500 克×40 包	2.65	3.15	3.80
	内覆膜＋外纸箱	454 克×40 包	2.15	2.65	3.30
	内薄膜＋外纸箱	250 克×20 包	1.30	1.55	1.90
低钠盐	内纸塑＋外纸箱	500 克×40 包	2.50	3.00	3.50
自然晶盐	内纸塑＋外纸箱	500 克×40 包	1.55	1.95	2.30
	内薄膜＋外纸箱	2500 克×40 包 (餐饮专用)	5.50	7.50	10.00
钙盐	内纸塑＋外纸箱	500 克×40 包	2.20	2.70	3.20
锌盐	内纸塑＋外纸箱	500 克×40 包	2.20	3.20	3.20

续表

品　名	包装材料		规　格	出厂价	批发价	零售价
硒盐	内纸塑＋外纸箱		500 克×40 包	2.20	2.70	3.20
餐桌盐	内塑瓶＋外纸箱		500 克×40 包	2.00	2.50	3.00
腌制盐	内覆膜外纸箱	菜型	300 克×60 包	1.15	1.40	1.70
		鱼型	300 克×60 包	1.20	1.50	1.80
		肉型	300 克×60 包	1.20	1.50	1.80

资料来源：引自浙江省物价局颁发《关于多品种食盐价格的复函》(浙价商〔2008〕308 号)。

表 47-5-3-46　2008 年浙江蓝海星盐制品有限公司新增加包装规格多品种食盐价格一览表

单位：元/包

产　品	包装材料	规　格	出厂价	批发价	零售价
健康平衡盐	内纸塑袋＋外纸箱	250 克×80 包	1.40	1.68	2.00
低钠盐		250 克×80 包	1.32	1.55	1.80
自然晶盐		250 克×80 包	0.92	1.15	1.40
钙盐、锌盐、硒盐		250 克×80 包	1.15	1.43	1.70
餐桌盐	内塑瓶＋外纸箱	300 克×40 瓶	1.37	1.68	2.00
腌制盐	内薄膜＋外纸箱	500 克×40 包	1.77	2.20	2.70

资料来源：引自浙江省物价局颁发《关于多品种食盐价格的复函》(浙价商〔2008〕308 号)。

表 47-5-3-47　2008 年浙江绿海制盐有限责任公司低钠自然盐等多品种食盐价格一览表

单位：元/包

品　名		规　格	出厂价	批发价	零售价
低钠自然盐		300 克×80 包	1.45	1.90	2.20
低钠自然盐系列营养盐	锌硒低钠自然盐	300 克×80 包	1.65	2.10	2.40
	加钙低钠自然盐	300 克×80 包	1.55	2.00	2.30
	加铁低钠自然盐	300 克×80 包	1.55	2.00	2.30
	加锌低钠自然盐	300 克×80 包	1.55	2.00	2.30
	加硒低钠自然盐	300 克×80 包	1.55	2.00	2.30
	营养日晒盐	300 克×80 包	1.05	1.50	1.80
	鲜味日晒盐	300 克×80 包	1.75	2.20	2.50

资料来源：引自浙江省物价局颁发《关于多品种食盐价格的复函》(浙价商〔2008〕308 号)。

2010 年 3 月 1 日起，省物价局核定日晒晶盐等多品种食盐价格，鉴于市场销售前景尚不确定、生产经营成本不稳定等情况，实行试销1年后核定正式价格，见表47-5-3-48。

表47-5-3-48　　2010年浙盐(日晒晶盐)等多品种食盐价格(试行)一览表

单位:元/袋(瓶)

品　　名	规　格	出厂价	批发价	零售价
浙盐(日晒晶盐)	300克/袋	1.60	1.90	2.50
雪花盐(无碘)	150克/瓶	2.60	2.90	3.50
雪花盐(加碘)	150克/瓶	2.60	2.90	3.50
	200克/袋	1.70	2.00	2.50
自然晶盐(无碘)	500克/袋	1.50	1.85	2.20
健康平衡盐(无碘)	300克/袋	1.50	1.86	2.30
新一代/自助餐桌盐(无碘)	260克/瓶	8.50	10.50	13.00

资料来源:引自浙江省物价局颁发《关于绿色精制盐等食盐价格的复函》(浙价资〔2010〕45号)。

2010年8月15日起，省物价局核定浙江临安三和园竹盐食品厂已有竹盐产品价格及部分新规格、新品种竹盐试销价格。已有竹盐产品价格见表47-5-3-49。

表47-5-3-49　　2010年浙江临安三和园竹盐食品厂价格(试行)一览表

单位:元/筒(袋、盒)

品　　名	规　格	出厂价	批发价	零售价
竹盐	230克/筒	275.00	239.00	394.00
普通调味竹盐	250克/袋	4.01	4.80	5.70
高级调味竹盐	250克/袋	12.40	14.85	17.80
竹盐	25克/盒	28.65	34.30	41.00
竹盐	10克/袋	11.26	13.50	16.20

资料来源:引自浙江省物价局颁发《关于绿色精制盐等食盐价格的复函》(浙价资〔2010〕45号)。

第六章 盐 税

盐税是很古老的一个税种,在先秦时期征收的"山泽之赋"中就包含着对煮盐课征的赋税。春秋战国时期开始设官掌管盐政并征收盐税后,盐税成为一个独立税种。

盐税收入是历代王朝的重要财源,集权于中央。《新唐书·食货志》载:"天下之赋,盐利居半,宫闱、服御、军饷、百官禄俸,皆仰给焉。"《宋史·食货志》载:"东南盐利,视天下为最厚。"《元史·食货志》则说:"国之所资,其利最广者莫如盐。"古代官府对盐皆课以重税,管理极严。中华人民共和国成立后,国家财政收入主要来自工商税利,盐税在国家财政收入中所占比重日渐缩小。

食盐自征税或专卖以来,税制屡变,税目繁杂。明清实行"专商引岸"控制盐利,至民国始统一为盐税,分为食、渔、农(牧)、工 4 种,课以不同税率。中华人民共和国成立后实行从量核定、就场征收、产销税合一、税不重征,并逐步简化税目,降低税率。1994 年起取消盐税,盐税纳入资源税的税收范围。

第一节 税 制

税制是国家以法律或法令的形式确定的各种课税办法的总和。浙江自有产盐记载以来,除隋开皇三年至唐开元十年(583—722 年)实行无税制外,其余时期对盐均课以重税,并成为历代王朝的主要财政收入。其形式有场课、盐钞、引饷,至民国统一为盐税。

盐作为国家的收入之一,最早见于《尚书·禹贡》,周襄王二十二年(前 630 年)冬,王使周公阅来聘,飨有昌歜,白黑,形盐。说明当时周王掌握盐的资源。

春秋战国时期,对盐铁实行专卖的主要有齐国。因为齐国靠海,富鱼盐之利,又有铁矿。这就奠定了管仲盐铁专卖的理论基础。其盐铁专卖就是组织农民伐柴煮盐,民产官收,官府在卖盐时,寓税于价,以稳收盐利。

秦代,继续推行食盐官营,盐利悉入少府①,少府"掌山海池泽之税,以给共养"②。

西汉初年,盐铁专利是官与民共同采制,国家控制的地区,建立官营场,设立盐官进行管理,收入归国家所有;私人控制的,其利益归私营场主。汉武帝时,采用桑弘羊的建议,实行盐

① 少府:官名,始于战国,秦汉相沿,九卿之一,为管理皇室财用、宫廷服务和手工业的高级官员。

② 《汉书》卷十九上《百官公卿表》。

铁官营政策，设立主管盐铁的政府机构，全国设有盐官的地方有28郡。招募贫民及无业者，由官府提供制盐的工具和生活费用，不允许投机者和游业者插手，禁止私盐，对私自煮盐的人实行严厉制裁，从而满足了人们日常生活的需要，抑制了商人的暴利和兼并活动，增加了国家的财政收入。

南北朝时期，南朝采用征税制；北朝制度不一，时而专卖，时而征税，没有定制。

隋文帝统一南北朝后，采用租庸调税法，财政收入比较富足，对盐不征税。

唐代初年对盐也不征税，但是朝廷控制一部分盐业资源供官用，在司农寺下设诸盐池监的机构。京都百司的盐由司农寺供应。

唐代对盐征税始于开元十年（722年）八月。敕称："诸州所造盐铁，每年合有官课"，"宜令本州刺史上佐一人检校，依令式收税"①。唐天宝十四年（755年）的安史之乱中，盐专卖制悄然而兴。肃宗初（约756年），平原太守颜真卿抗击安史叛军，因军用匮乏而行官销。乾元元年（758年），第五琦出任盐铁转运使，为增加财政收入，支援战事，推行盐法改革，继续实行盐专卖，除盐本外，所得皆为盐利。宝应元年（762年），盐铁使刘晏继续改革盐法，实行就场征税制。即在产地设盐官，向盐户收盐（即民制官收），税后任由商人贩运。刘晏盐法实行以后，收效显著，到大历末年（约779年），"天下之赋，盐利过半"。但刘宴之后，盐制失去常规。到唐朝末年，私盐泛滥，藩镇割据，分割把持盐利，盐法被破坏。

五代，浙江属吴越国，以官卖为主，同时实行计口授盐，在乡村称"蚕盐"，城镇称"屋税盐"②，依夏税限③，随丝纳钱。后晋时将榷盐钱均之于两税④，名为"二税盐钱"。蚕盐、屋税盐等俵配规定百姓领盐要由地方官吏核准参加，纳税随同正税征收经地方官吏之手。俵配制的实行，使唐末以来"盐归州县"成为事实。

宋代，盐民的盐课，以官营池、井、场、监的日课、月课，岁额较固定。宋太平兴国四年（979年），规定天下盐利皆归县官，官卖或通商，各随州郡所宜。两浙定为官卖地区，其法为尽收盐户所产盐斤，尽收入官，发给工本，由官置务⑤发卖，制盐亭户每年缴盐充课。除官课外，一切课赋徭役全部免缴，唯二税例须缴纳，亦以盐货折纳。亭户赋税属于"合纳常赋"，其缴纳办法一般是按税粮价钱折计为盐数。余盐由官收购，实行官卖，将盐税纳入盐价之中。真宗咸平四年（1001年）二月，盐铁使张雍上奏言：温州板税场吏逋高额钱200万，诏除之。南宋高宗绍兴元年（1131年）四月，诏临安府、秀州亭户合给二税，依皇祐专法，计实值价钱，折纳盐货。先是，两浙转运司以罢给蚕盐，令输本色，提举茶盐公事梁汝嘉（丽水人）奏亭户以煎盐为生，

① 《唐会要》卷八十八。

② 五代至南宋在农村按户配售食盐的制度。五代后唐（923—936年），城镇按屋税配售收钱，称"屋税盐"，后周广顺三年（953年）废除；农村在二月育蚕时按户配盐，六月纳夏税时（新丝上市）收钱，称为"蚕盐"。

③ 所谓"夏税限"，大致是农历五六月间，因茧丝收获而随丝征收。

④ 两税法是唐建中年间（780—783年）施行的赋税制，规定：按旧征户税数，照丁、产定户等，分夏、秋两季征收；租、庸、调折合钱价并入以上两税征收；地税和青苗钱重新摊征，分夏、秋两季缴纳，夏税在6月，秋税在11月完纳。

⑤ 宋代官设贸易机构和场所。

未尝垦田，于是申明行下。[①] 绍兴二年，赵开改变盐法，仿大观法[②]置合同场，令商人赴合同场买引，政府收引税钱，每斤纳引税钱 25 文，从此时开始以盐引完纳盐课之法。宋代运盐途中的商税征敛，通常有两种方式：一是各地务场沿途收税，即各地税务场局征敛的运盐商税，包括一般民盐、非钞客之商盐等。某些特殊地区的钞盐与地方官府的越界官盐有时亦在此列；二是总纳一次税钱而给予引据证券，诸处验引批注登籍，即总纳商税而沿途验引或记账的方式，多见于钞引商或券引盐中。官盐零售带有课赋方式，一是设卖盐"簿籍"和买盐"历头"，按人头摊派；二是依家产多少，分等科卖。

元代，以盐引为征税单位，岁定引额，寓税于价。至元二年(1265 年)，始命户部造引，盐商买引赴各场支盐发卖，自此行盐用引，不再用钞。至元十六年，行食盐法(沿海一带计口授盐)。至元十九年，置局卖引，开始实行引商制，盐商买引支盐后运至划定的引地行销。至元三十年，设渔盐局，为征收渔盐税之始。大德四年(1300 年)，颁布《新降盐法事理》，规定"客旅纳课买引赴仓关盐"，即客商买引，关给勘合[③]，到仓掣支，挨次通放。元后期至正二年(1342 年)，两浙行"客商赴运司买引，就场支盐"[④]之法。元代对贩卖私盐的处罚相当严厉，朝廷每年的盐课收入达到 766 万余锭。

明代，沿袭宋制。明初行"开中法"，商人输粟于边，换取盐引，赴场支盐。在盐官收体制下，对灶户盐产分为正额盐课和余盐两部分。明初正额盐课多为本色，灶户必须按官定课额上纳实物盐课。灶课折纳后，其本色盐按一定比例折收银两。灶户余盐，因属灶户正课之外的盐引，允许盐商自行下场买补正课引额不足部分，即"余盐买补"。洪武三年(1370 年)，并行食盐法，浙江布政司及直隶府州官民人等户口食盐各随地方征收，粮多处征粮，粮少处征钞。"计丁办课"制始行于洪武二十三年，经两浙运使吕本奏请，首先在两浙地区施行。成化元年(1465 年)，灶课改为一半输盐，一半缴银。此法后在全国各盐区渐次推行。弘治五年(1492 年)，商人不再输粮于边，改以银两输于运司，运司汇解太仓，商课遂改为征银。嘉靖二十四年(1545 年)后，灶课一律改收银钱。万历初(约 1573 年)，施行盐课征收制度，由布政司给发通号纸，户部职掌。据万历《两浙运司会计录》记载："国初原征本色，正统以来各折半兼纳，后因仓廒倒塌尽征折银，验商下场买补"。万历四十五年，创行纲法，令盐商纳税后自行赴场购盐运至指定地点销售，并享有世袭专利之权，至此始变为商专卖制，或称"商人包税制"。

清代，对盐利十分重视。清初沿袭明代的专商引岸制，签商认引划界，按引征课。盐课征收分场课、引课两部分，后期又有盐斤加价和盐厘的征收。场课(又称"灶课")是对生产者的课税，包括滩课、灶课、锅课和井课等；引课是对食盐销售者的课税，是盐课中的主要部分，包括正课、包课和杂课。正课是按盐引向运销商所征收的税，包课是由包销商缴纳的盐税，杂课是盐税的附加。顺治元年(1644 年)，厘定盐法，曾有蠲免新饷、练饷及杂项加派之谕，"止照

---

① 《宋史全文》卷十八《宋高宗五》。

② 大观法，指宋徽宗大观年间(1107—1110 年)的钞票法。该法将盐引分为长引和短引。

③ 古代调遣军队，以符契为凭，上盖印信，剖为两半，一半交奉令调遣的人，另一半交被调遣军队的主将，交令调遣人到达时，将二符契相并，验对骑缝印信，叫做"勘合"。后世朝廷纲运盐粮及官吏驰驿亦有勘合。

④ 《元史》卷九十七《食货五》。

旧额按引征收”①。顺治十年之后，随着军费的增加，财政困难，各项加征又重新开始。康熙十一年(1672年)六月十四日，户部题：浙江所征妇女小口钞银，改为食盐课银，应将《赋役全书》更正遵行。清廷从之。是年，令浙江所属食盐钞银均摊入地丁征收。《余姚六仓志》记载：“至雍正三年(1725年)，奉文丁归地征，照利摊之办”。除场课、引课外，自雍正皇帝起，尚有一项盐商报销银，即清廷每遇大军需、大庆典、大工程，由官府出面，示意盐商报效巨款。据《中国盐业史》(古代编)统计，清代盐商各类报效银总数逾8100万两。据《清盐法志》记载，雍正、乾隆、嘉庆三朝，两浙盐商报效银达到720万两。朝廷则对参与报效的盐商封赐有加，听由盐商以加价、加耗、掺杂等手法牟利以偿。道光十年(1830年)，两江总督陶澍改革盐政，裁革专商，废引改票，听任商民照章纳税领票，贩盐于指定销区。纳一票之课，运一票之盐，“不论资本多寡，皆可量力运行”，因而“课无短绌”②。两浙是在同治三年(1864年)改行票盐，于同治九年“按票捐输，捐款后给予执照，循环转运”③。《清史稿·食货志·盐法》记载：“道光以后，唯有盐课。及咸丰(1851—1861年)军兴，复创盐厘”。即“以抽厘为济饷之举”④。盐厘分为出境税、入境税、落地税等，均为从量计征。(1)引厘：食盐运销前按引斤征收的厘金，随正课一起征收。(2)关卡厘：在食盐运输过程中抽收的厘金，由各行盐地方设立关卡抽收；(3)包厘：盐商一次按年包销一定数量的厘金；(4)私盐厘：对无引私盐抽收的厘金；(5)正课厘：只征收盐厘，不征收盐课，以厘代课，或厘与课合一。盐厘的开征，更使盐课成为首要的岁入。光绪(1875—1908年)中期以后，军需浩繁，盐斤加税、加价名目层出叠见。清末税制混乱，税目各异，包装不一，又无法定衡量，盐税征集手续十分繁复。据《清朝续文献通考》载：“甲午前后，……国家有事，盐税必加……闻者咸以为奇，知其中必有隐匿者。”到清末，盐斤加价已成为盐税的主要组成部分。各种附加税不断增加，使盐税名目更加混乱，据不完全统计有700余种之多。宣统元年(1909年)，督办盐政处成立，曾令各省将正杂课款、厘捐、加价等项目归并，统称“盐税”，但未及实行，清廷覆亡。

中华民国成立后，税制依旧，按引征收，其时税目杂乱，多达63种。

民国2年(1913年)，国民政府整顿盐务，改革运销体制，一律实行就场征收、自由贩卖的运销体制，取消专商，开放引岸，并将各省的官运一律裁撤，同时规定了统一的盐税税率，各省在盐税之外，未有另行加收条款。同年4月，成立两浙盐务稽核分所，盐税归稽核分所管理。同年12月，颁布《盐税条例》，以司马秤为衡器，按市秤16两8钱为1斤，100斤为1担，按担计征。所有杂色名目一律取消，统称“盐税”。盐税分正税、中央附税、其他附加3种。按盐的用途分食盐税(内含纲、引、肩、住、减、轻及酱盐税等)、渔盐税、农工用盐税、副产品税数种。两浙于民国4年1月起执行。

---

① 《清世祖实录》卷九，《清盐法志》卷三《通例·征榷门》。

② 《陶文毅公全集》卷十四。

③ 《清盐法志》卷一百八十六《两浙·杂记门》。

④ 《清盐法志》卷三《通例·征榷门》。

民国3年(1914年),盐务署颁布场税法案,农渔税实行轻税制,工业盐暂免,老少盐①不征税。

民国13年(1924年),地方军阀开始在盐斤出场时另加附税,归地方自行支用,不列于盐税账内。同年8月,浙江省为筹备西湖博览会发行债券,以盐斤加价担保。

民国16年(1927年)以后,两浙盐区因盐斤地方附税名目过多,征收烦琐。

民国20年(1931年)5月,颁布《盐法》,以"就场征税,任人民自由买卖"为原则,规定制盐必须经过政府的许可,制成的盐必须放在政府指定的地点,每百千克食盐一律征税5元,不得重复征税;渔盐征0.3元,工农业用盐免征。设立盐政机关掌管盐务行政、场警编制、仓坨管理及盐的检验收放;另外设稽核机关掌管盐税征收、稽查盐斤收放、编制盐款收支报告。此立法有利于减轻人民的负担,但由于专商暗中阻挠,加之财政当局深恐改革后税收短少,盐法并未实施。

民国25年(1936年)7月1日起,简并税率,地方附税除外债附税、整理费两项外,一律并入中央附税征收。盐场土地向分课荡与税荡两种。近海滨的制卤地为课荡,由场署征收。税荡距海较远,可以种植,实与农田不相上下,以亩计,县府征收,由盐务转解,亦称"水乡灶课"。民国31年,灶课征收划归田赋征实,改归浙江田赋管理处征收。民国32年,盐务总局通知,"如完全为制盐之滩地、埕坎,而非播种食粮者,无论官有民有,一律不征场课,亦不征田赋"。

民国30年(1941年)9月1日起,盐税改制,实行从价计征,分产税和销税两种。

民国31年(1942年)1月1日起,复行盐专卖制,盐税改称为"专卖利益",分固定与不固定两项征收,停征产销税。

民国34年(1945年)初,停止盐专卖,改征盐税,实行就场或就仓征税制,允许商人申请纳税购盐,运到指定地点销售。

民国35年(1936年)10月起,工业用盐无论国营、民营一律免税供应,盐副产品亦免征税。

民国36年(1947年)3月12日,国民政府公布实施《盐政条例》,统一全国税率。规定"盐税为国税,由盐政机关就仓坨收之,地方政府对于盐不得附加任何税捐"。

民国38年(1949年)1月1日,公布《盐税计征条例》,由从量征税改为从价征税,仍行就场、就仓一次征收。

中华人民共和国成立后,政务院于1950年1月发布了《关于全国盐务工作的决定》,建立了新的盐务管理机构,确定了盐税的征收原则、盐税税额和管理办法,确定采取"提高税额"与"税不重征"的方针,从量核定,就场征收,从而确立了全新的盐税制度。浙江税额每担征大米100斤。为鼓励生产和出口,工农业用盐及出口盐全部免税,渔业用盐按食盐税率的30%征收。

1956年5月起,选种和饲畜两种农牧业用盐不再免税,改按食盐税的40%征收。

为了加强盐税征收工作,并有利于盐务部门集中力量从事发展盐业生产,从1958年7月1日起,盐税的征收工作由盐务部门转为税务部门办理。

1964年1月17日,财政部、轻工业部联合通知,盐业供销部门改为盐税纳税人,凡采取托收承付结具方式的在收到销区货款后纳税。

---

① 清雍正时,"肩挑背负四十斤以内,不在违禁之例"。乾隆元年(1736年),又重申"贫穷老少男妇,挑负四十斤以下者,概不许禁捕"。各地因此增加日供贫难老少盐名目。参见丁宝桢:《四川盐法志》,上海古籍出版社1995年版,卷首第10页。

1973年税制改革时，把盐税并入工商税，作为一个税目，但仍按原来的盐税征收制度执行。

1978年3月，省财政厅、轻工业厅规定，1977年后所批准县办、民办、社办、社队联办新建盐场，予以免税2年。

1979年，国家改出场纳税为放销环节纳税。同年，实行地方财政包干，盐税核定基数包干上缴。

1984年9月，国务院颁布《中华人民共和国盐税条例(草案)》和《中华人民共和国盐税条例(草案)实施细则》，把盐税从工商税中分离出来，盐税重新成为一个独立税种，第一次建立了盐税的基本法规。规定盐税以在中国境内生产、经营和进口盐的单位为纳税人。盐税实行从量定额征收，各地税额标准不同，每吨盐的税额标准从40元到160元不等。出口的盐，在调拨和储备期间的国家储备盐，免征盐税。酸碱工业、制革工业、肥皂工业、饲料工业、农业、牧业、渔业用盐可以减征盐税。国家税务局还制定《盐税稽征管理试行办法》，对盐税的稽征管理作了详细的规定。同年10月，浙江省确定制皂革、酸碱等工业用盐定额征税。次年，全国渔业、农牧用盐税与食盐税额同等征收。

1993年12月13日，国务院发布《中华人民共和国增值税暂行条例》，废止了《中华人民共和国盐税条例(草案)》。自1994年1月1日起，取消原来的盐税，将盐税纳入资源税的税收范围。在中国历史上延续了2000余年的盐税由此终结。

第二节　税　额

税额是对征收对象的征收比例或额度，税额是计算盐税收入的重要尺度，也是衡量税负轻重的重要标志。

唐至明初，寓税于价，称为“盐利”。唐乾元元年(758年)，官卖盐“斗(五斤)加时价百钱而出之，为钱一百一十”，即每斗盐利100钱，为原来价格的10倍。贞元四年(788年)，增为200钱，后一度增至370钱。

五代(907—960年)行配税制，民户接受盐后的偿值，包括钱币和实物两种。后唐、后晋税价多以盐钱为定。后唐同光三年(925年)敕，“应逐税合纳钱物斛斗盐钱等，宜令租庸司指挥，并准元征本色输纳，不得改更，若合有移改，即须具事由闻奏”①，以实物折征盐价。

宋初，官散食盐，每丁给盐1斗，使输钱166文(称为“丁盐钱”)。两浙实行官搬官卖②，盐利包含于盐价之内。天圣年间(1023—1032年)，官收官卖，官卖盐价“视去盐道里远近而上下，其估利有至十倍者”③。其后，官收盐价很少增加，而官卖价一再上涨。政和三年(1113年)，每袋(300斤)10贯钱，宣和四年(1122年)为13贯钱，南渡后至绍兴四年(1127—1134

① 《旧五代史》卷一百四十六《食货志》。

② 即由政府组织人力搬运食盐至销地贩卖。参见戴裔煊：《宋代钞盐制度研究》，中华书局1981年版，第57页。

③ 〔元〕马端临：《文献通考》卷十六。

年)为24贯钱。隆兴年间(1163—1164年),浙盐官收价正额每斤14文,额外增至17文,官卖价较之官收价相差9～10倍。孝宗乾道七年(1171年)七月,诏免两浙丁盐捐。先是,范成大言处州丁钱太重,遂有不举子之风,故诏有一家数丁者,当重与减免。不久,又蠲免旱伤路户税。宁宗嘉泰三年(1203年)八月,蠲绍兴府攒宫所在民身丁钱捐绵盐。宁宗嘉定四年(1211年)四月,两浙等地州县禁科折盐酒。宝庆年间(1225—1227年),官卖盐价分为钞引钱和窠名官钱,前者纳于榷货务(中央),每袋24贯钱;后者纳于主管司,包括贴纳钱(含盐本钱、雇船水脚钱、贴收水脚钱、袋本钱、袋本剩钱、三分盐袋增额钱、别纳袋息钱、封头物料钱、封头钱、杂收钱,共10项)和头子钱(含经总制司头子钱和提盐司头子钱2项),小计每袋7贯322文2分。东南等地的“两税盐米”“折米钱“丁盐绢”等,都是以卖盐为名而增敛的盐赋。理宗绍定二年(1229年)十月,诏:台州水灾,除民田租及茶、盐、酒酤诸杂税,郡县抑纳者监司察之。

元代,实行官运官卖,以引为单位,每引400斤。至元十三年(1276年),每引中统钞9贯(折实钱4贯500文),至元二十六年增至50贯,元贞二年(1296年)增为65贯,至大二年(1309年)增至150贯(折实钱75贯,每斤187文)。除额盐外,盐户还要承担其他义务,凡是有土地的盐户,税粮按亩征收;将柴荡开垦为农田的,也要缴纳税粮。

明代,税分丁课、灶课、引课。丁课系按丁办盐,官给盐本,盐纳官仓;灶课系按灶地纳课,后改折银交官;引课由商认引缴纳。明代行开中法,令商人输粮至边塞,6斗5升中引1道,赴场支盐200斤,此为盐课征收实物。弘治五年(1492年),叶淇改为召商纳银运司,改本色为折色,每引3钱5分至4钱2分不等。嘉靖十六年(1537年),两浙官商不到之处,准立山商,铅山、弋阳、贵溪、永丰、靖江、昌化、浦江、武义、东阳、义乌、汤溪、永康、建德、桐庐、寿昌、庆元、宣平、缙云、景宁、云和20县,每程1张纳银6钱;余杭、富阳、临安、新城(新登)、嘉兴、秀水、嘉善、崇德、桐乡、德清、武康、诸暨、新昌、嵊县、奉化、泰顺、青田17县,每程1张纳银4钱3分。其余坐场(产地)县份,容令灶丁肩挑易卖。嘉靖二十年,台州府长亭、黄岩、杜渎3场引目1票作为1引,每票照盐300斤,纳银9分。盐户灶课,洪武二十三年(1390年),定每丁缴小引盐16引(3200斤),复盐工丁半之,其余工丁4引。正统三年(1438年),侍郎周忱以灶去场30里者为水乡卤丁,不及30里者滨海卤丁,水乡卤丁岁出米6石给滨海卤丁代煎。成化九年(1473年),水乡灶户每引纳工本银3钱5分。成化十九年,浙西正盐1引折银7钱,浙东折银5钱。弘治元年,浙西每引6钱,浙东3钱5分。又水乡盐每引纳银6钱,常股盐①每引3钱。弘治二年,浙西每引6钱,浙东4钱。成化二十年(1484年)后,灶盐许输半价。至嘉靖二十四年,盐课一律折征,自此盐课一律改征银两,不再征收实物。嘉靖三十四年十一月,减免两浙盐课。

清初,实行商运商销,征收税银称为“商课”。灶户原为计丁征银,雍正初(1723年),摊丁于地,按地亩征收,称为“灶课”。此外还有杂收款项,亦随商课征收。

商课又称“正课”。按纲、引、肩、住分别以远场重、近场轻的原则各有不同。顺治二年

---

① 明正统五年(1440年),因商人守支年久,不能得盐,故议补救之法,将盐分作常股和存积两种,皆以十分为率,其中八分给予守支客商,年终挨次行支,谓之“常股”。见《盐政汇览》第66册。

(1645)，向盐商征收商课。平均每引(200斤)征银0.2299两，合每100斤0.11495两。自雍正元年至道光二十八年(1723—1848)，两浙商课逐渐形成定制：杭、嘉二所征银每引0.397两，引重375斤，合每100斤0.1059两。绍所征银每引0.397两，引重355斤，合每100斤0.1118两。温所征银每引0.19两，引重400斤，合每100斤0.0475两。台所征银每引0.27两，引重400斤，合每100斤0.0675两。松所征银分3种，引重400斤，中则每引0.402两，合每100斤0.1005两；下则每引0.285两，合每100斤0.0715两；下下则每引0.25两，合每100斤0.0625两。各县肩票(近场区)征银每引0.19两，引重800斤，合每100斤0.02375两。道光四年，盐政帅议定肩引每引课征1两9钱，外加公杂费不得过620文。

两浙灶课，名目各异。有称为"库价偿商"的，即明代按丁征盐，边商中引1道，由库价偿给2钱1分8厘，令其买盐；离海较远的灶户，应纳盐斤，俱准折银解纳运司，称为"折价"；灶丁不谙煎盐，应纳之银均派于秋粮内征收者，称为"水乡"；有分得荡地转租于人者，名为"白涂"；有失去灶地，课银无征于民，从秋粮余米内拨补的，名为"包补"。以上皆属于应征灶课。此类课分上中下三则或四则，最低每亩纳银1分4厘，最高7分。由州县征收者称为"水乡灶课"，由场征收者为"灶课"，总称"县场课"。

商课之外，尚有名目繁多的杂课。仅据王守基《盐法议略·浙江》所载，即有功绩银、牙税银、包课银、滴珠银、备荒银、工食银、公费银、盐政分规、笔贴式分规、河饷银、车脚银、解饷路费、纸硃银、引费银、充公礼费银、减存程费银、铜斤水脚银、引目脚价银、规银、官盐规银、贴解银、引规银、陋规、灶课耗羡银等计24种。无定额，随商课征收。清末，浙东浙西纲盐正杂课每引1两3钱2分至3两1钱1分2厘不等，苏五属盐引正杂课每引8钱1分9厘，少数2两零9厘，地方捐均为每引6分2厘至9分1厘不等。

盐厘于同治二年(1863年)开征，纲引盐每斤收课钱12文，住盐8文，肩盐4文。后续有调整，各地盐厘正杂课每引1两4钱8分至4两5钱不等。同治九年复纲后，纲引地停止抽厘。

加价始于嘉庆十四年(1809年)，因军需浩繁，准增一二厘暂行售卖。道光元年(1821年)，浙盐引滞销，停止盐斤加价。道光六年恢复加价，各地加银正引2厘，票引、肩余引1厘，旋停止。光绪二十年(1894年)，因中日战争，决定两浙盐斤一律按斤加价2文。光绪二十七年为筹还庚子赔款，各省一律每斤加价4文，外销2文；光绪二十八年为筹还新约赔款，每斤加价4文，每引4钱；光绪三十年为筹补饷需，两浙销盐每斤加价2文；光绪三十四年补抵荡税，每斤加价4文。

民国初，盐税尚沿清弊。民国2年(1913年)，盐税归盐务稽核总所及两浙盐务稽核分所管理，实行均税，食盐一律每担征税2.50元(正税，银圆)，其他名目一概废止。

民国3年(1914年)，盐务署颁布均税法案，农渔盐实行轻税制，工业盐暂免税，老少盐不征税。

民国4年(1915年)，改订纲地税率为每担2.50元，肩住地每担2元。

民国5年(1916年)10月，废止老少盐免税制度。

民国7年(1918年)，纲地税率改收每担3元，肩地每担2.20元。平湖、海盐由肩地改为纲地。

民国8年(1919年)，台属厘地每担1元，宁波轻税区域每担由0.20元增至0.50元，引地1.5元。

民国9年(1920年),盐斤加税,并修改温属闽盐进口税则。仁和上四乡盐课每担由1.60元加至2.20元,定海试办轻税食盐每担0.20元。

民国11年(1922年),杭县、余杭、海宁、崇德四肩地改行纲地税,每担增加0.40元,改征2.60元。

民国12年(1923年),两浙税率按纲地、引地、肩地、住地、厘地、减地等分别确定,见表47-6-2-1。

表47-6-2-1　民国12年(1923年)两浙盐税税率一览表　单位:银圆元/担

税类	地　区	税率
纲地	嘉善、嘉兴、桐乡、德清、武康、安吉、孝丰、吴兴、长兴、临安、富阳、新登、於潜、昌化、分水、桐庐、建德、淳安、寿昌、遂安、开化、常山、江山、衢县、龙游、汤溪、兰溪、浦江、东阳、义乌、诸暨、平湖、海盐、广德、绩溪、歙县、黟县、休宁、祁门、婺源、玉山、广丰、上饶、横峰、铅山、弋阳、贵溪,共47县	3.00
引地	吴县、常熟、无锡、吴江、上海、川沙	3.20
	南汇	3.00
	奉贤、金山、松江、青浦、昆山、嘉定、太仓、宝山、靖江、江阴、武进、宜兴、丹徒、丹阳、金坛、溧阳、郎溪	2.70
肩住地	杭县、余杭、海宁、崇德	2.60
	余姚、上虞、百官、新昌、嵊县、绍兴、萧山	2.20
厘地	泰顺、丽水、青田、缙云及壶镇、云和、松阳、遂昌、龙泉、庆元、宣平、景宁、永康、武义	2.00
	鄞县、奉化、慈溪、镇海	1.50
	宁海北半县、象山、永嘉、乐清、瑞安、平阳、玉环、临海、仙居、天台、大田及宁海南半县、海游、悬渚、沙柳、宁城、黄坛、白峤	1.00
	新亭、塘里	0.60
	海门、葭芷、长亭、花桥	0.30
减地	宝山之结一结九、上南川之浦东、上海之租界	1.50
轻税地	黄湾、鲍郎、江苏之崇明	1.00
	大嵩、鸣鹤、清泉、穿长	0.50
	黄岩、芦沥、定海	0.20
渔盐税	岱山	0.235

资料来源:《浙江省盐业志》,中华书局1996年版,第333—334页。

民国时,征收各项附加,名目甚多:

善后加价　民国13年(1924年)8月,浙江筹办西湖博览会,于杭州发行博览会定期债券200万元,以盐斤加价每年45万元为担保。民国14年,浙江军务善后督办孙传芳为弥补历年

亏欠,发行善后公债 300 万元,以筹备西湖博览会新增之盐斤加价拨充资金。此项加价名为“善后加价”,每担 0.30 元,唯宁、绍、台各地减征为 0.20 元。

整理加价　民国 15 年(1926 年),浙江总司令卢永祥发行整理旧欠公债 360 万元,其基金以盐斤加价每年 83 万元拨充。此项加价名为“整理加价”,每担征 0.60 元,提还给商津贴 0.10 元,实收 0.50 元。唯宁、绍、台各地减为 0.4 元,提还给商 0.066 元,实收 0.334 元。

军用加价　民国 17 年(1928 年),中央筹措军饷,于正课及附税之外,另加军用加价,纲地每担 1 元,肩住引地 0.50 元,内给各商津贴 0.05 元;电各场局处,奉部令加价 1 元,无论酱食,一律照加。

省债加价　民国 17 年(1928 年),省政府发行偿还旧公债 600 万元,以新增盐斤加价每年 30 余万元及纲捐项下拨银 30 万元为保息,并将善后、整理两项加价每年 130 万元作还本付息之用,每担征收 0.20 元。

军事加价　为弥补军饷,自民国 17 年(1928 年)12 月起,纲地每担加征 1.50 元,肩住引地每担加征 0.75 元。

江西口捐　自民国 17 年(1928 年)12 月起,浙盐行销江西境内,由江西省政府征收附加税每担 1.54 元。

镑亏附加　因银价低落、英镑升值,为弥补外债亏损而设立,又名“外债附加”。自民国 20 年(1931 年)4 月 1 日起,每担一律加征场税 0.30 元,肩地、厘地 0.15 元。

民国 17 年(1928 年)后,盐税及附税急剧增加,且附税已超正税,项目之多与清末无异。见表 47-6-2-2。

表 47-6-2-2　　民国 25 年(1936 年)底两浙各属盐税税率一览表

单位:银圆元/担

税类	销地	税率			
		正税	附税	其他附税	合计
纲地	浙江:平湖、海盐、嘉兴、嘉善、桐乡、吴兴、长兴、安吉、孝丰、武康、德清、临安、遂安、淳安、富阳、寿昌、桐庐、分水、於潜、诸暨、义乌、浦江、金华、东阳、新登、昌化、开化、汤溪、兰溪、龙游、衢县、建德、江山、常山 安徽:广德、休宁、绩溪、歙县、黟县、祁门 江西:玉山、广丰、上饶、横峰、贵溪、铅山、弋阳、婺源	3.20	3.50	0.30 0.10	7.10
肩地	杭县、余杭、海宁、崇德、绍兴、萧山及南沙区	2.60	3.25	0.15 0.10	6.10
住地	嵊县、新昌、上虞及上虞之百官区	2.60	3.25	0.15 0.10	6.10
引地	宁属鄞县、慈溪、镇海、奉化	2.85	2.00	0.15 0.10	5.10

续表 1

税类	销地	税率			
		正税	附税	其他附税	合计
厘地	处属丽水、青田、松阳、遂昌、云和、景宁、龙泉、庆元、宣平、泰顺	2.15	1.80	0.15 0.10	4.20
	金、处二属:永康、武义、缙云	2.70	1.25	0.15 0.10	4.20
	温属之永嘉城厢	2.05	1.30	0.15 0.10	3.60
	永嘉之孝义乡	1.00	2.20	0.30 0.10	3.60
	瑞安、平阳、乐清	1.60	1.75	0.15 0.10	3.60
	永嘉、瑞安、平阳近海处	1.60	1.90	0.10	3.60
	乐清、玉环	1.60	–	0.10	1.70
	临海、天台、仙居	1.20	2.30	0.10	3.60
轻税地	宁海、临海之塘里、葭芷、海门、涌泉、新亭、楢溪	1.20	–	0.10	1.30
	象山、南田、镇海之清泉、穿长及鄞县之大嵩	1.00	–	0.10	1.10
	黄岩、温岭及临海县属花桥区、宁海东乡、芦沥及定海	0.90	–	0.10	1.00
	宁海北半县	2.85	–	0.10	2.95
	杭县之上四乡	3.10	0.95	0.15 0.10	4.30
	黄湾、鲍郎、余姚及三北	2.00	–	0.10	2.10
酱盐	余姚	3.60	2.25	0.15 0.10	6.10
	温属各县	2.15	1.80	0.15 0.10	4.20
	台属各县	1.20	2.90	0.10	4.20
	定海及岱山区	1.20	2.45	0.15 0.10	3.90
渔盐	各属渔业用盐	0.30	–	–	0.30
闽盐销浙	楚门、坎门食盐	1.30	–	0.10	1.40
	石塘、凤尾、南麂、北麂、沈家门渔盐	0.30	–	–	0.30

续表 2

税类	销地	税率			
		正税	附税	其他附税	合计
工业用盐	上海	0.03	-	-	0.03
淡竹盐（药用盐）	宁波、上海	1.75	2.00	0.15 0.10	4.00
副产品税	金华、义乌、诸暨、浦江等处卤晶	0.16	-	-	0.16
	金、衢、严、徽、温、处、台各属卤饼	0.18	-	-	0.18
	各属苦卤	0.03	-	-	0.03

资料来源:《浙江省盐业志》,中华书局 1996 年版,第 335—336 页。

说明:1.“正税”均指场税,“其他附税”列两项者,前者为镑亏附加,后者为整理加价,列单项者为整理加价。2.行销江西省旧广信府属玉山等七县盐斤,另由江西省征收浙盐口捐 2.10 元。

民国 26 年(1937 年)4 月 1 日起,浙区统一规定,除渔、工盐外,每担加征建设事业专款 1 元(法币)。

民国 27 年(1938 年)10 月 23 日起,带征公益费每担 0.10 元,岱山萝卜干护盐每担加征 0.50 元。

民国 28 年(1939 年),萝卜干护盐每担增加 0.30 元,共 0.80 元,浙江省加价至 1.00 元。

民国 29 年(1940 年),公益费增加 0.20 元,共 0.30 元。

民国 30 年(1941 年),征收偿本费每担 8.00 元。

民国 30 年(1941 年)拟定统一通行税率,两浙盐区自 9 月 1 日起,销税按 40%的税率,产税征收实物,按场价折算,除省政府加价及偿本费外,原中央地方场岸正附税名目取消。同年 11 月,税率划一,不论产区、销区一律每担征收 50 元,连同加价(每担 1 元)及偿本费共征 59 元。少数不征省政府加价地区每担征 58 元。见表 47-6-2-3。

表 47-6-2-3　　民国 30 年(1941 年)11 月两浙盐税税率一览表　　单位:元(法币)/担

盐类		地点	税率		
			正税	附税	合计
粗制食盐	通常税	纲、肩、住、厘本省销区	46.70	12.30	59.00
	轻税	杭属、宁属、温属、台属沿海	47.00	11.00	58.00
	济销外区	皖岸	47.00	11.00	58.00
	浙西暂行税率	安吉、孝丰、武康、长兴、余杭	47.00	11.00	58.00

续表

盐类		地点	税率		
			正税	附税	合计
腌制品用盐及渔盐	渔盐税	各属	1.00	-	1.00
	酱盐税	各属	46.85	12.15	59.00
	淡竹盐	宁波、上海	46.85	12.15	59.00
工业用盐		上海	1.00	-	1.00
副产品税	卤晶、卤饼	余姚、金华、义乌	3.00	-	3.00
	苦卤	两浙全区	1.00	-	1.00

资料来源:《浙江省盐业志》,中华书局1996年版,第337页。

民国31年(1942年)1月1日起,实行盐专卖。自5日1日起,取消产销税,改收专卖利益。分固定与不固定两部分,固定部分每担40元,不固定部分每担20元。渔农工业用盐征率仍照民国30年每担1元,省政府附加照征,各项基金、偿本费、整理费、公益费均照常随征,5月份起征收管理费每担7元。

民国32年(1943年),将固定与不固定专卖利益合并,总称“专卖利益”,每担征收80元;整理费、公益费改为每担2元,管理费改为每担20元。随专卖利益征收战时食盐附税每担300元。

在沦陷区内,汪伪财政部公布盐税征率,原征日元,后改为中储券,民国32—33年(1943—1944年)沦陷区税率见表47-6-2-4。

表47-6-2-4 民国32—33年(1943—1944年)汪伪苏浙皖盐税总局公布税率一览表

单位:中储券元/担

产地	盐别	销地	民国32年12月1日	民国33年1月16日	民国33年8月16日
浙东、浙西	粗盐	苏浙皖各岸、杭嘉湖各属	38.90	60.00	120.00
浙东区	粗盐	浙东一带	30.60	46.00	92.00
浙东区	粗盐	余姚、穿长、玉泉轻税区	12.30	20.00	40.00
浙东区	渔盐	穿长	5.00	10.00	20.00
浙东区	渔盐	玉泉	3.50	7.00	14.00
浙东区	卤晶	本区各地	5.60	18.00	36.00
浙东、浙西	苦卤	本区各地	2.00	2.00	4.00
浙西区	粗盐	黄湾轻税区域	23.30	35.00	70.00

续表

产　地	盐别	销　　地	民国32年12月1日	民国33年1月16日	民国33年8月16日
浙西区	粗盐	鲍郎轻税区域	20.60	32.00	64.00
舟山来盐	粗盐	转销苏浙皖	22.20	34.00	68.00

资料来源:《浙江省盐业志》,中华书局1996年版,第350页。

民国33年(1944年),省政府附加停征,战时附税仍照征。开征国军副食费,每担1000元;偿本费改为每担14元;公益费改称“盐工福利补助费”每担5元;管理费改为每担50元。各年变动情况见表47-6-2-5。

表47-6-2-5　　民国31—33年(1942—1944年)盐专卖时期征率一览表

单位:元(法币)/担

调整时间	专卖利益	省政府附加	偿本费	整理费	公益费	专卖管理费	战时附税	国军副食费	合计
民国31年5月	60.00	1.00	8.00	1.00	1.00	7.00	-	-	78.00
民国32年6月	80.00	1.00	8.00	2.00	2.00	20.00	-	-	113.00
民国32年10月	80.00	1.00	8.00	2.00	2.00	20.00	300.00	-	413.00
民国33年3月	80.00	-	14.00	2.00	5.00	50.00	300.00	1000.00	1421.00

资料来源:《浙江省盐业志》,中华书局1996年版,第338页。

民国34年(1945年)初,停止专卖,改行征税,税率划一,每担110元。战时附税1月间增为1000元,3月间又增为6000元。国军副食费仍照旧率征收。基金方面:偿本费改为25元;公益费仍照旧;整理费7月停征;管理费1月改为100元,3月增至300元。见表47-6-2-6。

表47-6-2-6　　民国34年(1945年)8月份盐税征率一览表

单位:元(法币)/担

地　区	盐税	战时附税	国军副食费	合计	专项基金		
					偿本费	公益费	管理费
场区	110	1500	-	1610	25	5	300
近场	110	3000	-	3110	25	5	300
壶镇、丽水、景宁	110	4000	500	4610	25	5	300
其余各地	110	6000	1000	7110	25	5	300

资料来源:《浙江省盐业志》,中华书局1996年版,第338页。

民国34年(1945年)8月抗日战争胜利,全省盐区收复。各收复区税率采用等差制,分近场和腹地两种，近场税轻，腹地税重。12月，调整税率，近场分为1500元、2000元两种，腹地分1500元、2000元、4000元、5000元四种。战时附税和国军副食费自民国35年初起并称为“盐税”。

民国35年(1946年)3月，改为近场区每担3000元，腹地每担5000元；同年8月，改为近场区每担4500元，腹地每担6200元。渔农用盐每担200元，工业盐免税。

民国36年(1947年)1月，又改为近场区每担12000元，腹地14000元。渔盐税每担1000元。

民国36年(1947年)9月，原盐税额由每担14000元改收10万元(增加86000元)，不分近场、腹地；盐场建设费、偿本费、盐工福利费由每担520元改收1250元(增加730元)，每担盐税合计为101250元(增加86730元)。渔盐税由每担1000元增至5000元。同年12月，经国务会议特种审查委员会决议，普通食盐税率为每担25万元，土膏盐(即土制矿盐，产于内地)20万元，渔农盐10万元，工业盐免税。

民国37年(1948年)2月，货币贬值，物价上扬，增中央附税每担10万元，3月又增正税10万元，连附加共46.05万元。同年6月，正附税共70万元。至8月，币制改金圆券，并行限价，规定食盐税每担8元(金圆券)，渔盐税每担0.40元。不久，限价失败，物价又连续飞涨。

民国38年(1949年)1月，《盐税计征条例》公布，由从量计征改为从价计征，按重要地点的平均盐价，分食盐税和渔业用盐税两种，海盐区按平均价征70%，渔业用盐征5%，核定标准价为137.66元，浙区食盐税改为每担96元，渔盐税每担7元。2月4日增为食盐税每担227元，渔盐税每担16元。2月28日又增为食盐税每担2218元，渔盐税每担158元。民国34年12月至38年3月浙江食盐税率变动情况见表47-6-2-7。

民国时期盐副产品有卤晶、卤饼与苦卤三项，卤晶产于余姚、钱清场。民国10年(1921年)由余姚场署呈准每担卤晶收税0.069元(拨0.02元为滨海小学补助费)，民国12年、15年、17年、30年分别增为0.12元、0.14元、0.18元和3.00元，至民国35年10月起免税。卤饼与卤晶相同。苦卤民国12年起每担征税0.03元，民国30年为1.00元，至民国35年10月起免税。

表47-6-2-7　民国34年(1945年)12月至38年(1949年)3月浙江省盐税税率变动一览表

调整日期	正　税	偿本费	盐民福利	盐场建设费	中央附加	食盐税合计	渔农盐税
民国34年12月	近场1500	25	5			1530	230
	近场2000	25	5			2030	
	腹地1500	25	5			1530	
	腹地2000	25	5			2030	
	腹地4000	25	5			4030	
	腹地5000	25	5			5030	

续表

调整日期	正　税	偿本费	盐民福利	盐场建设费	中央附加	食盐税合计	渔农盐税
民国35年8月	近场4500	25	5			4530	230
	腹地6200	25	5			6230	
民国36年1月	近场12000	25	95	400		12520	1520
	腹地14000	25	95	400		14520	
民国36年9月	100000	25	225	1000		101250	6250
民国36年12月28日	250000	25	2500	5000		257525	107525
民国37年2月29日	250000	25	2500	5000	100000	357525	157525
民国37年3月28日	350000	25	3500	7000	100000	460525	200525
民国37年8月26日	8.00			0.20		8.20	0.60
民国38年1月1日	96.00					96.00	7.00
民国38年2月4日	227.00					227.00	16.00
民国38年3月28日	2218.00					2218.00	158.00

资料来源:《浙江省盐业志》,中华书局1996年版,第340页。

说明:民国34年12月至民国37年3月28日(前14项)的计量单位为元(法币)/担;民国37年8月26日至民国38年3月28日(后4项)的计量单位为元(金圆券)/担。

中华人民共和国成立后,全国盐税采取“就场征税,税不重征”方针,税额由中央及省有关部门制定。为促进生产发展,对工农渔牧业用盐实行减免税政策。

1949年5月,杭州市军事管制委员会核准,暂按食盐税每吨① 18900元(旧人民币),渔盐税每吨1680元征收。此后随物价波动,曾作几次调整。同年9月,依据华东区盐务工作政策方针,为充裕国库支援解放战争,实行统一税率,将食盐税额每50千克按食米15千克的基数折人民币征收,渔盐税按照食盐税减半折人民币征收。调整后,食盐税每吨为8万元,渔盐税每吨4万元。

1950年1月起,按照中央人民政府财经委员会意见,盐税根据“斤盐斤粮,担盐担粮”的标准提高征率,食盐税为每吨150万元,渔盐税每吨45万元。之后随米价的上涨又数次调整。同年6月1日起(浙江省自6月10日起执行),财政部决定食盐税减半征收,并按当时主粮价格核定,华北、华东食盐税额为每吨140万元。

1954年6月1日起,对交通不便的温台地区(包括老革命根据地)及少数民族地区实行减税,涉及浙江省内35个县(区),受惠群众503万人,见表47-6-2-8。此项减税政策至1964年

① 中华人民共和国成立前有的用“担”。中华人民共和国成立后一律改用公制,即1吨=20担,50千克=1担。

2 月停止执行。

表 47-6-2-8　　1954 年浙江省部分县区盐税减税情况一览表

单位:万元(旧人民币)/吨

减　税　区　域	征税额	减税额
永嘉、瑞安、平阳	134	6
临海	132	8
丽水、云和、松阳、遂昌、景宁、宣平、缙云、磐安等县,余姚之梁弄区,上虞之下管、章镇区,鄞县之章水、鄞江区,奉化之溪口、方门、亭下区,嵊县之里东、上东、北山、南山区	130	10
文成、泰顺、天台、仙居	128	12
龙泉、庆元县,新昌之回山、小将、儒岙区	120	20

资料来源:《浙江省盐业志》,中华书局 1996 年版,第 341 页。

1957 年 1 月 1 日起,浙江等地食盐税额每吨增加 32 元,调整后,食盐税为每吨 172 元,渔盐税不变。同年 10 月 10 日,食盐税下调为每吨 162 元。1960 年 4 月,食盐税降为每吨 159 元。同年 9 月,渔盐税下降为每吨 37 元。1961 年 4 月,食盐税下降为每吨 149.80 元,至 1979 年 12 月 1 日降为每吨 140 元。此后有较长时间未变动。

1977 年,财政部批复江苏省财政局抄发有关单位,同意对县社新建集体盐场在投产初期给予减免税 2 年。浙江 1978—1979 年新建集体盐场均受益享受免税优惠。1979 年 12 月 31 日,财政部通知停止执行。

1985 年 4 月 1 日起,渔盐与食盐同税额。

1986 年 7 月 1 日,以盐税补贴收购价,食盐税降为每吨 133 元。1987 年 1 月 1 日又实行每吨降税 32 元(其中 25 元用于弥补 1985 年 4 月 1 日提高公收价,7 元用于产区包装费用),内陆为每吨 101 元,舟山为每吨 96 元。

1990 年 4 月,全省不再划分地区,食盐税统一税率为每吨 100 元。

1993 年 8 月 20 日,食盐税下调 25 元(用于提高收购价),改为每吨 75 元。

除上述食盐税、渔盐税外,国家还对农牧用盐、工业用盐征税。农牧用盐税额 1954 年起为食盐税额的 40%,1960 年调整为每吨 60 元,1985 年 4 月 1 日起与食盐同税额。在工业用盐税额方面,为支持工业发展,1955 年 8 月 16 日,财政部、轻工业部联合制定《工业用盐发售管理暂行办法》,规定酸碱类(包括肥料制造)、冶金、油脂肥皂、制革、染料、制冰冷藏、陶瓷玻璃、医药 8 类工业免缴盐税。1984 年 5 月 15 日起,国家调整了工业盐减免税范围,只对部分工业用盐实行减税,新规定对酸、碱、革工业用盐每吨征收 14 元,制皂工业每吨征收 70 元,其他工业盐一律按食盐税额征收。同年 10 月 13 日起,对酸、碱、革工业用盐每吨征收 13 元,制皂工业用盐每吨征收 65 元。盐副产品国家一直免于征税。中华人民共和国成立后,浙江省盐税历次变动情况见表 47-6-2-9、表 47-6-2-10。

表 47-6-2-9　　1949 年 5 月至 1954 年 6 月浙江省盐税税率一览表

单位：旧人民币元/吨、斤(米)

调整日期	食盐税		渔盐税		农牧用盐税		待解放区进口盐税		当时杭州米价(元/斤)
	金额	折米数	金额	折米数	金额	折米数	金额	折米数	
1949-05-27	18900	450.00	1680	40					42.00
1949-05-31	12600	300.00							42.00
1949-06-11	18000	189.40	2800	29.40					95.00
1949-06-20	10000	149.20	2000	27.40					67.00
1949-07-04	20000	137.00	4000	27.40					146.00
1949-08-04	60000	300.00	12000	60.00					200.00
1949-09-27	80000	601.60	40000	300.80					133.00
1949-11-12	125000	480.80	62500	240.40					260.00
1949-11-20	330000	868.40	165000	434.20					380.00
1950-01-03	1500000	2080.00	450000	625.00			1500000	2080.00	720.00
1950-01-12	2000000	1765.20	600000	529.60			2000000	1765.20	1133.00
1950-01-24	2900000	1933.40	900000	600.00			2900000	1933.40	1500.00
1950-02-01	2400000	1579.00	720000	473.60			2400000	1579.00	1520.00
1950-02-23	3820000	1791.00	1150000	539.20			3820000	1791.00	2133.00
1950-03-14	3500000	2160.60	1050000	648.20			3500000	2160.60	1620.00
1950-03-28	3240000	1718.80	972000	515.60			3240000	1718.80	1885.00
1950-04-01							4320000	2318.80	1863.00
1950-04-10	2700000	1639.40	820000	497.80			3400000	2064.20	1647.00
1950-04-24			810000	485.40					1669.00
1950-06-10	1400000	959.60	420000	287.80					1459.00
1951-04-01	1120000	1142.80							980.00
1952-01-01	1400000	1302.40							1075.00
1952-05-29			280000	237.20					1180.00
1952-11-01			420000	407.80					1030.00
1954-06-01	1400000		420000		560000				

资料来源：《浙江省盐业志》，中华书局 1996 年版，第 342—343 页。

说明：1. 1950 年 6 月 10 日，进口盐税取消，凡查获无票盐，概按私盐处理。2. 1951 年 4 月 1 日，温州、台州地区实行轻税，至 1952 年 1 月 1 日恢复原税额。3. 1952 年 5 月 29 日，渔盐税改按二成征收，至同年 11 月 1 日恢复原税额。

表 47-6-2-10 **1955—1993 年浙江省盐税税率一览表** 单位:元/吨

调整日期	地　　区	食盐税	渔盐税	农牧盐税	工业盐税	
					酸碱革	皂
1955－03－01	全省统一	140.00	42.00	56.00	免征	
1957－01－01	全省统一	172.00	42.00	68.80		
1957－10－10	全省统一	162.00	42.00	64.80		
1960－04－15	海宁、平湖、舟山	154.00	42.00	64.80		
	其余各县	159.00				
1960－09－01	海宁、平湖、舟山	154.00	37.00	60.00		
	其余各县	159.00				
1961－04－01	海宁、平湖、舟山	144.80	28.00	50.80		
	其余各县	149.80				
1966－08－01	海宁、平湖、舟山	140.80	24.00	46.80	免征	
	其余各县	145.80				
1979－12－01	海宁、平湖、舟山	135.00	21.10	43.90		
	其余各县	140.00				
1984－05－15	海宁、平湖、舟山	135.00	21.10	43.90	13.50	67.50
	其余各县	140.00			14.00	70.00
1984－10－13	海宁、平湖、舟山	135.00	21.10	43.90	13.50	67.50
	其余各县	140.00			13.00	65.00
1985－04－01	海宁、平湖、舟山	135.00	135.00	135.00	13.00	65.00
	其余各县	140.00	140.00	140.00		
1986－07－01	海宁、平湖、舟山	128.00	128.00	128.00	13.00	65.00
	其余各县	133.00	133.00	133.00		
1987－01－01	海宁、平湖、舟山	96.00	96.00	96.00	13.00	65.00
	其余各县	101.00	101.00	101.00		
1990－04	全省统一	100.00	100.00	100.00	13.00	65.00
1993－08－20	全省统一	75.00	75.00	75.00		

资料来源:《浙江省盐业志》,中华书局 1996 年版,第 343—344 页。

1994年1月1日实行税制改革，取消盐税，盐税列入资源税税目征收资源税，延续了2000余年的盐税由此宣告终结。

盐的资源税一律在出厂(场)环节由生产者缴纳。盐的税目有固体盐(包括海盐原盐、湖盐原盐和井矿盐)和液体盐(卤水)。

盐的资源税从量定额计征，实行等级幅度税额标准，固体盐10～60元/吨，液体盐2～10元/吨；北方海盐25元/吨，南方海盐、井矿盐、湖盐12元/吨，液体盐3元/吨。2007年2月1日起，财政部、国家税务总局调整盐的资源税适用税额标准，北方海盐资源税暂减按每吨15元征收；南方海盐、湖盐、井矿盐资源税暂减按每吨10元征收；液体盐资源税暂减按每吨2元征收；通过提取地下天然卤水晒制的海盐和生产的井矿盐，其资源税适用税额标准暂维持不变，仍分别按每吨20元和12元征收。至2010年底，一直沿用此规定。

第三节　稽　征

稽征即检查征收。为保证盐税收入，历代都由专设机构收取盐税，解缴中央国库。

明以前，转运盐使司分司及所属各盐场监官、盐司兼理盐税。明洪武初，设盐课司，由大使主其事，盐课按岁征办。

清代，两浙设都转盐运史司(简称“盐运司”)，下设分司。下属各场设盐课司大使(或称“场大使”)，负责征税等事务。盐产区设有盐运司库大使(简称“库大使”)，负责盐税的收纳与储存。盐运使按纲、引、肩、住额引数，责成商人分四季完纳，在完纳时又分两次报完。凡完足半数后由运使按该地引数，核填买单(即赴场买盐时捆放之单)、护票(即运照)发交商人，由商人持票单赴场配盐。其后一半课银，由商人推迟一季缴纳。肩住地税率较轻，一次完足，全年额数分4～5期，按引纳足全课，由运使填发买单护票即可赴场放运。

民国初沿袭清制。民国2年(1913年)，袁世凯以盐税作抵押，向英、法、德、日、俄银行借款，所收税款均由洋人控制的稽核支所各场秤放局管理，取消分季完纳之例，商人报完盐课，无论纲引肩住地，须先开列销地、引名、引数、担数，以及完纳正税、中央附税数目，统一收缴于指定银行，实行“先税后盐”(即先缴纳盐税后放盐)制度。唯各场轻税、渔盐系零星商贩，由秤放员收税，填发准单，不给运照，仅给运署编号盖印护票，由场凭准单填发。民国21年撤支所，置秤放总局。日本入侵，国土沦陷后，汪伪政府在浙江场区设秤放局、场公署征收盐税，解缴上海日伪苏浙皖盐税总部。抗日战争胜利后，各场署签单均由中国银行代理入库手续，实行就场征税。商人请捆盐斤，随时向各分支场局申请，核明应缴税款及专款，填给收款书，由商人赴银行缴款。

中华人民共和国成立初期，沿用民国时期《盐政条例》征管盐税。1950年，国家对盐税实施“从量核定、就场征收、税不重征”的办法。同年5月，省盐务管理局设盐税稽征所15个：第一分局下设5个，分别为宁波、余姚、周巷、浒山、临山；第二分局下设2个，分别为萧山、百官；第三分局下设3个，分别为青田、瑞安、温州；第四分局下设2个，分别为临海、路桥；直属3个，分别为杭州、嘉兴、临浦。至1952年底尚有周巷、新河、柳市、瑞安、宁波5个盐税稽征所。

1953年后分别并入各自所在分局。1958年7月1日起，盐税交由税务机关稽征管理。1994年盐税取消后，盐税列入资源税税目征收资源税，仍由税务机关稽征。此后无变化。

第四节 盐税收入

盐税收入是历代政府的主要财政收入。

唐以前，两浙盐税具体数额情况不明。从有关史料看，唐“安史之乱”前的食盐税收数额不高。开元、天宝中有记载的90所盐井岁入为8058贯。即使将海、池、井三类盐收入加在一起，并包含以盐代租的部分，也仍是微乎其微。① 唐榷盐法实施后，实行垄断价格，盐利大增。“大历末，通天下之财，而计其所入，总一千二百万贯，而盐利过半。”②

宋代的官收盐利，在中央财政岁入中占据显要位置。“东南盐利，视天下为最厚。盐之入官……两浙杭、秀为钱六，温、台、明亦为钱四……其出，视去盐道里远近而上下，其估利有至十倍者。”③宋代官方统计的岁收盐钱，北宋前期从300万余万贯增至700余万贯。北宋中期约从700万～800万贯增至1000余万贯。北宋后期从1000余万贯增至2000余万贯。南宋前期从不足2000万贯增至3000万贯左右。南宋后期从3000万贯下降至2000余万贯。其时两浙盐税收入未有明确记载。宋代盐利不仅对中央财计和国防军费等影响甚大，而且对地方财计也关系很大。如宋初，浙西一路岁入七百万缗，盐利居五分之四。

元代，经国之费，盐课为重。“凡天下一岁总办之数，唯天历为可考……盐总二百五十六万四千余引，盐课钞总七百六十六万一千余锭。”④在盐课收入中，两淮所占比例最大，两浙次于两淮。

明代，盐课收入占国家财政收入之半。“国家财赋，所称盐法居半者，盖岁计所入止四百万，半属民赋，其半则取给于盐筴。”⑤万历年间(1573—1620年)户部尚书李汝华《户部题行盐法十议疏》中详细记载了各盐区盐课收入：“两淮岁解六十八万两有奇，长芦十八万，山东八万，两浙十五万，福建二万，广东二万，云南三万八千有奇。除河南(东)十二万及川陕盐课，虽不解太仓，并其银数，实共该盐课银二百四十余万两。”按此数据计算，两浙盐课收入占当时明代盐课总收入的比例约为6.25%。明万历间，两浙岁课，包括本色盐、折色盐、佃荡税银、仓基银、新垦熟荡灰场银、水乡田荡银、车船税银及其他杂项等项目。两浙运司各项课银共9.57万两白银，加上盐场所在卫所水乡荡地税银3.92万两，以及余姚诸县商税银623两，每年共收课税银13.55万两。这一数字与李汝华《户部题行盐法十议疏》所记载的两浙盐课收入稍有差异。万历二十八年(1600年)，叶永盛在《浙鹾记事》中道：“浙课解部旧额止一十四万，不唯不及两淮，亦不及河东。”

---

① 郭正忠主编《中国盐业史(古代编)》，人民出版社1997年版，第205页。

② 《旧唐书》卷五十三《食货下》。

③ 〔元〕马端临：《文献通考》卷十五。

④ 《元史》卷九十四《食货二》。

⑤ 《明经世文编》卷四百七十四。

雍正五年(1727年),两浙盐课总额42.5万两。乾隆元年(1736年),因两浙食盐价贵,又因各场荡地少有坍没,清高宗弘历为加惠商民而予以豁免,故较旧额减少,总数为41.87万两,其中引课28.96万两,水乡、县场课11.45万两,功绩、牙税、包课、杂饷、滴珠等1.46万两。咸丰年间(1851—1861年)太平天国运动,盐商逃离,片引不行,清政府改行抽厘办法,按斤抽厘8文、10文或12文不等,先完一半,其余一半俟盐销售得价后完纳。此项抽厘每年总数约制钱100余万串,合银60余万两。光绪二十九年(1903年),户部报告全国合计盐课收入银11269865两、钱224万44串,其中浙江省盐课收入银698353两。至清末,两浙盐税总收入为97.43万两(中央政府年盐税总收1300万两左右),比清初增长1倍以上。两浙盐税收入占当时清代盐税总收入的比例约为7.5%,比明代略有提高。

民国2年(1913年),实行均税法案,从量计征,堵塞漏洞,提高税率,盐税总收入迅速增长,至民国26年增至1300余万元。民国27年后,通货膨胀,税款表面数额增至数千亿元,但因货币贬值,收入反而有所减少。民国时期盐税总收入见表47-6-4-1。

表47-6-4-1 民国时期两浙盐税总收入一览表 单位:万元

年份	金额	年份	金额	年份	金额
民国3年	293.9	民国15年	526.0	民国27年	1200.2
民国4年	312.7	民国16年	585.4	民国28年	1377.9
民国5年	323.1	民国17年	787.7	民国29年	1442.4
民国6年	349.9	民国18年	879.1	民国30年	1280.5
民国7年	379.1	民国19年	899.0	民国31年	5893.1
民国8年	412.8	民国20年	940.0	民国32年	4539.2
民国9年	429.4	民国21年	986.2	民国33年	51370.8
民国10年	435.8	民国22年	993.4	民国34年	81656.1
民国11年	446.8	民国23年	941.9	民国35年	2010743.5
民国12年	475.0	民国24年	900.7	民国36年	7419519.3
民国13年	446.7	民国25年	1188.9	民国37年上半年	76693514.8
民国14年	526.2	民国26年	1332.3	民国37年下半年	762.0

资料来源:《浙江省盐业志》,中华书局1996年版,第348页。

说明:1.本表所列币值,民国3—24年(1914—1935年)为银圆,民国25年至37年上半年为法币,民国37年下半年为金圆券。2.本表所列盐税不包括汪伪敌占区的盐税收入。

民国29年(1940年)后,余姚、岱山、钱清等主要盐场沦陷,汪伪成立盐务机关征收盐税,大肆掠夺钱财。据国民政府财政部盐政总局统计室统计,汪伪控制期间征收盐税情况见表

47-6-4-2。

表 47-6-4-2　民国 29—34 年(1940—1945 年)汪伪两浙盐务机关征收盐税一览表

年　份	盐税收入		年　份	盐税收入	
	日金(元)	中储券(元)		日金(元)	中储券(元)
民国 29 年	6439.52	8344.61	民国 32 年		3052406.54
民国 30 年	4092.31	69894.76	民国 33 年		25315897.43
民国 31 年		46181.28	民国 34 年		105383938.42

资料来源:《浙江省盐业志》,中华书局 1996 年版,第 351 页。

说明:1. 因沦陷时期数据记录不详,部分数据无从考证。2. 中储券为汪伪政府中央储备银行发行的货币,抗日战争胜利后,1 元法币兑换 200 元中储券。

中华人民共和国成立后,废除一切附税。1950 年 6 月起数次降低征率,20 世纪 80 年代后又几次减税,但总收入相对稳定。随着经济社会发展,其他工商税额猛增,盐税所占工商税比例逐步下降,1950 年浙江省盐税总额占工商税的 22.65%,至 1993 年仅为 0.195%。1994 年起,国家取消盐税,将盐税纳入资源税的税收范围,盐税由此终结。1950—1993 年总计盐税收入 16.4 亿元,各年收入及占当年工商税比重情况见表 47-6-4-3。

表 47-6-4-3　1950—1993 年浙江省盐税收入统计一览表　单位:万元

年份	盐税收入	占工商税比重(%)	年份	盐税收入	占工商税比重(%)	年份	盐税收入	占工商税比重(%)
1950	1833	22.65	1965	3296	5.35	1980	4018	2.13
1951	1928	12.85	1966	3613	6.18	1981	4972.3	1.80
1952	2522	13.11	1967	3326	6.30	1982	5751.8	2.69
1953	2829	11.46	1968	3878	7.68	1983	5187.8	1.98
1954	2398	9.01	1969	4255	6.86	1984	4711.4	1.32
1955	2150	8.25	1970	4800	6.98	1985	4313.6	0.81
1956	2832	9.32	1971	4189	5.42	1986	5613.4	0.89
1957	3687	10.37	1972	4378	5.02	1987	4579.1	0.65
1958	3352	6.97	1973	4126	4.09	1988	4526.8	0.55
1959	3470	6.78	1974	4460.8	4.99	1989	4594	0.48
1960	4559	8.58	1975	4060.1	4.46	1990	3244	0.33
1961	3267	9.06	1976	3443.3	3.51	1991	3892	0.37
1962	2125	4.41	1977	3458.4	2.77	1992	4159.2	0.35
1963	1793	3.44	1978	3830.3	2.53	1993	3446.0	0.195
1964	3235	5.63	1979	3954.1	2.38			

资料来源:《浙江省盐业志》,中华书局 1996 年版,第 349—350 页。

第七章　食盐加碘

食盐加碘是防治碘缺乏病最安全、有效、经济和易推广的方法。碘缺乏病(简称“IDD”)是世界上分布最广泛、危害人群最多的一种地方病。浙江省属环境碘缺乏地区。自1985年开始即自行生产加碘盐,首先在东阳县罗山乡试点。1990年,中国政府在联合国召开的儿童问题首脑会议上承诺到2000年实现消除碘缺乏病的阶段目标,1994年颁布实施《食盐加碘消除碘缺乏危害管理条例》,并启动了全国加碘盐工程项目。浙江省以此为契机,实施食盐加碘项目,至1998年底基本完成,形成33万吨小包装碘盐的生产能力。后经调整完善,至2010年底,全省共有食盐定点生产企业6家,形成了省内集中分装和省外委托贴牌加工、总分装能力30万吨的产能布局,能够满足全省小包装碘盐供应。

从1995年起,省卫生、盐业等部门定期开展碘盐监测和碘缺乏病病情监测工作,浙江省碘盐覆盖率、碘盐合格率、合格碘盐食用率总体逐年上升后维持较高水平,分别于2000年和2007年顺利通过消除碘缺乏病阶段目标、中期目标的国家考核评估,全省食盐加碘消除碘缺乏危害工作取得显著成效。根据部分社会舆论对食盐加碘的争议,2009年,省科学技术厅对“人群碘营养水平与甲状腺相关疾病研究”作为立项课题,进行专题调研。调研结果显示:浙江省自然环境总体处于碘缺乏状态,人群碘营养状况整体处于适宜水平。

第一节　项目建设与碘盐生产

浙江省自行生产加碘盐始于1985年,以东阳县罗山乡为试点开展。根据全国加碘盐工程项目总体安排,浙江省食盐加碘工程项目起步于1994年,至1998年底基本完成,形成了33万吨小包装碘盐的分装加工能力,能够满足全省小包装碘盐市场需求。经优化调整,至2010年底,全省形成30万吨的分装加工能力。

一、项目建设

经国家计划委员会(以下简称“国家计委”)、中国轻工总会、国家开发银行等部门的审查和世界银行的评估,1995年2月,国家计委批准了全国加碘盐工程项目总体可行性研究报告,项目总投资9.8亿元,核定总生产能力800万吨,并规定整体项目由国家计委牵头,中国轻工总会组织,中国盐业总公司和各省盐业公司共同实施。1996年12月,国家计委批准加碘盐项目开工并下达年度计划,至此,全国加碘盐工程总体项目实施正式全面启动。

浙江省食盐加碘工程项目是国家800万吨加碘盐总体项目中的一个分支项目。1994年4月,浙江省向国家计委上报了浙江省食盐加碘项目建议书。同年11月,浙江省计经委根据国家计委关于加碘盐项目建议书的批复精神,向国家计委上报了浙江省食盐加碘项目可行性研究报告。1995年,中国轻工总会批复了《浙江省食盐全面加碘改造项目可行性研究报告》;1996年7月,浙江省计经委批复了《浙江省加碘盐工程初步设计》。

根据批复要求,全省加碘盐生产能力总量为38万吨,其中宁波盐业站9万吨,象山盐场9万吨,三门盐场8万吨,岱山盐场12万吨。具体产品方案:50千克机械大包装6.6万吨,由宁波盐业站承担;0.5～1千克机械小包装6万吨,由4家定点生产企业和部分销区承担,其中宁波盐业站2.4万吨、岱山盐场1.2万吨、象山盐场0.6万吨、三门盐场0.6万吨、杭州市盐业公司和萧山市盐业公司各承担0.6万吨;其余为手工包装。项目概算核定总投资2493万元,其中宁波盐业站633.11万元,岱山盐场768.72万元,三门盐场517.60万元,象山盐场573.57万元。资金来源为:国家开发银行贷款855万元,国家碘盐基金拨款640.80万元,地方与企业自筹997.20万元。批复还对生产工艺、设备、供电、供水、卫生、环保、消防等作了规定。

受1997年11号台风影响,全省加碘盐项目损失严重。为此,国家轻工业局调减了浙江省加碘盐生产能力,重新核定浙江省加碘盐生产能力33万吨,其中象山盐场调减为8万吨,三门盐场调减为7万吨,岱山盐场调减为9万吨,宁波盐业站生产能力不变。

浙江省食盐加碘工程项目由省轻纺工业设计院负责设计,岱山盐场、三门盐场、象山盐场和宁波盐业站4家定点生产企业共同实施。整体项目于1996年陆续开工,至1998年底基本完成了各项工程。宁波盐业站加碘盐项目是全省单体最大的一个项目。项目于1997年开工,至1998年3月,主体厂房基本完成;8月,生产设备安装完毕,进入调试和试生产阶段;同年底,项目基本完成。1998年4月获得省盐务管理局核发的“碘盐定点分装企业证书”。1998年11月获得国家轻工业局盐业管理办公室、中国盐业总公司颁发的“食盐定点生产企业证书”。其他三个项目相应由各产盐区盐业公司承担。岱山盐场加碘盐项目下设岱山、定海、普陀3个分厂;象山盐场加碘盐项目下设象山、鄞县、北仑、慈溪、奉化、宁海、宁波市盐业供销公司7个分厂;三门盐场加碘盐项目下设三门、温岭、玉环、临海、椒江、路桥6个分厂,均于1998年底完成项目建设,通过验收,并取得“食盐定点生产企业证书”“碘盐定点分装企业证书”。为保证全省食盐加碘项目建设,其间,省盐务管理局下发《关于加快加碘盐工程建设进度的通知》,要求认真落实项目建设责任制,加强项目建设检查督促,切实加快项目建设进度,并多次召开加碘盐工程项目建设专题座谈会。为规范厂名,省盐务管理局规定厂名统一称为“××市加碘盐厂××县分厂××车间”。

按照机械化生产要求,全省食盐加碘工程项目共配置加碘机40台,其中舟山盐科所研制生产的ZJD型湿法加碘机31台、宁波奉化生产的YJD型干法加碘机9台,形成碘盐生产能力33万吨;实际建筑总面积15439.45平方米,其中新增面积7760.7平方米;项目实际完成交付使用资产2356.99万元。全省食盐加碘工程项目完成情况见表47-7-1-1。

表 47-7-1-1　　　　1998 年浙江省碘盐加工项目完成情况一览表

项目单位名称		形成生产能力(万吨)	完成投资(万元)	总面积(平方米)	其中新建(平方米)	配置加碘机(台)		配置封口机(台)
						YJD 型	ZJD 型	
象山盐场		8	502.39	3111.15	1662	8	6	48
其中	象山	2.8	118.43	583.15	425	1	2	
	北仑	2.1	214.37	438	308	2	1	
	鄞县	1.0	49.30	495	-	-	1	
	慈溪	0.6	20.22	160	-	1	1	
	宁海	0.4	29.14	340	-	2	-	
	奉化	0.3	26.15	166	-	1	-	
	供销	0.8	44.78	929	929	-	1	
岱山盐场		9	776.78	5248	1068	-	14	15
其中	岱山	4.5	381.46	2395		-	5	
	普陀	2.25	190.42	1074	-	-	4	
	定海	2.25	204.90	1779	1068	-	5	
三门盐场		7	489.22	3432.3	1382.7	1	8	26
其中	三门	2.3	103.76	325	-	-	2	
	临海	1.0	61.36	607.7	444.6	-	1	
	椒江	0.6	49.58	988	-	1	1	
	路桥	0.5	31.80	133.5	-	-	1	
	温岭	2.0	199.78	1178.1	938.1		2	
	玉环	0.6	42.95	200	-	-	1	
宁波盐业站		9	519.02	3648	3648	-	3	
全省整体项目		33.0	2287.41	15439.45	7760.7	9	31	89

资料来源：据 2000 年 5 月浙江省食盐加碘工程项目竣工验收资料综合整理，省盐务管理局 2000 年档案。

1999 年 5 月 21 日，省轻纺集团公司、省盐务管理局在宁波组织召开了全省加碘盐项目竣工验收准备工作座谈会，要求各项目单位在 8 月底前完成工程总结报告、竣工决算报告、竣工图纸和各专项验收。除竣工决算审定外，环境保护、消防、档案、安全卫生、工程质量5个专项由各项目单位提请当地相应的主管部门组织验收。2000年3月22日，全省食盐加碘工程17个子项目的环保设施全部通过当地环保部门组织的竣工验收后，省环保局同意全省食盐加碘工程整体工程通过环保竣工验收。同年5月，由中国盐业总公司、省计经委、省轻纺集团公司、省轻纺设计院等单位专家组成的项目竣工验收委员会通过了浙江省食盐加碘工程项目整体竣工验收。竣工验收委员会一致认为：浙江省食盐加碘工程项目总体设计和工艺流程合理，设备选型适宜，项目建设达到了国家食盐全面加碘的目标。浙江省食盐加碘工程项目建成投产，标志着全省碘盐的生产和供应走上规范管理的轨道，为确保合格碘盐生产和供应、可持续消除碘缺乏危害发挥了重要作用。

全省加碘盐项目建成后，根据国家有关食盐定点生产企业政策以及浙江省实际，全省食盐定点生产企业陆续有调整，至2010年底，全省共有食盐定点生产企业6家，基本形成了省内集中分装和省外委托贴牌加工、总分装能力30万吨的产能布局。

二、碘盐生产

浙江省自行生产加碘盐始于1985年。1984年11月，省委地方病防治领导小组在东阳召开碘缺乏病防治工作会议，提出了在销区就近、集中加碘供应的意见。1985年8月，根据省政府安排，确定以东阳县罗山乡为试点，首先进行自行加工碘盐，开展销区加碘供应工作。同年10月，罗山乡开始供应自己加工的碘盐。1986年5月，东阳全县供应碘盐，为全省的碘盐生产加工和供应工作提供了经验。

东阳自行加工碘盐取得成功后，省盐务管理局立即会同省地方病防治办公室组织东阳、义乌、仙居等县到福建参观学习，了解碘盐加工供应、加工机械等情况。义乌市蔬菜公司和农机厂紧密配合，试制了全省第一台食盐加碘机，为推广机械化加碘创造了条件。从1984年至1991年，全省共加工供应碘盐52.5万吨，其中1988—1991年每年生产供应碘盐10万吨以上，使1200个乡的1227万人口受益。

1994年4月浙江省启动食盐加碘工程项目建设后，根据国家和浙江省对食盐加碘项目建设的总要求，按照中国盐业总公司有关“项目资金不到位，自筹仍不足的，可因陋就简，土法上马先搞起来，随着资金到位，逐步实现机械化、现代化”的精神，省盐务管理局结合省内盐业实际，决定销区不增投资，利用原有场地设施进行加碘，主产区先以简易机械加碘，后根据项目资金到位情况按设计要求逐步配置标准设施。由于要求明确，1995年采取土法上马、产销共同加碘，较好地实现了1996年全面供应碘盐的目标。至1996年建成机械加碘能力12万吨，完成整体项目的1/3；至1997年形成产区机械加碘能力20多万吨；至1998年底完成全部加碘盐项目建设工程，形成加碘能力33万吨。

为确保碘盐质量，根据中国盐业总公司统一部署，从1995年3月起，由省盐务管理局建立碘酸钾储存专用仓库，对全省食盐加碘所需的碘酸钾实行统一采购和供应，并规定省内各加碘盐厂及有关单位或部门不得自行采购。全省统一供应碘盐后，各地未被省盐务管理局列为碘盐定点厂的碘盐加工点，一律停止碘盐加工工作。同年7月，省盐务管理局组织对省、市、县三级盐务管理局(盐业公司)加碘盐分管领导,加碘办负责人,各定点厂(加碘盐厂、小包装厂)厂长、车间主任,工程技术人员和关键技术岗位操作工人等共计208人进行了食盐加碘的政策、法规和加碘盐工艺、设备、检测、包装、维修等专业技术知识与基本技能培训,以确保加碘盐工程按期竣工投产,向市场提供合格的碘盐。

1995年10月5日,中国轻工总会盐业管理办公室制定了《碘盐质量保证实施办法》,规定加碘母盐必须符合国家标准《食用盐》中日晒细盐一级的标准,且1997年1月1日起销区不再加碘。根据国家有关碘盐由定点生产企业统一加工的要求,结合全省碘盐工程项目的进展情况,省盐务管理局下发了《关于抓紧衔接落实碘盐产销供应工作的通知》。在省盐务管理局的统一指导协调下,通过事先衔接、协调、调整、限制等措施,做好碘盐供应的衔接工作,确保市场碘盐正常供应,实现了从原产销区共同加碘向国家食盐定点生产企业统一加碘的平稳过渡。1997年11月起,浙江省全面停止销区加碘,碘盐小包装由定点厂和分装点共同加工。同年12月,省盐务管理局印发《碘盐分装定点管理规定》,对碘盐分装实行定点制度,实行统一管理,由省盐务管理局颁发碘盐分装定点企业证书,原则上一个县(市)只能申请一个分装点。根据国家总体要求,碘盐分装逐步推行半自动、自动化包装,向国家食盐定点生产企业转移。

2000年8月,根据中国盐业总公司要求,结合省内实际,对省内食盐定点生产企业进行调整,从原有10家食盐定点企业调减至4家,设计产能38万吨,实际能力33万吨。

2001年,按照中国盐业总公司有关食用盐精细化和小包装碘盐产地成品化的要求,浙江省采取了“小生产、大经营”的策略。省盐务管理局调整了省内小包装碘盐生产量,与邻省几家较大规模的国家食盐定点生产企业挂钩,直接委托加工小包装加碘精制盐达3000吨,约占全省销售的小包装加碘精制盐的1/4。

为实现食盐分装集中化,全面取消手工包装和县级分装,食盐机械化包装率达到100%的目标,2005年以来,省盐务管理局先后两次对省内食盐定点生产企业生产格局进行调整。食盐分装点主要依托国家食盐定点生产企业进行建设,由省内集中分装和省外委托贴牌加工两部分组成。总分装能力30万吨,其中省内20万吨,省外委托贴牌加工10万吨。省内建立5个集中分装基地,自动化小包装能力20万吨。其中浙江绿海制盐有限责任公司6万吨,浙江省宁波晶泰盐业发展有限公司7万吨,台州市盐业配送有限公司2万吨,浙江蓝海星盐制品有限公司3万吨,舟山市盐业公司2万吨,重点向浙江绿海制盐有限责任公司、浙江省宁波晶泰盐业发展有限公司和浙江蓝海星盐制品有限公司集中。省外委托贴牌加工每年约10万吨调入量,其中小包装精制盐以江苏、江西、湖北为主,小包装粉洗盐以山东为主,并逐步向精细化食盐过渡。2006—2010年,全省食盐定点生产企业共生产小包装加碘盐66.1万吨,见表47-7-1-2。

表 47-7-1-2　　2006—2010 年浙江省食盐定点企业小包装加碘盐产量一览表

单位:万吨

年份	全省合计		宁波晶泰盐业公司		舟山市盐业公司		浙江绿海制盐公司		浙江蓝海星盐制品公司		台州市盐业配送公司	
	计划	产量	计划	产量	计划	产量	计划	产量	计划	产量	计划	产量
2006	13.30	12.83	3.40	4.11	2.50	2.43	4.00	3.69	3.10	1.48	0.30	1.12
2007	11.35	13.11	3.70	4.85	1.30	1.59	4.50	4.56	1.55	0.98	0.30	1.13
2008	10.30	12.44	3.40	4.62	-	0.71	5.30	5.11	0.40	0.60	1.20	1.40
2009	12.00	14.08	3.60	4.27	-	0.09	5.55	6.64	0.45	0.66	2.40	2.42
2010	13.00	13.64	3.40	4.27	-	-	6.60	6.43	0.60	0.76	2.40	2.18

资料来源:据 2006—2010 年浙江省盐业统计年报综合整理。

第二节　科学补碘与碘盐供应

食盐加碘是消除碘缺乏病的最根本措施。浙江省自 1995 年全面普及合格碘盐供应工作后,全省碘盐覆盖率和合格碘盐食用率稳定上升,居民碘营养水平维持适宜水平,市场供应稳定有序。

一、科学补碘

碘缺乏病是世界上分布最广泛、危害人群最多的一种地方病,是由于自然环境中的水、土壤缺乏碘造成植物、粮食中碘含量偏低,使机体碘的摄入不足而导致的一系列损害。全球有 110 个国家共 16 亿人生活在缺碘地区。中国是世界上碘缺乏危害最严重的国家之一,原病区人口达 4.25 亿,约占世界病区人口的 40%,占亚洲病区人口的 60%。浙江省同样是碘缺乏重病区。据 1985 年普查显示,全省有地方性甲状腺肿流行县 52 个,占全省县(市)数的 60.5%;受碘缺乏危害威胁的人口有 1238 万左右,占全省总人口的 28.3%;地方性甲状腺肿患者达 85 万人。

防治碘缺乏病最根本的措施是食盐加碘。这是被许多国家近 1 个世纪的防治工作所证实的,是各种补碘方法中最好的方法。它不仅安全、有效、经济和容易推广,而且符合微量、长期及生活化的要求。

1990 年 3 月,联合国召开儿童问题首脑会议,发表《儿童生存、保护和发展世界宣言》,提出到 2000 年在全世界范围内消除碘缺乏病的目标。国务院总理李鹏代表中国政府签字承诺,中国至 2000 年实现消除碘缺乏病的阶段目标。

1991 年,在罗马召开的国际营养会议上,中国郑重宣告将在 10 年内减少碘缺乏病的流行。为达到这一目标,1993 年在北京召开"中国 2000 年消除碘缺乏病动员会",讨论通过了

《行动计划纲要》，联合国开发计划署、世界卫生组织、联合国儿童基金会等国际组织对中国进行支持和援助。为加强宣传，普及防病知识，提高自我保健意识，会议提出从1994年起，每年5月5日为全国碘缺乏病宣传日。后经卫生部与碘缺乏病防治相关部委的协调，防治碘缺乏病日自2000年起改为5月15日。

为保证食盐加碘、消除碘缺乏病工作的顺利实施，1990年以来，国家和浙江省先后颁布了《盐业管理条例》（1990年）、《食盐加碘消除碘缺乏危害管理条例》（1994年）、《食盐专营办法》（1996年）、《浙江省盐业管理条例》（1998年）等盐业法律法规，对全面普及合格碘盐供应、科学补碘工作作出规范。

1994年9月21日，国务院办公厅转发卫生部、中国轻工总会《中国2000年消除碘缺乏病规划纲要》，要求在“九五”期间，全国所有食盐（包括畜牧用盐）全部加碘，合格碘盐食用率达95%，人口覆盖率达95%，全国95%的县达到消除碘缺乏病的标准。

1994年，我国盐碘含量（以碘离子计）标准为：加工为50毫克/千克，出厂不低于40毫克/千克，销售不低于30毫克/千克，用户不低于20毫克/千克。1995年全国碘缺乏病监测显示，由于食盐碘含量没有规定上限值，结果导致部分地区盐碘含量过高。1996年，卫生部规定盐碘含量不得超过60毫克/千克的上限值。根据国民碘营养水平实际，2000年，卫生部将生产环节的碘含量下调为平均35毫克/千克，碘含量的允许波动范围±15毫克/千克（20～50毫克/千克）。浙江省按照国家规定的碘含量标准执行。

为全面普及科学补碘知识，提高广大群众对食用合格碘盐的自觉性，根据国家和浙江省有关通知要求，全省盐业部门每年均会同卫生、教育、工商、广电等部门联合开展碘缺乏病宣传日活动，重点加强碘盐普及率较低的产盐区、蔬菜加工区和边远山区的宣传和碘盐供应工作，逐步建立起了“政府领导、部门协作、社会参与”的防治碘缺乏病可持续发展的工作机制。

2001年4月，国务院办公厅转发卫生部等七部门《关于进一步加强消除碘缺乏病工作意见》，要求广泛动员全社会参与防治碘缺乏病工作，广泛深入宣传碘缺乏病防治知识，实现可持续消除碘缺乏病的目标。为此，2002年5月，省政府地方病防治领导小组、省卫生厅、省盐务管理局、省计划生育委员会、省残疾人联合会、省关心下一代工作委员会六部门联合发文，决定在全省青少年学生中举办浙江省“赞成杯”碘盐保护儿童智力正常发育知识竞赛和“赞成碘盐·文化艺术夏令营”（参见图47-7-2-1），为青少年学生提供一个学习、防治碘缺乏病知识的课堂，营造“科学补碘，健康成长”的良好社会氛围。同年8月，全国“聪明点（碘）子大王”夏令营活动在杭州举行。

图47-7-2-1　赞成碘盐·文化艺术夏令营（浙江省盐务管理局照片档案资料）

2006年,杭州市疾病预防控制中心公布最近10年的食盐补碘监测数据,因科学补碘,杭州儿童的平均智商由110提高到114.7,即由中等智商变成了优秀智商。杭州市疾控中心研究认为,这与食盐加碘、科学补碘有很大关系。这一结论也与国内外的有关研究成果相互印证。国外有调查证实,碘缺乏可使人群的平均智商降低13.6。天津医科大学2004年公布的一项研究成果表明,自1993年开始食盐加碘后,我国7～14岁学龄儿童的平均智商提高了12个百分点,因碘缺乏而威胁我国民族素质并造成智力损伤的局面得到了根本性的扭转。

浙江省自1995年全面普及合格碘盐供应工作后,消除碘缺乏病工作取得显著成效。但有少部分舆论认为,沿海地区居民经常吃海产品,因而不会缺碘,甚至认为浙江沿海地区居民补碘过量。针对这一争议,省科学技术厅于2009年立项重大科技专项"人群碘营养水平与甲状腺相关疾病研究",就此问题进行专题研究。课题组在全省随机抽取11个市的22个县(市、区),调查8364户家庭22988人,进行甲状腺B超检查18956人,采集尿样19516份、血样8275份、盐样7811份、水样265份。调查结果表明,浙江省居民饮用水中平均碘含量为2.42微克/升,符合缺碘地区的判定标准(水碘含量低于10微克/升),浙江省自然环境总体处于碘缺乏状态;居民平均尿碘含量为160.74微克/升,处于碘营养状况评价标准适宜范围内(100～199微克/升),人群碘营养状况整体处于适宜水平。但妊娠期妇女尿碘含量为137.99微克/升,低于推荐的适宜标准(150～249微克/升),碘营养水平处于不足的状态;甲状腺结节患病率有随着尿碘水平的增高而逐渐降低的趋势,尿碘水平处于0～99微克/升(碘缺乏组)人群甲状腺结节患病率最高,达到25.46%,尿碘水平在100～199微克/升(碘适宜组)患病率为22.36%,而200～299微克/升(碘足量组)以及大于300微克/升(碘过量组)人群甲状腺结节患病率较低,分别为19.02%和18.78%,这表明人群碘营养缺乏时甲状腺结节患病率相对较高。这也与国家有关部门的调查结果一致。2009年5—12月,卫生部组织中国疾控中心等单位采用大样本横断面调查方法,在11个沿海省(市)中选择浙江省等4个省(市),开展了沿海地区居民碘营养状况和膳食碘摄入量调查。调查结果表明:浙江等沿海地区成人、乳母和儿童的尿碘中位数都在100～250微克/升之间,碘营养状况总体上是适宜和安全的,但尿碘水平偏低个体比例较高,尤其是孕妇,尿碘水平低于150微克/升的人群比例为46%。根据该调查结果,国家食品安全风险评估专家委员会发布我国食盐加碘和居民碘营养状况评估报告。报告指出,从人群尿碘水平和膳食碘摄入量两方面评价,我国除高水碘地区外,绝大多数地区居民的碘营养状况处于适宜和安全水平,沿海地区也不例外;食盐加碘并未造成我国居民的碘摄入过量;我国居民碘缺乏的健康风险大于碘过量的健康风险。

2010年,浙江省碘盐覆盖率97.32%、碘盐合格率98%、合格碘盐食用率95.41%,8～10岁儿童甲状腺肿大率下降至4%,居民碘营养水平维持适宜水平。

二、碘盐供应

(一)普及合格碘盐供应

中国供应加碘食盐始于民国29年(1940年),于民国29—31年在云南省一平浪盐矿进行食盐加碘并供应盐矿所覆盖的地区，这是中国首次食盐加碘。中华人民共和国成立后，1954年先在陕西、河北等省的碘缺乏区试用食盐加碘防治地方性甲状腺肿，随后逐步在全国各地推广。1978年，浙江省革委会生产指挥组发出《开展碘化食盐防治甲状腺肿的通知》，要求各盐业单位对病区扩大碘盐供应。

浙江省的碘盐供应工作首先从临安县开始，1984年5月从河北黄骅调入碘盐供应临安进行试点，1985年扩大到淳安县，但由于铁路运输不能满足实际需要，碘盐供应不能保证，影响了防治效果。1985年10月，东阳县罗山开始供应自己加工生产的碘盐，次年5月全县供应碘盐。1986年，全省有9个县在病区普及了碘盐供应，1987年扩大到41个县，有92%病区人民吃上了加碘盐。1988年，又有3个县普及。至此，全省52个病区县，除8个县按省地方病防治办公室要求采用碘油进行防治外，其余44个县全部供应了碘盐。1988年，全省供应碘盐9.33万吨，其中9万吨省内自行加工。

1990年以来，国家和浙江省先后颁布相关法律法规，对碘盐供应作出明确规定。1990年3月，国务院颁布《盐业管理条例》，规定“对碘缺乏病地区必须供应加碘食用盐。未经加碘的食用盐，不得进入碘缺乏病地区食用盐市场”。1994年8月，国务院颁发《食盐加碘消除碘缺乏危害管理条例》，规定“国家对消除碘缺乏危害，采取长期供应加碘食盐为主的综合防治措施……除高碘地区外，逐步实施向全民供应碘盐”；“在缺碘地区生产、销售的食品和副食品，凡需添加食用盐的，必须使用碘盐。禁止非碘盐和不合格碘盐进入缺碘地区食用盐市场”。1998年12月发布的《浙江省盐业管理条例》规定，“食盐批发、零售实行许可证制度。未取得食盐批发、零售许可证的，不得经营食盐批发、零售业务”；“严禁食盐零售单位销售非碘盐、散装碘盐、不合格碘盐以及无防伪碘盐标志的盐产品”。浙江省从1995年起逐步实施普及合格碘盐供应工作；1997年11月起，食盐定点企业全面开始对对应销区供应加碘盐，至1998年在全省范围内全面实现普及合格碘盐供应。浙江省历年碘盐供应情况见表47-7-2-1。

表47-7-2-1　　1994—2010年浙江省小包装碘盐销量一览表　　单位：吨

年份	销量	年份	销量	年份	销量
1994	9034	2000	242606	2006	229441
1995	46303	2001	266355	2007	240889
1996	122834	2002	245778	2008	245453
1997	171884	2003	244245	2009	233772
1998	209530	2004	241362	2010	235374
1999	237200	2005	249416		

资料来源：据1994—2010年浙江省盐业统计年报综合整理。

（二）市场应急供应

由于食盐是与人民生活息息相关的生活必需品，如遇突发事件，容易引发食盐抢购。

2003年2月中旬和4月下旬，由于受“非典”疫情的影响，全省先后两次发生了较大规模的食盐抢购风，仅2月13—15日的3天时间，全省销售小包装碘盐近2万吨，相当于平时1个月的销售量。其中台州市销售小包装碘盐2500吨，为日常销量的30倍以上。在省政府和上级主管部门的指挥部署下，省盐务管理局、省盐业公司成立了保障市场碘盐供应领导小组，并下发了紧急通知，要求各级盐业公司确保合格碘盐的有效供应。省盐业公司追加省外食盐调入计划近3000吨，投放市场供应。各市、县(市、区)也采取切实有效措施，部分市、县(市、区)为保障市场供应，用汽车到江苏、安徽等地紧急调运，从而快速平息了食盐抢购风，保证了市场正常供应，全省没有发生一起责任性脱销。

2009年5月，苍南、平阳、泰顺等县因社会上“海水污染、海盐紧缺”谣言流传，引发了食用海盐结构性抢购。省盐务管理局、省盐业集团公司加大调运力度，组织省内食盐定点生产企业加班加点生产小包装碘盐，及时补充盐源投放市场，充实三地盐业公司库存，快速平息了食盐抢购风波。5月20日，苍南县销售小包装碘盐50吨，为日常销量的5倍，21日恢复正常；平阳县5月20日销售小包装碘盐100吨，为日常销量的15倍，21日又销售80多吨，21日下午恢复正常；泰顺县5月20日销售小包装碘盐20吨，为日常销量的20倍，21日和22日上午又销售70多吨，22日下午恢复正常。

为提高全省食盐市场供应应急保障能力，保证全省食盐市场有效供应和价格稳定，维护市场有序流通和社会稳定，2009年12月，省盐务管理局制定《浙江省食盐市场供应应急预案》，要求各市、县(市、区)盐业部门和食盐定点生产企业及储运公司，制定配套的应急预案，成立食盐市场供应应急机构，认真履行职责，健全食盐市场应急保障体系，维护全省食盐市场有序供应和社会稳定，各单位均按照要求组织落实，制订应急预案，成立应急机构。

(三)盐产区、蔬菜加工区供应

盐产区和蔬菜加工区是浙江省碘盐供应薄弱地区。卫生部门监测结果显示，2005年，浙江省的温州、台州、舟山3市的21个县(市、区)的合格碘盐食用率低于90%，主要为盐产区和蔬菜加工区。2006年4月，省盐务管理局制定《温、台、舟3市及21个县(市、区)提高碘盐“三率”方案》，明确尽快提高盐产区和蔬菜加工区等特殊区域碘盐覆盖率和合格碘盐食用率的行动计划。各相关市、县(市、区)盐业管理部门结合当地实际，迅速行动，锁定重点区域，成立专门工作组，分区域、定目标，明确责任，全面落实合格碘盐食用率未达标乡镇的碘盐普及供应任务。通过落实小包装碘盐直达配送到零售店，产盐区盐民自食盐全部实施加碘，对蔬菜腌制用户、水果加工户采用碘盐配送到户，加强宣传教育，强化市场管理等措施，盐产区和蔬菜加工区合格碘盐食用率有明显提升。2007年浙江省碘盐监测结果显示，上述21个重点县(市、区)中有16个地区的合格碘盐食用率超过90%；永嘉、乐清、普陀、岱山等4个县(市、区)的合格碘盐食用率虽未超过90%，但也有一定幅度提升；嵊泗的合格碘盐食用率略有下降。

(四)老少边穷地区供应

浙江省边远、贫困和交通运输困难地区因人口外出务工，口食盐销量低，工业基础弱，基本无工业盐销售，而食盐批发企业的经营、管理费用较高，当地食盐批发企业光靠口食盐政府定价基础上的经营利润无法保证企业正常运作和承担市场监管任务。为此，省盐业集团有限公司采取“抽肥补瘦”“价格补贴”“对亏损企业年终保底补亏”等多种形式，以确保当地食盐批发企业的正常经营，切实承担起保证市场合格碘盐供应的责任，确保贫困地区群众吃上平价食盐。2006—2010 年，对全省边远、贫困地区的 13 家亏损盐业公司实行“价格补贴”(不包括省盐务管理局盐政执法投入)，补贴金额分别为 396 万元、382 万元、862 万元、637.12 万元、409.93 万元。

（五）非碘盐供应

1994 年，国务院发布的《食盐加碘消除碘缺乏危害管理条例》规定:“因治疗疾病，不宜食用碘盐的，应当持当地县级人民政府卫生行政部门指定的医疗机构出具的证明，到当地人民政府盐业主管机构指定的单位购买非碘盐。”各级盐业公司均在本辖区内设置了一定数量的无碘盐销售网点。为进一步方便不宜食用碘盐的特殊人群购买非碘小包装食盐，规范非碘小包装食盐零售管理，2010 年 9 月，省盐务管理局制定《浙江省非碘小包装食盐零售管理暂行办法》，非碘小包装食盐零售点由各市、县(市、区)盐务管理局按照合理布局、方便群众、便于管理的原则确定，原则上每个乡、镇、街道确定 1 个。各市、县(市、区)盐务管理局与非碘小包装食盐零售点签订经营管理责任书并发放“非碘小包装食盐零售点”告示牌，实行亮牌经营。至 2010 年底，全省共设置非碘盐销售网点 1405 个，非碘小包装食盐年销量约占全省小包装口食盐总销量的 2‰左右。

第三节　监测与评估

通过开展监测与评估，有效监控浙江省碘盐质量和碘缺乏病病情状况。从总体看，全省居民碘营养水平处于适宜状态，合格碘盐食用率保持较高水平，食盐加碘消除碘缺乏病工作取得显著成效。

一、监测

监测主要是碘盐质量监测和碘缺乏病病情监测。碘盐质量监测以县(市、区)为单位进行，病情监测以省为单位进行。碘缺乏病是浙江省最流行的地方病之一，但长期以来，舆论一直认为浙江临海、居民素有食用海产品的生活习惯，不存在由于碘缺乏而对人群造成的危害。直到 1983 年，中央地方病防治领导小组办公室(以下简称中央地方病防治办公室)派专家组来浙江临安、金华等地考察，才确认浙江有碘缺乏病区存在。

1984 年 3 月，在省地方病防治办公室统一布置下，在全省范围内进行了一次碘缺乏病普查，先后在 3229 个乡(镇)52.84 万人中作了抽样调查，继而在 1493 个乡(镇)对 1289 万余人进行了普查。普查结果，全省划为碘缺乏病病区的乡(镇)有 1245 个，分布在除嘉兴、舟山以外的9个地(市)的52个县(市、区);地方性甲状腺肿病人83万人,居民甲状腺肿患病率为8.10%,7～14周岁儿童甲状腺肿大率为32.6%,发现地方性克汀病人134例。病区水碘、尿碘监测结果表明,全省碘缺乏病流行因素主要是由于环境缺碘引起人群机体碘缺乏所致。

1988年起,浙江省全面开展碘缺乏病防治监测工作,每个病区县(市、区)设1～2个不同病情的监测点,开展一年两次的病情、尿碘、碘盐监测工作。1990年后又着重对各病区监测点进行7～14周岁在校学生及尿碘、碘盐监测,并将东阳、临安、新昌设为国家级重病区监测点,科学地掌握全省碘缺乏病病情及防治措施落实情况。

1993年,国家召开消除碘缺乏病目标动员会后,全省组织对平原和海岛人群的碘缺乏状况进行调查。调查结果显示,杭州市区7～14周岁在校学生甲状腺肿大率触诊法为10.02%、B超法为15.6%,尿碘中位数为70.01微克/升;海岛地区的舟山市和平原地区的嘉兴市,人群碘营养状况也达不到国家标准。专家一致认为,全省除原52个病区县外,平原、海岛也存在碘缺乏危害,并确定全省均属缺碘地区。从此,全省在加强病情和碘盐监测的同时,进一步加大了普及碘盐供应的工作力度。

为及时了解和掌握全省碘缺乏病病情和干预措施的落实情况,根据卫生部地方病防治办公室《碘缺乏病防治监测方案》和省地方病防治办公室《浙江省1995年碘缺乏病防治监测实施方案》,1995年4—6月,在全省范围内开展全国第一次碘缺乏病统一监测,对30个县(市、区)监测点的加工场(盐库、批发单位)、销售点和用户进行盐碘批质量保障抽样法(LQAS)抽样和半定量、全定量测定。其中对已经开展碘盐防治的14个县(市、区)进行半定量盐碘测定,共测定加工场525份,合格率为80%;销售点530份,合格率为83%;居民用户630份,合格率为80%。开展盐碘全定量测定,共检测加工场105份、销售点104份、用户105份,盐碘中位数分别为15.60毫克/千克、15.0毫克/千克、19.0毫克/千克。采用批质量保障抽样法抽取加工场73批、销售点53批、居民用户117批,合格批数判定结果分别为73批、53批和94批。对已经开展碘盐防治的14个县(市、区)调查8～10周岁儿童尿碘168例,其中位数为182微克/升,甲状腺肿大率仍在14.29%,说明原定碘缺乏病区缺碘状况已得到改善,但对照消除碘缺乏病标准尚需进一步加强防治工作;未补碘地区16个县(市、区)共调查8～10周岁儿童尿碘192例,尿碘中位数为72.25微克/升,低于国家标准的100微克/升,甲状腺肿大率14.0%,说明浙江省碘缺乏病防治工作任务还很艰巨。

1997年3—6月,浙江省开展全国第二次碘缺乏病抽样监测工作。监测内容包括碘盐检测、病情检查、水碘测定、碘盐需求量、实际销售量调查以及健康教育状况调查等。从30个点监测的8～10岁儿童甲状腺肿大率看,甲状腺肿大率平均为14.75%,其中有13个点在15%以上,最高为32.5%。这一结果显示,如不采取有效措施尽快改善城乡居民的碘营养状况,浙江的碘缺乏病情将会长期存在并有进一步恶化的可能。从碘盐常规监测看,含碘量接近或达到合格,碘盐供应有所改善,非碘盐、自产盐、不合格碘盐进入居民户仍是构成浙江省城乡居民碘营养不足的主要因素。

1999年3—6月,浙江省在全省范围内开展了全国第三次碘缺乏病抽样监测,主要目的是了解2000年实现消除碘缺乏病工作的进展,评价干预措施落实情况及客观评估浙江通过食盐加碘消除碘缺乏病的防治效果，同时也为“实现2000年消除碘缺乏病阶段性目标评估”工作做好准备。监测结果显示：居民户碘盐合格率84.42%，尿碘中位数207.0微克/升，甲状腺肿大率触诊法为6.4%、B超法为7.17%。按照卫生部等五部（局）下发的《实现消除碘缺乏病阶段目标评估方案》的要求，上述三项主要技术指标基本接近实现2000年消除碘缺乏病的阶段目标，防治工作取得了显著进展。

2000年6月，国家消除碘缺乏病阶段目标评估组对浙江省进行了评估验收，确认浙江省已达到实现2000年消除碘缺乏病阶段性目标。此后，浙江省按要求每年开展碘缺乏病的病情和碘盐监测工作。

2002年，由省卫生厅牵头，浙江省完成了全国第四次碘缺乏病统一监测工作，监测结果显示浙江省以食盐加碘为主导的综合措施取得了显著效果：8～10周岁儿童甲状腺肿大率从1995年的13.92%、1997年的14.75%、1999年的6.42%下降到2002年的5.58%，全省居民用户碘盐合格率94.08%，儿童尿碘250微克/升，已属正常水平。但监测结果同时显示，全省产盐区碘盐普及率较低，蔬菜加工区和老少边穷地区碘缺乏病防治工作仍有待加强。

2003年11月，省盐务管理局组织开展全省碘盐质量普查，分6组赴全省抽样。按各地人口数量确定抽样个数，50万人口内选1个镇1个村的5个食盐零售网点和10户居民户；50万人口以上选2个镇2个村各5个食盐零售网点和10户居民户。具体抽样乡镇通过抽签的方法确定。普查结果显示：居民食用碘盐普及率为96.69%，居民食用碘盐合格率为94.60%，食盐零售网点碘盐合格率为96.46%。碘盐质量总体情况较好，但产盐区和蔬菜加工区碘盐普及率偏低。

2004年3月，为贯彻消除碘缺乏病防治工作可持续策略，确保以食盐加碘为主导的消除碘缺乏病措施的落实，根据全国碘盐监测方案，省盐务管理局和省卫生厅制定了《浙江省碘盐监测实施细则》，在全省组织实施。同年11月，省盐务管理局组织力量对全省碘盐质量和普及供应情况进行了全面普查，抽取盐样品2451批次。经检测，居民碘盐覆盖率为94.82%，居民合格碘盐食用率为93.21%，食盐零售网点碘盐合格率为98.24%。普查结果表明，居民对食用碘盐的重要性认识有所提高，食盐安全、质量意识和自我保护意识有所增强。但产盐区和蔬菜加工区碘盐普及率仍偏低，个别产盐区居民食用无碘盐较为普遍，岱山县抽取的30户居民户中没有一份加碘盐，定海产盐区碘盐覆盖率为20%，玉环县产盐区碘盐覆盖率为45%。根据省卫生部门从2003年1月至2004年7月对全省碘盐的监测，全省碘盐覆盖率为93.87%，合格碘盐食用率为89.67%。

2005年12月，省盐务管理局对全省碘盐质量和普及供应情况进行了全面普查。普查覆盖75个市、县（市、区）盐业公司供应区域，检查食盐零售网点740个，130个自然村的1948户居民户，抽取盐样品总数为2738批次（包/份）。普查结果显示：居民碘盐覆盖率为98.1%、居民合格碘盐食用率为96.2%，食盐零售网点碘盐合格率为99.06%，小包装食盐单包计量合格率为96.51%。无碘盐和不合格碘盐主要分布于产盐区、蔬菜加工区和山区的居民户。产盐区主要抽查了象山、鄞州、北仑、三门、温岭、玉环、椒江、路桥、定海、普陀和岱山等11个盐区的220户居民户，其中食用碘盐200户，碘盐覆盖率为90.91%，合格碘盐食用率为

83.64%。玉环产盐区居民户碘盐覆盖率65%，象山产盐区居民户合格碘盐食用率为40%；蔬菜水果加工区主要抽查了临安、余姚、上虞、桐乡、海宁5地的100户居民户，其中食用碘盐94户，碘盐覆盖率为94%，合格碘盐食用率为93%。余姚和海宁市蔬菜加工区碘盐覆盖率为90%；皮革加工区主要抽查了温州洞桥和平阳水头2个加工区40户居民户，碘盐覆盖率为100%，合格碘盐食用率为95%。食盐定点生产企业产品质量检查表明，食盐定点生产企业产品质量稳定，等级品率有较大提高。氯化钠含量平均值为94.22%，水分含量平均值为4.41%，碘盐碘含量平均值为33.1毫克/千克，标准偏差为3.08%，单包计量检测全部达到国家规定要求。

2007年，浙江省通过消除碘缺乏病中期考核评估。同年，根据全国碘盐监测方案，浙江省开展碘盐监测工作。碘盐监测结果显示：全省所辖90个县(市、区)的居民食用盐受检，共检测26396份，合格碘盐25142份，不合格碘盐570份，非碘盐684份，非碘盐率2.4%，盐碘中位数31毫克/千克，碘盐覆盖率97.6%，碘盐合格率97.7%，居民合格碘盐食用率95.4%；全省居民合格碘盐食用率大于或等于90%的县85个，占实际监测县的94.4%，非碘盐率在10%与20%之间的县1个，大于20%的县1个；全省碘盐覆盖率小于95%的县(市、区)16个，分别为鹿城区(94.3%)、瓯海区(92.0%)、洞头县(93.1%)、永嘉县(92.7%)、文成县(92.4%)、乐清县(93.3%)、平湖市(94.8%)、桐乡市(92.9%)、安吉县(94.5%)、绍兴县(94.8%)、路桥区(94.8%)、玉环县(91.3%)、定海区(93.4%)、普陀区(83.0%)、嵊泗县(90.3%)、岱山县(57.5%)；全省居民合格碘盐食用率小于90%的县(市、区)5个，分别为永嘉县(88.9%)、乐清县(89.3%)、普陀区(81.6%)、嵊泗县(81.6%)、岱山县(56.15%)。

2009年，根据全国碘盐监测方案，浙江省开展碘盐监测工作。重点抽样监测结果显示，浙江省碘盐覆盖率低于90%。经对不同类型地区碘盐覆盖率情况分析，碘盐覆盖率较低地区主要分布在原盐产区。岱山县非碘盐率超过30%，碘盐覆盖率仅为67%；普陀区和嵊泗县非碘盐率均超过了10%，碘盐覆盖率分别为88%和89.33%；沿海城市孕妇的尿碘中位数为123.3微克/升，低于国际卫生组织推荐的150～249微克/升，存在一定程度的碘营养水平不足。同年，省盐务管理局组织全省盐业部门在碘盐“三率”未达标地区开展提高碘盐“三率”专项行动，努力推进科学补碘。同年底，根据省卫生部门监测，全省碘盐覆盖率为97.88%，碘盐合格率为97.49%，合格碘盐食用率为95.35%。

为进一步了解人群食用碘盐后的碘营养状况，2010年，省卫生部门开展全省人群碘盐营养状况调查，结果显示：浙江省为外环境碘缺乏地区；居民碘营养总体适宜；舟山地区碘盐覆盖率较低，为19.55%；不计舟山市，浙江省碘盐覆盖率为95.63%，合格碘盐食用率为92.73%；碘盐是全省居民碘摄入最主要的来源，占人均每日碘摄入量的76.41%。

根据有关监测结果，浙江省自1995年全面普及合格碘盐供应以来，全省碘盐覆盖率、碘盐合格率、合格碘盐食用率稳定上升并维持在较高水平，分别从1995年的50%、25%、12.5%提高至2010年的97.32%、98%、95.41%，8～10周岁儿童甲状腺肿大率从1995年的13.92%下降至2010年的4%。1995—2010年浙江省历次碘盐监测情况见表47-7-3-1。

表 47-7-3-1　　1995—2010 年浙江省碘盐监测情况一览表

年份	碘盐覆盖率(%)	碘盐合格率(%)	合格碘盐食用率(%)	尿碘中位数(微克/升)	8～10 岁儿童甲状腺肿大率(%)
1995	50.00	25.00	12.50	127.64	13.92
1996	87.86	82.04	72.08	-	9.34
1997	87.27	79.15	69.07	230.50	14.75
1998	90.10	90.10	81.18	-	6.82
1999	94.92	84.42	80.13	206.90	6.42
2000	98.82	96.27	95.13	207.00	3.99
2001	88.57	88.57	88.57	289.25	4.19
2002	95.27	91.25	91.25	250.80	5.58
2003	96.51	92.99	86.45	194.18	2.99
2004	93.87	95.93	89.67	290.73	3.08
2005	92.75	96.39	89.25	184.75	6.00
2006	96.55	97.23	93.87	236.20	3.61
2007	97.62	97.73	95.42	232.34	4.33
2008	97.86	97.58	95.51	175.30	6.05
2009	97.88	97.49	95.35	220.16	5.08
2010	97.32	98.00	95.41	182.10	4.00

资料来源：1995—2004 年数据来自《1995—2004 年浙江省碘缺乏病监测 10 年结果分析》，《中国地方病学杂志》2006 年第 25 卷第 3 期；2005—2010 年数据据浙江省盐务管理局档案资料综合整理。

二、评估

根据卫生部等相关部门安排，2000 年和 2007 年，浙江省顺利通过了实现消除碘缺乏病阶段目标考核评估、中期考核国家评估，达到各阶段消除碘缺乏病标准的要求。

(一)阶段目标考核评估

1999 年 10 月至 2000 年 5 月，省地方病防治办公室组织卫生、盐务、教委、工商、技术监督等部门对全省 11 个市(地)逐个进行了实现消除碘缺乏病阶段目标的考核评估。考核采取随机抽样的方法，抽取每个市的 2 个县(市、区)作为现场复核点，分别在 2 个县(市、区)的各 5 个乡镇中心小学中以触诊法检查 800 名 8～10 周岁学生的甲状腺(其中 200 名学生进行 B 超检查)，400 名学生尿样及其家中盐样，同时还对 300 名五年级学生和 60 名农村家庭主妇进行碘缺乏防治知识健康教育问卷测试，还检查两地的碘盐加工(分装)厂和销售点的各 50 份盐样。评估结果显示，浙江省 8～10 周岁儿童甲状腺肿大率触诊法为 3.99%、B 超法为 6.13%；加工(分装)厂、销售点和居民用户碘盐合格率分别为 89.5%、98.73%和 96.19%；儿童尿碘中位数为 310.7 微克/升；五年级学生组和农村家庭主妇的知识及格率、行为正确率分别为 98.6%、96.76%和 99.56%、99.26%；组织领导、碘盐管理和健康教育 3 项内容综合得分为 91.19 分，上述指标均达到了卫生部实现消除碘缺乏病阶段目标的标准。具体见表 47-7-3-2。

表 47-7-3-2　　2000 年浙江省消除碘缺乏病阶段目标评估结果一览表

地区	指标				得分			
	甲状腺肿大率(%)		碘盐合格率(%)	尿碘水平(微克/升)	组织领导	碘盐管理	健康教育	综合得分
	触诊法	B 超法						
杭州	2.63	5.62	95.74	298.9	35.5	27	29	91.5
宁波	3.63	7.00	91.37	309.5	36	26	28	90.0
温州	2.50	5.00	96.00	193.7	29	28.5	27.5	85.0
嘉兴	5.25	7.00	97.00	297.3	38	27	29	94.0
湖州	4.75	6.00	92.50	292.6	40	29	27.5	96.5
绍兴	2.88	6.00	97.75	316.1	35.5	28	23.5	87.0
金华	5.00	7.50	100.00	392.5	35.7	28	27	90.7
衢州	5.00	5.50	99.00	334.5	36	29	29	94.0
舟山	4.00	4.37	100.00	209.3	39	27	29	95.0
台州	3.25	5.00	93.25	382.2	36	28.5	28	92.5
丽水	5.38	8.00	95.50	391.1	36	27.5	23.5	87.0
全省合计	3.99	6.13	96.19	310.7	36.06	27.77	27.36	91.19

资料来源：据黄学敏等：《浙江省消除碘缺乏病阶段性目标评估》(《浙江省预防医学》2002 年第 14 卷第 2 期，第 1—4 页)综合整理。

按照《中国 2000 年实现消除碘缺乏病阶段目标评估方案实施意见》要求，2000 年 6 月 15—20 日，由卫生部等五部(局)组织的国家实现消除碘缺乏病阶段目标评估组对浙江省消除碘缺乏病阶段目标进行了考核评估。省地方病防治办公室、卫生、盐务、教委、工商、技术监督等部门就全省消除碘缺乏病阶段目标自评自查情况、碘缺乏病防治、食盐加碘和食盐专营工作等向评估组作了汇报。评估组随机选择确定了宁波市鄞县、湖州市(本级)和浙江省宁波晶泰盐业发展有限公司代表浙江省接受检查评估。

评估组实地检查了湖州市区、鄞县各 2 个乡镇、20 户居民、10 个零售店，对 20 户家庭主妇进行入户问卷调查，并分别检查了省卫生防疫站、省盐务管理局(盐业公司)、湖州市卫生防疫站、湖州市盐务管理局(盐业公司)、鄞县盐业公司和卫生防疫站的有关文件资料、原始记录，实地检查了浙江省宁波晶泰盐业发展有限公司、杭州蓝海星盐制品厂、鄞县盐业公司加碘盐厂和湖州市盐业公司碘盐分装厂的碘盐生产、加工、分装、供应、质检、管理等情况。经过一周的检查评估工作,国家评估组认为浙江省已经达到消除碘缺乏病阶段目标,平均得分为92分。国家评估组认为,浙江省消除碘缺乏病工作取得很大成绩,建立起了"政府领导、部门协作、群众参与"的碘缺乏病防治机制,促进了消除碘缺乏病工作顺利实施。同时,评估组认为,浙江省消除碘缺乏病工作还存在3方面主要问题:一是碘盐中含碘量不均匀;二是根据1999年全省碘缺乏病病情监测结果,还有2个县尚未达标,存在薄弱环节;三是检测指标不完善,有些项目未进行检测。

（二）中期考核评估

根据《实现消除碘缺乏病目标国家考核评估方案》和《全国重点地方病防治规划(2004—2010年)》有关要求,2007年9—10月,浙江省组织卫生、盐业、教育等部门对全省11个地市的碘缺乏病防治工作进行了中期考核评估。全省共抽查11个地市的355个乡镇,其中检查8～10周岁学生34394人,甲状腺肿大率为3.9%;采集尿样11785份,尿碘中位数为208.2微克/升;采集盐样15396份,碘盐覆盖率为97.88%,合格碘盐食用率为93.75%。全省消除碘缺乏病中期自行评估综合得分93.8分,各市、县(市、区)综合评分均达到85分以上,儿童甲状腺肿大率、尿碘、碘盐检测数据均达到《实现消除碘缺乏病目标国家考核评估方案》相关指标要求,认定浙江省通过国家消除碘缺乏病目标中期考核评估。①

① 根据《全国重点地方病防治规划(2004—2010年)》要求,2011年4月,卫生部全国重点地方病防治规划考评组对浙江省开展落实全国重点地方病防治规划进行终期考核评估,认定浙江省通过国家消除碘缺乏病目标终期评估。

第八章　盐业行政管理

浙江盐业管理体制，历代随盐法变革而有所不同，曾有无税、征税与专卖3种制度。历代出于对盐利的需要，以控制收益为主旨，确定运输方式、方法，大体可分为官运官销、官运商销、商运商销，交相沿用。中华人民共和国成立后，盐被列为国家统一分配的产品，初期以国营为主，不久改行国家统购统销和按计划分配，划片定点供应。1996年，国务院发布《食盐专营办法》，进一步加强对食盐的管理，实行定点生产、批发许可和运输准运证制度。

为保证盐利收入，历代均设专门的管理机构。中华人民共和国成立后，调整产销关系及机构人员，完善盐业管理的组织体系。1991年《浙江省盐业管理实施办法》明确，"省盐务管理局是省人民政府的盐业行政主管部门，主管全省盐业工作"。

盐是历代官府垄断专卖的重税商品。历代对私盐查缉都十分严格，刑罚严酷。汉时，"敢私铸铁器煮盐者，钛左趾，没入其器物"。明时颁布《大明律》，置盐法12条。为遏制走私，清末还建立缉私武装，专司查缉任务。但或因社会动荡、或因盐法废弛、或因民生困乏、或因利益驱使，私盐贩销屡禁不绝。清末及民国时期尤为严重。中华人民共和国成立后，采取"教育为主、处罚为辅"的方针，依靠人民群众缉私护税，取代旧时延续百年的武装缉私，原盐走私一度近于绝迹。"文化大革命"期间，走私现象重又抬头。20世纪90年代初起，盐业市场监管工作复由盐务机构管理，市场监管体制进一步健全，执法力量得到加强，且随着盐业法律法规健全，逐渐步入依法治盐轨道，全省盐业市场秩序趋于平稳，私盐明显减少，但未彻底根绝。

第一节　管理体制

浙江历代盐业管理体制，因盐法变革略有不同，其间曾实行无税、征税与专卖3种管理体制，以专卖制为主。中华人民共和国成立后，浙江省对盐实行统购统销。1994年，国家对食盐实行专营，1996年颁布《食盐专营办法》。根据国家有关盐业法规，浙江省全面实行食盐定点生产制度、食盐批发许可证制度、食盐运输许可证制度，建立起了市场经济条件下的新型食盐专营体制。

一、无税、征税制

春秋时，管仲创建食盐官营制度。战国时，除齐国推行食盐官营外，其余多采取放任政策，由民产商销，官府只管课税。汉初，朝廷曾行"弛山泽之禁"，取消食盐官营政策，自由开采、运输和销售，盐官只征收盐税。西汉前行征税制，官府征税后任民产制运销。至汉武帝元狩四年(前119年)，始行盐专卖。东汉光武帝建武元年(25年)，废除专卖，复行征税制，听由民众制盐，税后自由贩运。汉末至南北朝300多年中，官营专卖制与征税制交相变换，以征税为主。

隋开皇三年(583年)免征盐税，开放全国滩池井灶，任民自由运销，朝廷未有禁榷，一直延续至唐开元九年(721年)，其间139年是盐业开放时期，史称无税时期。至唐开元十年，又恢复征税。天宝十四年(755年)安史之乱，唐因战争引起财政危机，转向重视间接税的征收。唐乾元元年(758年)，盐铁使第五琦创建榷盐法。宝应元年(762年)，盐铁使刘晏继续改革盐法，实行官营专卖制。宋、元、明、清各代，官营专卖制与授权专商委托专卖制交相变换，直至民国34年(1945年)停止专卖，改行就场征税制，准许商民自由经营，商人照章纳税后直接到场区购盐运销。

中华人民共和国成立初，浙江仍一度实施“就场征税，自由运销”办法，凡商号、公司、合作社以及盐民自运者向盐务机关登记纳税，领取盐运单照，到盐场秤放，盐款由商人直接交付盐民，由此导致私盐泛滥。从1949年底起，改行“统筹产销”，产盐全部公收，停止场记，由国有经营单位缴纳税款。

二、专卖制

盐的专产专卖始于春秋，时管仲创“官山海”之策，行专卖之制。其制盐以民制为主，官制为辅。凡民制之盐仍由官收，归官运销，故称部分专卖。此法一直延续到秦。

西汉元狩四年(前119年)，武帝采纳治粟都尉桑弘羊建议，始行官营专卖制，推行官制、官收、官运、官销，并按“均输”“平准”法，于京师设置专管运输和平抑物价的官员。为强化专卖，当时全国28郡中设有盐官37处，浙江盐区为1处，即会稽郡海盐县。东汉时废除专卖，至汉末及三国时代因战争而恢复。南北朝时期，官营与征税制交相变换。

唐乾元元年(758年)，盐铁使第五琦变革盐法，“就山海井灶收榷其盐”①，“尽榷天下盐”②。即于山海井灶近利之地由官署监院，负责“收榷”与“出粜”食盐，行民制、官收、官运、官销的专卖制。宝应元年(762年)，刘晏任盐铁转运使，领东南盐事，进一步改革盐法，实行民制、官收、商运、商销的间接专卖制。《新唐书》等史料记载，刘晏“上盐法轻重之宜”③；“晏以为官多则民扰，故但于出盐之乡置盐官，收盐户所煮之盐，转鬻于商人，任其所之，自余州县不再置官”④。即盐官就场向亭户收贮食盐，再将盐税加入卖价，售与商人销售，所过州县不再征税。刘晏盐法影响深远，《中国盐政史》称：“汉武盐法，官制、官运、官卖，垄断过急。而刘晏之盐法，盐由民制，官收其盐，由商运销，既不夺盐民之业，又不夺商贩之利，是为专卖之最善也。”唐建中元年(780年)，刘晏被贬去职，盐法渐乱，加之两河用兵，军费日增，便采取无限

---

① 《旧唐书》卷一百二十三《第五琦传》。

②③ 《新唐书》卷五十四《食货四》。

④ 《资治通鉴》卷二百二十六《唐纪四十二》。

加价办法，于是盐价日高，盐户私售，各场产盐官收不能过半。偏远地区盐运困难，盐价昂贵，贫民用谷数斗只能换盐 1 升。唐朝就场专卖制的实施，在食盐流通领域，正如韩愈所指出："国家榷盐，粜与商人；商人纳榷，粜与百姓；则是天下百姓，无贫富贵贱皆已输钱于官矣。"[①]

五代后唐，始议改变盐制，于州、府、县、镇设立榷买场院，由官自卖，乡村各处准许通商，两法并行。后因官销不畅，立"蚕盐""食盐"等名目，按户配给，收纳盐钱。计口授盐始于此。

宋代，盐的运销主要采用官运官卖和通商两种形式。宋初，大部分地区行官运官卖制，淮南、江南、荆湖、两浙、福建、广东皆行官卖法。真宗天禧元年（1017 年）九月，三司奏请两浙诸路入钱粟买盐者，望依解州课盐例，预给交引付榷货务，俟有商旅算射，即填姓名，州军给付，从之。仁宗明道二年（1033 年），复天禧元年之制，听商人入钱粟京师及淮、浙、江南、荆湖州军易盐。[②] 庆历年间（1041—1048 年），范祥创行盐钞，令商人现钱买钞，凭钞赴产地领盐运卖。神宗熙宁年间（1068—1077 年）为官购、官运和官卖。崇宁年间（1102—1107 年）滥发盐钞，钞盐失衡，钞法大乱。蔡京创行"引"法（亦称"钞引"或"换钞法"），印新钞，收旧钞。商人持引赴场领盐运销。蔡京改法，将以前占主导地位的官运官卖法转变为钞盐法。据宋宝庆《四明志》卷六《盐课》载："崇宁三年，始行钞法，罢两浙、淮南官搬官卖盐，听客人铺户任便兴贩。先于榷货务入纳钞引钱二十四贯省，别于主管司纳窠名钱，请盐一袋三百斤。"南宋钞盐变化虽多，但大多行蔡京所定"盐引"制度。

元代，盐的销售主要有两种，一种是商运商销（行盐法与和籴法），即由商人向国家买盐，运往各地，再按国家规定的价格卖给百姓；另一种是官运官销（食盐法和常平盐局法），即由国家有关机构将盐运往各地，卖给百姓。元世祖中统四年（1263 年），仿后唐之食盐法，实行计口授盐，于是有"行盐地"和"食盐地"之分，凡由商人买引运销者，称之"引盐"；其近场各地由官设局，按户口配盐散买，称之"食盐"。至元十三年（1276 年）创立两浙运司，实行"听从客商就场支盐"的商旅贩盐法。[③] 至元十九年议定卖盐引法，盐引由户部印造，运司召商发卖。至元二十一年，盐商垄断牟利，盐价日高，民食贵盐，设"常平局"平抑盐价。盐货由运司支拨，按官价发卖，销盐数量按各地人口多少而定。常平局一般每县设一处。因两浙近场区多有食私和贩私，浙江昌国州先于至元二十七年实行计口请买。官府按居民人口数或户数，以每口每日食盐 4 钱 1 分 8 厘计，强行分摊盐额，按额征收盐价。后范围逐渐扩大，两浙大部分地区都实行食盐法。只有杭州、平江（今苏州）等少数地方未推行。此法于元末顺帝至正年间（1341—1368 年）相继罢除。至元三十年，两浙运司在海滨渔所设局卖渔盐，由濒海渔户请买。延祐七年（1320 年），比照两淮之例，设仓纲运。两浙运司在杭州、嘉兴等地设盐仓 7 所，设官押船到场运盐赴仓收储，客旅就仓支盐。至正二年（1342 年），废除设仓纲运，听从客商赴运司买引，就场支盐，许于行盐地方发卖。常平盐局是官运官销的一种形式，始于至元二十一年。即于各县设立盐局，地方官府"验各处人户多寡，斟酌可用盐袋，开坐数目"，然后差官

---

① 《韩昌黎集》卷四十《论变盐法事宜状》。

② 《宋史》卷一百八十二《食货下四》。

③ 《元史》卷九十七《食货五》。

到盐运司支拨。“卖过盐引，逐旋缴申提点官批凿讫，申覆本路，转申省部。”①官运官销一直持续至元末。无论商运商销还是官运官销，出售的盐都是经盐运司核准的，即为官盐。

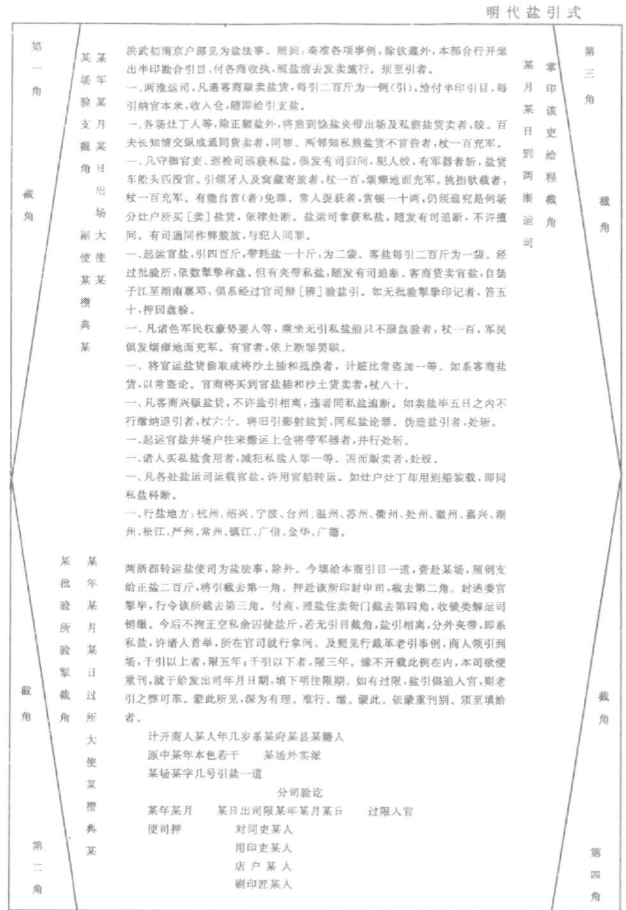
明代盐引式

第一角　截角　第二角　第三角　截角　第四角　截角　截角

某场验支截角　某年某月某日出场　副使某　攒典某　大使某

掌印该吏给程截角　某月某日到两浙运司

洪武初南京户部见为盐法事。照到：奏准各项事例，除钦遵外，本部合行开坐出半印勘合引目，付各商收执，照盐前去发卖施行。须至引者。

一、两淮运司，凡遇客商愿卖盐货，每引二百斤为一例（引），给付半印引目，每引纳官本米，收入仓，随即给引支盐。

一、各场灶丁人等，除正额盐外，将煎到馀盐夹带出场及私煎盐货卖者，绞。百夫长知情交纵或通同货卖者，同罪。两邻知私煎盐货不首告者，杖一百充军。

一、凡守御官吏、巡检司巡获私盐，俱发有司归问，犯人绞，有军器者斩，盐货车船头匹没官。引领牙人及窝藏寄放者，杖一百，俱发烟瘴地面充军。挑担驮载者，杖一百充军。有能自首（者）免罪。常人捉获者，赏银一十两，仍须追究是何场分灶户所买［卖］盐货，依律处断。盐运司拿获私盐，随发有司追断，不许擅问。有司通同作弊脱放，与犯人同罪。

一、起运官盐，引四百斤，带耗盐一十斤，为二袋。客盐每引二百斤为一袋。经过批验所，依数掣挚称盘。但有夹带私盐，随发有司追断。客商货卖官盐，自扬子江至湖南襄邓，俱系经过官司辩［辨］验盐引。如无批验掣挚印记者，笞五十，押回盘验。

一、凡诸色军民权豪势要人等，乘坐无引私盐船只不服盘验者，杖一百，军民俱发烟瘴地面充军。有官者，依上断罪罢职。

一、将官运盐货偷取或将沙土插和抵换者，计赃比常盗加一等。如系客商盐货，以常盗论。官商将买到官盐插和沙土货卖者，杖八十。

一、凡客商兴贩盐货，不许盐引相离，违者同私盐追断。如卖盐毕五日之内不行缴纳退引者，杖六十。将旧引影射盐货，同私盐论罪。伪造盐引者，处斩。

一、起运官盐并场户往来搬运上仓将带军器者，并行处斩。

一、诸人买私盐食用者，减犯私盐人罪一等。因而贩卖者，处绞。

一、凡各处盐运司运载官盐，许用官船转运。如灶户灶丁却用别船装载，即同私盐科断。

一、行盐地方：杭州、绍兴、宁波、台州、温州、苏州、衢州、处州、徽州、嘉兴、湖州、松江、严州、常州、镇江、广信、金华、广德。

两浙都转运盐使司为盐法事，除外。今填给本商引目一道，赍赴某场，照例支给正盐二百斤，将引截去第一角。押赴该所印封申司，截去第二角。封送委官掣毕，行令该所截去第三角。付商，照盐住卖衙门截去第四角，收锁类解运司销缴。今后不拘正空私余囚徒盐斤，若无引目截角，盐引相离，分外夹带，即系私盐，许诸人首举，所在官司就行拿问。及照见行裁革老引事例，商人领引到场，千引以上者，限五年；千引以下者，限三年。缘不开载此例在内，本司欲便重刊，就于给发出司年月日期，填下明注限期。如有过限，盐引俱追入官，则老引之弊可革。蒙此所见，深为有理。准行。缴。蒙此。依蒙重刊别。须至填给者。

某批验所验掣截角　某年某月某日过所　大使某　攒典某

计开商人某人年几岁系某府某县某籍人

原中某年本色若干　某运外实继

某场某字几号引盐一道

分司验讫

某年某月　某日出司限某年某月某日　过限入官

使司押　对同吏某人

用印吏某人

店户某人

刷印匠某人

图 47-8-1-1　明代盐引样式（郭正忠主编《中国盐业史（古代编）》，人民出版社 1997 年版，第 596 页后插页）

明代，实行盐引制（明代盐引样式参见图 47-8-1-1），即食盐专卖制度，实质上是盐商对朝廷专控的食盐实行运、销总承包制度，只要上缴一定的税款（盐课）即可取得营销权。洪武初，沿用元代引法，置局卖“引”，令商贩运。洪武三年（1370 年），为充实边储，官府出榜，召商输粮于偏远缺粮地区，根据粮种与数量折成盐数，换发盐引。商人持引赴场领盐，准其在指定地区贩卖。正统初，各产区盐源多寡悬殊，淮、浙产盐不敷分配，客商持引久支不到盐，有碍边储。遂创“兑支”法，于淮、浙盐额不够分配时，准许商人持引往河东（今长芦、山东）、闽广（今福建、广东）各场支盐，以免久守。正统五年（1440 年），盐商因守支年久，盐商人数锐减。“盐商因守支年久，虽减轻开中，少有上纳者，恐误边储。请令云南、福建、四川、广东、河东盐，仍其旧。其两淮、两浙、长芦，每岁盐以十分为率，八分给守支客商，二分令巡按监察御史、按察司官，见数存积，遇边方急用粮日，召商中纳支给，庶官民两便，不致误事。”②为此将引盐分为“常股”及“存积”两种。正统以来，常股四分，存积六分。成化间，御史李瑢奏改常股六分，存积四分。常股给予守支商人，存积收贮于官，积盐在场，遇边防急需时召商入中，引到即支。此后因事而定，常股、存积盐的比例也随之变化。明中叶后，各地区各盐场已出现引盐相互调剂，灶户与商人有一定的食盐买卖权，商人往往舍弃去交通不便的盐场支盐和行盐地卖盐。嘉靖八年（1529 年），两浙巡盐御史王化奏准：“两浙行盐地凡一百二十五处，商所便者独三十六处，其他商不乐往，故私盐日滋，请于不通官盐之处，准许土商自买盐斤……”③嘉靖十六年题准：“两浙官商不到之处，立为山商”④。山商行盐持票不持引，故又称为票商。两浙运司至此始行票盐。票商行盐，其制如引盐，亦划定行销区域。两浙票盐区有铅山、弋阳、贵溪、

① 《元典章》卷二十二《户部八 · 盐课 · 设立常平盐局》。

② 《明英宗实录》卷六十六。

③ 《钦定续文献通考》卷二十《征榷考 · 盐铁》。

④ 《大明会典》卷三十二《盐课一》。

永丰、靖江、昌化、浦江、武义、东阳、义乌、汤溪、永康、建德、桐庐、寿昌、庆元、宣平、缙云、景宁、云和、余杭、富阳、临安、新城、嘉兴、秀水、嘉善、崇德、桐乡、德清、武康、诸暨、新昌、嵊县、奉化、泰顺、青田37县,其余坐场县份,允许灶丁肩挑易卖。其后,引法屡变,盐引积压,商人运销困难。万历四十五年(1617年),袁世振创行纲法①,凡纲册有名者,许其永占引窝,据为“窝本”,无名者不得加入。袁之纲法,实为委托专卖制,官府将盐业运销之权授予专商,这就是专商引岸制的开始。以后在行纲法的同时,又在一些地区行票法,无论何人只要照章纳税,即可凭票领盐运销,且不得世袭。

清代,承明专商引岸制,其主要形式是官督商销。即政府控制食盐专卖权,招商认引,按引领盐,划界行销,承包税课,并设立相关的盐政衙门,对商人的纳课、领引、配盐、运销进行管理稽查。其间纲盐法与票盐法相继轮换转运。清初,两浙沿用票引法,即引盐与票盐兼行,实行官收,招商认运,领引办课,指定盐场购盐,限期出场,行销各岸。“引商捆盐有定额,行盐有定地,世世相承为业”,而“票商则纳一引之课,运一引之盐,额地全无一定,来去任其自便”。②雍正初,私煎日甚,引销不畅。雍正六年(1728年),浙江为减少私漏,承办帑盐(即政府出资收购场盐),至咸丰年间太平天国运动之后停办。嘉庆十八年(1813年)以后,国库匮乏,令商承收,改行商收、商运、商销。商分两种,行盐者为运商,收盐者为场商(也叫“廒商”)。场商收买场盐卖与运商,运商领引销售。盐商占据销岸,拥有专卖特权,垄断市场,甚至有权组织武装进行缉私,名曰“商巡”。道光十七年(1837年)四月十四日,清廷派员来浙查访票盐试行效用。清廷据奏,浙江温州府前经仿照淮北票盐之法,一律改票。该府试办年余,行过票盐7.49万引,较原额800引,几增百倍。唯票盐一行,该商等无所牟利,竞造浮言,屡控运司,意图阻挠。③ 清廷着闽浙总督钟祥酌量情形,查勘浙江试行票盐效用。咸丰元年(1851年)十月十二日,清廷准浙江巡抚常大淳奏报:设局收买定海、岱山等处所产盐斤,招商配运,以堵私盐进入浙江松所。绍所销盐,设卡改巡,试行官运。咸丰十年,太平天国起义军进驻杭州,原有盐商星散,纲引全废。据《清盐法志·两浙十·运销门》载:“同治初年以私盐充斥,会议试行官送,旋因地方有司领运不力,仍复招商行引”。同治三年(1864年),因战争关系,一时无法恢复旧制,改行“抽厘法”,闽浙总督左宗棠改纲为票,两浙杭、绍、嘉、松四所试行票运,无论旧商新商,一经纳课,就给照票,认地行运。同治八年,又由票改纲。清末,由于盐税和盐价不断增加,报效无已,规费日繁,私盐泛滥,官销不畅,复加以低税区的食盐大量向高税区倾销,防不胜防,旧有的引岸划分难以维持,盐法更趋紊乱。其时,两浙实行官运或兼官销,即行官专卖制。

民国初,沿用清制,引票兼行,招商认运。民国5年(1916年),两浙部分地区允许商人自由贩运。民国9年,象山、南田(1912年新立)开放销区,次年开放余姚销岸。民国17年,温、处两属之永嘉等17县及萧山县试办招商认包制度,于民国21年取消,改为自由贸易,其余均为专商认办。纲地销盐,由纲商凭引向各场捆运,转往各该销地盐栈发售;住地销盐,由住商

① 《盐政条览》七十九“明引纲之法”。

② 〔清〕盛康:《皇朝经世文续编》卷五十一《户政二十三·盐课二》。

③ 《清宣宗实录》卷四十三。

凭引趸运批发各店销售；引地及减地销盐，由引商持引趸运批发各店销售。两浙行盐，除台、温、处三属外，其余各地均沿用引岸制度。民国26年2月，国民党五届三中全会确定以“民制、官收、官运、商销”代替过去的“民制、官收、商运、商销”制度。日军侵占后，两浙盐务管理局撤至兰溪，次年先后撤至丽水、永康、金华、龙泉。沿海盐场相继被日军侵占，浙赣铁路萧山至临浦段及萧绍铁路绍兴至萧山段被破坏，盐运困难且金融停顿，而皖、赣及湘省一部分因淮盐遭断，转赖浙盐运济。民国27年2月，成立浙江省战时食盐运销处。7月，省政府与财政部在金华合办“浙区战时食盐收运处”，组织人力及运输工具抢运余姚、钱清等场存盐，接济内地军需民食。民国30年，余姚、钱清等场相继被日军侵占，为弥补盐源不足，在上虞、萧山、富阳等靠近前线地界收购敌占区流散盐。因战事影响，商人运力不足，盐运业务大部分转由盐务机关承办，除近场轻税盐斤仍由商人运卖外，其余宁、绍、台属各场多由收运处统筹拨运，温属则试办官运配放。较之战前，行盐制度等发生极大变化，官运专卖逐渐代替了专商引岸。民国31年1月1日起，国民政府开始实施盐专卖制，以“民制官收官趸售商零销”为原则，并宣布“所有过去原有专商引岸，及其他关于私人独占盐业之特殊待遇与权益，应自专卖实行日起，一律废除”。场盐一律官收，就仓配销，原有纲、引、肩、住、厘、轻税等名称一概废止，旧有盐栈盐店改称“食盐公卖店”。招商设店，承办销盐，以每一乡镇开设一店为原则。同年5月，国民政府又发布《盐专卖暂行条例》，制定“盐之专卖权属于国民政府。盐专卖全部收益应归国库”、“所有专商引岸及其类似制度一律废止之”等条例，由此，国民政府就将盐的产、运、销各个环节控制在手中。后经修正，于民国33年10月18日公布《盐专卖条例》。民国34年1月，国民政府行政院临时会议决定，停止专卖，恢复征税制。抗日战争胜利后至1949年，实行有计划的自由贸易，接近盐场的地带采取就场放销、自由贸易；距盐场较远之地则采取招商代运或委托商运，实行“民制、民运、民销”，由政府加以管理的运销制度。

三、国家统销

1949年11月至1950年3月，浙江省实行“统筹产销”，产盐全部公收，停止场配。除近场县仍就场配放外，距场较远县，根据人口数量及实际需要量核定其销额，统筹调节。对资金不足的山区供销社建立承销和赊销关系，给县以下供销社转批优待和按计划直接向盐场进货（称“海滩报运”），扶植其发展经营。

1950年4月，根据第一次全国盐务工作会议决定，实行“产税统一与运销分开”，生产、税收由省盐务管理局管理，运销由中国盐业公司杭州分公司（1953年4月后改称“浙江省分公司”）经营。运销按照“以国营为主，公私兼运兼销，扶植合作社，管理私商，保证民食，完成税收任务”的要求进行安排。同年8月，第二次全国盐务工作会议决定，浙江省盐业运销由盐业公司包购包销包税。12月，华东盐务管理局通知：“渔、农、工用盐不在公司包购包销包税范围，自1951年起仍由各省盐务管理局自行经营”。

1954年起，有步骤地对城镇私营盐商进行社会主义改造，按不同情况分别将他们转为公私合营、代销、经销或组织合作商店。至1956年底，私营批发商全部退出运销市场，零售商贩通过安排和改造，也纳入国家统一管理。

1958 年，国务院批转食品工业部《关于 1958 年盐业运销体制问题的意见》，明确盐为轻工业部统一分配物资。1959 年起，原盐分配调拨计划由国家计划委员会（以下简称“国家计委”）核定下达，食盐列为关系国计民生的一类商品，实行指令性分配调拨计划。1964 年 1 月 1 日起，轻工业部颁布实施《原盐分配调拨办法》，规定“盐是国家统一分配物资，凡纳入国家生产计划的原盐，由轻工业部统一分配调拨。原盐分配调拨的具体管理工作，由中国盐业公司办理。各种盐的申请，各省、自治区、直辖市由盐业运销管理单位（盐业公司及经营盐业的其他商业部门）或省、自治区、直辖市人民委员会指定的归口部门统一向轻工业部提出申请。轻工业部根据各省、自治区、直辖市及化工、外贸两部提出的申请计划和产区供货部门提出的分配调拨建议数，进行综合平衡，编制全国原盐分配及调拨计划，年度计划草案报国家计划委员会审批”。为此，浙江省每年先由各销区批发单位或用盐单位向省盐务管理局报送盐的《申请计划表》，经审查提出产销平衡意见，上报轻工业部进行综合平衡，提出年度计划分配方案，报国家计委审查批准后下达执行。省盐务管理局根据国家下达的年度分配调拨计划与各地产、销区见面并签订供需合同，在此基础上，每月再由用盐单位提出要盐计划，通过省盐务管理局下达给产区及中转单位编制月度运输计划，按计划及时调运。

1965 年 4 月，根据国务院统一部署，浙江省人民委员会批准浙江盐业实行“托拉斯”①体制。自 1966 年 1 月 1 日起，全省按新的管理体制运行，商业系统退出盐的经营业务。“文化大革命”期间，全省盐业“托拉斯”解体，但盐的运销计划管理办法照旧。

1982 年，轻工业部、商业部联合通知，重申“盐是关系国计民生的一类商品。实行指令性计划管理，由轻工业部继续执行统一分配调拨，统一安排市场，各有关盐业运销经营部门和用盐部门，按计划进行购销经营，不准自由运销”。自 1987 年 1 月起，国务院规定：“对工业用盐、农渔业用盐改为指导性计划，以 1984 年销售量为基数，超出部分企业可组织自销。”

1990 年 3 月，国务院颁布《盐业管理条例》，规定：“食用盐、国家储备盐和国家指导性计划的纯碱、烧碱用盐，由国家统一分配调拨”；“盐的批发业务，由各级盐业公司统一经营。食盐的零售业务由商业行政主管部门指定的商业企业、粮食企业和供销合作社零售单位负责。需要委托个体工商户、代购代销店代销食盐的，由县级商业行政主管部门批准”；“对碘缺乏病地区必须供应加碘食用盐”。

1991 年 2 月 11 日，省盐务管理局印发《浙江省食盐计划管理暂行办法》，规定：“食盐的分配调拨实行指令性计划管理，任何单位和个人都不准擅自组织购销。”

1993 年 8 月，省政府发出《转发省盐务管理局等七单位关于加强盐业市场管理报告的通知》，要求加强盐的计划管理，自觉执行国家计划，未经省盐务管理局批准，产区不得跨供应区

---

① “托拉斯”，英语 trust 的音译，是垄断组织的高级形式。我国在 20 世纪 60 年代为加强企业管理而实行的一种组织形式，即将产品相同的企业或生产有密切关系的企业组成联合经营的公司，以改善工业组织管理，提高企业经济效益。1964 年 9 月，国家经济委员会批复同意《关于试办中国盐业总公司（托拉斯）的实施方案》。1965 年 4 月组建中国盐业公司浙江省公司，1966 年 1 月 1 日起，运销业务并入全国盐业“托拉斯”统一管理。“文化大革命”期间，盐业“托拉斯”体制受到批判冲击。1969 年 1 月，国务院批准下放中国盐业总公司所属企业，省盐业公司改由地方管理，浙江盐业“托拉斯”体制由此终止。

向销区冲销，销区不得擅自向省外计划外进盐，盐场不得自行销售；加强对盐批发业务的经营管理，未经批准，任何单位和个人不得经营食盐，工商行政管理部门也不予登记。

四、食盐专营

1994年2月20日，国务院批复国家经济贸易委员会（以下简称“国家经贸委”）、中国轻工总会（《国务院关于进一步依法加强盐业管理问题的批复》），同意对食盐实行专营，并要求国家经贸委牵头，会同中国轻工总会和国内贸易部负责抓好此项工作，会同其他有关部门研究制定具体实施办法，报国务院审批后实施。

在确定对食盐实行专营管理的同时，国家对工业盐的管理体制也进行了改革调整。1995年11月，国家发展计划委员会（以下简称“国家计委”）和国家经贸委联合下发《关于改进工业盐供销和价格管理办法的通知》，明确将现行工业盐的计划分配改为在国家总量计划指导下的合同订货。即：改变现行两碱企业只能按照计划分配的数量到指定盐场（厂）“一对一”采购的办法，由中国轻工总会和化工部每年联合组织订货会，盐碱生产企业双方直接见面，双向选择，签订合同，直接结算。取消现行的工业盐准运证和准运章制度，盐碱双方根据签订的合同向运输部门申请计划。同时，对于不能够直达供货的小碱厂等零散户的工业用盐和其他工业用盐，仍由当地盐业公司组织供应。浙江省按国家有关要求及时调整两碱工业用盐的管理体制。由此，浙江省对不同盐产品实行不同管理模式的二元监管体制基本形成。

1996年5月，国务院颁布《食盐专营办法》，对食盐实行指令性计划管理，实行定点生产、批发许可和运输准运证制度。其中规定：“国家对食盐的分配调拨实行指令性计划管理。食盐年度分配调拨计划，由国务院计划行政主管部门下达，国务院盐业主管机构组织实施”；“国家对食盐批发实行批发许可证制度”；“食盐批发企业应当按照国家计划购进食盐，并按规定的销售范围销售食盐”；“食盐零售单位和受委托代销食盐的个体工商户、代购代销店以及食品加工用盐的单位，应当从当地取得食盐批发许可证的企业购进食盐”；“托运或者自运食盐的单位和个人，应当持有国务院盐业主管机构或者其授权的省、自治区、直辖市人民政府盐业主管机构核发的食盐准运证”。《食盐专营办法》的颁布实施，标志着市场经济条件下的现代食盐专营体系建立完善。“五统一”（统一管理、统一计划、统一结算、统一组织供应、统一上缴碘盐基金）和“三证”制度（食盐定点生产制度、食盐批发许可制度、食盐运输准运证制度）构成了食盐专营体系的核心。

1996年，中国轻工总会盐业管理办公室先后制定《食盐定点生产实施规定》《关于食盐专营的几项补充规定》《食盐批发许可证实施规定》，对食盐定点生产企业证书、食盐批发许可证、食盐准运证的发放和管理提出了具体的要求。

1996年9月19日，国家工商行政管理局和中国轻工总会联合下发《关于对食盐生产、批发企业进行重新登记的通知》，规定：“凡从事食盐生产、批发的企业，须按规定办理审批和登记手续，方可从事生产、经营业务。非食盐定点生产企业，不得生产食盐；未取得食盐批发许可证的企业，不得经营食盐批发业务。未经重新登记的企业，从1997年1月1日起，不得从事食盐生产、批发业务。”

1998年12月15日，浙江省第九届人民代表大会常务委员会通过《浙江省盐业管理条例》，为浙江省首部地方性盐业管理法规。该《条例》规定："食盐实行专营管理"；"食盐实行定点生产制度"；"食盐批发、零售实行许可证制度"；"省内跨市（地）、县（市、区）调拨的食盐、其他用盐的运输，应当持省盐业主管机构或市（地）盐业主管机构核发的准运证"。

2002年，国家计委下发《关于进一步加强食盐计划管理，严格执行专营政策的通知》，要求各地计委、盐业主管部门和盐业公司继续贯彻《食盐专营办法》及有关法规，严格执行国家食盐指令性计划和价格政策，继续坚持现行的食盐计划编制程序和办法，按照国家计委的统一部署，在规定的时间编制食盐计划建议草案。

为加强食盐专营许可证的管理，根据《食盐专营办法》《食盐加碘消除碘缺乏危害管理条例》的有关规定，2006年4月28日，国家发展和改革委员会（以下简称"国家发改委"）颁布《食盐专营许可证管理办法》，明确国家发改委是国务院盐业主管机构，负责食盐专营许可证的审批、发放、监督管理工作。食盐专营许可证分为食盐定点生产企业证书、食盐批发许可证、食盐准运证。

（一）食盐定点生产制度

国家对食盐实行定点生产制度，非食盐定点生产企业不得生产食盐。

食盐定点生产企业由国务院盐业主管机构根据食盐资源状况和国家核定的食盐产量，按照合理布局、保质保量的要求来确定。根据中国轻工总会盐业管理办公室1996年制定的《关于食盐专营的几项补充规定》，食盐定点生产企业必须符合以下要求：建立完善的质量保证体系，产品质量达到国家食盐标准；使用符合国家要求的加碘装置，食盐碘含量达到国家规定的标准；自觉遵守国家盐业法规、政策，严格执行国家食盐指令性生产计划和分配计划，保证不擅自超产、计划外冲销食盐市场；按规定上缴国家碘盐价格基金、管理费；及时、完整、准确向上级主管部门提供各项报表及情况。

食盐定点企业由省级盐业主管机构提出意见，报中国轻工总会盐业管理办公室、中国盐业总公司审查。中国轻工总会盐业管理办公室和中国盐业总公司按《食盐定点生产企业质量体系验收细则》，对申报企业进行验收，合格后发给食盐定点生产企业证书和铜牌。证书有效期2年，到期后复查审批。

1996年11月15日和1997年12月5日，宁波市盐业有限公司和浙江省宁波晶泰盐业发展有限公司分别通过国家组织的食盐定点生产企业质量体系验收。其间，全省还有象山、鄞县、北仑、慈溪、奉化、宁海、岱山、定海、普陀、三门、温岭、玉环、临海、椒江、路桥分厂共17家企业取得了国家食盐定点生产企业证书。

2000年8月，按照国家对食盐定点生产企业布局进行调整的要求，结合省内原有食盐定点企业布局较为分散的状况，省盐务管理局进行了专题调研，提出调整意见，保留舟山市盐业公司、宁波市盐业有限公司、台州市盐业公司、浙江省宁波晶泰盐业发展有限公司4家国家食盐定点生产企业。

2002年，食盐定点生产企业证书转由国家经贸委盐业管理办公室审核颁发，控制在原食盐定点企业范围之内，且实行每个独立法人生产企业一本证书，取消一证多厂（场）的做法。获证企业必须在产品包装上注明生产批准证书编号及有效期。2003—2004 年，全省共有 14 家企业获得国家食盐定点生产企业证书。见表 47-8-1-1。

表 47-8-1-1　　2003—2004 年度浙江省国家食盐定点生产企业一览表

序号	定点生产企业名称	证书编号	生产品种
1	浙江省宁波晶泰盐业发展有限公司	SD-021	日晒盐
2	温州市华晶碘盐加工厂	SD-022	日晒盐
3	象山县盐业公司	SD-023	日晒盐
4	宁波市北仑区盐业公司	SD-024	日晒盐
5	丽水市晶盛食盐配送有限公司	SD-025	日晒盐
6	岱山县盐业公司	SD-026	日晒盐
7	宁波市盐业有限公司	SD-027	日晒盐
8	宁波市鄞州区盐业有限公司	SD-028	日晒盐
9	杭州蓝海星盐制品厂	SD-029	日晒盐、健康平衡盐、低钠盐、钙强化营养盐、锌强化营养盐、硒强化营养盐、自然晶盐
10	玉环县盐业公司	SD-030	日晒盐
11	三门县盐业公司	SD-031	日晒盐
12	台州市盐业公司	SD-032	日晒盐
13	舟山市盐业公司	SD-033	日晒盐、低钠盐、自然食用盐
14	舟山市普陀区盐业公司	SD-034	日晒盐、自然食用盐

资料来源：引自国家经贸委 2002 年第 95 号公告《公布 2003—2004 年度食盐定点生产企业名单》。

2005 年 9 月，国家发改委盐业管理办公室印发《关于发放二〇〇六年度食盐定点生产许可证的通知》，要求南方海盐年生产能力不低于 3 万吨，同时鼓励食盐定点生产企业按照市场需求生产多品种盐，不再单独发放多品种食盐定点生产许可证，证书的有效期为 3 年。根据该要求，同时为充分发挥企业资源整合优势，扩大生产规模，省盐务管理局将杭州蓝海星盐制品厂、普陀区盐业公司和临安三和园竹盐食品有限公司 3 家企业实行整合，统一使用杭州蓝海星盐制品厂食盐定点生产许可证证书编号。经过优化整合，2006—2008 年期间，全省食盐定点生产企业数调整为 5 家。见表 47-8-1-2。

表 47-8-1-2　　2006—2008 年度浙江省国家食盐定点生产企业一览表

序号	定点生产企业名称	定点证书编号	序号	定点生产企业名称	定点证书编号
1	舟山市盐业公司	SD-019	4	浙江绿海制盐有限责任公司	SD-022
2	台州市盐业公司	SD-020	5	杭州蓝海星盐制品厂	SD-023
3	浙江省宁波晶泰盐业发展有限公司	SD-021			

资料来源:引自国家发改委盐业管理办公室颁发《关于发放二〇〇六年度食盐定点生产许可证的通知》(发改办工业〔2005〕2690 号)。

说明:2006 年 3 月起,杭州蓝海星盐制品厂名称变更为“浙江蓝海星盐制品有限公司”。

2008 年 3 月起,根据国务院机构改革方案,工业和信息化部成立(以下简称“工信部”),盐业管理职责划归工信部。为保持食盐定点生产和计划安排的连续性,同年 10 月 11 日,工信部发出通知,对食盐定点企业持有的生产许可证书有效期延长至 2009 年底。

2009 年 8 月 10 日,工信部核发食盐定点生产企业许可证,核发范围是已取得许可证并有效期满的企业,包括挂靠在食盐定点企业下的依法独立经营的食盐(多品种盐)生产企业。许可证核发实行独立法人生产企业一厂(场)一证,有效期为 3 年。同年 10 月,工信部组织专家对浙江省食盐定点生产企业开展换证考核验收,全省共有 6 家生产企业通过考核验收,获得国家食盐定点生产企业许可证书。见表 47-8-1-3。

表 47-8-1-3　　2010 年度浙江省国家食盐定点生产企业一览表

序号	定点生产企业名称	定点证书编号	备　注
1	台州市盐业配送有限公司	SD-020	
2	浙江省宁波晶泰盐业发展有限公司	SD-021	
3	浙江绿海制盐有限责任公司	SD-022	
4	浙江省盐业集团普陀盐业有限公司	SD-023	
5	浙江临安三和园竹盐食品有限公司	DZ-007	多品种食盐
6	浙江蓝海星盐制品有限公司	DZ-008	多品种食盐

资料来源:据工信部颁发《关于印发 2010—2012 年度食盐定点生产企业名单的通知》(工信部消费〔2009〕668 号)。

(二)食盐批发许可制度

国家对食盐批发实行许可证制度。经营食盐批发业务,应当依法申请领取食盐批发许可证。未领取食盐批发许可证的,不得经营食盐批发业务。

根据中国轻工总会盐业管理办公室1996年制定的《关于食盐专营的几项补充规定》,取得食盐批发许可证必须具备以下条件:完成国家食盐分配调拨计划并从规定的渠道和范围购进、销售食盐,并及时结算盐款;严格执行国家盐业法规及食盐价格,保证合理库存,保证市场供应;按规定缴纳国家碘盐价格基金和管理费;及时、完整、准确向上级主管部门提供各项报表及情况。

食盐批发许可证及有关证件,由中国轻工总会盐业管理办公室统一制作,由省级盐业主管机构统一领取发放,有效期2年。各级盐业主管机构有权对领取食盐批发许可证的企业进行管理、监督和检查。根据中国轻工总会盐业管理办公室有关要求,各省级盐业主管机构应当按照合理布局的原则,分层次划分食盐批发企业的经营区域,同一经营区域不能重复核发食盐批发许可证。

1996年11月12日,省盐务管理局、省工商局联合下发通知,要求各地建立具有独立法人资格的盐业专营公司,且凭省盐务管理局核发的食盐批发许可证向工商行政管理机关办理重新登记,未取得食盐批发许可证的企业一律不得通过年检。

1998年11月,根据中国盐业总公司《关于做好食盐批发许可证换证准备工作的通知》,省盐务管理局组织省内各食盐批发企业自查。县级以上批发企业78家,经综合考核,A级企业46家,B级企业23家,C级企业9家,全部符合换证要求,上报中国盐业总公司审核后换发新证。

为全面提高食盐批发企业素质,2002年7月,国家标准化管理委员会颁布国家标准《食盐批发企业管理质量等级划分及技术要求》,从仓储设施与管理、商品保管、食盐分装、质量保证、经营服务以及加碘盐供应所必须承担的责任和义务等方面对食盐批发企业作出了具体规定。食盐批发企业等级评定分为A级、AA级、AAA级,其中AAA级由中国盐业协会组织评定,A级和AA级由省盐业有限公司组织评定,报中国盐业协会备案。次年12月,省盐业公司组织人员分4组对全省76家食盐批发企业的管理质量等级进行了验收,达到AA级企业31家,A级企业41家。龙游、浦江、磐安、长兴4家盐业公司未达标,暂缓换发食盐批发许可证,限期整改。

2006年11月23日,浙江省盐业集团宁波市盐业有限公司通过中国盐业协会组织的国家AAA级食盐批发企业达标验收,并颁发铜牌,成为全省首家国家AAA级食盐批发企业;2008年8月4—6日,浙江省盐业集团衢州市盐业有限公司、丽水市盐业有限公司、温州市盐业有限公司相继通过国家AAA级食盐批发企业达标验收;同年11月28日,浙江省盐业集团嘉兴市盐业有限公司通过国家AAA级食盐批发企业达标验收;2009年11月30日,浙江省盐业集团湖州市盐业有限公司通过国家AAA级食盐批发企业达标验收;同年12月初,浙江省盐业集团台州市盐业有限公司、绍兴市盐业有限公司亦相继通过国家AAA级食盐批发企业达标验收。

根据国家机构改革和部委职责调整,2006年度食盐批发〔含转(代)批发〕许可证由国家发改委统一印制,有效期3年,对达不到A级标准的企业不予换发新证;2009年度食盐批发许可证由工信部统一印制,委托中国盐业总公司负责办理,有效期3年。

（三）食盐准运制度

托运或者自运食盐的单位和个人，应当持有国务院盐业主管机构或者其授权的省、自治区、直辖市人民政府盐业主管机构核发的食盐准运证。

1996年9月23日，中国轻工总会盐业管理办公室、铁道部运输局、交通部水运管理司和公路管理司联合下发《关于食盐运输实行准运证的通知》，对铁路运输及水路、公路跨省运输的，使用中国轻工总会盐业管理办公室签发的食盐准运证，该证由产区省级盐务管理局根据销区省级盐务管理局要盐计划，向中国轻工总会盐业管理办公室领取；经水路、公路省内运输的，食盐准运证由省级盐务管理局签发。同年12月，省盐务管理局、省交通厅航管局、省公路运管局和杭州铁路分局联合下发《关于浙盐运输实行准运证的通知》，明确铁路整车运输和公路运输一车一证；铁路零担运输、集装箱运输和水路运输实行一票一证，一次有效。无准运证的，运输部门不予承运。浙盐准运证由省盐务管理局统一印制、发放和管理，省内跨市（地）运输的使用省盐务管理局签发（盖章）的浙盐准运证；市（地）内跨县（市、区）运输的使用市（地）盐务管理局签发（盖章）的浙盐准运证。该办法自1997年2月1日起施行。

2002年，盐业行业管理职能改由国家经贸委负责，跨省调拨启用国家经贸委盐业管理办公室核发的新版食盐准运证，铁路、水路运输有效期改为20天。同年12月，省盐务管理局、省交通厅航管局、省公路运管局和杭州铁路分局联合下发《关于进一步加强盐产品运输管理的通知》，对运输准运证作补充规定："对县（市、区）内发送到各食盐转批点、零售商店和工厂的各类盐，不使用准运证，但必须持有当地盐业公司开具的正规发票。"

2003年7月1日起，食盐准运证改由国家发改委盐业管理办公室统一印制，并使用新版食盐准运证，在签证单位栏加盖"国家发展和改革委员会盐业管理办公室"印章。日常发证工作委托中国盐业总公司办理。新版食盐许可证样式如下：

食盐运输准运证（样式）　№000000

<table>
<tr><td colspan="3">调出单位</td><td colspan="2">调入单位</td></tr>
<tr><td>品　名</td><td>单　位</td><td>数　量</td><td colspan="2">起止港站</td></tr>
<tr><td></td><td></td><td></td><td colspan="2">自　　　　至</td></tr>
<tr><td colspan="3">车船号
汽车车型</td><td colspan="2">集装箱号
封号</td></tr>
<tr><td colspan="5">铁路、水路运输有效期30天，公路运输　　　　　　时前有效。</td></tr>
<tr><td>签证单位（盖章）</td><td colspan="2">开证单位（盖章）
年　月　日</td><td colspan="2">承运单位（盖章）
年　月　日</td></tr>
</table>

注：一式三联，第一联存根，第二联随货同行，第三联交销区省级盐业公司。

2008年2月15日，省盐务管理局制定了《浙江省食盐、其他用盐运输许可实施办法》，规定在省内从事食盐与其他用盐跨市、跨县运输的单位和个人，应当依法向盐业主管机构申请食盐与其他用盐运输许可，方可从事盐产品运输。

2009年1月1日起，食盐准运证改由国家工信部统一印制，"签证单位(盖章)"栏加盖"中华人民共和国工业和信息化部行政许可专用章(5)"，日常发证工作仍委托中国盐业总公司办理。

(四)食盐转批、零售许可制度

为加强食盐市场管理，保证市场供应，浙江省对食盐转批、食盐零售亦实行许可证管理制度。

1997年5月6日，省盐务管理局、省工商局、省商管办、省供销社联合下发《关于食盐转批、食盐零售实行许可证制度的通知》，对食盐转批、食盐零售均实行许可证制度，从事食盐转批经营和零售业务的，均应申领许可证。为保证市场食盐的有效供应，食盐转批经营业务，各地盐业主管机构应委托基层供销社、国有或集体商业承担，一律不得把食盐转批业务委托给个体、私营工商户经营。食盐转批网点要按照既有利于管理，又方便零售单位进货的原则合理布局，一个地方不重复设2个或2个以上的转批点。食盐零售业务，根据方便城乡居民生活的原则，由县级盐业主管机构确定。需要由个体工商户、代购代销店代销食盐的，由县级盐业主管机构批准。凡确定承担食盐转批经营业务的企业，均需在1997年6月底前向各市、县(市、区)盐业主管机构提出经营申请。符合条件的，由盐业主管机构发给食盐转批许可证，其营业执照的经营范围中注明"食盐转批"；对取得食盐零售许可证的经营单位，在其营业执照的经营范围中注明"食盐零售"。食盐转批、零售许可证有效期为2年。

1998年12月，浙江省第九届人民代表大会常务委员会通过《浙江省盐业管理条例》，进一步明确"食盐零售实行许可证制度"。

2000年1月10日，省盐务管理局、省工商局联合下发《关于切实加强盐的许可经营管理的通知》，重申盐的许可经营管理问题，凡在浙江省境内从事盐(包括食用盐和其他用盐、液体盐)批发业务的企业，必须经省盐务管理局依法审核批准；从事食盐零售业务的企业，必须经市(地)、县(市、区)盐业主管机构审核批准。凡未经省盐务管理局和市(地)、县(市、区)盐业主管机构审核批准的，各级工商行政管理部门不予登记，企业不得擅自组织盐的经营。个别未经盐务管理局审核同意而从事工业盐或其他用盐经营业务的企业，各级工商行政管理部门在企业年检中取消其盐的经营范围。对违反国家和省盐业法规，擅自销售各类盐产品，或以工业盐、非碘盐、伪劣盐充作食盐销售，或私自组织加工、假冒盐业公司包装袋冲销食盐市场等违法行为，各级工商行政管理部门和盐业主管机构依法严肃查处；对于触犯刑法的，移交司法机关依法追究刑事责任，以维护食盐专营秩序，促进全省盐业的健康稳定发展。

为规范食盐零售许可证的申请与发放，保障盐业主管机构有效实施食盐零售许可证的监督管理，2006年11月，省盐务管理局制定了《浙江省〈食盐零售许可证〉管理办法》，由县级以上盐业主管机构发放并年审，有效期为4年，期满统一更换，自2007年1月1日起施行。

第二节　管理机构

为加强对盐业的控制，增加国家财政收入，浙江在历代都配备专门的盐业管理机构。春秋战国时已在绍兴设置盐官，唐代设有监、转运使和巡院，宋代设有盐监官，元明清时期设有都转运盐使司。中华人民共和国成立后，浙江多次调整盐的管理体系，明确了盐的管理机构。特别是经过1988年、1996年、2004年3次大的调整，理顺了浙江省盐业管理体制。从业人员根据经营规模情况亦有较大变化。

一、机构

（一）清代及清代之前的机构

浙江盐业管理机构的出现最早可追溯至春秋战国时期，其时越国已有盐官之设。《越绝书》卷八《越绝外传记地传》："朱余者，越盐官也。越人谓盐曰余。"盐官所在地当即今绍兴市北之朱储村。[①] 西汉初，吴王濞于马嗥城（今海盐县武原镇附近）设置司盐校尉。汉武帝时（前140—前87年），于全国设置37处盐官管理盐政，禁民私煮，会稽郡海盐县为其中1处。三国孙吴继续在海盐设置司盐校尉。[②] 东晋时（317—420年），王允之受任钱唐令，管领司盐都尉。[③] 隋初开放盐禁，听由民众煎煮，此后到唐开元间百余年（583—721年）中，海盐地区未设地方榷盐官吏。

唐后期的盐政组织为两部分，一是度支、盐铁二使所在的中央机构；二是二使派向地方的场、监、院等分支机构。监是对生产过程的监督、产品的征集和盐产户的管理，监下又分设有生产场。场的主要职能是销售。巡院的任务是缉私。

唐乾元元年（758年），盐铁使第五琦变革盐法，实行官专卖制，"就山海井灶近利之地置监院"[④]。宝应年间（762—763年），刘晏掌管东南盐事，在原设机构基础上加以调整，设置10监、4转运场、13巡院。浙江盐区分散，管理不便，所设机构较多，10监之中，浙江有嘉兴、临平、兰亭（今绍兴）、新亭（今临海）、永嘉、富都（今定海）6监；4运转场中，浙江有湖州、越州（今绍兴）、杭州3场；13巡院则在淮北，其中置于京口（今镇江市）的浙西巡院专为堵缉浙西私盐而设。监下有场，兰亭监辖会稽东场、会稽西场、余姚场、怀远场及地心场。杭州转运场规模较大，经营食盐收纳、储存、分运和批发。监、场、院统辖于盐铁使，与地方政府互不隶属。唐代后期主要场监参见图47-8-2-1。

---

① 《浙江古今地名词典》编纂委员会编《浙江古今地名词典》，浙江教育出版社1991年版，第262页。

② 《三国志》卷四十八《吴书·孙休传》："海贼破海盐，杀司盐校尉骆秀。"

③ 《晋书》卷七十六《王舒传》。

④ 《新唐书》卷五十四《食货四》。

图 47-8-2-1 唐代后期主要监场示意图(郭正忠主编《中国盐业史(古代编)》,人民出版社 1997 年版,第 190—191 页)

五代,沿唐制设立盐铁使或榷盐使。吴越国时,北方政权先后敕赐“两浙盐铁制置发运等使”①。吴越以重臣判盐铁,并设知茶盐务官。

宋初,盐区设盐监(即盐官监),后演化为催煎场、买纳场和支盐仓。盐监主要承担管理生产、收购乃至支发等多种职能。乾德年间(963—968 年),置两浙路转运使于杭州,主管盐事。太宗淳化四年(993 年)十二月,宋以沿江、沿海多盗,影响漕运,诏以杨允恭督江南水运;又以杨允恭管理钩稽江淮、两浙都大发运,谋划茶盐。真宗景德三年(1006 年)二月,诏复置江浙制置茶盐兼都大发运使。都大发运使自至道末年省之,及是复置。熙宁五年(1072 年),改以发遣两浙提点刑狱兼提举盐事。仁宗明道元年(1032 年)五月,罢杭州、秀州两地盐场。仁宗景祐三年(1036 年)二月复置。神宗熙宁二年(1069 年)八月,因反对王安石变法,侍御史刘琦贬监处州盐酒务,御史里行钱颉贬监衢州盐税。崇宁三年(1104 年),另差专职提举茶盐事宜。乾道六年(1170 年),以户部侍郎为两浙等六路都大发运使,以后各路均有设置。崇宁以后,提举茶盐成为专司,提举官姓名可考者有 161 人。② 熙宁前后,两浙设钱塘、盐官、华亭、海盐、天富南北、昌国东西、黄岩诸监、永嘉、海盐、密鹦等 10 余场。宋代监场的设置并无定制,或有场无监、有监场俱有,或此县之监管辖临县之场,因时因地而异。两浙盐场亦如此。南宋时期,监场设置较多。绍兴三十二年(1162 年),两浙设场 42 处,其中浙西路 24 处、浙东路 18 处。③ 按其性质,又可分为买纳场、催煎场。买纳场置买纳官、支盐官各一员;催煎场置催煎官一员,由提举司统辖。绍兴三十二年两浙盐场设置情况见表 47-8-2-1。

① 《全唐文》卷九十二《赐钱镠铁券文》。

② 戴裔煊:《宋代钞盐制度研究》,中华书局 1981 年版,第 195—206 页。

③ 《宋会要辑稿·食货二三·盐法二·诸路盐额二》。

表 47-8-2-1　　南宋绍兴三十二年(1162 年)两浙盐场设置一览表

地区		盐场
浙西路	秀州	＊青墩催煎场、＊下砂催煎场、＊袁部催煎场、＊浦东催煎场、＊芦沥催煎场、沙腰催煎场、鲍郎催煎场、＊华亭买纳场、海盐买纳场、＊广陈买纳场
	平江府	＊黄姚催煎场、＊南跄催煎场、江湾催煎场、江湾买纳场
	临安府	袁花催煎场、上管催煎场、蜀山催煎场、岩门催煎场、西兴催煎场、下管催煎场、南路催煎场、黄湾催煎场、新兴催煎场、钱塘(杨村)催煎场、仁和(汤村)买纳场、盐官买纳场、西兴买纳场
浙东路	绍兴府	曹娥买纳场、石堰买纳场、三江买纳场、钱清买纳场
	明州	昌国买纳场、岱山买纳场、鸣鹤买纳场、玉泉买纳场、清泉买纳场、大嵩买纳场
	台州	黄岩买纳场、杜渎场、长亭场
	温州	永嘉买纳场、双穗买纳场、长林买纳场、天富南监买纳场、天富北监买纳场
合计		42 场(浙西 24 场,浙东 18 场)

资料来源:戴裔煊:《宋代钞盐制度研究》,中华书局 1981 年版,第 23—25 页。

说明:带“＊”者今属上海。

元代,盐政最高管理机构是中书省,即中央政府,以下各级管理机构是按权限大小依次为行中书省、盐运司、分司、场、团、盐户(亭户),其管理系统独立于地方行政系统。至元十四年(1277 年),设两浙都转运盐使司于杭州,秩正三品使二员,同知二员,运判二员,经历、知事、照磨各一员。至元十五年四月,以浙盐课直隶行省,宣慰司勿预。至元二十一年,设立常平局管理盐价。至元二十六年十月,增设浙东 2 盐司,合原有者共 7 司,乞官知盐法者 56 人。至元三十一年,两浙各地盐场由原先的 44 所并为 34 所(其中浙西 11 所、浙东 23 所),每所分设司令、司丞、管勾各一员负责盐场事务管理。元成宗元贞元年(1295 年)正月,以江浙行省平章阿老瓦丁为参知政事,诏饬诸道盐运司。同年,改场为司,称“盐课司”,设司令一员从七品;司丞一员,从八品;管勾一员,从九品;典史一员,管领灶户火丁。大德三年(1299 年),定其产盐之地,立场有差,仍于杭州、嘉兴、绍兴、温台等处设检校四所,专验盐袋,毋过常度。仁宗皇庆元年(1312 年)二月,遣官同江西、江浙行省整治茶、盐法。延祐六年(1319 年),撤所改设杭州、嘉兴、绍兴等 6 处官仓,次年改立杭州等 7 仓,设置部辖,掌收各纲船户,运到盐袋,贮屯在仓,听候客人,依次支盐,俱有定制。后至元六年(1340 年)五月,选官整治江浙盐法。顺帝至正元年(1341 年)十二月,增设嘉兴等处盐仓。至正二年十月,杭州、嘉兴、绍兴、温州、台州等路各立检校批验盐引所,直隶运司,专掌批验盐商引目、均平袋法称盘等事。每所置检校批验官一员,从六品;相副官一员,正七品。同时权免两浙额盐 10 万引。

明代,视各产盐区的地位,设有都转运盐使司和盐课提举司,其下又设分司及盐课司,实施对盐业生产、行销的管理。都转运盐使司设使二员,正三品;同知一员,正四品;副使一员,正五品；运判二员，正六品；经历一员，从七品；知事一员，从八品；照磨一员，从九品①。盐课司设大使、副使。吴元年(1367年)，朱元璋一举消灭割据浙江沿海的方国珍，始置两浙都转运盐使司于杭州，下设3场盐课司。洪武元年(1368年)，又在两浙都转运盐使司下设嘉兴、松江、宁绍、温台4个分司和杭州、绍兴、嘉兴、温州4个检校批验所，每所置检校批验官一员，从六品；相副官一员，从七品，直隶运司，专掌批验盐商引目、均平袋法称盘等事。正统元年(1436年)，命侍郎何文渊、王佐，副都御史朱与言提督两浙、两淮、长芦盐课。正德十年(1515年)八月，遣王云凤清理两浙、福建盐法。两浙盐政统辖于巡盐御史，隆庆二年(1568年)始罢。隆庆三年，令两浙巡盐御史兼督浙江杭、嘉、湖三府漕运。嘉靖年间(1522—1566年)有盐场35处，并经并析，至明末有盐场32处。明代两浙盐课司设置情况见表47-8-2-2。

表47-8-2-2　　明代两浙盐课司设置情况一览表

盐运司	分　司	盐　课　司
两浙都转运盐使司(治在杭州府城内)	两浙盐运使所属场	许村场盐课司(坐落海宁县)　仁和场盐课司(坐落仁和县)
	嘉兴分司(治在海盐县芦沥场)	西路场盐课司(坐落海盐县)　鲍郎场盐课司(坐落海盐县) 芦沥场盐课司(坐落海盐县，宣德五年改隶平湖县) 海砂场盐课司(坐落海盐县)　横浦场盐课司(坐落海盐县)
	松江分司(治在上海县下砂镇)	下砂场盐课司(坐落上海县)　青村场盐课司(坐落华亭县) 袁浦场盐课司(坐落华亭县)　浦东场盐课司(坐落华亭县) 天赐场盐课司(坐落崇明县)　青浦场盐课司(坐落嘉定县)
	宁绍分司(治在绍兴府城)	西兴场盐课司(坐落萧山县)　钱清场盐课司(坐落萧山县) 三江场盐课司(坐落山阴县)　曹娥场盐课司(坐落会稽县) 龙头场盐课司(坐落镇海县)　石堰场盐课司(坐落余姚县) 鸣鹤场盐课司(坐落慈溪县)　清泉场盐课司(坐落镇海县) 长山场盐课司(坐落镇海县)　穿山场盐课司(坐落镇海县) 玉泉场盐课司(坐落象山县)　大嵩场盐课司(坐落鄞县) 昌国正监场盐课司(坐落鄞县)
	温台分司	永嘉场盐课司(坐落永嘉县)　双穗场盐课司(坐落瑞安县) 长林场盐课司(坐落乐清县)　杜渎场盐课司(坐落临海县) 黄岩场盐课司(坐落黄岩、太平、临海之间)　长亭场盐课司(坐落宁海县) 天富南监场盐课司(坐落平阳县)　天富北监场盐课司(坐落乐清县)

资料来源：郭正忠主编《中国盐业史(古代编)》，人民出版社1997年版，第498页。

清代，沿用明制，朝廷对盐务的管理以地方为主，中央为辅。户部名义上是全国盐务政令机关，但只履行奏销考成和稽核监督的职责。自道光朝以后，各省的总督、巡抚皆带管理盐政的头衔，机构设置、官员任免的权力在地方首脑，不在中央负责盐务的职能机关。产盐省设置都转运盐史司，由运司(或称“运史”)主其事。盐运司下设分司，由运副、运司等官员分别掌

① 〔民国〕柯劭忞：《新元史》卷六十二《百官八》。

管。场称盐课司，主管者称大使，统辖于运使，听命于盐政。

顺治初(约1644年)，派遣盐御史至各省主持盐政。顺治二年(1645年)设两浙都转运盐使司。康熙十一年(1672年)十月十二日，停两浙等地巡盐御史差，盐法事务归并巡抚管理。康熙四十九年，改盐运使为盐驿道。乾隆元年(1736年)二月二十四日，重设浙江总督，由嵇曾筠担任，并令其稽查盐务。乾隆谕总理事务王大臣："两浙盐务，向来废弛。自李卫为浙江总督以来，留心整理，诸事妥协。及李卫离浙，程元章接任，其性办事迂腐，盐政渐不如前。大学士嵇曾筠现为浙江巡抚，著照从前李卫之例，改为浙江总督，监管两浙盐政。其管辖地方，节制官弁等事，悉照李卫前例行。朕闻浙省滨海之地，向来盐价每斤不过数文。今加一倍，且有不至一倍者，小民甚为不便。大学士嵇曾筠可悉心体察，多方调剂，使之平减，俾商民均受其益。又闻官弁兵役捕缉私盐之时，每遇大枭，不敢过问，往往纵之使去。至于肩挑背负之穷民，资以糊口者，则指为私贩，重加惩处。种种弊端，不可悉数，尤当加意稽查，实心办理。以除弊窦。"①乾隆四十四年又改为盐法道，乾隆五十八年复设盐运司。"运使掌督察场民生，计商民行息，水陆挽运；计道里，时往来，平贵贱，以听于盐政"②。同年正月初六日，规定浙江巡抚不再兼管盐政，由杭州织造兼管盐政。道光元年(1821年)正月初六日，确定浙江盐务仍然由巡抚兼任。清代两浙盐场虽有并析，但与明朝场数相近。同治年间(1862—1874年)共有32场，宣统三年(1911年)为31场。

(二)中华民国时期的机构

民国时期，盐务机构分盐务署与盐务稽核总所两个系统。盐务署在产盐地设置盐运使，下设场长公署或场务所等；在销区设置督销局等机构。稽核由总所、分所、盐场三级管理体系组成。运使公署与稽核分所分权并列，互不隶属。民国时期，两浙盐务机构曾先后设置两浙盐运使公署、两浙盐务稽核分所、两浙盐务管理局。

两浙盐运使公署　辛亥革命后，废两浙盐运使司，设浙江省盐政局。民国元年(1912年)12月，撤销盐政局，改设两浙盐运使公署。次年4月，北洋政府为举借外债，设置两浙盐务稽核造报分所，盐务机构遂分行政和稽核两个系统。两浙盐运使分管场产管理、督销查验及缉私等行政事宜。民国3年9月，设松江运副；民国7年3月，设缉私统领部，运使兼任督察长，民国16年改称"两浙缉私局"。运使公署下属机构经多次调整，民国18年辖有宁属、台属办事处，温处盐务行政局，绍属、常广、徽属督销局；杭余、嘉兴、绍兴、曹江、富阳、桐庐、严州、沈家门、壶镇、镇下关查验处及临海掣验处，钱清、余姚、海沙、东江、岱山、长林、双穗、许村、鲍郎、黄湾、芦沥、三江、金山、清泉、大嵩、穿长、定海、玉泉、长亭、杜渎、黄岩、上望、南监、北监场公署及鸣鹤、衢山场佐。民国20年1月，各场裁并较多，原26场(包括场佐)并为16场。次年8月，财政部呈准行政院，由盐务稽核总所总办兼任盐务署署长；以两浙、淮北、福建、山东4区盐务稽核所分所经理分别兼任各该区盐运使。运署所属

① 《清高宗实录》卷十三。

② 《清史稿》卷一百一十六《职官三》。

机构分别裁并，由稽核人员兼办，盐务行政管理职能自此并入稽核系统。民国 24 年 6 月，为减少行政经费支出，遣散原运署人员，仅留产销课办理行政事务，对外行文保留运署名义，机构已不存在。民国 26 年 4 月，根据《盐务总局组织法》，对各省所属机构相应改组，撤除两浙盐运使公署，取消运使职衔。

两浙盐务稽核分所　民国 2 年(1913 年)，北洋政府向五国银行团举借“善后大借款”，以盐税及关税作抵押，接受银团监督而成立盐务稽核总所。同年 4 月，在杭州设置两浙盐务稽核造报分所，同年 10 月改称“两浙盐务稽核分所”，专司盐税稽征、签单秤放及税款收支监督。分所经理为华人，副职协理为外籍人员，收支税款等重要稽核事项必须协理签发方生效。民国 3 年，下设绍属、温州、台州收税总局，委派收税官。次年 5 月，在仁和、双穗场设盐务秤放局，主管秤放员后改称局长。民国 7 年 4 月，设宁波盐务稽核支所，委派华、洋助理各 1 员为主管。民国 11 年 4 月，先后增设三江、镇塘殿、东江、濠河头、许村、长林、余姚、岱山、南沙、黄湾、金山、北监、穿长、黄岩、鲍郎、玉泉、乍浦、定海、南监、清泉、大嵩、长亭、杜渎等秤放局共 25 处，另设镇下关秤放分局。民国 16 年，国民政府为收回盐政主权，决定撤销稽核机构，两浙盐务稽核分所于当年 3 月并入两浙盐运使公署。次年 2 月，财政部又令复设，各地原设之分支机构次第恢复，运署交还稽核职权，稽核所恢复后开始摆脱外国势力控制，事权逐步集中。民国 21 年 8 月，财政部指示由两浙盐务稽核分所经理兼任两浙盐运使，运署下属机构一律裁撤，运署保留产销科以运署名义办理行政事宜。各场场长由秤放员兼任，裁撤宁波稽核支所，其下属 9 个秤放局归分所直辖，全区产、运、销、税、缉私等盐务事宜统辖于稽核分所。同年，浙江硝磺局并入盐务系统，由经理兼任局长，合署办公。民国 23 年，稽核分所税警课改组为两浙税警局，下辖 6 个区，共有 18 个队、68 个分队。次年 8 月，行政事宜并入稽核分所，撤销原先保留的运署产销科。民国 26 年 4 月，两浙盐务稽核分所撤销，改为两浙盐务管理局，标志着中国盐政主权被洋人侵占的稽核所至此结束。

两浙盐务管理局　民国 26 年(1937 年)4 月，根据《盐务总局组织法》的要求，改组两浙盐务稽核分所，成立两浙盐务管理局，置局长、副局长。副局长仍聘用外籍人员，但不掌握实权，民国 32 年被辞退，此后不再聘外籍职员。两浙盐务管理局下属机构有：税警局，从事缉私事物，有税警 4300 余名；温处盐税局，并辖双穗、长林、南监、北监 4 场公署及秤放局；台州盐税局，并辖玉泉、长亭、杜渎、黄岩 4 场公署及秤放局。两浙盐务管理局直辖场公署及秤放局有黄湾、鲍郎、乍浦(局)、南沙、余姚、岱山、镇塘殿(局)、金山、清泉、定海、濠河头(局)等 11 处。此外，尚有余姚、岱山食盐检定所，镇塘殿食盐复查所及临浦临时秤放处等。机构及人员较以往有所减少。抗日战争爆发后，当年 11 月，两浙盐务管理局迁往兰溪，12 月又迁至永康，后又迁至金华。民国 27 年 2 月，为抢运余姚、钱清场存盐而由浙江省政府在金华成立战时食盐运销处。7 月改组成立由财政部、浙江省合办的浙区战时食盐收运处，两浙盐务管理局局长兼任处长，并在黄岩、临海、杜渎、仙居等地设办事处。民国 31 年 1 月，实行盐专卖制，相应调整机构，撤销收运处，其人员及业务并入两浙盐务管理局。所属机构凡办理税销者称分局及支局，管理场产者称场公署，主持运销者称运输办事处或转运站。秤放局并入场公署。改组后的两浙盐务管理局直属机构有皖属、温属(下辖双穗、长林、南监、北监 4 场)、台属(下辖长亭、杜渎2场)、永康、金华、萧绍、建德、浙西、皖南9个分局,诸暨、临浦、鹰潭、兰溪、漓渚、安华、义乌、江山、玉山9个办事处,余姚、黄岩2个场公署以及汽车、手车、护运3个总队部。同年4月,因日军侵犯,两浙盐务管理局由金华迁至龙泉,9个办事处及余姚场公署相继撤退后陆续撤销。9月间又先后在泰顺、庆元等地筹设直属支局,继续行使办事处、场公署职能;3个总队也改组为运输企业。民国34年,日本投降后,中共浙东区委于8月19日率部解放余姚盐区,在庵东成立浙东盐务管理局,10月6日奉命北撤。10月,两浙盐务管理局迁回杭州,接管收复区盐场,相应调整产、销区机构,直辖机构有:余姚、定岱、钱清、玉泉、黄岩、双穗、北监、南监、长林9个场公署,浙西、宁属、永嘉3个分局,临浦支局,衢县、港口、木垟、二凉亭4个常平仓。民国38年5月,杭州解放,原余姚场场长倪士俊在宁波另立"两浙盐务管理局",同月迁往定海,次年5月率部去台湾。

(三)中华人民共和国成立后的机构

中华人民共和国成立后,浙江省盐务管理机构在产销分设和政企分合中多次变化,先后调整了10余次。主要有:浙江省盐务管理局(1949-05—1953-03)、浙江省人民政府盐务管理局(1953-04—1955-02)、浙江省轻工业厅生产技术处(1958-04—1965-03)、浙江省轻工业厅盐务管理局(1965-04—1968-12)、浙江省轻工业局一轻工业公司盐业组(1971-01—1977-11)和浙江省盐务管理局(1988-12—2010-12)等。

1949年5月3日,杭州解放。9日,杭州市军事管制委员会派军代表刘准接管两浙盐务管理局,并奉准成立浙江省盐务管理局,隶属省财政厅,主管两浙区盐务及运销稽征工作。5—7月,全省盐区(除舟山外)相继解放,省盐务管理局接管所在地各级原盐务机构及人员,并先后成立余姚、宁属、黄岩、北监、温州及杭州6个盐务分局。9月,成立华东区浙江盐务监护总队,统辖全省人民盐警。次年7月,改为省盐务管理局盐警处。

1950年3月,省政府为强化盐区领导,做出盐场特区化、领导一元化的决定,在盐区建立县、区、乡特区人民政府,统一领导。各地试建后,仅庵东盐区(余姚场)正式成立县级盐区人民政府,受宁波专署及省盐务管理局双重领导。1953年5月,省委指示撤销特区建制。1954年4月,恢复庵东特区建制,至1955年6月再次撤销。

1950年5—8月,调整全省盐务机构,运销业务划归中国盐业公司杭州分公司办理,省盐务管理局下属改设第一至第五共5个分局,辖区分别为余姚、杭州、温州、台州、舟山;另设直辖象山县盐场管理处和杭州、嘉兴、临浦等稽征所。分局下辖盐场管理处、中心所、场务所、渔盐发售所和稽征所。全省各级盐务机构共130个,见表47-8-2-3。

表 47-8-2-3 **1950 年浙江省盐务机构一览表**

<table>
<tr><td rowspan="22">浙江省盐务管理局</td><td rowspan="3">第一分局</td><td>穿长中心所。下辖：穿长场务所、镇海场务所、大嵩场务所</td></tr>
<tr><td>东一区场务所、东二区场务所、东三区场务所、西一区场务所、西二区场务所、西三区场务所</td></tr>
<tr><td>宁波稽征所、余姚稽征所、周巷稽征所、浒山稽征所、临山稽征所</td></tr>
<tr><td rowspan="3">第二分局</td><td>萧绍虞场管处。下辖：头蓬场务所、荣十场务所、南汇场务所、金山场务所、赵家湾场务所、河赭场务所；萧山稽征所、百官稽征所</td></tr>
<tr><td>浙西中心所。下辖：海沙场务所、鲍郎场务所、黄湾场务所</td></tr>
<tr><td>翁中场务所、翁西场务所、翁东场务所、七格桥场务所</td></tr>
<tr><td rowspan="5">第三分局</td><td>玉环场管处。下辖：新陡门场务所、泗头场务所、盐盘场务所、海山场务所、芦浦场务所；坎门渔售所、三盘渔售所</td></tr>
<tr><td>瑞安场管处。下辖：永嘉场务所、汀鲍场务所、梅岗场务所、场桥场务所、上码场务所；瑞安渔售所</td></tr>
<tr><td>乐清场管处。下辖：沙角场务所、地团叶场务所、白溪场务所、华湫场务所、东泗场务所</td></tr>
<tr><td>平阳场管处。下辖：沿浦场务所、信永场务所、象冈场务所、泮河场务所、缪家桥场务所、杨屿门场务所；平阳渔售所</td></tr>
<tr><td>青田稽征所、瑞安稽征所、温州稽征所</td></tr>
<tr><td rowspan="6">第四分局</td><td>温岭场管处。下辖：滨海场务所、下王浦场务所、乃崦场务所、淋川场务所、杨家浦场务所、松门场务所、岙环场务所</td></tr>
<tr><td>临海场管处。下辖：琅银柱场务所、西山头场务所、龙头场务所</td></tr>
<tr><td>港北中心所。下辖：竿蓬场务所、金清场务所、山海场务所</td></tr>
<tr><td>沙潺塘中心所。下辖：沙潺塘场务所、坞根场务所、青屿场务所</td></tr>
<tr><td>三门中心所。下辖：建康场务所、健跳场务所、上廒场务所、三角塘场务所</td></tr>
<tr><td>临海稽征所、路桥稽征所；寺前桥渔售所、海门渔售所</td></tr>
<tr><td rowspan="5">第五分局</td><td>定海场管处。下辖：平阳浦场务所、王家墩场务所、田螺峙场务所、马鞍场务所、北马峙场务所、东蟹峙场务所、盘峙场务所、克难场务所、沥港场务所、六横场务所、西蟹峙场务所</td></tr>
<tr><td>岱山场管处。下辖：宫门场务所、念亩岙场务所、大盐场场务所、摇星浦场务所、北峰山场务所、南浦场务所、高亭场务所、长涂场务所、衢山场务所</td></tr>
<tr><td>沈家门渔售所</td></tr>
<tr><td>象山场管处。下辖：金东西场务所、番东西场务所、中竿场务所、浦东西场务所</td></tr>
<tr><td>杭州稽征所、嘉兴稽征所、临浦稽征所</td></tr>
</table>

资料来源：《浙江省盐业志》，中华书局 1996 年版，第 315 页。

1950 年 4 月，根据中央关于全国盐务分工采取产税统一与运销分开的决定，改组国营浙江民生公司[①]，成立中国盐业公司杭州分公司（次年7月改称“浙江省分公司”），接办盐业运销业务，隶属中国盐业公司及省财政厅。分公司下设嘉兴、临浦、宁波、屯溪（1952年划归安徽省）、临海、温州支公司和临浦、余姚、温州等办事处。支公司下设办公处、经营组，初步形成运销网点。1952年由于市场发展，逐步调整扩充，撤销支公司，改设杭州、嘉兴、湖州、乍浦、硖石、金华、衢州、义乌、温州、瑞安、丽水、宁波、绍兴、临海、余姚、平阳、天台、路桥等18个批发处和庵东办事处。

1952年9月，省盐务管理局划归省工业厅领导，1953年底改由省政府直辖。次年4月，名称变更为“浙江省人民政府盐务管理局”，各地盐务机构均冠以当地人民政府名称，实行行政块块领导，业务垂直领导。

1954年5月，根据政务院财政经济委员会《盐业产销统一领导的决定》，撤销中国盐业公司浙江分公司，并入浙江省人民政府盐务管理局，实行统一领导。浙江省人民政府盐务管理局设置储运、业务科办理运销业务。分局下属运销企业单位设供应管理处，处下设站。行政管理与运销经营在内部明确分工，独立核算。所属供应管理处有杭州、金华、嘉兴、临海、宁波、衢州。其他原设批发处的改设为站，划归临近供应管理处领导。

1955年3月，省人民委员会决定恢复“浙江省盐务管理局”衔称，所属机构也不再冠以当地政府名称。

1958年1月，国务院批准盐业产销管理体制下放省、市。省人委决定将盐业运销业务划归省供销合作系统接办。3月16日，省供销合作社并入省商业厅，盐的运销改由商业系统负责。根据各地盐业经营情况由副食品采购供应站、烟糖公司兼营或设专店批发。省盐务管理局负责盐的生产、分配、平衡产销、盐税征解工作。

1958年4月，省人委调整精简省级机构，撤销省盐务管理局，并入省轻工业厅，省轻工业厅内设盐业生产技术处，盐税征解划归省税务局，各地盐业机构由省轻工业厅和当地政府双重领导。

1965年4月，国家试办“托拉斯”体制，批准成立浙江省轻工业厅盐务管理局和中国盐业公司浙江省公司，实行一套机构、两块牌子，负责全省盐业生产、收购、盐场建设与管理及运销经营业务，恢复外分内合体制。中国盐业公司浙江省公司下设宁波、台州、温州、舟山4个分公司，分公司下设27个批发站。舟山分公司和各产区批发站加挂盐务管理局（所）的牌子。自1966年1月1日起，运销业务并入全国盐业“托拉斯”系统统一管理。1965年浙江省盐业管理机构和经营机构情况见表47-8-2-4。

---

① 浙江民生公司前身为官僚资本所办浙江省物资运用委员会。1949年5月杭州解放后，由杭州市军事管制委员会接管，同年6月成立民生公司，经营盐、粮等省际贸易。

表 47-8-2-4　　1965 年浙江省盐业管理机构和经营机构一览表

机构名称	编员	机构名称	编员
浙江省轻工业厅盐务管理局 中国盐业公司浙江省公司	35	临海县工交局盐务管理所 中国盐业公司浙江省临海盐业批发站	
中国盐业公司浙江省杭州盐业批发站	27	黄岩县工交局盐场管理所 中国盐业公司浙江省黄岩盐业批发站	
萧山县工交局盐务管理所 中国盐业公司浙江省萧山盐业批发站	10	玉环县盐务管理局 中国盐业公司浙江省玉环盐业批发站	
中国盐业公司浙江省建德盐业批发站	7	温岭县盐务管理局 中国盐业公司浙江省温岭盐业批发站	
中国盐业公司浙江省嘉兴盐业批发站	15	中国盐业公司浙江省三门盐业批发站	
中国盐业公司浙江省绍兴盐业批发站	8	中国盐业公司浙江省温州分公司	145
上虞县工交局盐场管理所 中国盐业公司浙江省上虞盐业批发站	16	温州市永强盐务管理所	
中国盐业公司浙江省宁波分公司	137	中国盐业公司浙江省丽水盐业批发站	
慈溪县庵东区公所 中国盐业公司浙江省庵东盐业批发站		瑞安县盐务管理局 中国盐业公司浙江省瑞安盐业批发站	
象山县盐务管理局 中国盐业公司浙江省象山盐业批发站		乐清县盐务管理局 中国盐业公司浙江省乐清盐业批发站	
中国盐业公司浙江省宁波盐业批发站		平阳县盐务管理局 中国盐业公司浙江省平阳盐业批发站	
中国盐业公司浙江省台州分公司	134	舟山专署盐务管理局 中国盐业公司浙江省舟山分公司	109
中国盐业公司浙江省吴兴盐业批发站	10	定海县盐务管理局 中国盐业公司浙江省定海盐业批发站	
平湖县工交局盐务管理所 中国盐业公司浙江省平湖盐业批发站	12	岱山县盐务管理局 中国盐业公司浙江省岱山盐业批发站	
中国盐业公司浙江省金华盐业批发站	12	普陀县盐业管理所 中国盐业公司浙江省普陀盐业批发站	
中国盐业公司浙江省衢县盐业批发站	11	中国盐业公司浙江省嵊泗盐业批发站	
中国盐业公司浙江省义乌盐业批发站	9		

资料来源：据浙江省编制委员会 1965 年 11 月 22 日颁发的浙编字 61 号文件整理。

“文化大革命”期间，盐业“托拉斯”体制受到批判冲击，机构近于瘫痪。1969 年 1 月，国务院批准下放中国盐业公司所属企业，省盐业公司改由省革委会管理。次年 12 月，省革委会决定下放省盐业公司所属企业，由各地、县（市）管理。1969—1970 年，因机构层层下放，省轻工业厅盐务管理局同时消失，有关行政业务概由省轻工业主管部门负责。

1971 年 1 月，省轻工业局成立一轻工业公司，内设盐业组，负责全省盐业产销管理。

1977 年 12 月，根据省计划委员会批复，正式建立省第一轻工业局盐业公司，1980 年更名为“浙江省轻工业厅盐业公司”。

1986 年 1 月，省编制委员会同意省盐业公司增挂“浙江省轻工业厅盐务管理局”牌子。

1987 年，浙江省轻工业厅盐业公司更名为“浙江省盐业公司”。

1988 年 12 月，省人民政府决定，省轻工业厅盐务管理局更名为“浙江省盐务管理局”，机构性质及体制不变，仍归属省轻工业厅领导；要求各地产区也仿照省里做法，设置盐务管理局，与当地盐业公司一套班子、两块牌子，受上一级盐务管理局和当地政府的双重领导。此后全省产区各级盐务管理局陆续恢复或建立，曾被打乱的专业管理系统逐步得到恢复。

1990 年 8 月，根据省人民政府有关加强盐业市场管理的通知，凡由商业、供销等部门经营食盐批发业务的县(市)公司，应增挂盐业公司牌子，行政隶属关系不变，购销业务由省盐业公司归口管理。

1991 年 10 月，《浙江省盐业管理实施办法》发布实施，明确规定省盐务管理局是省人民政府的盐业行政主管部门，主管全省盐业工作；省盐业公司负责全省盐产品购销管理和多品种盐开发、经营等工作。《实施办法》首次以政府规章形式确定省盐务管理局和省盐业公司的职权。

1996 年 1 月 8 日，省人民政府下发《关于加强盐业管理工作的通知》，调整盐业管理体制，省盐务管理局行使全省盐业管理职能；省盐业公司负责全省盐的购销管理、多品种盐的开发经营和省外调入盐的统一经营。省盐务管理局和省盐业公司实行两块牌子、一个机构，合署办公。市、地、县盐业管理和经营机构，凡未单独设立盐业机构的，在 1996 年 3 月底前将盐业批发经营从原糖酒、蔬菜、副食品或水产品合一经营的公司中单独分离出来，成立具有独立法人资格的盐业专营公司，管理机构各地可参照省级盐业行政管理体制并结合当地实际自行确定。县以下(不含县)不再单独设立盐业公司。同年 5 月 13 日，经省委组织部批复，对全省盐业管理机构的领导干部实行盐业行政主管部门的党委(党组)与同级地方党委或授权的盐业行政主管部门党委(党组)的双重管理，以上级盐业行政主管部门党委(党组)为主的管理体制。管理体制改变后，机构的级别、领导干部的级别和单位性质不改变。此次盐业管理体制改革的核心是“分离、挂牌、管班子”。改革后，浙江省盐业管理机构、经营机构进一步明晰，盐业领导干部管理权限进一步明确，全省盐业管理体制进一步理顺。

1998 年 5 月，中共浙江省轻纺集团公司①委员会制定《浙江省市(地)、县(市、区)盐业管理机构领导干部管理暂行办法》；1999 年 4 月，省盐务管理局制定《浙江省市(地)、县(市、区)盐业管理机构领导干部年度考核试行办法》，加强对全省盐业管理机构领导干部的管理。当年底，除桐乡市尚未理顺外，全省 77 个需要建立和完善专营管理体制的市县，已有 76 个市县成立了具有独立法人资格的盐业公司，并增挂盐务管理局牌子，实行两块牌子、一套班子、合署办公的管理体制。2001 年初，桐乡市委、市政府与省盐务管理局专题协调解决桐乡盐业体制和干部

① 1997 年 1 月，省轻工业厅转制为省轻纺集团公司，继续主管省盐务管理局、省盐业公司。

管理问题。同年3月上旬，桐乡盐业机构明确，领导班子聘任到位。这标志着浙江省调整理顺盐业管理机构，实行领导班子"省地双重管理、以省为主"的盐业专营体制已全部到位。

2004年11月6日，省人民政府下发《关于深化全省盐业管理体制改革的通知》，再次拉开了深化全省盐业管理体制改革的序幕。根据省人民政府文件精神，省盐业公司制定了《浙江省盐业集团有限公司组建实施方案》，以浙江省盐业公司为主体，按照母子公司体制，纳入全省11家市盐业公司和65家县(市、区)盐业公司进行组建。全省67个市、县(市、区)盐业公司现有的国有资产，原则上按照"先划转、后清理"的办法，统一上划浙江省盐业集团有限公司；9个供销社系统的盐业公司(临安、余姚、永嘉、平阳、桐乡、兰溪、仙居、常山、开化)集体资产，则采取控股收购或全部收购的办法。省盐业公司名称变更为"浙江省盐业集团有限公司"，各地管理、经营机构名称分别变更为"浙江省××市、县(市、区)盐务管理局"和"浙江省盐业集团××市、县(市、区)盐业有限公司"，实行两块牌子、一套班子、合署办公的管理体制。2005年1月28日，浙江省盐业公司按《公司法》要求改制为国有独资的有限责任公司，企业名称相应变更为"浙江省盐业集团有限公司"。浙江省盐业集团有限公司办公楼参见图47-8-2-1。

根据省人民政府《关于深化全省盐业管理体制改革的通知》精神和省国资委《关于做好浙江省盐业国有资产无偿划转工作的通知》，为加快推进全省盐业体制改革，2005年2月下旬起，省盐务管理局、省盐业集团有限公司成立了4个改革指导组和1个联络组，按照先国有后集体、先销区后产区、先市后县、先易后难、先企业后事业的顺序，分赴各地开展组建工作。至同年底，全省已签订资产上划和组建协议书56家，占全省76家市、县(市、区)盐业公司的73.7%，其中供销社系统9家盐业公司已有5家签约重组；至2006年底，有10家市级盐业公司和52家县级盐业公司共计62家盐业公司加入省盐业集团有限公司；2007年又先后有舟山、普陀、象山、路桥、桐乡、泰顺等盐业公司加入省盐业集团有限公司。至2010年底，除温岭、玉环、临海、岱山、嵊泗、乐清、苍南、平阳8家盐业公司因历史遗留问题尚未加入外，其余68家盐业公司均已加入省盐业集团有限公司。

图47-8-2-1 浙江省盐业集团有限公司办公楼(2015年柳洁摄)

2006年9月，省盐业集团有限公司成建制划转为省国资委直属企业，由省国资委监管考核，并落实国有资产保值增值责任。省盐务管理局也一并划归省国资委管理。至2010年底，全省共有省、市、县三级盐业管理机构77个，盐业经营机构80个，见表47-8-2-5。

表 47-8-2-5　　2010 年浙江省盐业管理机构与经营机构一览表

地区	管理机构	经营机构
省级	浙江省盐务管理局	浙江省盐业集团有限公司
杭州	浙江省杭州市、萧山区、余杭区、临安市、富阳市、桐庐县、建德市、淳安县盐务管理局	浙江省盐业集团杭州市、萧山、余杭、临安市、富阳市、桐庐县、建德市、淳安县盐业有限公司
宁波	浙江省宁波市、北仑区、鄞州区、象山县、宁海县、奉化市、慈溪市、余姚市盐务管理局	浙江省盐业集团宁波市、北仑、鄞州、象山县、宁海县、奉化市、慈溪市、余姚市盐业有限公司
温州	浙江省温州市、瑞安市、泰顺县、文成县、洞头县、永嘉县盐务管理局，平阳县、苍南县、乐清市盐务管理局	浙江省盐业集团温州市、瑞安市、泰顺县、文成县、洞头县、永嘉县盐业有限公司，平阳县、苍南县盐业公司，乐清市盐业化工公司
嘉兴	浙江省嘉兴市、嘉善县、平湖市、海盐县、海宁市、桐乡市盐务管理局	浙江省盐业集团嘉兴市、嘉善县、平湖市、海盐县、海宁市、桐乡市盐业有限公司
湖州	浙江省湖州市、德清县、长兴县、安吉县盐务管理局	浙江省盐业集团湖州市、德清县、长兴县、安吉县盐业有限公司
绍兴	浙江省绍兴市、上虞市、诸暨市、嵊州市、新昌县盐务管理局	浙江省盐业集团绍兴市、上虞市、诸暨市、嵊州市、新昌县盐业有限公司，浙江盐业上虞储运有限公司
金华	浙江省金华市、兰溪市、东阳市、义乌市、永康市、磐安县、武义县、浦江县盐务管理局	浙江省盐业集团金华市、兰溪市、东阳市、义乌市、永康市、磐安县、武义县、浦江县盐业有限公司，中盐浙江义乌食盐配送有限公司
衢州	浙江省衢州市、江山市、常山县、开化县、龙游县盐务管理局	浙江省盐业集团衢州市、江山市、常山县、开化县、龙游县盐业有限公司
舟山	浙江省舟山市、普陀区盐务管理局，岱山县、嵊泗县盐业局	浙江省盐业集团舟山市、普陀盐业有限公司，岱山县、嵊泗县盐业公司
台州	浙江省台州市、椒江区、黄岩区、路桥区、天台县、三门县、仙居县盐务管理局，临海市、温岭市、玉环县盐务管理局	浙江省盐业集团台州市盐业配送有限公司，浙江省盐业集团台州市、椒江、黄岩、路桥、天台县、三门县、仙居县盐业有限公司，临海市、温岭市、玉环县盐业公司
丽水	浙江省丽水市、龙泉市、缙云县、景宁畲族自治县、云和县、松阳县、遂昌县、青田县、庆元县盐务管理局	浙江省盐业集团丽水市、龙泉市、缙云县、景宁畲族自治县、云和县、松阳县、遂昌县、青田县、庆元县盐业有限公司

资料来源：据浙江省盐务管理局 2010 年档案资料综合整理。

二、人员

民国时期，盐务机关办事人员分职员与工友两档，统称“员工”。盐务稽核总所成立后，稽核系统仿照英国文官制度，分职员为甲、乙、丙、丁、戊、己、庚 7 等，每等分若干级，己、庚等为雇员；工友（勤杂人员）概为辛等。两浙盐务稽核分所经理及两浙盐务管理局局长为甲等，协理、帮办为乙等，各分局局长为丙等，各场场长按事权大小配置乙等至戊等不定，科级以下办事人员按丁等至庚等编额派置。工友或称“公役”，担任传达、信差、测目、仓夫、秤匠、警卫等。运使(行政)系统的职员按职务定等，有运使、运副、科长、秘书、科员(分3等)、雇员(分4等)；场署有场知事、场佐、文牍员、会计员及办事员。各级员工均列入编制，增减调遣均需报批。

民国20年(1931年)，两浙区职员共计970人(税警2700人除外)，其中稽核系统307人、运司系统663人。民国26年，两浙盐务管理局成立时，计有职员950人。民国31年初，两浙盐务管理局接收浙区战时食盐收运处全部人员约1500人，职员增至2444人。后经甄审考核，逐步遣散冗员，到民国35年底减为913人。民国31—37年两浙盐务管理局职员情况见表47-8-2-6。

表47-8-2-6　　民国31—37年(1942—1948年)两浙盐务管理局职员人数一览表

年份	民国31年	民国32年	民国33年	民国34年	民国35年	民国36年	民国37年
职员人数	2444	2027	1850	1433	913	921	923

资料来源:《浙江省盐业志》，中华书局1996年版，第438页。

1949年4月，杭州解放前夕，全省共有职员1180人、工友646人，其中两浙盐务管理局有职员271人、工友90人。杭州解放后，杭州市军事管制委员会接管两浙盐务管理局，并成立浙江省盐务管理局，原有员工绝大多数均按原职留用，少数遣散回籍。留用职员列属干部，工友列属勤杂人员。1950年调整机构，整编人员，实有干部1177人，勤杂194人。干部来源中，部队派入占27%，留用职员占58%，新参加工作者占15%。1952年底，全省实有干部1178人，同时提拔勤杂人员充实干部队伍，并根据场产管理需要，在旺产季节雇用临时服务员及仓工，后部分转干。至1953年，干部增加至1319人。

1950年，实行产销分管，成立中国盐业公司杭州分公司，配置管理干部和经营人员486人，1952年增至617人，1953年为602人。1954年产销合一，全省干部1568人，勤杂164人，合计1732人(另有经济警察400人)。1957年，全省盐业属行政的658人，属企业的480人。

1958年省盐务管理局撤销后，运销业务及人员划归供销及商业系统。

1965年，盐业实行“托拉斯”管理体制，成立中国盐业公司浙江省公司，全省产销经营管理人员统一编制，共计697人。

1978年省轻工业局盐业公司成立后，逐步加强行业管理。1979年，全省盐业政企干部职工1389人，工作人员中有行政干部、企业职工。干部按级别由相应的人事部门管理，职工属劳动部门管理。之后人员基本稳定。

1995年，全省盐业职工总数2197人。1996年调整盐业管理体制，销区分离、挂牌后，1998年，全省盐业职工总数达到6026人。

针对食盐专营机构人员过多、负担过重的突出矛盾，根据省政府要求，1999年5月，省盐务管理局下发《关于加强食盐专营机构人员管理的通知》，要求食盐专营机构实行严格的定员管理，从严控制职工人数，原则上只出不进，同时深化劳动、人事、分配三项制度改革，采取有效的减员分流措施，逐步使专营机构的职工人数与企业经营规模相匹配。企业经营规模与职工配置要求见表 47-8-2-7。

表 47-8-2-7　　　1999 年浙江省专营机构经营规模与职工配置要求一览表

经营规模		职工人数不超过(人)	备　　注
年计划销盐量(吨)	＜1500	10	
	1500～5000	15	
	5000～10000	20	
	＞10000	25	
年计划销盐量和出场调拨量合计(吨)	＜20000	25	派驻盐区的管理人员按年计划产量配备，5000 吨以下配 2～4 人，5000～15000 吨配 4～8 人，15000 吨以上配 8～15 人，由产区盐业机构从紧控制。
	20000～40000	30	
	40000～60000	40	
	＞60000	50	

资料来源：引自浙江省盐务管理局颁发《关于加强食盐专营机构人员管理的通知》(浙盐局人〔1999〕37 号)。

2002 年 9 月，省盐务管理局下发《关于进一步加强食盐专营机构人员管理的通知》，对食盐专营机构人员实行定编管理，严格控制职工人数，规定今后新增人员，原则上应在大中专毕业生中公开招聘，择优录用。至 2010 年底，全省共有盐业职工 2503 人。2000—2010 年全省盐业机构人员情况见表 47-8-2-8。

表 47-8-2-8　　　2000—2010 年浙江省盐业机构人员情况一览表

年　　份		2000	2001	2002	2003	2004	2005	2006	2007	2008	2009	2010
盐业人员		3737	3348	3412	3280	3097	2847	2917	2786	2692	2603	2503
其中：在岗		3206	3005	3148	3039	2840	2623	2614	2551	2451	2356	2261
大中专学历占(%)		26	27	27	29	33	38	39	45	47	51	54
40 岁以上占(%)		48	48	45	49	61	65	62	62	62	65	66
人均销盐量(吨/人)		208	265	249	293	334	348	374	404	464	438	506
职称	高级	8	10	18	10	16	17	21	29	29	33	27
	中级	231	229	211	222	223	230	216	232	215	212	209
	初级	812	790	777	748	717	724	718	678	640	643	619

资料来源：据 2000—2010 年浙江省盐业统计年报综合整理。

说明：1. 百分比及人均盐销量采用四舍五入法计算。2. 人均盐销量以在岗人员计。

附：主要领导人名录

表 47-8-2-9　　民国时期浙江省盐务机构及主要领导人一览表

机构名称	职务	姓　名	任职时间	机构名称	职务	姓　名	任职时间
两浙盐运使公署	运使	庄崧甫	元年	两浙盐务稽核分所	经理	冯汝良	2—10 年
	运使	张　栩	2 年 2 月		经理	钱文选	11 年 11 月
	运使	陈廷绪	3 年 4 月		经理	刘宗翼	14 年 9 月
	运使	李　穆	3 年 11 月		经理	水崇逊	15 年
	运使	姚步瀛	4 年 3 月		经理	周俊彦	15 年
	运使	胡思义	4 年 11 月—6 年 4 月		经理	钱文选	16 年
	运使	胡彤恩	6 年 4—8 月		经理	冯汝良	21—23 年
	运使	袁思永	6 年 8 月—8 年 1 月		经理	周宗华	23 年—26 年 3 月
	运使	蒋邦彦	8 年 1 月—9 年 9 月	两浙盐务管理局	局长	周宗华	26 年 4 月—27 年 6 月
	运使	赵从藩	9 年 9 月—10 年 2 月		局长	郭劭宗	27 年 6 月—30 年 8 月
	运使	周俊彦	10 年 4 月		局长	顾建中	30 年 9 月—31 年 3 月
	运使	蒋邦彦	10 年 4 月—11 年 5 月		局长	纽建霞	31 年 3—9 月
	运使	杜　纯	11 年 11 月—13 年 4 月		局长	倪灏森	31 年 9 月—35 年 4 月
	运使	王锡荣	13 年 10 月		局长	赵武显	35 年 4 月—36 年 12 月
	运使	王金钰	14 年 1 月		局长	纽建霞	36 年 12 月—38 年 1 月
	运使	刘宗翼	14 年 8 月—15 年 2 月		局长	关　尹	38 年 1—4 月
	运使	周俊彦	16 年 4 月—20 年 2 月				
	运使	余宗渭	16 年 11 月				
	运使	冯汝良	21 年—23 年 7 月				
	运使	周宗华	23 年 7 月—26 年 3 月				

资料来源：《浙江省盐业志》，中华书局 1996 年版，第 322—324 页。

表 47-8-2-10　　中华人民共和国成立后浙江省盐务机构及主要领导人一览表

机　构　名　称	职　务	姓　名	任职时间
浙江省盐务管理局	军代表	刘　准	1949-05—1949-11
	局　长	张　蓬	1949-11—1951-05
	局　长	汪健群	1951-05—1954-04
中国盐业公司杭州分公司（1953 年 4 月改称浙江省分公司）	经　理	汪启民	1950-04—1951-08
	经　理	张裕华	1951-08—1953-12
浙江省人民政府盐务管理局	局　长	汪健群	1954-04—1955-03
浙江省盐务管理局	局　长	何志斌	1955-03—1958-04
浙江省轻工业厅盐业生产技术处	处　长	罗嘉扬	1958-05—1963-04
浙江省轻工业局盐业公司	负责人	施树林	1978-01—1978-06
浙江省轻工业厅盐业公司	经　理	许庚鲁	1983-12—1986-11
浙江省盐务管理局 ┄┄┄┄ 浙江省盐业公司	经　理	许庚鲁	1986-11—1988-01
	经　理	赵永振	1988-01—1989-07
	局长、总经理	吴云庆	1991-09—1999-08
	局长、总经理	李立风	1999-08—2002-08
	局长、董事长、总经理	冯传松	2002-08—2005-02
浙江省盐务管理局 ┄┄┄┄ 浙江省盐业集团有限公司	局长、董事长	冯传松	2005-02—2008-07
	副局长、总经理	陈存法	2005-02—2009-03
	董事长	陈存法	2008-07—
	局长、党委书记	陈存法	2009-03—
	副局长、总经理	朱妙顺	2009-04—

资料来源：1949—1989 年资料引自《浙江省盐业志》，中华书局 1996 年版，第 324—326 页；1990—2009 年资料据浙江省盐务管理局档案资料综合整理。

说明：1. 1965 年 4 月成立的浙江省轻工业厅盐务管理局和中国盐业公司浙江省公司未设正职；1969—1977 年间，盐业归属轻工业主管机构，无专业机构。2. 机构名称栏以虚线隔开者为两块牌子、一套班子的建制。3. 主要领导人任职随机构名称或职务的变动予以分列。4. 任职时间未列截至年月的表示至 2010 年 12 月 31 日仍在任。

第三节 罚 则

盐资源属国家所有。盐的生产和销售，关系国计民生。历代政府对盐的生产和销售有一套严格的管理制度，凡私自煮盐或私自贩卖，都将受到严厉的惩罚。

原盐出场应缴纳盐税，未税出场者称为“私盐”。古代行盐有定界，越界行销者亦为私盐。亭户制成之盐，只能缴入官仓，私自出售者即为私盐。历代对私盐贩销行为都制定有严格的处罚规定。

汉时，对私自煮盐者，予以严厉惩罚。据《汉书·食货志下》载：“敢私铸铁器煮盐者，钛左趾，没入其器物”①。

唐代，为有效推行榷盐法，曾采取较为严密的法规措施加以保护。乾元元年（758 年），第五琦初变盐法，规定“盗煮私市者，论罪有差”②。贞元中（785—804 年），又规定盗卖盐 1 石者处死。宪宗时（806—820 年）又规定，除刑罚盗盐者外，“坊市、居邸主人、市侩皆论坐”③。宣宗时（846—859 年）更加严酷，“盗盐特弓矢者皆死刑”，“有盗坏壕篱与鬻碱皆死”，“亭户盗粜二石与百姓市二石皆死”。元和（806—820 年）中期改死刑为流放，后期法定：“（盗鬻）减死流天德五城，缚奏论死如初，一斗以上杖背，没其车驴，能捕斗盐者赏千钱”。诸道诸州各以节度观察判官和司录、录事参军察私盐，“漏一石以上罚课料”。文宗开成末，“诏私盐月再犯者，易县令，罚刺史俸；十犯，则罚观察、判官课料”。

五代，盐法内容细密，惩治手段愈为严酷，唐时按斛、石、升、斗治罪，至五代已变为斤、两治罪，甚至动辄有处死之刑。对越界带私盐者，后唐长兴四年（933 年）前规定，将课盐带入末盐界，“一斤一两并处极法”。对课盐界内的折博及农村蚕盐入城，“十斤以上，不计多少，买卖人各决脊杖二十，处死”的刑律及“犯盐人随行钱驴畜等并纳入官”和全家逃走后将其家业田产“即行典纳”的处置。④ 后汉惩治私盐，“民有犯盐、矾、酒曲之令，虽丝豪滴沥，尽处极刑”⑤。后周广顺元年（951 年）九月诏定，“凡犯（盐）五斤以上者处死”。次年又定：“所犯一斤以下至一两杖八十，配役；五斤以下，一斤以上徒三年，配役；五斤以上并决重杖处死”。后周显德二年（955 年）改立盐法，对越界和“将盐入城”的判处改为一两至二十斤，决脊杖示众不等；二十斤以上，不计多少，决脊杖十七，配发运务役一年。⑥ 对刮碱煎贩与偷盗官盐者，后周广顺二年（952 年）盐法也规定：“刮碱煎炼私盐，所犯一斤以下，徒三年，配役；一斤以上，并决重杖一顿，处死。”显德二年（955 年）盐法又规定：“偷盗夹带官盐，兼于壕篱外煎造盐货，便仰收捉，

---

① 《汉书》卷二十四下《食货四》。

② 《旧唐书》卷一百二十三《第五琦传》。

③ 《新唐书》卷五十四《食货四》。本段以下所引律法皆出于此，不另注。

④ 《五代会要》卷二十六《盐铁杂条上》。

⑤ 《旧五代史》卷一百〇七《王章传》。

⑥ 《册府元龟》卷四百九十四《邦计部·山泽二》。

及许诸色人陈告。所犯不计多少斤两,并决重杖一顿,处死。”①

宋代,私盐刑律较五代略宽。私盐刑律通常划分为私煎、私有,私贩卖法,以及“阑入禁地”或侵越疆界等几大类。至于对结集、持械、拒捕与边境等私盐,又立有专法。在定罪量刑方面,通常是私煎重于私贩,盐场人员重于非盐场人员,首犯重于从犯,产盐区等“重法地”重于“非重法地”。建隆二年(961 年),定官盐阑入法,禁地贸易至 10 斤、煮碱盐 3 斤者乃坐死,民所受蚕盐以入城市 30 斤以上者,上请。② 后又多次放宽阑入数量。太平兴国二年(977 年)诏阑入至 200 斤以上、煮盐及主吏盗贩至 100 斤以上、蚕盐入城市 500 斤以上者,并黥面送京师处理。淳化五年(994 年),又改前所犯者正配本州牢城。南宋高宗绍兴二年(1132 年)九月,提権货务张纯峻立淮、浙盐法,增其算。十一月,初権明州卤田盐。绍兴二十一年八月,秦桧上重修诸路茶盐法。淳熙元年(1174 年),禁私敕令规定:“诸犯盐一两,笞(鞭打)四十,二斤加一等,二十斤徒一年,二百斤配本戍(发配边防地)。煎炼者一两比二两。以通商界盐入禁地者减一等,三百斤流三千里;其人户卖蚕盐,兵役卖食盐,以官盐入别界,一斤笞二十,二斤加一等,二百斤再加一等,罪止徒三年。”五代至宋初的私盐刑罚,大致呈渐轻之势。五代至宋初私煎盐刑罚情况和两宋私贩盐刑罚情况分别见表 47-8-3-1 和表 47-8-3-2。

表 47-8-3-1　　五代至宋初私煎盐刑罚情况一览表

犯盐量	五代后汉时	后唐长兴四年	后周广顺二年	后周显德二年	宋建隆二年	建隆三年	乾德四年	太平兴国二年	绍兴初及南宋时	绍兴二年底至三年十月
1 两	极刑			不计多少重杖处死				决杖 15	笞 80	不以多寡,并杖脊配广南牢城,遇赦不原。
1 两至 1 斤		杖 60	徒 3 年配役							
1 斤以上			重杖处死					决杖 20		
1～2 斤		徒 70								
2～3 斤		徒 1 年								
3～5 斤		徒 2 年			3 斤处死					
5 斤以上		杖脊处死								
10 斤						处死			徒 1 年	
20 斤								杖脊 13	徒 2 年	

① 《五代会要》卷二十七《盐铁杂条下》。

② 《宋史》卷一百八十一《食货下三》。

续表

犯盐量	五代后汉时	后唐长兴四年	后周广顺二年	后周显德二年	宋建隆二年	建隆三年	乾德四年	太平兴国二年	绍兴初及南宋时	绍兴二年底至三年十月
25 斤								杖脊 15 配役 1 年		不以多寡，并杖脊配广南牢城，遇赦不原。
30 斤								杖脊 17 配役 1 年半		
40 斤								杖脊 18 配役 2 年		
50 斤							处死	杖脊 20 配役 3 年		
100 斤								杖脊 20 刺面押赴阙		
150 斤									配本城	

资料来源：郭正忠主编《中国盐业史（古代编）》，人民出版社 1997 年版，第 338 页。

表 47-8-3-2　　两宋私贩盐刑罚情况一览表

犯盐量	太平兴国二年令		真宗末仁宗初条法诸色犯私盐、入禁地	景祐元年诏诸色犯私盐、入禁地	绍兴年间敕		
	卖蚕盐及入城会	私盐商盐入禁地			卖蚕盐兵级食盐官盐侵界	商盐入禁地	私有盐
1 两		决杖 15	杖 80	杖 80		笞 20	笞 40
1 斤	决杖 13					笞 20	
2 斤						笞 40	笞 80
10 斤	决杖 15	决杖 20	杖 100				
20 斤		杖脊 13	徒 1 年	杖 100	笞 40		徒 1 年
30 斤		杖脊 15 配役 1 年					
40 斤				徒 1 年	笞 80	徒 2 年	徒 2 年
50 斤	决杖 20	杖脊 17 配役 1 年半					
70 斤		杖脊 18 配役 2 年					

续表

犯盐量	太平兴国二年令		真宗末仁宗初条法诸色犯私盐、入禁地	景祐元年诏诸色犯私盐、入禁地	绍兴年间敕		
	卖蚕盐及入城会	私盐商盐入禁地			卖蚕盐兵级食盐官盐侵界	商盐入禁地	私有盐
80 斤				徒 2 年			
100 斤	杖脊 13	杖脊 20 配役 3 年					
150 斤	杖脊 15 配役 1 年						
200 斤	杖脊 17 配役 1 年半	杖脊 20 刺面送赴阙	加役流		徒 1 年		
300 斤	杖脊 20 配役 3 年					流 3000 里	配本城
400 斤				加役流	徒 2 年		
500 斤	杖脊 20 刺面送赴阙						
600 斤					徒 3 年(止)		

资料来源:郭正忠主编《中国盐业史(古代编)》,人民出版社 1997 年版,第 344—345 页。

元代,盐法对治盐官吏禁治不严或犯法者亦予刑罚。中统二年(1261 年)明立条禁,“凡伪造盐引者皆斩,籍其家产付告人充赏。犯私盐者徒二年,杖七十,籍其财产之半”。延祐元年(1314 年),“申饬私盐之禁”,颁布“条画”11 款。延祐六年,颁布《盐法通例》,“诸犯私盐者,杖七十,徒二年,财产一半没官,于没物内一半付告人充赏。盐货犯界者,减私盐罪一等。提点官禁治不严,初犯笞四十,再犯杖八十,本司官与总管府官一同归断,三犯闻奏定罪。如监临官及灶户私卖盐者,同私盐法。诸伪造盐引者斩,家产付告人充赏。失觉察者,邻佑不首告,杖一百。商贾贩盐,到处不呈引发卖,及盐引数外夹带,盐引不相随,并同私盐法。盐已卖,五日内不赴司县批纳引目,杖六十,徒一年,因而转用者同卖私盐法。犯私盐及犯罪断后,发盐场充盐夫,带镣居役,役满放还”。

明代,《大明律》所载盐法共 12 条。首先是对贩卖私盐的处置。“凡犯私盐者,杖一百,徒三年。”①若持军器兴贩私盐,即“加一等”。“拒捕者,斩”,其“盐货、车船、头匹,并入官”。兴贩私盐的人若“引领牙人及窝藏、寄顿者,杖九十,徒二年半”;“挑担、驮载者,杖八十,徒二年”。对灶户私煎私贩,妇人有犯私盐,比照兴贩私盐处置。而对于买食私盐,则处以“杖一

① 《大明律》卷八《户律·盐法》。本段所引律法皆出于此,不另注。

百”之刑罚；转卖私盐，乃同于私盐法，对于守御官及运盐司、巡检司巡查私盐，“通同脱放者，与犯人同罪”，“受财者，计赃以枉法从重论”。地方有司及缉私巡检司有“透漏”私盐，“初犯，笞四十；再犯，笞五十；三犯，笞六十，减半给俸。并附过还职”。如果将“巡获私盐入已不解官者”，则同样处以“杖一百，徒三年”的刑罚。对军人贩私盐，则追究其所在本管千户、百户“有失钤束”之罪，百户“初犯，笞五十；再犯，杖六十；三犯，杖七十，减半给俸”，千户“初犯，笞四十；再犯，笞五十；三犯，杖六十，减半给俸，并附过还职”。如果千户、百户“知情容纵，及通同贩卖者，与犯人同罪”。对于客商起运官盐，每行以200斤为一袋，加耗5斤，必须至批验所依数掣验。如夹带余盐，同私盐法。若越过掣验不给关防者，杖90，押回盘验。贩卖官盐过程中，如果盐货与盐引相分离，或卖盐之后不缴旧引仍然影射盐货，或不用官船起运官盐，都比照私盐法。卖盐之后10天之内不交退引者，笞40。将官盐掺和沙土货卖者，杖80。客商越境贩卖官盐，杖100；知而买食者，杖60；不知者不坐。其犯界货卖盐均没官。“阻坏盐法”条还规定：“凡客商中买盐引、勘合，不亲赴场支盐，中途增价转卖，阻坏盐法者，买主卖主，各杖八十，牙保减一等，盐货价钱并入官。”明代实行开中法，为保证商人在边方报中纳粮，明律规定“监临势要中盐”，律载：“凡监临官吏诡名，及权势之人中纳钱粮、请买盐引勘合、侵夺民利者，杖一百，徒三年，盐货入官。”“权势之人”，不仅其本人不得参与报中，其家人、奴仆，也不得倚势中盐。

清代，盐法多承明制，略有增减。《大清律例》所载盐法共11条，主要规定有：凡犯私盐，杖一百，徒三年，若有军器者加一等，拒捕者斩。盐货、车船、头匹并入官。告发人有赏，自首者免罪，包庇私盐者，杖九十，徒二年半。越境兴贩官司引盐至3000斤以上者，问发附近卫所充军。如将官盐掺和沙土货卖者杖八十。“凡将有引官盐，不于拘该行盐地面发卖，转于别境犯界货卖者，杖一百。知而买食者，杖六十”①。同时，“不许盐引相离，违者，同私盐法。其卖盐了毕，十日之内不缴退引者，笞四十；若将旧引影射盐货者，同私盐法”。另有各种禁私律令。对灶丁的售私有《灶丁私盐律》《灶丁售私律》《获私求源律》；对兵丁的贩私有《兵丁贩私律》《巡盐兵捕贩私律》；对船私有《夹带私盐律》，等等。对枭徒的贩私，先后颁布《豪强贩私律》《武装贩私律》等，一经捕获，非斩即绞。此外，还规定私盐在40斤以下者免于禁捕。乾隆元年（1736年），昭行“贫难老少盐”法，凡贫穷老少男妇，每日准予负贩40斤，由场署给予腰牌，免税供应。至民国5年（1916年）撤销。

民国3年（1914年）12月22日，公布《私盐治罪法》，计10条，其主要规定为：“凡未经盐务署之特许而制造、贩运、售买或意图贩运而收藏者，为私盐。犯私盐罪不及300斤者，处五等有期徒刑或拘役；300斤以上者，处三等或四等有期徒刑；3000斤以上者处二等或三等有期徒刑，携有枪械意图拒捕者，加本刑一等；所有之盐及供犯罪所用之物，没收之。”“结伙十人以上，拒捕杀人，伤害人致死及笃疾或废疾者，处死刑；伤害人未致死及笃疾者，处无期徒刑或一等有期徒刑”。“盐务官及缉私场警兵役等自犯私盐罪或与犯人同谋者，加刑一等”。

---

① 《大清律例》卷十三《户律·盐法》。本段所引律法皆出于此，不另注。

民国18年(1929年)8月公布的《私盐轻微案件处罚章程》,对老弱妇孺误犯盐法,肩挑负贩或随身夹带私盐,其数在司马秤100斤以内者,分别处20～50元罚金或20～50日拘役和3～20元罚金或3～20日拘役。

民国31年(1942年)5月公布的《盐专卖暂行条例》规定:贩运或售卖私盐者,没收其盐及其自有供作贩运或售卖私盐之用具,并处以照私盐量按当地盐价1～5倍的罚款。私盐数量在500市斤以上者除依前款处罚外,并加处1年以下有期徒刑或拘役;2000市斤以上,加处3年以下有期徒刑;5000市斤以上,加处5年以下有期徒刑。

民国33年(1944年)10月修正公布的《盐专卖条例》规定:制盐人依规定数额所制之盐,由盐专卖机关收购。盐之运输由盐专卖机关办理,盐之销售由专卖机关自办。对贩运和售卖私盐者,除没收和罚款外,私盐数量在500市斤以上者,均加处5年以下有期徒刑。

民国36年(1947年)3月公布的《盐政条例》规定:贩运或售卖私盐者,没收其盐,并处以照私盐量按当地盐价1～5倍的罚款。但无主私盐或数量在50斤以下者仅没收其盐,免处罚款。私盐在500斤以上者除没收处分外,并处以5年以下有期徒刑或拘役。持械拒捕杀人或伤害人者依刑法规定,从重处断。军警或其他公务人员犯私盐罪或包庇纵容私盐犯者,处无期徒刑或5年以上有期徒刑。无主私盐或数量在50斤以下者由盐务机关处理,其余均由法院处理。

中华人民共和国成立后,1951年1月25日,政务院财政经济委员会公布《私盐查缉处理暂行办法》,规定:凡未经盐务机关允许,私制私运、私销或运销情况与所持盐票不符者为私盐。对贩运或售卖私盐者,除照章补税外并按下列规定予以处罚:(1)私盐数量未满200斤者,按税额处以半倍以下之罚金;(2)私盐数量在200斤以上未满500斤者,按税额处0.5～1倍之罚金;(3)私盐数量在500斤以上未满1000斤者,按税额处1～2倍之罚金;(4)私盐数量在1000斤以上者,按税额处2～3倍之罚金。凡连续或有组织运售私盐者,除照前条加倍处罚外,并没收其盐与自有之运盐工具(如非自有之运盐工具,经查明系知情同犯者,得一并没收)。以暴力抗税者,送人民法院处理。

1962年4月6日,省财政厅、省轻工业厅下发《关于私盐查缉处理问题的联合通知》,规定贩运或出售私盐,除照章补税外并按下列规定予以处罚:(1)凡查获私盐,不论数量多少,根据情节轻重和违章人经济收入情况,按税额处以5倍以下罚金;(2)凡连续或有组织运售私盐,情节严重的没收其盐与自有之运盐工具(如非自有之运盐工具,经查明系知情同犯者,得一并没收);以暴力抗税者,送人民法院处理。

1981年9月,省政府发出《关于保护盐业生产,打击走私偷税活动的布告》,重申禁令,加强缉私护税工作。对走私偷税的惯犯、首犯及以暴力抗拒缉私人员的检查或向揭发人行凶报复的犯罪分子,应予依法惩处。

1984年3月9日,省政府下发《关于稳定和发展盐业生产的通知》,加强食盐的购销管理,规定:“原盐是国家专卖商品,必须坚持统一收购,不准私分私卖,严禁走私贩卖活动。”

1991年10月3日,省政府发布《浙江省盐业管理实施办法》,规定:原盐产品必须由产区盐业公司统一收购,批发业务由各级盐业公司统一经营,未经批准,任何单位和个人不得从事盐的购销活动。盐的经营和使用单位不得收购、采购、销售和使用私制、私销的盐。不得以盐换物,以物换盐。违者没收其非法所得,并可处以不超过非法所得额5倍的罚款。

1994年8月23日,国务院发布《食盐加碘消除碘缺乏危害管理条例》,对碘盐的加工、运输、市场供应等作了明确规定:“在碘缺乏地区的食用盐市场销售不合格碘盐或擅自销售非碘盐的,由县级以上人民政府盐业主管机构没收其经营的全部盐产品和违法所得,可以并处该产品价值3倍以下的罚款;情节严重,构成犯罪的,依法追究刑事责任。”

1996年1月8日,省政府发出《关于加强盐业管理工作的通知》,规定:“凡没有列入省盐务管理局分配调拨计划的盐,均属非法购销的私盐,一律按有关盐业法规予以查处,公安、交通管理等部门应予配合”;“各市(地)、县政府要定期组织盐业、工商、物价、技术监督等部门对盐业市场进行综合治理,对无计划购销、违反价格等行为进行查处,确保食盐市场的稳定和健康发展”。

1996年5月27日,国务院发布《食盐专营办法》。规定:对食盐实行定点生产和批发许可证制度,食盐零售单位(包括委托代销)和食品加工用盐单位应当从当地取得食盐批发许可证的企业购进食盐,严禁利用井矿盐卤水晒制、熬制食盐。违者由盐业主管机构责令停止,没收违法的盐产品、违法所得和工具,可以并处违法食盐价值3倍以下的罚款;将非食用盐作为食盐销售,由盐业主管机构责令停止销售,没收违法所得,可以并处违法所得5倍以下的罚款;构成犯罪的,依法追究刑事责任。

1998年12月24日,省人大常委会发布《浙江省盐业管理条例》,对盐资源开发、利用和盐产品生产、加工、购销、储运等活动进行了规定。“禁止利用盐土、工业废渣和废液加工食盐”,“食盐零售、食品加工用盐及使用其他用盐的单位和个人,应当从当地取得食盐批发许可证的企业购进盐产品,按规定用途使用,不得挪作他用或转卖。未经省盐业主管机构批准,任何单位和个人不得向省外购销食盐、其他用盐。违者由盐业主管机构责令限期改正,没收违法购销、经营的盐产品及违法所得,并可处违法购销、经营的盐产品价值3倍以下的罚款。”“食盐运输实行准运证制度,无准运证运输食盐、其他用盐的,由盐业主管机构没收违法运输的盐产品,对货主处以违法运输的盐产品价值3倍以下的罚款,对承运人处以违法所得3倍以下的罚款。”“严禁将液体盐、工业用盐、土盐、硝盐以及用工业废渣或废液制作的盐和其他非食用盐产品作为食盐销售,违者由盐业主管机构责令停止销售,没收违法所得,并可处违法所得5倍以下的罚款;构成犯罪的,依法追究刑事责任。”“拒绝、阻碍盐业执法人员依法执行公务的,由公安机关依法查处。当事人对依照本条例做出的行政处罚决定不服的,可以依法申请复议、提起诉讼。逾期不申请复议、不起诉又不履行处罚决定的,做出处罚决定的机构可以申请人民法院强制执行。盐业主管机构工作人员应当忠于职守,秉公办事;滥用职权、玩忽职守、徇私舞弊的,按照有关规定给予行政处分,构成犯罪的,依法追究刑事责任。”

2000年7月18日,省高级人民法院、省人民检察院、省公安厅联合发出《关于办理非法经营食盐等涉盐犯罪案件有关问题的通知》,规定:非法经营食盐数量在30吨以上不满80吨的,或非法经营食盐数量在20吨以上不满30吨,曾因非法经营食盐被盐务管理等机关给予两次以上行政处罚的，处5年以下有期徒刑或者拘役，并处或单处违法所得1倍以上5倍以下罚金；非法经营食盐数量在80吨以上的，或非法经营食盐数量在60吨以上不满80吨，曾因非法经营食盐被盐务管理等机关给予两次以上行政处罚的，处5年以上有期徒刑，并处违法所得1倍以上5倍以下罚金或者没收财产；单位非法经营食盐数量在80吨以上，或者因非法经营食盐被盐务管理等机关给予两次以上行政处罚又非法经营食盐，数量达到60吨的，对单位判处罚金，并对其直接负责的主管人员和其他直接责任人员，根据不同情况，处5年以下或5年以上有期徒刑并处罚金。

2002年9月4日，最高人民检察院发布《最高人民检察院关于办理非法经营食盐刑事案件具体应用法律若干问题的解释》，对非法经营食盐作更严格规定：非法经营食盐数量在20吨以上的，或曾因非法经营食盐行为受过两次以上行政处罚又非法经营食盐，数量在10吨以上的，应当依照刑法第二百二十五条的规定，以非法经营罪追究刑事责任。非法经营食盐行为未经处理的，其非法经营的数量累计计算；行为人非法经营行为是否盈利，不影响犯罪的构成。

第四节　盐政管理

为查缉私盐，历代均制定严刑峻法，设置专门的缉私机构，但官府为获取盐利，压低场价，抬高市价，以致私盐屡禁不绝。中华人民共和国成立后，对盐实行统购统销和专营管理，随着全省盐业管理体制逐步理顺，盐业法规逐步健全，盐业市场监管进一步加强，私盐明显减少，群众食盐安全得到有效保障。

一、盐政队伍

自春秋榷盐定策后，历代均署官及专司机构管理，以查缉私盐，保证国家利税收入。

唐大历年间（766—779年），刘晏在淮北置巡院13处，设立关卡盘查，派遣“巡捕之卒”缉捕各地私贩，其中浙西巡院专为巡缉浙江入境私盐。

宋代，设置有沿海制置司，“江河淮海置捉贼巡检，及巡马盗铺、巡河、巡捉私茶盐等，各视其名，以修举职业，皆掌巡逻与稽察之事”①。皇祐年间（1049—1053年）敕杭、秀、温、台、明州土军管辖盐场地，州分巡检、巡茶盐使臣，兵与弓兵一年一替，轮流司值。熙宁九年（1076年）起，根据巡检司旧额招置土军，专事捕缉。南宋建炎四年（1130年），以旧额加三成招置土军。乾道七年（1171年），复增招巡检土军。

元代，两浙运司设有巡盐官。元成宗元贞元年（1295年）十月，给江浙、河南巡逻私盐南军兵仗。元贞二年八月，禁舶商毋以金银过海，诸使海外国者不得为商。初六日（壬寅），命江

---

① 《宋史》卷一百六十七《职官七》。

浙行省以船50艘、水工1300人沿海巡禁私盐。①

明代，私盐由地方官缉捕。嘉靖三十九年（1560年），鄢懋卿总理淮浙、山东、长芦盐政时，实行"克限法"，规定每一兵卒，季限获私盐有定数，不及数，辄削其雇役钱，逻卒经岁有不得支一钱者。②

清初，未专设缉私营队，委诸地方驻军。乾隆元年（1736年），浙江总督嵇曾筠题定各县盐捕名额，仁和、钱塘、海盐、山阴、会稽、萧山、海宁、鄞县各设50名，慈溪、镇海、平湖、余姚、上虞各设40名，象山、石门各设20名，以分驻水陆要冲，防止枭贩为主要任务。在销岸堵缉邻私（越界冲销之盐）之责，则委诸商人自设之商巡（即由盐商组织的缉私武装，补官巡缉私力量之不足），经费出于商捐，再转嫁于销盐牌价。其他若县捕、场、役皆分任查缉之责。及至清末才开始设苏浙盐捕统领一职，归浙江省管辖。

民国初期，浙江省成立巡缉总局，各场知事兼督察员。民国元年（1912年），苏、浙两省分辖，两浙缉私统领由浙江都督委任。民国2年，苏五属盐务行政划归两浙区，苏浙合并由财政部直辖。民国7年，商巡改为官办，与其他官巡一律归由特设的统领节制，从此浙属巡盐又与苏五属划分办理。当时两浙缉私统领辖16营，共有盐巡3497人，分驻浙盐产销各地，其经费由各地加入正税征收。后因嘉、湖、温等地官巡力量薄弱，又先后呈准恢复商巡组织。民国15年，改组盐巡，省巡缉总局改营队，浙属改为10营，管理自嘉兴海岸起的89县。民国16年，裁撤缉私统领，改设缉私局，改营、连、排为大、中、小队建制。民国20年，两浙缉私队及盐（场）警先后移交给两浙盐务稽核分所接管，改称"税警"。裁撤缉私局，并将缉私队改组为区队制，计5个区：第一区8个队，分驻杭嘉防地；第二区8个队，分驻萧绍防地；第三区9个队，分驻余姚一带防地；第四区6个队，分驻台属防地；第五区6个队，分驻温属防地。另于宁波设一副区队，隶属第三区管辖，下设3个分队，分驻宁属防地。"威靖"舰负责水面缉私事宜。各处商巡同时由两浙盐务稽核分所分别接管，其组织情况见表47-8-4-1。

表47-8-4-1　　民国20年（1931年）两浙盐务商巡各队人数及驻地一览表

名称	地点	员巡数		沿革
		员	巡	
两浙盐务商巡第一总队	嘉兴	39	183	原系嘉湖第一区盐巡所，前身为嘉湖第一区盐巡总队
两浙盐务商巡第二总队	湖州	39	183	原系嘉湖第二区盐巡所，前身为嘉湖第二区盐巡总队
两浙盐务商巡第一大队	杭州	26	122	原系杭县盐巡所，前身为杭县盐巡大队

① 《元史》卷十九《成宗二》。

② 《明史》卷五十六《食货四》。

续表

名　　称	地　点	员巡数		沿　　　　革
		员	巡	
两浙盐务商巡第二大队	海宁	11	120	原系海崇盐巡所,前身为海崇盐巡大队
两浙盐务商巡第三大队	德清	26	122	原系嘉湖第三盐巡所,前身为嘉湖第三盐巡大队
两浙盐务商巡第一队	余杭	3	20	原系余杭盐巡所,前身为余杭盐巡队
两浙盐务商巡第二队	临安	3	20	原系临安盐巡所,前身为临安盐巡队
两浙盐务商巡第三队	平湖	2	10	原系平湖盐巡所,前身为平湖盐巡队
两浙盐务商巡第四队	绍兴	11	82	原系绍属盐巡所,前身为绍属盐巡队
两浙盐务商巡第五队	萧山	9	62	原系萧山盐巡所,前身为萧山盐巡队
两浙盐务商巡第六队	金华	9	62	原系浙东第三区盐巡所,前身为浙东第三区盐巡队
两浙盐务商巡第七队	衢县	6	42	原系西龙盐巡所,前身为西龙盐巡队
两浙盐务商巡第八队	严州	11	82	原系浙东第一区盐巡所,前身为浙东第一区盐巡队
两浙盐务商巡第九队	江西玉山	6	42	原系浙东第二区盐巡所,前身为浙东第二区盐巡队
两浙盐务商巡第十队	宁波	8	55	商人呈请新编
合　　计		209	1207	

资料来源:《浙江省盐业志》,中华书局 1996 年版,第 393—394 页。

民国 21—25 年(1932—1936 年),浙江在稽核分所之下设税警局办理缉务,税警分 7 区 75 队,计警力 2700 余名,分布产销区内防地。另有一游缉大队担任游缉事宜。民国 25 年起增设查产警 550 名,分驻各场查产。海上缉私则有“建安”“绥南”两舰。此外尚有商办盐务商巡 15 队,1400 余人,分布于各销地。民国 26 年,日军侵占浙西一带后,税警撤至浙东,“建安”“绥南”两舰拆卸退役,各地商巡改编遣散。民国 27 年改组为税警办事处,民国 28 年增新警 30 队充实警力。经过整编,全省计有 9 个区、12 个分区、112 个队,另有 3 个直属特务中队。民国 30 年又改组为两浙盐务管理局税警科。民国 30 年日军窜扰浙东,各区队向后方转移并予以调整,改编为查产警 48 个队、押运警 50 个队、缉私警 22 个队,共计警力 4300 余名。民国 31 年,财政部成立缉私处,浙区税警全部移交浙江缉私署,改编为税警第十团(驻临海一带)、第十一团(驻永嘉一带),一部分编入其余税团。民国 33 年,缉私处紧缩,将税警十一团所属官兵拨还两浙盐务管理局,成立税警 42 个队。民国 34 年,新昌、嵊县收复，急需警力，因此在原有警队中各抽2名警士，组编第四十三、第四十四两队；又将天台慈幼院学童加以训练后编成学警一队，列为第四十五队。同年8月，沦陷场区收复，同时要接管江苏五属各产销防地，急需警力，先后接编浙江省保安第三纵队、绍兴县国民兵团、杭州湾水上行动总队、苏北挺进支队等部队官兵，改编增设盐警31个队，连同原有45个队，共76个队。民国35年，划拨上海盐务办事处11个队，拨交山东盐务局5个队，裁汰12个队，其余盐警48个队，其中一等区7个，二等区、直辖区各1个，二等分区4个，共计警力2306名。配备及驻地见表47-8-4-2。

表47-8-4-2　　民国35年(1946年)两浙盐警配备情况一览表

区别	队数	人数		区部驻地	辖区
		官佐	士警夫		
第一区	3	14	135	平湖乍浦	配驻浙西分局，布防平湖、海宁、海盐一带
第二区	4	19	180	绍兴党山	配驻钱清、余姚两场，布防绍兴、萧山、上虞一带
第三区	7	28	215	余姚庵东	配驻余姚场，布防余姚一带
第四区	7	31	315	定海道头	配驻定岱场及宁属分局，布防定海、岱山、镇海、宁波一带
第五区	5	25	225	象山石浦	配驻玉泉场，布防象山、三门一带
第六区	8	34	360	温岭新河	配驻黄岩场，布防温岭、临海、黄岩一带
第七区	6	28	270	乐清蒲边	配驻长林、北监两场，布防乐清、玉环一带
第八区	6	25	270	瑞安	配驻双穗、南监两场，布防瑞安、平阳、永嘉、丽水、云和一带直属
分区	2	9	90	杭州	配驻管理局临浦支局及浙西分局，布防萧山、杭州一带
海州舰	-	7	26	宁波、象山、定海沿海	
共计	48	220	2086		

资料来源：《浙江省盐业志》，中华书局1996年版，第395页。

民国38年(1949年)初，计有盐警51个队，查缉大队3个中队。配备及驻地详见表47-8-4-3。

表 47-8-4-3　　民国 38 年(1949 年)初两浙盐警配备情况一览表

区别	盐警队	中队	驻地	区别	盐警队	中队	驻地
第一区	3	-	浙西	第六区	8	1(驻海门)	温岭、黄岩
第二区	6	-	党山	第七区	6	-	玉环、乐清
第三区	8	1	庵东	第八区	6	-	温州
第四区	7	1	舟山	直辖分区	2	-	分驻钱江、杭州
第五区	5	-	象山				

资料来源:《浙江省盐业志》,中华书局 1996 年版,第 395—396 页。

说明:第四区另配“海丰”“海州”两缉私舰。

1949 年初,苏北解放,淮北盐警 1600 余人撤退来浙,暂驻镇海;淮南盐警千余人,暂驻余姚庵东。两浙盐务管理局盐警处将全浙盐警改编为 3 个支队。中华人民共和国成立前夕,原驻庵东、黄岩场盐警及石浦税警总队相继起义,接受改编。5 月 3 日,杭州解放,各地盐场也次第解放,驻浙盐(税)警除以上 3 支部队起义外,其余盐(税)警均由就近军分区控制接收,人员大部分编遣。

1949 年 9 月,为统一组织编制,达成缉私与保护盐场任务,浙江省正式建立人民盐警武装,定名为“华东区浙江省盐务监护总队”,下辖第一、第三 2 个大队,每个大队 3 个连,共计 550 人。其中第一大队 1 个连系由原淮北盐警团改编,2 个连由解放军第二十三军战士及一部分接管的旧盐警编入;第三大队 1 个连由原淮北盐警团改编,2 个连由浙江军区第二分区警卫团第三营(前身是浙东游击队)改编。监护总队部及警卫班 66 人,总计 616 人。监护总队归属浙江省政府及浙江省盐务管理局双重领导,为盐场人民公安部队,其主要任务是维持盐场治安,保护盐业生产,堵缉私漏以保护税收。1950 年 5 月,监护总队改称“浙江省盐务管理局盐警办事处”。

1950 年 9 月 21 日,调整盐警部队番号。原翁家埠盐警第一大队改称第五大队,原辖第一、第二、第三连分别改称第十一、第十二、第十三中队;原余姚第三大队改称第六大队,原辖第七、第八、第九连分别改称第十四、第十五、第十六中队;原浙江军区拨给嘉兴 1 个连、金华 1 个连及苏北的第三连组成第七大队;原嘉兴连、金华连、苏北第三连分别改称为第十七、第十八、第十九中队;原由浙江军区拨给的黄岩大队改称为盐警第八大队,原直辖第三中队改称为第二十中队,原第五中队改称为第二十一中队;原苏北大队率第一、第二 2 个连及温州分局监护中队改称为盐警第九大队,直辖第一连改称为第二十二中队,原温州监护中队改称为第二十三中队,原第二连改称为第二十四中队。调整后,全省共有 5 个大队、14 个中队,总人数 1308 人。1951 年 7 月进行精简,精简 62 人,另抽调 70 人至福建盐区工作;同年 11 月调拨第六大队第十五、第十六两个中队 206 人至海防部队。

1952 年 5 月,盐警部队整编,盐警处撤销,大队缩编为 5 个中队,分别改称为浙江省盐务管理局庵东、温州、台州、舟山、翁绍中队，总计566人。另将404名编外人员，外地的离杭回籍，省籍就地编遣回乡。同年8月，盐警划归省公安总队与财政厅共同管理。1953年5月，根据政务院关于全国财经武装统一改为中国人民经济警察，由业务部门统一领导的精神，将浙江盐警部门改编为“中国人民经济警察浙江省盐务管理局警察大队”，下设中队、排、班建制，主要任务是盐区治安和缉私护税。1954—1955年，盐区深入开展群众性缉私护税活动后，经济警察奉令先后撤离盐场，缉私工作移交当地政府。

1958年7月1日起，盐税移交税务机关，盐场缉私由盐务部门负责，场区以外由税务部门负责，各区、乡税务及工商行政管理人员兼理私盐查缉工作。

1986年后，各产区为遏制走私，先后成立盐业经济民警队，着民警制服，佩带警棍，属当地公安部门领导。

1991年6月6日，为确保《盐业管理条例》的贯彻实施，轻工业部发布的《盐业行政执法办法》规定：“各级盐业行政主管部门，应当设立盐政机构，负责本辖区的盐政执法工作。”自同年9月1日起，盐的缉私工作又由盐业部门管理。全省各地盐业主管部门（产区由盐务管理局，销区由商业局或供销社）先后设立盐政执法机构，负责本辖区盐业行政管理工作。1996年，省政府调整全省盐业管理体制，凡未单独设立盐业机构的销区从原供销系统分离，成立具有单独法人资格的盐业公司，并增挂盐务管理局牌子。至此，全省各地均设立了专门的盐政管理机构。

2001年起，全省盐政执法人员统一着装，包括春冬装和大檐帽及肩臂章等。2004年1月1日起，根据国务院办公厅《关于整顿统一着装工作的通知》要求，停止使用原统一配置的盐政服装。

2001年4月，杭州市公安局驻杭州市盐务管理局公安联络室成立，这是全省首家市级公安联络室。2003年12月，省公安厅下发了《关于在盐务管理部门设立公安联络室的通知》，省盐务管理局于12月17日成立了浙江省公安厅驻省盐务管理局联络室，业务上受当地公安局和盐务管理局双重领导。至同年底，全省已成立公安机关驻盐务管理局联络室47家，至次年底达65家，为加强私盐缉查力度、提高盐业执法效力创造了条件。

为加强对盐政执法的监督，预防和减少盐政执法过错行为的发生，根据有关法律、法规和规章的规定，省盐务管理局制定了《浙江省盐政执法人员过错责任追究办法》，自2002年5月1日起施行。

为改进盐政执法装备，提高盐政执法效力，2006年，全省统一配置盐政执法车30辆；次年又配置18辆；2008年再配置9辆，下发到盐业主要产销区。盐政执法车统一品牌、统一外观，车前门标有蓝色“盐政”字样，车身侧后方标有当地盐政举报电话。

为提高盐政执法水平，改善盐政队伍人力资源结构，20世纪90年代初开始，省盐务管理局每年度举行盐政执法培训，2000年后又陆续从浙江工业大学、浙江工商大学、宁波大学等高校引进了一批法学专业大学生，进一步充实法律专业人员，盐政执法力量得到进一步加强。2010年全省盐政执法机构及人员配置见表47-8-4-4。

表 47-8-4-4　　2010 年浙江省盐政执法机构与人员情况一览表

序号	市地	盐业主管部门	盐政机构		盐政执法人数			交通工具（辆）
			名称	人数	小计	专职	兼职	
1	浙江省	浙江省盐务管理局	盐政处	3	24	4	20	
2	杭州市	杭州市盐务管理局	盐政处	6	12	6	6	1
3		萧山区盐务管理局	盐政科	10	20	10	10	3
4		余杭区盐务管理局	盐政科	3	17	2	15	5
5		富阳市盐务管理局	盐政科	4	12	4	8	1
6		建德市盐务管理局	盐政科	2	4	2	2	1
7		淳安县盐务管理局	盐政科	3	4	3	1	1
8		桐庐县盐务管理局	盐政科	3	5	3	2	1
9		临安市盐务管理局	盐政科	4	5	4	1	1
10	宁波市	宁波市、鄞州区、北仑区盐务管理局（人员整合）	盐政处	5	26	6	20	2
11		象山县盐务管理局	盐政科	3	16	4	12	1
12		余姚市盐务管理局	盐政科	6	25	7	18	2
13		慈溪市盐务管理局	盐政科	3	9	4	5	1
14		奉化市盐务管理局	盐政科	4	5	4	1	1
15		宁海县盐务管理局	盐政科	2	9	3	6	1
全省合计				242	770	382	388	95
16	温州市	温州市盐务管理局	盐政处	5	6	5	1	2
17		瑞安市盐务管理局	盐政科	5	5	5	0	1
18		乐清市盐务管理局	盐政科	11	17	11	6	3
19		永嘉县盐务管理局	盐政科	4	9	4	5	3
20		苍南县盐务管理局	盐政科	9	100	85	15	7
21		文成县盐务管理局	盐政科	3	5	3	2	1
22		泰顺县盐务管理局	盐政科	4	5	3	2	
23		洞头县盐务管理局	盐政科	2	4	2	2	1
24		平阳县盐务管理局	盐政科	4	43	25	18	4

续表1

序号	市地	盐业主管部门	盐政机构		盐政执法人数			交通工具（辆）
			名称	人数	小计	专职	兼职	
25	嘉兴市	嘉兴市盐务管理局	盐政处	3	8	3	5	1
26		嘉善县盐务管理局	盐政科	1	7	2	5	1
27		平湖市盐务管理局	盐政科	4	8	4	4	1
28		海盐县盐务管理局	盐政科	2	6	3	3	1
29		海宁市盐务管理局	盐政科	1	13	3	10	1
30		桐乡市盐务管理局	盐政科	1	7	5	2	1
31	湖州市	湖州市盐务管理局	盐政处	5	9	5	4	1
32		长兴县盐务管理局	盐政科	3	4	2	2	1
33		德清县盐务管理局	盐政科	3	6	3	3	1
34		安吉县盐务管理局	盐政科	2	5	2	3	1
35	绍兴市	绍兴市盐务管理局	盐政处	5	10	6	4	2
36		诸暨市盐务管理局	盐政科	6	14	6	8	1
37		上虞市盐务管理局	盐政科	4	9	4	5	2
38		嵊州市盐务管理局	盐政科	5	8	5	3	2
39		新昌县盐务管理局	盐政科	3	5	3	2	1
40	金华市	金华市盐务管理局	盐政处	3	7	4	3	1
41		兰溪市盐务管理局	盐政科	3	11	4	7	1
42		义乌市盐务管理局	盐政科	3	6	3	3	1
43		东阳市盐务管理局	盐政科	3	6	4	2	1
44		永康市盐务管理局	盐政科	3	5	3	2	1
45		武义县盐务管理局	盐政科	2	6	3	3	1
46		浦江县盐务管理局	盐政科	3	4	3	1	1
47		磐安县盐务管理局	盐政科	2	3	3	0	1
48	衢州市	衢州市盐务管理局	盐政处	3	5	2	3	1
49		龙游县盐务管理局	盐政科	3	8	3	5	1
50		江山市盐务管理局	盐政科	2	4	2	2	1
51		开化县盐务管理局	盐政科	2	5	2	3	1
52		常山县盐务管理局	盐政科	2	4	2	2	1

续表 2

序号	市地	盐业主管部门	盐政机构		盐政执法人数			交通工具（辆）
			名称	人数	小计	专职	兼职	
53	舟山市	舟山市盐务管理局	盐政处	1	7	4	3	1
54		普陀区盐务管理局	盐政科	1	12	4	8	1
55		岱山县盐业局	盐政科	1	16	6	10	1
56		嵊泗县盐业局	盐政科	1	5	2	3	
57	台州市	台州市盐务管理局	盐政处	2	8	2	6	1
58		椒江区盐务管理局	盐政科	2	17	3	14	1
59		黄岩区盐务管理局	盐政科	1	6	3	3	1
60		路桥区盐务管理局	盐政科	1	4	2	2	2
61		临海市盐务管理局	盐政科	5	14	6	8	
62		温岭市盐务管理局	盐政科	8	25	10	15	2
63		玉环县盐务管理局	盐政科	4	16	5	11	1
64		三门县盐务管理局	盐政科	2	6	2	4	1
65		仙居县盐务管理局	盐政科	1	6	2	4	1
66		天台县盐务管理局	盐政科	2	3	3	0	1
67	丽水市	丽水市盐务管理局	盐政处	2	9	3	6	1
68		青田县盐务管理局	盐政科	2	5	3	2	
69		云和县盐务管理局	盐政科	2	4	2	2	1
70		景宁县盐务管理局	盐政科	3	6	3	3	
71		龙泉市盐务管理局	盐政科	2	3	2	1	1
72		庆元县盐务管理局	盐政科	2	4	3	1	1
73		缙云县盐务管理局	盐政科	3	7	3	4	
74		遂昌县盐务管理局	盐政科	2	4	3	1	1
75		松阳县盐务管理局	盐政科	2	3	3	0	1

资料来源：据浙江省盐务管理局 2010 年档案资料综合整理。

二、私盐查缉

盐是历代官府垄断专卖的重税商品。历代对私盐查缉都十分严格，刑罚严酷。中国私盐产生的历史可追溯至西汉时期。自汉武帝元狩四年（前 119 年）实行食盐官卖，严禁私煮后，盐始有官、私之分。

中唐以前,私盐问题虽已存在,但并不十分突出。这与这一时期官府对盐利的仰赖并不强烈有很大关系。唐代中叶,刘宴改革盐法,实行就场专卖制,使食盐生产置于官府的管理之下,其运销和流通也在官府的直接干预下形成与唐前期完全不同的特点。唐代就场专卖制的实行,决定了官府必须以较高的价格榷商,并适当维持市场价格的平稳,才能获取高额的盐利。但由于百姓承受能力有限,一旦盐价超过一定限度,百姓负担不起,逃避榷税的私盐便会充斥市场。由此,私盐逐渐成为一个普遍的社会经济问题。具体而言,中唐以后,两浙私盐的产生,主要有以下四方面因素:一是官府盐课太重,盐价太贵,以致老百姓买不起昂贵的官盐。而私盐不需负担盐课,价格比官盐低得多,受到老百姓的欢迎。二是盐民生活困苦,为维持生计,被迫留下一些盐私下出售。三是私盐有利可图,不少豪强富户、穷苦百姓都以此为营利的手段,而盐司的官吏、巡盐的军队也乘机从中牟取好处。四是两浙盐场分散,行盐地广、地形复杂。"居江枕海,煎盐亭灶,散漫海隅。行盐之地,里河则与两淮邻接,海洋则与辽东相通。番舶往来,私盐出没,侵碍官课,虽有刑禁,难尽防御。"①

唐德宗、宪宗时期(780—820年),盐法废弛,食盐走私兴起。贞元年间(785—804年),私盐日滋,"亭户冒法,私鬻不绝,巡捕之卒,遍于州县……私籴犯法,未尝少息"②。唐宣宗时(846—859年),"江、吴群盗,以所剽物易茶盐,不受者焚其室庐,吏不敢枝梧,镇戍、场铺、堰埭以关通致富"③。豪门专鱼盐之利,发展成武装走私。"余姚民徐泽专鱼盐之利、慈溪民陈瑊冒名仕至县令,皆豪纵,州不能制"④。

宋代,两浙私盐更为普遍。神宗熙宁五年(1072年)五月,发运司奏杭、越、湖三州不肯行新法捕盐,课利更亏,乞根勘。上从之。次年十月,又因盐法未行,盗贩者众多,两浙转运盐史司乞增兵千人。诏发开封府界、京东各兵500人前往两浙。⑤《宋史·食货志》载,"熙宁七年,(卢)秉推行浙西盐法,务诛剥以增课,所配流者至一万二千余人,秉坐降职"。宝庆《四明志》载,"绍兴二十五年(1155年)敕盐场买纳官衔兼带催煎,觉察监贩"。绍兴二十六年前后,由温州转至江阴军的"私盐百余舰,往来江中,杀掠商贾;又各自立党,互相屠戮,江水为丹"⑥。乾道六年(1170年),侍郎叶衡奏:"今日财赋,鬻海之利居其半,年来课入不增,商贾不行,皆私贩害之也。……以盐额论之,淮东之数多于二浙五之一,以去岁卖盐钱数论之,淮东多于二浙三之二,及以灶之多寡论之,二浙反多淮东四之三,盖二浙无非私贩故也。"⑦两浙沿海亭户出现私煎炼盐、私刮咸土、私置灶盘、隐匿卤沥、私辟滩场等。分析当时私盐之不可禁者,其弊有三:亭户煎盐入官,官不以时给值,往往寄居为之干请而后予之,至有分其大半者,一也;煎炼之初,必须假贷于人,而监司类多乘时放债,以要其倍称之息,及就场给值,往往先已克除其半,而钱入于亭户之手者无几,二也;监司及诸场人吏类多积私盐以规厚利,亭户非

① 《元史》卷九十七《食货五》。

②③ 《新唐书》卷五十四《食货四》。

④ 《新唐书》卷一百六十七《王播传附王式传》。

⑤ 〔宋〕李焘:《续资治通鉴长编》卷二百三十三。

⑥ 〔宋〕孙觌:《鸿庆居士集》卷十二,《与沈相书》。

⑦ 《宋史》卷一百八十二《食货下四》。

不畏法，以有滑吏共为表里，互相蒙庇，三也。

元代，官府十分注重私盐的防治，盐场与外界的交通受到严格的控制，并灶立团，外立“团军巡缉，关防私盐”。两浙都转运盐使司设有专门的巡盐官。元贞二年（1296年），命江浙行省以船50艘、水工1300人，沿海巡禁私盐，但终难禁绝，仅延祐三年（1316年）两浙私盐案就达200余起。私贩人众势盛，“每岁有私煮者匿居海岛，根连党结”[①]，甚至“每操兵飞棹，往来贾贩，虽吏兵莫之敢撄”[②]。《元典章》曾载两浙运司延祐元年八月申文：“比岁以来，所司失于关防，以致私盐犯界”。《元史》卷一百三十一《完者都传》亦载：“浙西私盐，吏莫能禁。”私贩盐徒中虽有饥寒交迫的贫苦盐户，但更多的是牟取暴利的豪强大姓。如绍兴路“有余大郎者，私鬻盗鬻，招集亡命之徒，动以千百，所至强人受买，莫敢谁何”[③]。盐法之乱引起社会动荡，元末台州黄岩人方国珍“世以贩盐桴海为业”，于元末率众起事，与张士诚相呼应，促成元室之倾。

明代，虽有严格的盐法规定，但明中期起，内外官兵兴贩私盐，带动商人、灶户及民人投入贩私营利。“明代私盐盛行，两浙尤烈，苏属太仓、崇明、昆山、常熟等县与浙江沿海居民专一兴贩私盐，武装走私。官府弓丁捕手与盐捕衙胥与之浑为一局”[④]。嘉靖时，“滨江滨海盐徒兴贩无忌，私盐船只多至数百，往来大江，张打旗号，擅用火器兵器，停泊地方，贪利之徒，公然替伊转贩，遇有商民船只，因而劫掠，即今江南各府民间所食，多是私盐，官引阻塞”[⑤]。

清代，私盐泛滥，主要有场私、军私、官私、邻私、船私、商私、枭私等名目。康熙六十年（1721年）十二月初十日，因江浙一带连年私盐盛行，清廷令江宁、杭州、京口等处将军派兵查拿。雍正六年（1728年），浙江发帑收购余盐，私风稍敛。嘉庆年间（1796—1820年），板晒产量大增而引额依旧，私贩又兴。道光十九年（1839年）四月十四日，查禁私盐。御史许乃安奏《枭私充斥，官引滞销，请饬江浙两省实力查拏》一折，内称：“两浙行盐引地，半隶江南。上海、南汇等县私贩甚多，其江阴地面，枭徒聚集，肆行无忌。浙西引地废坏，实由于此。”清廷着两江总督，江苏、浙江各巡抚会同妥议章程。一方面将各该县著名枭犯拏获严惩，另一方面严管守口巡弁。道光二十三年五月初四日，查禁私盐入浙。刘韵珂奏请饬堵缉私盐，并借款予商人。清廷着江南提督酌派水师移驻海门，在各港口巡哨堵缉，遇有枭贩，立即缉捕，以遏淮私盐侵浙之路。至于松所商力疲乏，自应量加调剂，着准其于运库外输杂款项下，酌借银4万两，发给各商，饬即收买场盐传运，不准移作别用。[⑥] 咸丰元年（1851年）《清实录》记载：“冬十月，松所私盐充斥，多从定海、岱山等处航海而来”。咸丰十年，太平军攻打江浙，私盐大量流入苏五属（苏州、松江、常州、镇江、太仓）引地。同治三年（1864年）恢复纲引，而私盐冲销无法遏制，常有宁波钓船装载岱盐，溯长江至湖北沿江偏僻县分销，船上插有洋旗，携带洋枪，沿

① 《两浙盐法志》卷二十九。

② 〔元〕姚桐寿：《乐郊私语》，《宝颜堂秘正集》。

③ 〔明〕王祎：《绍兴谳狱记》，《王忠文公集》卷八。

④ 蒋兆成：《明代两浙商盐的生产与流通》，《中国盐业史研究》1989年第3期，第25—35页。

⑤ 《两浙盐法志》卷三。

⑥ 《清宣宗实录》卷四百七十六。

途中国官宪多不敢查禁。同治六年，黄岩、温岭场灶户肩贩私自煎销殆尽，余姚走私亦盛。清末民初，余、岱私盐大部为上海青帮与散兵游勇垄断。江浙枭匪的猖獗到了从未有过的程度。到了清代末期，私盐问题更加严重，“全国当有三分之一食私盐”①。

面对泛滥成灾的私盐，清廷采取了多种措施。在产地实行保甲制和火伏制，在行盐口岸设立缉私卡巡，还在主要盐场设立缉私关隘。清代两浙各场所设缉私关隘见表47-8-4-5。

表47-8-4-5　　清代两浙各盐场所设缉私关隘一览表

序号	场(所)名	设　置　情　况
1	仁和场	团灶附近、省会、各团隘口均设引店，就团稽查，并派厅县场役在团侦缉。
2	许村场	如马牧港、瞿家衡等处为官私总汇要区，海、石二县肩盐俱从此经由。而城东陈坟港地方尤为私枭出没之所，向设巡厅差捕。并海盐、石门、桐乡盐捕在于水陆要隘络绎巡查。
3	钱清场	于新开河、西小港诸支港皆设有营汛盘诘，若由他道即为私盐。
4	三江场	如童家团，环山，陆路南通皎西南墨子湖、巡司岭等处，北附海塘水道，唯马鞍寺一带。宝盆团，南陆路，地名双桥，上通梅墅，北即附团之堰桥，下接陡、下方桥等镇。水程虾须港，南通梅墅汛，西近钱清湖门，东通村落。陆顾、新凤二团，水陆兼达，上通绍兴府城，下抵三江大闸，东联原野，西限长河。四团聚处，均设有绍城协兵暨山阴县捕侦缉。
5	东江场	新安、姚宋、新宁、称浦四团，接壤府城，通联乡镇，咸属要隘，向设有山、会二县捕役，并绍协营汛，与场役分班侦缉，场员仍不时稽查。
6	曹娥场	境内有曹江一带不设关隘，产盐交商上廒，收贮于小金团。内河设立桥栅，晨启晓闭，责令灶总、甲长看守巡察，以杜偷漏。
7	金山场	从石堰路经由上虞县过坝出口最为要隘，团灶场员督役巡缉，协同营汛稽查。
8	石堰场	凡水道之横河、低仰、峰岭、小里四堰，及陆路之径堰里、埋马镇、徐家塔、历山、百梁桥、周港、大湖门数处，最多私盐出没。所设缉私隘口，东有浒山所，西有周港、临山卫背汛，并场役及余姚县捕往来盘诘。
9	鸣鹤场	东埠头地方，有慈溪县捕役巡缉。观海卫地方，有驻防兵丁巡守。而停户刮煎领引，肩贩由长溪、杜湖、雁门、凤浦四岭及杜施桥。
10	清泉场	水陆隘口，水路则小港口、东冈碶、大关口等处，陆路则王家萍、竹山头、长山桥等处，场员差役协同镇海营汛及厅、县捕役稽查。
11	穿长场	大碶、算山、三山等浦，恒多私贩。濒海鼓、寨二山，山海交错，最易偷漏。其长场附近之朱塘、丁西二团，港汊最杂，亦属出没之所。而育王镇以南，直达鄞县，侦缉者尤宜加意。向设有提标左营官兵并镇邑暨穿、长两处巡检及场役常川侦巡。
12	大嵩场	地方延袤辽远，散漫难稽，向设有甬东巡司以缉私煮私贩。
13	玉泉场	番头二舍系船只往来停泊处所，易于售私。向设有场役稽缉。又有昌口营派拨目兵看守。

① 丁长清主编《民国盐务史稿》，人民出版社1990年版，第196页。

续表 1

序号	场(所)名	设　置　情　况
14	长亭场	于亭头汛及海游寨、西塾等汛盘查，以杜夹带之弊。第山路错杂，易滋枭贩，故向于经由要隘之洪门港、连槎渡、引头门共设缉私巡船，于宁海营拨发弁兵驾巡，又宁海营拨发千总一员在通场团灶坦地查缉。
15	黄岩场	地东瞰大海，北枕瓯江，私贩者得以扬帆而至。频由路桥过羽山闸，直抵乌岩。唯恃有以时稽缉之法。而太邑六都之箬黄等处，尤属水陆总汇。又临邑之南岳，黄邑之双桥、浃头、王四甲、应洋屿、罗下梁等地，太邑之场暨横河、新长、蔡洋、西王、莫家浦各地沿海一带，绵亘百里，近海居民沥卤锅煎售私碍引，向责成长浦、松门二巡检带同弓兵捕保常川巡逻。
16	杜渎场	其地滨海负湖，去海仅十里，多私贩出入。凡前所港东路及岩居、大田诸处，俱属要隘，向设有台协弁兵巡守及临海县捕侦缉。
17	长林场	缉私之处，西乡八团系乐清磐石营汛兵丁防守，东乡二团系乐清营蒲岐所等处兵丁防守，兼之乐清县捕并场员督役往来巡缉。
18	双穗场	内地陆路官道、水路官河俱一线相穿，并无要隘，至迤南濒海，山连大屿，江控飞云，私贩乘潮，瞬息四达，若梅头、雾前、三港、丰浦诸处，尤为险要，向设有平阳协兵丁守灶巡缉，又有瑞安县捕及场役稽查。
19	永嘉场	太保亭、元帅庙、郑澳岭、白水岭、市前街五处，系陆路私盐总径。钱王桥、张家桥、新桥、南横桥、北横桥五桥并横河二十六桥，系水路私盐要隘，向设有营兵巡守，又有永嘉县捕役侦缉。星罗棋布，立法綦详。
20	黄湾场	陆路隘口，有场役及海宁州巡捕蹈缉；水港出没，则有长安镇千总带兵赶巡。
21	鲍郎场	要隘如谭仙岭，下有关门嘴、寨前，团北有悟空寺，又澉浦城北至井亭子，又近东顾家团小径，又东寨团北路，又北团大洋桥六路至守亭一带及接壤之秦驻鸣等处，俱系山僻荒径，通达河港，水陆错杂，向设场役弁兵严行堵御。又场盐运至榆城，有巡盐官遣役就榆城盘验。
22	海沙场	地方辽阔，团舍众多，陆路沿塘一带，水路海盐榆城，东达平湖，直趋金山等处，及西塘、东塘二桥并慈山等处，均为要隘，向设立抚标长安营官兵暨场员督役与海盐县盐捕常川侦巡。
23	芦沥场	横浦分界之农家衡、张家埭地方，多聚私枭，而金丝娘桥为必经之地，向设嘉协营兵汛守，兼之场役、县捕及抚标千总带兵侦巡右各场要隘。
24	杭所	引盐由场陆续运所停泊，四处地方辽阔，自候掣以及掣后上栈，为日经久，多有不肖船户挖包偷窃，向设巡役昼夜稽查。
25	绍所	于所桥前设立栏栅，商船编号过栅候掣。又于义新河两坝堆贮，官盐处所各派巡役，凡商盐运坝，稽查船户等偷窃诸弊。
26	嘉所	制厅前临运河，三面有桥，其东之常丰，北之虹泾、大奚家等桥，俱排钉木栅。商船到后封栅，掣毕然后开栅。第水乡支港分歧四出，盐船虑多偷挖添灌之弊，向委本所官带同分差工脚不时巡缉。

续表 2

序号	场(所)名	设　置　情　况
27	松所	向于小斜泾、大张泾等桥下排针木栅，以绝飞渡。后以西坝既毁，其小斜泾原设栅处另通河路，难以稽察，复于二里泾西口添立西栅，放生桥下添立东栅，以严侦缉。今商盐已改进，西浦仍留西栅，委所官稽察。而黄浦西南一带多各场透漏，严饬场役以及营汛弁兵常川侦巡。

资料来源：据(民国)《重修浙江通志稿》方志出版社 2010 年版第 10 册第 6849—6852 页文字资料整理。

民国时期，设有庞大的缉私队伍，对私盐查缉很严，但盐走私仍十分严重。至民国 17 年(1928 年)，估计食私盐者“占十分之五”①。抗日战争期间，敌寇流窜肆扰，出没无常。税警缩编，缉私御敌，布防难周。时民不聊生，贫民多以贩卖私盐营生。抗战胜利后，场区管理加强，私盐虽见减少，但未绝迹。民国时期私盐充斥原因有五：一是自清代中叶以后，晒盐之法兴起，沿海几乎到处可以生产盐，再加上缺乏仓库存储，大量的盐停放在滩上，给运销私盐造成了有利的条件；二是运道阻塞，交通不便。“运道之关系盐业者，约有二端，一曰时间，二曰运费。时间多则缓不济急，运费增则成本加高。……交通阻塞，运道失修，运输不便，而私盐往往事以时地关系或反而易于转运也”②；三是官盐因税高而价格贵，私盐因无税而价格廉。民国以后“各省自由加税，所加之附加税，比正税少者一倍以上，多者乃至三四倍”③；四是引岸制度的存在是私盐充斥的主要原因。在引岸制度下，“贩盐有定场，销盐有定岸，本岸之盐纵品质低劣搀杂秽物，亦应购买；领区之盐，即质纯味美，亦不得购买。于是安分者每忍食淡之苦，狡黠者乃迫而食私”；五是缉私之军警庇护私盐。“缉私军队假缉队之名，行放私、贩私、护私之实者，其流弊所至，为害更烈”④。

民国元年(1912 年)2 月 21 日，岱山稽查公所查获盐民以盐换毛竹事，盐户鸣锣聚众捣毁稽查公所。余姚之化龙堰为余姚场私盐结集之地，产、销地私贩互相联络，声势甚大，私贩聚众打死员警事件时有发生。民国 8 年 7 月间，长林场缉私盐兵枪伤私贩 2 人，场署被围攻。9 月，南监场区之内又枪杀 1 人，致使新设的沿浦稽征所被众捣毁。同年 7 月 25 日，鄞县前徐地方私贩将税警第七营营兵 2 名和眼线 1 名丢入河中淹死。民国 23 年 7 月 1 日，税警第四区第二十七分队队长黎民望在三门海游镇被私贩打成重伤。7 月 5 日，驻海门第四区区长江鼎率税警 80 余名围攻海游，致民 2 死 31 伤，并施刑吊打 11 人，毁房 9 间。惨案发生后，群情激愤，要求惩办凶手。省府派员调查，认为江鼎应负刑事责任，但盐务稽核总所将江鼎调走了事。同年 9 月 9 日，宁海私盐贩聚众千余人，持枪械数十支，哄抢黄墩宁益官盐栈，缴去盐警步枪 2 支和子弹 200 发，被抢存盐 2190 担。另据统计，仅余姚场在一个月内盐贩和走私盐民解送法院判刑的多达 50 余人。民国 25 年 11 月 22 日，税警第四十队三分队在宁海三岔缉获

① 丁长清主编《民国盐务史稿》，人民出版社 1990 年版，第 196 页。
② 《盐务汇刊》第 97 期，民国 25 年 8 月 31 日。
③ 《财政公报》第 10 期，民国 17 年 6 月 1 日。
④ 《盐务汇刊》第 84 期，民国 25 年 2 月 15 日。

私盐 2 船(约 200 担),私贩聚众开枪围击,税警被困两昼夜。民国 26 年 7 月 22 日,驻宁海西店游缉二中队在朱行桥巡缉时,私贩拒捕,税警枪击盐贩 6 人。民国 32 年,日伪清乡,在余姚场周围筑竹篱,置哨检查行人,余姚盐民因钻竹篱外出卖私盐糊口,被日伪开枪打死。抗日战争期间,沦陷区诸场产盐大部靠走私。以宁波所辖有关盐场为例,其走私路线主要有 3 条:(1)定海、岱山、大嵩三场流私,由象山港入侵,侵销宁海东北乡、北乡,奉化西乡及新昌、嵊县,深入东阳、义乌等腹地。年约 8 万担。(2)玉泉场流私,经由蛇蟠洋至白峤、力洋、一市、旗门等港入侵,侵销宁海东乡、城区及西乡等乡镇,转达天台、新昌、永康、东阳、海游等县境。年约 5 万担。(3)长亭场私盐由白峤、旗门港入侵后,与玉泉场流私侵销地同。年约 10 万担。其六团私盐经海游、沙柳港上岸后,侵销天台、仙居、新昌等县。年约 2 万担。民国 34 年,抗日战争胜利后,税警加强缉私,并在盐场修筑碉堡,结帮走私有所减少,但又出现国民党编余军人及退伍军官组成的走私集团分别在翁家埠、钱清、余姚等地结伙走私。民国时期宁海走私路线参见图 47-8-4-1。

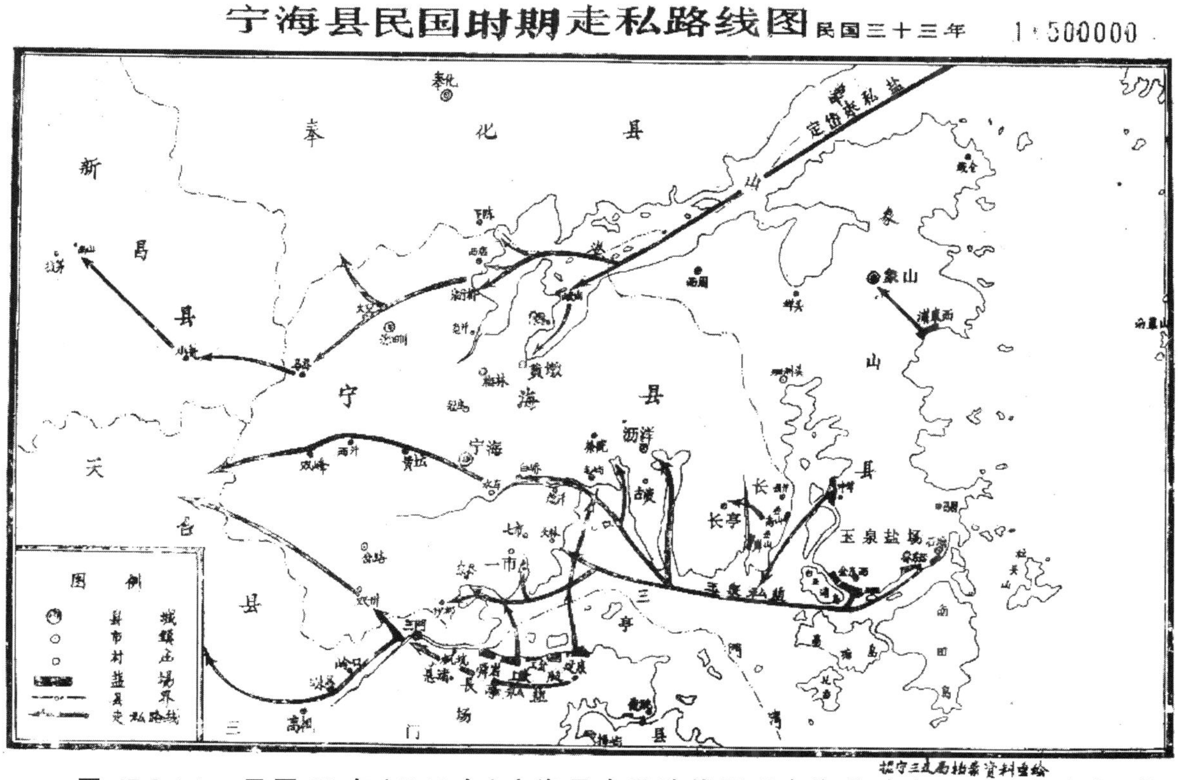

图 47-8-4-1　民国 33 年(1944 年)宁海县走私路线图(《宁海盐政志》,1990 年印行,第 148—149 页)

民国 36 年(1947 年)9 月 23 日,两浙盐务税警在临平车站缉获军私 109 包及走私车辆等,运贩军人 50 余人,且带有短枪及手榴弹。嗣后又在该处缉获车运军私 2 次计 39 包。

1949 年,岱山走私量占总产的 12.80%;温、台区的小盐场走私量在 50%以上;杭州湾则低于岱山。是年 5—12 月由于新旧政权交接,社会秩序和管理工作尚未正常,不法盐商乘机走私贩私,此时走私量占总产近半。

1950 年 1—5 月,多次调高盐税,且适遇春荒,盐区群众生活困难,私贩活动频繁,出现群体性走私。人民盐警组建驻场后，加强宣传教育，依靠群众打击惯犯，同时在内部整顿群众纪律，加强政策观念；盐务机构加强产销管理，疏通供销渠道，使私盐走私逐渐减少。

1950 年 2 月，省财政厅召开全省财政会议。会议指出："缉私是政治任务，要有原则性，应走群众路线，以教育为主，不能以行政力量，高压处罚，不能恃武力威吓，非刑吊打。无区别地一律没收，处罚越重越好的做法是违反政策的。"华东区盐务局同时指示：缉私工作必须依靠群众，贯彻"教育为主，处罚为辅"和"加强场产管理，搞好产区缉私，场外点线配合，反对滥用武力"。同年 6 月 1 日起，盐税减半征收，缩小私盐与官盐价差，大部分场区加强场产管理和宣传教育，整顿盐区组织，密切与地方联系，走私情况逐步扭转。1951 年起开展盐区护税活动，依靠积极分子组织护税小组，至年底，全省建立护税小组 1417 个，同时重点处理了走私为首分子。1952 年底，走私率降低为约占产量的 3.2%。其间各地走私率估算及缉获私盐案件见表 47-8-4-6 和表 47-8-4-7。

表 47-8-4-6　　1951—1952 年浙江省盐走私率估算一览表

单　位	1951 年		1952 年	
	估计走私数（吨）	占总产量比重（%）	估计走私数（吨）	占总产量比重（%）
全省合计	9376.55	3.47	7731.47	3.20
庵东分局	883.20	0.82	2000.00	1.71
温州分局	4359.08	8.70	3661.35	12.36
台州分局	1409.44	5.75	1044.11	4.05
定岱分局	1145.70	2.84	678.23	2.20
翁家埠绍兴场管处	950.23	2.38	248.91	0.77
象山盐场管理处	628.94	7.68	96.86	1.40

资料来源：《浙江省盐业志》，中华书局 1996 年版，第 400 页。

表 47-8-4-7　　1949—1952 年浙江省盐区各属缉获私盐案件一览表

地　区	1949 年		1950 年		1951 年		1952 年	
	案件	私盐（吨）	案件	私盐（吨）	案件	私盐（吨）	案件	私盐（吨）
全省合计	1571	1617.05	23977	4532.32	17966	1380.02	12265	685.36
庵东分局	344	601.03	6988	1302.22	2410	153.64	3467	192.63
温州分局	619	313.77	5727	907.47	7577	654.98	6005	404.74
台州分局	163	88.06	3947	785.99	5224	383.80	1187	31.16

续表

地　区	1949 年		1950 年		1951 年		1952 年	
	案件	私盐(吨)	案件	私盐(吨)	案件	私盐(吨)	案件	私盐(吨)
定岱分局	-	-	516	278.08	648	37.90	1032	32.43
前第二分局	71	101.02	5383	1082.07	1441	83.76	-	-
杭州仓	23	76.20	-	-	-	-	-	-
绍兴场管处	79	63.44	-	-	-	-	130	9.11
翁家埠场管处	162	179.05	-	-	-	-	-	-
浙西中心所	85	125.39	-	-	-	-	193	5.40
临浦仓	25	69.09	-	-	-	-	-	-
省盐务局及杭州稽征所	-	-	1040	62.79	43	3.50	3	0.06
嘉兴稽征所	-	-	17	2.62	-	-	-	-
象山场管处	-	-	359	111.07	623	62.43	248	9.85

资料来源:《浙江省盐业志》,中华书局 1996 年版,第 400—401 页。

1952 年 11 月,全省护税会议召开。会议要求巩固发展护税组织,健全场管制度,教育并改造私贩,发展护税小组缉私。该年,舟山有护税小组 104 个,多以民兵、妇女队、儿童队为主;玉环在盐区发展护税小组 177 个,农区有 599 个,1954 年 5 月整顿后,全县尚有缉私小组 44 个(641 人);1957 年,庵东全场有缉私护税小组 72 个(590 人)。通过教育,促使走私、贩私较严重者自觉悔过。1956 年,全省盐业基本实现合作化生产,原盐由集体保管,走私明显减少。

1959—1961 年三年困难期间,产、销区走私都比较严重,走私的既有盐民,也有农、渔民参与,群众隐蔽夹带,以盐换物。象山县石浦公社下塘大队产盐 4000 斤,趁夜偷运出海 3000 斤。该大队从 1961 年 7 月起,集体走私 67 船次计盐 6561 吨。乐清、温岭、平阳等县走私也较严重。

1965 年,各地开展社会主义教育后,走私风有所收敛。但在“文化大革命”期间,原盐走私重又抬头。全省 24 个产盐县(市)中,乐清、平阳、瑞安、永强(今温州市龙湾区)、玉环、上虞、象山、镇海、临海 9 个县走私尤为严重,高达 70%左右。1967 年 8 月,玉环海岛盐民产盐颗粒未缴公仓,全部私售。乐清县公开售私,该县大荆区每日肩挑贩私者达千余人次,运至仙居、青田、丽水一带。为此,省军事管制委员会发出《关于严禁原盐走私偷税活动的通知》,要求各地认真查缉,但仍屡禁不止。1968 年 4 月,玉环县外塘乡走私达 500 吨,并发生走私者殴打缉私人员事件。同年,象山金星盐管所负责人因缉私护税,被走私分子煽动 20 余人毒打致重伤后不治而死。

1973 年以后，盐业、税务、工商、公安等部门密切配合，多次进行制止走私的法制教育，对走私惯犯分别做出拘留、补税、罚款处理。1981 年 9 月，省政府又发布《关于保护盐业生产、打击走私偷税活动的布告》后，各盐区严厉打击走私偷税行为，走私风有所好转。

20 世纪 80 年代末，各地狠刹盐区走私歪风。1989 年，台州地区行署在有关县（市）负责人和盐务、工商、税务、公安等部门参加的盐业工作会议上，对缉私工作做了专门部署，有关县成立盐业缉私队，玉环县还购置缉私快艇和无线步话机等，加强查缉工作。

三、盐业市场监管

20 世纪 90 年代之前，由于浙江省食盐产大于销，盐业管理体制不顺，盐业法规不健全，盐政执法力量薄弱，尤其是浙江省盐价调高后，与毗邻省价格差距拉大，造成私盐流入浙江省内市场，省内产销区之间互相冲销也时有发生，一度造成盐业流通秩序混乱。90 年代初起，盐业市场监管工作复由盐务机构管理，全省各地盐业主管部门先后设立盐政执法机构，负责本辖区盐业行政管理工作。随着《盐业管理条例》《食盐专营办法》《浙江省盐业管理条例》等法律法规的颁布实施，浙江省盐业市场管理逐步走上法制化轨道，私盐冲销现象减少，盐业市场趋于平稳有序。盐业市场监管中采取了一些新的方式，提高了盐政执法效率，盐业市场秩序明显好转。

（一）日常巡查

1996 年全省盐业管理体制理顺后，省、市、县三级均成立了单独的盐业管理机构，其内部均设置有专门的盐政执法部门，负责本行政区域内盐业市场管理工作。各级盐政执法机构逐步建立健全例行巡查制度，对本行政区域内盐业市场，有计划、分区块或分类别开展日常巡查，并做到巡查时间、巡查对象、巡查人员“三落实”。例行巡查的主要对象包括食盐主产区、用盐企业、食盐转批点（配送点）、零售点、餐饮饭店、企事业单位食堂、菜场等。巡查执法人员每组要求不少于 2 人，执法时出示执法证件。日常巡查制度的建立和实施，较好地保障了全省盐业市场秩序，部分大案、要案、窝案即是通过日常市场监管发现线索，并最终侦破。2008 年杭州市“2·28”非法经营食盐案即是由盐政人员在日常市场巡查中发现，并移交司法机关将涉盐违法犯罪分子绳之以法。2002 年以来全省盐政执法情况详见表 47-8-4-8。

表 47-8-4-8　　2002—2010 年浙江省盐政执法情况一览表

年份	盐业违法案件查处情况				罚没款数量情况（元）			
	查获案件（件）	办结案件（件）	查获盐数量（吨）	没收盐数量（吨）	罚款数额	没收非法所得款额	没收盐产品变价款	小计
2002	1633	1477	3115	2442	839885	132811	518396	1491093
2003	1660	1533	4127	3660	1156880	73839	523306	1754025

续表

年份	盐业违法案件查处情况				罚没款数量情况(元)			
	查获案件(件)	办结案件(件)	查获盐数量(吨)	没收盐数量(吨)	罚款数额	没收非法所得款额	没收盐产品变价款	小计
2004	1286	1195	3027	1806	550477	52523	440585	1043585
2005	965	914	1464	1294	375578	33920	234945	644443
2006	1310	1281	3683	3149	501760	61429	511952	1075141
2007	1018	985	4118	3677	606152	70996	432924	1110072
2008	756	713	3238	2482	443638	35706	352019	831363
2009	522	485	5117	3904	236989	19426	355584	611999
2010	209	186	1586	1367	86070	14262	137874	238206

资料来源:据浙江省盐业统计年报综合整理。

(二)专项统一行动

1994年,从江西流入的平锅盐冲销浙江市场、危害人民群众身体健康事件经媒体报道后,引起了党和国家领导人及省政府高度重视。7月30日,省政府在衢州召开"浙中西地区整顿盐业市场协调会",提出了加强盐业市场管理、坚决打击盐业非法购销活动的5条意见。国家经贸委会同国家工商总局、中国轻工总会、公安部、卫生部等九部门联合浙江、江西两省,组成了28人的联合调查组,赴浙江的金华、衢州、兰溪、龙游等销区和江西樟树、新干的6个平锅盐厂实地调查,并形成书面调查报告,提出了禁绝平锅盐的方案与措施。浙江、江西两省随即开展联合行动,打击平锅盐销售违法行为。经此次联合行动后,浙西铁路沿线基本达到了堵截平锅盐的目的,市场秩序好转。

1999年6月20日至7月20日,根据国家轻工业局盐业管理办公室和中国盐业总公司的统一部署和要求,全省集中开展盐政执法统一行动。全省各级盐务机构进行部署和落实,联合当地公安局、工商行政管理局、质量技术监督局等部门,重点打击犯罪情节严重、性质恶劣、危害深、影响大的盐业违法行为。盐政执法统一行动期间,全省出动盐政执法人员5640人次,查获各类盐业违法案件215件,收缴盐产品543吨、假冒小包装加碘盐袋13万只、假冒碘盐防伪标志12万枚,罚没款11.7万元,刑事拘留犯罪嫌疑人4人。

2000年5月,根据国家轻工业局盐业管理办公室《关于开展全国严厉打击涉盐违法行为统一行动的通知》要求,省盐务管理局进行集中部署,联合省公安厅、省工商行政管理局、省质量技术监督局、省卫生厅等部门开展打击涉盐违法行为统一行动。在完成沪杭、杭甬、金温铁路沿线各车站到站盐产品"扎口管理"检查的同时,重点参与打击上海方向无计划盐冲销行为,查处制售假冒小包装碘盐行为。统一行动中,全省共出动盐政执法人员6114人次,有关部门人员配合出动336人次，出动执法车辆1376辆次。共查获违法案件355件，其中工业盐冲击食盐市场27件；查获盐产品557.58吨，没收各类盐产品431.46吨，罚没款11.81万元。端掉私盐窝点21个，查获假冒小包装袋3.05万只。检查转批点1059个、零售店30543个、小工业用盐户1047家、其他用盐单位3608个。处理涉盐违法人员130人，刑事拘留犯罪嫌疑人4人。

2001年2月3日晚，中央电视台《焦点访谈》栏目以“谁为私盐开绿灯”为题，公开曝光了河北黄骅地区私盐加工销售猖獗，部分盐务管理人员与私盐贩子内外勾结、徇私枉法等情况，引起了党和国家领导人高度重视。根据国务院领导同志的批示精神和国家经贸委《关于开展打击非法加工经营食盐专项行动的紧急通知》要求，省政府把盐业专营问题列为全省整顿和规范市场经济秩序第一类第五项整治重点。省经济贸易委员会(以下简称“省经贸委”)及时召集省公安厅、省工商行政管理局、省质量技术监督局、省轻纺集团、省盐务局等部门，专题研究部署全省开展打击非法加工经营食盐的专项行动。2月15日，经省政府同意，省经贸委下发了明传电报，就全省组织开展打击非法加工经营食盐专项行动提出了具体要求，并成立了由省经贸委、省公安厅、省质量技术监督局、省轻纺集团公司、省盐务管理局等单位组成的“浙江省打击非法加工经营食盐专项行动工作小组”(以下简称“省工作小组”)。省工作小组先后到苍南、象山、嘉善、舟山等重点产销区进行检查、督办，指导专项整治工作。其间，嘉善县盐务管理局在当地公安部门的配合下，成功破获了上海私盐贩子将大量山东盐通过上海中转贩销浙江的非法经营食盐大案；象山县盐务管理局在宁波市有关部门和当地政府的重视下，彻底废转了该县石浦镇金星盐区100多公顷有着887年产盐历史的劣质盐田，铲除了劣质盐和私盐的源头；定海、普陀等重点产盐区主动要求政府部门出面，废转低产、劣质、走私严重的小盐田130公顷。专项行动期间，全省共出动盐政执法人员33913人次，检查生产、经营单位92939个，查获违规单位和个人1503个(人)，立案694起，捣毁各类制售假冒小包装碘盐和私盐窝点38个，查获各类盐产品3577吨，罚没款118.08万元，15名涉盐违法犯罪分子被依法判刑，有效地维护了盐业市场正常的流通秩序。

2005年3月5日，由中央办公厅秘书处编发的《近期社会动态专报》第195期刊载了《私盐走私活动猖獗，严重扰乱福建盐业市场秩序》一文，反映了浙江苍南县沿浦镇盐场私盐流入福建省等问题，引起了国务院领导高度重视，并做出重要批示。国家工商行政管理总局、国家发改委、公安部和卫生部联合印发了《整顿和规范盐业市场秩序工作方案》，在全国范围内组织开展整顿和规范盐业市场秩序专项行动，并将浙江列入整治的重点地区。5月20日，省工商行政管理局、省发改委、省经贸委、省公安厅、省卫生厅、省盐务管理局联合制定《浙江省整顿和规范盐业市场秩序专项行动工作方案》，重点清理无证照小盐田，废转管理混乱、产品质量低劣的小盐场，取缔私盐生产，堵住私盐源头；查禁非法交易，遏制非食用盐、非碘盐和不合格碘盐流入食盐市场。整治的重点地区包括：舟山、宁波、台州和温州等盐场较多的地区；温州、绍兴等工业用盐量较大的地区；嘉兴、湖州、温州等毗邻苏、沪、闽的地区；温州苍南县沿浦小盐场。专项整治取得预期成效，苍南县沿浦镇盐场被彻底废转，乐清市2个废而不转的小盐场也彻底停产废转。专项整治行动中，全省共出动盐政执法人员20226人次，检查了

72826个单位，查获盐业违法案件331起，查获盐产品473.78吨，废除劣质盐田359亩。

此外，各市、县（市、区）盐务管理部门结合本地盐业市场实际，经常联合当地公安局、工商行政管理局、卫生局、质量技术监督局等部门，突出源头控制和重点环节、重点领域、重点季节，开展蔬菜腌制用盐季节专项行动，铁路、公路和港航“扎口”管理，工业副产盐管理等联合执法行动。

（三）省际边界联合执法

为防止和遏制省际边界间食盐冲销、走私等非法行动，保持各省边界食盐市场秩序，省盐务管理局联合上海、江苏、安徽、江西、福建等省（市）盐务管理局，持续在省际边界开展联合执法行动，充分利用各省盐政执法资源，建立完善省际边界盐政管理的长效机制，维护边界地区盐业市场的正常秩序。

为维护浙江、江苏省际边界地区食盐市场正常秩序，1998年，省盐务管理局多次派员到江苏省进行协调，并于当年牵头组织召开了两省边界盐政管理协调会，开创了浙江省与边界省份联合执法的先河。

2002年4月4—18日和2003年2月20日至3月20日期间，为整顿和规范苏浙沪边界地区食盐市场秩序，浙江、江苏、上海两省一市盐务管理局先后开展苏浙沪边界地区盐政执法行动。重点依法打击和查处无“准运证”非法运输食盐、小额工业盐行为；非法加工、销售食盐，制售假冒伪劣食盐行动；走私贩私团伙和个人，深挖地下制假售假窝点，铲除省际边界地区的私盐转批、分装窝点。

2005年5月20日，浙江、安徽边界盐业市场监管协调会在杭州市召开。会议就浙皖边界地区盐业存在的价差、冲销、打击私盐贩子等问题进行讨论，并达成共识。同时，自同年6月1日起，两省边界相邻食盐专营单位在省际边界地区市场上统一供应500克及500克以下复合膜或纸塑包装碘盐，严格执行省级物价部门核定的批发价和零售价，食品加工大包装食盐及工业盐、畜牧盐等其他盐种只在县级以上盐业公司实行直接供应，并严格核查或实地检查购买者身份、用途和加工规模、场地（住所）等，建立档案，不得销售给省外单位和个人。

2007年9月27日，浙江、江西、福建三省边界盐业市场监管协调会在浙江省乐清市召开，并达成5点共识：一是健全边界盐业市场监管协调机制，定期由三省轮流组织边界盐业市场监管协调会，协商解决边界盐业市场盐政管理存在的问题；二是从“大市场、大盐政”管理原则出发，对接盐产品的供应对象、供应方式、品种价格，实现边界市场的食盐流通现代化；三是各地盐业市场管理机构应当加强行业自律，严格要求盐业企业自觉维护边界市场稳定，严禁冲销他方市场，自觉守法经营；四是构建边界打击涉盐违法行为的联合执法平台，对构成犯罪的涉盐违法分子，各方有义务协助查办，对涉盐违法行为的查处，各方都有提供一切便利条件的义务；五是三省相邻地区盐政应当加强盐业法规的宣传，推进盐政执法的协作，建立和完善边界盐政管理的长效机制，切实维护边界盐业市场的和谐有序发展。同年，省盐务管理局还会同江苏、上海盐业部门共同开展了苏浙沪边界地区盐政联合执法行动，重点打击非法加工、销售食盐，制售假冒伪劣食盐活动；组织召开了浙江、安徽边界盐业市场监管协调会议。

2008年，丽水市盐务管理局与福建省南平市、宁德市召开边界盐政管理协调会；丽水市景宁县、庆元县两地盐务管理局与福建省寿宁县盐务管理局召开边界盐政管理协调会；温州市盐务管理局与福建省宁德市盐务管理局召开边界盐政管理协调会。这些会议就边界地区盐的供应品种、价格、供应方式等进行沟通协商，并达成相关协议。

2009年10月12日，浙江、江西、福建三省边界盐业市场监管协调会在江西省九江市召开。会议就实现盐政执法资源共享，衔接边界地区盐的品种、价格和供应方式等进行了协商，共同签署了《赣、浙、闽三省边界盐政管理协议》。同年11月，浙江、安徽边界盐业市场监管协调会在安徽省绩溪县召开。会议通过了《促进皖浙两省毗邻地区盐业市场持续稳定健康发展的工作方案》。

2010年9月，省盐务管理局邀请江苏、山东、上海、福建、江西、安徽等省(市)盐务管理局，组织召开华东地区盐政工作座谈会。与会代表共同签署了《华东六省一市盐业市场管理座谈会会议纪要》，承诺坚持盐政资源共享的原则，加强省际协作，携手共同维护盐业市场的稳定发展。

(四)移送涉盐违法典型案件

2000年7月，省高级人民法院、省人民检察院、省公安厅联合发出《关于办理非法经营食盐等涉盐犯罪案件有关问题的通知》(以下简称“两院一厅”《通知》)，明确规定非法经营食盐达一定数量者，以非法经营罪论处。“两院一厅”《通知》发布后，增强了盐政执法的力度和权威性。各级盐务管理机构按照“两院一厅”《通知》规定的情形，将查获的案件主动移送当地司法机关查处。同年8月29日，临海市人民法院公开审理陈某某非法经营食盐一案，被告犯有非法经营罪，判处有期徒刑5年，并处罚金1万元。该案是浙江省“两院一厅”《通知》发布后首例被判处刑罚的涉盐违法案件，社会反响较大。2001年12月4日，嘉善县人民法院依法公开审理沈某某等8人非法经营私盐案，8名被告分别被判处刑罚。该案涉案人数之多、经营私盐数量之大、范围之广，创全省涉盐违法案件之最。2008年2月28日，杭州市盐务管理局在杭州市婺江路查获300箱正在卸货的假冒食用盐，后将该案移送公安机关，成为当年省公安厅督办案件——杭州“2·28”非法经营食盐案。查获涉案盐产品179吨及大批小包装袋、纸箱及封口机等制假工具，抓获犯罪嫌疑人28人，其中行政处罚22人，依法移送审查起诉6人，并分别受到法律制裁。据统计，2000—2010年期间，全省司法机关共判处涉盐违法案件36起，制裁涉盐犯罪分子59名，其中被判处5年或5年以上有期徒刑的有14人。

第九章　科教文化

浙江省海盐生产方式从煎煮制盐到刮泥淋卤或摊灰淋卤，经历了一个漫长的过程。宋代莲管试卤和篾盘煎盐及清中叶盐板晒盐，推动了浙盐生产技术的发展。改煎为晒是古代浙江盐民的一项重大贡献。中华人民共和国成立后，盐区干部群众生产积极性高涨，在生产工艺、生产设备、操作方法等方面进行了大量的发明创造。尤其是浙江省舟山盐业科学研究所成立后，开发研制盐业新工艺、新设备以及新产品，特别是黑膜垫底结晶的推广使用，使浙江海盐的产量和质量均大幅度提高。加强盐业科研组织和科技队伍建设，推动了浙江科技兴盐的快速发展。

浙江产盐历史悠久，孕育了丰富多彩的盐文化。富有浙江海盐特色的盐生传说、盐产崇拜、盐业祠祀等盐业民俗，发端于民众日常生活的盐乡谚、歇后语等乡土谚语，具有独特海盐特色的地名，供民众游览参加的盐业古镇、博物馆、纪念馆等，是浙江海盐文化的典型代表，记录浙江盐业发展历程、饱含民间智慧、寄托民众美好期盼，成为中国盐文化不可替代的一部分。

第一节　科研组织与教育

中华人民共和国成立后，浙江省加强了盐业科研组织建设和科技教育工作。浙江省舟山盐业科学研究所、浙江省海盐工业科技情报站、浙江省盐学会的设立以及盐业科学技术人才的培养，极大地推动了浙江海盐制盐技术进步，促进了浙江海盐产量的提高和质量的提升。

一、科研机构

（一）浙江省舟山盐业科学研究所

1963 年 6 月 23 日，浙江省科学技术委员会、浙江省轻工业厅批准成立浙江省舟山盐业科学研究所（简称“舟山盐科所”），归属省轻工业厅，初设地在岱山青黑。该所以“立足舟山、面向全省”为建所方针，设有制盐工艺、盐化工、盐机、分析 4 个专业研究室和实验基地，是浙江省内唯一的盐业科学研究机构。1981 年迁至定海城关。2002 年，经省盐务管理局批准，增挂“浙江省盐业设备研发基地”牌子。2008 年 2 月，划归舟山市科技局管理。同年 4 月，更名为“舟山市海水综合利用研究所”，并增加海水利用技术研究、海水防腐、海洋化工技术研究及技术推广职能。2010年5月，舟山市海水综合利用研究所撤销，其承担的职能及人员编制并入浙江省海洋开发研究院，内设海洋环境与化工技术处，承担原舟山市海水综合利用研究所职能，负责海洋环境保护技术与装备开发、海水制盐技术与装备、海水淡化、浓海水利用与盐化工、海洋防腐以及其他海水综合利用技术的研发和转化应用。

该所所取得的科技成果曾获全国科技大会奖，多次获部、省优秀科技成果奖以及国家经委和省轻纺工业新产品奖。大部分获奖项目转化为生产力，取得了实际经济效益，并带动产区盐务局、国营盐场科研小组取得了实际成果。1966年研制成功全省首台压滩机，填补全省空白；1970年利用原料卤水，在滩地上以塑料薄膜垫底，晒制滩晒精盐。该工艺为国内首创，在浙江省和广东、海南等省推广，获轻工业部科技成果四等奖；1995年完成不同水分加碘盐中碘含量的稳定性研究，为全省加碘盐生产提供了可靠的依据；1997年研制的食盐加碘机通过中国轻工总会鉴定，并形成系列产品；同年生产的2台12马力压滩机出口马来西亚，迈出了盐机产品走向世界的第一步；2001年通过了由省经贸委立项的两性型生物絮凝剂项目的鉴定。该项目是与杭州几丁生物技术有限公司合作开发的高科技海洋生物化工产品，被定为省级新产品；2002年开展旋液分离器在日晒盐精细化中的应用研究、食盐水分测定仪、电导式盐度表、平衡保健型天然食用盐技术及工艺研究、即溶性生理平衡盐冲剂研究、海水综合利用技术在调味品行业应用研究、原盐着色技术研究、彩色盐工艺品开发、食盐加碘机自动控制系统（装置）、蔬菜腌制用盐相关性研究、浓缩海水再浓缩及制盐工艺研究等，着重于科研方向的战略转型；2008年12月，该所承担的《南方海盐产区收盐方式的变革及设备研究》课题被列入2008年舟山市第二批科技计划项目。

（二）浙江省海盐工业科技情报站

1976年6月，浙江省第一轻工业局组建浙江省海盐工业科技情报站，由舟山盐科所承担，初设地在岱山。下设宁波、台州、温州、岱山（1978年改为舟山地区）盐业局和浙东化工一厂5个情报组，由上述组长单位和各产盐县、国营盐场、盐化厂的情报员组成全省盐业科技情报网，并加入全国海湖盐情报网络。1984年改名为“浙江省制盐工业科技情报站”。主要通过各种盐业会议或专门召开情报会议进行情报技术交流，展览技术资料；同省内外50多个单位建立起情报交流关系，搜集、积累省内外盐业“双革四新”①成果；不定期深入重点盐区进行多项专题调查研究；1977年1月起编印内部发行的《浙盐科技》季刊，1981年起与省盐学会合办，1986年1月改名为《浙江盐业》，1997年获省新闻出版局颁发的准印证（浙内准字第0023号），1998年省科委批准为科技类内部资料。2003年起，《浙江盐业》刊物上收作为省盐务管理局机关刊物，由省盐务管理局、省盐学会主办。至2010年底共出版141期。《浙江盐业》的出版发行，对全省盐业信息交流、管理创新、科技进步、推动盐业改革发展起到了指导作用。

---

① “双革”即技术革新、技术革命；“四新”即新技术、新工艺、新设备、新材料。

（三）浙江省盐学会

1981年11月，经浙江省科学技术协会批准，成立浙江省盐学会，设立地在杭州，主要任务是组织联系全省盐业科技工作者，开展多种形式的科学技术活动，开展省内外学术交流和科普活动。初成立时属省科学技术协会领导的省一级学会，1985年省轻工协会成立后改为二级学会，会员140人。1983年组团赴日考察电渗析制盐。1985年集中有关科技人员对玉环盐场分散制卤、集中结晶工艺进行论证。1985年起派员出席南方五省（市）海盐学术交流会，并于1986年和1990年作为东道主两次主办南方五省海盐学术或技术经验交流会，探讨适宜南方气候特点的制盐技术。在省内举办多次学术交流会。1993年3月，由上海科普出版社出版的《农民技术人员手册》在全国公开发行，全书共96.5万字，其中“海盐生产工艺”一章计6万余字由省盐学会会员、高级工程师陈志鹏编写，高级工程师屠钦桐审稿。该书的出版，对农民盐业技术人员在工艺技术和生产操作上有一定的实用价值和指导作用。20世纪90年代中期起，由于相关学会机构变迁以及社会团体登记管理等原因，省盐学会各种活动停止，名存实亡。

随着浙江盐业集团化进程的推进，为恢复全省盐业工作者交流、讨论平台，经省科协、省民政厅批准同意，恢复浙江省盐学会为省科协所属省级学会，并于2004年10月26日在杭州余杭召开了浙江省盐学会成立大会，同时成立盐业流通经济学组、盐业科技发展学组、盐业企业管理学组，开展各项活动，共有会员65名。此后每年度开展学会内部学术交流活动，推动全省盐业科技创新、管理创新活动。至2010年底共有会员184名。

为鼓励全省盐业员工开展学术研讨，提高《浙江盐业》刊物的总体质量和价值，2005年2月，省盐务管理局、省盐学会联合制定《浙江省盐业优秀论文评比办法》，决定每年第一季度对上一年度《浙江盐业》发表的论文进行评选并给予表彰。同年9月，根据省科协《关于开展科技工作者建议活动的通知》，省盐学会组织全体会员围绕全省盐业集团管理和“十一五”盐业发展，全省盐业普遍关心的热点、焦点问题，以及集团管理和母子公司发展中的重大课题，开展建言献策活动，并组织评选，凡被录用之建议者有奖。2005年、2006年、2007年，由省盐学会承担并完成的《浙江盐业应急供应与危机管理研究》《浙江省盐业物流模式研究》和《盐业流通信息系统开发与研究》分别被列入当年度省科协重点课题，取得预期成果。为鼓励会员开展学术研究，参与盐业科普，投身盐业创业创新活动，2009年初制定了《浙江省盐学会先进会员评选办法》，并在每年度召开的会员大会上给予表彰。

此外，学会还组织参加国内外盐业学术交流研讨活动。2005年10月，以省盐业集团有限公司总经理陈存法为团长的浙江盐业代表团参加了在北京召开的亚洲盐业论坛大会；2009年9月，以省盐业集团有限公司董事长陈存法为团长的浙江盐业代表团参加了在北京召开的第九届世界盐业大会，陈存法在分会上作专题发言。

二、教育

(一)专业教育

1.自办教育

1958年,省轻工业厅在庵东盐区开办浙江省制盐工业学校,招收小学以上的学生150人入学,教学内容为文化课及制盐专业知识,至1961年执行“缩短文化战线”方针时撤销。20世纪50年代末“大跃进”时期,地(市)、县盐业系统自办的学校还有乐清盐业中学、玉环盐业中学、岱山制盐工业学校;20世纪60年代,岱山、定海县7个公社开办勤工俭学盐业中学,学生由生产大队保送。1976年后相继改为全日制盐业中学或普通初中。其中岱西盐业中学在1983年被评为全国勤工俭学先进单位;1975年春,经象山县教育局批准,开办该县第一所盐业高中,学制2年,招收学生36名,首届毕业后因全县教育布局调整而停办;1976年9月,经慈溪县委批准,在庵东建五七盐业大学,共招收学员48人,由各盐业大队推荐。因办学经费、师资得不到妥善解决,于1979年3月停办;1980年经省政府批准,省轻工业厅在国营梅山盐场创办浙江省盐业职工大学(1979年筹建时称“浙江省盐业七二一大学”),招收初中以上文化程度的在职青年职工50人入学,分制盐工艺和盐化工2个专业,学制3年。1981年迁址宁波市区,1983年因生源和师资不足,未再续招。1983年共有在读学生30名,经考试有26名合格毕业,由省教委正式颁发毕业证书,返回各地盐业部门工作,成为技术骨干力量;为加强干部职工专业教育工作,1982年建立舟山地区盐业干部学校,校址原设岱西青黑,1988年迁往定海,并投资30万元建造教学楼。2006年底,因舟山市盐业公司改制,舟山市盐业干部学校停止运作。浙江省盐业系统自办学校情况见表47-9-1-1。

表47-9-1-1　　1958—2006年浙江省盐业系统自办学校一览表

校名	校址	主办单位	办学年份	招收学生	备注
浙江省制盐工业学校	庵东	省轻工业厅	1958—1961	150	
乐清县盐业中学	乐清	乐清县盐务局	1958—1960	38	
玉环盐业中学	垟坑	玉环县盐务局	1959—1960	40	
岱山制盐工业学校	岱西	岱山县盐务局	1959	40	
象山昌国盐业高中	昌国盐场	昌国盐场	1975—1976	32	
慈溪县五七盐业大学	庵东	慈溪盐业公司	1976—1979	48	
浙江省盐业职工大学	宁波	省轻工业厅	1980—1983	50	
舟山市盐业干部学校	定海	舟山盐务局	1982—2006		视需要组班

资料来源:1993年前资料引自《浙江省盐业志》,中华书局1996年版,第445—446页;1993年之后资料据浙江省盐务管理局档案整理。

2. 培训

从20世纪50年代开始，省及各级盐务部门对职工进行短期业务技术培训，培训内容包括原盐生产技术、质量管理、盐化工、质量检测分析、科技档案、盐政执法等。以几十人为一班，几天到几十天为一期，能者为师，学用结合，取得较好效果。除自己组织培训外，1957年开始选送干部职工到省内外大专院校代培，培训后仍返回浙江工作。代培院校有天津轻工业学院、江苏盐业学校、北京轻工业学院、华南工学院、省轻工学校等，其中天津轻工业学院、江苏盐业学校代培时间较长，人数较多。除自培、代培外，根据人才需要，引进天津轻工业学院等大中专院校毕业生，分配省内各级盐业部门工作，充实盐业科技队伍，改善职工文化和学历结构。浙江省盐业系统历年委培及毕业分配人数见表47-9-1-2。

表47-9-1-2　　浙江省盐业历年职工委培及专业学校毕业分配人数一览表

校　　名	校　　址	委培、分配人员		专　业	学　制	分配时间
		人数	对象			
塘沽盐业学校	天津塘沽	6	在职职工	财会管理	半年	
华南工学院化学系	广州	8	在职职工	化验		
江苏盐业学校	连云港	39	学生	制盐	3年	1984年6月
江苏盐业学校	连云港	15	学生	制盐	3年	1985年6月
江苏盐业学校	连云港	18	职工子女	制盐	4年	
江苏盐业学校	连云港	6	定点招生	制盐	4年	
天津轻工业学院	天津塘沽	57	干部职工	制盐、企业管理	1～4年	
北京轻工业学院	北京	6	干部职工	制盐、盐化	1年	

资料来源：《浙江省盐业志》，中华书局1996年版，第447页。

说明：天津轻工业学院57人中，本科大学生学制4年，工农兵大学生学制3年，委托人员学制1～2年。

（二）专业技术教育

1. 专业技术职称

中华人民共和国成立前，盐业工程技术职称仅土木工程和盐质化验2项，由盐务部门自定。1949年，全省盐业系统共有工程技术职称人员10人。1956年，省盐务管理局对全省工程技术人员进行统一评定，有土木工程、盐化（化验、盐化工）、气象等专业，当年共有工程技术人员15人，其中工程师3人、技术员12人。至1981年，有技术职称的97人，其中高级工程师1人、工程师7人。1984年，具有专业技术职称人员为163人，其中工程师及以上12人；专业分别为制盐工艺42人，盐机18人，盐化工36人，气象7人，土木工程17人，化验分析43人。科技人员在全部职工（全民所有制）中所占的比重为3.71%。截至2010年底，全省盐业机构中具有专业技术职称者855人，在全部职工中所占的比重为34.16%。其中高级职称27人、中级职称209人、初级职称619人。

2. 农民盐业技术职称

1989年在省农民技术职称评定工作领导小组统一部署下，省盐务管理局组建浙江省农民盐业技术人员职称评定工作领导小组，制定了《浙江省农民盐业技术人员职称评定和晋升实施意见》。各地在当地农民技术职称工作领导小组的统一部署下，首先开展宣传，而后相继实施组织申报、业务技术辅导、统一考核、考核评审、审批。同年全省培训1065人，参加考试者658人，及格者556人，免试人员229人。最后评定出各类技术人员806人。1990年，根据省农民高级技师评审委员会评审人员组成条件，推荐省盐业公司高级工程师屠钦桐(1992年起改为陈志鹏)参加省农民高级技师评审委员会。截至2010年底，全省有13人取得农民盐业技术职称高级技师资质。

第二节　技术革新与成果

古代浙江海盐制盐技术进步较为缓慢。宋代莲管试卤和篾盘煎盐的实行，推动了浙江海盐制盐技术进步。改煎为晒是古代浙江盐民的一项重大贡献，实现了浙江海盐生产技术质的飞跃。中华人民共和国成立后，浙江盐业技术进步取得快速发展，新产品、新机具、新工艺、新设备层出不穷，一大批技术革新项目取得国家、省、市级科研成果奖。

一、技术革新

浙江海盐生产以传统的刮泥或摊灰淋卤、煎煮制盐方法延续2000多年。古代盐民发挥创造精神，创新制盐技术，极大地推动了浙江海盐生产工艺的发展，其中以宋代莲管试卤、篾盘煎盐和清中叶盐板晒盐为典型代表。

1. 莲管试卤

宋前尚无对卤水浓淡测试方法的记载。宋代盐民发明创造莲管试卤。《宋史》卷一百八十二《食货下四》载："绍兴(1131—1162年)初，灶煎盐每一昼夜多止十一筹，筹为盐一百斤。淳熙(1174—1189年)初，亭户得尝试卤水之法，灶煎至二十五筹至三十筹，增旧额之半"。又据《宋会要辑稿·食货二八·盐法七》载："淳熙初，亭户得尝试卤水之法，以石莲一十枚，掷之卤水中，如五枚浮起为五分之卤；如七枚浮起为七分之卤；或不及七分，再用牛刺爬盐土，复将淡卤再淋，必待卤浓可用，然后煎之"。宋代姚宽所著《西溪丛语》中亦有类似记载，10莲则改为5莲，石莲改称"莲子"。元陈椿《熬波图》对莲子试卤方法作了介绍。采石莲先于淤泥内浸过，再用4种不同浓度卤水分别处理莲子，第一等为最咸卤，第二等用三分咸卤一分水混合，第三等用一半咸卤一半水，第四等用一分咸卤三分水。莲子经以上四种卤水分别浸处后，即可用来测试卤水。方法是将用不同等次卤水处理的莲子各一枚，放在竹管内，竹管上口用竹丝隔定，不令莲子溢出竹管。当竹管内充满被测卤水后，即可视莲子沉浮情况以区别卤水之咸淡等级。这项测定卤水浓度的技术，是古代劳动盐民的发明创造，历经宋、元、明、清一直沿用至民国时期，在浙盐产区广泛使用，大幅度提高煎盐产量。直到民国初才出现用比重计测定卤水浓度。莲管试卤法在浙江盐区一直沿用至解放初期。

民国元年(1912 年)，张镠、胡浚泰在《浙江省盐政局调查盐业报告》中称：查各场盐质浓淡，以石莲子为检查，其制造法为外制竹筒二管，合并为一，内藏轻重莲子 10 颗，分置二管，管口以细竹丝横拦，检查时持莲管采取盐液，查验管内石莲沉浮之颗数，依定等级。但各场使用石莲体积大小轻重不等，验法不同，后由双管改为单管，置莲子 10 枚改为 5 枚。余姚场白地盐卤用石莲子与波美氏(°Bé)比重计试验结果见表 47-9-2-1。

表 47-9-2-1 民国元年(1912 年)余姚盐场莲管与波美表测试卤水比重数据对比一览表

水温(℃)	波美氏比重(°Bé)	石莲浮数(颗)	卤之折数(折)	升浮石莲之名称
30	19.0	-	-	-
30	20.0	1	5.5	开化莲子
30	21.0	1	5.5	开化莲子
30	21.5	2	6.0	分运
30	22.0	2	6.0	分运
30	23.0	3	6.5	分运
30	23.5	4	7.0	分运
30	24.0	4	7.0	分运
30	24.5	5	7.5	分运
30	25.0	6	8.0	分运
30	25.5	7	8.5	分运
30	26.0	8	9.0	分运
30	26.5	9	9.5	分运
30	27.0	普通卤水以 26°Bé 为顶点		-

资料来源：引自胡浚泰、张镠撰《浙江盐政局调查盐业报告》，民国元年(1912 年)4 月。

说明：1. 持不同浓度卤水，在卤温相同情况下，用波美比重计及石莲子比较试验其结果。2. 食盐结晶点依万国定理母氏(波美氏)比重计之 27 度为标准。3. 盐卤买卖以石莲检查卤质浓度计价，普通见莲管内浮有石莲 1 颗，其名曰“开化莲”，即按照定价五折半起算，嗣后每增浮一颗名曰“分运”，照上加半折计算，依此类推。

2. 篾盘煎盐

两浙有关篾盘煎盐的记载，最早见于《宋史》卷一百八十二《食货下四》：“杨村及钱清场织竹为盘，涂以石灰故色稍黄，石堰以东近海水咸，故虽用竹盘，而盐色尤白”。元大德元年（1297 年），定海正监盐场管勾黄天佑将篾盘用于定海煎盐。据民国元年（1912 年）《浙江盐政局调查盐业报告》载：“绍五场煎盘不论洞灶煎灶概用篾盘，篾盘产于绍兴俞港、马鞍、直河头及管墅村等处，该村人民无论男女老少，均以此为业。当未煎时，盘司先将壳灰融化（贝类壳用烈火煅成），以帚浸湿，涂诸两面，然后再刷青灰（柴灰），以防卤汁渗透，盘之四周装以二寸半（6.35 厘米）阔之篾箪直竖围之，名曰盘带，亦以壳灰与青灰涂之，并需直而不曲，始无卤漏之患……”在铁器缺少的时代，篾盘是一项新的创造，清代及民国初主要在浙江绍属及舟山、象山等地推广。

3. 改煎为晒

两浙盐场晒盐始于明末，其时采用缸坦晒盐，但未在两浙盐区推广应用。

清嘉庆年间（1796—1820 年），岱山人王金邦创造盐板以来，浙江盐业生产才真正开始进入改煎为晒阶段。由于晒盐成本低，不需柴薪锅灶，操作简便，盐民乐于采用，但有违官府“团煎”管理之法，故在盐民间悄悄推广。道光（1821—1850 年）初，推广至舟山各岛；咸丰年间（1851—1861 年），逐渐推广至余姚、钱清（萧山）以及松江各场。在此期间，温、台各场采用碎陶片（缸片）铺成盐坦晒盐，制作成本比木盐板更低。《重修浙江通志稿》第八十四册载：“前清季年，自岱山场首用盐板之后，各场纷纷仿效，余姚、岱山晒盐已居大半，浙西各场相继起用板晒，至温台各场则利用土地，径用晒坦，尤形便利，不但从前团煎旧制破坏，不可再复，即煎盐成法已渐次淘汰矣。”民国 3 年（1914 年），两浙晒盐占 58%，煎盐占 42%，煎盐成本高，产量受到一定限制。

民国 5 年（1916 年）起，两浙盐务稽核分所着手废煎改晒，因民众习惯煎盐而收效甚微。民国 18 年，盐务稽核分所又制定废煎改晒方案，废除仁和（杭州）、许村（海宁）等不产卤的盐场；双穗（瑞安）限期废灶；黄岩、玉泉（象山）、杜渎（临海）分期改晒；海沙及鲍郎场则按年递减煎额。因制作腐乳、腌火腿等特殊行业非用煎盐不可，保留了三江场数灶，专供金华火腿用盐；部分盐民习惯以煎盐之柴灰作为摊灰淋卤原料，为制卤所需，仍保留了一部分煎灶。民国 18 年，煎盐比重下降为 21.09%，绝大部分已是晒盐。抗日战争时期，因盐源短缺，煎盐暂停废止，煎晒并用。1949 年中华人民共和国成立初期，全省尚有 460 座煎盐灶，到 1955 年底全部废完。改煎为晒是古代浙江盐民的一项重大贡献。20 世纪 60 年代前板晒制盐场景参见图 47-9-2-1。

图 47-9-2-1　板晒制盐场景（2013 年 5 月 12 日《宁波晚报》，A07 版）

中华人民共和国成立后，盐区干部群众生产积极性高涨，在生产工艺、生产设备、操作方法等方面进行了大量的发明创造(后称“技术革新”),如泥盐板蒸发卤水可以提高产量;大漏碗用以提高卤水浓度;盐质电测仪壳快速测量原盐水分;四轮拖泥车可提高刮泥效率。据统计,至1952年底,共有发明创造项目73项,其中22项被推广使用,见表47-9-2-2。

表47-9-2-2　　1950—1952年浙江省盐业技术革新一览表

时间	名　称	创造者	技术革新内容	效　　果	推广情况
1950年	大漏碗	庵东盐民苗永良	直径3.55米,底径3.28米,深0.65米,容量4.6立方米	出卤快,卤度浓,可增产提质	已推广,尚待改进
1951年	五梅花坦	温州盐民丁开荣	在灰坦钻梅花状的孔或开挖长条狭沟填沙	增加出卤量约二成	可以使用
1951年	窟水晒盐法	台州盐业局黄善广	利用窟水做蒸发池	增加产量	可以利用
1952年4月	浓淡卤分沥法	绍兴盐民陈见新组	将漏碗提高1尺,卤管用2支分入两缸,一缸沥头二卤,另一缸沥三四卤	利用淡卤重淋,可增产15斤/漏	可以使用,尚需改进
1952年5月	漏底垫麻袋法	绍兴盐民陈见新组	漏底草与泥之间垫麻袋一层	清洁卤水,提高盐质	可以使用
1952年5月	盐质电测仪	省盐业局屠钦桐、吴贻勋、沈庆云	用电阻原理,探测水分,鉴别盐质	能鉴别盐内水分	已在全省各场使用
1952年5月	泥盐板	庵东盐民金文泰	泥制长方形蒸发池,深约10厘米,最大可容卤25担	一天使18度卤提到24度,增产二成	已推广,尚待改进
1952年5月	四轮拖刀车	庵东盐民胡钊炳	四轮中部装泥刀,用三铁柱支于车下,一人推、一人拉,可以刮泥	较旧式提高效力约5倍,并可做运卤工具	初步试用,未推广
1952年7月	蒸发池	定岱盐民刘景昌	圆形泥池,用竹管与浓缩卤缸连接	使12度卤经3.5天浓缩至24度	试验改进
1952年8月	拖刀	第二分局场产科	以两张拖刀,联成人字形,并加轮子	可增加刮泥速度但摩擦力较大	研究改进
1952年8月	闷缸井	绍兴盐民姚阿毛	缸井用石灰涂	可免钻蟹洞,保护卤桶设备	研究改进
1952年8月	竹闩防护盐板	绍兴盐民姚长记	一幢盐板盖板与底板四角做一木闩,用竹管穿入	可有效防风潮损失	可以使用
1952年8月	桶盖晒鲜卤法	绍兴盐民李德友	利用桶盖晒卤,午后加入板内	免盐板卤干,亦可保护储卤设备	可以利用
1952年10月	滩晒	庵东分局生产科	在庵东辟地7亩,按滩晒法制盐	提高产量,节省劳力,减低成本	试验改进

续表

时间	名 称	创造者	技术革新内容	效 果	推广情况
1952 年	牛拖刀	绍兴盐民林凤桂	以 5 张长 1.5 尺、宽 0.5 尺的刀片连接,用牛拖泥	比一般套刀快 4 倍,加速拖泥,争取天时	研究改进
1952 年	蒸发板	绍兴盐民姚成海	盐板把手钉竹片一块,杠板时垫上,利用晚间蒸发	增加蒸发、缩短结晶时间	可以研究
1952 年	新挖水沟法	象山盐民林彩褒	以耕田犁缚木板,用人拉直接从水间推出	改良坦边水沟	可以利用
1952 年	双轮车	绍兴盐民俞来生组	以妇女两人一推一拉,每次能装盐 500 斤	节省时间,便利交盐	可以使用
1952 年	木梳式盐耙	绍兴盐民李水良	将耙改成木梳形式耙打盐花,均匀卤水	多产盐,不起羊毛硝	可以使用
1952 年	关塘晒卤法	定岱盐民郑连坤	利用空塘蓄水,浓缩卤度	可提高卤度	可以利用
1952 年	改良白地	定岱盐民	将泥渣铺成中心高、四周低,四周挖小沟	易排水养咸	尚待试验
1952 年	淡梢卤蒸漏法	绍兴盐民陈见新组	将淡梢卤重新蒸漏	可提高卤度,增加产量	可以使用

资料来源:《浙江省盐业志》,中华书局 1996 年版,第 226—227 页。

1953 年 5 月,全省第一次盐业劳动模范会议召开,交流先进经验,肯定并推广泥盐板等技术革新项目,由各地因地制宜加以应用。同年 9 月,华东区盐务管理局决定,凡在盐业生产上有创造发明与技术改进者,均给予适当奖励。同年 10 月,省盐务管理局制定创造发明与技术改进审查奖励暂行办法。

第一个五年计划(1953—1957 年)期间,群众性技术革新项目不断出现,经鉴定推广的有 11 项,其中生产设备 5 项,工具 2 项,生产操作 4 项,见表 47-9-2-3。

表 47-9-2-3　　1953—1957 年浙江省盐业技术革新一览表

时间	名 称	创造者	技术革新内容	效 果	推广情况
1954 年	满水吊坦勤赶双场	玉环盐场	在灰坦四周水沟内贮满潮水,加速坦皮灰料起咸,同时改一天晒灰一次为两次,增加蒸漏次数,充裕卤源	可加速起咸,增加晒灰次数,缩短蒸漏时间,能增产 30%~50%	在玉环、乐清、象山、上马等大部分灰晒区推广
1955 年 4 月	地漏	庵东盐区苗杏龙	改高漏为地漏的操作方法,减轻泥晒劳动负荷	较高漏增产 50%~70%	1955 年起在泥晒场推广

续表

时间	名　称	创造者	技术革新内容	效　　果	推广情况
1955年4月	转向风车	省盐务管理局厉志君	仿定向风车试制，三级风即能启动，转向灵活。扬水能力40.7立方米/小时，扬程1.5米	可抵8人工脚踏水车工作量	造价（500元/台）过高，未予推广
1955年	灌泼结合，挑铺轮作	庵东盐区	改进泥晒操作，加速白地起咸，增加挑泥次数，充裕卤源	减轻劳动负荷，比一般刮泥增产1倍	庵东、岱山等大部泥晒区推广
1956年	自动水闸	庵东盐区马家善、丁泉新	1956年制造了圆形活动式自动水闸，后改为梯形，每座造价从200元减为100余元	节省管闸劳力	1956—1957年共推广10座
1956年	球形卤表	省盐务管理局沈庆云	创造球形卤表测量卤度	使用便利，不易破损	试制一部分，尚需改进
1956年	泥炭土代灰料	温州局方松堂	利用烧制的泥炭土代替灰料，解决灰料紧缺困难	比一般松灰增产10％	在玉环、乐清推广8000余担
1957年5月	沥青结晶池	岱山盐区	利用沥青与混凝土胶结制成混凝土沥青结晶池	替代板晒不渗透，增产29％～40％	共推广4526平方米
1957年	砂灰结晶池	庵东盐区	用砂灰浆制	替代板晒并可增产10％，造价低	当年推广2903块，计30227平方米
1957年	砂灰缸	庵东盐区	用砂灰浆创制砂灰缸，用以储卤	替代陶制卤缸，解决容器不足	
1957年	改进提高盐质措施	先进经验总结	①22度以上鲜卤上坦；②根据天时多日结晶；③勤洗坦板；④掌握29度收大汤盐，不掺苦卤	次盐逐渐减少，并产出一等盐	在全省推广，部分群众怕操作麻烦和卤源不足而未推广

资料来源：《浙江省盐业志》，中华书局1996年版，第228—230页。

第二个五年计划（1958—1962年）期间，盐区技术革新以大搞机械化与半机械化为重点。1960年3月，省轻工业厅在乐清县召开全省制盐工业技术革新、技术革命经验交流大会，以大搞流枝滩为中心，要求在当年全省改建6万亩盐田为流枝滩；同时抓动力，搞人风两用风车；运输方面搞车子化、半机械化、管道化，重点消灭肩挑；大搞加强器（加强蒸发的装置）、盐化工和综合利用。一些革新项目得到推广并发挥了较好作用，主要项目详见表47-9-2-4。但同时也受“大跃进”浮夸风影响，当时物质条件匮乏，只能用土制品替代，实施中又要求过急，从而造成很大浪费。如推广加强器10万余只并无效果；车子化、轴承化等耗费很多物料，易锈蚀、经济合理性差；推广“晒化绿”促进结晶，虽有增产效果，但致盐色变绿而影响销售；简易枝条架缺少动力扬水等。

表 47-9-2-4　　1958—1965 年浙江省盐业技术革新主要推广项目一览表

时间	名　称	创造者	技术革新内容	效　果	推广情况
1958 年 6 月	沥青预制板块结晶池	岱山盐区	参考温岭经验设计块制沥青板	优于沥青混凝土，造价低	主要在岱山盐区推广
1958 年	丁长和操作法（翻晒连作）	慈溪丁长和	变灌潮为渗咸、刮泥为铺泥，充分发挥盐田潜力	可提高单产	宜沙性泥晒地区
1958 年	钢丝割泥机	梅山盐场	黏土地区取土	可加快切割泥块	梅山等地
1959 年	人力两用风车	慈溪盐区 乐清盐区	解决电力未到场前枝条架的用水，每台可供 500 平方米壁面	每台相当于 0.6 千瓦电动扬水泵	全省推广近千台
1963 年	金属结构风车	舟山盐科所 刘明辉	以铁架焊接，风力 2～3 级启动	使用年限较木结构长 10 年	全省推广

资料来源：《浙江省盐业志》，中华书局 1996 年版，第 231 页。

浙江省盐区在推进技术革新的同时，加强技术引进和研究。1963 年，省盐务管理局组织全省盐场代表到福建有关盐场参观学习，引进结晶旋盐技术，所产盐细、实、匀，特别适合食用。1964 年在温岭县松门举办培训班，在全省推广，收效较好。

20 世纪 60—70 年代以来，浙江省盐业开发新产品、研制新机具、革新新工艺新设备取得新的进展，尤其是浙江省舟山盐业科学研究所建立后，进一步加强并带动全省盐业科研工作，新产品、新设备不断开发，新工艺、新技术广泛应用，加快推进了浙江盐业科技进步。其中滩晒精盐、黑膜垫底结晶、多品种食盐等科技项目获得国家级、省级科研成果奖励。20 世纪 60—70 年代以来技术革新情况见表 47-9-2-5 至表 47-9-2-7。

表 47-9-2-5　　20 世纪 70 年代以来浙江省盐业技术革新（开发新产品）一览表

年　份	项目名称	研制单位	项　目　内　容
1970	滩晒精盐（后称“特制细盐”）	舟山盐科所	利用原料卤水，在滩地上以塑料薄膜垫底，晒制滩晒精盐。该工艺操作方便、设备简单、投资少，不用燃料，为国内首创，在全省和广东、海南等省推广。
1973—1978	树脂吸附法海水提溴	舟山盐科所	利用强碱性阴离子交换树脂，以络合形式吸附海水中溴，使溴和大量海水分离，再对载溴树脂进行还原、再造，获得高浓度溴液。1978 年 9 月通过省级鉴定。但因成本较高，停止中试，未投入生产。
1980—1981	碳化氨水法试制轻质氧化镁	舟山盐科所	1980 年 4 月至 1981 年 6 月试验成功，1981 年 12 月通过技术鉴定。该成果以碳化氨水代替纯碱，原料易得，工艺简单。

续表

年　份	项目名称	研制单位	项　目　内　容
1982	滩晒餐桌盐	舟山盐科所	系用滩晒方法直接生产，利用太阳能和远红外烘干相结合，并添加防潮剂，保持盐粒松散，氯化钠含量达99.23%～99.30%，符合优级精盐标准。1982年11月试制成功，12月通过技术鉴定。
1982—1985	硅钢氧化镁	舟山盐科所	该项目由舟山盐科所承担，武汉钢铁公司硅钢片厂协助完成。硅钢氧化镁是生产硅钢片所需之隔离涂层的主要原料，具有特殊性能，对稳定取向性硅钢片生产工艺和质量保证起重要作用。该项目工艺选定氧化镁与碳化氨水反应，再经煅烧、分离、提纯制取硅钢氧化镁，经武汉钢铁公司试用，可取代日本进口的T-2氧化镁。
1985	利用苦卤制取低钠盐	舟山盐科所	低钠盐可减少人体对钠离子的摄入量，增加钾、镁离子的摄取，经舟山地区卫生防疫站检验及舟山人民医院对高血压患者的试用，效果良好。该产品1985年9月研制成功并通过技术鉴定。
1989	四溴乙烷助催化剂	三门盐场化工厂	与有关化工单位和大专院校联合研制，产品经专业部门检测和扬子石化公司应用，6项理化指标均达到或超过美国阿莫科公司产品质量标准，1990年通过省级鉴定。
1992—1993	QY/ZS1003-92海水晶	舟山盐科所	用于虾、蟹、贝类等海产品暂养和海洋观赏鱼饲养及家庭、宾馆海水浴或游泳池。1992年1月由舟山市科委下达课题并于1993年7月主持通过技术鉴定，经省盐务管理局同意批量生产，投放省内外市场。
1994	多元素保健盐	舟山盐科所	1994年11月由省轻工业厅主持在杭通过技术鉴定。
1995—2010	多品种食盐	浙江蓝海星盐制品有限公司(杭州蓝海星盐制品厂)	该公司加强技术研发，拓展盐产品的应用范围，从调味到日用保健、养殖，推出“食用保健盐”“日用洗涤盐”“保健护理盐”“水产养殖盐”四大系列近百个品种，广泛应用于食品、化妆品、水产养殖、水质处理等多个行业。2001年与浙江大学环境与毒理研究所合作，开发了专门用于洗涤蔬菜瓜果残余农药的果蔬洗涤盐，属国内首创。
2005—2010	多品种食盐	浙江绿海制盐有限责任公司	该公司利用人才和设备优势，加快产品研发，形成绿色日晒自然盐系列、营养日晒盐系列、低钠自然盐系列、罐装盐系列、海鲜精系列、螺旋藻系列、磨砂盐系列、沐浴盐乳系列、足浴盐系列等五大类、18个系列、50余种产品。

资料来源：1993年前资料据《浙江省盐业志》中华书局1996年版第231—233页文字资料综合整理；1993年以后据浙江省盐务管理局档案资料综合整理。

表 47-9-2-6　20 世纪 60 年代以来浙江省盐业技术革新(研制新机具)一览表

时　间	项目名称	研制单位	项　目　内　容
1966—1991	压滩机	舟山盐科所	1966 年，首台压滩机研制成功。1970—1971 年，三门、庵东、梅山、温岭、玉环盐场均试制出压滩机。1973 年，该所设计 Z-5 型(5 马力)通过省轻工业厅鉴定，交由慈溪盐机厂制造，全省推广 500 台左右。1974 年，该所又研制 45-12 型(12 马力)，交由岱山县电机厂(后由慈溪盐机厂)制造。1977 年又试制成功 ZZ77-12 型运输、压滩两用机，每小时可压滩 0.41 公顷。1980 年研制的浙盐 12 型多用底盘及其配套机具收盐机、振动压滩机、刮泥机，同年 12 月通过舟山地区科委组织鉴定。但该机未投入批量生产。1988 年为解决当时普遍使用的 45-12 型压滩机零部件通用化问题，省盐务管理局下达课题，经两年多研究，于 1991 年 1 月通过省级鉴定，设计中改用市场易购的 12 型拖拉机等标准件，降低造价和维修费用。此成果获省盐务管理局 1992 年度科技进步四等奖。
1972—1986	风车	舟山盐科所	1972 年研制成功“东风”号风力机 2 台，适应 2～8 级风力，扬水量 20.2～167 立方米/小时，由慈溪盐机厂加工 50 台供梅山、三门盐场使用。1986 年承接舟山地区科委下达的任务，研制成功 ZZF-6 型风力机及其配套提水机具 ZZD-410 螺旋泵，在原有篷翼式风车基础上改进设计，提高风能利用系数，起动风速 1.8～2.3 米/秒，功率 2.36 千瓦，扬程 1.5 米内额定流量 137 立方米/小时。
1973—1975	塑料轴流泵	舟山盐科所	为减轻人工车水提卤的劳动强度，1973 年该所开始研制 6ZL-80 塑料轴流泵，1974 年省轻工业厅组织鉴定后，交由岱山盐机厂、临海轻机厂生产，全省推广 5000 余台。1975 年 10 月又进一步研制出 4ZL-100 型塑料轴流泵，具有流量大、效率高、耐腐蚀、结构轻巧、使用方便等优点，以 0.8 千瓦电动机带动，在 2 米扬程内流量 70～95 立方米/小时，比人工车水提效近 10 倍。该泵于 1979 年 11 月通过舟山地区科委、盐业局组织鉴定。此两种泵用电机或柴油机驱动，在全省盐区普遍使用，还陆续销往福建等省盐场。
1978—1993	旋卤打花机	舟山盐科所 玉环盐场 定海盐业局	1978 年，舟山盐科所用电机、减速箱及倒顺开关试制成功电动往复式旋卤打花机，浮板往返拉动，解决了人工打盐花的辛劳(晒制精盐需 5 分钟打花一次)，每台可带动 4～6 格。1983 年，玉环盐场研制成功电动旋卤打花机，每台可代替 12 人手工旋盐，相隔 3 分钟能自动往返打花一次，效率高。1986 年，定海县盐业局研制成功浙定盐 ZD-86 型自控旋转式电动旋卤机，用于日晒细盐生产。1993 年，舟山盐科所又研制成功 ZY-92 型旋卤机，性能优于浙定盐 ZD-86 型自控旋转式电动旋卤机。

续表

时　间	项目名称	研制单位	项　目　内　容
1980	薄膜收放机	梅山盐场 舟山盐科所 玉环盐场	梅山盐场参照外省经验率先研制浮卷式薄膜收放机，解决了塑苫池收放薄膜花费劳力较多问题，但在使用的灵活性上还存在一些问题。1980 年，舟山盐科所研制塑膜收放机。1980 年，玉环盐场在梅山盐场收放机的基础上研制成功 DYK-63 型收放机，使用性能良好，稳定、安全、无噪音。该机有人工电控和无线遥控 2 种，适用于大中型结晶池使用，一机可带 2 格(约 1 万平方米)。后该项技术转让给北方盐场。
1984	$2\frac{1}{2}$NL 泥卤泵	舟山盐科所	1984 年 10 月研制成功。该泵使用于地下卤池清淤，比人工提效 6 倍，减轻劳动强度，还可作结晶池提卤用。1984 年 11 月通过技术鉴定。
1995—1997	ZJD-12 型 食盐加碘机	舟山盐科所	1995 年 6 月开始设计、试制。1997 年 4 月通过中国轻工总会鉴定。除底盘支架外，与盐接触的部位全部采用不锈钢材料，重量轻，移动方便，适用性强，碘的均匀度达到 95％以上，是国内比较理想的食盐湿法加碘机。
2000	碱皮削割机	普陀双塘盐场	该机由压滩机随带，滩田适当晾晒后就可使用，方便、高效，每天可削刮碱皮泥 60 余亩，且具有清洁、平整滩田等特点。次年进行技术改良，性能得到较大提高，可在机手单独操作下完成切割碱皮泥及归堆，切割平整；配套橡皮刀具可在石子滩口清除碱皮泥；不同滩质和碱皮厚度，可通过调节切割刀具的深度和角度达到最佳效果。该机在舟山市各盐场普遍推广应用。
2001	ZBZ-30 新型 食盐包装机	舟山盐科所	针对南方海盐水分含量偏高且不稳定、粒径及比重变化大等特点而研制，具有安全、防腐蚀、不黏结、包装速度快、计量准确等优点。
2002	木板盐坨	舟山银光盐场	用 400 厘米×20 厘米×3 厘米落叶松板平铺在钢砖、沥青、泥质盐坨上，减少原盐堆存过程中的污染，加快沥卤，提高原盐质量。

资料来源：1993 年前资料据《浙江省盐业志》中华书局 1996 年版第 233—235 页文字资料综合整理；1993 年以后据浙江省盐务管理局档案资料综合整理。

表 47-9-2-7　　20 世纪 60 年代以来浙江省盐业技术革新(新工艺新设备)一览表

时　间	项目名称	研制单位	项　目　内　容
1963—1980	石子滩快速制卤	舟山盐科所	在 20 世纪 60—70 年代试验石子滩制卤的基础上，1980 年省盐业公司下达此课题给该所，试建泥滩、黑石子滩、青石子滩和旧塑料膜垫底滩 4 格各 617 平方米进行制卤对比试验，取得了不同季节的各项数据。证明石子滩和塑料膜垫底滩具有产卤多、成卤快等优点。此成果在舟山部分盐场推广。

续表

时　间	项目名称	研制单位	项　目　内　容
1971—1979	黑色塑料膜垫底结晶	舟山盐科所 岱山、定海、普陀、普陀山盐业局	1971年最先由舟山盐科所用于晒制精盐，后逐渐应用于普通结晶池。1979年又进行白、紫、黑三色膜产量对比试验，紫膜、黑膜分别为白膜的110%和123%。定海县还创造了活动式黑膜垫底结晶。此成果在全省全面推广。
1973	平顶保卤池	岱山桂花外高涂大队	1973年，岱山桂花外高涂大队受卤桶顶蒸发淡卤的启发，将泥卤池四周用块石砌驳，顶架毛竹或木条，再铺盖稻草或油毛毡，上面糊泥，顶面与同步滩地相平。此池抗雨抗风性能好，顶面又可制卤、结晶，扩大了生产面积。先在舟山地区推广，结构是面层改用条石，覆以泥土，增强牢度。后在新盐场设计中，全省广泛采用。
1974—1990	盐田防漏	慈溪盐科所 舟山盐科所	1974年，慈溪县盐科所试验成功薄膜垫底防渗，即用聚氯乙稀薄膜铺于泥下20厘米处，用以减少盐田渗透，可增加卤量15%。1990年初，舟山盐科所改用农用聚乙烯超薄地膜防渗，铺于蒸发池泥土中，经过一年试验，证明经济效益显著，于1991年10月通过技术鉴定。这种聚乙烯超薄膜厚仅0.005毫米，每平方米价格0.09元，仅为垫底结晶所用聚氯乙烯黑膜价格的1/16。但全部投资中，薄膜仅占1/4，而其他铺设费用因人工取土、还土耗工大占3/4，总体经济效益不理想，在未解决铺设机械前，在现有盐田中尚难推广。
1990	盐田病虫防治	舟山盐科所	舟山盐科所于1990年7月立题研究，以15种药物，经40次试验，肯定倍硫磷、甲基对硫磷、马拉硫磷和敌敌畏4种药物对盐田害虫有强烈杀灭作用，残毒极少，于1992年5月通过技术鉴定。用药后第一批成卤结晶的原盐曾抽样送宁波卫生防疫站检测，证明无毒性。
2005—2006	碘盐生产流水线改造	浙江省宁波晶泰盐业发展有限公司	2005—2006年期间，浙江省宁波晶泰盐业发展有限公司开展技术攻关，改造碘盐生产流水线，一是采取固体盐直接脱水工艺，填补了国内离心机使用的一项空白；二是以PLC控制电磁量泵并用流量计反馈加碘量，加碘控制均匀(达到±2毫克/千克)，并设置故障自动报警、严重故障自动停产功能；三是对包装重量进行自动控制，开创了国内盐行业包装机自动控制计量的先河。该公司的这一技术被全省食盐定点生产企业所采用。

资料来源：1993年前资料据《浙江省盐业志》中华书局1996年版第235—236页文字资料综合整理；1993年以后据浙江省盐务管理局档案资料综合整理。

二、科研成果

中华人民共和国成立后，特别是20世纪70年代末以来，一大批盐业技术革新和科研成果广泛应用于浙江海盐生产领域，取得了显著的成果。其中部分技术革新项目和新产品分获国家级、省级、市级优秀科技成果奖励。具体见表47-9-2-8至表47-9-2-10。

表47-9-2-8　　浙江盐业科技成果获国家级奖情况一览表

获奖时间	获奖等级	项目名称	完成单位
1980	轻工业部优秀产品奖	DYK-63型塑膜收放机	玉环盐场
1981	轻工业部科技成果三等奖	4ZL-100型塑料轴流泵	舟山盐科所
1981	轻工业部科技成果四等奖	滩晒精盐	舟山盐科所
1982	国家经委优秀新产品奖	滩晒餐桌盐	舟山盐科所
1983	轻工业部优秀科技成果四等奖	浙盐12型多用底盘及其配套机具收盐机、振动压滩机、刮泥机	舟山盐科所
1987	轻工业部“四新”产品奖	浙定盐ZD-86型自控动旋盐机	定海县盐业局
2009	国家级星火项目计划	日晒多品种自然盐系列技术开发	浙江绿海制盐有限责任公司

资料来源：据《浙江省盐业志》中华书局1996年版第231—235页、《舟山市盐业志》中国旅游出版社1993年版第144—146页以及浙江省盐务管理局有关档案资料综合整理。

表47-9-2-9　　浙江盐业科技成果获省级奖情况一览表

获奖时间	获奖等级	项目名称	完成单位
1978	省科技成果三等奖	滩晒精盐	舟山盐科所
1979	省政府科技成果二等奖	树脂吸附法海水提溴	舟山盐科所
1979	省政府科技成果三等奖	4ZL-100型塑料轴流泵	舟山盐科所
1980	省政府科技成果四等奖	浙盐12型多用底盘及其配套机具收盐机、振动压滩机、刮泥机	舟山盐科所
1980	省政府科技成果四等奖	石子滩快速制卤结晶	舟山盐科所
1981	省政府科技成果四等奖	碳化氨水法试制轻质氧化镁	舟山盐科所
1982	省政府科技成果三等奖	黑色塑料薄膜结晶制盐的研究及推广	舟山盐科所、岱山县盐业局、定海县盐业局、普陀县盐业局、普陀山盐业站
1983	省轻工业厅“四新”产品奖	滩晒餐桌盐	舟山盐科所
1985	省轻工业厅“四新”产品奖	$2\frac{1}{2}$NL泥卤泵	舟山盐科所

续表

获奖时间	获奖等级	项目名称	完成单位
1985	省计经委新产品证书	$2\frac{1}{2}$NL 泥卤泵	舟山盐科所
1985	省政府科技成果三等奖	硅钢氧化镁	舟山盐科所
1986	省政府科技进步四等奖	ZZF-6 型风力机及其配套提水机具 ZZD-410 螺旋泵	舟山盐科所
1988	省优秀新产品奖	四溴乙烷阻燃剂	三门盐场化工厂
1989	省优产品	四溴乙烷阻燃剂	三门盐场化工厂
1990	省新产品“骏马”奖	四溴乙烷助催化剂	三门盐场化工厂

资料来源：据《浙江省盐业志》中华书局 1996 年版第 231—235 页、《舟山市盐业志》中国旅游出版社 1993 年版第 144—146 页以及浙江省盐务管理局有关档案资料综合整理。

表 47-9-2-10　　浙江盐业科技成果获市级奖情况一览表

获奖时间	获奖等级	项目名称	完成单位
1980	舟山地区优秀科技成果三等奖	石子滩快速制卤结晶	舟山盐科所
1980	舟山地区优秀科技成果三等奖	塑膜收放机	舟山盐科所
1981	舟山地区优秀科技成果三等奖	黑色薄膜垫底结晶产盐	岱山县盐业局
1982	舟山地区优秀科技成果二等奖	浙盐 12 型多用底盘及其配套机具收盐机、振动压滩机、刮泥机	舟山盐科所
1982	舟山地区优秀科技成果二等奖	滩晒餐桌盐	舟山盐科所
1985	舟山地区优秀科技成果三等奖	$2\frac{1}{2}$NL 泥卤泵	舟山盐科所
1986	舟山地区优秀科技成果三等奖	利用苦卤制取低钠盐	舟山盐科所
1986	舟山地区优秀科技成果二等奖	浙定盐 ZD-86 型自控动旋盐机	定海县盐业局
1998	舟山市优秀科技成果二等奖	ZJD-12 型食盐加碘机	舟山盐科所
2010	杭州市企业技术创新奖	膏状浴盐工艺革新项目	浙江蓝海星盐制品有限公司

资料来源：据《浙江省盐业志》中华书局 1996 年版第 231—235 页、《舟山市盐业志》中国旅游出版社 1993 年版第 144—146 页以及省盐务管理局有关档案资料综合整理。

1991 年，经各地推荐上报，自 1985 年以来的盐业科技成果 19 项和 1992 年各地上报的科技成果 5 项，经省盐业科技进步奖评定委员会评定，各评出获奖项目若干，见表 47-9-2-11。

1992 年之后，全省盐业未再开展盐业科技成果评奖活动。

表 47-9-2-11　　1991—1992 年浙江省盐业获科技进步奖成果一览表

评定时间	获奖等级	项目名称	完成单位
1991	二等奖	助催化剂四乙烯(BST)	三门盐场化工厂
1991	三等奖	浙定盐 ZD-86 型自控动旋盐机	定海县盐业局
1991	三等奖	分散制卤、集中结晶工艺	玉环盐场
1991	四等奖	“草甘膦”药剂清除盐田杂草	慈溪市盐业局
1991	四等奖	利用苦卤制取低钠盐	舟山盐科所
1991	四等奖	$2\frac{1}{2}$NL 泥卤泵	舟山盐科所
1991	四等奖	“1211”增产提质中的通气工艺	温岭盐场化工厂
1991	四等奖	“1211”生产中的急冷工艺改革	温岭盐场化工厂
1991	四等奖	12 型手扶拖拉机在盐业压滩等作业应用研究	岱山县盐业局
1992	四等奖	盐田压滩机通用化研究	舟山盐科所
1992	五等奖	黑膜倒扬管试验	岱山县盐业局
1992	五等奖	“1211”气柜高低限自动报警装置	温岭盐场化工厂

资料来源：《浙江省盐业志》，中华书局 1996 年版，第 237—238 页。

第三节　盐文化

浙江产盐历史悠久，由此衍生的盐文化丰富多彩、源远流长。如富有浙江海盐特色的盐业民俗和地名文化，浓缩民间智慧的谚语习俗，具有历史纪念意义的盐业纪念馆所、遗址，记录盐业历史的盐业古镇，折射着浙江盐业的发展历史，凝聚着盐业人的智慧结晶，是浙江本土文化不可分割的一部分。

一、盐业民俗

（一）盐生传说

盐生传说是指盐的起源和发展的传说。任何与人们生活相关的饮食、日用物品往往都有自己的起源传说，这些传说一般会用生动的语言、曲折的故事、正邪对立的斗争等反映事物的发展历程，在虚幻离奇的故事中往往蕴含了许多真实的历史。盐是百味之祖，是人们日常生活中不可或缺的必需品，有关盐的起源传说也丰富多彩。

中国历史上对盐的发现，最早闻名的是夙沙氏煮海为盐的传说。在浙江地区流传着土生土长的盐生传说。舟山定海有一则《盐与卤》的故事，曲折地反映了人们对盐起源的认识。① 故事说，在东海的小岛上住着一个捕鱼人名叫严卤，有一天在捕鱼时，拉上了一个红光闪闪的金葫芦，金葫芦自己裂开了，从里面飞出了一只金凤凰。金凤凰原是东海龙王所养，所落之处就有宝贝。它落在退了潮水的海涂上，留下两个爪印，就飞走了。严卤将印有金凤凰爪子的海泥带回了家。当地的渔霸得知后，抢走海泥，进京献给了皇帝。皇帝和渔霸不识宝，就把严卤叫到了京城，但是严卤也说不上所以然，皇帝很生气，把严卤锁进大牢。一天，皇帝在金銮殿上进餐时，悬在梁上的海涂泥的卤水掉到了菜肴里，皇帝不小心吃了一口混有卤水的菜肴，感觉味道极其鲜美，因而发现这些海涂泥就是宝贝。皇帝乘坐龙舟，押着严卤到了金凤凰停脚的地方，贪得无厌地装了满满 100 条龙舟的海涂泥。龙舟在大海上航行时，金凤凰突然出现，这时狂风把龙舟全部吹翻，皇帝和渔霸等人都被淹死，海水因为倒进了海涂泥，也变咸了。而严卤平安地回到家乡，他和渔民们挑海水晒盐，过着幸福的生活。因为海水能产盐是严卤发现的，人们就把晒干的叫盐，而把盐水叫卤，以此纪念严卤。

在浙江海盐也有类似舟山《盐与卤》的一个传说，两者故事模型基本一致。不过，主人公变成了张郎，而张郎的结局比严卤要悲惨，最后是被皇帝斩首。张郎虽然牺牲，但人们却纪念他发现盐的功勋，为他建张相公庙作为永久的纪念。海盐的盐生传说比舟山的盐生传说增加了更多的悲剧性，对官府的恶行也有更多的揭露。海盐也曾经是盛产盐的地区，其城市即以盐命名。海盐位于杭州湾的西北边缘，与舟山隔海相望，渔民往来其间，从而把传说故事带到对方地区，而传说故事在本地的发展中又发生了某些相异的变化。

（二）盐产崇拜

盐产崇拜是人们在盐业生产过程中发生的信仰与崇拜。由于在生产过程中一些环节很有难度或者异常重要，从而影响到产品的质量，决定产品的成败，人们会认为是某些人物神或者动物神在起作用，所以对其产生信仰与崇拜，并且发展出很多仪式。这些人物神或动物神有可能会进一步成为人们所从事行业的行业神而受到膜拜，人们认为只要崇拜这些神祇就会保佑风调雨顺，获得良好的收成和可观的效益。

中国盐区众多，盐业资源多种多样，所崇奉的神祇也各不相同。如两淮盐区供奉夙沙氏、胶鬲、管仲；长芦盐区供奉盐姥、詹打鱼；川盐产区供奉张道陵、十二玉女、开山姥姥、梅泽、扶嘉、杨伯起、僧一新、艾谭惠孟四井神、炎帝、蚩尤等；池盐产区供奉夙沙氏、池神、蚩尤、条山风洞之神、关羽、张飞、葛洪等；云南盐产区则供奉李阿召、洞庭龙女、陈文秀、李云等；而浙江盐产区主要崇奉熘（头）神。

“熘”的本意是圆形、中间略凹的土堆。浙江盐产区崇拜“熘”，奉之为神，这主要与产盐过

① 武峰：《浙江盐业民俗初探——以舟山与宁波两地为考察中心》，《浙江海洋学院学报》（人文科学版）2008 年第 25 卷第 4 期，第 6—10 页。

程中墩的重要作用有关。古法海盐生产第一步就是要筑墩。弘治《海盐县志》对墩的生产过程有详细的描述："先此周筑土圈如柜，长八九尺，阔五六尺，高二尺，深三尺，名曰溜(同墩)。溜旁即开一井，深八尺，溜底用短木数段平铺，木上更铺细竹数十根，复覆之以柴，冒以草灰，然后取场灰填实溜中，用足踏实。再以稻草覆灰，仍挑潭中海水，多泼草上，使缓缓潜渗入井中成咸卤，可汲煎矣。"泥场经多日风吹日晒，泛起盐花，利用午后高温，牵牛耙泥，把这些泥堆成一个馒头形的墩，墩为圆形。墩的大小、形状并不固定。"定海溜碗口径与底径相等成圆筒形，余姚场则口大而底小。又岱山溜碗较大于余姚，而舟山各岛则较小也"。墩成之后再挑海水灌入墩。经过一昼夜，海水逐渐渗透咸泥，过滤成卤水，"余姚盐泥含沙多，流入卤井缸。卤水的流出速度因为沙质的缘故有所不同，余姚盐泥含沙多，故滴速，一昼夜即有卤；舟山群岛泥细腻少沙，故滴迟，有经三四日或五六日而始滴者。"一般来说五六天后，墩的出卤浓度渐淡，就可以开墩缺，沥干泥渣，掘出墩内生泥，以此操作工序，轮番制卤。而卤水就可以用来煎盐或晒盐。以上即是浙江盐产区所崇奉的墩的生产过程。

浙江盐民对墩非常崇拜，认为它有灵性，掌管着制盐的成败，因此视之为神，称"墩(头)神"。为祈求获得盐的丰收，对墩有虔诚的供奉。舟山地区每当谢年时节要备"三牲"(猪、羊、鹅或鸡)祭祀墩神，其顺序为：第一排"三牲"，黄鱼或鲞、鱼胶、年糕；第二排是生盐、红糖、豆腐、糕、饼、水果，这些要用木质小红祭盘盛之；第三排是 5 碗不同素菜，由金针或木耳分别盖顶，用红花瓷碗盛之；第四排是 5 碗饭；第五排是 6 杯酒；第六排是 3 杯茶。

墩是海泥堆积而成获取卤水以制盐的物质载体，对其崇奉是一种以物拟神化的表现，也是一种万物有灵论的反映，这种思维方式在中国的信仰崇拜中是比较多见的，如门神、灶神、厕神的崇拜等。墩神的崇拜反映了人们对盐产过程中一种生产形式或物质载体的崇拜，不同于其他盐产区的人物拟神化崇拜，独具一格，非常少见。

浙江盐民的墩神崇拜有着深层的原因，归结起来主要有两点：一是源于盐民的艰辛生活，人们在筑墩制盐的过程中付出了无数的心血与汗水。筑墩取盐，一墩大约要挑 120 担海泥放进墩内，做完这些还要挑海水灌在墩内的泥上，并且要头顶烈日暴晒，劳动强度非常大。正因为制盐付出了如此多的劳动，所以盐民才更加懂得珍惜，因此寄望墩神的保佑，希冀盐神酬勤，给予盐民好的收成。二是由于墩在海盐制取过程中的重要作用，墩里产生的卤水决定了海盐的产量和质量。在海盐制取过程中，墩里堆满海泥，然后挑海水灌在上面，墩下渗出的卤水就可以用来煎盐或晒盐了。因此，卤水的浓度就成为海盐提取的关键。卤水浓度需要检验。一般盐民用鸡蛋验卤，鸡蛋全浮卤面为头卤，半浮为二卤，略浮为三卤，如果鸡蛋沉于卤面之下则卤水不能使用。如果卤水浓度不够，则盐的数量和质量将大打折扣。卤水的形成主要在墩内完成，墩内海泥和海水的质量都决定了盐的形成，因此制卤成为最关键的一个生产环节。盐民当然祈望墩内能够产生出好的卤水，因此就对这一生产形式抱有很大期望，进而对之供奉，这反映了盐民期望获得丰收的良好愿望。盐民崇奉墩神实际表现了对墩内制卤过程的重视。

中华人民共和国成立后，浙江地区墩神崇拜已经非常少见。因为如今都是机器取水晒盐，大大解放了劳动力，而旧有的刮泥淋卤制盐方法也被更为先进的滩晒所取代，不需要筑墩取盐，熘在生产过程中的神秘性消失了，熘神崇拜也就随之消失。①

（三）盐业祠祀

盐业祠祀是指对盐以及与盐相关的历史和传说人物的祭祀、膜拜。这些祠祀一般会有祠庙等建筑物为载体，成为人们膜拜活动的场所，甚至成为市民交易、买卖的平台。这些祠祀是比较显性的。还有很多活动，比如盐业巫术、禁忌等，可以看作是隐性的盐业祠祀活动，这些活动一般在人们的日常生活中表现出来，成为一种日用而不知的行为。

盐具有调味的特性；盐本身光洁莹亮，并且能杀菌消毒，这就使盐具有了神秘性。在浙江地区流行祭祀用盐的习俗，如在舟山的产盐重镇岱山即是如此。岱山居民把盐当作神圣之物，每逢过年、过节或者进行生产、基建等，都要用盐来祭祀神灵。所有祭祀，都要用荤素菜搭配供祭，其祭品可变换或替代，唯有一盘生盐是必供之品，而且要用红漆木制小祭盘装成馒头形并在上面覆以红纸花，把盐献给神祇，祈求幸福与平安。岱山也视盐有巫术的作用，取其圣洁之意，如凡是毒蛇游过、毒虫爬过及其他动物腐烂的地方，往往撒盐以解毒气；农历七月半是中元“鬼节”，人们在家门口撒些盐以防野鬼入门。这些习俗在岱山具有浓厚的传统，并一直保持到现在。在浙江另一产盐重镇象山，也流传着一些与盐有关的习俗。② 如“鬼怕盐”：传说盐是胆，挑盐人挑着盐就有胆气，卖盐人挑着盐走夜路不怕鬼怪出现。如有鬼怪出现，只要伸手抓一把盐一撒，魑魅魍魉便会逃得无影无踪；“撒盐米”：把盐和米相拌，称为“盐米”，相传可辟邪镇妖。在挖土、打桩、造房、做坟时，常在周围撒上盐米，可以避邪气、镇妖魔、保平安。用盐驱毒除鬼，是为了发挥盐的趋利避害功能，这也说明盐在民众的心目中是一种神圣、吉祥、有魔力的物品，具有清洁、驱邪等功能。人们希望利用盐的这些特点，使得它能够在巫术活动中发挥最大的力量，带来幸福的生活。

在浙江盐区还存在一些与盐业相关的祠庙，尤以宁波市象山县最为典型。象山临海，产盐历史悠久。盐民为祈求风调雨顺、幸福安康，便有了独特的盐业祠祀，绵延相传。据调查，象山盐区中还保留了与盐相关的10多座庙宇。无论从建庙年代、供奉神主地位、特色和流传久远上，都不亚于江苏泰州盐宗庙，在浙江省乃至全国盐业史上，堪称一绝。

1. 盐司庙

位于象山县东南15里桥头林后洋村，一名“弦司庙”，又名“前司庙”，乃是当地人因“盐司”谐音而名。象山在宋代政和年间（1111—1117年），即设玉泉盐场，以境内玉泉山命名。绍兴四年（1134年），增设盐课司厅，设盐课司于象山县南5里处，监盐官2员。元大德三年（1299年），设监盐官司令1员、司丞1员、管勾1员。明代仍设盐课司，并增置巡盐千户于石浦、番头、钱仓等地。盐司者，官名。因在当时有德于灶民（盐户），故盐民立庙以祭祀。今盐司庙供奉着一个侯姓的盐官，其名与事迹均难考证，当地百姓只说此盐官对百姓有恩，十分灵

---

① 武峰：《浙江盐业民俗初探——以舟山与宁波两地为考察中心》，《浙江海洋学院学报》（人文科学版）2008年第25卷第4期，第6—10页。

② 张利民编著《浙江海盐晒盐技艺》，浙江摄影出版社2014年版，第137—138页。

验，所以世代祭祀。考后洋盐灶，宋时为瑞龙场所辖。盐司庙到底建于何时、为何而建，史料记载比较模糊。但据当地百姓分析，此庙大概建于明末清初，比江苏泰州的盐宗庙早立百余年。

2. **穆清庙**

位于象山县南林海朱家桥，距后洋盐司庙约2里。为盐司庙之分建，供奉神主为同一个侯姓盐司。在同一地区相距如此之近竟有2座盐司庙，这在其他盐产区尚未发现。这充分说明象山当时是盐业的重要产地，盐业活动对当时人民的日常行为有深刻的影响。象山地区有2座盐司庙并且相距甚近，较大可能是因为盐司官员有德于盐户而受到祭祀。民众的祭祀是比较多样的，对有恩于自己的人不会轻易忘记，他们也希望被神化的盐司能保佑、造福地方，所以不吝多建祠庙。

3. **常济庙**

位于象山县大徐杉木洋村。庙中供奉神主为盐熬神，当地人俗称为“盐熬菩萨”，也有称“熬盐菩萨”。该盐熬神是杉木洋村徐姓的一个祖上太公，是土生土长的地方盐神，极具海盐产区的文化特色。象山宋代即设玉泉盐场，而杉木洋背山近海，在玉泉山附近，古代也是一个烧盐的产地。古代烧盐团灶盐户均有额定，传说杉木洋有团灶盐户，但周围村庄人也想争烧盐团灶核定份额，双方争执不下。杉木洋徐氏的一个祖上太公心想杉木洋背靠山、前临海，烧盐是徐氏一项产业，如果被人夺去，后人怎样为业？心里十分焦急。一天周围村里许多人又到了杉木洋，大家争着要分团灶名额，说着说着吵了起来，争得不可开交。其中有一个人站出来说道：“大家也不要吵吵嚷嚷了，我看还是这样，谁能在煮沸的盐卤中捞出秤锤，就让谁家烧盐，大家看好不好？”大家都齐声说好。于是灶火升起来了，大镬里盐卤烧得滚烫，沸腾的盐卤翻着泡沫，大家一下子都愣着，不敢下手。人群中站出了徐家太公，他说：“做人说话要一言九鼎，不能反悔。”说罢走到镬边，面不改色，伸手便捞。秤锤捞出后，徐家太公当即晕倒，一只手已经血肉模糊，露出了白骨。大家急忙用水灌醒了太公，太公睁开眼睛，叮嘱后人，要好好珍惜烧盐这一行业。不久太公便辞别了人世。为纪念太公为徐氏挣得这一份谋生行业，徐氏后人便尊太公为“盐熬菩萨”，立庙祭祀，至今香火不绝。①

4. **昌国大庙**

位于象山县昌国卫。庙中供奉的神主是曾任唐代宰相的刘晏。据道光《象山县志》载：“在昌国卫城西门，在城横街前路亭下，祀唐刘晏。其一曰左所庙，其一曰右所庙，在城南门，皆其神也。”昌国大庙为主庙，左、右所庙是分庙。刘晏，字士安，唐代南华（今山东东明）人，在唐代盐政史上贡献最为突出。刘晏通过创建就场专卖制度、以盐为均输之本、把盐铁与漕运结合起来等措施整理盐政，使唐代经济在经过安史之乱后逐步恢复，增强了朝廷对经济的控制力，其意义非常重大。昌国大庙前门廊柱上有一副对联：中唐名相洒一腔热血，昌国遗庙荐千古忠魂。庙内还有一副对联：两朝宰辅千里转潜给京洛，一代良臣再行平准济江淮。据不完全统计，象山祭祀刘宴的祠庙至少还有关头大庙、南堡大庙等，由此可见刘宴在象山的影响

---

① 2007年象山县申报国家级非物质文化遗产名录项目的申报书，第45—46页，略有删改。

力。昌国大庙供奉的刘宴神像参见图47-9-3-1。

象山盐民所祭祀的3个盐神，分别代表3种不同类型的盐神。盐熬神是诞生于象山土地上的盐民自己的神灵，具有土生土长的地方特色，是盐民劳动者神灵；盐司神是象山自宋代以来盐场盐官中产生的神灵，因为爱盐民而被盐民尊奉为神灵。它反映了象山盐业历史悠久，盐区广泛，以及盐司对盐业影响之深远；刘晏神是以唐代掌管盐政的宰相为神灵，更是浙江盐文化在全国盐文化中最具特色的现象。

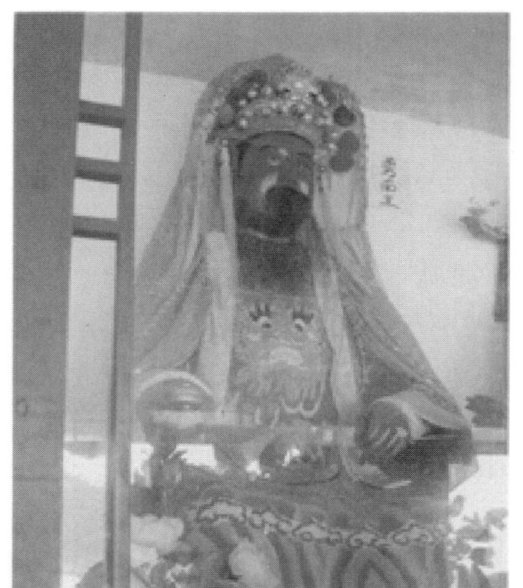

图47-9-3-1 昌国大庙供奉的刘晏神像（2007年象山县申报国家级非物质文化遗产名录项目的申报书，第78页）

二、盐与地名

与盐有关的地名不仅是一个简单的地理符号，是文化的镜像，更是一种历史文化延续和传承的信息载体，折射出一个时代、一个区域独特的社会生产方式、社会文明发展脉络和文化特色。浙江具有优越的海盐生产条件，盐业生产历史悠久，盐见证了浙江的历史发展变迁。因此，浙江很多地名的由来与盐业生产息息相关，具有浓郁的海盐文化特色，尤以宁波、舟山、绍兴、嘉兴等原盐产区为甚。

（一）与盐有关的越语地名

绍兴是越国的发祥地，因此绍兴及周边地区仍留存有部分与盐有关的越语地名。陈桥驿分析认为，最早记载海盐的文献是成书于战国经东汉初人整理增删的《越绝书》。该书卷八载："朱余者，越盐官也。越人谓盐曰余，去县三十五里。"清代著名学者李慈铭研读《越绝书》后，在其《越缦堂日记》中分析说："余姚、余暨、余杭，皆越之方言，犹称于越、勾吴也。姚、暨、虞、剡，亦不过以方言命县，其义无得而详。"所以《浙江古今地名词典·前言》指出："余姚、余暨（今萧山）、余杭地濒沿海，其地名都与于越的盐业生产有关。"

（二）直接以盐命名的地名

浙江产盐历史悠久，省内直接以盐命名的地名不在少数。如海盐县地处杭州湾北部，是崧泽文化发祥地之一，距今5000多年前县境就有先民从事农牧渔猎活动。秦王政二十五年（前222年）置县，因地处沿海，斥卤为盐。据《太平寰宇记》卷九十五载："海盐县（南九十里原十乡）本吴郡武原乡。秦置海盐县，汉因之，属会稽郡。又按（吴君记）云，海滨广斥，盐田相望，即海盐与盐官之地同也"，由此而得名。又如海宁市盐官镇是一座千年古城，古盐官最早可追溯至7000年前，早在新石器时代就有先民在此定居生息。盐官之名始于西汉，因吴王刘濞煮海为盐，在此设司盐之官而得名。《史记·吴王濞传》载："吴有豫章郡铜山，濞则招致天下亡命者铸钱，煮海水为盐，以故无赋，国用富饶。"此外，因盐业生产或交易，一些街弄里巷也以"盐"字命名。如宁波市江东区曾有座小桥叫卖盐桥（今华严街一带）、象山丹西街道有个卖盐弄(南起洒水弄、北至南街),颇具生活气息。杭州盐桥之名,唐朝时就有了,从江海入城之盐船停泊于此待榷,因此以盐名桥。唐景福二年(893年),钱镠筑罗城,有城门10座,其中一座就叫盐桥门,在盐桥西。桥东南昔有严州弄、徽州弄,乃严、徽两帮盐商僦居处。到南宋时,盐桥一带还是盐商富户聚集地。①

(三)从盐业机构等衍生而来的地名

浙江有很多地名与古代盐场生产和管理体制中的建制单位、盐业生产设施、存储场所等有关。

场　场是古代所设的一种产盐的专业机构,是盐场生产的最大建置单位。唐代海盐生产场所除浙西海盐、海宁外,已扩大到浙东沿海的宁波、宁海、黄岩、温州等地。南宋时,产区续有扩充,两浙盐区增至42场。设置盐场后,周围居住的人多了而形成村庄,场名也因此成了地名。如象山县的石浦镇盐厂、北仑区的小港盐场历史上是产盐的地方,村名一直沿用至今。还有一些地名则将“盐”或“场”字略去,将主体名称保留下来作为地名。如慈溪市的龙头场村,也因历史上的龙头场而得名。据史料记载,南宋开禧元年(1205年)设立了龙头场盐课司,从此成为两浙重要的盐产地和盐政管理机构,清宣统三年(1911年)废场。慈溪市观海卫镇(旧鸣鹤镇)有个外场村,起源北宋时,古鸣鹤盐场以六板桥为界,分内场、外场两个地段。桥面西为场署及市镇,称“内场”,桥面东为外场,后沿用为村名(2000年底,外场村并入湖滨村)。

亭　盐亭,也称“亭场”,即煮盐之地。旧时,盐民称为“亭户”,因煮盐之地曰“亭场”而得名。《新唐书·食货志》:“游民业盐者为亭户”。《宋史·食货志》亦称“煮海为盐,其煮盐之地曰亭场”,即取卤制盐的地点为亭场。岱山县高亭镇地名由来,即与盐亭有关。民国《岱山镇志》引用元大德《昌国州图志》等舟山古志书记载,介绍岱山盐业:“岱山出产,以盐为大宗,故首志盐务。查宋端拱二年(989年),置盐场。岱山场额盐一万四千六十袋一石一斗。又高南亭场,额盐三千六百袋。按高亭、南亭二甲,原隶岱山场,相隔一岭,舟行则经大洋。”高亭的得名,取之于宋代的高南亭场。

团　团是盐场生产组织,灶户“聚团公煎”的生产形式。元代的团煎制将每一盐场分若干团,每团有三灶或二灶,每灶由若干家组成。明代,浙江产盐35处,立501团,“聚团公煎”形成劳动组织制度。以慈溪市鸣鹤场为例,《两浙盐法志》载,“鸣鹤有杜家团,石堰有埋上团、埋下团、柏上团、柏下团、梁上团、梁下东团、梁下西团”。如团前方是慈溪市观海卫镇(旧称“鸣鹤镇”)的一个村,该村在旧鸣鹤盐场杜家团南,居民多姓方,称“团前方”。此外,如鄞州区的陈家团村、团尖漕村和团桥村,海盐县的五团、八团、北团和汤家团等,都与古代盐业生产有着千丝万缕的联系。

灶　特指旧时煮海水煎盐所用的盐灶,由土坌砌成,灶台圆形,四周开灶门,用以烧草,上面放置煎盐的器具。灶户,是制盐的盐民。自唐代规定盐民世承其业,宋元明清均有灶籍,严禁脱籍;民国时改灶为民。随着盐灶周围住户多了,发展成村庄,灶名便成了地名。以慈溪市

① 〔明〕田汝成:《西湖游览志余》卷二十五。

庵东镇为例，庵东盐区产盐唐代已有文字记载，宋代已具规模，由东至西有龙头、鸣鹤、石堰三场。其境内以灶命名的村落、道路十分普遍。据统计，该地区曾以灶命名的行政区划（自然村）有27个，如陆家灶村、徐家灶村、一灶村、二灶村、三灶村等；以灶命名的道路有13条，如一灶江路、二灶江北路、三灶潭路等；以灶命名的河流有8条，如一灶江、二灶江、五灶弯等。此外，还有一个四灶水库和“灶”有关；岱山县泥峙镇则有下盐灶村等。

舍　一为海涂渔盐憩息之处；一为征集盐课丁税之单位（在仓或团下一级）。慈溪境内原有许多以“舍头”或“舍”命名的村名，资料显示，在行政村整合前，慈溪市共有54个类似村落，主要分布在现庵东、长河、坎墩境内。如坎墩街道的绍兴舍头村，据史载为清代乾隆、嘉庆年间绍兴移民聚居煎盐之处（2001年2月，绍兴舍头村并入坎西村）；此外还有胡家舍头、黄家舍头、钱家舍头等，大多以丁主姓氏命名。后因行政村合并，这些以“舍头”或“舍”命名的村落陆续被并入其他村落。

管　每灶均有管事，故又曰“管”。如慈溪市桥头镇由原三管乡和桥头乡合并设立，三管即旧杜家团上管、中管、下管三管地。原范市镇有任溪管村，旧属鸣鹤场淞浦团，后相沿为村名，现任溪管路的路名仍在使用。

甲　明时，灶下分甲，每灶一般为十甲，甲以丁主姓氏命名。如慈溪市浒山街道西华头村就有潘家甲、余家甲、史家甲等自然村。

丁　指丁户煎盐之地。这类地名亦甚多。如慈溪市逍林镇原有宋丁村，在三塘下；林家丁、蔡丁、阮家丁、罗家丁等村，在四塘下；附海镇有蒋家丁村，在五塘下。也有略去“丁”字的，如附海镇下张村，原名“下张丁”，在四塘下。

仓　即盐仓，原系贮盐之所，复又引申为征收盐课丁税的单位。明弘治以后，盐课丁税的征收单位改仓为团，由此仓就逐渐演变成地理区域概念。但凡曾设有盐仓之地，其周边区域都会出现以盐仓命名的地名。如定海区盐仓街道。盐仓街道位于舟山本岛西南部，宋元时期居民多以煮盐为业，宋熙宁六年（1073年）设曙峰盐场（后改为晓峰盐场），遂名“盐仓”。又如宁波市旧城有座盐仓门，原是宁波6座城门之一，位于现解放桥南堍。因附近曾设盐仓而得名。史载，北宋真宗年间“于城北设置盐仓七廒”，“北盐仓门，盐入则开”。民国22年（1933年）因城市建设，盐仓门被拆除。由盐仓门延伸而来的，有盐仓小区（现名称）、盐仓社区（现名称）、盐仓门渡口（原位于姚江上，现解放桥旁，废止名称）、盐仓巷（南起和义路、北至江边，废止地名）。

廒　原意为收藏粮食的仓房、仓廒，而盐廒则为收集、转运盐的机构。有官廒和商廒之分。定海区的鳌头浦（《舟山市盐业志》又写作“廒头浦”）的得名，与舟山古代盐业生产的仓储设施盐廒有关。查阅清光绪六年《定海厅志》地图，这一带标作廒山浦，西有廒山，筑有廒山塘。这一带历史上确实也曾经有过盐廒。宋宝庆《昌国县志》中《叙县・仓库务场》中记载：“芦花盐场，县东十三里。本曰东监，为西监子场。其敖（“敖”通“廒”）寓于谢浦，岁久勿治。淳熙十五年（1188），监官鲍渭新之。嘉定五年（1212）置为正场。”谢浦就是现在的鳌头浦。

墩　墩的地名称谓，在舟山盐文化中最具代表性，因为墩与舟山盐民王金邦创始的板晒制盐工艺有关系。《岱山镇志》中《岱山盐说略》云：“场中积土为圆墩，其名曰溜。”此外，墩还可指墩头，作为储泥、制卤和安置盐板、卤缸、盐仓的基地。孙振麟在《岱山游记》中记载，从舟山本岛东南行至沈家门一带，“遥望岸上，土堆累然，篷舍历历，询知其土堆为盐田之卤泥”。在舟山，含有“墩”字的地名较多，如沈家门的墩头，指的就是过去晒盐的泥墩头；沈家门小干岛的外墩头，得名于过去海边有晒盐的泥墩；定海紫薇的墩头村，过去为晒盐的盐墩，习称“墩头”，分上墩头、下墩头；定海盐仓的墩头王，今海富村，筑有许多滤卤用的土墩头，村民姓王为多；六横岐头的大墩，又名“咸墩里”，所在地原晒过盐，有咸土堆成的大泥墩；定海长峙岛上有老墩，旧晒盐于土墩上。长峙岛上还有王家墩，旧时为晒盐土墩，王姓最早居住；定海岙山岛上有大墩头，位于大盐墩上；岙山的中墩，位于大墩头与松山门中间的旧盐墩上。岙山岛上的塘墩村，村落在塘边土墩上；定海册子岛上有墩里，过去地近海岸，因多制盐墩子而得名；岱山的岱西盐场，有张家塘墩、下塘、高坎墩等地名，都为筑塘后成土墩以作溜泥之用。

（四）谐音地名

随着浙江省盐场分布调整和时代发展变迁，很多地名中的“盐”字已经谐音成其他字。以象山县为例，象山县石浦镇盐仓前历史上是制盐、堆盐的所在地，因此得名，随时代变迁，现谐音为“延昌前”，寓意为永远繁荣昌盛；贤庠由“盐场”谐音而来；高塘岛的烧盐湾谐音为“孝贤湾”，寓意“孝顺、贤惠”。又如鄞州区咸祥镇，咸祥古称“嵩南”（位于大嵩之南），古时候这里是浅海海湾。元、明时期，外来移民利用海涂高阜处煮盐，因名“盐场”。至清嘉庆年间（又说光绪年间），因围海造田，盐场逐渐消失，乡里约定俗成改写作“咸祥”，寓意“吉祥如意”。至今，咸祥镇的行政村有咸一村到咸六村共 6 个行政村，又有咸祥河、咸球河等河流，咸开路等路名。

三、谚语习俗

（一）盐乡谚语

一年四季在于伏，一堆盐泥一堆谷。
廿亩盐花廿亩稻，旱也好来落也好。
一眼望到头，都是盐泥墩。
一根扁担半务农，湘绒纱衫植泥篷。①
一年到头，咸下饭当家。
一天不吃盐，吃饭不香甜；三天不吃盐，走路软绵绵。
一只灰溜五亩稻，晴也好落也好。
七月雾，八月烂，晒盐人要挈讨饭篮。
十碗下饭九碗咸。

① “湘绒纱衫”比喻好衣服、好生活。意思是穿好衣、过好生活都靠与泥蓬打交道的晒盐，晒盐晒得好，才能过好生活。

儿多母苦，盐多菜苦。

上磨肩胛，下磨脚板。

三天不吃咸齑汤，两脚走路酸汪汪。

六月晒盐人，烧酒胡琴；十二月晒盐人，小刀麻绳。

呒油呒盐，吃饭呒味。

开门七件事，柴米油盐酱醋茶。

下饭介咸，盐甏倒翻。

半盐半种田，一年苦到头。

好省勿省，咸鱼放生。

吃尽滋味盐最好。

吃遍天下盐好，走遍天下娘好。

吃的米和盐，讲的情和理。

吃饭咸骆驼。①

百味盐为宗。

吃尽滋味盐好，走遍天下家好。

闰六月难晒盐，闰五月难种田。

穷人呒下饭，炒盐过过饭。

鸡蛋直磴，钞票呒份。鸡蛋横浮，钞票乱挪(读 tuō)。②

卖姜老女吃姜芽，卖盐老女掸盐箩。

卖盐人喝淡汤，卖姜老女吃姜芽。

种田的吃米糠，卖盐的喝淡汤。

刮水刮浆，下世把你挖到盐场。

若要甜，加点盐。

卖瓜不说瓜苦，卖盐不说盐淡。

卖盐人讲自家盐咸。

肩胛磨透穿，一日挑到晏(挑盐)。

钩子扁担二头甩，一日身矮三寸三。

咸鱼翻身，穷人出头。

春雨淅沥沥，晒盐人眼睛瞪笔直。

晒盐晒剥皮，挑盐挑驼背。

晒盐人讨老婆，讨来老婆要晒盐。

剥倒牛，卖私盐，菩萨看了也嫌恶。③

---

① 象山方言，指吃饭时小菜咸味重。

② 旧时用鸡蛋测量卤的浓度，鸡蛋直立，说明卤水浓度不足；鸡蛋横浮，说明卤水浓度符合标准，盐的质量就好，卖得出好价钱。

③ 意思是把耕牛杀了吃、贩卖私盐是两件恶事，即使慈悲的菩萨看了也觉得十恶不赦。

晒盐晒得忙，一场大雨泡菜汤。

盐如玉，好吃肉。盐如谷，勿用哭。

涨潮吃鲜，落潮吃盐。

盐水选种，收获多几桶。

烧菜少放盐，寿命岁岁延。

早喝盐水胜参汤，晚喝盐水如砒霜。

多吃咸菜，少活十年。

山珍海味少不了盐，花言巧语顶不了钱。

菜没盐无味，田没肥无谷。

走过的桥比你走过的路多，吃过的盐比你吃过的饭多。

海水低一度，产量少无数(盐)。

六月六个盘，十二月吃骨臀。①

春雨淅淅，饿煞晒盐人。

晒盐人贱胎，挑挑拢，挑挑开(咸泥)。

短工单等日头歪，长工要等廿九夜(除夕)。

风扫地来月当灯，数着星星侧着困(盐民背驼只能侧眠)。

晒盐加种田，早晚不能眠。

蚱蜢(蟋蟀)喳喳响，溜头当考场。

有气有力，流滩度日。

芦稷(高粱)秆拔倒，晒盐晒好(秋潮漫泥场，无法生产)。

人勤滩不烂，整滩出高产。

好滩勿整难晒盐，好船勿修难捕鱼。

不知道姜是辣的，盐是咸的。

菜没盐无味，话没理无力。

官盐不当私盐当。

酱里没有错下的盐。

买惯了私盐走惯了硝。

藕丝系得盐船住。

舍不得下盐晒不了酱，舍不得流汗收不了粮。

省了盐，酸了酱；有了柴火，凉了炕。

本息油茶无盐没法喝，生活里无歌没法活。

鲜肉要加盐才能成佳肴，好米要曲才成美酒。

咸不掺盐，淡不加醋。

---

① 六月份，天气好，晒盐人菜肴丰盛；到十二月份，晒盐人就没有收入，没有菜了。“六个盘”喻菜多、丰盛；“吃骨臀”喻只剩下自己的臀肉，没有菜肴。

盐打怎么咸，醋打怎么酸。

盐多了不咸，醋放在哪里都酸。

盐紧好卖，贼紧好偷。

有盐同咸，无盐同淡。

越渴越给盐吃。

嫁囡嫁得种田郎，泥手泥脚上眠床；嫁囡嫁得看牛郎，割草牵缰呒希望；嫁囡嫁得晒盐郎，刮泥刮浆泪汪汪。

（二）盐乡歇后语

干菜拌豆腐——有言（盐）在先。

多吃咸盐——尽管闲（咸）事。

放牛的吃螃蟹——无言（盐）。

挂面调醋——有言（盐）在先。

鬼不吃淡饭——谣言（要盐）。

火炉撒盐——热闹。

鸡屁股里掏蛋换食盐——等不迭了。

碱地里把罐子——生提卤。

卖豆腐的不点卤——要起皮。

伤口上撒盐——痛得厉害。

石头蛋子腌咸菜——一言（盐）难尽（进）。

咸茶煮豆腐——不必言（盐）。

盐店的老板——闲（盐）人。

盐店里失火——烧包。

盐罐子遇上南风天——回潮了。

盐缸里出蛆——稀奇。

盐堆里爬出来的人——闲（咸）话不少。

盐碱地的身苗——稀稀拉拉。

盐碱地的庄稼——死不死，活不活。

盐堆上安喇叭——闲（咸）话不少。

盐店里卖气球——闲（咸）极生非。

盐店里冒烟——生闲（咸）气。

八宝饭里撒盐——又添一味。

炒菜不放盐——乏味。

炒咸菜不放盐——有言（盐）在先。

炒咸菜放盐——太闲（咸）了。

吃多了盐——尽讲闲（咸）话。

喝盐开水聊天——尽讲闲(咸)话。
鸡蛋换盐——两不见钱。
口含咸盐拉家常——闲(咸)话多。
口渴喝盐汤——徒劳无益。
葵花籽里拌盐水——唠闲(咸)嗑。
麻绳蘸盐水——越来越紧。
卖盐的喝开水——没味道。
打油的不买盐——不管闲(咸)事。
生盐拌韭菜——各有所爱。
挑盐巴腌海——尽干傻事。
桶水两盐——淡而无味。
盐场的伙计——爱管闲(咸)事。
盐店里谈天——闲(咸)话多。
盐堆里的花生——闲人(仁)。
盐罐露头——闲(咸)人。
一斤肉放进四两盐——闲(咸)人。
盐老板抱琵琶——闲谈(咸弹)。
盐里生蛆虫——怪事一桩。
一打醋,二买盐——两得其便。
油盐罐子一对儿——形影不离。
张飞贩私盐——谁敢检查。
猪蹄子不放盐——一只旦角(淡脚)。
盐店的老板转行——不管闲(咸)事了。
从盐店里闹出来的伙计——闲(咸)得发慌。
虾子掉进盐堆里——忙(芒)中有闲(咸)。
卤水点豆腐——一物降一物。

(三)盐场谜语

古时锅里熬,今朝滩上晒;水上漂花朵,四季开不败。(谜底:盐)
像霜不是霜,似雪不是雪;虽说吃得少,三餐不可缺。(谜底:盐)
来自海中,却怕水冲;一到水中,无影无踪。(谜底:盐)
无根无苗,无叶开花;花开多了,也能发家。(谜底:盐)
形同晶石胜晶石,疑是雪花非雪花;素裹银装光灿灿,民生国计一奇葩。(谜底:盐)
原从水里生,不敢水里行;人人都要我,无我事不成。(谜底:盐)
去种没有种,去锄没有垅;生吃嘎嘣响,熟吃没声音。(谜底:盐)
白白一片似雪花,落在水里不见它;单独吃它会皱眉,不吃它时活不下。(谜底:盐)

我是南海观世音，世上无我活不成；不怕风吹和日晒，只怕雨点滴我身。（谜底：盐）

春天不下种，四季不开花；吃有味，嚼无渣。（谜底：盐）

气不过，气不过，家家请客先叫我，上了酒席不见我。（谜底：盐）

种没籽，割没膏，老爷皇帝都叫好。（谜底：盐）

长个头来四角方，长着尾巴三心长。吃起食来哗哗响，多多少少带点汤。（谜底：刮板）

生就黄胖凹脸心，一顿吃盐几十斤；做起活计会流泪，单独出门不愿行。（谜底：盐筐）

转起圈来不断头，有站有睡手牵手；两丈多长一头高，六根脖子三张刀。（谜底：风车）

一只眼睛没眉毛，滩里有火不怕烧；手一揿，光一冒，夜晚巡盐有功劳。（谜底：手电筒）

四、盐业纪念馆、遗址

（一）盐业银行杭州支行

盐业银行是盐运使和清廷旧僚发起合开的银行。民国元年（1912年），袁世凯就任临时大总统。在其支持下，曾任天津长芦盐运使的张镇芳开始筹办盐业银行。民国4年3月26日，盐业银行正式成立。原定实行官商合办，实质为有官方背景的私人性质的商业银行，股东都是清廷旧僚。由盐务署拨给官款作为部分资本金，业务上经收全部盐税收入，并代理部分国库。次年袁世凯病死，盐务署不拨官款，改为商办，由北京政府财政部立案，总行设于北京。董事长为任凤苞，首任经理张镇芳。民国6年7月，张镇芳参与张勋复辟，失败后入狱，盐业银行被新起的段祺瑞内阁接收。段内阁为解决财政困难，派吴鼎昌出任总经理。

在北洋政府时期，盐业银行营业发达，存款吸收甚多，分支机构遍及全国各地，并曾是当时发钞银行之一。民国24年（1935年）12月1日，盐业银行总行移设上海。

民国10年（1921年），盐业银行杭州办事处成立。民国16年撤销，业务并归总行。民国18年重返杭州，改办事处为支行。行址在杭州三元坊，经理周锡经。抗日战争时，盐业银行杭州支行撤回上海，战后未见复业。

中华人民共和国成立后，这座与盐有关的大楼，曾经是杭州市财政税务局的办公楼，随着中山路的改造，成了供人们了解盐及盐业银行历史的展示场所。2000年7月被列为杭州市文物保护单位。

（二）中国盐业博物馆

根据浙江省委、舟山市委和岱山县委关于加快建设浙江省重要的海洋文化基地，开辟海洋文化精品的决策部署，岱山县将中国盐业博物馆列入岱山县委、县政府重点建设项目。博物馆于2003年开始筹建，2004年4月27日奠基动工，2005年4月12日主体工程完工，同年7月6日开馆。

博物馆位于岱山县岱西镇茶前山，以万亩盐田为背景，以“贡盐”之乡为文化背景，总投资750万元，占地面积5625平方米，建筑面积1762平方米。博物馆整体建筑造型采用海盐晶体结构，通体洁白，富有海盐特色。博物馆分为3个展览厅：一是制盐工艺厅，设计了全套的制盐过程，让参观者亲身经历晒盐的全过程，了解制盐的操作工艺；二是盐雕展览厅，以盐为原料制作盐民生产、生活、斗争的雕塑群，成为爱国主义教育基地；三是制盐劳动资料实物展览厅，陈列从“煎煮”“板晒”以及“滩晒”工艺演变过程中各种制盐工具和科技应用文字、图片、实物。改建科研示范滩一副，滩田面积12～15亩，供旅游者实地参观。博物馆集科普、科研、旅游于一体。

2007年6月，中国盐业博物馆与岱山县其他5座海洋文化系列博物馆（台风馆、海洋渔业馆、海防馆、灯塔馆、岛礁馆）被命名为全国科普教育基地。2010年7月，被命名为省级爱国主义教育基地。

中国盐业博物馆是盐文化的历史再现。它将我国千年来煮海晒盐的工艺、文化和历史搬入展馆，对保存、发扬浙江省海盐文化具有重要的意义。

（三）鄞州滨海博物馆

鄞州滨海博物馆位于宁波市鄞州区滨海投资创业中心核心区，占地面积16亩，总建筑面积1200平方米。博物馆建设历时两年，于2009年6月建成开馆。博物馆所在地原为广袤的盐场。

鄞州滨海博物馆着眼于滨海大嵩区域作为鄞州区唯一的海岸线所在地、鄞州唯一的盐乡、海岸渔港和海警防区，以及鄞州四大新兴开发区之一等实际，体现滨海特色，匠心独具，围绕“海”字，内设卫海、垦海、煮海、赶海、兴海等5个展厅，向社会提供一个可供记录、展示、延续滨海大嵩特有历史和区域特质的载体。博物馆通过收藏和展示自宋、明以来形成的珍贵铜器、瓷器、书画、民俗、标本等1200余件史料实物，以及配合主题制作的历史人物雕塑、蜡像和古城模型、介绍影片等形式，充分展示滨海大嵩地区在抵御外侮、开垦疆海、推兴盐业、赶海觅鲜、盐田开发等方面的历史沿革，展现该区域独有的人文传统和风俗习惯，有效弘扬积淀丰厚的滨海大嵩文化。

博物馆还按原样保留了1亩多的盐田，用于还原当时该地的晒盐、制盐场景，成为博物馆的一大亮点。

（四）苍南盐民革命纪念馆

苍南盐民革命纪念馆位于苍南县龙港镇海头村（该村是20世纪20年代盐民暴动的策源地），兴建于1992年11月，占地面积675平方米，建筑面积360平方米，是苍南县爱国主义教育基地。原国务委员、公安部部长王芳题写了“苍南盐民革命纪念馆”馆名，原浙江省委书记铁瑛题写了“革命烈士纪念碑”。

纪念馆主体为一座3间3层混凝土结构楼房，坐北朝南。主要是反映农民运动的领导人之一吴信直烈士出生、成长并进行革命活动的经历。民国12年（1923年）6月，出生在海头村的吴信直带领当地盐民20多人举行武装暴动。他们攻打垄断食盐、包收盐税的方良盐堆，打死欺压盐民的盐警，缴获了枪支弹药，并放火烧掉盐堆，取得了第一次盐民暴动的胜利。民国15年12月，吴信直加入中国共产党，次年1月任白沙农民协会会长，继续领导和组织盐农民开展武装斗争。他先后于民国15年9月26日和民国16年2月18日，两次在白沙组织“杀警焚堆”暴动，焚毁从象岗至舥艚的18个盐堆。这两次暴动震撼了国民党在鳌江以南地区的反动统治。民国20年4月，吴信直被捕牺牲。

纪念馆中陈列有吴信直烈士雕塑胸像，展出了曾在白沙一带从事过革命活动的吴信直、张培农等14位烈士以及革命前辈陈美茶、傅承吉等人生平介绍、图片资料，还展出了盐民历次革命斗争的大事记和当年盐民运动的旗帜、印章、名片、诗抄、烈士书信、档案资料，盐民在打盐堆、三打平阳城用过的武器和各种书刊等珍贵文物。

（五）庵东“七二三”盐工革命斗争史陈列馆

庵东“七二三”盐工革命斗争史陈列馆位于慈溪市庵东镇七二三大街445号原庵东中学内，占用2间教室计120平方米。1994年7月23日为纪念盐工暴动70周年，正式设立开放。1996年，陈列室被命名为首批慈溪市爱国主义教育基地。

陈列室共展示史料108件、照片83张、模型和制盐生产工具25件，其中珍贵史料45件，包括墨盒照片和两浙余姚官板等首次亮相的珍稀文物。陈列室共分两部分：第一部分翔实地展现了民国13年(1924年)7月23日庵东万余盐工怒打秤放总局，成为全国工人运动“由低潮复兴的联兆之一”；民国15年5月创建中共坎镇(盐场)支部，开始领导盐、农民运动；民国24年反对“六折收盐”，惊动了南京政府；民国30年6月18日，抗日武装在相公殿打响三北抗日第一枪；抗战胜利后，盐区有了第一个民主政权——庵东特区。第二部分陈列了秤放总局模型和制盐生产工具。

（六）洞头古制盐场遗址

洞头古制盐场遗址位于洞头县北岙街道风门村九亩丘原海湾以北的沙堤上。经中国盐业考古专家、北京大学考古文博学院教授李水城实地考察判断，确认为古代制盐场，年代在南宋至元初之间，是中国东南沿海发现的第一处盐业遗存。根据前期勘探，初步估算挖掘范围为300余平方米，分东、西两区，跨度约50米，规模较大。东区主要有3处椭圆形红烧土坑，西区主要发现1处由内外三道弧形石墙围成的遗迹，挖掘时发现大量草木灰和柱状、饼状、块状的红烧土块。土坑与周边的沙质泥土不同，周边涂上了一层或两层黄泥，防止卤水外渗，是用来储存盐水的卤水池。现场发现的大量红烧土块，也与国内外盐业遗址中发现的制盐物质相似。专家推测，从发现的大小盐灶来看，该遗址采用的是煮盐工艺，而在西侧民房后发现的水渠，可能是制盐场的引水渠。

该遗址的发现与挖掘，对中国盐业考古有较大意义，对了解洞头乃至浙江的制盐文化、历史具有很高的研究价值。

（七）台州长浦盐文化主题公园

台州长浦公园是台州市滨海工业城中心区块绿色长廊的第一个项目，2008年初开工，2009年底对外开放。公园所在地原为一片盐田，有着悠久的产盐历史，该公园突出极具台州地域特征的海文化和盐文化主题。公园以东就是大海，公园内重现大片的贝壳滩涂，保留原有的芦苇林、湿地等风貌。公园内设置了6件盐文化石头雕塑，分别取名为《取卤》《煮盐》《淋溜》《刮泥》《滩晒》等，展示了食盐制作的整套工序，再现当时盐民辛苦劳作场景。

此外，象山县还有诸多与盐业祠祀有关的寺庙，上文已有提及，此处不再赘述。

五、古镇

（一）鸣鹤

“中国古镇数江南，江南古镇在江浙。江浙古镇美如画，首屈一指是鸣鹤。”①鸣鹤古镇位于慈溪市东南部，历史悠久，人杰地灵，文化积淀深厚，山水风光秀美，是慈溪市唯一遗存的具有典型江南古镇风貌的千年古镇，也是慈溪市唯一的省级历史文化名镇，有着“鹤皋风景赛姑苏”的美誉（鸣鹤古镇参见图47-9-3-2）。

古镇鸣鹤形成于公元8世纪末，因唐代虞世南重孙虞九皋而名。唐元和年间（806—820年），虞九皋自余姚虞宦街（今新建路向北至宪卿第一带）迁一支于杜湖之畔，遂成村镇。虞九皋，字鸣鹤，体质文弱，进士及第后不幸殁于京，乡人哀之，为追思虞氏家族之遗风，遂以其字冠乡名，称其故里为“鸣鹤”。民国时期仍为乡建制。中华人民共和国成立后，根据行政区划调整，鸣鹤由余姚划归慈溪，1952年改乡为镇，2001年与慈溪观城、师桥合并为观海卫镇。

图47-9-3-2　鸣鹤古镇（2016年4月张国平摄）

研究鸣鹤古镇的发展轨迹，与盐业有着密不可分的联系。鸣鹤盐场的建立与发展，带动了鸣鹤古镇政治、经济、文化的全面发展和繁荣。

鸣鹤古为盐场。作为古代的产盐地，在唐时已具有相当规模，北宋咸平元年（998年）设鸣鹤买纳场（故当地人又习惯称鸣鹤古镇为“鸣鹤场”）。明洪武二十五年（1392年）设盐课司。其地理位置，《两浙分区民国盐政史》称：“鸣鹤场当钱塘口之冲，实钱塘江南岸之门户，内有淹浦、小头浦、方家浦、龙舌浦、竺家浦、洋浦诸水，而淹浦尤为鸣鹤之关锁，内以蓄杜湖之水，外以捍海上之涛，盐丁载卤，悉由于此。其北为观海卫，明设指挥使，以王山、龙山为左右翼者也。”

鸣鹤场盐之产量，因宋代石堰场之东场并入，面积扩大，产量增益，岁盐77365石（1石为50斤）。元延祐年间（1314—1320年），岁盐28000万引（1引为400斤）。清雍正年间（1723—1735年），岁盐7443引（1引为280斤）。清乾隆十六年（1751年），筑泥牛塘（今慈溪利济塘观

① 方煜东主编《江南山水古镇鸣鹤》，中国文联出版社2013年版，第3页。

城段),西首洋浦灶田移至塘北,塘南及东部改农,盐田面积随之减少。至清末产量锐减,宣统三年(1911年)则日渐衰退,年产仅13457担(1担为100斤,下同)。至民国初,产盐已不多。民国8年(1919年)开始废场。民国9年产量仅6740担,民国14—18年产量分别为2080担、2700担、2520担、7559担、8739.8担。此后无考,盐场最终全部废转。鸣鹤场盐之质量较好,早期铁盘煎盐,慈溪《浒山志》载:“篾盘(盐),色白,松燥,铁盘逊之。”清后渐改煎熬为板晒,周庆云《盐法通志》载:“鸣鹤场晒盐色白,粒大,止供民食。”鸣鹤场所产之盐,宋时除销本省外,还销往今苏州、松江、常州、镇江、歙县等地,明代增销江西、安徽广德。

盐业的发展带动了鸣鹤古镇的全面繁荣。为方便运盐,在明代开掘了横穿镇中的街河(一说为宋代就已开凿,有待进一步考证)。水运交通的方便带来商业的繁荣。自明中叶以后,鸣鹤商贸业的发展逐渐超过了盐业。明万历年间(1573—1620年),开始每逢旧一、三、五、八为市日。民国元年(1912年),鸣鹤古镇街上已有各类商贸行30余家,南货、日杂等店铺100余家,是慈溪重要的“三白”(棉花、白布、大米)集散地。每逢集日,交易极为兴旺。中华人民共和国成立后,由于国家对粮食、棉花等实行统购统销以及县境变化,因山南山北交通要道的优势相对减弱等因素,鸣鹤古镇的发展进入一个相对的迟滞期,复成为一个以生活居住为主的小镇。

在盐业兴盛时,鸣鹤古镇在功能设置上,主要分为3个区块:管理区(鸣鹤场大使署)、生产区(煮盐、晒盐、储盐等所需场地)、居住区(主要是制盐的盐民)。随着时间的推移、盐业的衰弱、其他商业形式的兴起,曾经兴盛一时的盐业生产,已很难找到有关建筑和遗迹。但部分街巷的名字仍记述着这里悠久的制盐历史。如衙门巷的起因是因为“鸣鹤场大使署”,是管理盐务的政府机构。如盐仓基位于鸣鹤古镇中心,古为存盐之地,明洪武二十五年(1392年)置。弘治间,侍郎彭韶提准改折,仓废无用。上仓基在天启初由知县李逢申申请纳价造学宫,即为今盐仓基址。又如彭公祠,乃为纪念明刑部侍郎兼佥都御史彭韶所建。明中叶以后,鸣鹤的盐民因生存危机发起了盐民暴动,朝廷立即派刑部侍郎兼佥都御史彭韶到鸣鹤场“剿办民乱”和“整理盐政”。彭韶,字凤仪,福建莆田人,明代天顺丁丑(1457年)进士。彭韶受命后,轻车简从,来到鸣鹤,但看到的是“灶仓半虚,犹有包摊之累;丁户将绝,尚多额外之征工本克扣,而体无完肤”的悲惨景象,面对这种惨状,“司无优恤之仁,吏多科害之扰!”于是他上奏朝廷,指出所谓“灶民叛乱”实为“官不恤民,驱民为盗”所致。他整盐事,革流弊,逐盐霸,换盐官,允许盐民子女求学读书,使盐场恢复了生产元气,被盐民尊为再生父母。明嘉靖三十二年(1553年),经盐民请奏,在鸣鹤场建造了“彭惠安公祠”,并在门口立石碑一方,记述彭韶功绩。如今在新建的祠内,不仅塑像以示纪念,在正殿的墙上还绘有彭韶亲手描成的“恤灶图八咏”。①

现鸣鹤古镇的格局、老建筑、街河七桥等主要沿用明清风格。镇内运河等河流由西向东流经全镇,河上横跨有明代时期的古桥7座,沿河富有江南水乡特色的明清住宅,商贾建筑鳞次栉比,错落有致。高墙深院,曲弄幽巷,四合院,走马楼,人字坡青瓦顶,马头山墙,其风格与

① 关于彭公祠的介绍引自方向明主编《古镇鸣鹤》,西安地图出版社2001年版,第43—45页,略有删改。

宁波一带略有不同。宅内雕琢精致的花格门窗及石窗等极富韵味。古镇的古建筑群中除明清时期的官宅民居外，还有祠堂、庵、寺及横跨河上的岳庙等。

（二）皤滩

皤滩位于仙居县永安溪中段河谷平原上，距县城22千米，南靠括苍山，有山道直通温州；西傍朱姆溪、万竹溪，有苍岭古道通金华。皤滩又正处于仙居主干流永安溪中游的五溪汇合处（即朱姆溪、万竹溪、九都坑溪、黄榆坑溪至永安溪的汇合点），永安溪下通灵江，经由椒江出海，溪面宽阔，交通便利，使得皤滩成为灵江流域与浙西内陆地区的水陆商贾枢纽之地，通往浙西的苍岭古道在此起步。

据史料记载，仙居永安溪中段河谷平原早在原始社会就有人类开疆拓土的足迹，到东晋永和三年（347年）仙居建县以前，皤滩境内已经是村落聚集，人口稠密，俨然是仙居境内一个十分重要的村落聚集点。史料中没有记载皤滩集镇形成的具体年代，但据记载，皤滩集镇的形成、发展和繁荣与“食盐之路”苍岭古道密切相关。苍岭古道东始皤滩，西至苍岭。历史上，苍岭古道作为交通要道，地位十分突出。据《太平桥碑记》记载：“下而皤镇加以诸埠，商盐肩挑者络绎不绝，既云孔道，实属要途。”按康熙《仙居县志》记载：自皤滩开始，设有清风铺、遂宁铺、戴村铺、苍岭铺，这些沿途商铺是仙居永安溪上游的主要商业设施。

古代的“食盐之路”便是以皤滩盐埠为起点，经横溪苍岭古道越缙云，再过金华后通向祖国内地。据《台州地区志》记载，“宋代黄岩监产盐供应本区及绍兴、丽水、衢州、金华等地”。“清乾隆三十八年（1773年），奏准诸暨、义乌、浦江三县代销台州所积盐3380引。”《玉环县盐业志》载，“宋、元、明代，煎盐大都拨运温、处两属销岸”。光绪《仙居县志》载，“盐法附：（按仙邑不滨海，年销正引，该商赴道上纳）仙居县年销正引一千九百八十七引外，东阳、永康、武义三县，共年销正引四千五百一十四引，皆由该县皤滩而上。”民国27年（1938年）后，在盐专卖及管制期内，逐段招商代运外销，一部分自临海县船运至皤滩，手车运至横溪，挑越苍岭至壶镇，再用手车运至永康县至金华，或用船筏转运至兰溪县，转建德县及皖南各地。据估算，仅明清时期，经由皤滩中转至省内仙居、金华、丽水和省外江西、湖南、河南、安徽等地的食盐，每年达5000吨以上。

地方文献并未记载“食盐之路”开始的具体时间，但从唐代刘昭禹《苍岭》一诗可略见一斑。“尽日行方半，诸山直下看。白云随步起，危径极天盘。瀑顶桥形小，溪边店影寒。往来空太息，玄发改非难。”诗中所写的“溪边店影寒”讲的就是苍岭古道上的店铺。由此，苍岭古道至少在唐朝已经形成。另据解放初期皤滩下街的镇兴寺后殿出土唐朝墓志通，“大跃进”时期皤滩上街村挖出深埋于地下的古街两层以及“开元通宝”铜钱数枚，也证明皤滩集镇在唐朝已经形成。

唐朝末期，大量的中原移民迁入浙东南沿海地区。皤滩以其优越的地理条件，吸引着大量的移民在此定居，一些村落逐步定型，一定范围内的贸易使皤滩集镇的形成进一步得到完善。宋朝，浙江经过隋唐和吴越国的太平盛世，经济迅速增长。特别是南宋时，杭州成为全国的政治、经济中心，浙东南沿海地区各种贸易蓬勃发展。大量的商贾和文人云集于皤滩，不少官宦、文人栖隐其间。到了明清时期，皤滩在灵江流域与浙西内陆地区商业运输中的重要地位已经无法动摇，从皤滩到苍岭的“食盐之路”空前繁忙。传唱至今的一首歌谣形象地描绘了苍岭古道上往来的挑夫担盐的热闹场面，“头戴凉帽，冷饭系腰，一里三歇，不怕苍岭天高！”有这么多的食盐从皤滩中转，精明的商家纷纷沿着永安溪抢滩建埠。据记载，在鼎盛的清朝中期，皤滩沿溪除“水埠头”渡口作官埠外，其他有永康埠、缙云埠、金华埠、丽水埠、东阳埠、龙泉埠、安徽埠、河南盐栈等。这些船埠都以中转食盐为主，但也中转药材、布匹、桐油等各种海陆杂货。大量的商户来此安家落户，古街上商铺林立，客栈、当铺、酒店、药店、布庄等一应俱全，遍布街巷，不但发展了皤滩商贸经济，而且带来了各地不同的建筑风格，造就了皤滩的古建筑文化。由于古镇沿永安溪而建，永安溪河床九曲迂回，酷似龙形，形成了奇特的“龙形古街”。

皤滩历来不但战事不断，而且饱受洪水侵扰。但使古镇日渐萧条的根本原因是交通运输的改变。民国时期浙赣铁路贯通，成为浙江东南的交通大动脉。苍岭古道承担食盐运输的功能迅速减弱，皤滩食盐中转的地位逐渐失去，盐业转运市场日渐萎缩。1957 年，省道临石线公路隔溪沿山而过，皤滩的交通地位变得无足轻重。人民公社时期，大量砍伐森林，永安溪流域上游水土流失严重，河床抬高，水运物资也逐渐减少。1982 年，皤滩大桥开通，新街从大桥向南在古街中段拦腰横截一刀，古街的商业作用彻底中断。但是龙形古街、民居建筑、店铺柜台、船埠盐栈基本保存完好。皤滩也被国内外专家学者誉为“浙江少有的保存最完整的古文化遗址”“浙江第一古街”“不可多得的瑰宝”，并被省政府批准为省级历史文化保护区。

第十章　盐商与盐民

盐商，即从事盐的运销经营活动的商人。盐商群体的称呼，既可以原籍地，如徽州商人在两浙行盐，称“徽州盐商”；也可以行盐地，如凡在两浙行盐者均可称为“两浙盐商”。盐商的兴起、发展与没落，与当时盐的运销体制紧密相关。两浙盐商作为一个特殊的社会阶层出现在历史舞台上，始于唐代，兴盛于明清，于清后期逐步走向没落。中华人民共和国成立后，国家对盐实行统购统销，浙江省盐的销售由各地国有的盐业公司承担，由民间资本构成的盐商至此正式退出浙江盐业历史舞台。

汉役使“亡命”、罪人或僮奴从事煮盐。唐宋至清，盐业生产者（亭户、灶户）被列为专籍，沦为终身煮盐、子孙相继的工奴，失去择业和人身自由。盐户操作之艰辛、生活之悲苦，明代廷臣在其疏奏中喻为“天下小民之最”，历代史料中对盐户悲惨生活多有记述。浙江古代盐业能够缓慢发展，是世代盐户艰苦创业的结果。盐户为谋求生存的反抗斗争也时有发生，民国时期尤为激烈。盐民斗争既是自身生存的需要，也融入历史进步的洪流，推动了社会发展。中华人民共和国成立后，盐区通过民主改革和土地改革，盐民成为集体所有制和国有盐场成员，生活逐渐富裕，盐民队伍稳定，从业人员素质不断提高。但随着浙江省盐业产业结构调整，20 世纪 90 年代中期以来，废盐转产进程加快，盐民数量锐减。

第一节　盐　商

唐宝应元年（762 年），刘晏任盐铁转运使，改革盐法，实行民制、官收、商运、商销的就场专卖制，从而突出了盐商在流通领域的作用，盐商开始作为一个特殊的社会群体逐渐登上历史舞台。正如韩愈所言：“国家榷盐，粜与商人；商人纳榷，粜与百姓；则是天下百姓，无贫富贵贱皆已输钱于官矣。”[①]封建王朝必须利用盐商的经营以实现对百姓的全面征榷。而这也给盐商提供了发展的机会，使他们能够凭借朝廷的扶持，成为超乎其他商人的特殊阶层。唐代盐商在专卖制后的最大特点，就是具有盐籍。“天下州县豪宿之家，皆名属仓场盐（监）院，以避徭役，或有违犯条法，州县不敢追呼。以此富屋皆趋幸门，贫者偏当使役。”[②]隶籍于仓场监院的商人有了正式的身份，成为合法的专卖商，其经营受到朝廷的保护，一般情况下也不能轻

① 《韩昌黎集》卷四十《论变盐法事宜状》。

② 《文苑英华》卷四百二十三《会昌二年四月上尊号赦文》。

易取消其盐籍。盐籍使盐商受到一定约束，如必须完成朝廷规定的销盐数量，必须在朝廷规定的行销区域内销盐，唐时首定盐的销界，盐商也因此获得特殊的保障待遇。入籍盐商隶中央度支、盐铁使管辖，成为“不属州县属天子”[①]，“盐民田园籍于县，而令不得以县民治之”[②]的特殊商人，并与亭户等生产者同样，除租庸、两税外不负担其他杂徭差役，从而摆脱了州县的控制。在这样的优惠政策下，不少人自愿入籍。“土豪百姓，情愿把盐每年纳利，名曰土盐商。如此之流，两税之外，州县不敢差役。”[③]这说明当时盐商阶层正在不断扩大，不仅其他行业商人改行贩盐，且不少地主富户也加入盐商队伍，或兼营贩盐，成为当时十分突出的一个社会现象。[④] 盐商在经营食盐的过程中，积累了一定的财富，成为“子父相承，坐受厚利，比之百姓，实则较优”[⑤]的盐商世家。但唐代盐商的兴起，只是就场专卖制实行后的客观结果，其经营受到诸多制约及各方面剥削和压迫。其一是唐后期曾以财政窘迫，数次税商借商，盐商在此类活动中势必首当其冲；其二是由于唐朝廷实行部分赊销，增加了盐铁场院内部的欠负。在诏令逼迫下，场院官吏加紧了对盐商债务的追逼和掠夺。如宣宗时，“至如睦州（今杭州淳安）百姓，食临平监盐，其土盐商被临平监追呼求取，直是睦州刺史，亦与作主不得，非裹四千里粮直入城役使，即须破散奔走，更无他图”[⑥]，土盐商“破散将近”，基本丧失了经营能力；其三是地方州县和藩镇不遵中央号令，经常将差役摊派给盐商，与监院一起，对商人实行双重压迫。唐代晚期，额外的征收和差役给盐商增加的负担日益沉重，成为阻碍唐晚期盐商发展的重要原因。唐代，两浙盐商经营规模较小，实力有限，仍处于发展的起步阶段。

宋代，食盐的销售体制包括官府垄断下的榷卖，特殊条件下的商民自销，以及官府控驭下的商民转销、分销和代销——诸如钞引或交引盐、扑买盐、合同场盐等。宋初，两浙定为官卖地区，其法为尽收盐户所产盐斤入官，发给工本，由官置务发卖，盐商在食盐流通领域发挥作用不大，获利也很低。随着大商人势力的发展，逐渐形成了冲击专卖利益的趋势。绍兴二年（1132 年），赵开改革盐法，创置合同场盐市，推行“引法”。“令商人入钱请引”，并在“诸州县镇置合同场”，作为官府控制下的买卖“盐市”。合同场引法的实施，在盐户和盐商之间设置了一条鸿沟，隔绝了盐户与盐商的联系。宝庆二年（1226 年），监察御史赵至道言：“夫产盐固藉于盐户，鬻盐实赖于盐商，故盐户所当存恤，盐商所当优润”[⑦]。

“扑买”，亦称为“买扑”，属于一种承包纳税和包揽经营的活动，主要包括政府指派和民间自愿应募两类。应募争扑的具体做法，大抵先由盐商投状申请，召人担保，价高者得。宋代的买扑主要集中在川陕、两浙路和江南西路等地。两浙一带的买扑海盐铺户，通常多限于承揽销售，但有些铺户也承揽运输。仁宗时，沈立、李肃之任浙漕，即“裁官估，罢盐纲，令铺户衙前自趋山场取盐。如此，则盐善而估平”[⑧]。神宗初，参相赵抃言，“衢州扑盐，所收课敌两浙

---

① 《全唐诗》卷四百二十七，中华书局 1999 年版，第 4718 页。

② 《新唐书》卷五十四《食货下四》。

③⑥ 《樊川文集》卷十三《上盐铁裴侍郎书》。

④ 郭正忠主编《中国盐业史（古代编）》，人民出版社 1997 年版，第 176—177 页。

⑤ 《韩昌黎集》卷四十《论变盐法事宜状》。

⑦⑧ 《宋史》卷一百八十二《食货下四》。

路”。尽管衢州扑盐增加的海盐课利，包括越界倾销在内，但由此也可见当时盐商参与买扑的积极性。更有两浙路衢州的盐商万奇，“献言欲扑两浙盐而与民”。熙宁五年(1072 年)，卢秉提举两浙盐事，推出买扑酒务的人户同时买扑销盐的办法，“募酒坊户愿占课额，取盐于官卖之；月以钱输官，毋得越所酤地。严捕盗贩者，凡私煎、盗贩及私置煎器罪不至配者，虽杖罪，皆同妻子迁五百里，擅还者编隶。”①卢秉改进了熙宁初年衢州扑盐的弊端，买扑盐酒户只有官府授权地区内的盐酒专卖权，且要以月为期限，定时缴纳买扑课额给官府；官府则动用行政力量来保护买扑盐户的合法经济利益。高宗绍兴年间，又规定买扑盐场者不得买扑酒场。

庆历八年(1048 年)，全面推行“钞盐制”，由官府先将盐售给持有盐钞引的盐商，再由钞引盐商辗转运销。盐钞和盐引都属于宋代盐商转销官盐的官方凭证，钞引与一般盐、茶交引的主要区别在于多用现钱购买，而不大用实物兑换。宋初的盐商，用现钱或实物均可购置交引，然后凭交引支盐并运销，时称“交引盐”法。北宋中期以来，基本停止了实物购兑交引之法，改行一律用现钱购买钞引，支盐运销，时称“钞盐”法或“钞引盐”法。杭州为当时两浙盐商聚集之地。南宋人吴自牧著《梦粱录》卷十三“铺席”记载：“自五间楼北，至官巷南街，两行多是金银盐钞引交易，铺前列金银器皿及现钱，谓之‘看垛钱’，此钱备准榷货务算清盐钞引”，或将其“转鬻”。“自淳祐年有名相传者，如……局前沈家、张家金银交引铺……客贩往来，旁午于道，曾无虚日”。足见当时杭州盐商交易盐引之繁荣景象。浙江处州(今丽水)的盐商在一年内购买了价值 50 万贯的盐钞，居全国各州郡之冠。

在榷盐制度下，宋代盐商在食盐支取、装运、“住卖”等诸多环节仍受到官府的严格控制和管理。盐商的收益相对于官府的收益仍然是有限的，特别是宋代盐法屡变，乃至造成许多中小盐商的破产。但经过唐、宋时期的发展，两浙盐商进一步崛起，已产生了一些豪强大户。

元代初期，浙江实行计口食盐。顺帝至正二年(1342 年)十月，中书右丞相脱脱、平章铁木儿塔识等奏称：“两浙食盐，害民为甚，江浙行省官、运司官屡以为言。拟合钦依世祖皇帝旧制，除近盐地十里之内，令民认买，革罢见设盐仓纲运，听从客商赴运司买引，就场支盐，许于行盐地方发卖，革去派散之弊。……散派食盐，拟合住罢。”②元顺帝从之。两浙的食盐法，就此终结，开始实行引商制，由此带动了盐商的发展。当时，盐商买引支盐销盐大体经过以下步骤。首先盐商到盐运司交钱买引，然后凭盐引到盐场或盐仓支盐。其次盐商经过一定的检验手续后，将盐运到本盐司的行盐地界销售。最后商人售盐后，必须将盐引交回。“诸贩盐客旅，卖过盐袋，退引限五日赴所在官司缴纳。如违限匿而不批纳者，同私盐法。”退引上交后，“当官随即涂抹，每季申解盐司收管”③。元代盐商中，有很多是贵族、官员或者他们的代理人，元代有关盐法的文书中多次提及“各位下并权豪势要之家”“诸王、公主、驸马位下行运斡脱人等，及官豪势要之家”买盐之事。④“各位下”即指蒙古贵族诸王、公主、驸马，“斡脱”为突厥语音译，原意为合伙商人。成宗大德七年(1303 年)，主管监察的御史台官员言，“如今盐多

---

① 《宋史》卷一百八十二《食货下四》。

② 《元史》卷九十七《食货五》。

③④ 《元典章》卷二十二《户部八·盐法》。

是官豪势要之家买有。又有官人根底与钱，倚赖着官人的气力，做着他的名字，买盐的上头贵了的缘故”①，主张适当加以限制。由此可见，贵族官员在盐的销售中所占比重非常大。盐商中还有很多没有政治背景的普通商人。他们中有人与官府相勾结，从盐的贩卖中积累了巨大的财富，“舆马之华，官庐之侈，封君莫之过也”②。元代诗篇中有不少关于盐商的描写，从元代诗人杨维桢的《盐商行》中可略见一斑：“人生不愿万户侯，但愿盐利淮西头。人生不愿万金宅，但愿盐商千料舶。大农课盐析秋毫，凡民不敢争锥刀。盐商本是贱家子，独与王家埒富豪。亭丁焦头烧海榷，盐商洗手筹运握……”此诗虽描写两淮地区盐商盛况，但元代时两浙盐的产量仅次于两淮，由此也可见两浙部分豪强盐商把持盐政，富甲一方。由于盐商利润巨大，以致土地所有者“竞卖田宅行盐钱”③。

盐商中也有不少没有势力的普通人，他们的商业活动往往受到多方面的阻碍。在买盐引和支盐时，官吏对他们“百种需求，方得支发”；掣验时，“批引官索瘢求瑕，恣行刁蹬”；到地头发卖时，都要先尽“上司官及权要之家”卖足，而盐商有“守等半年、一年不能得者”④。盐是国家掌握的物资，没有政治背景的商人是很难开展销售活动的，这是盐商与其他商人明显不同之处。

明代，是两浙盐商实现重大发展的一个重要时期，也是中国盐政史上未曾有过的重大转折时期。明代两浙盐商，根据当时所实行的盐的运销体制，其发展轨迹大致经历了三个阶段。

第一阶段：开中制造就盐商阶层。

《明史・食货志》载：“有明盐法，莫善于开中。洪武三年（1370年），山西行省言：‘大同粮储，自陵县运至太和岭，路远费烦。请令商人于大同仓入米一石，太原仓入米一石三斗，给淮盐一小引。商人鬻毕，即以原给引目赴所在官司缴之。如此则转运费省而边储充。’帝从之。召商输粮而与之盐，谓之开中。其后各行省边境，多召商中盐以为军储。盐法边计，相辅而行。”明初实行开中制的主要原因是补充“九边”粮食短缺问题。自此，“煮海之利，历代皆官领之”⑤的官营体制开始被动摇，盐业商人开始以正式身份参与盐务。而官府也由盐的经营者转变为监管者。盐商可以直接持引到场支盐，盐的销售者盐商与盐的生产者灶户可以直接接触，虽然当时盐商不足以对盐民直接控制，但这也为后世盐商的分化提供了条件。在开中制下，两浙盐商要实现对盐的销售要经过如下步骤：朝廷根据边地所报需粮米数，张榜召商，公布需要输纳的粮仓及所需粮额，并编制勘合及底簿，发各布政司及都司、卫所；盐商把粮食运输到指定粮仓，“该仓出给仓钞实收一纸，底簿一扇，印封，交予本仓赴司投递”，“由巡抚或管粮郎中查实”，然后按商人“或三四名，或五六名，填勘合一道，给首名商人领赍来浙，投司查验”⑥后，换取盐引；盐商根据盐引到指定盐场支盐，即可在指定销界内运销。商人在领到盐引到场支盐并向固定的行销区销盐时，其身份就成了以销盐为主的官盐商。盐商所获取利润，即是所运

① 《元典章》卷二十二《户部八・盐课》。

② 〔元〕余阙：《两伍张氏阡表》，《青阳集》卷十。

③ 〔元〕王逢：《忧伤四首上樊时中参政苏伯修运使之四・江海壖》，《梧溪集》卷二。

④ 郑介夫奏，见《历代名臣奏议》卷六十七。

⑤ 《明史》卷八十《食货四》。

⑥ 〔明〕万历《重订两浙鹾规》卷一《投验仓钞勘合》。

粮食的运费与售盐所得的差价。盐商输粮中盐活动，必须按照朝廷所规定的章程、范围、地区进行，不论仓钞、盐引和食盐都不得中途专卖。这既是对盐商经营活动的限制，某种程度也是对盐商专卖地位的一种保护。为保证盐商的专输、专支、专卖权，洪武二十七年还规定，禁止四品以上官员及其家人、奴仆经商销盐，与盐商争利。明代，两浙运司所负责开中边镇有甘肃、宁夏、固原、延绥、代州5镇62仓口，每岁共开中盐434769.24引。[①] 明代各大主产区中，浙盐产量和质量均仅次于淮盐，属优质盐，故开中时，中盐商人纳米比其他盐场的盐纳米要多。

开中法实施初期，于官于商都是有利可图的。于官减轻了困扰朝廷边粮不足、路远费烦的问题，朝廷不需更多的支出，即可达到“转运费省而边储充”的效果。于商则“商之利甚厚”。但至洪武中期，开中制所带来的弊端日趋显现，盐商困守支问题日趋严重。盐商输粮于边换取盐引后，到场候支时，则出现无盐可支的情况。而浙盐因质优值高，商多趋之，以致两浙盐引积欠无数，持引商人无盐可支，出现“民纳盐钞如旧，但盐课司十年五年无盐给支”，甚至“中候支盐，祖孙相代不得者”[②]的现象。据记载，自景泰五年（1454年）至成化元年（1465年），各边中剩余盐，户部余有勘合，除付浙江布政司开卖外，两浙犹剩666490引。成化二年至成化二十年，又积剩小引盐2765000余引。[③]

为解决盐商守支困境，朝廷也想了不少办法。其中两项措施影响最大。一曰常股、存积制。正统五年（1440年），对盐商支盐困难的淮浙等地区实行常股、存积制。常股盐是指支给守支盐商的盐，占八分；存积盐为支给新开中的盐商，以备国有大兵役召中，占二分。但由于中价不同，“中常股者价轻，中存积者价重”，导致“积存行而常股滞”。且明代边境战事频繁，存积盐比例不断上升，至景帝时已占六分。常股、存积制仍未能解决两浙盐商守支之困。二曰余盐开禁。在明代盐法下，灶户生产的盐分为两种。一种是以盐课的形式交给官府，称为“正盐”；一种为从事正盐生产以外的剩余劳动所生产的盐，称为“余盐”。朝廷对灶户生产的余盐采取了严格的限制措施，由官府统一收购，以保证正盐的流通。由于当时货币贬值，灶户将余盐售给官府后，生活困乏、无法维持生计，灶户不得以铤而走险，致使余盐走私严重。而同时，开中制实施后，盐商守支困难，正盐往往被特权人物把持控制，一般盐商无法在盐场收到现盐。为杜绝私卖，补正课不足，维持开中制度，“洪武初制，商支盐有定场，毋许越场买补；勤灶有余盐送场司，二百斤为一引，给米一石。其盐召商开中，不拘资次给与。成化后，令商收买（余盐），而劝借米麦以振贫灶。”[④]由此盐商开始下场买补余盐，与灶户的社会经济联系日趋紧密，从而为盐商控制盐的生产、收购提供了条件。

开中制是以边商为中心的单一引商制和单一商业网络结构。从边商与官府的粮盐交易到边商运盐发卖，都是由边商独立完成，边商虽独占盐的专卖权，但一旦编入商籍，就必须世代承袭，不得改籍。边商实际是一种官商，而非自由商人。

第二阶段：折色制促使盐商分化。

---

① 〔明〕万历《重订两浙鹾规》卷一《边商·勘合额数》。

② 《明英宗实录》卷五十六。

③ 蒋兆成：《明代两浙商盐的生产与流通》，《中国盐业史研究》1989年第3期，第25—35页。

④ 《明史》卷八十《食货四》。

弘治五年(1492年),户部尚书叶淇变盐法。明正德年间陈洪谟所著《继世纪闻》载:"弘治间户部叶尚书淇……奏请两淮运司盐课,于运司开中纳银解户部,送太仓银库收贮。"《明史》卷八十《食货四》也载,"弘治五年……户部尚书叶淇请召商纳银运司"。叶淇变法定折色纳银于司的做法,既使国家财政受益,"一时太仓银累至百余万",对盐商而言,又缓解了赴边劳费和长年守支之困,也促使本已趋于分化的盐商正式分离,初步形成了边商、内商和水商。这为清代盐商的进一步划分奠定了基础。

所谓边商,是指专门在边方向仓口输粮中盐而换取盐引的商人;内商是指在运司收买边商勘合而下场支盐的商人;在边商、内商分离后,因内商在场支盐所得盐捆大,再转售给水商,由水商改捆散装贩运出售。《皇朝经世文编》卷六十九《理财部十四·盐务》载:"于是遂分为三,曰边商、曰内商、曰水商。边商多沿边土著,专输纳米豆草束,中盐所在,出给仓钞,填勘合以赍投运司,给盐引,官为平引价,听受直于内商而卖之。内商多徽歙山陕之寓籍淮扬者,专买边引,下场支盐,过桥坝上堆候掣,亦官为之定盐价,以转卖于水商。水商系内商自解捆者什一,余皆江湖行商,以内商不能自致,买引盐代行,官为总其数,并给水程,于行盐地而贩鬻焉。"两浙官商不到之处,立为山商。[①] 山商行盐,持票(盐票)不持引(盐引),故称为"票商"。票盐仍属于官盐,是引盐的补充形式。据郭正忠主编的《中国盐业史(古代编)》载,两浙票盐行盐区达到59县(含22个产区县在内)。这也是造成两浙豪强盐商较少的一个重要原因。

第三阶段:纲盐制使盐商地位得以确立。

万历四十四年(1616年),袁世振整顿两淮盐政,他提出《疏理十议》,建议"唯刊定积引名册为第一义。其次则刊定边引名册。其次则节清商赌以速掣挚。其次则严禁月利以速运卖。其次则查刷所书之弊以公派口岸文册。而行盐之事毕矣"。袁世振的改革方案,史称"纲运法",凡纲册上有名的盐商,可以世代行盐垄断盐利,无名者不得加入充当盐商。纲册还载明了盐商的窝数(窝本)。两浙亦按此法施行。纲盐制的施行,把盐的贩卖权世袭化、固定化,保证少数人对盐的专卖,实际是一种商专卖制度,使盐商获得了食盐的专卖权。袁世振的纲法改革在解决明中期前盐法运行中出现的积弊起到了一定的作用。崇祯十一年(1638年),有人奏称,"万历末年,有袁世振者纲法,行之半年,新旧之盐引滞疏,而课之解太仓者,几倍于曩时"[②]。

明代初期,两浙盐商群体多为山陕和徽歙商人。《备边十策疏》云,"今山陕富民,多为中盐,徙居淮浙,边塞空虚"。徽州府为两浙行盐地,徽州商人顺新安江至两浙业盐,为数比山陕人更多。[③] 叶淇变法定运司纳银制后,徽州商人因地利之便,得专盐利,成为两浙盐商的主导群体。由于在两浙行盐的徽商为数众多,为保证盐商群体子弟附籍应试,明代时还专门建立了商籍,准许商人子弟附于行商省份。明嘉靖四十年(1561年),两浙纲商蒋恩等为商人子弟科考,呈请巡盐都御史鄢懋卿比照河东运学事例,获得批准。两浙盐商汪文演、吴云凤(均为徽州人)向当时任两浙巡盐御史的叶永盛建言,比照两淮例设两浙商籍。万历二十八年(1600

① 〔清〕雍正《两浙盐法志》卷三《沿革》引《浙江通志》记载,"嘉庆十六年(1537年)提准:两浙官商不到之处,立为山商"。

② 〔清〕孙承泽编著《春明梦余录》卷三十五《户部一·盐法》。

③ 郭正忠主编《中国盐业史(古代编)》,人民出版社1997年版,第598页。

年),叶永盛上奏言:“淮扬长卢等盐场行盐商人子弟俱附籍应试,取有额例,唯两浙商籍子弟岁科所取不过二三人而止。浙地濒海最迩,煮贩十倍他所,取数若少则遗珠可惜,回籍应试则阻隔为忧,伏乞圣慈广作人之化,怜旅寄之劳,勒令在浙行盐商人子弟凡岁科提学使者按临取士,照杭州府、仁和、钱清三学之数另占籍贯,立额存例。庶商籍广而世无迁业,赋有常经矣。”此疏建议得到朝廷允许,两浙商籍由此确立。当时取得商籍的人均为业盐者。徽州等在两浙行盐的外地盐商由此也正式融入当地的社会生活。两浙盐商(多为徽州籍商人)在两浙捐资助学,兴建书院,培养商籍子弟方面做了大量努力。其中较为有名的崇文书院建于明万历二十七年(1599 年),由两浙盐商吴云凤、汪文演、吴宪、程绍文、汪宗缙等创建,均为徽州籍商人。据嘉庆《两浙盐法志》载,明代两浙商籍进士共 12 人,其中休宁 8 人、歙县 4 人,均为徽人;两浙商籍举人共 35 人,其中休宁 14 人、歙县 13 人,占总数四分之三强。根据明代商籍多为盐商这一事实,则这些入仕学子多为在两浙行盐的徽州盐商后代。

清代是两浙盐商最为鼎盛的一个时期,也是由盛而衰的转折时期。

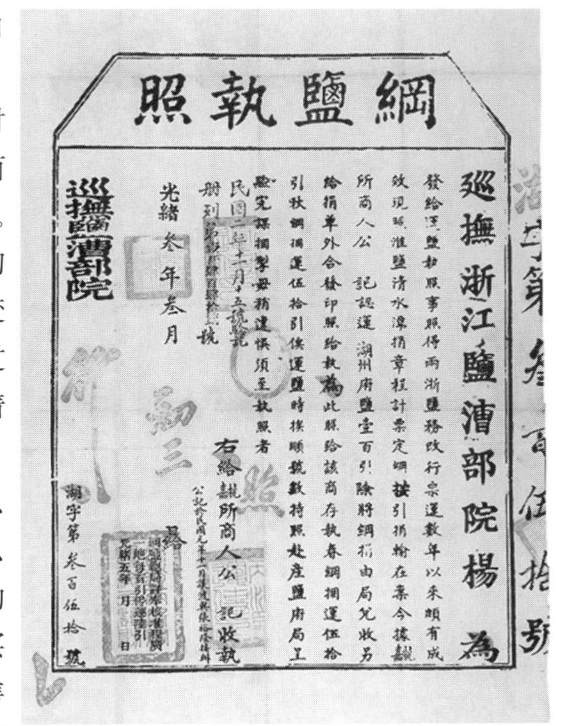

綱鹽執照

巡撫浙江鹽漕部院楊 為

發給運鹽執照事照得兩浙鹽務改行票運數年以來頗有成

效現蘇淮鹽清水潭捐章程計票定綱按引捐輸在案今據鹺

所商人公 記認運 湖州府鹽壹百引除將綱捐由局兌收另

給捐單外合發印照給執為此照給該商存執嗣後綱捐運伍拾

引狀綱捐運伍拾引俟運鹽時挨順號數特照赴産鹽府局呈

驗究採捐掣毋稍違悮須至執照者

右給 鹺所商人公 記收執

光緒叁年叁月

巡撫鹽漕部院

湖字第叁百伍拾 號

图 47-10-1-1 清代纲盐执照(《浙江盐业》2016 年第 2 期,第 13 页)

清初基本沿袭了明代的盐法。根据当时朝廷对盐法的调整,盐商的角色也发生了变化。“前明边商得引,售于内商,每引价银一钱三分二厘,名为引价。国初裁去边商,引从部发,将引价归入商课。”①清初废除了明代的边商,内商因向运司缴纳课银而转变为运商。清代盐商名目繁多,在盐法的实际运行过程中,清代的盐商大致可分为引商、运商、场商。清代盐商纲盐执照样式参见图 47-10-1-1。

引商,清代盐引的种类包括正引、改引、余引、纲引、食引、陆引、水引,两浙于纲引外,还有肩引、住引。由于领受盐引的权利是固定的,没有引窝的商人若想贩盐,需斥巨资事先向有引窝的商人买窝。随着窝价的不断提高,引商就转变成依靠出售盐引谋利为生的商人,成为脱离于盐的生产、流通领域,带有寄生性质的特殊的盐商群体。直至清后期废引改票,引商才逐渐退出历史舞台。

场商,指坐场收盐谋利的商人,专以向灶户收盐为务,是商人中直接控制盐业生产,并与灶户建立包购关系的一部分商人。场商的出现,使盐商得以直接控制盐业生产。

运商,主要是指以官盐运输、销售为业的商人,是盐商资本中实力最为雄厚者,也是朝廷征收盐税的主要对象。一般而言,运商先请引,即先向引商买引,再到盐场场商处支盐,将所支之盐运至销岸,售给水贩,水贩售予子店。

① 〔清〕盛康:《皇朝经世文续编》卷五十四《户政二十六·盐课五》。

为加强盐商管理，两浙盐商成立盐商公所。盐商按其实力看，分为甲商、副甲商、经商（公商）、肆商，“商之巨者曰甲商，递降曰副甲商，经公商，最下曰肆商”①。甲商是盐商中实力最强大者，也是盐商公所的主事之人。甲商的职责除替朝廷办引纳课、催征钱粮外，还兼负责摊杂缉私、勒派公费等。清道光时，曾将杭州、绍兴、松江、嘉兴划为四所，各设甲商一人。

清代盐商除向朝廷缴纳巨额盐税外，其资金流向，多用于应付各种名目的官吏需索，投向生产领域，买田置业，捐修书院、刊刻图书、修建义仓、赈济灾民、浚河筑路等义举，奢侈消费等方面。为寻求朝廷庇护，捐输报效是其资本的主要流向之一，对当时的国家稳定和社会发展起到了一定的作用。两浙盐商捐输报效，主要有三个方面：

一是与国家事务有关的报效，如军需报效、河工报效、赈灾报效等。据《清盐法志》载：“然当乾隆盛时，凡遇国家大工大役亦多出巨款以效输，将而在上者或全数收纳，或酌量减收，盖是时国帑充盈，商力殷阜，上下一体，其气象尤可想见。”据不完全统计，清代雍正、乾隆、嘉庆三朝两浙盐商报效银合计 720 万两，见表 47-10-1-1。从所记录的盐商看，汪恒丰、吴玉如、何永和、吴康成等可视为当时两浙盐商中的代表人物。

表 47-10-1-1　　清代两浙盐商报效情况一览表　　单位：万两

时间		盐商	类型		报效银数量
雍正	十二年五月	汪恒丰等	河工报效	海塘工用	10
乾隆	四十五年十月	众商	河工报效	河塘工程	20
	四十七年九月	何永和等	河工报效	河工	80
	四十九年三月	何永和等	河工报效	河工	60
	十三年十一月	吴玉如等	军需报效	金川军需	10
	二十四年二月	众商	军需报效	屯饷之需	20
	三十八年九月	何永和等	军需报效	金川军需	100
	五十三年一月	何永和等	军需报效	台湾军需	40
	五十七年	何永和等	军需报效	廓尔喀战事	100
嘉庆	四年四月	吴康成等	军需报效	川陕军需	100
	五年二月	吴康成等	军需报效	川陕军需	50
	五年六月	吴康成等	军需报效	川陕军需	50
	六年三月	吴康成等	军需报效	川陕军需	50
	六年八月	众商	赈灾报效	直隶水灾	30
合计					720

资料来源：周洪福：《两浙盐商发展述略》，《浙江盐业》2015 年第 2 期，第 45—46 页。

① 〔清〕盛康：《皇朝经世文续编》卷五十《户政二十五·盐课一》。

二是与帝王生活起居有关的“备工报效”。如在皇帝年节、寿辰、庆典、巡幸等方面所需资金。据郭正忠主编的《中国盐业史(古代编)》统计，清代备工报效银合计981万两。两浙盐商作为中国盐商群体的一个重要组成部分，也出资出力。《南巡盛典》记载，乾隆四十五年(1780年)，乾隆帝第五次南巡时，两浙盐商姚经曾敬献“漪园玉件”，乾隆帝大喜，亲自传谕赏给姚经四品顶戴。①《清盐法志》载，乾隆五十五年寿辰，浙江巡抚监管盐政觉罗琅轩奏：“据商人何永和等呈称，本年圣寿庆典，现已遵照派定阶段，先后启程赴京，敬谨办理。唯是商等，仰荷洪慈，亦得共会，尤为欣幸敬公备银一百万两稍供庆典赏赍之需。”两浙盐商参与备工报效的途径还有办理点景。点景是清代帝后万寿逢旬大庆期间，在街头临时布置景物与景观。此景观从畅春园(圆明园)至神武门(西华门)，约20里。置办万寿点景需耗费大量的人力、物力和财力，内务府无力一己承办。在此情况下，各省巡抚及在京各衙门纷纷呈请办理点景事宜。两淮、长芦、两浙等盐商大力参与。初期，盐商在承办万寿点景中的地位并无特殊之处，但从乾隆二十六年起，盐商全部承担起西直门至西华门一路的点景任务，分为三段，分别交与两淮、长芦、两浙盐商。②

三是其他杂项报效，如兴建义仓、建粥铺、赈济贫民等善举。盐义仓主要为储存粮食，积谷赈灾之用，赈济的对象主要是灶户。如雍正四年(1726年)，户部遵旨议复：“两浙盐商，输银积贮。应照两淮盐义仓之例，于杭州府地方建仓，买米积贮，随时平粜，从之。”③

盐商捐输报效情况，既与当时各地风俗、具体情境有关，也从一个侧面反映出一个盐区盐商的整体实力强弱和繁荣程度。清代盐商报效银合计8100余万两，分别为军需报效4869万两、河工报效1669万两、备公报效981万两、赈灾报效425万两、杂项报效160万两。其中两淮盐商报效高达5400余万两，占清代报效总额的2/3。④ 可见清代两淮盐商之鼎盛。“各省商捐之举，以芦淮最著，浙省弗逮也。”⑤《清实录》中也曾提到，乾隆皇帝体恤两浙盐商实力不足，甚至劝谕他们不要在接待圣驾南巡时与两淮盐商相互攀比。

盐商捐输报效后，可以得到朝廷议叙旌奖以及加斤(给盐商在正常引数外加赏盐斤，所加赏的盐斤不纳课税)、豁免(免除部分盐税)、缓征(延长盐商缴纳盐税的时间)、借帑(朝廷借帑给盐商作为周转资金)等优惠措施。如乾隆三十二年(1767年)，“以两浙商人吁恳携众赴津，抒诚祝嘏，忱悃可嘉，加恩将每引额定盐斤外加盐五斤，免其输纳课项以一年为满”⑥。乾隆五十五年，两浙盐商10人襄办八旬万寿盛典，乾隆皇帝加恩嘉奖，“著将该商等本年应交柴塘生息银十二万两，于五十六年为始，分作三年带完，以示朕赐福施恩至意”。并赏赐宫沙、荷包等物。⑦

但盐商报效也产生了明显的弊端。盐商报效所费巨大，影响了盐商的再发展。同时，盐商

① 林永匡、王熹：《清代盐商与皇帝》，《史学月刊》1998年第3期，第17—24页。

② 滕德水：《乾嘉时期江南盐商与清代帝后万寿》，《盐业史研究》2014年第1期，第28—35页。

③ 《清世宗实录》卷五十一。

④ 郭正忠主编《中国盐业史(古代编)》，人民出版社1997年版，第765页。

⑤ 〔民国〕张茂炯等辑《清盐法志》卷一百八十六《两浙二十四》。

⑥ 《皇朝通典》卷十二。

⑦ 滕德水：《乾嘉时期江南盐商与清代帝后万寿》，《盐业史研究》2014年第1期，第28—35页。

唯利是图，把报效的重负转嫁到普通老百姓身上，使盐价上涨，百姓食盐成本剧增，生活贫苦。

由于两淮盐引滞销、课额积压、盐商困乏，两淮盐政日暮穷途。道光十一年（1831 年），两江总督陶澍在淮北试行废引改票，其核心内容是裁革专商，“十引至百引以上为一票”，“纳一票之课，运一票之盐”，听民贩在试行州县自由贩卖，“不论资本多寡，皆可量力而行”。此后该措施陆续在全国各盐区推广。两浙面临的境遇与两淮类似，但两浙废引改票的时间始于同治三年（1864 年）。废引改票的推广，从根本上取消了盐商对盐业运销的垄断，触犯了盐商的既得利益。同时，由于盐商负担过重、官吏的浮费勒索过多、封建剥削过重、私盐泛滥官盐不畅，进一步加剧了两浙盐商走向式微。清后期，随着整个封建王朝的衰败没落，许多盐商纷纷倒闭，盐商的衰落也成大势所趋。

清代两浙盐商的地域分布，与明代相似，仍以徽州商人为主。嘉庆《两浙盐法志》之《商籍·人物》，主要记录明清时期对两浙盐业发展做出贡献的人。该篇共收入人物 146 人，其中注明籍贯为徽籍者 94 人，注明仁和、钱塘籍者 26 人，其余 26 人未注明籍贯。由此可见徽州商人在明清时两浙盐商中所占比例较大，而浙江籍的本土盐商则相对较少。同样据《两浙盐法志》记录，明清时期，在浙江的著名盐商有 35 名，其中徽州商人占 28 名。由此可见，徽州商人构成了明清时期两浙盐商的主体。浙江本土盐商中，清中叶以后，以湖州南浔盐商张家（张颂贤）比较有代表性。张颂贤（1817—1892 年），字竹斋，祖籍徽州休宁，清康熙年间迁居南浔。张颂贤善经营，营丝发家后，又着眼于盐务。太平天国时期（1851—1864 年），浙江沿海动乱不定，盐官逃跑，私盐充斥，盐商所持食盐引票失去统销保障，纷纷抛售，引票价值惨跌。张颂贤廉价购进杭州大盐商朱恒源的 10 万引票，其他盐商有转让引票的，亦悉数收并，先后共得 20 万引，遂成引商大户，成为浙江最大的盐业垄断者，控制了两浙行盐销区中的浙西大部分和苏五属大部分区域。张颂贤在杭州（后迁到上海）设立盐务总管理处，在浙北、皖南、苏南的部分大城镇设盐公堂（为统销引盐的基层机构，经营批发业务，兼有查缉和扣押私贩之权，故名“公堂”）。蒋介石父亲蒋肇聪即为张家奉化盐栈经理。

纵观明清两朝，盐商拥有巨额的社会财富，具有巨大的社会能量，形成了众多的商业资本集团。在中国社会的构成中，盐商家族聚合成极为活跃的组织，对社会变迁、经济发展、大众心态、社会文化都曾产生巨大的影响。通过纳课、报效、捐输，成为清廷财政的支撑者；通过出任总商和组织行帮、会所，编织经济运行网络，成为地方经济的操纵者；通过大量社会活动和捐资，成为社会事业的倡办者。明清时期，盐税为朝廷所仰赖，盐商凭借雄厚的经济实力，尽管多被朝廷和地方官府需索，但其社会地位也得到很大提高。因捐输报效，许多盐商还被朝廷授予赐衔加级（虚职），成为红顶商人；盐商中的总商（甲商），甚至还可以直接参与盐务管理。

经历了晚清的衰落，民国时期，两浙盐商实力大损，且受赋税加重、战事连绵、商路不畅、国民政府多次借款、抗日战争时期部分盐区沦陷等诸多因素影响，两浙盐商已不复明清时期盛况，并终走向没落。民国时期，湖州南浔盐商周庆云、绍兴鲍氏为两浙盐商比较有代表性人物。周庆云（1864—1933 年），字湘舲，号梦坡，湖州南浔人，近代著名盐商。周庆云 17 岁中秀才时，周家丝业已不景气，为此周庆云佐理“南浔四象”之一的张家业盐，成为张颂贤的得力助手且结为至亲。光绪七年（1881 年），岱山东沙首设“苏五属公廒”盐业销售机构，是苏五属各地分销商的组合。周庆云替张“统筹全局”，是对岱山盐业有着最大影响力的人物。之后周庆云自立门户，成为新盐商。清光绪三十三年（1907年），周庆云被推举为嘉兴所甲商。民国初，各甲商为维护共同利益，便于与官府联系和沟通，在上海成立苏五属（苏州、松江、太仓、常州、镇江）盐商公会，周庆云当选会长。民国10年（1921年），两浙盐商又在杭州成立两浙盐业协会，周庆云出任会长，副会长由俞襄周（绍兴盐商）和鲍清如（绍兴鲍家）担任。又按地域分别成立了4个同业组织。周庆元由此成为两浙盐商的领头人。民国14年，为抵制日本精盐倾销中国市场，他又在上海浦东开设了五和精盐公司。周庆云通晓盐政历史，著有《盐法通志》100卷及《岱盐记略》1卷，为中国盐政留下宝贵的历史资料。绍兴鲍氏，祖籍安徽歙县，鲍氏先祖鲍曾尚（字尚志）兄弟于清乾隆三十七年（1772年）来浙江绍兴业盐，后一直定居绍兴，以行盐为业。民国时期，鲍氏第五代堂兄弟五人均为浙江盐商的代表人物。民国时期盐商执照样式参见图47-10-1-2。

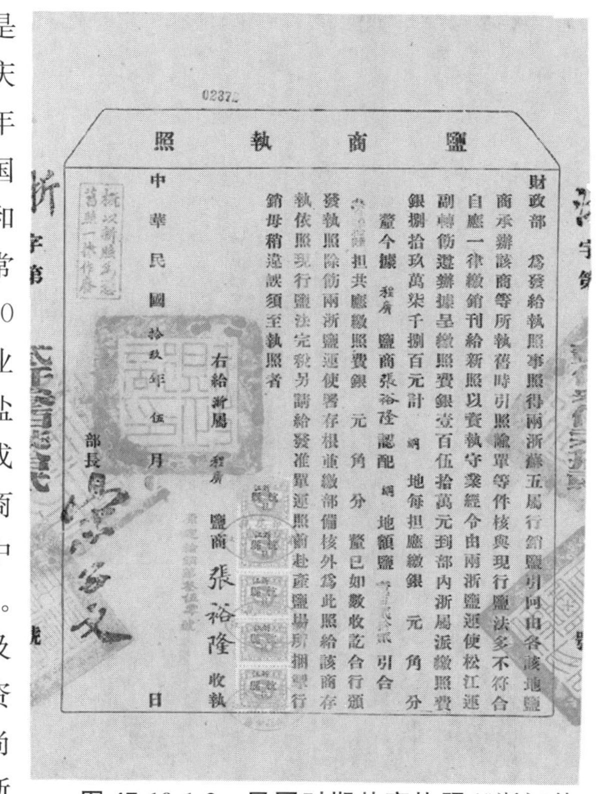
鹽商執照

財政部　為發給執照事照得兩浙蘇五屬行銷鹽引向由各該地鹽
商承辦該商等所執舊時引照諭單等件核與現行鹽法多不符合
自應一律繳銷刊給新照以資執守業經令由兩浙鹽運使松江運
副轉飭遵辦據呈繳照費銀壹百伍拾萬元到部內浙屬派繳照費
銀捌拾玖萬柒千捌百元計　地每担應繳銀　元　角　分
兹今據　鹽商張裕隆認配　地額鹽　引合
担共應繳照費銀　元　角　分　兹已如數收訖合行頒
發執照除飭兩浙鹽運使署存根並繳部備核外為此照給該商存
執依照現行鹽法完稅另請給發准單運照前赴產鹽場所捆運行
銷毋稍違誤須至執照者
右給浙屬　鹽商　張裕隆　收執
中華民國拾玖年伍月　日
部長

图47-10-1-2　民国时期盐商执照（《浙江盐业》2016年第2期，第13页）

中华人民共和国成立后，盐被列为国家统一分配的产品，实行统购统销。1950年8月，第二次全国盐务工作会议明确，浙江省盐业运销由盐业公司包购包销包税。1954年起，有步骤地对城镇私营盐商进行社会主义改造，按不同情况分别将他们转为公私合营、代销、经销或组织合作商店。至1956年底，私营批发商全部退出盐业运销市场。至此，以民间资本构成的盐商正式退出了浙江盐业历史舞台。

第二节　盐　民

古代盐民专门设有盐籍①，子孙相继，不得改业，盐民生活极其困苦，盐民斗争持续不断，成为推动社会进步的一股重要力量。中华人民共和国成立后，取消盐籍，盐民户籍管理同一般居民。省政府高度重视盐业工作，关心盐民生活，多次提高省产盐收购价，盐民收入显著提升，生活得到极大改善。

① 盐籍即盐商和盐民的户籍。本节所称盐籍专指盐民的户籍。

一、盐籍

汉初至武帝元狩四年(前117年),弛山泽之禁,役使“亡命”、罪人或僮奴制盐。西汉中后期至新莽末年,重禁山泽,官府招募百姓,自备生产费用煮盐,官府提供场地“牢”和主要生产工具“盆”(即煮盐用的大铁锅),产品由官府收购。东汉皇权不振,朝廷重弛山海之禁,役使或为奴僮,或为佃客式依附民。隋开皇年间开放盐禁,听由百姓煎盐。

唐代,煎盐业者又称“灶户”“煎盐户”或“亭户”。亭户源于沿海地盐亭与场亭,《新唐书·食货志》载,第五琦“就山海井灶近利之地置监院,游民业盐者为亭户”。唐乾元元年(758年),盐铁使第五琦榷盐专卖,重新将盐生产资料收归官有,派拨滩荡灶地,由列为专籍的亭户制盐缴官作为灶税。所有从事制盐的人,无论是逃亡人口还是原来的盐户,都必须重新向官府登记以取得盐籍。亭户可免一般徭役而专门从事制盐劳役,终身煮盐,子孙相继,直接归朝廷盐铁使管辖,不归县令治理。“其旧业户洎浮人,欲以盐为业者,免其杂徭,隶盐铁使,盗煮私盐罪有差。”①盐民一旦入籍,生产和生活都被置于“场监吏”的监管与督催之下。元和年间(806—820年),亭户丁额短缺,又以刑徒充役。

宋代,沿用唐制,亭户亦称“灶户”,户有盐丁,按丁岁课入官。签沿海居民为灶丁,专置户籍。官府将自营盐户“拘籍”为官监亭户,制盐资料占归国有。居民一旦被“拘籍”为亭户,即须以国家或官拨的灶、盘、芦荡为官府制盐,如期如数完成“正额盐”或“丁额盐”。免一切课赋徭役,只按例缴纳夏、秋两税,灶户未事耕种,则以盐货折纳。熙宁年间(1068—1077年),为强化监督管理,对灶户实行“火伏制”“催煎簿历制”。灶户对煎盐的起火、熄火时间均需上报登记。灶户不得改籍转业,不得投入军伍,不得别营产业,不得扑买坊场,不得擅自迁徙盐场等,失去基本人身自由,形同囚役。

元代,承宋制,灶户仍属专籍,对其监管较宋代更为严厉。盐户都有专门的户籍,与民户分开,归各盐运司管理。每家盐户都隶属于一定的盐场,不能随意迁移。他们“不统于有司”(不归地方官府管理),除了“犯强窃盗贼、伪造宝钞、略卖人口、发冢、放火、犯奸及诸死罪”等重大刑事案件仍由有司归问之外,其余“斗讼、婚、田、良贱、钱债、财产、宗从继绝及科差不公、自相告言者”,都由本管盐司“理问”。② 盐户必须世代从事制盐劳役,不得改业。盐户子女众多“析居”(分家)时,分出去的也要“充灶户”。③

明代,官府占有盐田、草荡及铁锅等生产资料和工具。盐有定额,所产盐如数交官,由官给予工本。洪武初,行“配户当差”括户制度,规定编入灶籍者,必须“以籍为定”,“世守其业”。给灶丁以卤地、草荡,免除杂役。灶户归都转运盐使司或盐课提举司管辖,与地方有司管辖的农户有别。对“诈昌脱免,避重就轻”户役者,则处以“杖八十”,仍发原籍当差的惩罚。④ 对于灶户的逃移和“附籍”,明廷处置条文也较民户苛刻。正统元年(1436年)规定:“灶户逃户免盐课,

① 《唐会要》卷八十七。

② 《元史》卷一百〇二《刑法一》。

③ 《元典章》卷十七《户部三·户计·户口条画》。

④ 《大明律例·户律·盐法》。

量加税粮。如仍不首,虽首而所报人口不尽,或展转逃移及窝家不举者,俱发甘肃卫所充军"①。而且不准灶户"附籍""脱籍"。明中叶后,余盐开禁,灶户可与盐商直接交易,在经济上得到了部分自由。嘉靖年间,灶籍制度渐弛,之后灶户仅向官府缴纳盐课,实行盐课折银征收办法。

清初,废除"民以籍分"旧制,仍规定"其后民籍之外,唯灶丁为世业"②。盐民仍编灶籍,隶籍于官府,16岁成丁,60岁退役。规定户籍3年一编审,按里甲编制,推行保甲制,实行编查法和连坐法。其保甲法规条规定:"凡编保甲,户给以门牌,书其家长之名与其丁男之数而岁更之。十家为牌,牌有头;十牌为甲,甲有长;十甲为保,保有正。稽其犯令作匿者而报焉。……所雇工人随户另注,令场员督查"。而编查法规条令"每一户姓名并亲丁男妇若干名口,僮仆若干名口,现办何处引盐,有无执业,灶地第几总,均于门牌内逐一开载"③,悬挂门首,以便保甲长、场官等检查。嘉庆(1796—1820年)后,浙江创行晒盐,逐渐易煎为晒,打乱了以煎盐为条件的传统管理制度,灶户遂成板户、坦户(统称"盐户"),并渐获择业自由和一定的人身自由。盐户就海涂刮泥或晒灰淋卤,置板辟坦即可晒盐,所开辟的滩涂及置备的板、坦概属置办者所有。原有的聚团公煎管理方式已不适用,而改用控制结晶工具(盐板)的方式来控制产量、管理生产。

民国3年(1914年)9月,颁布《制盐特许条例实施细则》,正式取消"灶籍"。制盐人只需申请制盐许可,经政府批准确认其盐工身份后便可从事晒盐,盐工可以停业或转业,没有强制性规定。民国33年《盐专卖条例》又规定,制盐人非经政府之许可,不得停业。民国35年始,两浙各场实施盐民联保连坐法,加强对盐民控制,以防走私。宋代至民国两浙盐民丁户数及民国初年两浙各场盐民丁户情况分别见表47-10-2-1和表47-10-2-2。

表47-10-2-1　　宋代至民国间两浙盐民丁户数一览表

时　　间	盐　　民		资料出处
	户	丁	
南宋祥兴元年(1278年)	17000		《元史·食货志》
元元统年间(1333—1335年)	9600		〔元〕陈椿《熬波图》
元至元五年(1339年)	7000		《元史·食货志》
明初(约1368年)		27557	《中国盐业史(古代编)》
明洪武二十三年(1390年)		74446	刘淼:《明代灶户的户役》,《盐史研究》1992年第2期
明弘治初(约1488年)	41090	99964	
明万历二十六年(1598年)	16297	235037	

① 《万历会典》卷十九《户部久·逃户》。

② 《清朝文献通考》卷二十一《职役一》。

③ 《清盐法志》卷一《通例·场产门》;卷四《通例·缉私门》。

续表

时　　间	盐民		资料出处
	户	丁	
清康熙年间(1662—1722 年)		165574	〔清〕嘉庆《两浙盐法志》
清嘉庆初(约 1796 年)		188988	〔清〕嘉庆《两浙盐法志》
民国 3 年(1914 年)	17049	85472	〔民国〕《浙江通志稿》
民国 32 年(1943 年)		23139	(抗日战争期间,未沦陷区仅有 7 场)
民国 37 年(1948 年)	38134	76344	浙江省盐务管理局编《浙江盐务概况》
民国 38 年(1949 年)9 月	35284	192994	(含家属人口及兼业盐民)

资料来源:《浙江省盐业志》,中华书局 1996 年版,第 427 页。

表 47-10-2-2　　民国元年(1912 年)两浙各盐场盐民丁户调查情况一览表

场名	专业人数	兼业人数	总计	户数	场名	专业人数	兼业人数	总计	户数
仁和	168	0	168	14	穿长	212	318	530	346
许村	194	0	194	108	清泉	159	224	383	244
黄湾	513	1547	2060	781	大嵩	179	0	179	115
鲍郎	该场煎丁并非专业,家庭人数皆无一定				黄岩	178	6400	6578	
海沙	40	120	160	40	杜渎	19	1720	1739	
芦沥	未报				长亭	0	749	749	
曹娥	30	0	30	3	玉泉	311	1847	2158	
金山	144	0	144	12	双穗	2258	2657	4915	1071
东江	212	0	212	31	长林	2392	3882	6274	2384
钱清	132	0	132	11	永嘉	150	230	380	75
三江	190	0	190	19	玉环	1886	1526	3412	991
党山	65	69	134	62	平阳	634	190	1824	313
余姚	19679	24506	44185	8169	总计	33961	51511	85472	17049
岱山	4216	5526	9742	2160					

资料来源:《浙江省盐业志》,中华书局 1996 年版,第 428 页。

抗日战争时期,盐源短缺,严重影响税收。国民政府财政部于民国 28 年(1939 年)拟定盐工缓役办法呈批,因盐工缓役影响兵源而不能贯彻,盐民多有被抓丁或出逃。民国 32 年,国民政府行政院颁发《修正战时国防军需工矿业及交通技术员工缓服兵役暂行办法》，盐工缓役始得实行。同年 6 月，盐务总局颁发《盐工管理通则》，盐工应办理就业、移转、失业、撤销 4 种登记，编组管理，并与盐工缓役相结合。浙江当时大部分盐场沦陷，所余浙东南沿海 6 场均于次年办理完毕。其中最大的黄岩场（境跨今温岭、黄岩、临海、椒江）8800 余人经登记后取得盐工资格，发给“盐工身份证”，批准缓召兵役的盐工有 6822 人，享受合法待遇。

中华人民共和国成立后，盐民户籍管理同一般居民。

1958 年，实行盐农分业，建立制盐厂（场）或专业队，核定供应口粮。同年，浙江兴办地方国营盐场，开始形成全民生产企业的职工队伍，职工享受城镇居民口粮和国家规定的劳保福利。1974 年 11 月，根据国家计划委员会和省革命委员会通知，全民所有制盐场在补充自然减员或者按照国家计划增加工人时，可以由符合盐场招工条件的退休职工子女顶替或招收。同时规定从事一线生产作业、工龄满 10 年以上者，可按法定退休年龄提前 5 年办理退休。这项规定是劳动部门比照矿山井下、地质勘探等艰苦行业的做法照顾盐场职工子女就业，有利于全民所有制盐业企业职工队伍的稳定和素质的提高。

二、盐民生活与福利

（一）盐民生活

历代沦为劳役贱民的盐民，在官府胁迫压榨下，终年劳作，却难以养家糊口。

唐代初期，规定海盐生产者以盐代租，负担略同于一般农民。盐民生产、经营不受限制，并拥有盐田、盐盘、盐灶等生产资料及工具，贫富悬殊。开元中，刘彤上《论盐铁表》称：“夫煮海为盐，采山铸钱，伐木为室，丰余之辈也；寒而无衣，饥而无食，佣赁自资者，穷苦之流也。”[①]说明当时在生产经营食盐的人中，既有占山拦海的豪强，也有佣赁自资的贫民，经济地位悬殊。专卖制实行后，政府对盐民实行强制性的管理，且按照既定价格对海盐实行全部官收，盐民丧失了直接经营和任意开发盐业的自由。盐民均为原来从业者及一部分丧失土地的浮荡人口，经济地位很低。

宋代，官盐厚利，官府常压低制盐工本和拖欠盐本。上层盐户，官府以其“物业高强”，“事力可以济乏，材智可以服众”，常赋予特权，并与盐吏积年榷剥下户。盐佃户、雇工及自煎盐民生活困苦。景祐年间（1034—1038 年），北宋著名词人柳永任舟山监盐官时，作《煮海歌》中描述盐民的艰辛生活。曾任浙东提举常平的慈溪人黄震，目睹庆元盐民的凄惨情景，曾作了描述：庆元盐民“积年被官吏榷剥，日事鞭挞，倍数取盐，官吏酷虐如故”，“亭户无一日不受官司杖责”，致使庆元亭户“逃亡者过半，存者饥困为盗”[②]，亭户过着十分悲惨的生活。绍兴十五年（1145 年），仅秀州诸场积欠灶户盐本达 19.7 万贯。一遇天灾人祸，盐民境况更为凄惨。

元代，横征苛税，唯利是重，不断增加引额，压榨灶户。盐民有“富上灶户”和“贫苦灶户”

① 《唐会要》卷八十八《盐铁》。

② 〔宋〕黄震：《黄氏日抄》卷七十七。

之分，“富强者包领于下”而“细丁罔有濡润”①，各种赋役主要落于一般盐户和贫苦盐户，一般盐户和贫苦盐户的生活和生产都很艰苦。“男子妇人，若老若幼，夏日苦热，赤日行天，则汁血淋漓；严冬朔风，则履霜蹑水，手足皴裂”②。再加上封建官府、富有盐户的剥削和压迫，自然条件的不利，使得他们“日困穷”，甚至处于“灶下无尺草，瓮中无粒粟”的悲惨境地，把有些盐户逼上了绝路，更多的是逃亡和联合起来斗争。至元五年(1339 年)，两浙运司申中书省文谓：“用工之时，正当炎暑之月，昼夜不休。才值阴雨，束手彷徨。贫穷小户，余无生理，衣食所资，全籍工本，稍存抵业之家，十无一二。有司不体其劳，又复差充他役。各场原签灶户一万七千有余，后因水旱疠疫流移死亡，止存七千有余。即今未蒙签补，所据抛下盐额，唯勒见户包煎而已。若不早为签补，优加存恤，将来必致损见户而亏大课。”③

明代，荡地兼并剧烈，灶户贫富分化，贫灶大多沦为富灶佣工，苦难更甚。洪武十七年(1384 年)，浙江布政使王纯《恤灶疏》言：“灶丁煎盐之苦，不分冬夏昼夜，比之工役，有何轻重？有司杂泛差役，全无优免，是以灶丁分力，课额常亏。”弘治间刑部侍郎彭韶在巡视海面，目击灶户之苦后，在其疏奏中称：“破屋缺椽，不蔽风雨，脱粟砺饭，不得一饱，此居食之苦也；山荡渺湖，人偷物践，欲守无人，不守无薪，此蓄薪之苦也；淋晒之时举家登场，抚泥吸海，隆寒砭骨，亦必为之，此淋卤之苦也；煎者烧灼，蓬头垢面，人形尽变，酷暑如汤，不敢暂离，此煎办之苦也；寒暑阴晴，日有程课，煎办不前，鞭鞑随至，此征盐之苦也；客商至场，无盐抵偿，备极逼辱，此赔盐之苦也。逃亡则身口飘零，住业则家计荡尽……”④灶户负担沉重，导致大量逃亡。至嘉靖年间，盐区十室九窜，人丁逃亡，出空“荒额”仍按里、甲由现人丁摊纳。

清代，浙江灶户贫苦依旧，而且屡遭战祸天灾。“各场煎丁均属无籍贫民，唯煎盐为糊口”⑤。

顺治八年(1651 年)，两浙盐课监察御史裴希度在谈到浙江时说：“灶户止赖刮土曝晒，沥卤煎盐，奈自冬至春，阴雨积雪，曾无霁日，不能刮晒，间晴一二日，用土未半，又遭大雨漂荡，灶户无卤煎盐，食用匮乏，朝夕啼饥……场界接连大海，唯赖荡地樵采办课，突于上年九月初一日海潮汹涌，冲坍荡地，滩场尽行飘没，更兼冬春阴雨连绵，十六日大潮复起，飓风随至，冲倒塘堤，海水灌入，墩荡尽皆陆沉，万灶悲号，不特无盐配引，抑且无盐易米度日。”⑥顺治末，清政府为断郑成功反清后援，下令迁温、台、明州沿海 30 里居民至界外，违迁或越界者杀。万余灶户被迫弃灶罢煎，流离失所，死者甚众。宁海县令李文曾作《遗民行》，描述迁界遗民的凄惨情景：“青磷间白骨，村市亦战场。庙算歼小丑，移民且离乡。庐舍成灰烬，焰腾百里光。老稚惊欲死，只遵就周行。担头无些物，穷步牵衣裳。绕树来三匝，古庙扫作房。尽日乏活计，欲眠地即床。饥来煮野菜，和根入鸣肠。渐久情愈急，骨肉不相商。父子分南北，夫妻折鸾

① 〔元〕陆居仁：《运司判官戴君章德政碑记》，《两浙盐法志》卷二十九。
② 〔元〕陈椿：《熬波图・担灰摊晒》。
③ 《元史》卷九十七《食货五》。
④ 〔明〕朱廷立：《盐政志》卷七《疏议下》。
⑤ 〔清〕嘉庆《两浙盐法志》卷一《条约二》。
⑥ 〔清〕顺治八年闰二月八日裴希度题：《为两浙阴雨异常事》。

凰。沟壑填老惫，黠悍走中央。况又罹晨魃，赤地成奇荒。”

康熙间，两浙巡盐御史卫执蒲曾谈到浙江各场灶情况：“查滥差剥灶，分司为最，运司次之，郡君又次之。分司之人，莫不以灶户为砧肉，有一项钱粮，而原差、催差多至数十人者，家至户到，布满阖场，科派陋规，几浮正额。灶户方且应酬不暇，而运司差役复接踵而至，郡邑差役又杂沓而来，交相需索，不厌不休！如是，而欲贫灶有起色，国课不匮绌，安可得乎？”①

嘉庆初，温、台、宁遭受海溢之灾，场灶尽毁。嘉庆末创行晒板，改煎为晒，产量增加，盐户劳动强度有所减轻，且稍有择业余地。但在官府压榨和廒商、篷长、板主、“丁堂”等盘剥下，盐户仍难温饱。

民国时期，对盐户不再列入专籍，盐民可以兼事农业或其他行业，多数盐户仍在贫苦中挣扎。民国11年（1922年），屠急公赴余姚场调查后，对盐民生活作如下描述：“盐民日赴盐场，早起鸡啼，晚间星齐，早出晚归，终日营营，无时休息。胼手胝足，不胜其苦……饭食粗粝，菜少鱼肉，肆以白菜、苋菜根佐食。住篷壁茅舍，聊避风雨。遭风灾潮患，淫雨久旱之年，哀鸿遍野，嗷嗷待哺。台风侵袭，盐板飞扬，尽成粉齑，缸桶击碎，住舍倾颓，洪潮淹没，一切器具随波逐浪而去，生产为之摧残。噫！最劳苦最穷困，其为盐民乎。”②

抗日战争时期，沦陷场区盐民备受敌伪蹂躏。民国30年（1941年），对两浙盐区黄岩场、长林场、长亭场、南监场、北监场、双穗场、杜渎场7场的盐户家庭经济状态进行调查。调查显示，这些场平均每个盐户4～6人，家庭规模不大。每户每年收入低者1000余元（杜渎场、长亭场），高者4000余元（双穗晒户），一般2000～3000元（南监场、北监场、黄岩场、长林场、长亭场），支出大抵亦如此。以上7场盐户绝大部分入不敷出，只有北监场收支相抵，南监场盐户收入大于支出24元。许多盐场在调查表后的“建议事项”栏中指出，盐户“生产艰难”、“百物昂贵”，虽“屡奉增价之点金之术，仍杯水车薪，无济于物价生活程度步涨之加速”，“物价高涨，生活艰难，各晒户多入不敷出”，“盐民生计几濒绝境”。盐户为了维持生活，均兼营农工商业，且兼业收入往往超过盐业收入，在盐户家庭经济收入中占重要地位。各场家庭经济状况见表47-10-2-3至表47-10-2-10。

表47-10-2-3　民国30年（1941年）黄岩盐场盐户（晒兼煎）家庭经济状况一览表

单位：元

场别：两浙黄岩场		平均每户人数：4人		民国30年8月15日
收入部分		支出部分		
摘　要	收入数	摘　要	每人支出数	支出合计
按照现行场价内列晒（或灶）户自身工作工资余利核计全年收入数	840	全年伙食费	720	2880

① 〔清〕康熙十八年六月二十日卫执蒲呈《奏缴事迹文册》。

② 《慈溪盐政志》，中国展望出版社1989年版，第202—203页。屠急公，余姚人，从事乡土教材采编。

续表

收入部分		支出部分		
摘　要	收入数	摘　要	每人支出数	支出合计
盐副产品全年收入数	无	全年衣服费	50	200
兼营农工业全年收入数	2400	全年租赁费	62.5	250
其他收入数	无	其他杂支	50	200
总　计	3240	总　计		3530

资料来源:中国第二历史档案馆档案,全宗号266,卷号392,调查制盐成本及盐民经济状况。转引自郭正忠主编《中国盐业史(古代编)》,人民出版社1997年版,第235—236页。

表47-10-2-4　民国30年(1941年)长林盐场盐户(晒户)家庭经济状况一览表

单位:元

场别:长林场	平均每户人数:大口3人			民国30年7月5日
收入部分		支出部分		
摘　要	收入数	摘　要	每人支出数	支出合计
按照现行场价内列晒户自身工作工资余利核计全年收入数	900	全年伙食费	1080	3240
盐副产品全年收入数		全年衣服费	60	180
兼营农工业全年收入数	2300	全年租赁费		
其他收入数	200	其他杂支	50	150
总　计	3400	总　计		3570

资料来源:中国第二历史档案馆档案,全宗号266,卷号392,调查制盐成本及盐民经济状况。转引自郭正忠主编《中国盐业史(古代编)》,人民出版社1997年版,第236页。

表47-10-2-5　民国30年(1941年)长亭盐场盐户家庭经济状况一览表

单位:元

场别:长亭场	平均每户人数:4人			民国30年12月1日
收入部分		支出部分		
摘　要	收入数	摘　要	每人支出数	支出合计
按照现行场价内列户自身工作工资余利总计全年收入数	-	全年伙食费	480	1920
盐副产品全年收入数	-	全年衣服费	20	80
兼营农工业全年收入数	1000	全年租赁费	-	-

续表

收入部分		支出部分		
摘　要	收入数	摘　要	每人支出数	支出合计
其他收入数	800	其他杂支	10	40
总　计	1800	总　计	510	2040

资料来源:中国第二历史档案馆档案,全宗号266,卷号392,调查制盐成本及盐民经济状况。转引自郭正忠主编《中国盐业史(古代编)》,人民出版社1997年版,第236—237页。

表47-10-2-6　民国30年(1941年)南监盐场盐户(晒户)家庭经济状况一览表

单位:元

场别:南监场	平均每户人数:6人		民国30年10月7日	
收入部分		支出部分		
摘　要	收入数	摘　要	每人支出数	支出合计
按照现行场价内列(晒或灶)户自身工作工资余利核计全年收入数	480	全年伙食费	500	3000
盐副产品全年收入数	-	全年衣服费	30	180
兼营农工业全年收入数	贫富平均 1400	全年租赁费	6	36
其他收入数	渔业商业 1600	其他杂支	40	240
总　计	3480	总　计	576	3456

资料来源:中国第二历史档案馆档案,全宗号266,卷号392,调查制盐成本及盐民经济状况。转引自郭正忠主编《中国盐业史(古代编)》,人民出版社1997年版,第237页。

表47-10-2-7　民国30年(1941年)北监盐场盐户(晒户)家庭经济状况一览表

单位:元

场别:北监场	平均每户人数:3人		民国30年11月1日	
收入部分		支出部分		
摘　要	收入数	摘　要	每人支出数	支出合计
按照现行场价内列(晒或灶)户自身工作工资余利核计全年收入数	1971	全年伙食费	576	1728
盐副产品全年收入数	87	全年衣服费	110	330
兼营农工业全年收入数	720	全年租赁费	-	-

续表

收入部分		支出部分		
摘　要	收入数	摘　要	每人支出数	支出合计
其他收入数	-	其他杂支	240	720
总　计	2778	总　计	726	2778

资料来源：中国第二历史档案馆档案，全宗号266，卷号392，调查制盐成本及盐民经济状况。转引自郭正忠主编《中国盐业史（古代编）》，人民出版社1997年版，第237页。

表47-10-2-8　　民国30年（1941年）双穗盐场盐户（晒户）家庭经济状况一览表

单位：元

场别：双穗场	平均每户人数：5人		民国30年6月20日	
收入部分		支出部分		
摘　要	收入数	摘　要	每人支出数	支出合计
按照现行场价内列晒户自身工资余利核计全年收入数	216.66	全年伙食费	860	4300
盐副产品全年收入数		全年衣服费	60	300
兼营农工业全年收入数	4500	全年租赁费		
其他收入数		其他杂支	60	300
总　计	4716.66	总　计	980	4900

资料来源：中国第二历史档案馆档案，全宗号266，卷号392，调查制盐成本及盐民经济状况。转引自郭正忠主编《中国盐业史（古代编）》，人民出版社1997年版，第238页。

表47-10-2-9　　民国30年（1941年）双穗盐场盐户（煎户）家庭经济状况一览表

单位：元

场别：双穗场	平均每户人数：5人		民国30年6月20日	
收入部分		支出部分		
摘　要	收入数	摘　要	每人支出数	支出合计
按照现行场价内列煎户自身工作工资余利核计全年收入	1718.2	全年伙食费	800	4000
柴灰收入	120	全年衣服费	60	300

续表

收入部分		支出部分		
摘 要	收入数	摘 要	每人支出数	支出合计
农工业收入	1500	全年租赁费		
其他收入	500	全年医药费	10	50
		杂 支	60	300
总 计	3838.2	总 计	930	4650

资料来源:中国第二历史档案馆档案,全宗号266,卷号392,调查制盐成本及盐民经济状况。转引自郭正忠主编《中国盐业史(古代编)》,人民出版社1997年版,第238—239页。

表47-10-2-10 民国30年(1941年)杜渎盐场盐户(晒兼煎)家庭经济状况一览表

单位:元

场别:杜渎场	平均每户人数:大小各2人			民国30年7月1日
收入部分		支出部分		
摘 要	收入数	摘 要	每人支出数	支出合计
按照现行场价内列晒或灶户自身工作工资余利核计全年收入	720	全年伙食费	大人720 小人360	2160
盐副产品全年收入数	-	全年衣服费	大人80 小人25	210
兼营农工业全年收入数	800	全年租赁费		4
其他收入数	-	其他杂支		20
总 计	1520	总 计		2394

资料来源:中国第二历史档案馆档案,全宗号266,卷号392,调查制盐成本及盐民经济状况。转引自郭正忠主编《中国盐业史(古代编)》,人民出版社1997年版,第239页。

民国32年(1943年)1月,日伪在余姚场以竹篱围隔35千米进行封锁“清乡”,盐民因衣食无着,冒险钻篱谋生而被日伪刀斫枪杀或摔死者6人,伤残者难以计数。国民政府为鼓励增产原盐,调整盐价,及时收购,准许盐民缓服兵役,举办文教医疗等福利事业,盐民生活有所改善,一般略胜于农民。抗日战争胜利后,币值狂跌,民国37年盐收购价每担折米10斤上下,仅为盐米传统比值“担盐斗米”的2/3,解放前夕又降至1/3。据板晒区余姚场及坦晒区北监场调查,民国37年盐民经济状况见表47-10-2-11。

表 47-10-2-11 民国 37 年(1948 年)浙江省盐民经济状况一览表

场别	全场盐户			备注
	赤贫(%)	穷困(%)	生活尚可(%)	
余姚	21	49	30	专业
北监	28	62.5	9.5	盐农兼业

资料来源:《浙江省盐业志》,中华书局 1996 年版,第 430 页。

中华人民共和国成立后,废除封建剥削,取消苛捐杂税,通过土地改革和民主改革,盐民生产积极性前所未有提高,盐民收入逐步提高,生活逐步改善。1953 年,全省盐产量已恢复到民国时期较好的 1947 年水平。1950—1954 年,全省盐民纯盐业收入分别为 330188 元、445683 元、395509 元、560614 元、421258 元(旧人民币)。

因盐业生产受气候条件制约,盐民收入年度之间仍有波动。20 世纪 60 年代初国家经济困难时期,政府采取拨发救济款、提高收购价、发动筑塘改摊、以工代赈、核定供应口粮等措施,帮助盐民克服困难。20 世纪 50—60 年代庵东盐业与农业收入对比见表 47-10-2-12。

表 47-10-2-12 20 世纪 50—60 年代庵东农业与盐业收入对比一览表 单位:元

年份	庵东镇农业户	盐区盐民收入	年份	庵东镇农业户	盐区盐民收入
1958	71.29	105.29	1966	86.41	168.40
1959	73.91	104.27	1968	137.58	191.80
1960	83.42	101.28			

资料来源:《慈溪盐政志》,中国展望出版社 1989 年版,第 208 页。

20 世纪 70 年代,通过老盐田技术改造和新盐田建设,盐田产量提高,盐民劳动强度减轻,盐民收入持续增加,生活也进一步改善。70 年代镇海县盐民收入可代表当时浙江省盐民收入的一般情况,见表 47-10-2-13。

表 47-10-2-13 1972—1979 年镇海县盐民收入一览表

年份	盐民人口(人)	人均收入(元)		年份	盐民人口(人)	人均收入(元)	
		最低	最高			最低	最高
1972	695	302	690	1976	981	320	420
1973	600	225	590	1977	972	345	480
1974	1017	360	880	1978	994	350	560
1975	1019	356	565	1979	1895	396	560

资料来源:《宁波盐志》,宁波出版社 2009 年版,第 482 页。

1979年后，随着联产联质计酬责任制逐步实行和推广，制盐技术改进促使盐产量提高，国家多次调高原盐公收价，盐民收入持续增加，生活明显改善。20世纪80年代定海区(县)马岙盐场的盐民收入可代表当时浙江省盐民收入的一般情况，见表47-10-2-14。

表47-10-2-14　　1980—1989年马岙盐场盐民收入一览表　　单位:元

年份	1980	1981	1982	1983	1984	1985	1986	1987	1988	1989
收入	660	1034	1020	1262	1517	2346	3075	2603	5917	3504

资料来源:《浙江省盐业志》，中华书局1996年版，第431页。

20世纪90年代以来，省政府高度重视盐业工作，关心盐民生活，多次专题协调原盐收购问题。针对浙江地产盐连年丰产，收购资金存在困难的情况，1994年9月17日，省政府召开由省政府办公厅、省计经委、省轻工业厅、省盐务管理局、省工商银行等有关部门参加的会议，专题研究、协调盐业问题。9月18日，组织工作组赴舟山实地调研，并要求当地政府和盐业部门多渠道落实好收购资金，保证资金的到位率，坚决按规定的比例兑付盐资，不打“白条”，确保对盐场和盐民的有关优惠政策及时到位，维护盐民的利益，切实解决好盐民的生活问题。

2003年1月，国家发展计划委员会发布了《食盐价格管理办法》。盐民迫切希望省政府在制定或调整食盐价格时充分考虑原盐生产成本上升的实际。同年5月14日，省委书记、省人大常务委员会主任习近平及省领导周国富、张曦、章猛进等专程到岱山盐区考察、调研，听取岱西摇星浦盐场场长和盐民意见。6月16日，省政府发出专题会议纪要，就全省盐业生产和盐民工作提出明确要求。6月30日至7月2日，副省长王永明带领省政府办公厅、省计委、省经贸委、省轻纺集团、省盐务管理局等部门负责人赴舟山盐区考察调研，检查省政府专题会议纪要的贯彻落实情况。2004年4月15日起，省物价局决定提高原盐收购价，进一步提高了盐民收入。针对柴油价格上涨，制盐成本明显提高，直接影响盐民收入的实际，自2009年起，省财政对盐业生产用油建立油价补贴机制，并比照渔业油价补贴政策，对全省盐民发放油价补贴。

20世纪末开始，随着工业经济的快速发展和全国原盐产能布局调整，浙江传统制盐产业因劳动效率较低，盐民收入与当地城乡居民年均收入相比较呈下降趋势。且随着浙江省废盐转产的快速推进，产业规模逐步萎缩，盐民数量也相应锐减。1991—2010年浙江省盐民数量和收入情况见表47-10-2-15。

表 47-10-2-15　　1991—2010 年浙江省盐民数量和收入一览表

年份	盐民数量（人）	盐民收入（元/年·人）					
		全省平均	岱山	定海	普陀	象山	玉环
1991	20019	-	3021	3326	3203	2829	3250
1992	19215	-	3802	3854	3622	3510	3580
1993	18322	-	2264	3310	2704	2834	2600
1994	17109	-	8568	8548	7295	10928	5333
1995	15021	-	6315	7746	7213	11069	6167
1996	13607	-	6559	7623	5793	8660	7333
1997	11956	-	5935	7616	5308	5018	
1998	10374	-	6123	6807	5959	6504	4240
1999	9247	-	2806	5335	3898	5566	4600
2000	8641	-	7586	9069	8086	7600	5820
2001	7887	-	9475	9499	9648	8954	5215
2002	7731	5991	3690	5872	4382	9200	8408
2003	6982	11503	10330	12380	11292	12572	12887
2004	6153	12968	12814	13113	15100	13333	14600
2005	4939	13589	13536	12202	16825	12584	19630
2006	4025	13445	13113	10929	14831	12237	22917
2007	3302	14986	14134	16014	13123	13344	15378
2008	2777	15967	15230	16222	11946	13063	15723
2009	2801	13965	16106	17377	13833	11642	15293
2010	2646	9801	11609	3910	5156	10968	14256

资料来源：据浙江省盐业统计年报综合整理。

说明：1. 1991—2001 年无全省盐民平均收入数据。2. 1991—2001 年盐民年均收入以集体盐场为统计对象，2002 年起包括全省国有和集体盐场。3. 2010 年定海和普陀盐民年均收入锐减是因该两地盐田废转、生产不正常所致。

（二）盐民福利

由政府举办的盐工（盐民）福利事业始于民国时期。中华人民共和国成立后，盐民福利大为改善，盐民福利费不再由盐民负担，改为在食盐公收价中提取，主要用于盐民医疗卫生、文化教育、救济及其他公益性事业。1958年后，盐民福利事业中文教医卫部分移交当地有关政府部门归口管理。

1.组织机构

民国32年(1943年)，两浙盐务管理局设置盐工福利委员会，黄岩、北监、长林、南监、双穗、长亭6场设立分会，举办盐工福利事业。黄岩场规模较大，分会设基金保管委员会、盐工子弟学校校董会。办事部门有总务组、会计组、盐工服务处、合作社(生产、消费、公共、信用合作)、盐工诊疗所、盐工子弟学校等。北监场首届分会委员中，除场长兼任主任委员外，还聘请当地党政军商各界首要人物为委员，内有玉环县县长、国民党县党部书记长、县司法处审判官、商会会长、楚门区长、银行主任及地方士绅10余人，独缺应选盐工代表4人。民国34年余姚等沦陷场区收复后，也逐步建立盐工福利分会。次年6月，撤销两浙盐务管理局盐工福利委员会及各场分会，改由各场组建盐工福利委员会。场长为主任委员，盐业劳资双方(指盐业工会及场商办事处，分别代表劳方和资方)代表为委员，接受两浙盐务管理局监督指导。中华人民共和国成立后，盐工福利改称盐民福利，由各级盐务机构设置相应部门或专人办理，吸收盐民代表参与其事，实行民主管理。

2.福利事项

主要为医疗卫生和文化教育。民国6年(1917年)，岱山兴办盐工子弟义务小学10所。民国32—35年，各场先后办起高小及初小盐工子弟学校40所，入学儿童多为盐工子女。黄岩场就读盐工子女占应入学总数的88.2%，免缴学费；未设盐校的地方酌发助学金资助入学。开设盐工诊疗所8个，有门诊、巡回施诊、夏季施药等医疗事项，盐民及其家属可享受减免费优待。中华人民共和国成立后继续举办，改善设施，增加福利项目，为生产和盐民服务，配合农村卫生医疗和文教事业发展，充实内容。卫生医疗工作贯彻“预防为主”的方针，扩大和改善原设诊所为卫生院(庵东)、卫生所(各场)，增调医师、护士，开展爱国卫生教育，普及医疗卫生常识，推行防疫接种、新法接生，发动群众改善居住环境和饮水卫生等。盐区文教除盐民子弟小学外，普遍办起冬学、夜校、扫盲班、识字班等，普及成人文化教育。20世纪50年代末，庵东等重点盐区建立广播站、电影放映队等，用于宣传教育、指导生产、活跃盐民文化生活。随着农业合作化发展和文教卫生工作的普及提高，农盐杂处地区的盐民福利事项逐步实施归口管理。1958年后，各项盐民福利设施和机构先后移交当地文教医卫系统统一办理，庵东盐区则于1982—1986年始将6个卫生所、5个产院划归县卫生局。至此，各项盐民福利设施和机构全部移交当地文教医卫系统。移交后，盐务部门除在经费上有所补助外，对归口管理的盐民福利事业不再专项举办。1952年和1957年盐民福利设施及贷款、救济情况见表47-10-2-16。

表 47-10-2-16　1952 年和 1957 年浙江省盐民福利设施及贷款、救济情况一览表

年份	文教事业														
	自办中学			自办小学			补习学校		民校	成人或业余学校			文化馆	广播站	俱乐部
	所	教员	学生	所	班	学生	所	学生	就读盐民	所	教员	学生			
1952	-	-	-	14	49	1394	74	7545	13869	-			-	-	-
1957	1	5	168	33	153	5172	-		-	125	140	7152	1	1	1

年份	医疗事业									贷款、救济(旧人民币万元)			
	卫生院		卫生所		防疫站		妇幼保健站		医务人员合计	贷款		救济	
	所	医务人员	所	医务人员	所	医务人员	所	医务人员		盐户	款额	盐户	款额
1952	1		12		-		-		64	1795	7856	240	940
1957	1	11	15	58	1	3	1	3	75	-	-	-	-

资料来源:《浙江省盐业志》,中华书局 1996 年版,第 433 页。

说明:1952 年另有生产贷款 36 亿元(旧人民币);有 5440 人享受助学金。

3. 福利经费

民国 32 年(1943 年),在场价内代收盐工福利费,按煎盐不超过 4.4%、晒盐不超过 6.6%为原则,调整盐价时随之变动。次年 12 月,按《职工福利金条例》有关规定,改为不分煎晒盐,一律按 5%计收。民国 35 年,福利经费由场福利委员会委托场署按场价的 2.5%代收。另由盐务总局统筹拨发盐工福利补助费,分配给各场并入全年经费内使用。民国 37 年,又改在盐场建设费内拨充。

中华人民共和国成立后,盐民福利费不再由盐民负担。盐民福利费提取标准,1950 年,按公收价的 2.6%在出场价中提取;1953 年 7 月,改为定额计征,每吨 0.72 元;同年 9 月,调整为每吨 0.70 元;1960 年 4 月,调整为每吨 0.20 元;1963 年 1 月,调整为每吨 0.40 元。1966 年 8 月 1 日起,盐民福利费与管理费一起并入仓储费,定额仍为每吨 0.40 元,三项合计每吨 2.40 元。盐民福利费不再专立科目,由县(市)盐业主管部门掌握使用,不再缴省。此项制度,此后无变动,但仓储费定额陆续有调整。1958 年后,盐民福利事业中文教医卫部分逐步移交当地有关政府部门统一归口办理,盐民福利费主要用于盐民救济、慰问和其他公益事业等。1952—1957 年盐民福利费收支情况见表 47-10-2-17。

表 47-10-2-17　　1952—1957 年浙江省盐民福利费收支金额一览表

单位：万元(新人民币)

年　份		1952	1953	1954	1955	1956	1957
收　入		12.44	18.42	12.99	14.98	14.57	14.47
支　出		13.36	15.46	10.24	29.04	13.56	8.78
其中	医药卫生补助费	5.78	9.42	6.90	6.89	6.99	6.24
	文化教育补助费	6.93	5.08	1.80	1.86	3.27	2.19
	生活救济费	-	0.25	0.10	0.17	2.73	0.15
	安全生产设备费	-	-	0.13	20.00	-	-
	其　他	0.65	0.71	1.21	0.12	0.57	0.20

资料来源：《浙江省盐业志》，中华书局 1996 年版，第 434 页。

三、盐民斗争

盐民斗争是特殊历史时期的产物。古代，当下层亭户的盐本钱被上户与盐吏“掩取”到“所存无几”甚至“请钱亭户往往徒手而归”时，便可能成群结队地向盐吏和上户去讨索——“亭户动成百数请钱”。

南宋末，庆元上层盐户与盐吏积年榷剥下户，激起盐贩和亭户的多次斗争。宋宁宗嘉定二年(1209 年)，乐清县翁垟等地盐民聚众五百，张旗持械，抗议官府对盐民的经济掠夺。理宗宝祐二年(1254 年)六月，浙西获浦盐民起事，逾三月败溃。德祐元年(1275 年)春，慈溪鸣鹤东西场的下层盐民在起义首领徐二百九、叶三千四等带领下，以借粮为名进行武装反抗，不但席卷了附近各场，连乡村中的奸豪恶绅也受到惩罚。暴动者与官兵开展激战，致使浙东一路“千里惊扰”，封建统治者惶惶不可终日，斗得官府“委实大段狼狈”，迫使官府“尽还亭户旧钱”①计 613558 贯。亭户的反抗震动了南宋朝廷，朝廷对亭户采取暂时性的让步来麻痹起义者。在封建统治者的招抚瓦解之下，一些意志薄弱者被收买，经激战后，该二首领被捕锁于水军牢城。在镇压中，地主劣绅用诱骗方法残酷杀害起义的亭户，有的被官军紧追溺死河中，有的在官军困逼之下活活饿死，惨死亭户达 200 余人。但亭户并没有被封建统治者的淫威所吓倒，继续进行斗争并与农民紧密结合，把开展反贪官污吏的斗争作为一项内容，再一次发动起义。

元代，统治者的腐败及对人民的残酷剥削和压榨，使广大盐民陷于水深火热之中，盐民无法生活，有的死亡或逃亡，更多的走上反抗的道路。至元十五年(1278 年)十一月，建宁路政和县黄华集结盐夫，并联络建宁、括苍民众及畲族首领许夫人起义，起义军发展至 4 万人。大

① 〔宋〕黄震：《黄氏日抄》卷七十七。

德十一年(1307年),行中书省自扬州移治于杭州。有元一代,庆元盐民的抗元斗争时有发生。大德九年(1305年),鸣鹤场沿海壮丁逃亡。延祐二年(1315年),宁海盐场亭户深受有司压迫,被迫起事,巡兵扣捕,遭盐民抗拒。元末两浙盐司属下,贫穷盐户逃亡者占60%以上。

明代,官吏如虎,横征暴敛,掠取民脂民膏,使盐民无法生活,加之天灾频发,导致盐民多次反抗,虽很快被镇压,但不同程度地冲击了封建势力,给封建统治者以极大威胁。明时,盐民也积极参与反抗外来侵略的斗争。倭寇对浙东的侵略始于明初,至明嘉靖年间最为剧烈,沿海各场连年被扰。三北(余姚、慈溪、镇海北部)人民至今还流传着拥戴戚继光的抗倭歌谣:"前山七十二岙,沿海六十四灶,要人随多随少,要打随近随早。"①

清道光二十五年(1845年)四月,宁波、余姚等地盐民不堪官府及盐商的压榨,聚众捣毁盐商店铺。

咸丰元年(1851年),鄞县盐商江某勾通官府,侵占盐民田界,又设官盐店强征民盐,迫民价买,不从则罚,并纵巡丁四出侵扰,民众愤怨,石山弄人俞能贵等不堪忍受,领头焚毁五乡碶盐店,诸村响应。鄞县横泾人张潮清受巡丁虐待,屡控于官未果,反被诬为烧盐店罪首,被捕下狱。咸丰二年一月,数万乡民举旗入县城评理,焚毁江氏宗祠及江某住宅,知县冯翊被逼释放张潮清。同年三月,鄞县纳赋(分红封、白封)时平民纳白封,赋高于绅豪所纳的红封数倍。因不堪负担,南乡周韩村人周祥千联络数人到县衙请愿,要求减平粮赋,被知县冯翊以结伙抗粮为由逮捕。为救周祥千,5月19日,鄞县乡民数万从东、南、西门蜂拥入城,冯翊令兵拦阻而激起众怒。民众砸烂县署门窗,焚毁器皿服饰,冯翊越墙逃跑。巡道罗镛闻变,到提督衙门讨兵镇压,与入城乡民相遇,官轿被砸,民众拥持罗镛至城隍庙讲理。后经知府毕承昭解围,周祥千得释,应允减赋,众始散归。当夜罗镛、冯翊奔省告变。同月,浙江按察使孙毓溎、盐运司庆连漳率兵至鄞县,逮捕乡民16人,烧民房数间。7月1日,孙毓溎遣副将张惠搜捕五乡碶,恰逢浓雾,行至盛垫桥遭到张潮清所率乡民伏击,官兵溃散,被击杀119人、俘27人。当日,新任鄞县知县段光清释放所逮村民以交换被俘官兵。同月,段光清以罢白封、红封和勘定盐场界址为诱,召周祥千至省城,并将其杀害。后张潮清等3人也遭杀害。

清同治间,太平县(今温岭)按厘地实行抽厘收税,斤盐1文。同治六年(1867年)十一月,武生王仁旺等以前任巡抚阮云尝议免税为由,聚众数百人进城。与县令争论不成,怒毁盐董寓屋。台州知府刘璈接报后,会同台协唐湘远派兵到乃演等村,击杀200余人,纵烧民房,无辜被害者甚众。

清光绪六年(1880年),为限制产盐,保证引销,对余姚场实行固定授板法,每丁限给晒板6块。全场晒板由原22.56万块减少为18.11万块,烙印后发用,称为"官板",其余约二成焚毁,也称"毁二留八"。盐民对此群起反抗,捣毁驻场清兵营篷,惨遭清廷镇压。

清宣统三年(1911年),玉环北监场外塘盐民反对征税,烧毁东安坊廒仓,打死收税员2人。

民国时期,盐民斗争愈加强烈。盐民身受盐商、帝国主义和封建势力的重重压榨和剥削,

① 《三北民间歌谣》,《慈溪修志通讯》1988年第2期。

生活悲惨，为维持生存而进行请愿、罢工、焚烧盐廒及反抗盐税警等斗争。

民国3年(1914年)8月14日，永嘉上埠赵德元等组织农民武装300余人，袭击乐清芙蓉盐局。

民国4年(1915年)，镇海县设官盐局于柴桥，强迫盐民“并场、归堆”，盐警四出兜捕盐贩，滥捕无辜，骚扰百姓，而官盐价高，与私盐相差悬殊，民不堪负。4月24日，一姓邵盐警在昆亭上刘埠头抓捕盐贩和盐船老大并强封船舱，激起民愤，邵被殴致死。昆亭百姓在圣山庙击鼓聚众，并派人驰赴梅山、上阳等地揭旗敲锣，集众共抗暴政。当晚柴桥、郭巨一带的乡民、盐民3000余人，焚毁柴桥盐局后散去。次日，盐局调集100余盐警在陈胜桥、曹家祠堂一线布防报复，乡民复连夜鸣锣聚众数千。盐警开枪，乡民抢占山头还击，聚众万人。迫于民众压力，经县署与盐务总署交涉，以降低盐税三分之一并约束盐警，事始平息。

民国4—5年(1915—1916年)，玉环外塘盐民聚众抗税，县政府派兵镇压，杀害盐民2人，焚毁民房126座。玉环盐民聚众反抗，购买武器，聚众攻打设在楚门的北监场公署和驻兵，双方多次发生格斗。

民国6年(1917年)初，温岭县试行轻税，就地抽厘，每担2角。因抽厘导致成本增加，盐贵滞销，而经办员役又借此勒索，激起民愤。2月6日，乃演村盐民王宝玉、梁云龙等为争闹免税事，不期而集聚者达五六千人。设于淋头的收税所被焚，官兵弹压，村民中弹死亡10余人、伤数十人。后由县知事告示暂停抽厘。王、梁二人被通缉。同年6月，岱山场盐商以产旺销滞，报准将盐价每斤7文减为6文，盐民为此竖旗鸣锣，停板罢晒，聚众请愿。后定海县知事出面调停，定为每斤6文5毫，冬季仍给7文。次年夏，盐商复减为6文5毫，盐民再次聚众抗议。后奉令将盐价统一确定为常年每斤6文7毫半。

民国8年(1919年)7月上旬，乐清长林场缉私兵枪伤私贩2人，激起民愤，场署被包围。9月，平阳南监场枪伤1人，触犯众怒，沿浦稽征所被捣毁。

民国10年(1921年)春，平阳白沙劣绅方慎生在当地开设盐堆，串通官府，在刘店驻扎10余名盐警，欺压群众，任意加税，盐民怨声载道。次年4月5日，平阳南监场驻刘店盐警强拿鲍继金豆食店食品不付钱，还逞强殴鲍，农民刘开挺仗义执言，竟遭盐警开枪击毙。4月26日，平阳江南盐民因盐警无故杀人，首举暴动义旗。以吴信直为首，率众20余人，夜袭方良盐堆，杀盐警2人，伤3人，缴获步枪10余支，烧毁盐仓，发起第一次“杀警焚堆”的江南盐民大暴动。事后，县政府派兵镇压，盐民杨光勇、杨定贡被捕入狱，受到严刑拷打，惨遭杀害。同年9月，余姚2万盐民罢工，要求废除苛捐。

民国13年(1924年)春，余姚盐务当局废止由廒商定期向盐民收盐的制度，规定盐民当天所晒食盐必须缴入公仓，不准留放在家过夜，违者罚款。盐民不满，虽一再请愿，当局不为所动。同年7月22日，盐场7个区代表开会，决议反对此项苛政，交还晒牌，以示罢工。次日，万余盐民肩背晒牌赶到盐场公署，被拒于门外，盐民怒不可遏，将晒牌掷于场署门前，霎时堆积如山。盐民又涌向秤放总局，揭瓦而入，将局内器物悉数捣毁。总秤放员康葆文预伏盐警，当场击毙冲入的盐民5人，伤者累累，造成流血惨案。盐民立即举行罢工，通电盐务总署、稽核总所、两浙盐运使及浙江省政府。庵东各界人士纷纷罢工罢课，上街游行，以示声援，新闻界也仗义执言。当局迫于舆论压力，承认苛政害民，并由余姚场公署布告：(1)每天缴盐入公仓之规定暂停施行；(2)死难盐民每人发给抚恤金600元；(3)惩办欺压盐民的秤放局员；(4)革除秤放局员出入坐轿、请饭恶习；(5)今后秤放局员再有刁难需索，准由盐民告发，按情处分。余姚盐区10万盐民反公仓斗争是当时浙江最大的一次罢工斗争。它不仅是浙江工人运动复兴的起点，也是全国工人运动从“二七”大罢工之后的低潮走向复兴的重要标志之一。

民国15年(1926年)2月，中共党组织发动余姚盐场挑夫400余人罢工，要求加薪，获胜后成立挑夫工会。9月26日，吴信直在中共党员叶廷鹏的领导下，与方式惠等人率领白沙盐民千余人，分两路向18个盐堆进发，“烧堆缴枪”，掀起声势浩大的平阳江南盐民第二次大暴动，盐警闻风逃遁，18座盐仓被拆毁殆尽，并缴获一批枪支弹药；次年2月18日，又发动群众烧毁象岗至舥艚一带盐仓，击伤盐警多名。事发后，官府派兵镇压，杀死方怀贞、林可加2人，烧毁儒桥头民房30余间。同年12月，忠义乡(今属奉化市莼湖镇)桥岙农会组织1000余农民，手持锄头、铁耙、木棍，在共产党员卓兰芳、蒋昌林带领下攻打翔鹤潭。暴动队伍冲进盐局，缴获步枪8支、手枪1支，打开盐仓，分盐济贫。又乘胜进攻税关，缴获步枪4支。

民国16年(1927年)3月7日，镇海霞浦下洋盐民封闭劣绅的2个盐廒和秤放局，烧毁盐税牌，小港盐民怒缴缉私营的武器。3月22日，余姚场庵东盐民在中共党组织领导下成立盐民协会，万余盐民在成立大会上公审盐霸高锦泰后举行示威游行，入会会员激增至2万余人。24日，协会提出取消篷长制度、取消“洋尾巴”①、取消赔税制度、收盐要按时付款、斤两按实计算等5项要求。盐务当局慑于盐民协会的威势，基本接受或转报请示。26日，庵东的盐霸土豪买通商团及缉私营武装进行反扑，捣毁盐民协会，掳去协会骨干成员及其家属，并且乘机敲诈勒索。30日，盐霸袁公亭等纠集流氓，扩大反革命武装，进行猖狂反扑。4月11日，宁绍台农民协会办事处调集上虞县纠察队、余姚县洪塘村农协自卫军，会同慈溪县纠察队，分3路直捣庵东，激战4小时，击溃商团，焚毁首恶分子黄春晓家宅。次日，蒋介石发动“四一二”反革命政变，反动势力全面反扑，盐民协会骨干分子多人被捕、被杀。同年，岱山盐区也在中共党组织领导下，于3月12日成立盐民协会，与会盐民1万余人，选举王仁林为盐协主席。会后游行示威，迫使秤放局、五属公廒将收盐价由每担银洋0.827元提高到0.986元。同年3月27日又成立衢山盐民协会，到会盐民8000余人，群情激愤，盐霸毛某被当场打死。“四一二”反革命政变后，盐协被迫停止活动，王仁林在狱中被杀害。同年秋，中共瑞安肇平垟支部书记李英才带领当地农民，在中共温州地方党组织的领导下，分掉了国民党下寅的全部粮食，又缴了瑞安梅头盐务所的枪。

民国17年(1928年)春，瑞安驮山建立农民赤卫队，有300多人参加，打击土豪劣绅，袭击警察所和盐务所。6月17日，平阳盐民第三次暴动，在中共永嘉中心县委林平海、游侠、叶廷鹏等人领导下，宜山、白沙、钱库等地1000多名盐农民手持大刀、长矛、火药枪等武器攻打平阳县城。晚上，队伍接近城门时被敌人发现，双方发生战斗。暴动武装寡不敌众，边打边退，最后化整为零。

---

① 当时银洋1元兑1000文。廒商收盐以银洋1元作1090文计算，故称“洋尾巴”。

民国18年(1929年)3月26日，中共永嘉中心县委王国桢和雷高升等率领21名红军游击队队员到平阳江南白沙乡，与缪家桥地方武装联合包围瓯盐公所，收缴缉私队步枪16支，释放被捕盐民2人。4月8日，吴信直、叶廷鹏等带领缪家桥盐农民赤卫队，袭击白沙17号盐仓，收缴盐警长短枪30多支。同年4月15日，黄岩县盐民聚众数千人反对新盐政，宁波外海水警派“永平”舰前往镇压。

民国19年(1930年)2月，瑞安县委书记郑贤塘带领仙降区农民，以1支手枪、几把大刀为武器，缴了上望盐务局盐警的全部枪支、弹药，正式成立农民赤卫队。同年，永嘉、平阳、黄岩等地也多次发生盐民斗争。

民国21年(1932年)7月15日，余姚盐船200余艘要求酌加运价，因遭资方拒绝，举行全体大罢运，盐运全停。

民国22年(1933年)8月，沈家门福兴渔盐廒强压盐价，由司码秤每担1.50元压至1.10元，盐民聚集二三千人捣毁篷长董阿金屋顶，进城向县长请愿，要求合理定价。后县长在《舟报》公布，规定每担盐价司码秤为1.50元，市秤为1.15元。

民国24年(1935年)，余姚场廒商借口产盐过剩，拒绝收盐，后宣布按六折收购，激起全场盐民大规模反抗斗争。9月6—7日，盐民聚集数千人声言要“吃大户”。次日，廒商被迫开收，但3天后又停止收购。盐民代表赴省请愿未果，于10月中旬捣毁浙东公廒，包围篷长，并电请财政部要求收回六折收盐成命，但廒商仍不答应。车盐工人举行罢工声援。数万盐民迫于生计，忍无可忍，于10月20日再次鸣锣聚众，焚毁捆盐席包和盐舍，捣毁车具杂物，再度组织请愿团赴南京、上海请愿，呼吁各界人士支持，历时8个月终取得斗争胜利。南京当局深恐事态扩大，酿成暴乱，次年3月11日，财政部下令两浙运署督促浙东各厂恢复十足收盐，并将上年未收足之四成额盐按数补收。同时，针对余姚盐民发生吃大户风潮，运署决定迁移一部分盐民分赴赣省垦殖，由政府建屋给以住宿。

民国25年(1936年)，盐务总局为防止渔盐充食，在岱山采取渔盐变色措施，同时推行归堆制度，当地盐民和渔民强烈反对。7月10日，由中共党组织领导的板户合作社在资福寺召开代表会议商议对策，遭盐务当局镇压，激起盐、渔民联合暴动。7月13日，火烧盐务税警队部和盐务秤放局，打死秤放局局长缪光及员、警共9人。事后，盐务当局调集盐警意图镇压，嗣因事件重大，引起各方关注，官方各级政府均反对事态扩大，要求盐务当局慎重处理，最后被迫暂停渔盐变色和产盐归堆制度。除资福寺的心良和尚蒙冤被判处死刑外，其余由盐警队捕去的26人无罪获释。同年7月13日，黄岩县羊市也发生一起由盐贩和盐民等为反对产盐缴公及征税而引发的暴动。为首者纠集百余人围攻黄岩盐务秤放局羊市收税支局，致4名员工被戮杀。盐务当局除对死者抚恤外，未予追究。

民国36年(1947年)1月2日，余姚盐民千余人和盐运工300人罢工，游行示威，反对当局克扣盐款和压低运输费，象山盐民集会声援。同年7月，余姚场公署以资金拮据为由，将生产贷款改发三分之二，其余在出仓后照价找清。盐民一面据理力争，要求全额贷给；一面拒绝缴盐。东三区盐民因盐款长期未发而停缴产盐，9月19日，该区场务所派出税警强行将盐民存盐收入官仓并拘捕、吊打盐民，激起民愤，酿成全场盐潮。各区盐民连日请愿，要求场署迅速发给积欠盐资、调高盐价及惩办吊打盐民的凶犯。甬、杭各报纷纷报道此次盐潮情况。盐务总局局长和两浙盐务管理局副局长为此到场，被迫接受盐民要求，10 月上旬付清积欠盐资 20 亿元。

中华人民共和国成立后，彻底消灭了剥削阶级，实现人民当家做主，盐区通过民主改革和土地改革，盐民成为集体所有制盐场和国营盐场的成员，生活逐渐富裕，盐民诉求通过合理合法途径得到解决。盐民斗争这一特殊历史时期的产物由此终结。

丛　录

一、政策法规选录

为加强盐业管理，增加国家盐税收入，历代均制定有相应的管理法规，主要涉及盐业管理、私盐查缉、盐税、生产、运销、质量等方面，但民国之前的盐业法规并不系统。自民国起，始制定有系统的盐业法规，并逐步形成了一套完整的管理体系。中华人民共和国成立后，国家和浙江省进一步完善了相应的盐业法律法规，使盐业管理逐渐步入法制化轨道。兹选录如下。

（一）盐业管理

盐　法

（民国20年国民政府立法院通过）

第一章　总则

第一条　盐就场征税，任人民自由买卖，无论何人，不得垄断。

第二条　本法称盐者，指盐及盐卤盐矿并其盐化合物有百分之三十以上之氯化钠者而言。

第三条　盐就其使用之目的，分下列三种。

一、食盐。

二、渔盐。

三、工业用盐及农业用盐。

前项食盐包括酱类腌腊，及其他制食品之用盐在内。

第四条　食盐以含有百分之九十以上之氯化钠者为一等盐，含有百分之八十五以上之氯化钠者为二等盐，氯化钠未含百分之八十五者，不得用作食盐。

前项一等食盐所含水分不得超过百分之五，二等食盐所含水分不得超过百分之八。

第五条　渔盐以沿海之本国渔业所需用者为限，但非沿海之渔业而许可渔盐者，其区域以命令定之。

第六条　工业用盐以下列本国工厂所需者为限。

一、制造纯碱及其他碱类工厂。

二、制造盐酸漂白粉及芒硝工厂。

三、制造钠氯及其他有关钠氯之化学药品工厂。

四、制造钾镁工厂。

五、制造皮革工厂。

六、制造颜料工厂。

七、制造肥皂及提炼油类工厂。

八、冶金工厂。

九、制冰工厂。

十、制造玻璃工厂。

十一、窑业工厂。

十二、造纸工厂。

十三、其他工厂需用工业用盐经国民政府许可者。

第七条　农业用盐分下列三种。

一、饲畜用盐。

二、选种用盐。

三、肥料用盐。

前项农业用盐，以本国畜牧场农事试验场及肥料制造厂所需用者为限。

第八条　盐非国民政府或受有国民政府之命令者，不得由外国输入或由未施行本法之区域移入。

第二章　场产

第九条　盐非经政府之许可，不得采制，制盐许可条例另定之。

第十条　产盐之场区及每年产盐之总额，政府得以全国产销状况限定之。

第十一条　盐场及其产盐数量为标准，分下列四等。

一、年产二十万公吨以上者为一等场。

二、年产十万公吨以上者为二等场。

三、年产五万公吨以上者为三等场。

四、年产不满五万公吨者为四等场。

第十二条　凡产少，质劣，成本过重或过于零星散漫之盐场，政府认为不适当者，得裁并之。盐场裁并时，关于原制盐人之善后办法，以命令定之。

第十三条　硝盐土盐石膏盐等，政府应分别取缔或收买改制。

第三章　仓坨

第十四条　政府应于盐场适宜地点建设仓坨为储盐之用，其由私人建造之仓坨，应归政府管理或给价收归国有。

第十五条　凡制盐人制成之盐，应悉数存储政府指定之仓坨，不得私自存储。

第十六条　凡精制盐或再制盐均应在盐场内设场制造，悉数存政府指定之仓坨，以已纳税之盐而再加精制盐者，不受前项之限制。

第十七条　盐场设置盐质检查员，凡盐存入仓坨前，应经盐质检查员之检定。

前项检查条例另定之。

第十八条　不合食盐标准之盐，应另行存储，作渔业工业农业用盐，或令原制盐人改制。

第十九条　县市卫生机关，认为市售食盐不合法定标准时，得施行检验。

第二十条　盐场设置监秤员，专司仓坨储盐之出纳。凡盐无盐质检查员之检定证，不得存坨，无完税凭单或免税凭照，不得秤放。

第二十一条　仓坨管理条例另定之。

第四章　场价

第二十二条　凡由仓坨售出之盐，由场长召集全体制盐人之代表，按盐之等次及供求状况，议定场价公告之，场价有变更时亦同。

第二十三条　盐之售出应按各制盐人之存盐总数比例摊分，但制盐人为个人而其年产不满五公吨者，得优先售出，年产不满五公吨者不止一人时，得按比例优先售出。

第五章　征税

第二十四条　食盐税每一百公斤，一律征国币五元，不得重征或附加。

第二十五条　渔盐税每一百公斤，征国币三角。

第二十六条　工业用盐农业用盐一律免税，关于免税管理办法，以规则定之。

第二十七条　前条免税用盐，应各按其用途，以购买人之费用，施行变性或变色，但第六条第三款及第六款需用之盐，得令购买人提供相应保证或担保品，不施变性或变色。盐之变性或变色，由盐质检查员于仓坨内起运前行之，变性变色方法以规则定之。

第二十八条　凡需用多量免税用盐之工厂、农场，请求不施变性或变色，得由盐场公署及稽核分所分别派员驻于该工厂、农场内，稽查盐之收数及用途。

第二十九条　盐副产物如苦卤卤块卤膏销晶卤敢巴卤差饼等一律免税，但出盐时应受盐场公署及稽核分所之检查。

第三十条　盐之包装式样得由盐政机关规定，秤放时，除实在皮重外，不得有加耗等名目。

第三十一条　由外国进口之酱油、酱油精及其他调味品，除进口税外，得依其所含盐分，照食盐税率征税，并得加征倾销税。未施行本法区域所产之盐，因特别情形许其移入者，应于移入时按同一税率征收盐税。

第三十二条　凡向盐场买盐，应先向稽核分所领取完税通知单，持向代理国库银行完纳盐税，领取完税凭证。前项完税凭证，共分六联，一联为银行存根，一联由银行送交买盐地之盐场公署，一联送交买盐地之稽核分所，一联送交审计机关，余二联发交买盐人，由买盐人以一联向仓坨买盐，一联于经过稽查线时随盐截角放行。

第六章　盐务机关

第三十三条　中央设盐政署及稽核总所，直隶于财政部，各产盐场区设盐场公署及稽核分所，分别隶属于盐政署及稽核总所。盐政署有所属机关，掌握盐务行政，场警编制，仓坨管理及盐之检验收放事宜；稽核总所及所属机关，掌握盐税征收，稽查盐斤收放及编造报告事宜。盐政署稽核总所及其所属机关之组织，均以法律定之。

第三十四条　产盐场区应划定稽查线，配置相当之水陆场警，稽查盐之出入并保卫盐场仓坨。

前项场警归盐场公署管辖，并受稽核分所之指挥，其编制另定之。

第三十五条　盐政署及稽核总所因职务上的必要，均得设置巡察员，分赴各盐区巡察。

第三十六条　自本办法施行之日起，凡非依本法设置之盐政机关稽核机关及缉私机关，应一律裁撤。

第七章　附则

第三十七条　本法公布后，应设盐政改革委员会，直隶于行政院，掌理基于本法之一切盐政。改革计划至盐政改革完成之日裁撤。前项委员会由委员七人至九人组织之，以行政院长为委员长，财政部长为当然委员，其组织法另定之。

第三十八条　自本法施行之日起所有基于相商包商，官运官销及其他类似制度一切法令，一律废止。

第三十九条　本法施行日期以命令定之。本法施行之日，边远区域有因特别情形未能施行本法者，得以命令定其区域。

盐专卖条例

（民国31年5月26日国民政府公布，民国31年8月1日施行，
民国33年10月18日修正公布）

第一章　通则

第一条　盐之专卖权属于国民政府。盐专卖全部收益，应归国库。

第二条　凡盐及盐卤、盐矿并其他盐化合物含有氯化钠百分之二十五以上者，皆应适用本条例关于盐之规定。

第三条　盐就其使用之目的，分为左列四种：

（一）食盐。

（二）渔盐。

（三）工业用盐。

（四）农业用盐。

前项食盐包括制造酱类腌腊物其他食品之用盐在内。

第四条　盐之品质，视其所含氯化钠成分，为左列三等：

（一）一等盐，含有氯化钠百分之九十以上。

（二）二等盐，含有氯化钠百分之八十五以上。

（三）三等盐，含有氯化钠百分之七十以上。

前项一等盐所含水分，不得超过百分之五；二等盐所含水分，不得超过百分之八；三等盐不得充作食盐。

第五条　盐，非政府或经政府之许可，不得由国外输入，或对之输出。并不得由未施行本条例之区域移入，或对之移出。

第六条　凡有左列情形之一者，为私盐：

（一）未经政府许可而私制或再制者。

（二）未经政府发卖者。

（三）未经政府发给单照，或盐与单照相离，或不符并无充分理由提出者。

（四）由政府已限定凭证计口授盐之地方，私自移出者。

第七条　盐专卖事业，由财政部盐务总局办理之。

第八条　盐之收购及出仓所用衡器，应以度量衡法之市用制为准。

第二章　产制

第九条　盐，非政府或经政府之许可，不得采制。制盐许可，另以条例定之。

第十条　制盐人非经政府之许可，不得停业。

第十一条　制盐人在许可年限内，经政府命令全部或局部停业者，得由政府酌给补偿金。

第十二条　产盐之区域及每年产盐数量，由政府依全国产销状况及国计上之必要核定之。

第十三条　政府应依前条核定各区产量，斟酌各区场及各制盐人之生产能力、成本及运输情形，分别规定其应产之数额。

第十四条　政府得令制盐人组织合作团体，集中设备，改良生产。

第十五条　指定供制盐用之水源、火源及直接供制盐用之重要设备或器材。必要时，得由盐专卖机关实施登记或管制之。前项登记或管制，另以条例定之。

第三章　收购

第十六条　政府应于盐场适中地点，建设仓坨，为储盐之用。其由私人建造之仓坨，应由政府管理或租用。必要时，并得收买之。

第十七条　制盐人所制之盐，应于限定时间内，悉数缴存政府指定之仓坨，或其他经政府指定之地点。

第十八条　制盐人依照规定数额所制之盐，由盐专卖机关收购。其收购之品质，依第四条之规定。

第十九条　制盐人所制之盐，应于存入仓坨时，由盐专卖机关以检定。如其品质不合规定者，得令制盐人改制或销毁之。

第二十条　盐专卖机关在场向制盐人收购之盐价为场价，由财政部分别等级、种类，参照标准成本，酌加利润核定之。前项标准成本，由盐专卖机关派员于各场指定之盐灶、盐滩或盐池，实地察核计之。

第二十一条　盐之运输，由盐专卖机关办理。必要时，得招商代运，或委托商运。

第二十二条　产区内之近场地带，得由合作社或小本商贩自行零运。其管理规则，由盐专卖机关分区定之。前项合作社或小本商贩在场领盐时，应付之盐价，依照第二十六条关于仓价之规定核定之。

第二十三条　盐之运输，非粘有专卖凭证并由政府发单照，不得为之。前项单照，不得与盐相离。

第二十四条　盐副产物出场时，应受盐专卖机关之检查。前项所称之副产物，指制盐沥余之混合物或化合物，其成分足为提炼化学成品原料之价值而言。

第四章　销售

第二十五条　盐专卖机关应于各集散处所设立盐仓，就仓发售。但渔盐、工业用盐及农业用盐，得由盐专卖机关于指定地点发售之。

第二十六条　盐专卖机关就仓发售之盐价，称为仓价，由财政部分别等级、种类，参照场价运费及其他必要费用，加入专卖利益核定之，不再征收任何税捐。

第二十七条　承办销盐合作社或商人，应经政府之许可，停业时亦同。

第二十八条　盐之销售，得由盐专卖机关自办。

第二十九条　各县市之批发盐价及零售盐价，由盐专卖机关视其实需成本，酌加利润核定之，并呈报财政部备案。

第三十条　食盐之配销，以按人口计算为原则。必要时，得由政府限定凭证，计口授盐。

第三十一条　盐专卖机关应于各地酌储常平盐，于盐之供求失常时发售之。

第五章　罚则

第三十二条　贩运或售卖私盐者，没收其盐□□□□及其自有供贩运或售卖私盐之用具，并处以照私盐量按当地盐价一倍至五倍之罚锾。但肩挑负贩或随夹带私盐，其数量在五十市斤以下，情节轻微者，得仅没收其盐，免处罚锾。

第三十三条　前条私盐量在五百市斤以上者，除依前条处分外，处以五年以下有期徒刑或拘役。

第三十四条　制盐人有前二条之行为者，除依前二条处分外，并没收其制盐器具材料及撤销其制盐许可证。制盐人犯前条之罪而未遂者，罚之。

第三十五条　有贩运或售卖私盐之行为，而持械拒捕、杀人或伤害人者，依刑法规定，从重处断。

第三十六条　知系私而搬运、受寄、故买、持有使用或为伢保者，没收其盐。前项私盐量在五百市斤以上者，处三年以下有期徒刑或拘役。

第三十七条　制盐人缴存仓坨之盐，在未经给价以前，未经政府许可，而让与抵押者，没收其盐，并处以全盐量当地盐价一倍至三倍之罚锾。

第三十八条　违反第五条之规定，而输入或移入者，以贩运私盐论。其输出或移出，而非贩运私盐者，没收其盐，并处以全盐量出口地点盐价一倍至五倍之罚锾。

第三十九条　违反第九条之规定者，没收其已制之盐及制盐器具材料，并处以全盐量当地盐价一倍至五倍之罚锾。

第四十条　已经政府发卖之盐，未经政府核准而再制牟利者，没收其盐及制盐器具材料。如用私盐再制者，于没收其制盐器具材料外，并以使用私盐论。

第四十一条　制盐人违反第十条之规定者，处三百元以上、一千元以下罚锾。

第四十二条　制盐人非因不可抗力之阻碍而短产，致缴盐不足政府规定产额者，处以所短盐额当时场价百分之二十五至百分之五十之罚锾。

第四十三条　制盐人依照规定产额，或超过规定产额制成之盐，违反第十七条之规定，不依期限悉数缴存政府指定之仓坨或其他经政府指定之地点者，处五百元以上、一千元以下罚锾。

第四十四条　承办运盐之人盗卖所运之盐，或在所运之盐内掺入杂质或过量水分者，处以照盗卖盐量或掺成盐量，按盗卖或掺入行为发生地点盐价一倍至三倍之罚锾。其地点不明者，按运程已经过地点之最高盐价计算之。前项盗卖或掺入杂质行为，除依前项处分外，并依刑法规定，分别处断。第一项掺成之盐，得由盐专卖机关命令减价出售，但有碍卫生者，不得充作食盐，并得销毁之。

第四十五条　违反第二十七条之规定，而经营销盐业务者，没收其盐及其销盐用具，并处五百元以上、一千元以下罚锾。其未经许可而停业者，处五百元以上、一千元以下罚锾。

第四十六条　经营销盐业务，而不将存盐应市销售，或将政府所定盐价抬高出售者，处以一千元以下罚锾，并追缴其所得之利益。其克扣盐量者，依刑法规定，从重处断。前项情形，其情节重大者，并撤销其销盐许可证。

第四十七条　非经营盐业之商人，囤存盐量超过该管盐专卖机关所规定之存盐最高数量者，没收其超过部分之盐。

第四十八条　经营销盐业务，而在盐内掺入杂质或过量水分者，撤销其销盐许可证，并处五百元以上、一千元以下罚锾。前项掺入杂质行为，除依前项处分外，并依刑法之规定处断。第一项掺成之盐尚未出售者，得予以没收，并由盐专卖机关减价变卖。但有碍卫生者，不得充作食盐，并得销毁之。

第四十九条　经营销盐业务，而拒绝政府所派人员查核其账目、盐量或为不实不尽之报告者，处三百元以下罚锾。

第五十条　经营销盐业务，意图不法利益，而不将零售盐及批发盐分别销售者，处一千元以下罚锾，并追缴其所得之利益。

第五十一条　经营销盐业务，而在核准之业务区域以外销售者，处以等于所售盐价之罚锾，并得撤销其销盐许可证。

第五十三条①　以渔业工业用盐或农业用盐充作食盐售卖者，处五百元以上、一千元以下罚锾，并按当地食盐价，追缴其差额。

第五十四条　凡将第二十三条所定专卖凭证及运盐单照，私自改窜或旧凭证单照重用及

---

①　第五十二条原引资料缺。

伪造凭证单照者，没收其盐，处五百元以上、一千元以下罚锾，并依刑法之规定处断。

第五十五条　盐专卖机关、交通机关或其他机关之公务员、军警有左列各款情形之一者，处无期徒刑或五年以上有期徒刑。

（一）有第三十二条、第三十三条、第四十四条或第四十八条之情形者。

（二）知他人有第三十二条、第三十三条、第四十四条或第四十八条之行为，而因图不法利益，予以包庇纵容者。本条之未遂犯，罚之。

第五十六条　本条例之罚锾追缴及没收，由法院以裁定行之。但第三十二条书之规定，不在此限。对于前项裁定，得于五日内，向该管上级法院抗告。对于抗告，法院之裁定，不得再行抗告。法院得酌定期限，命令受罚人缴纳罚锾及应追缴之金额。逾期不缴纳者，强制执行之。

第六章　附则

第五十七条　自盐专卖实行之日起，所有专商引岸及其类似制度，一律废除之。

第五十八条　本条例施行细则，由财政部定之。

第五十九条　本条例自公布日施行之。

中央关于全国盐务工作的决定

（1950年1月20日中华人民共和国政务院发布）

中央为统一盐政加强生产、运销、税收、保证民食与国家收入，召开了全国盐务会议，讨论了一九五〇年的方针、任务、组织机构、产销关系和销区划分几个问题，决定如下：

（一）关于全国盐务方针、任务

我国历代财政，盐税为主要收入之一。又因盐产丰富，故运销一向重于生产，过去生产运销税收，均统一属盐务机关管理，九一八事变后，日寇在东北长芦等地霸占盐田，由此才有公营盐滩的经营。

目前盐产情况，东北公营盐滩约占百分之七十，关内国营盐滩才占百分之二十。运销方面，东北已实行统销，关内则采取公私兼营自由运销的方针。综合起来生产运销私营仍占主要成分。在盐务分工方面，东北华北生产、税收、财政、运销属贸易，华东西北……方针和任务如下：

一、生产方面：采取公私兼制、按销定产、提高质量、增加产量、减低成本的方针。凡产盐集中、便于管理、成本低质量高、运输便利的盐场，应增加投资，改进设备，加以恢复与发展。凡无发展前途、但为当地民食所需要、而盐工又不易立即转业的盐场，均暂维持现状。凡条件很差、对民食无大关系、盐工易转业的盐场，应逐渐减产以至最后裁废。

生产任务：确定本年公私盐滩，在现有基础上定为六八四二万担（台湾未计算在内）。

二、运销方面：东北继续统销，关内各地采取公私兼运兼销的方针，凡是产销分开的地区，由盐业公司负责。资金除国家增拨二百万担盐作为投资外，仍须注意吸收私资扩大运销。

运销业务：本年内销食盐，确定为三七〇六万担，工渔用盐六五〇万担，对外争取输出一二〇〇万担，三项共计五五五六万担。

三、税收方面：为照顾财政需要，采取“提高税额”与“税不重征”的方针。从量核定，就场征收，战前一般盐税，每担约为一百三十斤至一百七十斤米，抗战期间表面看去降低，实则层层封锁，节节征税，销区盐价反较战前为高。现因交通恢复，运销无阻。取消了重征，提高税额，估计对人民生活影响不大。

规定各区税额：东北每担征高粱一百七十五斤，西北土盐每担征小米八十斤，潞盐每担征小麦九十斤，华东淮南盐每担征大米八十斤，除内蒙〔古〕税额另定外，其他各地盐税每担一律征小米（或大米）一百斤。为了鼓励生产和出口，工农业用盐及出口盐全部免税，渔业用盐按食盐税率百分之三十征收。

税收任务：本年食盐税及渔盐税必成数折食粮三十二亿斤。为保证收入，盐税可按指定地区之粮价，由盐务总局授权各区盐务管理局及直属局随时调整。

四、缉私方面：基本上要依靠组织群众缉私，但亦应适当地扩大缉私武装，使产区与销区缉私相结合，并配合其他缉私，以收互助之效。此外，并应有重点地设置机构，加强土盐管理，适当规定税率，以便限制其生产。同时要结合地方政府及农业部门，改良盐场土壤，开拓农田，帮助盐工转业。

五、盐务分工方面：根据国家经济要求，原应采取生产归工业、运销归贸易、税收归财政的大分工制，以求达到分工严、责任专。但由统一走向分管，变化很大，准备不够，反于工作不利。因此，第一步只能采取产税统一与运销分开的方针。除西北内蒙〔古〕暂维现状，东北继续统销外，华北华东中南等区的运销工作，统由贸易部门指定其各级盐业公司负责，西南另定。生产、税收、缉私确定仍由财政部门的各级盐局负责。

（二）关于全国盐务组织机构

全国盐务组织，采用五级制。中央财政部设盐务总局，各大区设区盐务管理局，其下设直属或区属盐务管理局，其下设盐务管理处或分场场务所。由于各地情况不同，除华北中南不设区局归总局直接领导外，其余各区均设区局，受总局及各大行政区财政部的双重领导。各级编制，以精简为原则，干部员额可根据工作需要确定，组织条例及人民盐警队的编制另定。

（三）关于产销关系

一、为加强运销工作的计划性，各区产盐，除东北西北内蒙〔古〕外，不论本销外销，均由盐业公司统一管理，并负责掌握市场价格、调剂供求关系。场价及税额均由盐局规定，公司挂牌。税款由公司直接送交国库，凭国库收据向盐局换取税票运盐。在公司运销区内，所有食盐、洗涤盐、再制盐、出口盐之运销以及运商管理，均由公司办理，但税票的填法，工农渔盐的发售，私盐的查缉和处理，仍归盐局办理。

二、公司在华北、华东、中南（两广台湾在外）内销食盐，应保证完成二〇〇〇万担的任务，但盐局可就公司辖区内的土盐征税及零星盐场所售盐斤，抵算在运销任务内。

三、盐局要保证盐的产品与质量，出口盐须经过化验，公司要保证盐的销量，并保证盐场所需要的粮食、布匹、燃料，同时公司在运销中须防止掺石掺沙，以保证盐质的纯洁。

四、盐局与公司要建立科学的分工合作制度，密切联系，互通情报，交流经验。今后凡有关政策性的问题，应由双方报上级领导机关决定，一般问题，则由双方本此精神订立合同办理。

（四）关于销区划分

过去盐务曾将全国划分为十四个产区，八个销区。现在按大行政区重新划分为七个销区：

一、东北：供销本区，余盐输出国外。

二、华北：以长芦盐为主，供销河北、平原两省、晋中太原一带，察南、张家口、大同、绥东各一部，余盐接济华中区及输出国外。潞盐行销晋南陕东豫西一带。

三、华东：供销本区，余盐接济中南及输出国外。

四、西北：供销本区及绥西。

五、西南：供销本区。川盐行销鄂西、湘西、陕南各一部。

六、中南：粤盐供销广东、广西，余盐行销湘南、赣南各一部。

七、内蒙〔古〕：供销本自治区，外销察北八县，热北七县一旗。

八、冀、豫西芦潞盐并销，豫东芦淮鲁盐并销，豫南、豫北、赣北、湘北、鄂东、鄂北芦淮盐并销，鄂西、湘四川淮盐并销，湖南淮粤盐并销，赣南行销粤盐一部，赣东行销浙盐一部。

以上决定，各级政府及各级财政部门，必须认真研究，切实执行。使民无盐荒，税无私漏，从而保证一九五〇年财政任务的胜利完成。

盐业管理条例

（1990年3月2日中华人民共和国国务院第51号令发布）

第一章　总则

第一条　为加强盐资源的保护和开发，加强盐业管理，促进盐业生产发展，保证盐的正常运销，适应社会主义建设和人民生活的需要，制定本条例。

第二条　在中华人民共和国境内从事盐资源开发、盐业生产和运销活动，均须遵守本条例。

第三条　盐资源属于国家所有，国家对盐资源实行保护，并有计划地开发利用。国家鼓励发展盐业生产，对盐的生产经营实行计划管理。具体管理办法，按照国家有关规定执行。

第四条　轻工业部是国务院盐业行政主管部门，主管全国盐业工作。

省及省级以下人民政府盐业行政主管部门，由省、自治区、直辖市人民政府确定，主管本行政区域内的盐业工作。

第五条　国家鼓励盐业的科学研究和先进技术的推广；对于在盐业科学技术研究和运用方面做出显著成绩的单位和个人，应当给予表彰和奖励。

第二章　资源开发

第六条　开发盐资源（包括利用海水制盐、开发岩盐、湖盐和天然卤水制盐），必须遵守国家有关矿产资源开发、土地管理、环境保护、固定资产投资及其他有关的法律、法规。

第七条 国家对开发盐资源实行统筹规划，合理布局，有计划地开发。

国家鼓励开发盐资源，发展盐业生产，鼓励化工企业和其他有关全民所有制企业、集体所有制企业自筹资金投资办盐场或者与现有制盐企业联合经营，地方人民政府予以扶持。

第八条 开发盐资源，开办制盐企业（含非制盐企业开发盐资源，下同），必须经省级盐业行政主管部门审查同意，报省、自治区、直辖市人民政府批准，并按规定向企业所在地工商行政管理机关申请，领取营业执照。

开采矿盐，必须按照《中华人民共和国矿产资源法》的有关规定，领取采矿许可证。矿盐的具体范围，由地质矿产部会同轻工业部确定。

制盐企业的固定资产投资项目，应当按照国家关于固定资产投资的有关规定办理。

私营企业和个人不得开发盐资源。

第九条 盐业企业与其他单位和个人之间在资源使用权和土地所有权、使用权上的争议，由当事人协商解决；协商不成的，应当分别按照《中华人民共和国矿产资源法》、《中华人民共和国土地管理法》的规定，由有关人民政府处理。

第三章 盐场（厂、矿）保护

第十条 为了保证国家对盐资源的开发利用，维护制盐企业的正常生产，划定合理的海盐场保护区和湖盐场（厂）保护区。

海盐场防护堤临海面的一定区域和纳潮排淡沟道两侧的一定区域划为海盐场保护区。保护区具体界限的划定，由海盐场所在地省级盐业行政主管部门提出方案，报省级人民政府批准。

湖盐场（厂）开发的盐湖边缘向外一定区域划为湖盐场（厂）保护区。保护区具体界限的划定，由湖盐场（厂）所在地省级盐业行政主管部门会同省级地质矿产行政主管部门提出方案，报省级人民政府批准。

第十一条 任何单位和个人不得在海盐场保护区内兴建小虾池、小盐田以及非法进行其他有损海盐场的活动。本条例发布前已有的小虾池、小盐田等的处理，由当地盐业行政主管部门和农业行政主管部门协商解决；协商不成的，由省级人民政府处理。

任何单位和个人不得破坏湖盐场（厂）保护区内的防护林带、植被和其他防护设施。本条例发布前有关保护区问题的纠纷，由当事人协商解决；协商不成的，由省级人民政府处理。

第十二条 制盐企业的下列财产和设施受国家法律保护，任何单位和个人不得破坏、侵占、盗窃、哄抢：

（一）制盐企业依法使用的土地、滩涂和盐矿资源；

（二）海盐场防护堤和纳潮排淡沟道；

（三）制盐企业的生产工具、设备和产品；

（四）制盐企业已开采的盐矿石（包括共生、伴生矿石）和卤水，已纳入盐田的海水、各级卤水，盐田中的卤虫、鱼虾、微藻等盐田生物。

第十三条 制盐企业所在地的公安机关应当加强盐区治安保卫工作，以维护盐区正常的生产秩序。

盐区治安管理的具体问题，由县级以上（含县级，下同）盐业行政主管部门与同级公安机关共同协商解决。

第四章　生产管理

第十四条　制盐企业必须按照国家计划组织生产，加强企业管理，提高技术水平，降低消耗，增加效益。

第十五条　制盐企业必须严格按照国家有关规定，加强质量监督检测工作，不符合质量和卫生标准的产品不准出企业。

第十六条　在食盐中添加任何营养强化剂或药物，须经省级卫生行政主管部门和同级盐业行政主管部门批准。

第十七条　禁止利用盐土、硝土和工业废渣、废液加工制盐。但以盐为原料的碱厂综合利用资源加工制盐不在此限。

第十八条　国家鼓励制盐企业综合利用盐资源，发展盐化工和水产养殖等多品种生产。

第五章　运销管理

第十九条　食用盐、国家储备盐和国家指令性计划的纯碱、烧碱用盐，由国家实行统一分配调拨。

其他用盐，制盐企业在完成国家分配调拨计划和按规定确保合理库存的基础上，可在盐业行政主管部门的指导下进行自销。

盐的具体分配和调拨，由轻工业部按照国家计划进行管理。

第二十条　盐的批发业务，由各级盐业公司统一经营。未设盐业公司的地方，由县级以上人民政府授权的单位统一组织经营。

第二十一条　食盐的零售业务，由商业行政主管部门指定的商业企业、粮食企业和供销合作社零售单位负责。需要委托个体工商户、代购代销店代销食盐的，由县级商业（含粮食、供销）行政主管部门批准。

各零售单位必须把食盐列为必备商品，保持合理库存，不得脱销。

第二十二条　禁止在食用盐市场上销售下列盐制品：

（一）不符合食用盐卫生标准的原盐和加工盐；

（二）土盐、硝盐；

（三）工业废渣、废液制盐。

经化工部批准的以盐为原料的少数碱厂综合利用资源加工制盐，符合国家规定的食用盐卫生标准的，可以作为食用盐销售，但必须纳入盐业行政主管部门的产销计划，并依法缴纳盐税。

第二十三条　对碘缺乏病地区必须供应加碘食用盐。未经加碘的食用盐，不得进入碘缺乏病地区食用盐市场。

第二十四条　运输部门应当将盐列为重要运输物资，对食用盐和指令性计划的纯碱、烧碱用盐的运输应当重点保证。

第二十五条　海盐产区应当按照国家规定建立以丰补歉的平衡盐储备制度，盐的销区应当按照国家规定建立食用盐国家储备制度。

第六章　法律责任

第二十六条　违反本条例第八条规定，擅自开发盐资源、开办制盐企业的，由地方人民政府或地方有关行政主管部门按照国家有关规定处理。

第二十七条　非法侵占制盐企业依法使用的土地、滩涂，擅自进入国家划定的盐业企业的矿区采矿的，按照国家有关土地管理、矿产资源管理的法律、法规处理。

第二十八条　违反本条例第十一条、第十二条第（二）、（三）、（四）项规定的，盐业行政主管部门有权制止，责令其赔偿损失，没收其非法所得，并可处以不超过非法所得额五倍的罚款。情节严重、构成犯罪的，由司法机关依法追究刑事责任。

第二十九条　违反本条例第十五条、第十六条、第十七条、第二十二条、第二十三条规定的，盐业行政主管部门、工商行政管理机关和食品卫生监督机构按照它们的职责分工，有权予以制止，责令其停止销售，没收其非法所得，并可处以不超过非法所得额五倍的罚款；情节严重的，工商行政管理机关有权吊销其营业执照。造成严重食物中毒、构成犯罪的，对直接责任人员依法追究刑事责任。

第三十条　当事人对盐业行政主管部门作出的行政处罚决定不服的，可以在接到处罚决定之日起 15 日内向上一级盐业行政主管部门申请复议。上一级盐业行政主管部门应当在收到复议申请之日起两个月内作出复议决定。申请人对复议决定不服的，可以在接到复议决定之日起 15 日内向人民法院起诉。期满不起诉又不履行的，由作出处罚决定的机关申请人民法院强制执行。

第七章　附则

第三十一条　本条例由轻工业部负责解释。

第三十二条　省、自治区、直辖市人民政府可以根据本条例制定实施办法。

第三十三条　本条例自发布之日起施行。

浙江省盐业管理实施办法

（1991 年 10 月 3 日浙江省人民政府第 9 号令发布）

第一章　总则

第一条　为了加强我省盐业管理，保护盐资源，发展盐业生产，保证盐的正常运销，根据国务院发布的《盐业管理条例》（以下简称《条例》）和其他有关法律、法规，结合本省实际情况，制定本办法。

第二条　在本省境内从事盐资源开发和盐业生产、加工、经营活动的单位和个人，均须遵守《条例》和本办法。

第三条　省盐务管理局是省人民政府的盐业行政主管部门，主管全省盐业工作。

市(地)、县(市、区)盐务管理局是各级人民政府的盐业行政主管部门。未设盐务管理局的,由各级人民政府指定一个行政部门负责本辖区内的盐业管理工作。

省盐业公司负责全省盐产品的购、销管理和多品种盐的开发、经营。

第四条　省盐业行政主管部门的主要职责:

(一)贯彻执行国家有关盐业工作的方针、政策,负责《条例》和本办法的实施,并进行监督检查;

(二)负责制定盐业生产、销售和发展规划,以及各项管理制度;

(三)负责全省盐业生产、运销计划的制定和管理,协调产销关系;

(四)负责盐场技改、基建、扩建和废弃转产(以下简称废转)的审核、申报或审批;

(五)负责组织盐业科学研究、科技情报、信息交流、人才培训等科技管理工作;

(六)根据有关规定,负责国家储备盐、平衡储备盐的储存、动用(借用)和资金管理;

(七)负责盐业专项基金的管理、监督和使用;

(八)归口管理盐化工生产和盐场多种经营;

(九)依法独立或会同有关部门加强盐业市场管理,查处本辖区内的盐业违法案件。

省以下各级盐业行政主管部门的具体职责,由省盐业行政主管部门另行制定。

第五条　各级盐业行政主管部门内应当设立盐业执法机构,负责本辖区内的盐政执法工作。盐业行政管理人员在执行公务时,必须持有省盐业行政主管部门核发的《中国盐政检查证》。各级工商行政、税务、公安、卫生、技术监督等管理部门要予以密切配合。

第六条　各级盐业主管部门应结合本地实际,制订盐业技术进步政策和中长期科技发展规划,加强盐业科技队伍建设和管理,开展盐业科学研究,对在盐业管理、盐业科学研究和推广先进技术等工作中成绩显著的单位和个人,应给予表彰和奖励。

第二章　资源开发

第七条　盐资源属国家所有。盐资源,主要指原料海水、未开发的岩盐和天然卤水。

第八条　开发盐资源由省盐业行政主管部门会同有关部门统筹规划,合理布局,有计划地进行。

开发盐资源,必须遵守国家土地管理、环境保护、矿产资源管理、固定资产投资及其他有关的法律、法规。

第九条　国家鼓励开发盐资源。全民所有制企业、集体所有制企业自筹资金办盐场,或者与现有制盐企业联合经营的,各级人民政府应予扶持。

私营企业和个人不得开发盐资源。

第十条　开办制盐企业(盐场),须经县(市、区)人民政府审查同意,上报省盐业行政主管部门审查,由省人民政府或省人民政府授权的单位批准,并向当地工商行政管理机关申请,领取营业执照。

现有制盐企业(盐场)尚未向当地工商行政管理机关申请,领取营业执照的,应补办申报领照手续。精制盐生产企业还必须领取生产许可证。

第十一条　盐业企业与其他单位和个人之间在资源使用权和土地所有权、使用权上有争议时，由当事人协商解决；协商不成的，由有关人民政府依法处理。

第三章　盐场的保护和管理

第十二条　为保证国家对盐资源的开发利用，维护盐场正常生产，必须合理划定盐场保护区。

保护区按盐场海塘外1000米范围以内和引潮、排淡河(沟)道两侧各50米范围以内划定。保护区具体界限的划定，由当地人民政府提出方案，经省盐业行政主管部门审查同意，报省人民政府批准。本办法实施前有关盐场保护区的纠纷，由当事人协商解决，协商不成的，由县级以上(含县级，下同)人民政府处理。

盐场海塘外因海岸变化出现的新滩涂，宜发展盐业生产的，由盐业行政主管部门会同有关部门进行规划，并按第十条的规定，办理审批手续后使用。

第十三条　盐场要加强对海塘的防护、管理。任何人不得在盐场海塘上进行挖土、取石、放牧、垦种、船舶带缆和破坏防护设施等活动。

第十四条　盐场的财产和设施受国家法律保护，任何单位和个人不得破坏、侵占、盗窃、哄抢。下列财产和设施更应重点保护：

(一)依法确定给盐场的土地、滩涂。

(二)盐场的产成品(原盐和盐化工产品)、半成品(各级卤水)、苦卤和已纳入盐场的海水。

(三)盐场的蒸发池、结晶池、保卤池、纳潮排淡河(沟)道、水库、水闸、桥梁、码头、盐仓、盐坨、道路。

(四)生产工具、电讯电力设施、机械设备及其他生产、文化、生活设施。

(五)水产养殖、作物种植等多种经营产品。

第十五条　盐田的废转，面积在500亩以下的，经县人民政府同意，报省盐业行政主管部门和省土地管理部门审核批准；500亩以上的，由省盐业行政主管部门和土地管理部门审查，报省人民政府批准。

盐田不得抛荒。

第十六条　盐场所在地的公安机关应加强盐区的治安保卫工作。同时，盐场本身也应加强内部保卫工作，有条件的地方，经有关部门批准，可设立盐业经济民警队，业务受当地公安机关领导，以维护盐区正常的生产、生活秩序。

第十七条　全民所有制和集体所有制的盐场，必须按照《中华人民共和国全民所有制工业企业法》和《乡村集体所有制企业条例》实行统一管理，自主经营、独立核算。

禁止分割盐滩。对不利于发展盐业生产的分散经营的盐场，当地人民政府应予以调整。

第十八条　盐场劳动力必须合理配备，相对稳定，一般每个盐工(民)承担盐田生产面积不得少于10亩，固定期不得少于5年。

第十九条　制盐企业必须加强企业管理，健全生产、技术、运销、财务、物资等各项管理制度。

盐场在分配制度上，必须体现按劳分配的原则，正确处理好积累与消费的关系。

第四章　生产管理

第二十条　食盐是国家指令性计划产品，盐场必须按照国家计划组织生产，保证完成计划。

第二十一条　盐场必须严格按照国家有关规定，加强质量管理和检测工作。盐及盐化工产品必须符合国家规定的质量标准、卫生标准。不符合质量标准、卫生标准的不准出场。

省盐业产品质量监督检验站是省标准计量管理部门指定的法定检验机构，负责对盐产品在产、运、销过程中的质量监督、检验工作，其质量监督检验业务受省标准计量管理部门指导。

第二十二条　在食盐中添加营养强化剂、调味剂或药物，必须符合有关标准，并经省卫生行政主管部门和省盐业行政主管部门批准。

第二十三条　盐场要以制盐为主，国家鼓励综合利用盐业资源，发展盐化工和水产养殖、种植等多品种生产。

第五章　运销管理

第二十四条　原盐产品必须由产区盐业公司统一收购，收购方式和结算形式按省盐业行政主管部门的规定执行。

第二十五条　盐的分配、调拨、运销由省盐业行政主管部门按国家计划进行管理。

从外省购盐，由省盐业公司统一管理。未经省盐业主管部门批准，任何生产、经营单位不得向外省购盐或接受外省盐。

从国外进口盐，必须经省盐业行政主管部门审查同意，并按有关规定办理进口手续。

第二十六条　食用盐、国家储备盐和指令性计划的纯碱、烧碱用盐，由省盐业行政主管部门按国家计划实行统一分配调拨（年用量5000吨以上纯碱、烧碱厂用盐由省盐业公司统一调运）。其他用盐，产区盐业公司在完成分配调拨计划和确保合理库存的前提下，可在省盐业公司的指导下进行销售。

第二十七条　各类盐（包括食用盐、工业用盐、农牧业用盐、渔业用盐及各类加工盐、强化营养盐）的批发业务，由各级盐业公司统一经营。未设盐业公司的地方，由县级以上人民政府授权的单位组织经营，并按省下达的计划组织进货。为减少环节，同城不设二个或二个以上盐业批发机构。

第二十八条　盐的零售业务，由县级商业、供销、水产等行政主管部门指定的零售单位经营。需要由个体工商户、代购代销店代销食盐的，须经县级商业（含供销、水产）行政主管部门批准。

第二十九条　盐业经营单位必须严格按经济区划组织供应。

用盐单位使用的各类盐，必须专盐专用，不得任意挪做他用或转卖。

盐的经营和使用单位不得收购、采购、销售和使用私制、私销的盐。不得以盐换物、以物换盐。

未经批准，任何单位和个人不得从事盐的购销活动。

第三十条 产区原盐年末合理库存应保持相当于当年生产计划的60%至70%的数量，销区盐业公司要保持正常销售量二个月以上的库存数，远离产区、交通不便的，要保持正常销售量四个月以上的库存数，各零售单位必须把食盐列为必备商品，保持合理库存，不得脱销。

第三十一条 禁止在食盐市场上销售下列盐制品：

（一）不符合食用盐质量和卫生标准的原盐和加工盐；

（二）未经主管部门批准而加上任何添加剂的盐产品；

（三）土盐、硝盐；

（四）工业废渣、废液制盐。

零售食盐应当推行符合卫生要求的小包装。

第三十二条 对碘缺乏病地区必须供应加碘食盐。生产加碘食盐需要的碘酸钾由省卫生部门负责提供，并按省有关规定由盐业经营部门负责加工和供应。未经加碘或含碘量不符合标准的食用盐，不得进入碘缺乏病地区食用盐市场。

第三十三条 国家储备盐属于国家所有，其动用和管理按《国家储备食盐管理办法》执行。

按照国家规定建立的以丰补歉平衡储备盐，由省盐业行政主管部门统一管理。

第三十四条 运输部门应当将盐列为重要运输物资。对省统一调拨的食用盐、国家储备盐、平衡储备盐和指令性计划的纯碱、烧碱用盐的运输，应当优先安排，重点保证。

盐的中转运输部门，必须密切配合，按计划做好卸收转运工作。

第六章 法律责任

第三十五条 违反本办法第八条、第九条、第十条规定，擅自开发盐资源、开办制盐企业的，各级盐业行政主管部门有权责令其停止生产，并会同工商、土地管理等部门依法进行查处。

第三十六条 违反本办法第十三条、第十四条第（二）、（三）、（四）、（五）项规定的，盐业行政主管部门有权制止，责令其赔偿损失，没收其非法所得，并可处以不超过非法所得额五倍的罚款。情节严重、构成犯罪的，由司法机关依法追究刑事责任。

第三十七条 违反本办法规定，具有下列行为之一的，按照国家有关土地管理法律、法规处理：

（一）非法侵占制盐企业依法使用的土地、滩涂；

（二）擅自抛荒盐田的；

（三）擅自废转盐田的。

对上述行为，盐业行政主管部门有权予以制止。对擅自废转盐田的有关单位，盐业行政主管部门可以责令其赔偿损失，并对直接责任者处2000元以下的罚款。

第三十八条 违反本办法第二十一条、第二十二条、第二十九条、第三十一条、第三十二条规定的，各级盐业、税务、工商、卫生、技术监督行政主管部门，按照职责分工，有权予以制止，责令其停止销售，没收其非法所得，并可处以不超过非法所得额五倍的罚款；情节严重的，工商行政管理机关有权吊销其营业执照。造成严重食物中毒、构成犯罪的，依法追究刑事责任。

第三十九条　违反本办法第二十四条规定，不服从国家统一收购，私自销售盐产品的，按有关禁止买卖私盐的规定处理。

第四十条　违反本办法第二十五条、第二十六条、第二十七条规定，未经批准，擅自调运、购销原盐及盐产品的，盐业行政主管部门和有关部门有权予以制止，责令其停止购进和销售，并按国家规定的出场价予以收购，没收其非法所得。

第四十一条　违反本办法第三十三条规定，擅自动用储备盐的，盐业行政主管部门可以责令其限期按原数量予以补足，并给予通报批评，追究单位领导人和直接责任人行政责任；情节严重的，对直接责任者可处以2000元以下的罚款；构成犯罪的依法追究其刑事责任。

第四十二条　阻碍盐政管理人员依法执行公务的，由公安机关依照《中华人民共和国治安管理处罚条例》规定给予处罚；情节严重、构成犯罪的，依法追究其刑事责任。

第四十三条　当事人对盐业行政主管部门作出的行政处罚决定不服的，可以在接到处罚决定之日起十五日内向上一级盐业行政主管部门申请复议。上一级盐业行政主管部门应当在收到复议申请决定之日起两个月内作出复议决定。申请人对复议决定不服的，可以在接到复议决定之日起十五日内向人民法院起诉。期满不起诉又不履行的，由作出处罚决定的机关申请人民法院强制执行。

第七章　附则

第四十四条　本办法执行中有关问题由省盐务管理局解释。

第四十五条　本办法自颁布之日起施行。

关于加强盐业管理工作的通知

（浙江省人民政府浙政发〔1996〕5号文件）

盐是人民日常生活的必需品，是关系国计民生的重要战略物资，在国民经济和社会发展中有着重要的地位和作用。食盐是国家规定实行专营管理的特殊商品。实施食盐全面加碘，是消除碘缺乏危害最简便、最经济、最有效的办法。

根据国务院《盐业管理条例》、《食盐加碘消除碘缺乏危害管理条例》和《关于进一步依法加强盐业管理问题的批复》（国函〔1994〕13号）精神，结合本省的实际情况，现就加强盐业管理问题通知如下：

一、建立和完善适应专营需要的盐业管理体制

在隶属关系、利益机制、供应区域不变的前提下，适当调整盐业管理体制。

1.省级盐业管理体制和经营机构。省盐务管理局受省政府委托行使全省盐业管理职能。省盐业公司负责全省盐的购销管理、多品种盐的开发经营和省外调入盐的统一经营。省盐务管理局和省盐业公司实行两块牌子、一个机构，合署办公。

2.市、地、县盐业管理和经营机构。凡未单独设立盐业机构的市、地、县，在1996年3月

底前将盐业批发经营从目前的与糖酒、蔬菜、副食品或水产品合一经营的公司中单独分离出来，成立具有独立法人资格的盐业专营公司。对年销量在1500吨以下，暂不具备分离条件的县（市、区），可待条件成熟时再分离，目前须在现有的合一经营公司增挂盐业公司牌子。为落实食盐专营和盐政管理职能，内部盐业经营、管理和其他经营人员应适当分开。

市、地、县的盐业管理机构，各地可参照省级盐业管理体制并结合当地实际自行确定。

县以下（不含县）不再单独设立盐业公司。

3. 市、地、县盐业公司（盐务管理局）、宁波盐业站经理（局长）的管理办法另定。

二、调整盐业产销方针，切实做好产销综合平衡

根据省内盐业生产实际，我省盐业的产销原则为食盐自给，合理储备，工业盐及其他用盐省外调入。

1. 产盐区要转变观念，以市场为导向，按计划组织生产。在当前产区库存盐大量积压的情况下，特别要注意防止盲目生产。盐田是特殊的生产设施，应适当保护。全省盐的生产面积要稳定在适应省内食盐自给的水平。重点盐区，特别是重点盐场的生产面积要稳定，大力发展优质高产高效盐业。对有些滩涂外移、海水淡化、晒盐工效低、成本高的盐田，要通过制盐生产许可证的发放工作，有计划合理地进行调整，按规定程序报批后，废盐转产。

提倡稳定盐业，多种经营，重视劳动力合理分流和生产淡旺季劳动力的合理组织安排，积极开拓其他产业，提高盐业综合经济效益。

2. 销区要严格按计划组织购销，积极开拓市场，提高“浙盐”的市场占有率，保证市场供应，防止出现责任性脱销情况。

3. 建立食盐储备制度，平稳产销，以丰补歉，调节供求。产盐区年末要保持相当于当年生产计划70%的库存储备量；销区盐业公司要保持正常3个月销售量的库存储备量，远离产区、交通不便的边远县（市）盐业公司要保持4个月以上销售量的库存储备量；省级公司也要保持适当的储备量。

三、强化盐业管理，整顿流通秩序

1. 严肃计划管理，提高计划管理的科学性。根据国家规定，省内食盐产销实行严格的指令性计划管理。从外省购盐，由省盐业公司统一管理，品种调剂盐的调入要从严控制。建立食盐价格调节基金，用于调节运销省内盐的价格，并接受物价部门的监督。

2. 实施食盐的生产、批发、零售许可证制度，完善专营管理措施。按照国家要求，组织实施核发食盐的批发（含转批）和零售许可证，许可证由省盐务管理局核发、吊销、检审，其中从事碘盐加工、批发、零售的，要依据《食品卫生法》等有关法规，进行卫生管理。各级技术监督部门要加强对生产和经销单位食盐质量的监督检查。盐业经营单位实行亮证经营。要结合许可证的年检工作，切实加强对盐业经营单位的监督管理。为便于对市场销售盐的识别和管理，省内出场的食盐实行统一外编内塑袋包装；零售碘盐全部实行小包装供应，并加贴统一的防伪标志。食盐小包装袋和防伪标志由省盐务管理局监制和管理。

3. 加强盐政管理，整顿盐业市场。加强盐政管理，是维护盐业市场秩序，保护“浙盐”的重要手段。要加强盐政队伍建设，改善盐政执法装备，强化执法手段，要进一步落实完善铁路、

水路运输“扎口”管理等行之有效的措施，严格盐的运输管理。凡没有列入省盐务管理局分配调运计划的盐，均属非法购销的私盐，一律按有关盐业法规予以查处，公安、交通管理等部门应予配合。

各市（地）、县政府（行署）要定期组织盐业、工商、物价、技术监督等部门对盐业市场进行综合治理，对无计划购销、违反价格政策等行为进行查处，确保食盐市场的稳定和健康发展。

4. 工业用盐的管理仍按现行规定办理。

四、切实加强对盐业工作的领导

各级政府要高度重视，切实加强对盐业工作的领导。各级工商、物价、卫生防疫、公安、技术监督、盐政等部门要根据各自的职责分工，各司其职，相互支持，密切配合，共同管理好盐业市场，把食盐专营工作落到实处。各地要顾全大局，为维护人民利益，促进社会进步，重视和支持盐业改革，切实把在社会主义市场经济条件下食盐专营管理工作搞好。

一九九六年一月八日

食盐专营办法

（1996 年 5 月 27 日中华人民共和国国务院第 197 号令发布）

第一章　总则

第一条　为了加强对食盐的管理，保障食盐加碘工作的有效实施，保护公民的身体健康，制定本办法。

第二条　国家对食盐实行专营管理。

本办法所称食盐，是指直接食用和制作食品所用的盐。

第三条　本办法适用于中华人民共和国境内的食盐生产、储运和销售活动。

第四条　国务院授权的盐业主管机构（以下简称国务院盐业主管机构）负责管理全国食盐专营工作。

县级以上地方各级人民政府授权的盐业主管机构（以下简称县级以上地方各级人民政府盐业主管机构）负责管理本行政区域内的食盐专营工作。

第二章　食盐生产

第五条　国家对食盐实行定点生产制度。非食盐定点生产企业不得生产食盐。

食盐定点生产企业由省、自治区、直辖市人民政府盐业主管机构提出，报国务院盐业主管机构审批。

第六条　国务院盐业主管机构根据食盐资源状况和国家核定的食盐产量，按照合理布局、保证质量的要求，确定食盐定点生产企业。

第七条　国家对食盐生产实行指令性计划管理。

食盐年度生产计划由国务院计划行政主管部门下达，国务院盐业主管机构组织实施。

第八条　严禁利用井矿盐卤水晒制、熬制食盐。

第三章 食盐销售

第九条 国家对食盐的分配调拨实行指令性计划管理。

食盐年度分配调拨计划,由国务院计划行政主管部门下达,国务院盐业主管机构组织实施。

第十条 国家对食盐批发实行批发许可证制度。

经营食盐批发业务,必须依法申请领取食盐批发许可证。

未取得食盐批发许可证的,不得经营食盐批发业务。

第十一条 经营食盐批发业务的企业,由省、自治区、直辖市人民政府盐业主管机构审查批准,颁发食盐批发许可证,并报国务院盐业主管机构备案。

食盐批发许可证由国务院盐业主管机构统一制作。

第十二条 取得食盐批发许可证,应当具备下列条件:

(一)有与其经营规模相适应的注册资本;

(二)有固定的经营场所;

(三)有符合国家规定的仓储设施;

(四)符合本地区食盐批发企业合理布局的要求。

第十三条 食盐批发企业应当按照国家计划购进食盐,并按照规定的销售范围销售食盐。

第十四条 食盐零售单位和受委托代销食盐的个体工商户、代购代销店以及食品加工用盐的单位,应当从当地取得食盐批发许可证的企业购进食盐。

第十五条 食盐定点生产企业、食盐批发企业、食盐零售单位和受委托代销食盐的个体工商户、代购代销店,应当执行国家规定的食盐价格。

第十六条 严禁将下列产品作为食盐销售:

(一)液体盐(含天然卤水);

(二)工业用盐、农业用盐;

(三)利用井矿盐卤水晒制、熬制的盐产品;

(四)不符合国家食盐标准或者行业标准的盐产品;

(五)其他非食用盐产品。

第四章 食盐的储存和运输

第十七条 省、自治区、直辖市人民政府盐业主管机构应当根据实际情况,确定本地区食盐定点生产企业、食盐批发企业的合理库存量,并报国务院盐业主管机构备案。

食盐定点生产企业和食盐批发企业应当按照省、自治区、直辖市人民政府盐业主管机构的要求,保持食盐的合理库存。

第十八条 托运或者自运食盐的单位和个人,应当持有国务院盐业主管机构或者其授权的省、自治区、直辖市人民政府盐业主管机构核发的食盐准运证。

食盐作为国家重点运输物资,运输企业应当保障运输。

第五章　罚则

第十九条　违反本办法第五条的规定，非食盐定点生产企业生产食盐的，由盐业主管机构责令停止生产，没收违法生产的食盐和违法所得，可以并处违法生产的食盐价值三倍以下的罚款。

第二十条　违反本办法第八条的规定，利用井矿盐卤水晒制、熬制食盐的，由盐业主管机构责令停止生产，没收违法生产的盐产品、违法所得和生产工具，可以并处违法生产的盐产品价值三倍以下的罚款。

第二十一条　违反本办法第十条的规定，未取得食盐批发许可证经营食盐批发业务的，由盐业主管机构责令停止批发活动，没收违法经营的食盐和违法所得，可以并处违法经营的食盐价值三倍以下的罚款。

第二十二条　违反本办法第十四条的规定，食盐零售单位和受委托代销食盐的个体工商户、代购代销店以及食品加工用盐的单位，从未取得食盐批发许可证的企业、单位或者个人购进食盐的，由盐业主管机构责令改正，没收违法购进的食盐，可以并处违法购进的食盐价值三倍以下的罚款。

第二十三条　违反本办法第十六条第(一)、(二)、(三)、(五)项的规定，将非食用盐作为食盐销售的，由盐业主管机构责令停止销售，没收违法所得，可以并处违法所得五倍以下的罚款；构成犯罪的，依法追究刑事责任。

第二十四条　违反本办法第十六条第(四)项的规定，将不符合食盐标准的盐产品当作食盐销售的，依照《中华人民共和国产品质量法》、《中华人民共和国标准化法》的有关规定处罚。

第二十五条　违反本办法第十八条的规定，无食盐准运证托运或者自运食盐的，由盐业主管机构没收违法运输的食盐，对货主处以违法运输的食盐价值三倍以下的罚款，对承运人处以违法所得三倍以下的罚款。

第二十六条　盐业主管机构的工作人员玩忽职守、徇私舞弊，构成犯罪的，依法追究刑事责任；尚不构成犯罪的，依法给予行政处分。

第六章　附则

第二十七条　本办法施行前已经从事食盐批发业务，具备本办法第十二条规定的条件的，由省、自治区、直辖市人民政府盐业主管机构审核颁发食盐批发许可证。

第二十八条　渔业、畜牧用盐适用本办法。

第二十九条　本办法自发布之日起施行。

浙江省盐业管理条例

（1998年12月15日浙江省第九届人民代表大会常务委员会第九次会议通过，根据2009年12月30日浙江省第十一届人民代表大会常务委员会第十五次会议《关于修改〈浙江省盐业管理条例〉的决定》修改）

第一章　总则

第一条　为加强盐业管理，保护和合理开发盐资源，保证食盐专营、食盐加碘工作的实施和市场盐产品供应，保障公民身体健康，根据国家有关法律、法规的规定，结合本省实际，制定本条例。

第二条　本条例适用于在本省行政区域内从事的盐资源开发、利用和盐产品生产、加工、购销、储运等活动。

第三条　本条例所称盐产品，包括食盐、两碱工业用盐和其他用盐。

食盐是指直接食用和制作食品所用的盐。

两碱工业用盐是指生产纯碱、烧碱的原料盐。

其他用盐是指两碱工业用盐以外的制革、制皂、医药、染料、制冰冷藏、玻璃等其他工业用盐。

渔业、畜牧用盐按食盐进行管理。

第四条　食盐实行专营管理。

在本省行政区域内除经省卫生行政部门认定的高碘地区外，销售的食盐必须加碘。

第五条　省盐务管理局是省人民政府盐业主管机构，负责本省的盐业管理工作。

市（地）、县（市、区）盐业主管机构负责本行政区域内的盐业管理工作。

第六条　各级人民政府应当加强对盐业管理工作的领导。

卫生行政部门负责碘缺乏危害的防治和碘盐的卫生监督管理工作。

工商行政、技术监督、土地管理、公安、交通、物价等部门，按照各自的职责，配合盐业主管机构做好盐业管理工作。

第二章　资源管理

第七条　开发盐资源、开办制盐企业，必须经省盐业主管机构审查同意，按照国家有关规定办理审批手续。

第八条　为保护对盐资源的开发利用，维护制盐企业的正常生产，应当合理划定盐场保护区。

盐场保护区具体界限的划定，由县级以上人民政府依据土地利用总体规划提出方案，经省盐业主管机构会同有关部门审查同意后，报省人民政府批准。

第九条　在盐场保护区范围内禁止下列行为：

（一）擅自兴建养殖池；

（二）兴建对盐业生产有影响的建筑物；

(三)设置对盐业生产有影响的渔业捕捞网具和设施;

(四)擅自取土、取沙;

(五)排放有毒、有害物质;

(六)其他危害盐场保护区的行为。

第十条　盐田的废弃、转产,面积在三十五公顷以下的,由县级以上人民政府审查,报省盐业主管机构和省土地管理部门批准;三十五公顷以上的,由省盐业主管机构和省土地管理部门审查,报省人民政府批准。

第十一条　鼓励制盐企业综合利用盐业资源,发展盐化工、水产养殖、种植业及其他多种经营。

第十二条　制盐企业的下列财产和设施受法律保护,任何单位和个人不得破坏、侵占、盗窃、哄抢:

(一)制盐企业依法使用的土地、滩涂;

(二)盐场防护堤和纳潮排淡沟道;

(三)制盐企业的生产工具、设备和产品;

(四)制盐企业已纳入盐田的海水、各级卤水,盐田中的鱼虾等生物;

(五)制盐企业的其他合法财产和设施。

第三章　生产管理

第十三条　食盐实行定点生产制度。从事食盐生产的企业应按国家有关规定取得定点生产证书后方可生产。

从事碘盐加工、分装的企业应当取得食品生产许可证,并按国家有关规定批准后方可加工、分装。

第十四条　食盐定点生产企业和碘盐加工企业应按照省盐业主管机构下达的计划组织生产和加工。

其他用盐按照省盐业主管机构下达的计划组织生产。

第十五条　碘盐必须经质量检验,符合有关食品安全标准;不符合标准的,不得出厂、销售。

第十六条　在食盐中添加营养强化剂的,应当符合有关食品安全标准。

第十七条　生产、加工用于零售的碘盐应按国家有关规定实行小包装,并加贴防伪碘盐标志。

经省盐业主管机构批准,食盐批发企业可以分装小包装碘盐。

第十八条　加工碘盐使用的碘剂、碘盐包装袋、防伪碘盐标志由省盐业主管机构统一管理。

第十九条　禁止利用盐土、工业废渣和废液加工食盐。

工业企业综合利用资源加工制盐,应当纳入盐业统一管理,禁止作为食盐销售。

第四章　运销管理

第二十条　制盐企业生产的盐产品由产区盐业公司统一收购,不得擅自销售。

产区盐业公司对制盐企业生产的盐产品应当予以收购，不得拒收。

食盐由省盐业主管机构按照国家下达的计划分配调拨，由当地盐业公司统一组织供应。盐业公司应当建立储备制度，保持合理库存，保证市场需要。

两碱工业用盐按国家有关规定实行合同订货。用盐企业应当将订立的合同及其执行情况，报送省和当地盐业主管机构备案。

其他用盐由省盐业主管机构统一管理，由当地盐业公司统一组织供应，保证用盐企业的需要。

第二十一条　食盐批发、零售实行许可证制度。未取得食盐批发、零售许可证的，不得经营食盐批发、零售业务。

食盐批发许可证由省盐业主管机构审查、核发，报国务院盐业主管机构备案。食盐零售许可证由县级以上盐业主管机构审查、核发。

第二十二条　食盐批发企业应当按照规定的范围购销盐产品。

食盐零售、食品加工用盐及使用其他用盐的单位和个人，应当从当地取得食盐批发许可证的企业购进盐产品。经县级以上盐业主管机构批准，也可就近从取得食盐批发许可证的企业购进盐产品。

用盐单位使用的盐产品，应当按规定用途使用，不得挪作他用或转卖。

第二十三条　食盐、其他用盐从省外调入或调供省外及其进出口业务，由省盐业主管机构统一管理。未经省盐业主管机构批准，任何单位和个人不得向省外购销食盐、其他用盐。

第二十四条　食盐运输实行准运证制度。调拨到省外的食盐的运输，应当持有国务院盐业主管机构核发的准运证。省内跨市（地）、县（市、区）调拨的食盐、其他用盐的运输，应当持有省盐业主管机构或市（地）盐业主管机构核发的准运证。

第二十五条　食盐批发企业应当做好储备工作，保持合理库存，保障供应，不得脱销。

食盐零售单位应当保证小包装碘盐的供应，不得脱销。

第二十六条　严禁将下列产品作为食盐销售：

（一）液体盐（含天然卤水）；

（二）工业用盐；

（三）土盐、硝盐以及用工业废渣或废液制作的盐；

（四）不符合国家食盐标准或行业标准的盐产品；

（五）其他非食用盐产品。

第二十七条　严禁食盐零售单位销售非碘盐、散装碘盐、不合格碘盐以及无防伪碘盐标志的盐产品。

因生产、加工需要使用的非碘盐，由当地盐业公司组织供应。

因治疗疾病不宜食用碘盐的，可以持医疗机构出具的证明，到盐业公司或盐业主管机构指定的单位购买非碘盐。盐业公司、盐业主管机构指定的单位应当保证供应，方便购买。

第二十八条　食盐、其他用盐、盐包装物的价格必须执行国家和省物价部门的规定，任何单位和个人不得擅自调整。

第五章 法律责任

第二十九条　违反本条例第七条规定的，由盐业主管机构责令停止生产、加工，没收违法生产、加工的盐产品和违法所得，并可处违法生产、加工的盐产品价值三倍以下的罚款。

第三十条　违反本条例第十条规定，擅自将盐田废弃、转产的，由盐业主管机构予以制止，责令限期改正，赔偿损失，并可对直接责任人员处以五千元以下的罚款。

第三十一条　违反本条例第十七条规定的，由盐业主管机构责令限期改正，没收违法所得；逾期不改正的，由盐业主管机构责令停止生产、加工，并可对主要负责人员处以五千元以下的罚款。

第三十二条　违反本条例第十九条、第二十条第一款、第二十二条、第二十三条规定的，由盐业主管机构责令限期改正，没收违法购销、经营的盐产品及违法所得，并可处违法购销、经营的盐产品价值三倍以下的罚款。

第三十三条　违反本条例第二十条第二款、第三款规定的，由盐业主管机构责令限期改正，并可对主要负责人员处以五千元以下的罚款。

第三十四条　违反本条例第二十四条规定，无准运证运输食盐、其他用盐的，由盐业主管机构没收违法运输的盐产品，对货主处以违法运输的盐产品价值三倍以下的罚款，对承运人处以违法所得三倍以下的罚款。

第三十五条　违反本条例第二十五条规定的，由盐业主管机构责令限期改正；逾期不改正，造成责任性脱销的，对食盐批发企业处以五千元以下的罚款；情节严重的，可以吊销食盐批发许可证。

第三十六条　违反本条例第二十六条第（一）、（二）、（三）、（五）项规定，将非食用盐作为食盐销售的，由盐业主管机构责令停止销售，没收违法所得，并可处违法所得五倍以下的罚款；构成犯罪的，依法追究刑事责任。

违反本条例第二十六条第（四）项规定，将不符合食盐标准的盐产品当作食盐销售的，依照《中华人民共和国产品质量法》、《中华人民共和国标准化法》的有关规定处罚。

第三十七条　违反本条例其他有关规定的，按照国家有关法律、法规的规定处理；构成犯罪的，依法追究刑事责任。

第三十八条　拒绝、阻碍盐业执法人员依法执行公务的，由公安机关依法查处。

第三十九条　当事人对依照本条例作出的行政处罚决定不服的，可以依法申请复议、提起诉讼。逾期不申请复议、不起诉又不履行处罚决定的，作出处罚决定的机构可以申请人民法院强制执行。

第四十条　盐业主管机构工作人员应当忠于职守，秉公办事；滥用职权、玩忽职守、徇私舞弊的，按照有关规定给予行政处分，构成犯罪的，依法追究刑事责任。

第六章 附则

第四十一条　本条例自 1999 年 2 月 1 日起施行。1991 年 10 月 3 日浙江省人民政府发布的《浙江省盐业管理实施办法》同时废止。

（二）盐业体制

浙江省人民政府关于深化全省盐业管理体制改革的通知

（浙江省人民政府浙政发〔2004〕46号文件）

实施食盐专营8年来，全省各级盐业部门认真贯彻落实国务院《食盐加碘消除碘缺乏危害管理条例》和《食盐专营办法》以及省政府有关文件精神，做了大量工作，盐业管理和发展成效显著，如期实现消除碘缺乏病的阶段性目标。但是，我省盐业管理体制没有完全理顺，表现为人事、业务以垂直管理为主，资产以属地管理为主，导致盐业市场分割、企业规模偏小、产销区之间利益难以协调等问题，影响了食盐专营优势的充分发挥，制约了全省盐业的持续、稳定发展。为此，省政府研究决定，进一步深化盐业管理体制改革，推进食盐流通现代化，在对各级盐业公司进行改革重组的基础上，组建浙江省盐业集团有限公司（以下简称省盐业集团公司）。现就有关问题通知如下：

一、省盐业集团公司的组织结构

省盐业集团公司以现浙江省盐业公司为主体，按照母子公司体制，纳入全省11家市盐业公司和65家县（市、区）盐业公司进行组建。浙江省盐业公司按《公司法》要求改制为国有独资的有限责任公司，作为省盐业集团的母公司，名称相应改为浙江省盐业集团有限公司；各市、县（市、区）盐业公司分别改组为省盐业集团的子公司，名称统一为“浙江省盐业集团××市、县（市、区）盐业公司”。

二、省盐业集团公司组建后的盐业行政管理体制

鉴于食盐专营的特殊性，根据《浙江省盐业管理条例》和我省盐业的实际，保留现省、市、县（市、区）各级盐业管理机构，各市、县（市、区）盐业管理机构名称统一为“浙江省××市、县（市、区）盐务管理局”；各级盐务管理局暂与盐业公司合署办公，实行两块牌子、一套班子。省盐务管理局是省人民政府盐业主管机构，负责全省盐业管理工作，并对市、县（市、区）盐业机构实行垂直管理。

三、各级盐业公司的资产关系和处置办法

省盐业集团公司的国有资产目前暂委托省轻纺集团公司管理，由省国资委监管考核，并落实国有资产保值增值责任。

各市、县（市、区）盐业公司现有的国有资产，实行“先划转，后清理”的办法，以2003年底账面资产为依据，统一上划省盐业集团公司。属供销社系统的9家县（市）盐业公司的集体资产，可在处置不良资产、转换职工身份的基础上，由省盐业集团公司部分收购实行控股或全部收购，并稳妥处置。各市、县（市、区）盐业公司国有资产划转的具体手续，由省国资委牵头，按有关规定和程序统一办理；供销社系统集体资产的收购，由省盐业集团公司商当地政府和供销社等有关部门提出方案，报省国资委同意后实施。

各市、县（市、区）盐业公司整体划转或收购后，原税收关系保持不变；原由财政拨款现转为企业的市、县（市、区）盐业机构，给予3年过渡期，在过渡期内，其经费原则上由当地政府给

予维持。

四、各级盐业公司(盐务管理局)的干部管理和职工劳动关系

省盐业集团公司(省盐务管理局)的领导班子仍由省轻纺集团公司管理;已经进入省盐业集团公司的市、县(市、区)子公司领导班子,按《公司法》的有关规定进行管理;暂未进入省盐业集团公司的市、县(市、区)盐业公司(盐务管理局)领导班子,维持现有管理体制不变。

省盐业集团公司职工为企业性质。各市、县(市、区)盐业公司进入省盐业集团公司后,对2003年12月31日前在册的行政、事业编制人员,其劳动关系等分别按以下办法处理:

1.各市、县(市、区)盐业部门的人员,属行政编制的,商请当地政府同意后调离盐业系统或转为盐业公司职工,转为企业职工的人员,按国家、省有关规定以及当地相关政策,参加当地各项社会保险,此前的连续工龄经认定,视同保险缴费年限;属事业编制的,一律转为企业职工,并按国家和省有关规定以及当地相关政策,做好各项社会保险的衔接。各地盐业公司进入省盐业集团公司后,所有职工由所在盐业公司与其重新签订劳动合同,建立新型劳动关系。对转换身份后职工本人提出自谋职业的,所在盐业公司可与其解除劳动关系,并按规定给予相应的经济补偿金。

2.截至2004年12月31日,距法定退休年限不足5年(含5年)且工作年限满20年,或工作年限满30年的职工,可以根据本人自愿,在报经有关部门批准后实行提前退休,并按当地规定缴纳有关费用。

3.2004年12月31日前离退休的人员,其身份和性质不变、待遇标准不变、经费渠道不变、管理关系不变。其中,企业性质的退休职工,可商请当地政府有偿移交给地方,实行社会化管理。

五、推进食盐流通现代化

省盐业集团公司要以全省盐业管理体制改革为契机,充分发挥食盐专营优势,全面整合盐业产、销资源,进一步形成全省盐业统一的大市场、大流通格局。要加强盐业仓储设施和区域物流配送中心建设,加快建立省级食盐储备,在3年内形成5万吨省级食盐储备能力。大力推进连锁经营、物流配送和信息管理的协调发展,完善物流、商流、信息流和资金流的联动功能,努力构建分装集中化、销售网络化、流通配送化、连锁经营化、管理信息化的全省食盐流通现代化网络体系,不断提高流通效率,降低流通成本,增强全省盐业的市场竞争力。

六、加强领导,统一部署,精心组织,有序推进

深化全省盐业管理体制改革、加快推进食盐流通现代化工作,涉及面广、政策性强,各级政府和各有关部门要高度重视,加强领导,密切配合,协调行动,积极稳妥地操作,稳步有序地推进,确保各项工作顺利完成。省国资委、省财政厅、省编委办、省劳动保障厅、省人事厅等部门,要切实加强对省盐业集团公司组建工作的协调和指导,省轻纺集团公司、省盐务管理局(省盐业公司)要制定具体的实施方案,精心组织,统一部署,周密安排,稳妥实施。各地盐业公司在进入省盐业集团公司之前,维持现行的盐业机构领导干部管理、员工管理和隶属关系不变,管理责任不变。在移交、接收过程中,要严格执行财经纪律和各项规章制度。同时,要加强思想政治工作,讲政治、顾大局,做到思想不散、秩序不乱、工作不断、国有资产不流失,确

保社会稳定,确保市场合格碘盐和各类盐产品的有效供应。

省盐业集团公司成立后,要按照现代企业制度的要求,尽快建立起规范的母子公司体制和健全的法人治理结构;进一步转换企业经营机制,深化人事、劳动用工和分配制度改革;严格人事管理和财务管理,严把进人关、财务关和对外投资关;加大结构调整力度,做精做强主营业务,不断提高运营效率,实现国有资产保值增值,增强整体实力。各级盐业管理部门要依法履行职责,加强产销协调和调控,加大市场监管力度,进一步整顿和规范盐业产销秩序,确保盐的供应及质量和安全,推动全省盐业持续、稳定发展。

附件:拟纳入省盐业集团公司的各地企业名单(略)

二〇〇四年十一月六日

(三)盐业生产

制盐特许条例

(民国3年3月4日北洋政府财政部公布)

第一条 凡为盐制造者,非经政府之特许,不得制盐。

第二条 盐制造者分为五种如下:

甲:制造者;

乙:采卤及试制者;

丙:采掘矿盐及含有盐质之矿物者;

丁:制造盐类之各种物质含有盐化钠四十分以上者;

戊:为精制盐或再制盐者。

第三条 关于前项之盐制造者,皆须提出呈请书于该管盐务官署,俟领有特许证券后始得制盐。盐制造者之权利有移转、继承变更时,亦须遵照本条例办理。

第四条 盐制造者之呈请特许,须同时将应行呈验之契约及图式并所制之盐质,附送该管盐务官署查核登记。

第五条 特许证券由财政部刷印,发交该管盐务官署转给承领证券人,应缴费银四角。

第六条 盐制造者之特许证券遗失或污损,应取具同业者之保结,呈请该管盐务官署补给并照章加倍缴费。

第七条 盐制造者停业时,应报明该管盐务官署注销登记,缴还特许证券。前项停业者,如欲继续制盐,应照本条例第三条办理。

第八条 盐制造者之呈请书所载事项及特许登记号数,应揭载于制盐所及贮藏处,以备该管盐务官署之查验。关于前项查验时,盐制造者不得违抗或为虚伪之答辩。

第九条 盐制造者之呈请,有犯下揭事项之一者,其呈请为无效。

一、制造方法不合者;

二、制盐采卤地认为不适用者;

三、制盐地在管理或交通上认为不便利者;

四、限制其产额已逾定数者；

五、所有权不确定者；

六、呈请书所列事项不确实及不明了者。

第十条　盐制造者呈准特许后，如有违反本条例或其他各条例所规定者，由该管官署各按其所犯之事项处理之。

第十一条　违反本条例第三条第一项之规定者，处五十元以上一千元以下之罚金，并没收其犯罪者之盐及盐产。前项之盐如已出售或消费，应依其价格合其缴纳入官。

第十二条　违反本条例第三条第二项之规定者，处五十元以上五百元以下之罚金。

第十三条　违反本条例第六条、第七条之规定者，处五元以上五十元以下之罚金。

第十四条　违反本条例第八条第二项之规定者，处五元以上百元以下之罚金，其刑法有正条者，由依刑法治罪。

第十五条　自本条例施行之日起，凡盐制造者无论从前曾否在何官署领有执照，皆应准本条例办理。

第十六条　在本条例施行前，各省盐务官署关于取缔盐制造者之各项规章，与本条例不抵触者，仍继续有效。

第十七条　本条例施行细则及书簿各式以部令定之。

第十八条　本条例之施行期以部令定之。

制盐申请许可规则

（1950 年 10 月 14 日中华人民共和国中央财政部批准施行）

第一条　制盐之申请许可，依本规则之规定。

第二条　经营下列各项业务之一者，均为制盐户：

一、制盐者。

二、采汲供制盐用之卤水者。

三、采掘供制盐用之盐矿者。

四、再制盐或洗涤盐者。

五、为上列各项业务之试制者。

第三条　凡申请为制盐户者，应依式备具申请书，连同应附之契约证件公营组织者，依照行政程序申请之。

第四条　盐务机关审核申请书时，得召集原申请人及关系人面询，或径赴申请书所指地点查勘，或提取开采之原料试验之。

第五条　申请人在下列情事之一者，应限期补正手续或申复充分理由后，再予审核：

一、申请不依规定格式列审或列载不完备者。

二、规定应缴之费未行缴付或缴不足额者。

三、召集询问或通知查勘不遵期报到者。

第六条　有下列情事之一者不得许可：

一、采制技术不合者。

二、采制原料不适用者。

三、采制地点在管理上或运输上认为有不适合经营条件或有妨害交通情事者。

四、产权有纠纷未清者。

五、当地原有制盐户之生产量已足规定之产额者。

六、申请书填载事项与事实不符者。

第七条　申请书经该管盐务管理局审核认可后，除照填许可证，发由该管盐场管理处转发具领外，并依式登记备查。

登记簿式另定之。

第八条　制盐许可证有效期限，属于本规则第二条第一款至第四款之制盐户者，最多不得超过十年，属于五款之制盐户者，最多不得超过二年。

前项有效期限，如遇政府决定废场转业时，无论已否届满，应即终止。

制盐许可证费，请由该管盐场管理处审核，呈请盐务管理局核发许可证。

合作社组织者，并应将合格章则，理事及盐事姓名住址，股本总额，一并开列，由合作社负责人申请。

公司组织者，并应将公司名称、所在地及公司种类，董事及监察人姓名、住址、资本总额，引开列、附同章程，由公司负责人申请。

合伙组织者，并须附同合伙契约，由合伙人委托一人申请。

第九条　制盐许可证期限满期后，应即缴销，如欲继续经营，应于期满前三个月内依照规定手续重为申请。

第十条　渔盐户领到许可证后，应于三个月内开始其制盐业务。其延不开办者，除撤销许可证外，并于二年内不准再申请。如因办理工商登记，或工厂设备筹备需要时，超过期限者，得由盐务管理局核准酌予展期，并报盐务总局备查。

第十一条　制盐许可证，不得抵押、租借或转与，违者撤销其许可证。

第十二条　制盐户产业权如全部移转时，应将移转事由，连同制盐许可证，及承受移转人之申请许可证书，报由主管盐场管理处核准过户，转请换发制盐许可证。其产业权部分移转时，移转人与承受移转人，应各就其所有部分，作同样之申请。

第十三条　制盐户原领许可证所列项目有变更时，应报请变更登记。组织有变更时，应依照第三条各项规定，重新申请换发许可证。

第十四条　制盐许可证如有遗失或污损不堪辨认时，应取具常地两户同业保结，连同许可证费，申请补发或换发新证。

第十五条　补发或换发之许可证，其有效期限，以原证有效期限为限。

第十六条　制盐户因产权上之纠纷或其他原因，致不能经营业务时，得由盐场管理处或指定其他同业人代为管理，至上述原因消灭时为止。代管期间，渔盐许可证由盐场管理处保存，其利益由盐场管理处核定处理之。

第十七条　伪造或变造制盐许可证者，除收回其许可证外，并送人民法院依法处理。

第十八条　本规则自财政部核准之日施行。

第二届全国盐务会议关于一九五一年盐务工作方针任务的决定

一九五〇年上半年度，全国各盐区基本上执行了中央人民政府政务院《关于全国盐务工作的决定》。二届全国盐务会议为了进一步做好盐务工作，达到产销适应，保证民食与国家税收，特根据我国盐产丰富愁销不愁产的这一特点，检讨了半年来各地执行情况及存在的问题，并规定了一九五一年的方针任务如下：

一、生产方针：会议认为首届全国盐务会议决定的"公私兼制、按销定产、提高质量、增加产量、减低成本"的方针，以及"（一）凡盐产集中，便于管理，成本低质量高，运输便利的盐场，应增加投资，改进设备，加以恢复和发展。（二）凡无发展前途，但为当地民食所需要，而盐工又不易立即转业的盐场，均暂维持现状。（三）凡条件很差，对民食无大关系，盐工又易于转业的盐场，应逐渐减产以至最后裁废"这些具体方针，基本上都是正确的，一九五一年仍可按此执行，但在目前盐产过剩、销路迟滞、盐工不能立即转业的情况下，各盐区一般均应采取维持的方针，对前述第一类型的集中盐场，以不提"增加产量"与"发展"为妥。对第三类型的盐场，有废转条件的可按计划稳步进行，条件不够的仍维持现状，不可操之过急。

生产任务：为了使产销接近平衡，确定一九五一年全国公私盐的生产任务为六〇三八万担（比一九五〇年任务减产八〇四万担，台湾未计算在内）。

二、运销方针：东北继续统销，关内各地仍采取公私兼运兼销的方针。凡产销分开的地区，由中国盐业公司负责全面包购、包销、包税；由此打下将来统销的基础，但在目前情况下，仍需扩大发动私资、参加运销、不宜限制过严。

运销任务：一九五一年度确定为××万担，其中食盐为××万担，工渔用盐××万担，对外仍争取输出××万担（比一九五〇年任务运销增加了九万担）。

三、税收方针：仍采取"就场征税、税不重征"的方针，税额按一九五〇年六月一日减半征收的规定不变，惟盐税任务改按货币计征，并以销盐担数为计算标准，西南西北为了解决内部及邻区冲销问题，可采取等差税制。

税收任务：一九五一年盐税必成数折食粮为××亿斤。

四、缉私方针：一般的应取消销区缉私，集中力量搞好产区缉私，并加强土盐管理。对防止走私应以说服教育为主，处罚为辅；各地缉私工作，必须依靠群众，反对滥用武力，脱离群众的现象。

五、本决定报请中央人民政府政务院批准后施行。

关于稳定和发展食盐生产的通知

（1984年3月9日浙江省人民政府浙政〔1984〕18号文件）

盐是国家的重要统管物资，人民日常生活的必需品，也是工农业生产的重要原料。盐业生产，是盐区人民赖以生存的主业，也是地方财政收入的一项重要来源。近几年来，盐业生产情况不好，生产成本提高，盐民收入减少，废盐转农，造成盐田减少，产量下降，食盐产不敷销，一些地方食盐告急。稳定和发展盐业生产，增加盐民收入，保证人民群众的食盐和工农业生产用盐的需要，已是一项刻不容缓的任务，也是振兴盐区经济的一件大事。为此，特作如下通知：

一、坚持省内食盐自给的方针。我省有着良好的晒盐条件和悠久的盐业生产历史。有一支20万人的晒盐生产技术队伍。所产食盐不仅氯化钠含量较高，而且色白、粒细、干燥、少杂质，驰誉江南，深受省内外消费者的欢迎，我们必须充分发挥这些优越条件，加强领导，稳定和发展盐业生产，坚持实行省内食盐自给的方针，并按传统习惯，适当组织供应毗邻省市的食盐需要。这样，不仅可以促进盐区经济的发展，安置劳动就业，增加盐民收入，保证省内市场供应，同时也符合就地生产、就近供应的原则，提高社会经济效益，增加地方财政收入。

二、适当增加盐民的经济收入。从1984年起对食盐收购实行价外补贴，每吨原盐补贴10～20元，由产地市、县根据财力可能和产盐质量，规定补贴标准。这项资金由产地盐业经营部门作政策性亏损处理，由产地市、县财政补贴退库解决。社队集体盐场的盐业用电，凡属大电网供电的地方，一律改按农用电计价。

三、开发新盐田，改造老盐田。全省1985年前必须恢复到22万亩盐田面积。首先，现有的盐田面积要稳定下来，并大力进行技术改造，提高单位面积产量。同时，要开发新盐田，要求今后三年每年开发新盐田1万亩，由省统筹安排，择优开发那些滩涂面积大、盐质好、产量高、利于安排劳动就业的地方。已经围垦的海涂适宜于建设盐田的，要优先安排作盐田。随着新盐田的开发，对有些滩涂外移、海水淡化、晒盐工效低、成本高的盐田，要经过省同意有计划地合理地进行调整。舟山地区海水浓度高、蒸发量大、晒盐历史悠久、原盐质量较好、交通运输方便，从长远看，宜将舟山地区建设成为全省食盐的主要基地之一。

坚持以社队自力更生为主、国家扶持为辅的原则，努力解决盐田建设的资金问题。对社队集体开发的新盐田，其资金除社队自筹外，由农业银行发放开发性贷款，实行三年减免税还贷的办法。国家财政给以必要的扶助，每开发一亩新盐田补助200元，由省与县各半负担。需省负担部分，在支援人民公社资金中安排。对改造老盐田所需补助资金，由轻工业厅盐业公司从盐田建设补助资金中安排。近几年，每年经过批准都有一些废弃的盐田转为农田，有关市、县要统筹安排一部分种植粮食，承担粮食征购任务，并从造地费中拨出相应的资金，用于开发盐田。

四、搞好海塘维修，增强抗灾能力。盐业生产是农业生产的一个组成部分，海塘的维修应由水利部门统筹负责，制订计划，落实措施，切实抓好。每年安排资金100万元，由轻工业厅、财政厅和水利厅各负担三分之一。

五、完善盐业生产责任制。根据盐业生产的特点，滩地不宜划得过小，承包时间可以延长到十五年，使滩地、劳动力长期固定不变，以利于盐民安心搞好盐田建设，实行科学晒盐，提高产量和质量。对道路、水利工程等公共设施，要实行统一管理。凡承包盐田的社员，一般不再承包农业责任田，以免发生盐农矛盾。

六、加强食盐的购销管理。原盐是国家专卖商品，必须坚持统一收购，不准私分私卖，严禁走私贩卖活动，以保证完成国家计划，保证财政收入。各地要积极收购场区的食盐，实行按质论价、优质优价。要做好食盐供应工作,保证市场稳定。对于山区、边缘地区的经营部门,可以通过折扣优待等办法给予适当照顾,调动他们经营积极性,解决当地居民“买盐难”的问题。

关于稳步推进盐业产业结构调整的意见

(2005年6月30日浙江省人民政府办公厅浙政办〔2005〕54号文件)

全省盐业实施控产压田以来,已累计废转盐田生产面积5450公顷,压减生产能力25万吨以上,盐田结构和布局渐趋合理。目前,全省尚有盐田生产面积6338公顷,主要分布在岱山、象山、定海、普陀、北仑、鄞州、温岭、玉环、椒江、路桥、苍南、洞头等12个县(市、区),常年生产能力40万吨左右。随着经济的快速发展,全省盐业面临着新的矛盾和问题:一是产盐品种单一,不能满足市场需求,生产结构性矛盾较为突出;二是一些地方出现了重点优质盐田被废转,而劣质盐田却被保留,盐田多废少用,废而不用或废而复产等现象;三是盐业仓储配套建设滞后,保障市场盐产品供应的风险不断增大。上述问题给全省盐业的健康稳定发展带来了不利影响。根据省政府领导有关保护全省盐业生产、做精做强盐业产业的指示精神,结合省内盐业产销实际和国家盐业产业结构调整的总体要求,现就全省盐业产业结构调整提出如下意见:

一、重要性和必要性。盐是国计民生的战略物资,是人民生活的必需品。搞好盐业产业结构调整,保证盐的安全有效供应,事关经济的持续快速健康发展,事关广大人民群众正常的生活,事关社会的稳定。近几年,随着盐田废转速度的加快,全国盐的产销形成从产大于销转变为产销基本平衡,一旦北方盐区遇到不利天气而减产,全国盐的供应就会出现紧张。对此,必须未雨绸缪,高度重视,采取有效措施,稳步推进全省盐业生产结构调整,确保盐的安全供应。

二、指导思想。坚持“合理布局、扶优限劣、稳定有序”的原则,以市场为导向,以保障盐业市场供应、增加盐民收入、提高盐业综合经济效益为目的,稳步推进全省盐业产业结构调整。保持省内盐业特色,保留一定数量的盐业生产能力,依靠科技进步,提高产品质量,促进盐业产业结构的不断优化升级。

三、重点保留的盐场。今后一个时期,通过盐业产业结构调整,全省盐业将重点保留岱山、象山、普陀、定海、北仑、鄞州、玉环等7个县(区)的30家盐场,盐田生产面积3604公顷,产盐能力23万吨(其中,日晒自然盐6万吨,一级日晒盐4万吨,腌制用盐13万吨)。以上重点保留的盐场,原则上不再予以废盐转产。

四、推进盐业生产基地建设。要依法严格划定盐场保护区,防止盐区海水受污染。要充分发挥省内盐业资源、市场、技术、区位等方面的比较优势,配套建设日晒自然盐、日晒一级盐和腌制用盐生产基地。对重点保留的盐场和其他盐场要分类生产,分类建设,分类管理,并按生产基地类型和产品质量种类定向投入盐业技改资金,逐步形成具有区域特色的盐业主导产品和稳定的生产基地。要创新盐场管理体制,引导和鼓励盐业产业化、规模化生产。

五、稳步有序推进盐田废转。加强盐田废转的宏观调控,坚持按规划有序废转。对不适宜盐业生产的劣势制盐企业及低产劣质盐田，应有组织、有计划地予以废转。防止出现废而不转，或多废少转，甚至造成盐田抛荒等现象。

六、深化食盐定点生产制度。食盐生产实行定场、定滩、定量、定质、定购“五定”管理，推行按指令性计划定点生产，按产销合同收购，形成按计划生产和以销定产有机结合、生产者与经营者互惠互利、规范有序的食盐生产计划管理新模式。

七、提升产品层次。要立足本省市场，开发生产新品种盐，满足市场对盐产品多样化、多层次、优质化和健康安全的消费需求。要按照食盐精细化要求，重点开发生产外观指标和内在质量一流的日晒自然盐，形成浙盐特色。要加快开发食盐品种和包装，积极实施品牌战略，形成省产精品日晒自然盐、日晒盐、腌制用盐系列。要推行清洁生产，推广 ISO9000 系列质量体系认证和绿色标志认证，改进结晶工艺和操作技术，改造结晶设施，提高制盐科技水平，实现浙盐升级换代。

八、做好盐业储备工作。为保持必要的盐源，在稳步推进省内盐业产业结构调整，加强重点盐场保护的基础上，通过投资、参股等形式，建立省外盐业生产基地。要按照省政府《关于深化全省盐业管理体制改革的通知》(浙政发〔2004〕46 号)精神，加强盐业仓储设施建设，加快建立省级食盐储备，在 3 年内形成 5 万吨省级食盐储备能力。

九、稳妥处置盐田废转后的有关事宜。产盐区各级人民政府要高度重视和妥善处理废转后盐民的社会保障、就业等相关利益问题，解除盐民的后顾之忧。废转盐田较多的地区，开发主体视情给当地盐业公司适当的盐田废转补偿，用于处理因废转盐田而导致盐业公司富余人员的分流等事宜。有关地方人民政府要重视和支持产盐区转变为销区后的盐业仓储设施的建设。

（四）盐业执法

私盐治罪法

（民国 3 年 12 月 22 日北洋政府盐务署公布）

第一条　凡未经盐务署之特许，而制造、贩运、售卖或意图贩运而收藏者，为私盐。

第二条　犯私盐罪者，以下列处断：

一、不及三百斤者，处五等有期徒刑或拘役；

二、三百斤以上者，处三等或四等有期徒刑；

三、三千斤以上者，处二等或三等有期徒刑；携有枪械意图拒捕者，加本刑一等。

第三条　犯私盐罪，结伙十人以上，拒捕杀人，伤害人致死及笃疾或废疾者，处死刑。伤害人未致死及笃疾者，处无期徒刑或一等有期徒刑。

结伙不及十人，伤害人致死或笃疾或废疾者，处死刑或无期徒刑。伤害人未致死及笃疾者，处无期徒刑或二等以上有期徒刑。

第四条　犯前条之罪应处死刑者，得用枪毙。

第五条　第三条之未遂犯，罚之。

第六条　知系私盐，而搬运受寄故买或为其保者，减第二条之刑一等或二等。

第七条　盐务官员，缉私场警兵役，自犯私盐罪或犯人同谋者，加第二条之刑一等，其知有人犯第一条情事，而不予以相当之处分者，与犯人同罪；因犯前二项之罪而获利者，并科所得价额二倍以下价额以上之罚金，若二倍之数不及一百元，科一百元以下价额以上之罚金。

第八条　犯第三条之罪者，夺公权，其余得夺之。

第九条　犯私盐罪者，所有之盐及供犯罪所用之物，没收之。

第十条　本法自公布日施行。

缉私条例

（民国 3 年 12 月 29 日北洋政府盐务署公布）

第一条　凡未经盐务署之特许，而制造贩运售卖或意图贩运而收藏者，由缉私营队查缉之，地方官应负协助之责。

其经盐务署特许，而制造贩运售卖不知法者，由盐场或掣验榷运官吏查禁。但遇有重要情形，必须营队协助者，经该官吏之商调，或盐运使之调遣，缉私营队应协助之。

第二条　缉私营队缉捕前条第一项人犯，须人盐同获，获盐不获人者，仅就现获之盐没收之。

第三条　缉私营队于执行职务时，遇有结伙执持枪械拒捕者，得格杀之。

第四条　缉私营队缉获人犯，应移送该管司法官署或兼理司法事务之县知事审理。

第五条　缉私营队缉获私盐，应解交就近盐务官署，没收变价，除提成充赏外，归于盐务项下，报解充公。其充赏成数，由盐务署定之。

第六条　本条例第二条、第三条、第四条于盐场巡警或商雇巡役，经官署许可者适用之。

第七条　本条例自公布日施行。

第八条　本条例施行后，凡以前关于缉私各项章程规章，与本条例不相抵触者仍继续有效。

关于私盐查缉处理问题的联合通知

（1962 年 4 月 6 日浙江省财政厅、浙江省轻工业厅发布）

（前略）

为了有利于盐业生产的发展和对原盐的收购、供应，保证国家税收，除各地税务机关、盐务机关应协同有关部门采取有效措施，切实加强盐税的征收管理外，对私盐的查缉处理问题经省财政厅税务局报奉财政部税务总局同意，暂作如下规定：

1. 任何单位生产的原盐，除规定自食免税的部分外，应于原盐出场时照章纳税。凡未照章纳税而擅自私运、私销，调换物资，以及运销情况与所持税票（目前凭盐业供销部门发票随运）不符的，都为私盐；将渔业、农牧业、工业用盐擅自移作他用或出卖的，以及出卖半成品“鲜卤”充作食用或腌制蔬菜和副食品未按规定纳税的，也均以私盐论处。

2. 贩运或出售私盐，除照章补税外并按下列规定予以处罚：凡查获私盐，不论数量多少，根据情节轻重和违章人的经济收入情况，按税额处以 5 倍以下的罚金；凡连续或有组织地运售私盐，情节严重的没收其盐与自有运盐工具（如非自有的运盐工具，经查明系知情同犯者，得一并没收），以暴力抗税的，送人民法院处理。

3. 贩运或出售的私盐，如系偷窃而来的，除由当事人补交盐税和承担罚款外，对其盐（或盐本）比照无主私盐处理，即由税务机关公告，限在七天内由被窃单位认领；无人认领的由税务机关没收处理。

4. 私盐案件罚款及没收物品变价款，扣除应交税款外，其余按下列规定分配：机关、团体及个人（税务和盐务干部除外）缉获的，根据罚没款的多少，视缉获人所占用的时间和积极程度，在80%的幅度内提给奖金，15%作为缉私费用提存，其余按其他罚金收入科目入库；协助税务、盐务部门缉获的，根据罚没款的多少，视协助人因缉私所占用的时间和积极程度，在50%的幅度内提给奖金，40%作为缉私费用提存，其余按其他罚金收入科目入库；由群众检举告密因而缉获的，根据罚没款的多少，在30%的幅度内提给检举告密人奖金，50%作为缉私费用提存，其余按其他罚金科目入库；税务和盐务部门缉获的，以60%作为缉私费用提存，其余按其他罚金收入科目入库；提存的缉私费用，一律由市、县税务局专户储存，专款专用，严格控制使用范围，不能用于与缉私无关的方面。具体使用范围，应当只限于解决私盐的包装、运费；召开护税会议，奖励缉私护税模范等费用；以及其他为执行查缉工作或处理缉私案件无法报销的必要开支，盐务部门支付的缉私费用，可向税务机关报销。

5. 群众检举查缉的私盐案件，如果只补不罚的，在必要时也可酌情适当给予奖励，但提奖数额应控制在所补税款10%的范围内，并从低掌握。此项奖金可在其他罚金收入中开支。

6. 缉私奖金和缉私费用的提取、支付，按省税务局拟订的管理暂行办法（附后）办理。

7. 对私盐查缉处理的分工，应根据1958年财、轻两部《关于盐税交由税务机关接办的联合通知》的规定办理。即在盐场的查私工作仍由盐务部门负责；在场区以外则由税务机关负责。盐务部门查获的案件原则上送由税务机关处理，如果场区离税务机关较远，也可由市、县税务局委托盐务所代为办理，并向税务机关结报；但私盐在2000市斤以上或处罚在2倍以上的案件，仍应送税务机关处理。

税务机关处理私盐案件的审批权限，应和工商税收的违法案件一样，原则上应由市、县税务局办理；但对处罚不超过1倍并罚款金额不超过10元的，可以授权税务所处理；如果处罚超过1倍或处罚不到1倍而罚款超过10元的案件，以及没收私盐、运盐工具和其他物品，都必须一律报由市、县税务局处理。

上述意见，希即认真研究执行，税务机关和盐务机关在当地党委统一领导下应当紧密配合，广泛深入地做好有关盐税政策的宣传工作。在执行新的罚则时，仍应注意贯彻“教育为主，处罚为辅”的原则。执行中碰到的问题，希随时报告省税务局。

关于保护盐业生产打击走私偷税活动的布告

（1981年9月浙江省人民政府发布）

原盐是国计民生的重要物资。为了保护盐业生产，严肃国家税法，现根据中华人民共和国刑法和有关盐务、税务规定，布告如下：

一、国营盐场和集体盐场生产的盐，均由国家盐业部门收购和分配，任何单位和个人不得自行处理和销售。

二、任何单位和个人，不得私制、私运、私销原盐，或以私盐换取其他物资。违者要照章补税，并视情节轻重，处以罚款或没收。

三、要加强缉私护税工作。对走私偷税的惯犯、首犯，对以暴力抗拒缉私人员的检查或向检举揭发人行凶报复的犯罪分子，应予依法惩处。

四、广大人民群众要协助人民政府做好缉私护税工作，对积极检举揭发走私偷税案件有功的单位和个人，当地税务部门应按规定给予奖励。

关于办理非法经营食盐等涉盐犯罪案件有关问题的通知

（2000 年 7 月 18 日浙江省高级人民法院、浙江省人民检察院、浙江省公安厅发布）

为依法惩处扰乱食盐市场秩序的犯罪活动，保护公民的身体健康，根据刑法有关规定，结合我省实际情况，现对办理非法经营食盐等涉盐犯罪案件的有关问题通知如下：

第一条　非法经营食盐是指违反盐业管理法律、法规，非法收购、储运、运输、生产、销售食盐的行为。

第二条　个人非法经营食盐具有下列情形之一的，属于刑法第 225 条中的“情节严重”：

（一）非法经营食盐数量在 30 吨以上不满 80 吨的；

（二）非法经营食盐数量在 20 吨以上不满 30 吨，但具有下列情形之一的：

(1)曾因非法经营食盐被盐务管理机关给予两次以上行政处罚的；

(2)逃避、阻碍盐务管理机关依法检查的；

(3)非法经营劣质盐，或将非碘盐充当碘盐销售的。

（三）其他情节严重的情形。

第三条　个人非法经营食盐具有下列情形之一的，属于刑法第 225 条中的“情节特别严重”：

（一）非法经营食盐数量在 80 吨以上的；

（二）非法经营食盐数量在 60 吨以上不满 80 吨，但具有下列情形之一的：

(1)曾因非法经营食盐被盐务管理机关给予两次以上行政处罚的；

(2)逃避、阻碍盐务管理机关依法检查的；

(3)非法经营劣质盐，或将非碘盐充当碘盐销售的。

（三）其他情节特别严重的情形。

第四条　单位非法经营食盐数量在 80 吨以上，或者因非法经营食盐被盐务管理机关给予两次以上行政处罚又非法经营食盐，数量达到 60 吨的，对单位判处罚金，并对其直接负责的主管人员和其他直接责任人员，依照刑法第 225 条的规定处罚。

第五条　非法经营食盐达到以上数量，发生亏损的，不影响构成非法经营罪。两次以上非法经营食盐的，其经营数量应当累计，但已受过处罚的除外。

第六条　非法经营劣质食盐，或者将非碘盐充当碘盐销售的，销售额在 5 万元以上，同时构成非法经营罪和生产、销售伪劣产品罪的，按重罪吸收轻罪原则定罪处罚。

第七条　在生产、销售的食盐中掺入有毒、有害的非食品原料，或销售明知掺有有毒、有害的非食品原料的食盐的，按刑法第144条的规定定罪处罚。同时构成非法经营罪的，按重罪吸收轻罪原则定罪处罚。

第八条　以暴力、威胁方法阻碍盐务管理机关工作人员依法执行职务的，按刑法第277条规定定罪处罚。

第九条　公安机关查处的涉盐案件，经查证认为不构成犯罪而属于违反盐务管理法规的，应当移送盐务管理机关给予行政处罚。

第十条　本通知自下发之日起执行。本通知下发前已经处理过的案件不再变动，尚未处理或正在处理的案件，按本通知规定执行。今后法律、司法解释有新规定的，执行新的规定。各地在执行中遇到问题，请及时报告。

最高人民检察院
关于办理非法经营食盐刑事案件具体应用法律若干问题的解释

（2002年7月8日最高人民检察院第九届检察委员会第112次会议通过）

为保护公民身体健康，维护社会主义市场经济秩序，根据刑法的有关规定，现对办理非法经营食盐刑事案件具体应用法律的若干问题解释如下：

第一条　违反国家有关盐业管理规定，非法生产、储运、销售食盐，扰乱市场秩序，情节严重的，应当依照刑法第二百二十五条的规定，以非法经营罪追究刑事责任。

第二条　非法经营食盐，具有下列情形之一的，应当依法追究刑事责任：

（一）非法经营食盐数量在二十吨以上的；

（二）曾因非法经营食盐行为受过二次以上行政处罚又非法经营食盐，数量在十吨以上的。

第三条　非法经营食盐行为未经处理的，其非法经营的数量累计计算；行为人非法经营行为是否盈利，不影响犯罪的构成。

第四条　以非碘盐充当碘盐或者以工业用盐等非食盐充当食盐进行非法经营，同时构成非法经营罪和生产、销售伪劣产品罪，生产、销售不符合卫生标准的食品罪，生产、销售有毒、有害食品罪等其他犯罪的，依照处罚较重的规定追究刑事责任。

第五条　以暴力、威胁方法阻碍行政执法人员依法行使盐业管理职务的，依照刑法第二百七十七条的规定，以妨碍公务罪追究刑事责任；其非法经营行为已构成犯罪的，依照数罪并罚的规定追究刑事责任。

（五）运销管理

销盐规则

（民国31年10月5日国民政府财政部令公布）

第一条　全国各地盐之销售，除法令别有规定外，悉依本规则之规定。

第二条　各地盐之配销售卖，由盐专卖机关监督管理之。

第三条　各地食盐之售卖，以批交依法组织之合作社或商人办理为原则。但必要时，得由各区盐专卖机关呈准盐务总局自设机构办理。渔业及农业、工业用盐之销售，另由盐务总局核定，各区盐专卖机关自设机构或指定机构办理。

第四条　承办销盐之合作社或销盐商人，除肩挑摊贩外，应设一定之营业所，统称为食盐公卖店。肩挑摊贩，应有一定之地区。其管理办法，另由各区盐专卖机关订定，呈报盐务总局备案。

第五条　承办销盐之商人，以有中华民国国籍者为限。

第六条　凡依法组织之合作社或商人承销食盐者，应具申请书向该管盐专卖机关申请，核准发给销盐许可证及购盐折。前项申请书、销盐许可证及购盐折，由各区盐专卖机关依照盐务总局规定式样制发。除销盐许可证应准免费外，其申请书及购盐折，按实需印制成本，酌收费用。

第七条　承办销盐之合作社或商人领证销盐之有效期间，自核准之日起，以一年为限。期满，应将原领证折缴销。如愿继续营业者，应在期满两个月前呈请盐专卖机关核明，另发销盐许可证及购盐折。

第八条　承办销盐之合作社或商人在期限内未经呈准，不得停业或私行转让。

第九条　各区盐专卖机关对于各地承办销盐之合作社或商人家数，得视各地之需要及销量并就管理上之便利规定之。

第十条　依法组织之合作社或商人申请承办销盐业务，而遇所请之营业区域内承销家数足额或应限制时，该管盐专卖机关得准先予登记，遇有缺额时，依次递补。

第十一条　承办销盐之合作社或商人应缴纳保证金，其金额由盐务总局酌定之，但肩挑摊贩得免缴纳。前项保证金于奉准停业时照原额发还，不给利息。

第十二条　承办销盐之合作社或商人应以直接售给食户为原则。承销商人如兼办屯售批发，应申请该管盐专卖机关核准。前项屯售食盐，应与零售盐划分领销。

第十三条　承办销盐之合作社应以各社之业务区域为范围，并应于社内另设专部办理之。

第十四条　承办销盐之合作社或商人应依据每月承销盐额，照价备足资本。前项资本总数，以足敷周转为准。

第十五条　承办销盐之合作社或商人应将盐斤之销售及款项之出纳，开立专账，逐日登载，随时听由盐专卖机关派员稽核。

第十六条　承办销盐之合作社或商人每次发售食户盐量，得由各区盐专卖机关酌情呈盐务总局核定公告之。

第十七条　各地食盐之分配，由盐务总局随时体察市场需要及运输情形，核定集散处所，并得以集散处所为中心，划定配销区域。

第十八条　各集散处所应由各区盐专卖机关设立盐仓，就仓配售。各划定配销区域所需食盐，应向所隶集散处所配领。必要时，得由各区盐专卖机关核准，变更配盐地点。

第十九条　各地配盐数量应以县市为计算单位，由各区盐专卖机关按照地方政府查报户口之统计数计算核定之，并得参酌前三年平均销数增减之。

第二十条　承办销盐之合作社或商人，应以向集散处所盐仓配购为原则，其未能向集散处所配销者，得向同一县内兼办屯售之商人批购零售。前项兼办屯售之商人应向集散处所盐仓配购。

第二十一条　承办销盐之合作社或商人向集散处所盐仓配购时，应先缴验购盐折，按照折内所载承销月额，按月一次或分次领足。但遇仓存充足或缺少时，该管盐专卖机关得随时体察情形，增减支配之。承办销盐之合作社或商人如系向兼办屯售商人批购者，亦应凭购盐折所载承销月额，按月一次或分次领足。

第二十二条　集散处所盐仓配发盐斤于承办销盐之合作社或商人时，应填发护运单，随盐护运，盐单不得相离。并于盐斤运达销地时，送经当地乡镇保甲或由盐专卖机关指定之地方机关验明盖章，于下次购盐时缴销之。前项护运单，由各区盐专卖机关定之。

第二十三条　兼办屯售之商人每次配领屯售盐斤，除由盐仓填发前条之护运单外，同时应向盐仓请领空白分销单，于盐斤到店屯售批发时填给之。前项分销单式样，由各区盐专卖机关规定印制之。

第二十四条　承办销盐之合作社或商人不能领足盐额，经该管盐专卖机关查明，确无资力者，即撤销其销盐许可证，并勒令停业。

第二十五条　酱园腌制业及集团生活团体用盐较多者，得按其实需盐量，向该管盐专卖机关申请，查明属实，核定每月购盐额数，另发购盐折。按月一次或分次，凭折购买额盐。

第二十六条　集散处所盐仓暨承办销盐之合作社或商人所用衡器，应于每日使用前，以砝码校准，并须随时送由当地检定机关复校之。

第二十七条　各集散处所之仓价，由该管盐专卖机关依照核定之价格公告之。

第二十八条　承办销盐之合作社零售盐价或商人屯售零售盐价，由各区盐专卖机关核定并公告之，并呈报盐务总局察核。前项屯售零售价之组合，应以仓价加入由仓至销地实需成本及利润为准。前项利润率，由盐务总局核定，呈报财政部备案。

第二十九条　承办销盐之合作社或商人应将核定屯售零售价牌告之，并须悬挂显明处所。

第三十条　盐价，按市秤计算之。屯售价，以一百市斤为单位；零售价，以一市斤为单位。其未通行市秤地区，依其所用衡器，按市秤折合计算。

第三十一条　承办销盐之合作社或商人对于核定盐价抬价出售或克扣盐量以图法外利益者，应依《盐专卖暂行条例》第四十五条处罚外，其属于囤积居奇行为者，另依非常时期取缔日用重要物品囤积居奇办法处罚之。

第三十二条　各区盐专卖机关得依本规则之规定，斟酌各该区情形，另订各该区食盐公卖店管理规则，呈由盐务总局核准，并报财政部备案。

第三十三条　本规则施行后，凡从前关于销盐各项章则与本规则不相抵触者，仍适用之。

第三十四条　本规则自财政部核准之日施行。

两浙区食盐公卖店管理规则

（民国31年10月6日奉国民政府财政部盐务总局核准）

第一章　总则

第一条　本规则依据《销盐规则》第三十二条之规定制定之。

第二条　本区各市县食盐公卖店悉依本规则管理之。

第二章　组织

第三条　各市县食盐公卖店，由两浙盐务管理局所属各该管专卖机关招致正当殷实商人或依法组织之合作社承办之。前项食盐公卖店招征期间及限期，由两浙盐务管理局以命令定之。

第四条　凡申请开设食盐公卖店者，应依左列各事项，缮具申请书，并照本规则第十四条之规定数额缴纳保证金，呈经该管盐专卖机关审查合格，核准登记，发给销盐许可证及购盐折后，开始营业。其经审查不合格者，即将原缴保证金如数发还。

（一）食盐公卖店牌名。

（二）经理人姓名、年龄、籍贯、住址。（以有中华民国国籍者为限，并应与户籍所载者相符。）

（三）拟设地点。

（四）兼营或专营。

（五）零售。

（六）资本总额。

（七）拟销盐类。

（八）拟销盐斤月额。

（九）拟向何地官仓购领。

前项申请书、销盐许可证及购盐折，由两浙盐务管理局依照盐务总局规定式样制发。除销盐许可证应准免费外，其申请书及购盐折，按实需印制成本，酌收成本费用。其费用数目，并印于书折封面之上。

第五条　各市县依法组织之合作社申请组设食盐公卖店者，依合作社承销食盐办法大纲及两浙区各市县合作社承销食盐细则办理之。

第六条　各市县应行设置食盐公卖店家数，暂定每一乡（镇）设立一店为原则。必要时，得由两浙盐务管理局审度实需情形暨销盐数量，以命令增减之。

第七条　凡申请开设食盐公卖店者，而遇所请之营业区域内公卖店家数已经足额时，各该管盐专卖机关得先审查，准予存记，遇有缺额时，依次递补，前项准存记之食盐，公卖店原缴之保证金仍先发还，俟递补时，再饬照缴。

第八条　各市县食盐公卖店领证售盐之有效期间，自核准之日起，以一年为限。期满，应将原领证折缴销。如愿继续营业者，应在期满二个月前，呈请该管盐专卖机关核明，另发销盐许可证及购盐折。

第九条　各市县食盐公卖店，未经盐专卖机关领有销盐许可证者，不得营业。其在核定承销期限内，未呈准，不得停止营业或私行转让。

第十条　各市县食盐公卖店应将奉发销盐许可证配置玻璃、木框，悬挂于店内显明处所。

第十一条　各市县食盐公卖店，以每一乡（镇）为单位，冠以乡（镇）名称，为某某乡镇（牌名）食盐公卖店。其店章，按左列规定，由公卖店自行刊用，并先将印模呈送该管盐专卖机关备查。

（一）木质，长宽各四公分。

（二）边缘宽五公厘。

（三）阳文楷书“某某乡镇（牌名）食盐公卖店店章”。

第十二条　各市县食盐公卖店所领销盐许可证及购盐折，如有遗失，或污损至不堪辨认时，应备具当地殷实商店两家保结，呈经该管盐专卖机关核明，补发并公告之。前项补发之证折，各按实需印制成本，加倍收费。

第三章　资本

第十三条　各市县食盐公卖店应依据各该店每月承销盐额，照价备足资本，其总额以足敷周转为准。如因承销月额增加，或盐价上涨，原定资本不敷周转时，应随时加添之。

第十四条　各市县食盐公卖店应缴纳之保证金：

（一）承销月额不满一百市担者，缴纳保证金五百元。

（二）承销月额满一百市担以上者，缴纳保证金一千元。

（三）承销月额满三百市担以上者，缴纳保证金三千元。

前项保证金，于奉准至停业时，照原额发还，不给利息。

第四章　配销

第十五条　各市县食盐公卖店向官仓购运盐斤，应依照配销区域行之。各配销区域，由两浙盐务管理局以命令公告之。

第十六条　各市县食盐公卖店应向各该管盐专卖机关指定之官仓，按照规定仓价，配购食盐零售。

第十七条　各市县食盐公卖店每月购销食盐数量，应由各该管盐专卖机关按其承销盐额与供销人口数，在各该市县应配每月额盐内拨配。倘有食盐公卖店因故一时未能购领配给额盐或购不足额，呈经该管盐专卖机关核明，得暂加配于其他食盐公卖店购领。但连续三个月不能购足，计短三分之二以上，或满六个月短购应领额盐计达三分之一者，即撤销其销盐许可证，另以备补或续招之食盐公卖店承销补充之。如各食盐公卖店承销月额不足各市县配销总额时，应以备补或续招食盐公卖店承销补充之。

第十八条　各市县食盐公卖店应按配给每月应购盐斤数额，持同购盐折，向该管盐专卖机关指定之官仓，照数一次或分次径运，各官仓于秤放时填发水、陆运食盐护运单，交其依期自行护运回店销售。前项护运单式样，由两浙盐务管理局规定印制之。

第十九条　前条护运单应随盐护运，盐单不得相离，并于盐斤运达到店时，送经当地乡镇保甲验明签字盖章后，于下次购盐时缴呈原领盐官仓，转呈核销。

第二十条　各市县食盐公卖店领到之盐，除遵照该管盐专卖机关规定配销办法实销外，如有余额，不得转运，应报明该管盐专卖机关，以凭核定次期配额。

第二十一条　各市县食盐公卖店售盐，应直接售给食户。其已实行凭证计口授盐区域，概须凭证售盐，并将所收食户购盐证于每月终汇缴该管盐专卖机关核销。

第二十二条　各市县食盐公卖店每次零售盐量，得由两浙盐务管理局察酌供需情形，分别呈请盐务总局核定公告之。

第二十三条　各市县食盐公卖店领销之盐，如有意外耗亏或损失，应备具证明文件，呈俟该管盐专卖机关查明确无情弊者，得准备价补领所短盐额。唯该项耗折或损失，不得加入零售盐价。

第二十四条　各市县食盐公卖店售盐，不得掺和杂质或水分。

第二十五条　各市县食盐公卖店不得收购及售卖私盐。

第五章　售价

第二十六条　各市县食盐公卖店之零售价，由各该管盐专卖机关核定之。其组成细目如左：

(一)“仓价”，核定配销据点，政府发售之仓价。

(二)“运费”，包括由起运地至到达地一切运输及起卸抬力等费。

(三)“折耗”，屯、售，包括运输及存储折耗、抛散、切碎，或秤亏等损失。

(四)“号缴”，包括房租人工薪资、伙食、纸张、笔墨、簿记、印红及一切杂费。

(五)“利润”，营业纯益。前项组成细目，非奉盐务总局核准，不得变更与增减。

第二十七条　前条折耗、号缴、纯利，一律按百分率计算。百分率，由两浙盐务管理局呈请盐务总局核定之。

第二十八条　前条折耗、号缴、纯利之核计，应按其规定百分率，分别照仓价、运费两项算给，不得逐项累计。

第二十九条　各市县食盐公卖店应将核定零售价牌告之，并悬挂显明处所。

第三十条　各市县食盐公卖店应遵照前条核定牌告价格出售，不得暗盘交易，并不得垄断操纵，囤积居奇。

第三十一条　各市县食盐公卖店售盐，不得有抬价或短秤情事。

第六章　账册

第三十二条　各市县食盐公卖店对于盐斤价款之收支结存，应逐日按照规定账册格式登记清楚，不得涂改污损，亦不得将其他货物账目混合登记。前项簿册格式，另定之。

第三十三条　各市县食盐公卖店应于次月月初暨年度终了，将上月份或上年度盐斤收售存及价款收支存数目，分别造具数目表，呈送该管盐专卖机关查核。前项表报格式，另定之。

第三十四条　各市县食盐公卖店如遇盐专卖机关所派人员稽查账目时，应随时将簿册账据交阅。对于所询事件，并应据实答复，不得有拒却推诿或含混蒙饰情事。

第三十五条　前条人员向各公卖店稽查账目时，如有需索供应或藉故勒诈情事，得由各该公卖店向该管盐专卖机关告发，查实，依法办理。

第七章　罚则

第三十六条　违反第九条之规定者，照《盐专卖暂行条例》第四十四条之规定处罚。

第三十七条　各市县食盐公卖店如未在原申请之地点设点销盐，即立予撤销其销盐许可证，并没收其保证金。

第三十八条　违反第十五条第一项之规定，或盐与护运单相离，或不符并无充分理由提出者，即作为私盐论，并照《盐专卖暂行条例》第三十一条及第三十二条各规定处罚。

第三十九条　凡将护运单私自改窜及伪造或旧单重用者，照《盐专卖暂行条例》第四十九条之规定处罚。

第四十条　违反第二十条之规定者，撤销其销盐许可证，并没收其盐。如盐已转运，或因其他事由无可没收时，得按当地食盐零售价，追缴加倍之价款。

第四十一条　违反第二十二条之规定逾量多售者，按多售盐斤所得之价加倍处罚。其案情重大者，得由该管盐专卖机关呈请两浙盐务管理局核办。

第四十二条　违反第二十四条之规定者，照《盐专卖暂行条例》第四十六条之规定处罚。

第四十三条　违反第二十五条之规定者，照《盐专卖暂行条例》第三十一条及第三十二条各规定处罚。

第四十四条　违反第三十条之规定者，照非常时期取缔日用重要物品囤积居奇办法处办。

第四十五条　违反第二十一条之规定者，照《盐专卖暂行条例》第四十五条之规定处罚。

第四十六条　违反第三十二条第一项之规定者，应由该管盐专卖机关查明，初犯处以五元以上、二十元以下之罚锾；再犯，照初犯加倍处罚。

第四十七条　违反第三十四条之规定者，照《盐专卖暂行条例》第四十七条之规定处罚。

第四十八条　违反第二十五条及三十条之规定处分者，应于罪行确定后，并撤销其销盐许可证。

第八章　附则

第四十九条　食盐公卖店申请书、销盐许可证暨购盐折，均须按现行印花税法贴足印花，其税费由申请开设食盐公卖店负担之。

第五十条　本规则施行后，凡关于各项章制与本规则不相抵触者，仍适用之。

第五十一条　本规则如有未尽事宜，得随时由两浙盐务管理局呈请盐务总局核准修正之。

第五十二条　本规则自奉准公布之日施行。

两浙区计口授盐暂行办法①

（一）本办法依据《盐专卖暂行条例》第二十九条之规定制定之。

（二）本区计口授盐，定每人每月食盐九两（不分大小口）。根据地方政府最近调查之人口，由县府分户列册，送由该管盐务机关核填购盐证，仍转由县府，转给各户存执，向指定食盐公卖店购买盐斤。是项购盐证之发给，遇必要时，得由盐务机关自行或会同县府办理之。

（三）购盐证，每份十二联，备一年之用，即每月一联。

（四）购盐证，依照普查户口条例，分为下列三种：

甲、普通户，每户一份。证内填明某县某区某乡（镇）保甲及户主姓名、实在人数、每月共需盐量，按月购盐。寺庙僧道请领购盐证手续，与普通户同。

乙、营业户，如客栈、面店、菜馆、饭店、商号、工厂等属之。其应需食盐，由各该商铺负责人开具清单（如人数、需用盐量及营业状况等项），签名盖章，申请该管盐务机关，或报由当地县政府核转，给证凭购。腌腊用盐，得由各该同业公会证明，转请核发"临时购盐证"。酱坊用盐办法，另定之。

丙、公共户，如机关、学校、团体及军警团队皆属之。应备具正式公函，填明人数及其需盐量，请由县政府核转该管盐务机关，发给购盐证。其月需数量较多者，得由盐务机关斟酌情形，准就食仓直接价购。军队用盐，依照财政部规定办法办理之。

（五）船户食盐，在停泊期内，其每日用盐，应按全船人数，比照普通食户办理，其购买手续亦同。船户出境者，以一天计，在途食盐，须取当地乡镇公所证明，方得购盐。

（六）各种临时购盐证，限用一次。由公卖店发盐时，加盖售讫戳记收存，于月终汇送各该管盐务机关核销。

（七）凡人口移动时，应即履行人事登记，随时由该管乡长在购盐证上更正人口数及需用盐量，加盖名章，以备查核。如迁移出境者，应将购盐证缴销，并分别呈报登记，不得任意移转或冒名顶替，违者处以五元至二十元之罚锾。

（八）凡普通户、营业户、公共户、船户等，凭证所购食盐，概限自行食用。倘有私自转售图利，或贩运出境者，即以私盐论，依照《盐专卖暂行条例》第二十一条及三十二条之规定处办。

（九）各公卖店凭证售捻。除照本区食盐公卖店管理规则第二十一条之规定办理外，并将发售月份之凭证裁下后，应在次月一联上加盖上月份食盐售讫戳记。

（十）本区计口授盐县份，由两浙盐务管理局以命令定之。

（十一）本办法经两浙盐务管理局拟订，呈奉盐务总局核定实施，并转报财政部备案。修正时同。

---

① 据两浙盐务管理局报告。转引自〔民国〕《重修浙江通志稿》，方志出版社 2010 年版，第 10 册第 6959—6960 页。

两浙区地方政府协助推销食盐暂行办法

（民国32年7月电国民政府财政部盐务总局备案）

第一条 两浙盐务管理局为推销官盐、充裕库收起见，遵照财政部令旨，会商浙江省政府，制定本办法。

第二条 本办法所称地方政府系指各县长及各县县属区乡镇保甲长而言。

第三条 本办法就浙江行政区域，凡政治力量所能达到县份，一律施行。

第四条 各地方乡镇已设有食盐公卖店者，应由各县政府督饬各乡镇照额购销。其尚未设有公卖店地点，由各县政府责成各乡镇公所在三个月内尽速劝令就地商民照章申请，设立公卖店，或组设乡镇合作社承销。在未成立以前，应即暂由各乡镇原有组织代理承销。由当地盐务机关随时严密监督办理，不得有浮收售价或克扣斤两情事。原有公卖店之资本短绌或办理不力者，得随时撤销之，另以合法之乡镇合作社递补承销。

第五条 各县人口，以最近户口籍调查为准。每月规定大口食盐一斤，小口十二岁以下半斤。在初办三个月期间，得将盐额酌行减低，但不得少于平均每口十两之数。

第六条 各地由乡镇公所代理承销者，其应需配盐价款，如一时无法筹集，得由县政府商由当地地方银行出立限期兑现之本票，缴向官仓购盐。唯此项本票之兑现期限，最多不得超过三十天。前项地方银行对盐务机关所出之限期兑现本票，应由县政府对行方负保证责任。其所需手续费或利息等，并应由承销机构在核定售价内号缴（即开支），纯利项下支出之。

第七条 地方政府销政之考核，以成数计算之。此项成数，以额销百分之十为一成。

第八条 为鼓励地方政府努力协助推销起见，得视推销之成效如何，由省县政府酌予奖惩。

第九条 各县政府及区乡镇公所保甲长，因协助推销必需之川旋及杂项费用，得在下列成数范围内，由两浙盐务管理局核给。销足五成者，按当地官盐仓价百分之一（例如某地每月销额为一千担，每担仓价二千元。如实销五百担，共一百万元，即得核给百分之一，即一万元之川费）；五成以上，百分之二；八成以上，百分之三；销足十成及以上者，百分之四（如上例销足一千担，得核给八万元）。此项费用，县政府及区公所得开支三分之一，乡镇公所及保甲长得开支三分之二。并按月结算，交由各县政府依照上开比例，分别转发，取据报销。

第十条 两浙盐务管理局对于各地方政府协助推销负督促之责，并得随时遣派视察人员前往抽查辅导办理。

第十一条 各地方政府协助推销成绩，除特优、特劣者均专案分别报请核办外，并由两浙盐务管理局逐月列表，呈请行政院备核。

第十二条 各地方政府洽定联系手续。必要时，得由各该管盐务分支机关就辖区情形，拟定实施细则，呈报两浙盐务管理局核准施行，但以不抵触本办法为限。

第十三条 本办法自商准浙江省政府及呈奉盐务总局转陈财政部核定之日施行，废止时亦同。如有未尽事宜，并得随时商陈修正之。

（六）盐税

盐税条例

（民国2年12月24日北洋政府发布）

第一条　中华民国产销盐各地方均适用本条例之规定，但蒙古、青海、新疆、西藏等认为有特别情形之地方，不在此限。

第二条　产盐、销盐各地方划为两区。第一区：奉天、直隶、山东、山西、甘肃、陕西、江苏之淮北各产盐地方。第二区：江苏之淮南、两浙、福建、广东、四川、云南各产盐地方，安徽之皖南，江西、湖北、湖南、广西、贵州各销盐地方。

第三条　盐税率每百斤二元五角，但民国四年一月一日以前，除第二区仍依旧率征收外，第一区各地方每百斤先为三元。

第四条　由有特别情形地方移入之盐，其税率适用第三条之规定。

第五条　民国四年一月一日以前，第一区各地借运第二区各地方之盐，税率按照第一区课之。第二区各地方借运第一区者，其税率除按照第一区课额在产盐地缴纳外，不足之数仍由第二区盐务机关征足之。

第六条　盐税列入旧日地丁内者，以命令免除之。

第七条　向产土盐各地方，除禁止外，适用本条例之规定。

第八条　盐税就各地方征收之，但第四条移入之盐，得于移入时征收。除依本条例征收外，不得另以他种名目征税。

第九条　法定衡量未颁布以前，课税衡量以司马秤十六两八钱为一斤，百斤为一担，十六担合英权一吨。

第十条　盐之包装物，在定式未颁布以前，得按照各地实在重量计算。

第十一条　盐之卤耗，应照盐质之高下、气候之差异、运道之远近，以部令定之。

第十二条　本条例自民国三年一月一日为第一区施行日期，四年一月一日为全国施行日期。至盐法施行之日废止。

关于本条规定施行之日期，如各该盐区内一部分或数部分有必不得已之事实，得由盐运使申请展期，但须有充分之理由，并经财政总长之批准，方可更改。每一地方，不得展限二次。

第十三条　本条例施行细则以部令定之。

中华人民共和国盐税条例（草案）

（1984年9月18日中华人民共和国国务院国发〔1984〕105号文件）

第一条　在中华人民共和国境内从事生产经营和进口盐的单位，为盐税的纳税义务人（以下简称纳税人），都应依照本条例的规定缴纳盐税。

第二条　盐税实行从量定额征收。每吨盐的税额，依照本条例所附的《盐税税额表》执行。

第三条 纳税人以自产的盐加工、精制后销售，就加工、精制的盐缴纳盐税；用已经纳过税的盐加工、精制后销售，不再缴纳盐税。

第四条 盐税的纳税环节规定如下：

盐业生产单位直接销售的盐，由生产单位在出场(厂)销售环节纳税；

产区的盐业运销单位或国家指定的收购单位分配销售的盐，由运销或收购单位在分配销售环节纳税；

进口的盐，由进出口单位在报关进口时，依照税额表所列最高税额纳税。

第五条 进口盐的盐税，由海关代征。

第六条 减税、免税：

一、出口的盐，免税。

二、在调拨和储备期间的国家储备盐，免税。

三、酸碱工业、制革工业、肥皂工业、饲料工业用盐，减税。减征幅度，由财政部确定。

四、农业、牧业、渔业用盐，减税。减征的范围和幅度，由财政部确定。

五、其他需要定期减征或免征盐税的，由财政部确定。

第七条 盐业经营单位和用盐单位，将减税、免税盐改为食盐的，必须按原产区税额补缴盐税。经营国家储备盐的单位，在动用储备盐时，由经营单位按原产区税额纳税。

第八条 纳税人应于经营开始之日起三十日内，向当地税务机关办理税务登记。

第九条 经有关部门批准合并、转业、迁移、停业的纳税人，应自批准之日起三十日内，向当地税务机关办理变更或注销登记手续，并清缴应纳税款。

第十条 缴纳盐税的期限，由当地税务机关根据应纳税款数额大小和经营情况分别核定，最长不得超过一个月。

第十一条 纳税人应当按照核定的期限，向当地税务机关办理纳税申报。

第十二条 纳税人发生纳税义务而不按照规定申报纳税，当地税务机关有权确定其应纳税额。

第十三条 税务机关有权对纳税人的财务、会计和纳税情况进行检查。纳税人必须据实报告情况和提供有关资料，不得拒绝或者隐瞒。

第十四条 纳税人必须依照税务机关核定的期限缴纳税款。逾期不缴的，除限期追缴外，并从滞纳之日起，按日加收滞纳税款5‰的滞纳金。

税务机关向纳税人纳缴税款无效的，可以通知其开户银行扣缴入库。

第十五条 纳税人违反本条例第八条、第九条、第十一条、第十三条规定的，税务机关可酌情处以五千元以下的罚款；隐匿生产经营情况或申报不实的，除追缴应纳税款外，可酌情处以应纳税款五倍以下的罚款。偷税、抗税情节严重，触犯刑律的，由税务机关提请司法机关依法追究刑事责任。

第十六条 纳税人不依照本条例规定纳税，任何人都可以检举揭发，经税务机关查实后，可按规定奖励检举揭发人，并为其保密。

第十七条 纳税人同税务机关在纳税上发生争议时，必须先按照税务机关的决定纳税，然后向上级税务机关申请复议，上级税务机关应在接到申请之日起到三十日内作出答复。纳税人对上级税务机关的复议不服时，可以向人民法院起诉。

第十八条　本条例实施细则由财政部制定。

第十九条　本条例自一九八四年十月一日起试行。

附件：盐税税额表(略)

中华人民共和国盐税条例(草案)实施细则

(1984年9月28日中华人民共和国财政部〔84〕财税字第296号文件)

第一条　根据《中华人民共和国盐税条例(草案)》(以下简称《条例》)第十八条的规定制定本实施细则。

第二条　《条例》第一条所说的纳税人是指：

一、经核准直接销售或自销的盐场(厂)；

二、分配销售盐的运销或国家指定的收购单位；

三、改变减免税盐用途的单位；

四、动用储备盐的单位；

五、进口盐的单位。

第三条　盐税纳税义务的发生时间，根据《条例》第四、第七条规定，分别如下：

一、在销售环节纳税的，其纳税义务的发生，采用托收承付结算方式的，为收到货款的当天；采用其他方式结算的，为发出商品的当天。

二、在改变用途环节纳税的，为改变用途的当天。

三、在动用环节纳税的，为动用的当天。

四、在进口环节纳税的，为报关进口的当天。

第四条　盐税的应纳税额按照下列规定计算：

一、在销售环节纳税的，按实际销售盐的数量和规定单位税额计算。计算公式为：

应纳税额＝单位税额×销售盐的吨数

二、在改变用途环节纳税的，按改变用途盐的数量和改变用途前后盐税税额的差额计算。计算公式为：

应补税额＝(改变用途后的单位税额－改变用途前的单位税额)×改变用途盐的吨数

三、在动用环节纳税的，按动用数量和规定的税额计算。计算公式为：

应纳税额＝单位税额×动用盐的吨数

四、在进口环节纳税的，按进口盐的数量和规定税额计算。计算公式为：

应纳税额＝单位税额×进口盐的数量

第五条　根据《条例》第六条的规定，对酸碱工业、制革工业、肥皂工业、饲料工业用盐和农业、牧业、渔业用盐减征盐税的税额，依照财政部的规定执行。

第六条　前条所列减税盐的供应范围分列如下：

一、酸碱工业用盐，是指制造纯碱、烧碱、盐酸、液氯、钠元素等化工原料和氯化铵等化学肥料用盐。

二、制革工业用盐，是指为防止新鲜皮腐烂，提高皮革质量，腌浸和鞣制各种皮革用盐。

三、肥皂工业用盐，是指制造油脂肥皂（包括肥皂、香皂、药皂、洗衣粉）时，析离杂质、净化和硬化油脂和提取甘油用盐。

四、饲料工业用盐，是指饲料工业企业生产饲料用盐。

五、农业、牧业用盐，是指国营、集体的农业、牧业生产单位的选种用盐和饲料养猪、牛、羊、马、驴、骡、骆驼用盐。

六、渔业用盐，是指国营水产部门保鲜、腌制鱼货的用盐，集体渔业生产单位和个体渔民交给国家的鱼货所需的保鲜、腌制用盐。

上述减税盐的供应定额另行规定。

第七条　使用减税盐的单位，必须事先向所在县（市）税务机关办理审批手续，按批准的数量向指定的盐业经营单位购盐。

第八条　盐业经营单位和使用单位对减税、免税盐必须专管专用，设立专门会计科目记载，按期向当地税务机关报送购、销（用）、存报表。

第九条　盐业经营单位和使用单位将减税、免税盐改变用途时，必须事先报当地税务机关核准，并按照盐的产地税额补缴盐税。

税务机关对经营和使用减税、免税盐的单位要定期进行检查。

第十条　各级盐业主管部门下达的年度、季度、月度盐业生产、分配、销售计划，应抄送同级税务机关。

第十一条　根据《条例》第十条的规定，纳税人缴纳税款的期限，由县（市）税务机关根据纳税人应纳税款的多少和经营情况，分别核定为一天、三天、五天、十天、十五天或一个月为期，逐期计算。不能按期计算的，可按次计算纳税。

第十二条　以一个月为一期的纳税人，于期满后七天内报缴税款；以一天、三天、五天、十天、十五天为一期的纳税人，于期满后五天内报缴税款。报缴税款期限最后，如遇公假日可以顺延。

第十三条　纳税人报缴税款的办法，由当地税务机关视不同情况，于下列办法中核定一种：

一、纳税人按期向税务机关填报纳税申请表，并填纳税缴款书，向当地代理金库的银行缴纳税款。

二、纳税人按期向税务机关填报纳税申请表，由税务机关审核后，填发缴款书，限期缴纳。

第十四条　根据《条例》第十二条规定，纳税人有下列情况之一的，税务机关有权决定其应纳税款：

一、发生纳税义务超过三十天，未向税务机关申报纳税的；

二、超过核定纳税期限十五天，未向税务机关报送纳税申报表的。

第十五条　税务机关派员对纳税人的财务、会计和纳税情况进行检查时，应当出示证件，并负责保密。

第十六条　《条例》第十四条说的加收滞纳金，其起讫时间的计算，应当从税务机关规定缴纳税款的期限届满之次日起到缴款的当天止。

第十七条　盐税的违法案件，除《条例》第十五条规定由司法机关依法追究刑事责任外，其余均由县(市)税务机关处理。税务机关应将处理决定，书面通知当事人。

第十八条　纳税人违反本实施细则第八、九条规定的，税务机关可以处以五千元以下的罚款。

第十九条　纳税人根据《条例》第十七条规定对纳税事项申请复议，应在缴清税款后十天内提出；不服复议的，可在接到答复的次日起，三十天内向人民法院起诉。超过规定期限的，应视为纳税人放弃起诉权利，税务机关应即依照原处理决定执行。

第二十条　纳税人多缴的税款，从多缴之日起在一年内提出，经当地税务机关核实，应予退还；超过一年的，不予受理。

第二十一条　盐税的稽征管理办法由税收总局制定。

第二十二条　本实施细则从《中华人民共和国盐税条例(草案)》公布试行之日起实施。

(七)食盐价格

食盐价格管理办法

(2003年1月3日中华人民共和国国家发展计划委员会第27号令发布)

第一条　为规范食盐价格行为，维护消费者和经营者的合法权益，促进盐业健康发展，根据《中华人民共和国价格法》和《食盐专营办法》等有关法律、行政法规，制定本办法。

第二条　在中华人民共和国境内发生的食盐价格行为均应遵守本办法。

第三条　本办法所称食盐是指直接食用和制作食品所用的盐。

第四条　食盐价格实行政府定价，按照食盐生产、经销环节分别制定食盐的出厂价格、批发价格(含产区批发价格和销区批发价格，下同)和零售价格。

第五条　食盐价格实行统一领导、分级管理。国务院价格主管部门负责制定或调整食盐的出厂价格、批发价格；省、自治区、直辖市价格主管部门制定或调整食盐零售价格和小包装费用标准。

第六条　制定或调整食盐价格应以生产经营食盐的社会平均成本费用为基础，并考虑生产经营条件差别、食盐品种等级差别、消费者特别是边远地区居民承受能力、毗邻地区价格衔接等因素。

第七条　出厂价格是指食盐定点生产企业销售大包装食盐的含税价格，由食盐生产环节发生的成本费用(包括制造成本和期间费用)、利润、税金等构成。

第八条　产区批发价格是指按照国家食盐分配调拨计划从食盐产区向食盐销区调拨食盐的含税价格，由出厂价格和产区食盐调拨过程发生的调拨费用、税金等构成。

调拨费用包括短途运费、装卸费用、站台码头费用和管理费等。

第九条　销区批发价格是指食盐批发企业或受其委托的转代批单位向零售单位或食品

加工单位销售食盐的含税价格，由出厂价格或产区批发价格和批发环节发生的成本费用（包括经营费用和期间费用）、税金、利润等构成。

按照国家规定缴纳的碘盐基金列入批发环节成本费用。

第十条　食盐生产、批发环节的成本费用利润率，根据社会平均利润率水平、盐行业发展的需要和居民承受能力等情况，由国务院价格主管部门另行确定。

第十一条　小包装食盐的出厂价格、批发价格，分别在同类大包装食盐出厂价格、批发价格基础上加上小包装费用确定。

小包装费用标准由小包装袋、防伪标识、外包装物的购进成本和分装成本费用、税金、利润等构成。

小包装成本费用利润率应控制在15%以内，损耗率不得超过3%。

第十二条　食盐零售价格是指食盐在零售市场上的最终销售价格，按照批发价格加批零差价的方式确定。批零差率应控制在20%以内。

第十三条　制定或调整食盐零售价格应充分考虑边远地区居民的承受能力，同品种食盐原则上实行全省（自治区、直辖市）统一零售价格。

第十四条　制定或调整大包装食盐出厂价格、批发价格，食盐经营者应向所在地省、自治区、直辖市价格主管部门提出书面建议，经省、自治区、直辖市价格主管部门审核后报国务院价格主管部门审批。审核报告应包括以下内容：

（一）食盐生产、经销企业近三年的生产经营成本费用和经营状况；

（二）制定或调整价格的具体方案及其主要理由；

（三）食盐生产、经销企业和其他方面的意见；

（四）与毗邻及有产销关联地区的省、自治区、直辖市价格主管部门的协调意见；

（五）其他需要说明的情况。

当生产经销食盐的成本费用发生较大变化、价格矛盾突出和社会各界反应强烈时，国务院价格主管部门可直接调整大包装食盐出厂价格、批发价格。

第十五条　食盐经营者要求制定或调整大包装食盐出厂价格、批发价格的书面建议的内容、形式和制定或调整食盐零售价格、小包装费用标准的程序、具体要求，由省、自治区、直辖市价格主管部门根据本地实际情况另行规定。

第十六条　政府价格主管部门在接到制定或调整食盐价格的审核报告或书面申请后30个工作日内，做出是否制定或调整价格的决定。

第十七条　制定或调整食盐价格应进行成本调查，听取消费者和食盐经营者等有关方面的意见。食盐经营者应当如实反映情况，提供有关财务报表、账簿及相关资料。

第十八条　食盐定点生产、批发企业应在每年4月底以前向省、自治区、直辖市价格主管部门报送上一年度生产经营成本费用和其他相关资料。

第十九条　经营者不得有以下行为：

（一）实际执行价格高于或低于政府定价的；

（二）擅自提前或者推迟执行政府定价的；

(三)擅自制定食盐价格的;

(四)违反本办法的其他行为。

第二十条　经营者违反本办法的规定,价格主管部门将依据《中华人民共和国价格法》和《价格违法行为行政处罚规定》等进行处罚。

第二十一条　各级价格主管部门或其有关部门违反本办法的规定,超越定价权限或范围制定、调整食盐价格,不执行、提前或推迟执行政府定价的,责令改正,并给予通报批评;对直接责任人和其他负责人员,提请有关部门给予行政处分。

第二十二条　多品种食盐和肠衣盐的出厂价格、批发价格,国务院价格主管部门委托省、自治区、直辖市价格主管部门依据本办法制定或调整。

渔业和畜牧用盐适用本办法,由省、自治区、直辖市价格主管部门制定或调整价格。

第二十三条　省、自治区、直辖市价格主管部门制定或调整食盐零售价格、小包装费用标准和多品种食盐、肠衣盐、渔业用盐、畜牧用盐的价格,应在公布实施前15个工作日前报送国务院价格主管部门。

第二十四条　出口食盐的价格由经营者自主制定。

第二十五条　本办法由国家发展计划委员会负责解释。

第二十六条　本办法自2003年7月1日起执行。

(八)储备管理

国家储备食盐管理办法

(1991年5月11日中华人民共和国轻工业部、国家计划委员会、财政部、商业部发布)

第一章　总则

第一条　根据《盐业管理条例》第五章第二十五条关于建立食用盐国家储备制度的规定,为了防备战争、灾荒和在市场出现特殊情况下调济民食急需,制定本办法。

第二条　储备食盐的管理实行“统一管理,分级负责”的原则,轻工业部是国家储备食盐(以下简称储备盐)的主管部门,具体工作授权中国盐业总公司办理。各地的管理工作在省、自治区、直辖市人民政府的领导下,由主管盐业的厅、局(社)、盐业公司(盐务局)或兼营公司及所属的保管单位逐级负责。各级主管部门和单位要指定一位领导同志负责抓储备盐管理工作,落实各项措施,切实管好。

第二章　计划安排和动用

第三条　储备盐实行国家指令性计划,由轻工业部归口管理。省、自治区、直辖市主管盐业的厅、局(社)提出申请计划(格式见附表1),经轻工业部根据需要与可能列入国家年度食盐分配调拨计划,统一平衡,经国务院批准后一并下达(格式见附表2)。储备盐的布局,贯彻平战结合的原则,有重点地存于交通枢纽、符合食盐合理流向、有仓储条件、储存安全、便于管理和机动调度应急的地点(储存地点表格式见附表3)。

第四条　储备盐的所有权和运用权属于国家(中央),由地方负责储存保管。储备盐的动用,除战时由省、自治区、直辖市人民政府批准并抄送轻工业部备案外,平时属计划内动用的应纳入国家年度食盐分配调拨计划;如遇特殊情况必须临时动用时,应由省、自治区、直辖市主管盐业的厅、局(社)提出动用报告,说明动用理由、地点及数量并按规定格式填具动用申请表(见附表4)报轻工业部审批,未经轻工业部批准,任何单位不得擅自动用、挪用或借用。

第五条　储备盐跨省区调拨时,由轻工业部统一调度。

第三章　保管工作

第六条　各级盐业管理机构,要配备政治素质好、工作责任心强、有一定业务能力的人员从事仓储管理工作,并保持相对的稳定。管理人员的工作调动时,要妥善做好交接工作,履行交接手续。

第七条　储备盐所需的仓库、其他必要设施及物资,由所在省、自治区、直辖市计委(计经委)统筹安排,列入基本建设和供应计划。

第八条　保管单位要把储备盐与经营盐严格分开,要有专人管理,专仓储存,专账记载,建立健全并严格执行入库、出库保管制度,按品种、数量、质量、进库、出库时间设立账卡档案,改善储存保管条件,加强卫生、安全措施,切实做到保数量、保质量、保安全、保急需。

省级盐业主管单位每年要组织专人深入基层进行检查,发现问题及时妥善处理。

第九条　为保质量,保管期间根据储存情况及盐源可能,在保证储备数量不减少的原则下,经轻工业部批准,可以有计划地进行轮换,推陈储新。轮换的数量以原实际入库数为准,保管损耗由经营盐摊销。

第四章　资金管理

第十条　轻工业部负责统一管理储备盐资金的分配、使用、调剂及拨缴等工作。各级盐业管理单位必须层层建立储备盐资金账册,向银行开立专户,专款专用。

第十一条　储备盐资金管理的渠道,实行拨缴两条线,各省、自治区、直辖市盐业主管单位按照国家核定的储备盐分配计划,编制所需储备盐资金的明细预算,报轻工业部核拨。经批准动用时,省级盐业主管单位应负责将原拨入的储备盐资金,从批准之日起的两个月之内全部归还轻工业部,不得截留、拖欠、挪用。

第十二条　储备盐的盐税稽征管理,按《中华人民共和国盐税条例(草案)》及其实施细则和《盐税稽征管理试行办法》的规定执行。储备盐的盐价,按产区食盐分配价减现行盐税作价。经批准动用时,由保管单位按账面实支盐价款及各项费用加原产区现行盐税作价。

第十三条　储备盐仓储设施的维修、保管费用,仍按轻工、财政、商业三部(83)轻盐字第46号通知执行或由省级财政核定合理定额,给予专项拨款。

储备盐库按财务规定提取的折旧费和大修理基金,由省级盐业主管单位统一安排,用于储备盐库及其他有关设施的维修更新。

第十四条　储备盐的损耗(包括途耗、仓耗),在定额(见附表5)以内的按实列入储备盐费用,相应减少储备盐存量;超定额损耗由保管单位负责,遇有人力不可抗拒的灾害造成的非常损失，可由保管单位提出专题报告，取得当地政府的证明，由省级盐业主管单位报经轻工业部批准，核减储备盐数量和资金。

第十五条　储备盐存款利息作为增加国家储备盐资金。在国家统一调价时，按新价调增或调减原账面储备盐金额，动用时，按新价结算，归还轻工业部。增减的差额作为储备盐的增值或减值，不作为保管单位的收入或损失。

第五章　监督与奖罚

第十六条　轻工业部、财政部、商业部及省、自治区、直辖市主管盐业的厅、局(社)和财政厅(局)、税务局，要加强对储备盐管理工作的监督，定期或不定期召开储备盐管理工作汇报会，派人进行重点检查，并商请有关部门监督检查。

第十七条　省级盐业主管单位要认真执行储备盐工作总结制度、统计年报制度及会计决算制度。工作总结、统计年报(格式见附表6)和会计决算应在年度终了后两个月内报轻工业部。

第十八条　省级盐业主管单位要把储备盐管理工作作为考核工作成绩的重要内容之一，对管理工作取得显著成绩的单位和个人给予表彰和奖励，对违反本办法规定的，由轻工业部给予通报批评。由此影响国家储备任务的实现和造成经济损失的，要追究有关人员的责任；构成犯罪的，由司法部门依法追究刑事责任。

第六章　附则

第十九条　储备盐的数量、布局和文件报表属于国家机密，要按保密制度的规定严格注意保密。

第二十条　本办法适用于一九八〇年一月一日以后新储的储备盐(一九七九年底以前储存的储备盐，其处理办法按《对调整现存国家储备盐工作的安排》中的各规定办理)。本办法自颁发之日起执行，轻工业部一九六四年十一月九日发布的《关于移储平衡储备盐的暂行办法》〔(64)轻工盐字第165号〕同时废止。其他有关规定与本办法有抵触的，以本办法为准。

第二十一条　本办法的解释权属于轻工业部。

(附表略)

(九)质量检测

两浙区检查食盐施行细则

(民国32年10月18日奉国民政府财政部盐务总局修正)

第一条　本区盐质之检查，除遵照《检查食盐规则》规定办理外，为适应本区实际环境，特依据《检查食盐规则》第十七条之规定，订定本施行细则。

第二条　本区于盐场汇集之永嘉、临海两地，各设食盐检定所一处，每处设置戊等检定员一人，己等甲、丙级助手一人。按《检查食盐规则》第三条之规定，负责执行检查事宜。

第三条　永嘉检定所归温属分局管辖，担任检查北监、长林、双穗、南监四场产盐。临海检定所归台属分局管辖，担任检查黄岩、杜渎、长亭三场产盐。

第四条　食盐检定所应将本属各场所产之盐，按《检查食盐规则》第二条所定标准，检定合格样盐，分装玻璃瓶，分交各场所暨有关各分支局站及各仓坨，作为收盐标准。

第五条　食盐检查员或助手，至少于每月前往指定各场巡回总查或抽查盐质一次，如发现不合标准成分时，应按《检查食盐规则》第四条第二项之规定，以化学检验分析后，提出检定书。

第六条　食盐检定员或助手至每一场所时，应将检查盐质技术上常识随时随地详加指导。对于盐之制造、储藏、搬运诸端，如查有损害盐质之处，并得随时建议场署改善，或呈转管理局核办。

第七条　凡场区查产、秤放及各转运据点之办理、收放与仓储，管理人员均须具有鉴别盐质之常识。必要时，得酌情分期召集，施行短期训练。

第八条　各场查产员，应按照检定合格之标准样盐，督导制盐人仿照产制。

第九条　各场收盐时，司秤及管仓人员，均应认真鉴别。如发现与检定合格标准样不符者，即予扣留。除水分过多之盐，得候苦卤沥尽再行秤收入仓外，倘系污什盐斤，应立取同样盐，报由该管场务所或分所核转盐署，经复测属实后，即改充农工用盐或与渔盐。如当地不需是项用盐时，得按《检查食盐规则》第九条之规定，勒令制盐人改制之。

前项由场核定之污什盐斤，如制盐人表示不服时，得请求取具盐样，送由检定所，以化学分析方法检定之。唯如化验结果确属不合食用标准时，其试验费用应由请求人负担。

第十条　各场所产盐斤运达永嘉或临海时，运送人或押运人应立即向检定所报到，听候检查。未经检定合格之盐斤，不得进仓。

第十一条　检定所接到到盐通知后，应由检定员或助手即时前往检查。如同时到盐不止一批时，得依报到先后，顺次抽查之。

第十二条　运送永嘉或临海之盐，经检定所检查后，认为合于《检查食盐规则》第二条所定标准者，应于运送人所持凭单上钤盖检定戳记，以凭进仓。否则，应提出检定书，禁止其进仓，并会同将盐斤及运送人或押运人按《检查食盐规则》第十一条第二项、第三项及第十三条之规定，分别处理之。

第十三条　永嘉或临海盐仓开放时，该主管分支局站应随时以书面通知检定所，由检查员或助手前往抽样检验。每仓之盐斤，如无特殊情形，应以检验一次为限。凡经检验之仓盐，应即提出报告书，以凭签单放盐。放盐时，并应在捆运单上钤用检定戳记，及由检定员或助手签名盖章，藉昭慎重。

第十四条　凡经检定所验过之仓盐，每运捆运时，检定员或助手仍应随时前往查看，如发现与盐样色质不符时，应再取样，重行复验。

第十五条　检定所应制备登记簿两种，将查过之到盐及检过之仓盐，分别详细登记，按月报转管理局备核。如发现不合标准之盐斤，并将其数量及处办情形于备考栏内说明之。

第十六条　运送人或押运人承运盐斤，应于盐斤出仓时，当场验明盐质，以明责任。如到达目的地收仓时，发现掺有什质或水分情事，应由运送人或押运人负责。

第十七条　仓坨管理员对于进仓盐斤，应认真查看。盐已进仓后，如发现掺有杂质或水分时，除特殊情形外，该管理员应负完全责任。

第十八条　各地承销食盐之公卖店，或合作社，或肩贩销盐，应由各该管分支局场随时派遣有鉴别盐质常识之人员前往总查或抽查。如发现不合标准之食盐，即按《检查食盐规则》第十五条之规定处理之。

第十九条　各场查产员对于制盐人制盐，应随时督促指导改进。所有存卤之缸桶、制盐之锅灶、板坦以及一切用具，均应时加洗涤，保持清洁。至沉淀之污卤，并应彻底倾弃，不得掺入新卤，致损盐质。

第二十条　场区及运转据点暨销点之存盐，应力求整洁。凡盐斤进仓时，盐工仓夫均须洗净手足，不得践踏盐斤，混入泥水。盐包出仓，并须捆扎坚固，以免包皮破损，污及盐斤。

第二十一条　各分支局场及管仓人员对于鉴别盐质，应绝对公正廉洁。如有藉端留难，需索或受贿赂情事，一经查实，即按《检查食盐规则》第六条规定处办。

第二十二条　检定员或助手至每一场区工作完毕后，应将检查经过及改良意见编具详细报告，并转管理局核办。

第二十三条　本细则呈由盐务总务转奉财政部核准施行。修正时同。

（十）食盐加碘

食盐加碘消除碘缺乏危害管理条例

（1994年8月23日中华人民共和国国务院第163号令发布）

第一章　总则

第一条　为了消除碘缺乏危害，保护公民身体健康，制定本条例。

第二条　碘缺乏危害，是指由于环境缺碘、公民摄碘不足所引起的地方性甲状腺肿、地方性克汀病和对儿童智力发育的潜在性损伤。

第三条　国家对消除碘缺乏危害，采取长期供应加碘食盐（以下简称碘盐）为主的综合防治措施。

第四条　国务院卫生行政部门负责碘缺乏危害防治和碘盐的卫生监督管理工作；国务院授权的盐业主管机构（以下简称国务院盐业主管机构）负责全国碘盐加工、市场供应的监督管理工作。

第五条　各级人民政府应当将食盐加碘消除碘缺乏危害的工作纳入本地区国民经济和社会发展计划，并组织实施。县级以上人民政府有关部门应当按照职责分工，密切配合，共同做好食盐加碘消除碘缺乏危害工作。

第六条　国家鼓励和支持在食盐加碘消除碘缺乏危害方面的科学研究和先进技术推广工作。对在食盐加碘消除碘缺乏危害工作中做出显著成绩的单位和个人，给予奖励。

第二章　碘盐的加工、运输和储存

第七条　从事碘盐加工的盐业企业，应当由省、自治区、直辖市人民政府盐业主管机构指定，并取得同级人民政府卫生行政部门卫生许可后，报国务院盐业主管机构批准。

第八条　用于加工碘盐的食盐和碘酸钾必须符合国家卫生标准。碘盐中碘酸钾的加入量由国务院卫生行政部门确定。

第九条　碘盐出厂前必须经质量检验，未达到规定含量标准的碘盐不得出厂。

第十条　碘盐出厂前必须予以包装。碘盐的包装应当有明显标识，并附有加工企业名称、地址、加碘量、批号、生产日期和保管方法等说明。

第十一条　碘盐为国家重点运输物资。铁路、交通部门必须依照省、自治区、直辖市人民政府盐业主管机构报送的年度、月度运输计划，及时运送。

碘盐的运输工具和装卸工具，必须符合卫生要求，不得与有毒、有害物质同载、混放。

第十二条　经营碘盐批发业务的企业和在交通不方便的地区经营碘盐零售业务的单位和个人，应当按照省、自治区、直辖市人民政府盐业主管机构的规定，保持合理的碘盐库存量。

碘盐和非碘盐在储存场地应当分库或者分垛存放，做到防晒、干燥、安全、卫生。

第十三条　碘剂的购置费用以及盐业企业因加碘而发生的各种费用，按照国家有关规定执行。

第三章　碘盐的供应

第十四条　省、自治区、直辖市人民政府卫生行政部门负责划定碘缺乏地区(以下简称缺碘地区)范围，经本级人民政府批准后，报国务院卫生行政部门、国务院盐业主管机构备案。

第十五条　国家优先保证缺碘地区居民的碘盐供应;除高碘地区外，逐步实施向全民供应碘盐。

对于经济区域和行政区域不一致的缺碘地区，应当按照盐业运销渠道组织碘盐的供应。

在缺碘地区生产、销售的食品和副食品，凡需添加食用盐的，必须使用碘盐。

第十六条　在缺碘地区销售的碘盐必须达到规定的含碘量，禁止非碘盐和不合格碘盐进入缺碘地区食用盐市场。

对暂时不能供应碘盐的缺碘地区，经省、自治区、直辖市人民政府批准，可以暂时供应非碘盐;但是，省、自治区、直辖市人民政府卫生行政部门应当采取其他补碘的防治措施。

对缺碘地区季节性家庭工业、农业、副业、建筑业所需的非碘盐和非食用盐，由县级以上人民政府盐业主管机构组织供应。

第十七条　经营碘盐批发业务的企业，由省、自治区、直辖市人民政府盐业主管机构审批。

碘盐批发企业应当从国务院盐业主管机构批准的碘盐加工企业进货。经营碘盐零售业务的单位和个人，应当从碘盐批发企业进货，不得从未经批准的单位和个人购进碘盐。

第十八条　碘盐批发企业在从碘盐加工企业购进碘盐时，应当索取加碘证明，碘盐加工企业应当保证提供。

第十九条　碘盐零售单位销售的碘盐应当为小包装，并应当符合本条例的有关规定。

碘盐零售的管理办法由省、自治区、直辖市人民政府根据实际情况制定。

第二十条　为防治疾病，在碘盐中同时添加其他营养强化剂或者药物的，须经省、自治区、直辖市人民政府卫生行政部门、盐业主管机构批准，并明确销售范围。

因治疗疾病，不宜食用碘盐的，应当持当地县级人民政府卫生行政部门指定的医疗机构出具的证明，到当地人民政府盐业主管机构指定的单位购买非碘盐。

第四章　监督和管理

第二十一条　县级以上地方各级政府卫生行政部门负责对本地区食盐加碘消除碘缺乏危害的卫生监督和碘盐的卫生监督以及防治效果评估；县级以上地方各级人民政府盐业主管机构负责对本地区碘盐加工、市场供应的监督管理。

第二十二条　县级以上各级人民政府卫生行政部门有权按照国家规定，向碘酸钾生产企业和碘盐加工、经营单位抽检样品，索取与卫生监测有关的资料，任何单位和个人不得拒绝、隐瞒或者提供虚假资料。

第二十三条　卫生监督人员在实施卫生监督、监测时，应当主动出示卫生行政部门制发的监督证件；盐政人员在执行职务时，应当主动出示盐业主管机构制发的证件。

第五章　罚则

第二十四条　违反本条例的规定，擅自开办碘盐加工企业或者未经批准从事碘盐批发业务的，由县级以上人民政府盐业主管机构责令停止加工或者批发碘盐，没收全部碘盐和违法所得，可以并处该盐产品价值 3 倍以下的罚款。

第二十五条　碘盐的加工企业、批发企业违反本条例的规定，加工、批发不合格碘盐的，由县级以上人民政府盐业主管机构责令停止出售、并责令责任者按照国家规定标准对食盐补碘，没收违法所得，可以并处该盐产品价值 3 倍以下的罚款。情节严重的，对加工企业，由省、自治区、直辖市人民政府盐业主管机构报请国务院盐业主管机构批准后，取消其碘盐加工资格；对批发企业，由省、自治区、直辖市人民政府盐业主管机构取消其碘盐批发资格。

第二十六条　违反本条例的规定，在缺碘地区的食用盐市场销售不合格碘盐或者擅自销售非碘盐的，由县级以上人民政府盐业主管机构没收其经营的全部盐产品和违法所得，可以并处该盐产品价值 3 倍以下的罚款；情节严重，构成犯罪的，依法追究刑事责任。

第二十七条　违反本条例的规定，在碘盐的加工、运输、经营过程中不符合国家卫生标准的，由县级以上人民政府卫生行政部门责令责任者改正，可以并处该盐产品价值 3 倍以下的罚款。

第二十八条　违反本条例的规定，出厂碘盐未予包装或者包装不符合国家卫生标准的，由县级以上人民政府卫生行政部门责令改正，可以并处该盐产品价值 3 倍以下的罚款。

第二十九条　违反本条例的规定，在缺碘地区生产、销售的食品和副食品中加非碘盐的，由县级以上人民政府卫生行政部门责令改正，没收违法所得，可以并处该产品价值 1 倍以下的罚款。

第六章　附则

第三十条　畜牧用盐适用本条例。

第三十一条　省、自治区、直辖市人民政府可以根据本条例制定实施办法。

第三十二条　经省、自治区、直辖市人民政府卫生行政部门、盐业主管机构确定为应当供应碘盐的非缺碘地区适用本条例第十五条第二款、第三款和第十六条第一款、第三款的规定。

第三十三条　本条例自1994年10月1日起施行。1979年12月21日国务院批转的《食盐加碘防治地方性甲状腺肿暂行办法》同时废止。

二、书文选录

减盐价书①

〔元〕叶知本

臣闻汉宣帝诏曰：盐，民之食而价咸贵，众庶重困。其减天下盐价。汉时，盐价远不可详，臣以为必轻于唐也。唐之盐价，天宝至德间，斗盐十钱，是两文铜钱一斤。自禄山叛乱，天下兵兴，肃宗命第五琦转运江淮财赋，始变盐法。斗盐增作一百一十，是二十二文一斤。至德宗，急于聚敛，相卢杞用陈少游，加赋于民，斗盐增至二百七十，招天下之民怨，启朱泚之乱阶。此则陈少游之罪也。顺宗初，立即减盐价。宪宗又减，大贵不过五十文一斤。宋之盐价，比唐尤贱，斤盐八文，贵至四十七文。而止唐宋用兵，仰盐供给，其价不得不贵。今天下一统，四海息兵，无宿师转饷之费；万邦贡赋俱入，王府无用度不足之忧。而为政者，但思今日增盐额，明日增盐价，必欲困竭江南之民财，断丧国家之根本。臣不知其用心何如也！归附之初，盐价中统钞十二贯一引，该钱三十文一斤。至元十五年，初定盐额，两浙运司岁办作二十二万引，当年办至中统钞二万四千八百六十余锭。至元二十四年，桑哥作相，灭里虚抬盐额，作四十五万引包办，以此谀罔朝廷，营求运司。此时两浙人民尚富，灭里到任，肆其威虐，止办得三十四万八千余引，得中统钞一十一万八百七十余锭。次年，蒙都省明见，灭里虚诞奏减一十万引，定作三十五万引为额。以盐价言之，自十二贯为始，一次增作十五贯；第二次增作二十五贯；第三次增作一锭矣。唐时，江淮盐课四十万缗，代宗用刘晏，善于经理，初年二百万缗。至大历年间，岁得六百万缗。当时天下租赋岁入一千二百万缗，而盐利居半，六百万缗，准今一万二千锭也。除淮盐一百万引外，臣只以浙盐言之，已收唐时三倍之利。比德宗时一岁租赋已有九百万锭之多，至此亦可止矣！大德年间，又增盐额十万引，又增盐价十五贯。至大四年，又增盐价十贯，续又增二十五贯，通作一百贯一引，是官价二百五十文一斤也。较之唐宋最重之价增多四倍，民何以堪！价既取二百五十文一斤，官豪商贾，乘时射利，积塌待价，又取五百文一斤；市间店肆，又缴三分之利，故民持一贯之钞，得盐一斤，贱亦不下八百。濒海小民，犹且淡食，深山穷谷，无盐可知。陛下登极，聪明睿智，远览古今，天下臣民想望至治。臣意前日聚敛之臣，所为害民之政，陛下必能革除，以结人心，固邦本也。皇庆二年，忽又增两浙盐额十万

① 〔清〕雍正《两浙盐法志》卷二十七。

引，差拨灶户，害及附场百里外之民，怨忿亡身者有之。延祐二年，又增盐价每引一锭，臣不意陛下以圣明之君，而左右大臣，犹行此剥民之政也！使臣遇德宗卢杞之时，臣不敢言，今陛下圣学高明，独不能如汉宣帝乎？此臣所以惓惓有言，臣愿陛下痛减盐价，使天下之民，皆无淡食之苦；然后选任运官，设检校所，限官豪买引，复附场百里卖盐。另置鱼盐局，以便海岛之民，均拨滩场柴荡，以优恤新拨灶丁。如此处置，皆太平快活条贯也。愿陛下行之。

〔明〕侍郎彭韶疏①

天下小民，无虑皆穷苦，而莫甚于灶户。灶户者，上所使煮海为盐，收薄利者也，最所当恤。臣行视海面，目击其苦：破屋缺椽，不蔽风雨，脱粟粝饭，不得一饱，此居食之苦也。山荡渺湖，人偷物践，欲守无人，不守无薪，此积薪之苦也。晒淋之时，举家登场，括泥汲海，隆寒砭骨，亦必为之，此淋卤之苦也。煎者烧灼，蓬头垢面，人形尽变，酷暑如汤，不敢暂离，此煎办之苦也。寒暑阴晴，日有程课，煎办不前，鞭挞随至，此征盐之苦也。客商至场，无盐抵偿，备极逼辱，此赔盐之苦也。逃亡则身口飒零，住业则家计荡尽，所宜加意矜念，遇事宽恤。……

论玉泉场盐务②

〔清〕陈　煦

玉泉场为团三，为灶十有六，旧制煎用铁盘，盘铁坚厚，数角合成一盘，近改用锅镦即宋史所谓镬子，以便煎灶者也。行销之法，有住商、有季商、有肩销引照，引照中又分县、场，更有无告穷民，负贩为生，名老少盐。然土卤淡，而出产无多，赴掣不过三四百引，运道艰难，省商罕至，至亦收买，逾时风帆莫测，其瘁难言，兼之滩涂绵长东西百里，若断若续，港汊四出，文武兵役防汛之法，亦綦密矣。而偶不及察，即或私售，此禁之不可不严者也。若夫煎丁之苦，不避寒暑昼夜，祗三伏刮土少或不敷，遂失所费，是玉泉灶户不得拟农民享一时之逸，更不得同他场犹有菊土、霜土之协济也。三团土卤淡矣，积蓄更不能，豫临时取办，勉强应令，亏兑缺课，皆由于此。然则为今之计，惟亟请大宪饬商携赀早临购买，毋额外苛求，或任灶拖延，利之所在，人必争趋，设法招商，此地之要务也。

余姚盐民协会成立宣言③

各界民众们：

我们盐民所受痛苦实在太多了，到现在，我们觉得非自己起来求解放不可了，所以，我们要组织盐民协会，我们知道盐民协会是我们的自救武器。

可是，各界很少知道我们盐民的痛苦，我们在此求解放之日，还须一述我们痛苦的状况，以求社会人士的同情与援助。

---

① 《宁海盐政志》，1990年印行，第185页。

② 《象山县盐业志》，黄山书社1995年版，第295页。陈煦，兴宁人，曾任候补知县，清乾隆二十一年(1756)任玉泉盐场大使。

③ 《慈溪盐政志》，中国展望出版社1989年版，第267—268页。原件存浙江省博物馆。

第一，秤放局之刁难敲诈，使人们备受耻辱与剥削；

第二，盐知事之假借名义，勒派捐款，巧施剥削，使我们增加额外负担；

第三，盐廒之限制生产，高抬洋价，任意延期收盐，使我们蒙受极大损失；

第四，篷长之克扣盐斤，抬高米价，重利盘剥，大洋易小洋，使我们受种种无理剥削，无以为生。

我们在此重重压迫与剥削之下，过尽了牛马生活，现在我们要起来了，我们要老实不客气地打倒一切剥削我们的人，解放我们自己，这就是我们组织这个盐民协会的原因。

最后，我们要呼出我们的口号：

打倒秤放局！

反对盐廒篷长的剥削！

出产自由买卖自由！

组织盐民协会！

盐民管理盐场！

打倒土豪劣绅！

拥护国民政府！

十万盐民联合起来！

盐民解放万岁！

盐民协会万岁！

1927年3月22日

饥饿线上的余姚盐民①(节录)

蒋　莱

一、硕果仅存

我们中国产盐的地方很多，以盐场的数目来计算，有一百六十四所之多。其中如河北的长芦、山东的青岛、苏皖的两淮以及浙江的余姚，都是有名的产盐区域。“九一八”之后，随着失地的扩大，长芦、青岛、两淮以及其他沿海一带次要盐场都次第沦陷了。现在最大的盐场，只有浙江的余姚了。

余姚盐场的面积很广阔，东西广袤百余里，南北相距平均二十多里，全场现有晒板六十余万块。

盐的本身很便宜，每百斤政府收价为八角一分，而“私板盐”及额外余盐，还只有五六角钱一百斤，所以盐民们每年的收入是微小得可怜的。

余姚全县靠晒盐为生的盐民有十万余人，所以有人把余姚叫做“盐县”。这十几万盐民，过去一向被人漠视，抗战爆发后，由于沿海各盐场相继沦陷，余姚盐场的地位日趋重要，所以渐渐地便开始被人注意起来了，同时，盐民们历年来所受的痛苦，也便一一泄露出来了。原来

① 1939年10月1日、3日《新华日报》第二版。

在这周围不到二百里的盐场里，在白雪似的盐堆后面却隐藏着许多的黑暗的故事。

二、饥饿线上

……

强壮的男人，照例干着最吃力的工作，掘盐泥，浇盐卤，一天到晚就在炙热的阳光下，牛马似的做着这些吃力的苦工。阴历六、七月是晒盐收获最好的季节，因为这时候太阳最猛烈，雨又少，所以盐民们一年四季最忙的时候也就是这几个月份。不过夏季的太阳可以很快地晒干那晒板上的盐卤，同时也可以很快地晒死一个强壮的盐民。

女人与孩子同样的做着各种苦工，从八岁的孩子到六七十岁的老太婆，他们都是盐场的实际生产者，挑水、抬盐板、浇盐卤，他们都做，而且是他们的主要工作。十七八岁的姑娘，粗看起来好像三十来岁的中年妇人，他们从来不知道休息，也从来没有休息过，他们一年三百六十日，只知道自己家里有几十块板，每天应该帮助父亲或丈夫挑几担水、浇几次卤，在烈日下来往的忙碌着，一直到太阳慢慢地爬进了地平线，才挑着一担担雪白的盐回家，然后又开始料理家中的琐事，就这样吞蚀了他们一生宝贵的青春。下雨刮风的时候，她们或他们要在暴风雨中抢搬那沉重的盐板，尤其是夏季，盐场因为近海的缘故，时有遭受飓风袭击的危险。所以每逢夏季飓风过境时，盐民们一家老少总是整夜不睡以防万一，如果一不小心，连晒板草房一起刮走。

盐民们一年三百六十日，天天吃苞薯，吃麦碎已经很难得了，饭，只有过年的时候才可以吃到。有的人一生只吃到过一次肉，那便是讨老婆时吃过的。平日他们大都是没有菜蔬的，吃咸菜干的人家已经是了不起的了，但这还是抗战以前的情形，战后因销路的阻滞，盐民们的生计是更加困难了，他们现在不但吃不到麦碎，即连南瓜汤也买不起了。

盐民们的住所，照例总是一间矮小的茅舍，没有窗子也没有台子，阴暗得简直好像地狱。雨天，雨水从缝隙中漏进来，打湿了简单的家用杂物。一年四季，盐民们总是穿着那一套半新半旧的蓝布短袄。

由于过分的劳动和贫穷的袭击，疾病特别做了他们的好友，每年夏秋两季虎列拉①照例蔓延在盐场内。这次我到那里参观的时候，盐场的时疫正传播得异常厉害。据在当地工作的一位青年告诉我，从七月到八月底止二个月内，这个周围不到二百里的盐场，在十万盐民中，二千多人得这病的。这是一个可怕的灾害。但是善良的盐民却只有听之天命。我曾询问过一位年青的盐民，人病倒了为什么不请医生，他的回答使我吓了一跳："病？"他瞪着那双可怕的眼睛说："病倒了就只有死，我们哪里有钱去请医生啊……"

三、几种痛苦

然而，盐民们不是出生就带了痛苦，痛苦还由于那可怕的剥削，他们这样盈年累月辛苦的工作着，结果尚不能一饱。

……

廒商就是握有一种叫做"盐引"的人，这种"盐引"，就是销售官盐的护照，谁执有这个护

① 虎列拉：cholera 的音译，病名，急性传染病霍乱的旧称，亦简称"虎疫"。

照，谁就可以自由或代理政府买卖盐，但是这需要大量的本钱，因此廒商也决非辛苦了一年而不得温饱的盐民，廒商大都是既有钱且有势的士绅。

第二种是篷长，他们初起的时候，似乎是廒商家里一个秤手，或者一个中卖人，可是他一方面藉着廒商所给予这一经手的特权，另一方面他又熟悉盐场的情形，又获得了经手领发盐板官照的特权，因此他的权力有时候还在廒商之上，他可以左右一个盐民的命运。在盐廒里，一个篷长他往往具备着许多种性质的剥削方法，他是几千块几万块盐板的业主，他是廒商和盐民中间的秤手，他又是米行百货商店的老板，更是高利贷的债主，他一个人就握有这许多特权，所以在盐廒里，一个篷长简直就等于当地的土皇帝。他们自己家里藏有大量枪械，养有几十个打手，盐民们如果得罪了篷长，他们马上就要被打手们拉去严刑拷打，所以年轻力壮的盐民虽然不愿意受他欺侮，但也只敢怒不敢言。

至于盐民所受的剥削非常多，只要你的脚一踏进盐场，马上就可以听到，现在略举几种报告读者。一种是斤两方面的吃亏。每次收盐的时候，照例人总非常拥护，大家都想先上秤，因为迟了一点，廒商们收足了盐，是不再收的。篷长们看见了盐民的争先恐后，便乘机揩油，明是百十斤的盐到秤手的咀里会变成了一百零五斤，甚或更少一点。盐民们明知道这样吃了很大的亏，但为了想早一点拿到钱，也只好忍痛牺牲。现在这办法听说已经有了部分的改正，每次收盐的时候，除了政府派人去监视外，在盐区工作的政工队员也派了一二个，所以情形已经较好，但在有些地方这种现象还依然存在着。

一种是高利贷。据说盐民每次卖给篷长的盐，照例要等二三个月以后，才可以拿到钱，盐民十九无恒产，于是只得借债度日，在盐场里借款的利息高得怕人。

第三种是日用物品价格的昂贵。余姚的盐民，因为生活在离开城市远的海边，一切日用品也就越加昂贵，有时候竟昂贵到二倍以上。

最后一种是战时方发生的，原来余姚产盐的销地，过去政府规定是在京沪一带，战事发生后，盐商即纷纷停止收运。甚至连那些销地依然如故的浙东公廒也乘机停止或减少收运。盐商们的用意，决不是不做生意，他们为的是想藉此可以减低收价，抬高售价，而另一方面因为这样一来，可以尽量收买余盐，所以弄来弄去，结果吃亏的依然是十几万孤苦无告的盐民。去年夏季盐场里这种情形闹得最严重，当时有些盐商甚至三四个月不开秤，眼睁睁地看着几百个盐民饿死。下面这首民间歌谣可以为当时情形写照：

“水烈日光，白盐晒满仓，盐价珍珠贵，盐民饿道旁。”

这情形今年夏季似乎稍好一点，省方已经成立了一个食盐收运处，大量向盐民收买，但是廒商的趁火打劫依然如故。

……

三、诗词选录

盐商妇[①]

〔唐〕白居易

盐商妇，多金帛，不事田农与蚕绩。
南北东西不失家，风水为乡船作宅。
本是扬州小家女，嫁得西江大商客。
绿鬟富去金钗多，皓腕肥来银钏窄。
前呼苍头后叱婢，问尔因何得如此。
婿作盐商十五年，不属州县属天子。
每年盐利入官时，少入官家多入私。
官家利薄私家厚，盐铁尚书远不如。
何况江头鱼米贱，红脍黄橙香稻饭。
饱食浓妆倚柁楼，两朵红腮花欲绽。
盐商妇，有幸嫁盐商。
终朝美饭食，终岁好衣裳。
好衣美食有来处，亦须惭愧桑弘羊。
桑弘羊，死已久，不独汉时今亦有。

煮海歌[②]

〔宋〕柳　永

煮海之民何所营，妇无蚕织夫无耕。
衣食之源何寥落，牢盆煮就汝输征。
年年春夏潮盈浦，潮退刮泥成岛屿；
风干日曝盐味加，始灌潮波溜成卤。
卤浓咸淡未得闲，采樵深入无穷山；
豹踪虎迹不敢避，朝阳出去夕阳还。
船载肩擎未遑歇，投入巨灶炎炎热；
晨烧暮烁堆积高，才得波涛变成雪。
自从潴卤至飞霜，无非假贷充餱粮；

---

① 《全唐诗》卷四百二十七，中华书局1999年版，第4718页。

② 《全宋诗》卷二百〇二。柳永，字耆卿，北宋著名词人，曾在定海任盐官。《煮海歌》是其目睹盐民疾苦而作，反映宋时浙江东部盐民生产、生活状况。

秤入官中充微值，一缗往往十缗偿。
周而复始无休息，官租未了私租逼；
驱妻逐子课工程，虽作人形俱菜色。
煮海之民何苦辛，安得母富子不贫！
本朝一物不失所，愿广皇仁到海滨。
甲兵净洗征输辍，君有余财罢盐铁。
太平相业尔惟盐，化作夏商周时节。

收 盐①

〔宋〕王安石

州家飞符来比栉，海中收盐今复密。
穷囚破屋正嗟欷，吏兵操舟去复出。
海中诸岛古不毛，岛夷为生今独劳。
不煎海水饿死耳，谁肯坐守无亡逃？
尔来贼盗往往有，劫杀贾客沉其艘。
一民之生重天下，君子忍与争秋毫？

送元卫弟赴长亭盐场②

〔宋〕楼 钥

阿连生而秀，二亲所甚爱。仲兄勤拊养，遇事辄如诲。
干蛊静而办，胸次无卑隘。今焉职牢盆，官事临渤澥。
毋谓官为小，要使所居大。毋言才可了，检身到纤介。
我家门户重，衣冠绵数代。当以诚心求，子视勿自懈。
亭民亦良民，孰谓俱无赖。官吏既扰之，兼并责逋债。
熬波亦良苦，乐岁色犹菜。输盐不得钱，何以禁私卖。
所在积蠹久，良法浸多坏。吾闻不无术，更当审利害。
熟视不为谋，空餐愧难盖。不应行一切，遽使绝称贷。
富者能寡取，倍息久仍在。贫者庶少宽，公私可缓带。
母年登九十，家居幸康泰。其家不从政，礼经有深戒。
幸子去不远，时时可归拜。小别不足惜，轻舟送前迈。

---

① 〔宋〕李壁笺注《王荆文公诗笺注》卷十七，上海古籍出版社2010年版，第427页。
② 《宁波盐政志》，1990年印行，第169页。

短　篷[1]

〔宋〕杨大芳

变幻阴晴顾盼中，世人只解爱青红。
仙台排出金银气，更谴神舟揭短篷。

熬波图诗[2]（节选）

〔元〕陈　椿

钱塘江水限吴越，三十四场分两浙。
五十万引课重难，九千六百户优劣。
火伏上中下三则，煎连春夏秋九月。
严赋足课在恤民，盐是土人口下血。

各团灶座

东海有大利，斯民不敢争。并海立官舍，兵卫森军营。
私煮官有禁，私煮官有刑。团厅严且肃，立法无弊生。

起盖灶舍

筑围未脱手，拌舍又兴工。运茅上高屋，畚泥矮墙东。
所喜手脚健，敢言腰背慵。何以门东南，盖以朝其风。

开辟摊场

盐事有先后，首当开摊场，深犁辟两岸，坚堑壅四旁。
细草不留根，咸波无清光。但恐人力疲，牛疲亦何伤。

担灰摊晒

海天无风云色开，相呼上场早晒灰。
满场大堆仍小堆，前担未了后担催。
少妇勤作亦可哀，草间终日眠婴孩。
正苦饥腹鸣如雷，转头馌妇从西来。

---

① 《宁波盐志》，宁波出版社 2009 年版，第 552 页。杨大芳，曾任高亭场盐监官。〔宋〕周密《癸辛杂识续集上·短篷》："杨大芳，尝为明州高亭盐场。场在海中，或天时晴霁，时见如匹练横天，其色淡白，则晴雨中分，土人名之曰'短篷'，亦蜃气之类也。"

② 《熬波图》，〔明〕永乐大典本。陈椿，浙江天台人。元惠宗元统二年（1334 年）时，任两浙下砂盐场司令。著有《熬波图》2 卷，图 47 幅并系以诗 47 首，生动而真实地反映了灶户操持盐事的情景。

担灰入淋

一淋灰半湿，再淋灰欲泣。
三淋四淋灰底透，竹笕通池如雨集。
闲投石莲就卤试，三莲四莲直沉入。
丁夫闲少辛苦多，却恐无灰可相接。

淋灰取卤

扻灰上担去复还，倾灰满淋高如山。
小池蓄水待浇泼，外面虽湿中央干。
灰如命脉卤如血，血与命脉相流连。
便须载卤入团去，官司明日催装柈。

铁盘模样

方盘虽薄容易裂，圆镬虽深又难热。
不方不圆合而分，样自两淮行两浙。
洪炉一鼓焰掀天，收尽九州无寸铁。
明朝火冷合而观，疑是沉江九肋鳖。

上卤煎盐

竹筒澙卤初上盘，今日起火齐著团。
日煎月炼不得闲，却愁火急盘易干。
炎炎火窖去地三尺许，海波顷刻熬出素。
烹煎不顾寒与暑，半是灶丁流汗雨。

卖盐妇①

〔元〕杨维桢

卖盐妇，百结青裙走风雨。
雨花洒盐盐作卤，肩负空筐泪如缕。
三日破铛无粟煮，老姑饥寒更愁苦。
道旁行人因问之，拭泪吞声为君语：
妾身家本住山东，夫家名在兵籍中。
荷戈崎岖戍明越，妾亦万里来相从。
年来海上风尘起，楼船百战秋涛里。
良人贾勇身先死，白骨谁知填海水。
前年大儿征饶州，饶州未复军尚留。

① 〔清〕顾嗣立编《元诗选》卷一。

去年小儿攻高邮，可怜血作淮河流。
中原封疆音信绝，官仓不开口粮缺。
空营木落烟火稀，夜雨残灯泣呜咽。
东邻西舍夫不归，今年嫁作商人妻。
绣罗裁衣春日低，落花飞絮愁深闺。
妾心如水甘贫贱，辛苦卖盐终不怨。
得钱籴米供老姑，泉下无惭见夫面。
君不见，绣衣使者浙河东，采诗正欲观民风。
莫弃吾侬卖盐妇，归朝先奏明光宫。

伤亭户①

〔元〕王 冕

清晨度东关，薄暮曹娥宿。草床未成眠，忽起西邻哭。
敲门问野老，谓是盐亭族。大儿去采薪，投身归虎腹。
小儿出起土，冲恶入鬼录。课额日以增，官吏日以酷。
不为公所干，惟务么所欲。田关供给尽，鹾数屡不足。
前夜总催骂，昨日场胥督。今朝分运来，鞭笞更残毒。
灶下无尺草，瓮中无粒粟。旦夕不可度，久世亦何福。
夜永声语冷，幽咽向古木。天明风启户，僵尸挂荒屋。

初至宁海(二首)②

〔元〕黄 溍

地至东南尽，城孤邑屡迁。行山云作路，累石海为田。
蜃炭村村白，棕林树树圆。桃源名更美，何处有神仙？

缥缈蛟龙宅，风雷隔杳冥。人家多面水，岛屿若浮萍。
煮海盐烟黑，淘沙铁气腥。停骖方问俗，渔唱起前汀。

---

① 周啸天主编《元明清诗歌鉴赏辞典》，商务印书馆2012年版，第248页。
② 〔明〕崇祯《宁海县志》卷十一。

恤灶图八咏①

〔明〕彭 韶

盐场图

两浙山水乡，古称天地藏。西望出吴淞，东行逾雁荡。
利孔非一途，盐征为海王。泉布充京储，刍粮助边饷。
庶哉用物弘，生意不复畅。新桂与炊玉，晨昏增感怆。
敝屋栖寒庐，新畲倚孤嶂。怀土思依依，承家如草创。

山场图

山木非不佳，林麓非不庈。百年生聚繁，分业薄如纸。
朝夕斧斤入，不待黄落矣。近代慨山童，远入虞虎兕。
肩重何足辞，突黔良藉此。而况煮海功，昏夜无停止。
菹薪苟不力，公私亦何倚。岁岁事辛勤，犹胜弃桑梓。

草荡图

海堧咫尺地，一望如掌平。材木不生植，草莽徒敷荣。
广牧良有害，泛取亦难成。瓜分给亭户，表蕝自经营。
繁霜一以降，百物俱凋零。刍荛忽萃止，芟缚无留行。
辇运积官所，来岁事煎烹。负荷非为苦，愿言公课登。

淋卤图

旭日明菹荡，欣兹风日竞。钱镈密如鳞，沙涂平似镜。
汲晒足灰泥，层层白相映。易地聚成堆，再淋咸始盛。
方池籍以茅，小窦暗通井。莲实重且坚，浮浮力能胜。
只恐山雨来，一篑功未竟。殷勤守余沥，坐待卤池定。

煎盐图

鹾液泛清冷，牢盘戒修洁。分番勿后时，及此旺煎月。
一勺尽倾泻，万灶俱焚热。沉沉红雾收，蹩蹩晴波竭。
敛之白盈箕，凝华灿如雪。点检入公私，中心更烦热。
荆妻慰苦颜，摩挲汗流血。却叹戍边人，垂老有离别。

① 《宁波盐志》，宁波出版社2009年版，第563—564页。彭韶，字凤仪，福建莆田人。明天顺元年（1457年）为进士。明弘治元年（1488年），以刑部侍郎兼佥都御史衔视察浙东盐政，深入了解了盐民疾苦，赋《恤灶图八咏》诗，力请减免盐民负担，改善其生存条件。

征盐图

小汛风日好，大汛潮汐平。袖长应善舞，课羡易为征。
岁歉伊谁知，宁分雨与晴。衣食岂不急，国计良非轻。
担石四面至，仓庾一朝盈。盐官唱簿历，折阅频呼声。
况乃逃亡多，荒额重加征。展限尚未允，努力事余生。

放盐图

三边乏储备，良贾劳委输。偿以榷海利，子母求赢余。
水膏易消耗，篰屋难贮储。多年积逋欠，折算尽锱珠。
渺渺太湖畔，盈盈东海隅。雪山压巨浪，风吼恣所知。
每资黎藿食，亦荐君侯厨。谁念味中苦，搔首空踌躇。

追赔图

近宝固贫国，厚货亦贫民。卤丁有常赋，催目何纷纭。
侵耗岁已久，夤缘具虚文。商算无从给，鞭笞不堪闻。
富黠自当尔，哀此颠连人。称货不见售，丝谷无余新。
宽减逢优恤，感激谢皇仁。沧海未终竭，更始重辛勤。

游海上观盐场（五首）[①]

〔明〕刘　秩

斥卤居官地，狂游不惮劳。桥危难渡马，溪狭仅容舟。
过客乌纱帽，吟翁自苎袍。乾坤容寄傲，长笑楚天高。

吴越繁华地，东南傍海滨。货通番客富，地瘠卤丁贫。
蜃气朝含雨，珠光夜烛人。乘槎从此去，何处问通津。

亭民无别业，煮海作生涯。卤井分元露，盐盘结白花。
妇人充灶闸，牛犊架新车。鹾赋如山积，何忧国用奢。

宦游沧海上，风物异山岩。地润潮生卤，山硗土作咸。
鱼盐通客贩，亭灶置官盘。愧我归期未，愁心逐片帆。

倦游谙土俗，久住识乡音。海雾昏朝日，溪云作夕阳。
时鲜采蛤蜊，夏果熟林禽。宠辱何须念，临风酒漫斟。

① 《宁海盐政志》，1990年印行，第169—170页。

题盐场图[①]

〔明〕王　雄

大江横界东西浙，盐场如旗对分列。
伊谁倡此榷海谋，流祸千年尚未竭。
古称厚货斯贫民，卤政之苦难具陈。
日征月敛有常课，未死不用辞劳辛。
矧兹煮海本人力，人力不齐奚足惜。
眼中忍见颠连氓，饥寒不奈公私迫。
破屋何曾蔽风雨，脱粟未得饥肠充。
刮泥常亏卤沥费，米薪岂给煎熬功。
从此迁延日无奈，公家不了私家债。
流离却虑骨肉分，复业又悲家计坏。
百年去住诚两难，服勤黾勉沙涂间。
阴晴昼夜靡遑息，老幼女妇无欢颜。
天时既届旺煎月，暑气如汤转酷烈。
炀煤烟炭尘满身，烧灼熏蒸汗流血。
塑云结惨天峥嵘，此时淋卤难为情。
日寒风冷卤池冻，皮皴肉死骨髓凝。
苦乐自有生受所，荼毒何须怨寒暑。
灶烟未灭釜未干，门外催征急风火。
课成相戒输官仓，盐司折阅不可当。
况乃逃荒有荒额，卖鬻输官俱赔偿。
股盐存积绵岁月，水火相成易消折。
老商告诉恣咆哮，鞭捶无辜冤莫雪。
亚卿自是今伊周，任重每先天下忧。
观风再到两浙地，首为灶户祛烦愁。
竣还重念灶家情，载命丹青状其景。
农桑耕织与流民，事异古先功则并。
八图各序序各诗，万几览罢兴长咨。
致君泽民易反掌，邠风无逸非虚辞。
公今仙去不可作，披图诵诗双泪落。
安得黄金重铸公，纵死勤劳情可乐。

① 《宁海盐政志》，1990 年印行，第 170—171 页。

盐夫叹①

〔明〕聂原渊

盐夫挑盐憩河流，口燥唇焦诉辛苦。
今春苦被雨连绵，淡却灰池赤咸卤。
积薪漂去灶将倾，额盐无办田无耕。
不独家贫妻子怨，又兼部牒严催征。

遣民行②

〔清〕李　文

圣德周天地，敉宁在四方。如何遭数厄，困苦见此缰。
海氛未尽扫，万姓惨痍疮。秋鳝魂釜底，敢效鲸鲵狂。
联艅肆劫掠，寓目皆可伤。鱼盐夺其利，骈胝资为粮。
青鳞间白骨，村市亦战场。庙箕歼小丑，移民且离乡。
庐舍成灰烬，焰腾百里光。老稚惊欲死，只遵就周行。
担头无些物，穷步牵衣裳。绕树来三匝，古庙扫作房，
尽日乏活计，欲眠地即床。饥来煮野菜，和根入鸣肠。
渐久情愈急，骨肉不相商。父子分南北，夫妻折鸾凤。
沟壑填老惫，黠悍走中央。况又罹旱魃，赤地成奇荒。
哀鸣结长呖，中泽集未遑。监门知有绘，膏泽沛穹苍。

绝　句③

〔清〕吴嘉纪

白头灶户低草房，六月煎盐烈火旁。
走出门前炎日里，偷闲一刻是乘凉。

煎丁叹④

〔清〕徐　镛

煮海为盐创仲父，至今累我煎丁苦。
叠汲海中一掬波，碎浇地上半亩土。
炎夏赤日当午天，腹饥身倦土中眠。

---

① 《宁海盐政志》，1990 年印行，第 181—182 页。

② 《宁海县志》，浙江人民出版社 1993 年版，第 929 页。李文，新乐人。曾任宁海县令。诗描写清顺治十八年(1661 年)下令迁界遣民情景。

③ 张颢瀚主编《古诗词赋观止》，南京大学出版社 2013 年版，第 1572 页。

④ 《宁波盐志》，宁波出版社 2009 年版，第 567 页。

一阵海风送雨至，数日苦工半刻弃。
天晴转晒无气力，勉强操作不敢息。
正恐征盐吏又来，果然牌票迭催逼。
恳尔吏为我宽限，宽我三日来输官。
买盐代缴原非艰，无故敝衣破帽都质完。
任尔哀求瞋双目，牵去见官日鞭扑。
日遭鞭扑何敢尤，可惜场中泥未收。

诗二首①

翟翕武

祝岱山盐业会议

盐业会，开得欢！
春暖花开，捷报频传。
春产高潮，始自岱山，
代表原是取火人，
管叫哪，高产烈火，燃遍东海边；
龙宫且莫乱，张羽不为美人来煮海，
只为那，工农急需的无价宝，五光十色的结晶盐。

歌制盐七字纲要

（水、卤、滩、结、工、动、管）

制盐之妙，妙在七字纲要：
海水是个宝，必须围塘修闸控制牢；
卤为盐的娘，既浓且丰积卤如积粮；
废泥改滩晒，海水蒸卤万斤担丢开；
结晶是果实，掌握卤度重量又重质；
工具要改革，解放双肩消除七痛增效率；
动力是源泉，风、畜、机、电因地利用莫迟延；
管理要改善，政治挂帅，“五比”加“三千”。

① 《浙江省盐业志》，中华书局 1996 年版，第 546 页。诗作于 1960 年前后，翟翕武时任浙江省轻工业厅厅长。

四、民谣选录

盐民苦[①]

盐民苦，晒盐勿是人来做，三根肋庞饿瘪肚，无田无地晒盐苦，常遭无米等下锅。
盐民苦，晒脱人皮勿罪辜，风潮落雨日难过，冲掉盐灰白辛苦，无米只好焐番薯。
盐民苦，三更鸡啼扛灰锄，走路不睁眼窝珠，放掉灰锄去提卤，提罢盐卤泼盐浒。
盐民苦，挑干潮港白糊糊，天还没亮刨盐土，一锄三寸两垄多，哪有吃饭茶工夫。
盐民苦，卤井嘀嗒滴盐卤，拢起盐灰山一座，赤脚拢到卤窟顶，背驼挑灰汗簌簌。
盐民苦，东方云彩露红曙，盐盘掇好太阳出，卤浸盐盘门板大，呜吱呜吱力无助。
盐民苦，日头摆中到正午，盐场无荫像火炉，烫厚脚皮像车辐，踮起脚来当手做。
盐民苦，精细白盐装满箩，一早挑卖私盐路，警察强扣像凶狗，罚脱洋钿还侮辱。
盐民苦，官府乡保来征赋，捐税勿交苦头多，上吊投河也屈死，比死难过无活路。

盐民谣[②]

刮泥淋卤苦连天，百担烂泥换担盐。
头顶烈日晒脱皮，肩痛腰酸吼力气。
早晨出门鸡未啼，晚上回家星出齐。

盐民小叹[③]

斜口土箕瘪肚皮，吊角泥担高坨基，
远汪漏水肩磨齐，挑到半路揩眼泪。
日挑万斤水和泥，争得几担叹气盐，
交租不够淘狗气，一年四季断饭米。

盐民苦[④]

一根扁担挑勿弯，两只脚底磨沙滩。
一年三百六十日，祖祖辈辈挑盐担。

---

① 李良观：《盐民谣》，《金平湖》2008年秋冬卷总第43期，第43页。该民谣流传于嘉兴黄姑、平湖沿海一带，描述了旧时从事海盐生产的盐民劳作之艰苦、生活之艰辛。

② 舟山市民间文学集成办公室编《浙江省民间文学集成·舟山市歌谣谚语卷》，中国民间文艺出版社1989年版，第55页。

③ 《慈溪盐政志》，中国展望出版社1989年版，第242页。

④ 舟山市民间文学集成办公室编《浙江省民间文学集成·舟山市歌谣谚语卷》，中国民间文艺出版社1989年版，第55—56页。

起早摸黑出门槛，十里沙滩走往返。
阿拉穷人呒靠山，挑来挑去是烂泥山。
苦卤苦水苦扁担，苦屋苦路苦海滩。
行行呒没介个苦，两行苦水拌苦饭。

盐民像只沙头鸟①

盐民像只沙头鸟，全套家财一担挑，
东坍往西逃，西坍往东跑。
三天日头土如霜，三天落雨泪汪汪。

挑卤歌⑤

址膝窄，址膝滑，肩挑卤担打滑脱。
水桶甩崩还且可，脚骨蹩出，老婆孩子要饿煞。

倒六灶②

大兴对落倒六灶，反动政府统治牢。
三大地主张、袁、高，六灶穷人气难淘。
苛捐杂税似牛毛，生产荒芜无人搞。
祖祖辈辈做牛马，吃的都是糠皮六角草。
烧的都是泥堆灶，背起破箩到处跑。
天灾人祸一碰到，卖囡卖儿弃老小。
一九三八年来了日本狗强盗，
“三光”政策抢杀烧，倒六灶人民永远不会忘记。
六月十六大清早，日本强盗侵六灶，
东洋兵张牙又舞爪，挨家落户荡来扫。
施金福公公小和嫂，无缘无故被杀掉。
还有车夫帮桂叔，钢丝穿手更残暴，
抓到庵东头铡掉，杀了头还要沉水牢。

做塯歌③

一根里格扁担挑不弯格，里罗里罗！
两只里格脚底磨泥滩呵，里罗里罗！

---

①⑤　中国民间文学集成浙江卷编辑委员会编《中国民歌集成·浙江卷》，人民音乐出版社1993年版，第41页。

②　《慈溪盐政志》，中国展望出版社1989年版，第242页。倒六灶，旧地名，原属慈溪县东二乡，今属慈溪市崇寿镇四灶浦村。

③　《岱山县盐业志》，浙江人民出版社1994年版，第263页。

一年三百六十里格天呵，祖祖辈辈挑盐担。
呵呵，里罗，里罗，里罗，里罗，里罗，喂！
起早里格摸黑出门槛格，里罗里罗！
十里里格泥滩走往返呵，里罗里罗！
阿拉穷人无靠里格山呵，挑来挑去烂泥滩。
呵呵，里罗，里罗，里罗，里罗，里罗，喂！
苦卤里格苦水苦扁担格，里罗里罗！
苦屋里格苦路苦海滩呵，里罗里罗！
行行呒没介末里格苦呵，两行苦水拌苦饭。
呵呵，里罗，里罗，里罗，里罗，里罗，喂！

附：《做塯歌》曲谱

做塯歌

1=G 2/4

3 3 3 5 6 5 3 | 5 5 3 2 0 3 | 2 6 2 6 | 1 3 2 1 2 1 6 | 1 5 6 2 |
一根里格 扁担 挑不 弯 格，里罗 里罗！两只里格 脚底 磨泥 滩呵，
起早里格 摸黑 出门 槛 格，里罗 里罗！十里里格 泥滩 走往 返呵，
苦卤里格 苦水 苦扁 担 格，里罗 里罗！苦屋里格 苦路 苦海 滩呵，

1 6 1 6 | 3 3 5 6 6 | 1 3 2 1 6 6 | 3 2 2 1 6 | 1 5 3 5 |
里罗 里罗！一年 三百 六十里格 天呵，祖祖 辈辈 挑 盐
里罗 里罗！阿拉 穷人 无靠里格 山呵，挑来 挑去 烂 泥
里罗 里罗！行行 呒没 介末里格 苦呵，两行 苦水 拌 苦

6 0 7 7 | 6 3 6 3 | 1 6 1 6 | 3 2 3 2 1 | 6 - ‖
担。呵呵 里罗 里罗 里罗 里罗 里罗 喂！
滩。呵呵 里罗 里罗 里罗 里罗 里罗 喂！
饭。呵呵 里罗 里罗 里罗 里罗 里罗 喂！

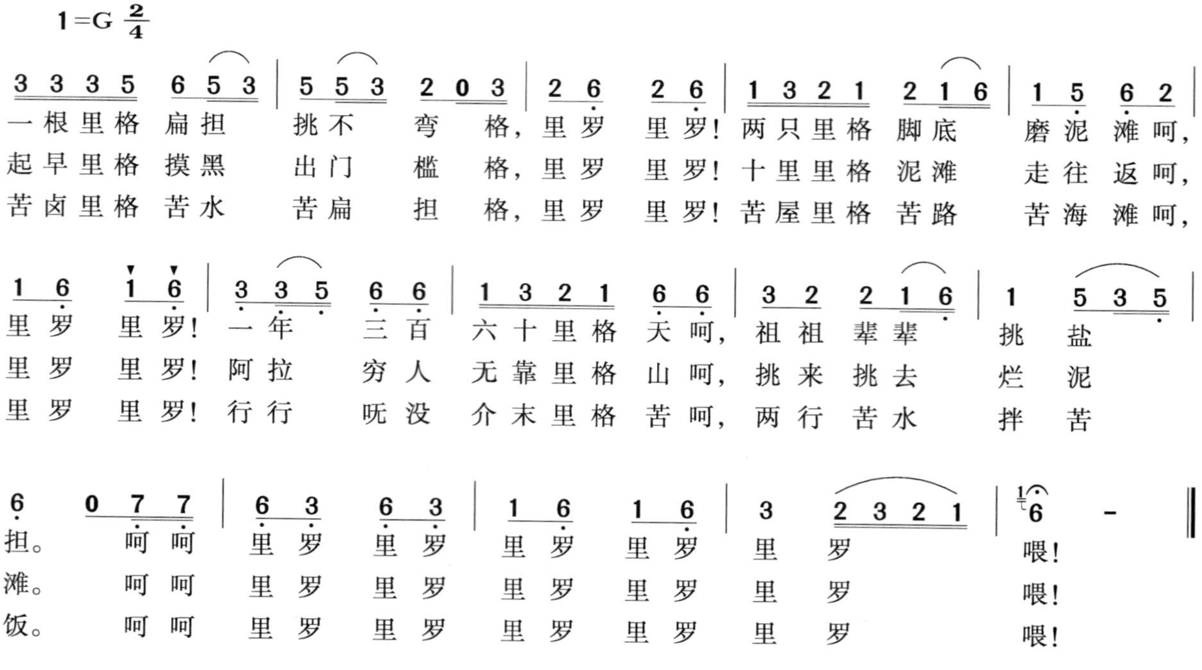

马鞍山①

马鞍山，马鞍山，山上秃顶癞头山，
山下泥场荒草滩，求生活命实烦难。
潮水一上浸灶间，肩上日挑万千担，
糠菜难度三日餐，有女不嫁马鞍山。

---

① 《舟山市盐业志》，中国旅游出版社1993年版，第367页。马鞍山，位于定海区长峙乡马鞍村，为海盐产区。

摇星浦①

妹妹命生苦，嫁到摇星浦，
晒盐加织蒲，头裹黄土布，
脚踏阎王路，侬话苦勿苦。
吃吃六潮谷，做做汽车路，
做得勿好打屁股，性命还在（日军）司令部。

盐板歌②

一块盐板四角方，晴天扛开雨天幢，
五荒六月堆白雪，海边人家当米缸。

只怕白马沿江走③

大难勿用忧，大荒勿要愁，
只怕白马沿江走，六月浓霜一笔勾。

盐民怒打秤放局④

中国政府勿吉昌，地皮押给白眼狼；
白眼狼，立秤放，压迫盐民立公仓。
盐民起来打秤放，万嵩庵里开会忙，
五更敲锣到天亮，肩背晒牌还场长，
场长场员都逃光，盐民怒把晒牌掼地上，
再去秤放局，局长局员也逃光，
先拆篱笆桩，后敲玻璃窗，
怒火烧得旺，拿起帐子被头掼粪缸，
踏平张如昌，打倒总秤放。
有位兄弟真懂行，一脚跳到瓦屋上，
瓦片敲碎万把张，如昌脸孔吓得白苍苍，
走到大丰把话讲，共同去找总秤放，
总秤放早有阴谋藏心上，埋伏盐警一大帮，
轿店弄堂冲出来，扳起洋枪一齐放。

---

① 《岱山县盐业志》，浙江人民出版社 1994 年版，第 247—248 页。摇星浦，即岱山县岱西乡摇星浦村。

② 中国民间文学集成浙江卷编辑委员会编《中国民歌集成·浙江卷》，人民音乐出版社 1993 年版，第 41 页。

③ 《岱山县盐业志》，浙江人民出版社 1994 年版，第 248 页。白马：指台风；六月浓霜：指盐。

④ 《慈溪盐政志》，中国展望出版社 1989 年版，第 238—239 页。调中提到的张如昌是秤放局的房东，并非秤放局的人。

五人死得真悲伤，各界愤怒传四方，
游行示威势浩荡，吓得狗官不敢讲。
各界支援力量大，迫使官方立五项，
苛政暴敛暂取消，抚恤死者理应当，
打秤放，得胜利，盐民声威振东方。

余姚盐民协会成立大会会歌①

一更里，月正辉，盐协会员走拢来，
改良戏加军乐队，戏庆成立总协会，大家乐开怀。
二更里，月明亮，来了几千小学生，
纸糊彩旗与炮仗，歌声笑声花衣裳，亏了大先生。
三更里，月中央，奉劝篷长和廒商，
不要再把强盗当，盐民心里都有一本账，良心摆中央。
四更里，月朗朗，七区盐民喜洋洋，
废除苛捐和杂税，三民主义放豪光，“洋尾巴”要割光。
五更里，月山顶，大家入会顶要紧，
团结全场几万人，齐心协力一股绳，马上要天明。

旦门盐场围塘民工歌②

劈开道篷山，围塘建盐场。
旦门人民多壮志，誓把海涂重安排。
心中升起红太阳，千军万马战海洋。
劈开石人山，围塘建盐场。
毛泽东思想来武装，敢叫海涂换新貌。
愚公移山志不移，一锤一钎干革命。
围好旦门塘，建设新盐场。
集体力量大无边，海涂建成新盐滩。
苦干巧干加实干，定将海水变白盐。

海塘颂③

一不防，海塘碶门锁龙王，使唤海水依心想；
二不防，千年扁担卸肩膀，“七痛”疾苦一扫光。
三不防，海水上滩变白银，盐民翻身，幸福全靠共产党。

---

① 《慈溪盐政志》，中国展望出版社 1989 年版，第 239—240 页。陈墨根据崇寿乡 80 岁老盐民苗贯昌口述整理。
② 《象山县盐业志》，黄山书社 1995 年版，第 377—378 页。歌词由旦门盐场围垦指挥部郑全火等集体创作。
③ 《舟山市盐业志》，中国旅游出版社 1993 年版，第 368 页。

苦门变福门[①]

龙门是苦门，海水往里滚。
堵住龙门口，苦门变福门。

五、碑碣选录

海堤记[②]

〔宋〕楼 钥

余姚为绍兴壮县，岸大海者八乡，分东、西二部，绵地一百四十余里。旧有长堤，蔽遮民田。孝义、龙泉、云柯三乡沙涨土高，无风潮冲决之患。开元、东山、兰风、梅川、上林五乡间有缺坏，实为民忧。庆历七年，县令谢景初自云柯至于上林为堤二万八千尺，王文公记之。后百五十年为庆元二年，县令施君宿又自上林而兰风为堤四万二千尺，其中石堤四所，为尺五千七百，又其创建者也。邑人求记于予，谢之曰："令尹之功固倍诸前人，前有文公之记，何敢为第二碑。"请不已，则曰："文公之文不可及，姑记其实则可尔。"余外祖汪公思温，宣和中尝为是邑修烛溪之湖，建承宣之亭。后伯父琚、从兄鋉皆尝为之。妇家王氏自尚书侯而下四世寓邑中，熟知海堤之为害，而近世尤甚。大率岁起六千夫，役二十日，计工一十二万，费缗钱万有五千，民力不堪，曾不足支一岁焉。施君始至，询究利害，得其要领，选乡豪公直强干、人所信附者十五人，分地而共图之。尉曹赵伯威复协力佽助，务为久计，以苏民瘼。盖在承平时，提刑罗公适知县，秘书丞牛君尝伐石为堤，今计百年，荡在海涂。乃按迹取之，得其故石，创业二千七百尺，用工二十万三百六十，而东部之田始有蔽障。其西部之谢家塘、王家塘、和尚塘，悉为绍熙五年秋涛所决。于是复度为石堤三千尺，乡民赵明、释子行球董其役。约费甚重，县不足供，列于府。监司提举常平刘公诚之首助谷三百斛，勉为之，凡所陈请，率应如响。通守王公介、干办公事王君柄左右尤力，令得展布，而堤用告成。其高一丈、石厚一尺为一层，用石三万尺。县出缗钱四千三百有奇，县之士大夫与乡人助工三百万，费犹未足也。然则兹役亦甚重大矣。思其重大而慎于守护，县之官分季临视，庙山、三山两寨官月遣十兵巡之，乡豪仍伺察焉。稍损缺，即白诸邑，补治之。复议刮上林海沙田二百三十亩，及汝仇湖外之地六百八十三亩，桐树废湖七百四十五亩，凡为田一千六百四十八亩，又将益求旷土以足二千亩之数，筑仓于县酒务之西，储其岁入，以备修堤之用。岁省重费，民遂息肩。而刘公复请诸朝，乞以其田准常平法，一毋他用，仍禁官民户之请，天子辄报可。吏民祗拜明命，刻之坚珉。窃惟令之宰剧县者，

---

① 《岱山县盐业志》，浙江人民出版社1994年版，第249页。龙门，又称"龙门口"，位于岱山县桂花乡泥螺山侧。解放前桂花盐田经常遭海潮灾害，大潮都是从龙门口侵入。当时盐民称龙门口为"苦门"。1958—1960年间建成龙门海塘和碶闸，挡住了旧时为患的海潮，盐业生产大幅度增长，从此"苦门变福门"。

② 〔清〕光绪《余姚县志》卷八。

簿书期会，日不暇给，如水利之政，趣了目前，姑以办闻，其至诚爱民而才智足以行之如施君者，几何人域！君湖之长兴人，司谏之子。司谏用不尽其才，君能世其家。其治县，百废具兴，铢积寸累以成是役。中间易地之行，咸恐败于垂成，及其来归，为之愈力，百年之害，一日以除。夫天下之事，害不革则利不兴。今民困已甚，令以深长之思而兴民庸贤，部使建白甚明，而圣明勤恤民隐，遂济登兹，若有数然。庸作为诗章，使后人歌以守之，俾勿坏。其诗曰：舜江之为邑兮，处越之封。八乡濒海兮，水浴日而吞空。古有长堤兮，庸蔽遮乎一同。人力有限兮，海涛来之无穷。涛来如山兮，驾以飓风。堤遂决坏兮，苇不可障而泥不可封。民将为鱼兮，良田垫于冯异之宫。岁岁劳费兮，民告以鞠凶。万五千之缗钱兮，十二万之民工。唯今之贤而才兮，有尉曹之和衷。筑土垒石兮，折彼叵测之冲。矗如长城兮，缭海南之西东。部使者主之于上兮，飞章彻于九重。仰明圣之恫矜兮，朝奏而暮唯民欲之从。垦田倍于千亩兮，藏其收于禀中。禁豪右之侵渔兮，唯修堤之是供。化斥卤兮，土膏隆隆。变歉岁兮，为年之丰。良粳叕叕兮，多稼芃芃。獲之积之兮，将栉比而墉崇。唯后人之勉勉兮，用心似公。视此堤缺兮，谨颛颛而弥缝。念经始之艰难兮，尚图功于厥终。

重建盐课司厅记①

〔元〕郑　谦

场创于宋之咸平，昔分鸣鹤、东西石堰，鼎居鄞越之交。元贞改元，合三而一之，升盐司，秩七品，设令丞管句主其职。额一万有奇，广袤数十余里，距定川至慈邑接余姚，地大课丰，雄于浙左。作盐之利，为东南邦赋之最。波熬沙漉，其化若神。而设官分职，以司征贡，使官署不饰，上弗克以壮，下弗克以致其严，非临莅之道。昔有厅事，建于隐山之隅，岁月弥深，陵毁略尽，既损之为浮屠氏之居，俛就驿馆以视事，偷安苟且有日矣。泰定二年秋，文殊公来长是官。公世胄清华，才良识敏，下车之始，奋然为兴筑计，僚佐不谋而同。俟岁课之登，审丁夫之隙，营度资用，丝粟不以厉民。因隐山之遗址，厥土燥刚，厥位面阳，以是岁仲冬肇役，盆夫鬻户，蚁来猬集，乐为之用，两月而功告成。堂宇靓深，廊序明洁，门庑庖湢，皆有垩漆丹雘举以法，负山面湖，气象邃严，规模宏远。明年正月元日，宴僚佐于堂上，宾从咸集。众举觞而贺曰："昔公之来，荒址枳棘。经之营之，翚飞跂翼。公莅之初，课殿于额。会之计之，仓有余积。海滨遐僻，习嚚珥笔。戒之董之，风移俗易。迹其明效，益信公之善于治政而敏于成功也。"因扁其堂曰治政。堂之后壁小亭曰观澜，以为游息之所。若此可谓完且美矣。虽然，鬻海之役，至难者也。触风雨，犯寒暑，羸形鬼质，饥渴顿踣，昼夜不暂息，而日有其输，董之者不敢毫发贷。然失宽则慢，过猛则残，故任其事者为尤难。苟赋之不修，民之或病，则有余责。居斯堂者，上有以克修乎裕国之赋，下无以忘乎仁民之心，斯无负于朝家任贤理财之意。是役之成，不纪其迹，无以以示来者。咸愿有述，辞而弗获，乃序其见闻之概，俾商而刻焉。泰定丙寅孟秋上浣记。

① 〔清〕光绪《慈溪县志》卷四十三。

庆元转运盐使分司记[①]

〔元〕袁　桷

国朝定煮海之赋，倍于前代，邦用是资，其选官委任为不轻。两浙设总司于杭，东西属郡率置分司以董督。四明号为东浙繁夥，饥馑荐罹，逋负益广，急之则疲苶愁叹，黧色骨立，见于耄稚，故受其任者为最难。桷官翰林时，预议中书堂，尝白丞相，乞减岁额。丞相领其议，于时大臣咸然其说，卒以户部籍不能易。是后忧国者迄减其直，继今善谋邦计之士，亦将有以待也。泰定元年冬，分司毁。三年，张侯伯威莅是邦，以官楮若干，委于郡。郡守郭侯曰："兹役不可缓，必择善于营缮者是属。曰尹阮君申之，县庠之兴，尹能绍之；曰尉周君一夔，尉廨久湮，尉能起之。兹其以是属。"佥谋曰："取于山，里胥是删，鬻于市，大贾以喜，将视其材市于民，坚完缜密，是则不负于郭侯之教矣。"六月阐工，九月告成。听事崇严，夹舍拱揖，门台有叙，百堵具列，斧斤鼛鼓不彻于垣。周君则曰："尉虽不材，囹圄之设非我职，矧转运府设是，则益以病，盍去诸。"复以楮之余者归于司。官常患不得其人，急奉于公，怨讟滋兴，况复因之以窃其利。周君则不然。人皆曰"作之登登，周君是承。去其榜笞，民完以熙"。若是，则任其职者绝叫嚣，息追逮，其赋宁有不登于天府？昔之使者，遗爱揭于坚珉矣；后之来者，登斯堂也，蔼然仁政，将屡书不绝。桷老矣，尚当见之。泰定四年二月庚寅，袁桷记。

宁海洋岭煎盐协议碑[②]

〔清〕伍希安

盖闻祖业相承，不留凭据，年久必至争执而难知。往事相传，不立碑铭，岁远必致湮没而莫识。惟我太祖迁居洋岭，僻处海隅，圈海成田，养淡播种，上完国课，下裕后昆。乃我圣朝雍正年间，例立煎盐，设场作厫，民领盘帖，李、伍、王三姓各领一盘，灶地各有座处分明，到伏至秋，括土煎盐。年远岁久，内亭低陷，淡水盈涂，无可办煎。奈我族天信与族内斟酌，要大塊一片涂场筑砟灰漏，情愿顶灶一座，衙门盐觔账项公用资费甘自理值，不涉族内。又将大塊一片涂场在灰漏塘外五家屿新塘相连，付天信筑砟燕窝养淡，播种柴薪，可以掷煎筑砟之。本族内又有祥生、乾生二人，又要洋屿山脚起与大塊相连涂场筑砟灰漏塘一个，情愿顶灶一座，与天信办煎无异。当时二人真有善心，情愿将灰漏四只献于洋岭本境镇龙庙，每年该族内收租以作香仪之费，保护塘堤坚固。顶煎者日后子孙富足，要将灰漏克勤煎烧，族无异言，衙门盐觔公项必要随塘理值，断不可任他养淡别顶。倘有不能勤煎灰漏、荒懒公项，不管他自愿，将灰漏塘堤归还族内。合族要思祖宗血食所关，当要付还筑砟之本铜钱五十千文，领转灰漏塘堤，方不至盐项空悬。日后子孙，有业必有管。恐后无凭，立此碑石开明。同治十一年桂月□日，洋岭合族伍希安敬立。

---

① 〔元〕延祐《四明志》卷八《公宇》。

② 〔清〕光绪《宁海县志》卷二十一。

永禁住商越占碑①

巡抚盐漕部院常　盐运使司庆　为永禁住商越占诈扰以靖地方事，照得鄞县东乡民食盐觔。向由场肩销卖，道光二十五年，被革商广开私店，纠结地惫诈扰乡民，以致纷纷滋事，现经本部院札饬，该府县确核卷据，俯察兴情勘界立碑，各照都图行销肩盐责成大嵩、清泉两场配引给筹过掣发贩以济民食而裕。

国课，前据该署府两次县禀，叠经批饬妥办在案，合行出示晓谕，为此示仰鄞县东乡耆民人等知悉，嗣后，该乡居民各照，场肩买食场贩亦各明界址地段行销，永不许住商再行侵越占，开致滋诈扰，如有奸徒希图占开网利勒索等情，许就近居民扭送府县究办或经告发，该府县立即查照惩办，该乡民等亦不许藉端滋事，以杜讦讼而靖地方，毋违切切，特示。咸丰二年四月□日给。

社仓碑记②

〔清〕黄光岳

宁邑长亭场，有海灶丁、山灶丁两项。海丁三百八十九丁，每丁课银八钱零，括土煎盐为事。又有海涂田地，不免薄收，犹可耕种，尚未尽属空赔。其山丁五百三十五丁，每丁课银七钱二分零；又一百丁，每丁课银八钱零，俱山居谷汲，与海穹远，原无荡地，不事煎盐。因从前役重丁轻，故避役就丁耳。岂知充丁之后，子孙承袭，无从委卸，兼有沧桑更变，着落摊赔。即台属所谓赤脚光丁，较之海丁而偏苦尤甚。无论万里军门，不能绘图上达，且系题销正项，又何改沥血敷陈，此固滨海穷丁唏嘘啜泣而不能自解者也！幸皇上御极之二年，特发奏折，有灶丁一项，必宜归在灶地，钦此之行折开。明初灶户烧盐，有地有丁，其地谓之盐场，又谓之荡田，乃取卤烧盐之地。惟丁税特重。立定户册，有增无减。时历数百年，人更数十世，已经更业并无地灶者甚多。又有祖遗数丁，着落一人完纳者，犹为可悯。请饬下督抚清查灶地，将灶丁归地完纳，按亩匀摊。等因：随有山丁洪福等赴省号吁，蒙盐道宪王，多方筹划，饬行查议。光岳于三年秋九月历任，于四年间将灶户苦累情由，缕达本府赵，剀切呈详。奈宁邑丁银六百九十一两九钱零，其报升田地山沙等项，仅征税银四十二两七钱一分零，实系丁多税少，无从按亩匀摊，止可仰请通融量减而已！复幸督部院兼理盐院李福曜遄临，洞悉民隐，仰体圣天子惠元元发交奏折之意，以鸣鹤等场涨升荡地，先以抵补宁邑山丁赔项。于雍正五年六月间具题，钦奉俞旨准行。并蒙盐道宪王改刊由单，详咨送部。夫以别场涨升与宁邑亦复何与，而乃以彼赢余，豁此赔累，解五百三十五丁难解之倒悬，除数百余年难解之积困，籍非皇上洞察一体之盛心，督宪调剂斡旋之实政，则滨海遗黎讵易得此更生之庆哉！是以山丁感激涕零，莫不愿捐糜顶踵，报祝鸿慈。适蒙饬领四年溢额二百四十两有奇，据洪福会同山丁各家老幼男妇各矢一点血诚，愿以之置产遴僧，建宇立石，俾世世子孙，永知膏泽情由。详请督部院有毋庸

---

① 《鄞县盐业志》，2000 年印行，第 108 页。

② 《宁海盐政志》，1990 年印行，第 187—188 页。

建宇之批，因有改社仓之请。随经营置产，新建社仓五大间，于妙相寺之旁。榱桷门垣，务坚而朴，并将田产数目，勒之碑阴，以期永久。从此本年储谷若干，青黄不接之时借出若干，秋还若干，每年造册送县核报。以此为公储，不必取息。而岁岁有秋，以此为甘棠，念所由来，人人勿翦。盖山丁摅诚置产之社仓，实皇仁宪泽所赐之社仓也！愿山丁子孙，世世守之。并望将来莅此土者，勿使胥役干预侵渔，务必遴选得人，司其出纳于量储之中，寓抚恤之意。则海澨沾恩，又岂止山丁而已哉！

大清雍正六年八月穀旦，山丁洪福、章瑞、陈四俊、田宗霖、葛三柱、吴乔谏、邵永兴、谢积德、叶永、谢聘、朱云等同立石。

郡守刘公示禁德政碑①

永垂不朽

二品顶戴盐运司衔尽先补用道克勇巴图鲁台州府正堂刘　示禁（题）

为奉谕勒石永禁事：窃台郡杜渎场，旧有洪德、涂东、下东、上盘、旧城、砂基六厫，盐务尚系官给新本工复煎烧。自道光年间海涂日涨，□□日淡，出产家寥寥，全赖借配外场以济民食。续咸丰三年遭洪潮之变，各灶均被冲坍，存者中只一二。故名虽在，而寔已去也。迨同治以来，厫书、厫差等假公营私，请复旧规下□，下厫专以威赫扰诈为事，无弊不生，无恶不作，下民受其害者不可胜言。七年秋仲，经生员尤成书、张翰周等禀呈府宪，荷沐发准立提书差研究，讯悉扰累实情，着将厫书、厫差等名目永远禁革，以杜弊害。准其各灶丁自煎自销，按照新章抽厘，派重分忙，经收归缴。嗣于十年蒙恩，洞悉丁民艰苦，格外施仁，概予出示豁免、勒石禁革等，因遵即联名禀请勒石。抑准如禀出示，立石永禁。因于六厫公□□□□料禀定树处，荷沐据禀已悉各在案，奉此谨将禁革积习定案，永垂不朽□，以志郇黍召棠之德政尔。

同治拾壹年小春月　日

厫董耆民

方季清　杨寿南　徐永法　张朝沛　王公商　项国才

尤宝泰　尤锦才　尤锦昌　严季和　陈世忠　朱立乾

陈尚达　李炳海　李维有　项定邦　王日凤　李维栋

王元德　何启金　黄万田　王公伦　林季准　林福庆

王加序

---

① 碑高178.5厘米、宽77厘米、厚10厘米。共计15行，正文7行，每行50字，字径2厘米。碑旧立临海市杜桥镇市场村市场殿山门，“文化大革命”期间被移作村碾米机机座。后运至临海博物馆东湖小瀛洲，今存东湖石刻碑林。此碑文由临海市文物保护管理所彭连生录校。

大事年表

时　　间	大　事　纪　要	资料来源
周平王元年至周敬王四十四年（前770—前476年）	越国曾设盐官。《越绝书》载："朱馀者，越盐官也。越人谓盐曰馀，去县三十五里。"今绍兴北12千米处有朱储村，即其址。	《越绝书》卷八
秦始皇二十六年（前221年）	置海盐县，以"海滨广斥，盐田相望"而得名，属会稽郡。县境兼及今之海盐、海宁、平湖及松江。	《初学记》卷八
西汉高祖十二年（前195年）	吴王濞在海盐县募民煮海为盐。置司盐校尉于马嗥城（今海盐县武原镇东南）。	《水经注》卷二十九
西汉元狩四年（前119年）	冬，于会稽郡海盐县设盐官，官给器具，募民煮盐。实行官制官卖，严禁私煮。	《文献通考》卷十五《征榷考二》
三国吴（222—280年）	吴国恢复盐专卖制，置司盐校尉于海盐县。永安七年（264年）七月，海贼破海盐，杀司盐校尉骆秀。	《三国志》卷四十八《吴书三·三嗣主传》
隋开皇三年（583年）	废除盐禁，免征盐税，到唐朝开元九年（721年）止。	郭正忠主编《中国盐业史（古代编）》，人民出版社1997年版，第123页
唐乾元元年（758年）	第五琦任盐铁使，初变盐法。行民制、官收、官卖。制盐须经官府特许，立为"亭户"籍，免其杂役，专事制盐，所产归官。	《唐会要》卷八十八
唐宝应元年（762年）	盐铁使刘晏领东南盐事，改行民制、官收、商运、商销，为就场专卖制之始。设置10监4场，在浙者6监3场。	《新唐书》卷五十四《食货四》
唐元和年间（806—820年）	浙江盐产量丰硕，仅兰亭、嘉兴、临平三监的年产量即达百万石以上。	陈衍德、陈权：《唐代盐政》，三秦出版社1990年版，第16页
宋建隆二年（961年）	两浙岁计丁口，由官散给食盐。每丁"给盐一斗，纳钱一百六十六"，称为"丁盐钱"。	《续资治通鉴》卷一百零六
宋明道元年（1032年）	五月，罢杭州、秀州两地盐场。至仁宗景祐三年（1036年）复置杭州、秀州盐场。	《宋史》卷十《仁宗本纪二》
宋皇祐年间（1049—1053年）	词人柳永任正监场（在今舟山市定海区）监官，曾作描述灶户煎盐之苦的《煮海歌》留世。	《舟山市盐业志》，中国旅游出版社1993年版，第369页

续表 1

时　　间	大　事　纪　要	资料来源
宋绍兴三十二年(1162 年)	两浙共有盐场 42 处。其中浙西路 24 处，浙东路 18 处。	《宋会要辑稿·食货二三·盐法二》
宋乾道七年(1171 年)	七月，诏免两浙丁盐捐。	《续资治通鉴》卷一百四十二
宋淳熙元年(1174 年)	诏发会子(南宋纸币)25 万，收购临安、绍兴、平江、明州、秀州等地余盐。	《浙江省盐业志》，中华书局 1996 年版，第 7 页
宋淳熙八年(1181 年)	朱熹提举浙东盐茶公事。	《宋史》卷四百二十九《朱熹传》
元至元十四年(1277 年)	是年，设两浙都转运盐使司于杭州，并置仁和等盐场 34 所。岁办盐 15.9 万引，引重 400 斤。	《元史》卷九十一《百官七》
元至元二十一年(1284 年)	设常平局平抑盐价。	《元史》卷九十四《食货二》
元至元二十六年(1289 年)	盐价每引由中统钞 9 贯增至 50 贯；至大二年(1309 年)，钞法复变，盐价愈增。延祐七年(1320 年)累增至 150 贯。	《浙江省盐业志》，中华书局 1996 年版，第 8 页
元至元三十年(1293 年)	置局卖渔盐于滨海渔所。	《浙江省盐业志》，中华书局 1996 年版，第 8 页
元元贞二年(1296 年)	八月初六日，命江浙行省以船 50 艘、水工 1300 人沿海巡禁私盐。	《元史》卷十九《成宗本纪二》
	九月，罢民间盐铁炉灶。	
元大德三年(1299 年)	是年，定产盐之地，立场有差，仍于杭州、嘉兴、绍兴、温台等处设检校四所，专验盐袋，毋过常度。	《元史》卷十九《成宗本纪二》
元延祐六年(1319 年)	十月，罢四检校所。置杭州、嘉兴、绍兴等处盐仓 6 所、盐场 34 所，每场设监运官 1 员，岁办盐 50 万引。	《元史》卷二十六《仁宗本纪三》、卷九十四《食货二》
元元统二年(1334 年)	两浙下砂盐场司令陈椿按旧图详略补缺，绘成《熬波图》，配以诗说，详记浙西淋卤煎盐的全过程，为古代浙盐的产制和管理留下珍贵资料。清代编入《四库全书》。	《浙江省盐业志》，中华书局 1996 年版，第 8 页
元后至元年间(1335—1340 年)	两浙岁办额盐 48 万引，年销额为 44.9 万引。杭州等官仓积盐 90 万引(每引 400 斤)，两年亦卖不尽。至正三年(1343 年)始，户部减两浙岁额 10 万引。	《浙江省盐业志》，中华书局 1996 年版，第 8 页
元至正八年(1348 年)	十一月，黄岩州羊屿(今黄岩杨府庙)“盐徒”方国珍格杀巡检，聚众数千谋反，与张士诚部相呼应。后为元廷招抚。	《明史》卷一百二十三《方国珍传》

续表 2

时　　间	大 事 纪 要	资料来源
明洪武元年(1368年)	置两浙都转运盐运司。下设嘉兴、松江、宁绍、温台四分司,管辖盐场35处,灶丁共7.44万人。岁办22.04万引,每引400斤。	《明太祖实录》卷二十二
明洪武三年(1370年)	行“开中法”。召商输粮至边地充实军储,官给盐,许其贩运。	《浙江省盐业志》,中华书局1996年版,第9页
明洪武十七年(1384年)	定浙盐工本钞每引2贯500文。	〔清〕雍正《浙江通志》卷八十三
明洪武十九年(1386年)	因倭寇侵扰,遣昌国县(今舟山市)海岛居民尽入内地。岱山、芦花、正监3场相继裁废。	《舟山市盐业志》,中国旅游出版社1993年版,第9页
明洪武二十三年(1390年)	定各户灶丁岁办小引盐16引(每引200斤),盐工丁减半。	《浙江省盐业志》,中华书局1996年版,第9页
明永乐二年(1404年)	实行户口食盐纳钞法。	《明太宗实录》卷三十三
明正统九年(1444年)	民间食盐听由自买,官不再给盐。但民间纳钞如旧。	《浙江省盐业志》,中华书局1996年版,第9页
明弘治二年(1489年)	是年,令两浙各场灶丁,离场30里内全数煎办,30里外者全准折银(工本银),每年十月以里征送运司解部。其折银则例,每一大引,浙西6钱,浙东4钱。	〔清〕雍正《浙江通志》卷八十三
明弘治十四年(1501年)	刑部侍郎彭韶至两浙清理盐法,悯灶民之苦,上疏请恤。	《明史》卷八十《食货四》
明嘉靖十六年(1537年)	偏僻内地由“山商”纳银掣票,运销食盐,共30余县。	《浙江省盐业志》,中华书局1996年版,第10页
明嘉靖三十九年(1560年)	鄢懋卿总理盐政来浙履勘,将余姚塘外海涂着居民刮泥运溜,淋卤配煎,依姓派丁认办盐斤。海涂续有添涨则子母相传,永属该丁。后成丁堂势力。	《浙江省盐业志》,中华书局1996年版,第10页
明万历二十八年(1600年)	两浙巡盐御史叶永盛上奏,比照两淮例设两浙商籍,得到朝廷允可。两浙商籍由此确立。	〔清〕康熙《浙江通志》卷二十六
明万历四十五年(1617年)	实行盐政纲法。将商人历次所领盐引编成纲册,在册者为纲商,可世代相袭,无名者不得加入。盐之收购运销自此均归商办。	〔清〕雍正《浙江通志》卷八十三

续表 3

时　　间	大　事　纪　要	资料来源
清顺治元年（1644年）	颁新盐法，实行民制、商收、商运、商销制度。翌年，蠲免明末各种加派名色，以示舒商恤民。	《皇朝经世文编》卷五十
清顺治二年（1645年）	朝廷派监察御史巡视两浙盐政，每年轮换。	《清史稿》卷一百二十三《食货四》
清顺治十八年（1661年）	为多方断绝对郑成功部反清战事的支援，清廷下达遣海令，强迫沿海居民内迁30里。温台及宁属盐场弃灶停煎，灶民流离失所。3年后渐复，无复旧观。	《浙江省盐业志》，中华书局1996年版，第10页
清康熙十一年（1672年）	十月十二日，停两浙等地巡盐御史差，盐法事务归并巡抚管理。	郭正忠主编《中国盐业史（古代编）》，人民出版社1997年版，第675页
清康熙三十一年（1692年）	舟山实行计丁包课，定居民可食锅煎煮，自煎自食，不许设厂砌盘煎烧私贩。	《舟山市盐业志》，中国旅游出版社1993年版，第9页
清雍正六年（1728年）	李卫抚浙，奏准以库银收购正额外余盐，称为帑盐，充作当地渔销，亦许商运外销。时私净官畅，引不敷运。	《浙江省盐业志》，中华书局1996年版，第11页
清雍正九年（1731年）	清廷发帑银收购岱山余盐。	《舟山市盐业志》，中国旅游出版社1993年版，第9页
清嘉庆年间（1796—1820年）	岱山盐民王金邦，偶见扁担凹处积卤成盐，创造板晒法。	《浙江省盐业志》，中华书局1996年版，第11页
清同治元年（1862年）	秋，浙江巡抚左宗棠在衢州设立牙厘总局，征收盐茶厘税，并逐渐推广于浙东各府县。税率初定为值百抽一，继增至值百抽六七。	罗玉东：《中国厘金史》，商务印书馆2010年版，第253页
清同治三年（1864年）	闽浙总督左宗棠为禁私征税，实行近场抽厘，外销改行票运，同治八年（1869年）恢复纲引制度。	《浙江省盐业志》，中华书局1996年版，第11页
清光绪六年（1880年）	余姚、岱山因行板晒，私盐充斥。清廷采取“固定授板法”，烙印登记，谓之官板。	《浙江省盐业志》，中华书局1996年版，第12页
清宣统元年（1909年）	盐的正杂税课合并为一，统称盐税。	《浙江省盐业志》，中华书局1996年版，第12页

续表 4

时　间	大 事 纪 要	资料来源
清宣统三年（1911年）	两浙盐场自顺治后迭有变动，是年产地有 31 场。	《浙江省盐业志》，中华书局 1996 年版，第 12 页
	年底，废两浙盐运使，改设浙江省盐政局。	
民国元年（1912 年）	12 月，废浙江省盐政局，复设两浙盐运使署。	民国《政府公报》第 217 号
民国 2 年（1913 年）	4 月，在杭州设立两浙盐务稽核造报分所。10 月改称两浙盐务稽核分所。	《浙江省盐业志》，中华书局 1996 年版，第 12 页
民国 3 年（1914 年）	1 月，盐务署颁布均税法案，取消民初以来杂色名目，统称盐税。	《浙江省盐业志》，中华书局 1996 年版，第 12 页
	3 月 4 日，北京政府公布《制盐特许条例》。条例规定：制盐者必须申请领有特许证券后始得制盐，特许证券由财政部印制发交各主管盐务官署转发。违反者，应依法治罪或处以罚金。	民国《政府公报》第 655 号
民国 4 年（1915 年）	1 月，颁布纲、引、肩、住各地盐商均税条例，统一使用司码秤收、放盐斤。	《浙江省盐业志》，中华书局 1996 年版，第 13 页
	2 月，改订税率，纲地每担 2.5 元，肩、住地每担 2 元。4 月，纲地调整为 3 元。	
民国 7 年（1918 年）	7 月，收回各地商巡，改隶缉私统领部。	《浙江省盐业志》，中华书局 1996 年版，第 13 页
民国 9 年（1920 年）	1 月，提高食盐税额并修改温属闽盐进口税额。	《浙江省盐业志》，中华书局 1996 年版，第 14 页
民国 10 年（1921 年）	4 月，开放余姚销岸，准许商民完税后自由运销。	《浙江省盐业志》，中华书局 1996 年版，第 14 页
民国 13 年（1924 年）	7 月 23 日，余姚庵东万余盐民肩负晒牌，反对设立“公仓”压榨盐民，捣毁秤放局。盐警开枪打死盐民 5 人、打伤数十人。各界群起声援，当局被迫答应取消“公仓”，惩办凶手，抚恤死难家属。	《宁波市志》第一卷，中华书局 1995 年版，第 76 页
民国 16 年（1927 年）	2 月，国民革命军光复杭州后，撤销两浙盐务稽核分所及其所属机构。翌年 1 月 30 日，国民政府财政部命令仍予恢复。	《浙江省盐业志》，中华书局 1996 年版，第 15 页
	3 月，余姚场盐民协会成立，会员发展至 2 万余人。	

续表 5

时　　间	大 事 纪 要	资料来源
民国 17 年(1928 年)	1 月 17 日起,征“军用加价”每担 0.5～1.0 元;12 月起又征“军事加价”每担 0.75～1.50 元。	《浙江省盐业志》,中华书局 1996 年版,第 15 页
	4 月,浙江省政府发行偿还旧欠公债 600 万元,以新增盐斤加价每年 30 余万元及纲捐项下拨款 30 万元为保息,并将善后、整理两次加价每年 130 万元用作还本付息。	
民国 18 年(1929 年)	4 月,财政部令饬两浙、两淮盐运使及松江运副紧急筹款以应军需。经由三地区盐业协(公)会向银、钱两业商借 200 万元,以军用、军费加价偿本付息。其中两浙 80 万元。	《浙江省盐业志》,中华书局 1996 年版,第 15 页
	是年,两浙区换发专商引照。	
民国 20 年(1931 年)	4 月,两浙缉私营队由运署移交稽核分所管辖,缉私局改为“两浙区盐务税警局”。	《浙江省盐业志》,中华书局 1996 年版,第 16 页
民国 21 年(1932 年)	8 月,两浙盐运使署归并两浙盐务稽核分所,运使职务由分所经理兼任,运署所属机构一律裁撤;各场场长由所在秤放局秤放员兼任;裁撤宁波稽核支所,下辖 9 个秤放局归分所直辖。	《浙江省盐业志》,中华书局 1996 年版,第 16 页
	10 月,温州、处州所属 18 个县取消包商制度,改为自由贸易。	
	是年,在杭州设立税警教导队,训练官佐 120 名,加强缉私警力。	
民国 22 年(1933 年)	是年,杭江铁路(萧山至江山)通车后,浙东纲地食盐改由铁路运输。	《浙江省盐业志》,中华书局 1996 年版,第 16 页
民国 23 年(1934 年)	1 月,财政部令,凡中央正附税及地方附加每担合计在 10 元以上者,一律减为 10 元;10 元以下者酌情办理。	《浙江省盐业志》,中华书局 1996 年版,第 16 页
	是年,统一包装,两浙区盐商改用麻袋装盐。	
民国 24 年(1935 年)	是年,税警改为区、队编制。两浙编为 6 个区,下辖 18 个队,计 68 个分队。	《浙江省盐业志》,中华书局 1996 年版,第 16 页
民国 25 年(1936 年)	是年,两浙盐区因盐斤地方附税名目过多,征收烦琐,自本年 7 月 1 日起简并税率,地方附税除外债附税、整理费两项外,一律并入中央附税征收。	程悠等编《中华民国工商税收大事记》,中国财政经济出版社 1994 年版,第 230 页

续表 6

时　　间	大 事 纪 要	资料来源
民国 26 年(1937 年)	4 月,财政部令将两浙盐务稽核分所改组为两浙盐务管理局,同时取消"两浙盐运使"职衔。	《浙江省盐业志》,中华书局 1996 年版,第 17 页
民国 27 年(1938 年)	2 月 16 日,浙江省政府筹设浙江战时食盐运销处,收运余姚、钱清两场尚未收购的存盐。7 月 1 日改组为省战时食盐运销处,由财政部、浙江省合办成立浙区战时食盐收运处。除继续收运余姚、钱清两场存盐外,并将收购原盐范围扩及全省尚未被日军占领的各场,运往省内各地及湘、赣济销。	《浙江省盐业志》,中华书局 1996 年版,第 17—18 页
	是年,为增产原盐,余姚、钱清两场原封存的 9 万余块私板启封开晒。	《浙江省盐业志》,中华书局 1996 年版,第 18 页
民国 28 年(1939 年)	4 月,国民政府军政部令,直接从事生产食盐的工人比照矿工例,准予缓服兵役。	《浙江省盐业志》,中华书局 1996 年版,第 18 页
	5—6 月,岱山、定海盐场先后被日军侵占。	
民国 29 年(1940 年)	9 月,日伪定海盐务管理处强令定、岱民按板将产盐缴售日伪裕民盐业公司,至民国 34 年(1945 年)共被垄断收盐 128 万担。	《浙江省盐业志》,中华书局 1996 年版,第 18 页
民国 30 年(1941 年)	两浙盐区自 9 月 1 日起按 40%的销税税率,产税征收实物,按场价折算,除省政府加价及偿本费外,原中央地方场、岸正附税名目取消。11 月,税率划一,不论产区、销区一律每担征收 50 元,连同加价(每担 1 元)及偿本费(每担 8 元)共征 59 元。少数不征省政府加价地区每担征 58 元。	程悠等编《中华民国工商税收大事记》,中国财政经济出版社 1994 年版,第 274 页
民国 31 年(1942 年)	1 月,国民政府财政部颁布盐专卖法,废除专商引岸制。	《浙江省盐业志》,中华书局 1996 年版,第 18 页
	同月,两浙盐区灶荡地原由盐务机关经收灶课,列入盐务预算,是月起改为田赋征实,移归浙江田赋管理处征收。	程悠等编《中华民国工商税收大事记》,中国财政经济出版社 1994 年版,第 276 页
	5 月 1 日,盐税改为专卖利益,分固定和不固定两种。	《浙江省盐业志》,中华书局 1996 年版,第 19 页
	是年,国民政府统一全国缉私机构,成立缉私署,两浙盐务税警拨归缉私署统辖。民国 33 年(1944 年)5 月,缉私署裁撤,原两浙税警拨还两浙盐务管理局。	

续表 7

时　　间	大　事　纪　要	资料来源
民国 32 年(1943 年)	4 月,根据《盐务总局暂行组织规程》有关规定,两浙盐务管理局取消外籍人员任职,在任英籍副局长成忠宣离去。	《浙江省盐业志》,中华书局 1996 年版,第 19 页
	7 月 1 日,渔盐购配销业务由渔业管理处移交两浙盐务管理局办理。	
民国 33 年(1944 年)	7 月,日军"登部队"在余姚场设立"登部队军用盐庵东办事处",强行压价收盐 34 万担。	《浙江省盐业志》,中华书局 1996 年版,第 19 页
民国 34 年(1945 年)	1 月,行政院临时会议决定,停止盐专卖,改行就场(仓)征税,自由贸易。	《浙江省盐业志》,中华书局 1996 年版,第 19 页
	8 月 19 日,中共浙东区委率部解放庵东盐区,在庵东镇成立浙东盐务管理局。	《慈溪盐政通志》,浙江人民出版社 2004 年版,第 16 页
	11 月,盐的产销改为民制、官收、民运、民销,实行就场(仓)征税,自由贸易。	《浙江省盐业志》,中华书局 1996 年版,第 20 页
民国 35 年(1946 年)	4 月,盐警恢复区、队编制。两浙及苏五属警队编为 10 个区、1 个直辖分区。确定临浦、永嘉为转运据点,衢县、木垟为常平仓据点。	《浙江省盐业志》,中华书局 1996 年版,第 20 页
	5 月,盐务总局批示,两浙晒盐按千盐石米比例核定收购价。	
民国 37 年(1948 年)	3 月 27 日,调整食盐税,每担正税法币 35 万元、附税 10 万元。	《浙江省盐业志》,中华书局 1996 年版,第 36—37 页
	8 月,食盐税调整为每担金圆券 8 元、渔盐税 0.40 元。	
1949 年	1 月,调整食盐税,每担为金圆券 96 元、渔盐税 7 元。3 月 2 日起改为从价征税。核定食盐税每担金圆券 2218 元,渔盐税每担 158 元。	《浙江省盐业志》,中华书局 1996 年版,第 21 页
	5 月 9 日,军代表刘准接管两浙盐务管理局,成立浙江省盐务管理局(以下简称"省盐务管理局"),主管全省盐务行政、生产、运销及盐税稽征、缉私等工作。	
	同月,杭州市军管会规定,省内食盐税暂定为每 50 千克 945 元(旧人民币),折合大米 11.25 千克;渔盐税 84 元。	

续表 8

时　　间	大 事 纪 要	资料来源
1949 年	5—7 月，原两浙税警总队派驻庵东、黄岩及玉泉场部分盐警 2000 余人宣布起义，改编为人民武装。	《浙江省盐业志》，中华书局 1996 年版，第 21—22 页
	7 月，对食盐运销采取自由贸易方针，听任商民纳税后购买运销。部分盐商乘机囤积居奇，造成食盐市场混乱。	
	9 月，成立华东区浙江盐务监护总队，统辖全省人民盐警。翌年 7 月，改为省盐务管理局盐警处。	
	11 月，公收原盐以实物大米支付盐款，翌年 4 月改为人民币支付。改食盐商民自由贸易为统筹产销，产盐全部由国家收购。	
1950 年	1 月，调整税率，食盐以“斤盐斤粮、担盐担粮”为标准，渔盐按食盐税的 30%计征。	《浙江省盐业志》，中华书局 1996 年版，第 22 页
	3 月，省人民政府决定对盐区实行“盐场特区化、领导一元化”，在主要盐区建立特区人民政府。	
	4 月，实行产销分管，成立中国盐业公司杭州分公司，主管全省盐的运销业务。	
	6 月 1 日，政务院财经委员会决定，盐税减半征收。	
1952 年	9 月 1 日，省盐务管理局由财政厅划归工业厅领导。	《浙江省轻纺工业四十年大事记》，浙江省轻工业厅 1992 年编印，第 14 页
	10 月，全省在庵东建试验盐滩，率先直接用海水蒸发制卤。	《浙江省盐业志》，中华书局 1996 年版，第 23 页
1953 年	12 月 30 日，省盐务管理局改为省政府直属机构，改称“浙江省人民政府盐务管理局”。	《浙江省盐业志》，中华书局 1996 年版，第 23 页
1954 年	1 月，实施配发盐民免税自食盐。	《浙江省盐业志》，中华书局 1996 年版，第 23—24 页
	6 月，省财经委员会批准，对革命根据地老区及偏远山区实行食盐减税政策。	
1956 年	3 月 24 日，省盐务管理局局长何志斌、局党组书记罗文文以《浙江盐业运销工作情况》和《浙江盐场工作情况》两个报告送轻工业部转呈毛泽东主席。	《浙江省轻纺工业四十年大事记》，浙江省轻工业厅 1992 年编印，第 39 页

续表 9

时间	大事纪要	资料来源
1956 年	7 月 2 日，中共中央主席毛泽东暨中共中央政治局委员接见出席全国盐业运销先进工作者代表会议全体代表。浙江省盐业运销系统共有 6 人参加会议，其中王柏康、孙岳雷、杨益发、骆萍被评为 1955 年度全国盐业运销先进工作者。	《纪念毛主席暨中共中央政治局委员接见出席全国盐业运销先进工作者代表会议全体代表 60 周年》，北京中盐盐文化传播中心 2016 年编印，第 70—73 页
1957 年	春，省盐务管理局在温岭上马建实验场，进行滩晒及流枝滩试验。	《浙江省盐业志》，中华书局 1996 年版，第 25 页
1958 年	1 月 1 日，省人委批示，将盐务局所属各级运销企业（部门）全部移交各级供销社接办。	《浙江省盐业志》，中华书局 1996 年版，第 25 页
	4 月 23 日，国务院办公室通知，自 1958 年起，原盐公收业务归省管理，公收差价收入交由地方掌握。	
	7 月 1 日，财政部、轻工业部联合通知，盐税稽征管理工作交由税务机关办理。	
	7 月 4 日，省人委决定，撤销省盐务管理局，其业务并入省轻工业厅，厅设盐业生产技术处。	《浙江省轻纺工业四十年大事记》，浙江省轻工业厅 1992 年编印，第 72 页
	是年，分期分批投资兴建三门、梅山、田垟、垟坑、东海、松门 6 个地方国营盐场。围涂总面积 1489 公顷，初期总投资 1954 万元。	《浙江省盐业志》，中华书局 1996 年版，第 25—26 页
1959 年	6 月 13 日，省委批转轻工业厅党组报告，强调盐农分业，建立制盐场或专业队，作为县属工业或社办工业。	《浙江省盐业志》，中华书局 1996 年版，第 26 页
1960 年	1 月，省委在温岭县召开盐业会议，动员大搞技术革命，改造老盐田，推广“流枝滩”。	《浙江省盐业志》，中华书局 1996 年版，第 26 页
1961 年	1 月 17 日，省内食盐紧张，全省实行食盐凭证定量供应。	《浙江省盐业志》，中华书局 1996 年版，第 27 页
	3 月 6 日，省委指示，原盐生产由轻工业部门管理；省外调拨、省内收购、销售由商业部门经营。	《浙江省轻纺工业四十年大事记》，浙江省轻工业厅 1992 年编印，第 100 页

续表 10

时　　间	大　事　纪　要	资料来源
1961 年	4 月 1 日，调整原盐收购价，平均每吨提高 8 元。食、渔、农牧盐税额每吨调低 9.20 元，工业盐仍予免税。	《浙江省盐业志》，中华书局 1996 年版，第 27 页
	5 月 16 日，省委指示，允许沿海生产队和社员晒盐自给，并予免税；已废盐田可以有计划地恢复生产；恢复盐业管理机构，调离的盐务干部尽可能归队。	
1962 年	5 月 1 日，省人委通知，调整城乡居民食盐供应量。杭州、宁波等 7 个市和衢县城关每人每月供应 500 克；其他地区每人每月 550 克。翌年 4 月取消定量，敞开供应。	《浙江省盐业志》，中华书局 1996 年版，第 27 页
	是年，省计划委员会（简称"省计委"）再次组织干部职工 350 余人赴河北塘沽、黄骅盐场调盐，历时年余，运回原盐 9 万吨。	
1963 年	5 月 23 日，省科学技术委员会批准建立浙江省舟山盐业科学研究所（以下简称"舟山盐科所"）。	《浙江省盐业志》，中华书局 1996 年版，第 28 页
1964 年	11 月，根据轻工业部、省人委指示，全省从第四季度开始，由场区移运战备盐至 56 个市县分点储存。	《浙江省盐业志》，中华书局 1996 年版，第 28 页
1965 年	4 月 12 日，省物价委员会通知，自 7 月 1 日起，集体盐场原盐收购一律分等计价。	《浙江省盐业志》，中华书局 1996 年版，第 28 页
	4 月 17 日，省人委批准成立中国盐业公司浙江省公司，同意试办"托拉斯"。	
	6 月 17 日，省人委批准成立浙江省轻工业厅盐务管理局，与省盐业公司一套班子。省盐业公司（局）负责产销计划安排、收购原盐及购销政策的检查，受第一轻工业部及省轻工业厅双重领导。	
	11 月 22 日，省编制委员会核定省盐业公司编制，撤销下属嘉兴、金华、杭州分公司，成立嘉兴、金华、杭州、衢县、绍兴等 12 个盐业批发站。	
1966 年	4 月，舟山盐科所利用手扶拖拉机改装成功省内第一台盐用压滩机。	《浙江省盐业志》，中华书局 1996 年版，第 29 页
	5 月 1 日，省物价委员会对食盐零售实行最高限价，每 500 克为 0.17 元。	
	8 月 1 日，调高原盐收购价，等内 4 元/吨，等外 2 元/吨。盐税相应降低 4 元/吨。	

续表 11

时　间	大 事 纪 要	资料来源
1967 年	5 月，群众偏信食盐凭票供应谣传，先后有义乌、安吉等 17 个县发生抢购食盐风潮，部分供应点脱销，动用战备盐应急。	《浙江省盐业志》，中华书局 1996 年版，第 29 页
1968 年	是年，舟山盐科所采用塑料薄膜苫盖、深卤长期结晶工艺试制大粒子工业用盐获得成功。	《浙江省盐业志》，中华书局 1996 年版，第 30 页
1969 年	2 月 25 日，第一轻工业部决定，中国盐业公司浙江省公司下放浙江省革委会生产指挥组管理。	《浙江省盐业志》，中华书局 1996 年版，第 30 页
1970 年	11 月 6 日，省革委会生产指挥组通知，将中国盐业总公司所属的浙江盐业企业全部下放各级革委会管理。	《浙江省盐业志》，中华书局 1996 年版，第 30 页
	是年，舟山盐科所用塑料薄膜垫地、人工旋卤工艺，试制成滩晒精盐，为国内首创。	
1971 年	1 月 16 日，省革委会生产指挥组在轻工业局下设置一轻工业公司和二轻工业公司；盐业归一轻工业公司。	《浙江省盐业志》，中华书局 1996 年版，第 30 页
1973 年	6 月 15 日，省委决定，分别成立浙江省第一轻工业局和第二轻工业局。盐业归属省第一轻工业局领导。	《浙江省盐业志》，中华书局 1996 年版，第 31 页
1976 年	6 月 20 日，岱山县实行港口集坨、盐斤贴耗办法，发生岱西部分盐民哄闹并殴打干部事件。后改为盐民自行管理，预付盐资，以放作收制度。	《浙江省盐业志》，中华书局 1996 年版，第 32 页
1977 年	12 月 19 日，省计委通知，正式成立浙江省第一轻工业局盐业公司。	《浙江省盐业志》，中华书局 1996 年版，第 32 页
1978 年	10 月 18 日，省计委批准舟山地区在普陀、定海、岱山 3 县开发集体盐场 28 处，辟建盐田 1722.7 公顷，相当于中华人民共和国成立 30 年来该地区新建盐田面积的总和。	《浙江省盐业志》，中华书局 1996 年版，第 33 页
1979 年	8 月 23 日，10 号台风使全省 60% 的盐场遭受损失，冲毁海塘约 40 千米，死 2 人，伤 37 人，损失超千万元。	《浙江省盐业志》，中华书局 1996 年版，第 33 页
1980 年	8 月，经省教育委员会批准，省轻工业厅在梅山盐场开办省盐业职工大学，招收省内盐业职工 50 名，24 名毕业。	《浙江省盐业志》，中华书局 1996 年版，第 33 页

续表 12

时　　间	大　事　纪　要	资料来源
1981年	5月22日，省轻工业厅委托江苏省淮北盐校代培盐业中专学生40名。1984年，39名如期毕业。	《浙江省轻纺工业四十年大事记》，浙江省轻工业厅1992年编印，第255页
	7月13日，为规范浙盐色白粒细的特色，省轻工业厅制定《浙江省食盐质量定等标准(试行)》，对原盐的白度和粒径定出物理指标(属全国首创)。8月起在全省试行。	《浙江省盐业志》，中华书局1996年版，第34页
	9月11日，省人民政府发布《关于保护盐业生产、打击走私偷税活动的布告》。	《浙江省轻纺工业四十年大事记》，浙江省轻工业厅1992年编印，第258页
	11月30日，浙江省盐学会成立。	《浙江省盐业志》，中华书局1996年版，第34页
1984年	3月9日，省人民政府通知，要求坚持省内食盐自给的方针，对集体盐场实行价外补贴每吨10～20元，以增加盐民的收入；开发新盐田，每亩补助200元(3000元/公顷)，由省、县各半负担，实行三年减免税还贷；盐业海塘维修由水利部门负责，每年安排100万元资金，由轻工、财政、水利厅各负担三分之一；大电网地区社队集体盐场用电一律按农用电计价等。	《浙江省盐业志》，中华书局1996年版，第35页
	4月16日，财政部调整盐税减免规定，制酸、制碱、制革工业用盐按食盐税额减90%，制皂、饲料工业用盐征半，冶金等其他工业用盐一律全额征收。浙盐自5月15日起相应调整市场供应价及国营盐场出场价。	
	11月1日，财政部决定，工业用盐改为定额征税，并减低税额。出场价及分配价不变。	
1985年	3月7日，省计经委、省标准计量局批准成立浙江省盐业产品质量监督检验站。	《浙江省盐业志》，中华书局1996年版，第35—36页
	4月1日，省人民政府通知，提高原盐收购价25元/吨、食盐出场价和分配价21元/吨，渔、农牧盐与食盐同价供应。	
1986年	7月1日，调减产区食盐税7元/吨，用于扩大食盐批零差价，同时相应降低食盐出场批发价。	《浙江省盐业志》，中华书局1996年版，第36页
	11月28日，浙江省轻工业厅盐业公司改称"浙江省盐业公司"。	

续表 13

时　　间	大　事　纪　要	资料来源
1988 年	9 月，省人民政府同意提高原盐收购价 65 元/吨，资金暂由批发经营单位所在地财政负担，食盐批发、零售价不变。	《浙江省盐业志》，中华书局 1996 年版，第 37 页
	12 月，省人民政府决定，浙江省轻工业厅盐务局改称“浙江省盐务管理局”，仍与省盐业公司两块牌子、一套人马，隶属省轻工业厅。	
1989 年	5 月 25 日，国家计委及轻工业部、财政部要求浙江增产原盐 5 万吨，每吨奖励 5 元。	《浙江省盐业志》，中华书局 1996 年版，第 38 页
1990 年	3 月 2 日，国务院发布第 51 号令《盐业管理条例》，自发布之日起施行。	《浙江省盐业志》，中华书局 1996 年版，第 38 页
1991 年	6 月 6 日，轻工业部发布 2 号令《盐业行政执法办法》，9 月 1 日起施行。	《浙江省盐业志》，中华书局 1996 年版，第 38 页
	10 月 3 日，省长葛洪升签署省人民政府第 9 号令，发布《浙江省盐业管理实施办法》。	
1992 年	9 月 27 日，省物价局调整省产日晒细盐购销价格，每 500 克食盐零售价提高 4～5 分。收购价(每吨)调整为：一级盐 153 元，二级盐 148 元，三级盐 138 元，四级盐 128 元。并规定批零差倒扣 17%作价。	《浙江省盐业志》，中华书局 1996 年版，第 39 页
1993 年	6 月 18 日，省政府召开省级有关部门会议，针对省内盐业问题作出决议：立即执行已由国家税务局同意的浙盐每吨降税 25 元，全额让利给盐民，提高食盐出场价；银行筹措资金确保原盐收购；调拨柴油支援盐业生产和流通；严肃计划，加强食盐市场管理。	《浙江省盐业志》，中华书局 1996 年版，第 40 页
1994 年	1 月 1 日，取消盐税，改征资源税和增值税。	浙江省盐务管理局编《1994 年大事记》
	2 月 20 日，国务院下发《关于进一步依法加强盐业管理问题的批复》，决定对食盐实行专营。	
	3 月 15 日起，省物价局调整省产盐价：一级盐每吨 265 元、二级盐 260 元、三级盐 250 元、四级盐 220 元。	
	5 月 5 日，为第一个全国防治碘缺乏病日。	
	7 月 30 日，因江西流入的平锅盐冲销浙江市场，危害人民群众身体健康，省政府在衢州召开“浙中西地区整顿盐业市场协调会”。浙江、江西两省随即开展联合行动，打击平锅盐销售违法行为。经此次联合整顿后，浙西铁路沿线基本达到了堵截平锅盐的目的，市场秩序好转。	

续表 14

时　　间	大　事　纪　要	资料来源
1994 年	8 月 23 日，国务院颁布《食盐加碘消除碘缺乏危害管理条例》，对碘盐的加工、运输、市场供应等作了明确规定。	浙江省盐务管理局编《1994 年大事记》
	10 月 11 日，省盐务管理局、物价局、卫生厅、标准计量局联合发文《关于统一全省食盐小包装的通知》，规定“全省一律使用省盐务管理局统一监制的碘盐小包装袋”。	
1995 年	1 月 1 日起，全省统一小包装后，统一使用省盐业公司注册的“霰晶”商标。	浙江省盐务管理局编《1995 年大事记》
	2 月，国家计委批准了加碘盐项目总体可行性研究报告。浙江省食盐加碘工程项目为国家总体项目中的一个分支项目。	
	11 月 8 日，国家计委、国家经贸委联合发出《关于改进工业盐供销和价格管理办法的通知》，自 1996 年 1 月 1 日起将现行工业盐的计划分配改为在国家总量计划指导下的合同订货。	
	12 月 18 日，省盐务管理局制定《全省盐业控产压田、调整产业结构规划》，根据《全省盐业控产压田三年规划》，废转低产劣质、管理不便的分散小盐田 3 万亩，压减产能 10 万吨。	
	是年，中国轻工总会批准《浙江省食盐全面加碘改造项目可行性研究报告》。根据批复，全省加碘盐生产能力总量为 38 万吨。	
1996 年	1 月 8 日，省人民政府下发《关于加强盐业管理工作的通知》，调整盐业管理体制，省盐务管理局行使全省盐业管理职能，省盐业公司负责全省盐的购销管理、多品种盐的开发经营和省外调入盐的统一经营；省盐务管理局和省盐业公司实行两块牌子、一个机构，合署办公。	浙江省盐务管理局编《1996 年大事记》
	5 月 13 日，经省委组织部批复，对全省盐业管理机构的领导干部实行盐业行政主管部门的党委（党组）与同级地方党委或授权的盐业行政主管部门党委（党组）双重管理，以上级盐业行政主管部门党委（党组）为主的管理体制。	
	5 月 27 日，国务院颁布《食盐专营办法》，明确国家对食盐实行专营管理，对食盐实行定点生产、批发许可证和运输准运证制度。	
1997 年	5 月 6 日，省盐务管理局、工商局、商业管理办公室、供销社联文下发《关于食盐转批、食盐零售实行许可证制度的通知》，对食盐转批、食盐零售均实行许可证制度，许可证有效期为 2 年。	浙江省盐务管理局编《1997 年大事记》

续表 15

时　　间	大　事　纪　要	资料来源
1997 年	8 月 18 日，第 11 号台风正面袭击浙江沿海，恰逢天文大潮，全省沿海地区普遍出现了特高潮位，风、雨、潮三碰头，造成百年一遇的特大风潮灾害，全省盐业遭受重创。	浙江省盐务管理局编《1997 年大事记》
	10 月 18 日起，省物价局调整盐质差价：一级盐每吨 270 元、二级盐 260 元、三级盐 245 元、四级盐 220 元。	
	11 月起，全省全面停止销区加碘，碘盐小包装由定点厂和分装点共同加工。	
1998 年	1 月 1 日起，全省盐政执法一律使用省人民政府统一制作的《浙江省行政执法证》。	浙江省盐务管理局编《1998 年大事记》
	12 月 24 日，省人大常委会颁布《浙江省盐业管理条例》，对盐资源开发、利用和盐产品生产、加工、购销、储运等活动进行了规定，从 1999 年 2 月 1 日起施行。这是中华人民共和国成立以来浙江省制定的第一部地方性盐业法规。	
1999 年	8 月 10 日起，省物价局对全省食盐实行分价区统一零售价格，并实行城乡同价。	浙江省盐务管理局编《1999 年大事记》
2000 年	4 月 20 日，国家发布 GB 5461－2000 国家标准《食用盐》，提高了白度和氯化钠含量指标，对碘含量进行上下限控制。	浙江省盐务管理局编《2000 年大事记》
	5 月 24 日，浙江省食盐加碘工程项目通过竣工验收。	
	8 月 29 日，临海市人民法院公开审理非法经营食盐一案，被告人犯非法经营罪，判处有期徒刑 5 年，并处罚金 10000 元。该案是省“两院一厅”《关于办理非法经营食盐等涉盐犯罪案件有关问题的通知》下发后，全省首例审结的涉盐犯罪案件。	
	8 月，全省各类盐包装统一使用省轻纺集团公司注册的“赞成”商标。	
	10 月 1 日起，省物价局调整省产盐收购价格：一级盐每吨 270 元、二级盐 260 元、工业晶盐 220 元。	
	是年，浙江省通过国家实现消除碘缺乏病阶段目标考核评估。	
2001 年	是年，慈溪庵东盐区废转最后 54 公顷盐田，庵东盐区结束了悠久的产盐历史。	浙江省盐务管理局编《2001 年大事记》
2002 年	9 月 4 日，最高人民检察院发布《最高人民检察院关于办理非法经营食盐刑事案件具体应用法律若干问题的解释》，对非法经营食盐作出更严格规定。	浙江省盐务管理局编《2002 年大事记》

续表 16

时　　间	大　事　纪　要	资料来源
2003 年	2 月中旬和 4 月下旬，受“非典”疫情的影响，全省先后两次发生了较大规模的食盐抢购，均得到妥善平息。	浙江省盐务管理局编《2003 年大事记》
	5 月 14 日，省委书记、省人大常委会主任习近平及省领导周国富、张曦、章猛进等专程到岱山盐区考察、调研，听取盐民意见。	
	12 月，省公安厅下发了《关于在盐务管理部门设立公安联络室的通知》，省盐务管理局于 17 日成立了“浙江省公安厅驻省盐务管理局联络室”，业务上受当地公安局和盐务管理局双重领导。至年底，全省已成立公安机关驻盐务局联络室 47 个。	
2004 年	1 月 8 日，省盐务管理局制定了《浙江省盐业结构调整规划》，提出加快盐业结构调整，创新盐区盐业生产经营体制，实行规模化生产经营，促进盐区经济发展。	浙江省盐务管理局编《2004 年大事记》
	4 月 5 日起，全省食盐统一零售价。	
	4 月 15 日起，省物价局再次提高省产日晒盐收购价（无税）：一级盐每吨 330 元、二级盐 280 元、工业晶盐 220 元。8 月 25 日起，工业晶盐收购价每吨由 220 元提高到 260 元。	
2005 年	1 月 18 日，省盐业集团有限公司注册成立。	浙江省盐务管理局编《2005 年大事记》
	5 月 20 日，根据国家有关部署，省工商行政管理局、省发展和改革委、省经贸委、省公安厅、省卫生厅、省盐务管理局联合开展整顿和规范盐业市场秩序专项行动工作。	
	6 月 30 日，省政府办公厅转发省盐务管理局《关于稳步推进盐业结构调整的指导意见》，明确全省保留 30 个省重点盐场的 3600 公顷盐田，保持年产 23 万吨的食盐生产能力。	
	是年，省盐务管理局取消各地小包装分装点，集中在产区加碘分装。	
	是年，根据省政府《关于深化全省盐管理体制改革的通知》和省国资委《关于做好浙江省盐业国有资产无偿划转工作的通知》，全省大力推进盐业管理体制改革。至年底，全省有 56 家市、县（市、区）盐业公司签订了资产上划和组建协议书，成为省盐业集团有限公司的全资子公司和控股公司，占全省应签收和上划盐业公司的 73.7%。	
2006 年	3 月 2 日，成立浙江省盐业协会。	浙江省盐务管理局编《2006 年大事记》
	9 月，省盐业集团有限公司成建制划转为省国资委直属企业，由省国资委监管考核，并落实国有资产保值增值责任。省盐务管理局也一并划归省国资委管理。	

续表 17

时　　间	大 事 纪 要	资料来源
2007 年	2 月 1 日，南方海盐资源税降 2 元/吨，并入收购价中，即一级盐 332 元、二级盐 282 元、工业晶盐 262 元。	浙江省盐务管理局编《2007 年大事记》
	9 月 22 日，全省盐业系统首届职工运动会在杭州召开。	
	是年，全省各级盐业公司销盐 103.17 万吨，首次超过百万吨。	
2008 年	1 月 1 日起，由于食盐增值税税率调整，省物价局调整省产日晒盐收购价格：一级盐每吨 363.75 元、二级盐 326.98 元、工业晶盐 281.27 元。每吨盐平均提高 35 元左右，提价部分由省盐业集团有限公司承担。	浙江省盐务管理局编《2008 年大事记》
	10 月 15 日起，省物价局通知，在现行收购价格的基础上给予盐民价格补贴 40 元/吨，补贴资金由省盐业集团有限公司承担。	
	是年，省盐务管理局及杭州市盐政部门积极配合公安部门，成功破获了省公安厅督办案件“2·28”非法经营食盐案，查获涉案盐产品 179 吨及大批制假工具，抓获犯罪嫌疑人 28 人，其中行政处罚 22 人、依法移送审查起诉 6 人。	
	是年，浙江绿海制盐有限责任公司“日晒多品种自然盐系列技术开发”项目被列为国家级星火项目计划。	
	是年，“象山海盐晒盐技艺”被列入第二批国家级非物质文化遗产名录。	
2009 年	10 月 30 日，浙江省第十一届人民代表大会常务委员会第十五次会议通过了《浙江省人民代表大会常务委员会关于修改〈浙江省盐业管理条例〉的决定》。	浙江省盐务管理局编《2009 年大事记》
	是年起，省财政对盐业生产用油建立油价补贴机制，并比照渔业油价补贴政策，对全省盐民发放油价补贴。	
2010 年	年初，省盐业集团有限公司向国家商标局申请“雪涛”和“银涛”若干类别的商标，获准注册，在全省统一使用。	浙江省盐务管理局编《2010 年大事记》

编后记

根据中共浙江省委（以下简称“省委”）、浙江省人民政府（以下简称“省政府”）的统一部署和安排，浙江省盐务管理局、浙江省盐业集团有限公司[以下简称省盐务局（公司）]承编《浙江通志·盐业志》（以下简称《盐业志》）。《盐业志》上溯春秋，下至2010年，内容涵盖了浙江盐业生产、专卖、管理体制、运销、缉私、盐价、盐税、食盐加碘、科技、盐文化等方面，客观、真实地再现了浙江盐业的发展历史，特别是我国实行改革开放后浙江盐业变革、发展的历程。

《盐业志》编纂工作经历了四个阶段。第一阶段，2012年5—9月。5月，省盐务局（公司）成立了《盐业志》编纂委员会和编辑部，正式启动编纂工作。按照明古详今、纵不断主线、横不缺要项的原则，突出时代特征、地方特色和行业特点，做到思想性、科学性、资料性和可读性高度统一的要求组织编纂。在《盐业志》篇目设置上，广泛参考《中国盐业史》、其他省市盐业志书、省内其他行业志书；多次征求有关专家学者意见，结合浙江盐业实际，反复修改完善，篇目设置于9月通过浙江省地方志办公室论证。第二阶段，2012年10月至2015年2月。按照篇目设置，对历史资料进行收集和甄别。编纂人员充分利用《浙江省盐业志》、省盐务局（公司）盐业档案资料、省内外已出版的盐业志书，多次到浙江省和主要盐产区图书馆、档案馆查阅资料。在资料收集甄选的同时，着手试写稿的编纂，于2014年9月形成试写稿，提交省地方志办公室进行试写稿评审，并于2015年2月召开试写稿评审会。第三阶段，2015年3—9月。为进一步加强编纂队伍力量，再次抽调行业内精干力量充实编纂队伍。编纂人员根据试写稿评审会专家评审意见逐条进行梳理，对《盐业志》的部分篇目、章节进行了调整，对内容进行了较大幅度的增补、删减和合并。7月上旬，形成了初稿，9月通过初审。第四阶段，2015年10月至2016年4月。根据初审会专家评审意见，对《盐业志》进行了修改完善和打磨，并于2016年4月通过复审。2016年7月1日，通过了省政府组织的终审。参与《盐业志》篇目论证和初审、复审的专家（按姓氏笔画排序）有：王林、王福群、冯传松、李志廷、郑明治、袁新国、高建定、阎乐民、葛旭鹏、董郁奎、颜越虎、潘捷军。

《盐业志》编纂工作的顺利实施，得益于省盐务局（公司）党委的高度重视和相关单位的大力支持。接到《盐业志》编纂任务后，省盐务局（公司）及时成立领导机构、工作机构，建立了工作机制和保障机制，为《盐业志》的编纂提供了坚实的保障。省盐务局（公司）各部门和下属各市、县（市、区）盐务局（盐业公司）及直属企业大力协助，积极提供资料，在初稿征求意见期间提出了诸多良好的修改意见。

《盐业志》编纂工作的顺利实施，得益于省地方志办公室领导、专家的精心指导。数年来，在编纂人员的业务培训、篇目的制定、章节的安排、行文格式的规范、志稿的试写、初稿的审阅等方面，均给予了悉心的帮助和辅导。在《盐业志》编纂的各个环节，省地方志办公室多次组织专家与我们一起商讨研究，妥善处理编纂中的有关问题。特别是《浙江通志》常务副总编潘捷军，副总编郑明治、李志廷，副总纂董郁奎多次实地调研，对《盐业志》编纂提出大有裨益的意见和建议。责任编辑葛旭鹏认真负责、全程关注，对《盐业志》的编纂工作及时给予帮助和指导。浙江人民出版社编审王福群参与了《盐业志》的复审，并在编辑出版过程中进行了细致把关。

在此，对在《盐业志》编纂和评审过程中给予大力支持和帮助的各有关单位及各位领导、专家和盐业同人，表示诚挚的感谢！

《盐业志》编纂工作的顺利实施，得益于全体编纂人员的辛勤工作。编纂人员本着对历史负责、对组织负责的态度，充分发挥主观能动性，以高度的责任感和使命感做好修志工作。在资料收集过程中，编纂人员广收精选、深挖细考、厚积薄发；在初稿撰写过程中，编纂人员认真严谨、兢兢业业，数易其稿；在修改打磨过程中，根据专家评审意见，逐条落实、一丝不苟、字斟句酌、精心打磨，争创佳志。力求客观反映浙江盐业变化发展的过程，努力做到符合方志规律，切合盐业实际，富有浙江海盐特色。

《盐业志》共设10章、33节。徐碧波负责制作资料卡和资料长编，周洪福和郑方友负责第一章至第十章及《概述》《丛录》的编纂，冯永土负责《大事年表》的编纂，周洪福负责统稿，陈卫红、应仲陆参与修改核稿。

为《盐业志》提供资料的人员（按姓氏笔画排序）有：丁妙松、马宏远、王凯、冯永土、朱雪萍、庄宁威、江来、汤雯、李洪、李瞻、李永在、吴琳、吴琨、余国定、应仲陆、汪永健、张利民、张国平、陆国良、陈卫红、陈水荣、周洪福、赵根娣、胡幼丹、柳洁、洪仙明、顾赛君、倪学敏、唐国希、尉勤、傅建民、鲁向明、楼雨芝等。

《盐业志》分管副总编为郑明治，分管副总纂为董郁奎，责任编辑为葛旭鹏。

在《盐业志》编纂过程中，充分吸收借鉴了前人研究成果。《中国盐业史》（人民出版社1997年版）、《浙江省盐业志》（中华书局1996年版）以及宁波、舟山、台州、温州等原产盐区的盐业志书为《盐业志》的编纂提供了丰富的史料。编纂人员还查阅了大量的文史资料，使《盐业志》史料更加翔实，内容更加丰富、更有浙江特色。

编纂《盐业志》，尽管全体编纂人员尽心竭力，反复雕琢打磨，但因《盐业志》时间跨度长、涉及范围广、资料搜集难，且限于编纂人员经验不足、水平有限，在编写过程中难免出现遗漏和差错，诚望修志界同人和广大读者提出宝贵意见。

《浙江通志·盐业志》编纂委员会

2016年10月